es 1345

edition suhrkamp

Neue Folge Band 345

Ein mittlerweile berühmt gewordenes Kultbuch. *(Weltwoche)* Hans Peter Duerr hat mit diesem Buch Maßstäbe gesetzt für ein Denken, das sich in Gegensatz zur abendländischen Tradition stellt. *(Aurel Schmidt, Basler Magazin)* Ein Buch, das westdeutsche Wissenschaftsgeschichte machte. *(Die Presse)* Duerrs Irrationalismus führt uns allerdings auch nur in die Sackgasse. *(Rüdiger Schott* in *Grundfragen der Ethnologie)* Könnte man von Duerr nicht lernen, eine Diskussion witzig, gebildet und menschenfreundlich, das heißt: wie unter Erwachsenen zu führen? *(Hans Platschek, Die Zeit)* Der Leser, der ein Sensorium für die augenzwinkernde Schalkhaftigkeit der Selbstironie besitzt, wird sich immer wieder erheitert finden. *(Urs Bitterli)* Duerr ist unpathetisch, geisterweit entfernt von aller Sektiererei, gar nicht rechthaberisch und will niemanden erlösen. *(Stern)* Ein Buch, das sehr kokett, manchmal eitel, zweifellos arrogant und daher sehr unterhaltsam ist. *(Eckhard Nordhofen, Frankfurter Allgemeine Zeitung)* Ein in gutem Deutsch spannend geschriebener Essay, nicht ohne Witz und allerlei Hintersinn. *(Adolf Holl, Profil)* Provokante Frechheit. *(Rhein-Neckar-Zeitung)* Ein unordentliches, unorganisiertes, schludrig geschriebenes, mit brillanten Aphorismen gespicktes und oft sehr lustig in schnoddriger Subkultursprache verfaßtes, enorm eitles und doch wieder dank seiner Offenheit sehr versöhnliches Buch. *(Ernest Borneman)* Akademisch sattelfest, aphoristisch, bibliophil, zauntranszendent, jenseits vom Jargon. *(Gerhard Marcel Martin)*

Hans Peter Duerr
Traumzeit

Über die Grenze zwischen Wildnis und Zivilisation

Suhrkamp

8. Auflage 2021

Erste Auflage 1985
edition suhrkamp 1345
Neue Folge Band 345

Satz: LibroSatz, Kriftel
Printed in Germany
Umschlag gestaltet nach einem Konzept
von Willy Fleckhaus: Rolf Staudt
ISBN 978-3-518-11345-5

Für Manâr es-Sanâ von den Inseln Wâk

»Aucunes genz dient qu'en songes
n'a se fables non et mençonges,
mes l'en puet tex songes songier
qui ne sont mie mençongier.«

Roman de la Rose

Inhalt

Vorwort zur Neuausgabe

Dieses Buch erschien zum erstenmal 1978 und hat inzwischen zahlreiche Auflagen erlebt. Ich habe am Originaltext nichts geändert – auch offenkundige Fehler nicht oder solche Stellen, die mir inzwischen aus den verschiedensten Gründen ein wenig peinlich sind –, und zwar weil ich denke, daß ein Text Ausdruck einer bestimmten historischen Situation ist, in der er geschrieben wurde, und daß man diesen Ausdruck korrumpiert, wenn man bei jeder neuen Ausgabe an ihm herumbastelt. Aus diesem Grunde habe ich auch jene Kritiken nicht berücksichtigt, deren Argumente mir einleuchten. Ansätze zu einer Auseinandersetzung mit solchen und anderen Kritiken kann man in meinem Büchlein *Satyricon*, Berlin 1982 (erweiterte Neuausgabe Frankfurt/M. 1985 edition suhrkamp 1346) finden. Eine Reihe der im vorliegenden Buch anklingenden Themen habe ich mittlerweile weiter ausgeführt. So habe ich die Grundgedanken des § 3 (»Die Vagina der Erde und der Venusberg«) in meinem Buch *Sedna oder Die Liebe zum Leben*, Frankfurt/M. 1984, weiterentwickelt, und die des § 5 (»Die Verteufelung der Sinne, vornehmlich der weiblichen«) auf einer wesentlich breiteren Grundlage in einer Kulturgeschichte und Ethnographie der Nacktheit und der Scham, die demnächst erscheinen wird.
Nachdem ich die englische Ausgabe des Buches einem seiner schärfsten Kritiker, dem soeben verstorbenen George Devereux, gewidmet habe, möchte ich die deutsche Neuausgabe einem Gelehrten widmen, der es mit größerem Vergnügen gelesen hat, nämlich René König.

Heidelberg, im Frühling 1985 *Hans Peter Duerr*

Vorwort

> »Ich achte die Bücher wie auch das, was sie nicht wissen.«
>
> *Taliesin (walisischer Barde)*

Dieses Buch geht auf ein Erlebnis im Sommer 1963 in der Greyhound-Station von Albuquerque zurück. Nachdem ich den ganzen Tag in den Felsenhöhlen von Puyé herumgeklettert war, lernte ich zufällig einen Yerbatero der Tewa-Indianer kennen, der sich eben von der Theke einen Kaffee geholt hatte. Wir unterhielten uns einige Zeit über Belanglosigkeiten, bis ich ihn schließlich fragte, ob er mir helfen könne, eine Familie in einem der Pueblos nördlich von Santa Fé zu finden, die mich für ein paar Monate aufnehmen würde, denn ich wollte einiges über die nächtlichen Tänze in den unterirdischen Kivas erfahren. Ich sagte dies weniger deshalb, weil es der Wahrheit entsprochen hätte, sondern weil ich im Augenblick, als ich den Indianer kennenlernte, an den Klapperschlangentanz der Hopi gedacht hatte, vermutlich weil am Mittag eine Klapperschlange etwa eine Handbreit von mir entfernt in eine der Höhlen gekrochen war. (Als sie mich sah, fing sie nicht einmal an zu klappern – wohl ein Omen, aber damals gab es ja die Bücher Castañedas noch nicht.)

Der Indianer sah mich eine Weile an, dann lächelte er und sagte, der geeignetste Ort in einem Pueblo, an dem ich etwas über die Kiva-Tänze erfahren könne, sei für mich sicherlich die University of Southern California im Dorf Unserer Herrin, der Königin der Engel (El pueblo de Nuestra Señora la Reina de Los Angeles).

Seine Antwort stieß mich unmittelbar vor den Kopf und verletzte auf erhebliche Weise meine Eitelkeit. Ich hatte

mich ihm, davon war ich überzeugt, in keiner Weise herablassend genähert, hatte ihm nicht den Kopf mit irgendwelchen Klügeleien vollgeredet, und ich hatte ihm auch gesagt, daß ich, obwohl ich Ethnologie studiere, ein großes Interesse an der Lebensform fremder Völker habe. Ich bin mir nicht sicher, ob es aus gekränktem Stolz war, jedenfalls nahm ich noch in derselben Nacht einen Greyhound, der in Richtung Arizona fuhr, und so kam es, daß dieses Buch weniger auf Erfahrungen zurückgeht, die ich in den Kivas, am ›Nabel der Welt‹ gemacht hätte, als auf das, was mir in den Bibliotheken von Los Angeles und anderen unglücklichen Orten widerfahren ist. Es mag sein, daß es mir erging wie jenem Zen-Maler, der einen Tiger malen wollte. Aber es wurde nur eine Katze daraus.
Edward E. Evans-Pritchard hat mich zum Schreiben dieses Buches zunächst sehr ermutigt und an seinem Entstehen regen Anteil genommen. Wenige Jahre vor seinem Tode kühlte diese Anteilnahme mehr und mehr ab, vor allem, weil er mit ansehen mußte, wie sich meine Seele allmählich einem Zustand regulierter Anarchie näherte. Dessen ungeachtet sind meine Gedanken an ihn mit Wärme erfüllt, und ich bin fast sicher, daß Sir Edward die Probleme heute von einer höheren Warte aus sieht.

Ein Teil des Buches ist aus einem Vortrag entstanden, den ich im Herbst 1975 vor den Mitgliedern des Philosophischen Seminars der Universität Konstanz und etwas später vor einem Verein Mannheimer Hausfrauen hielt. An letztere erinnere ich mich mit großer Freude.

Institutionen sind bisweilen großzügig, selten sind sie liebenswürdig. Die Heinrich Heine Stiftung ist dies mir gegenüber in hohem Maße gewesen. Ohne das zweijährige Stipendium, das sie mir gewährte, wäre dieses Buch viel kürzer und hoffentlich nicht besser geworden.

Getting by with a little help from my friends, insbesondere Margherita von Brentano, Armin Morat, Axel Rütters,

Reinhard Kaiser und Jacob Taubes, getting high with a little help from my friends, insbesondere Magdalena Melnikow und ihrem ebenso eigenwilligen Baby, Bernd Kramer, Annette Primm, Paul Feyerabend, Helmut Krauch, Danielle Bazzi und Klaus Stichweh, habe ich diese Schrift verfaßt. Dies verdanke ich weniger ihrer Kritik, als ihrer Freundschaft, ihrer Liebe und ihrer Ironie.

Heidelberg, im Frühling 1978 *Hans Peter Duerr*

Warnung an den Leser

Ich wurde in den letzten Jahren häufig von Leuten angeschrieben, die ein Interesse an der Zusammensetzung und Dosierung von Hexen- und Werwolfsalben bekundeten. Außerdem habe ich insbesondere in der amerikanischen Freak-Literatur völlig unverantwortliche ›Rezepte‹ gefunden, die im ›Californian style‹ als »Tickets« angepriesen wurden. Ich habe darüber mit einigen befreundeten Nachtschattengeistern gesprochen, und sie bitten mich, dem Leser dieses Buches folgendes mitzuteilen:

1. Sie wollen nicht aus Jux und Tollerei gerufen werden. Wenn sie Lust verspüren, eine Bekanntschaft zu machen, dann werden sie es den Betreffenden schon wissen lassen.
2. Die Fahrkarten, die sie austeilen, sind bisweilen *einfach*; es fehlt die Rückfahrkarte.

H. P. D.

§ 1 Hexensalben: Mittel für den Flug zum Sabbat oder für dämonisches Blendwerk?

»Jetzt bin ich leicht,
jetzt fliege ich,
jetzt sehe ich mich unter mir,
jetzt tanzt ein Gott durch mich.«

Nietzsche

Im Jahre 1661 gab Ursula Kollarin, die später zusammen mit einigen anderen Leuten im steirischen Gutenhag als Hexe erdrosselt und verbrannt wurde, zu Protokoll, die »alte Wollwerkthin« habe »sie allesamt mit einer schwarzen Salbe unter den Jaxen angeschmiert, auf welches allen der Leib fedrig geworden und alsbald am Rohitschberg gleichsam wie Storchen geflogen«. Als sie auf dem dortigen Gelage zudem noch von dem Wein genossen habe, sei »ihr Kopf gleichsam ohne Vernunft gewesen«. Auch der siebzigjährige Michael Zotter berichtete, er »Wehre maistentheils rauschig gewesen«, zumal so sehr, daß er beim Fliegen nicht so recht »nachher komben mögen«, und eine weitere als Hexe angeklagte Frau verlautete, der Teufel selber habe ihr die Salbe unter die Achseln gerieben und »hab ihro den Sinn benumben«. Den meisten von ihnen war der Böse zum erstenmal begegnet, als sie im Wald nach Schwammerln suchten oder auf dem Feld arbeiteten.[1]

Vor ein paar Jahren sagten drei als Hexen verdächtigte Shona-Frauen vor einem rhodesischen Gericht aus, sie hätten sich splitternackt draußen im Busch, und zwar in der Nähe dreier gewisser Bäume getroffen, hätten sich mit einer weißen Salbe (*mushonga*) die Hände und das Gesicht

eingeschmiert, »um nachts zu fahren«, vornehmlich auf dem Rücken von Hyänen oder Ameisenbären.[2] »I felt things going very dark«[3], berichtete eine der Frauen namens Netsayi (in der Übersetzung des etwas fassungslosen Ethnographen), »and felt as if I wanted to vomit.« Und die Hexe erläuterte: »On each occasion we travelled about naked and we appeared to travel through the air. I remember three kraals we visited . . .«[4]
Ähnliche, indessen etwas anmutigere Nachrichten kommen aus der Südsee. Bevor die Hexe auf dem Normanby-Archipel in die Unterwelt *numu* fliegt, badet sie sich und ölt ihren Leib mit »leaves and magic« ein, was immer das heißen mag. Jetzt glitzert sie in der Pracht eines farbigen Paradiesvogels, und »Paradiesvogel« ist nun auch ihr Name. Auf solche Weise vorbereitet, begibt sie sich zu dem Nadelbaum *kayaru*, klettert dessen Stamm hoch und flattert in die Ferne, um aus der Unterwelt Samen und vor allem *huyowana* zu holen. *Huyowana* heißt ›Glück‹.[5]
Fragen wir nach den Bestandteilen derartiger Salben und Öle, so lassen uns die Akten der europäischen Hexenprozesse meistens im Stich.[6] Nachtschattendrogen, die uns, wie man sagt, heiß machen »wie einen Rammler, blind wie eine Fledermaus, trocken wie einen Knochen, rot wie eine Runkelrübe und verrückt wie eine Henne«, tauchen überraschenderweise nie auf, wie überhaupt äußerst selten Giftpflanzen erwähnt werden. Eine der wenigen Ausnahmen bieten die Akten der Agnes Gerhardts, die im Jahre 1596 bekannte, sie und ihre Genossinnen hätten sich, um »wie die haalgenß«, zum »dantz« zu fahren, »vf den fußsolen mit salben geschmiert«, und weiters, »sie nehme reinfarn, nießwurz, haselwurz vnd brat es mit eim ei in butter, das gebe die salben«.[7]

Die mittlerweile berühmt gewordenen Hexensalben-Rezepte stammen nicht aus Prozeßakten, sondern aus verschiedenen Schriften und Tractaten von Männern, die sich mit der *magia licita*, mit »natürlicher Magie« beschäftigten, also Ärzten, Astrologen und anderen Wissenschaftlern, die peinlich darauf bedacht waren, daß man sie nicht mit dem bösen Feind in Verbindung brachte, und deren genaue Quellen fast immer im dunklen bleiben. Johannes Weier etwa, der Leibarzt des Herzogs von Jülich-Cleve-Berg und ein Schüler Agrippas von Nettesheim, nennt »Kinderfeiste / wie sie sagen / vnd Eppichsafft / Wolffskraut / Tormentill / Solano vnd Ruß«[8], der Philosoph Francis Bacon meint: »The ointment that witches use is reported to be made of the fat of children digged out of their graves; of the juices of smallage, wolf-bane, and cinquefoil, mingled with the meal of fine wheat. But I suppose that the soporiferous medicines are likest to do it; which are henbane, hemlock, mandrake, moonshade, tobacco, opium, saffron, poplar-leaves, &c.«[9] Andrés Laguna spricht im Jahre 1570 von einer »cierto ungüento verde como el Populeón con el cual se (d. h. die Hexen) untaban, cuyo olor era tan grave y pesado que mostraba ser compuesto con yerbas en último grado frías y soporíferas, cuales son la cicuta, el solano, el beleño y la mandragora«[10]; Johannes Valvasor erwähnt als Bestandteile einer Krainer Hexensalbe, die bei dem Weibe bewirke, »dass sie vermeynet, sie sei geflogen«, und von »lauter Tanzen, Fressen, Sauffen, Musik und dergleichen träumt«, Fünffingerkraut, Tollkirsche (»Schlaff-Nacht-Schatten«), »Wassermelk«, »Ackerwurtz«, »Eppich« und »Wolffswurtz«[11], also den hochgradig giftigen Sturm- oder Eisenhut, der schon bei der bloßen Berührung böse Entzündungen hervorzurufen vermag; und schließlich verdanken wir eine der frühesten Angaben dem bayerischen Hof- und Leibarzt Harttliepp, der im Jahre 1456 schrieb: »Zu sölichem farn nützen auch man vnd weib, nehmlich die vnhulden ain salb die haist *vngentum pharelis*, die machen sy vß siben krewtern vnd prechen yegliches krautt an ainem tag, der dann demselben krautt zugehört, als am suntag prechen vnd graben sy solsequin, am mentag lunariam, am eretag verbenam, am mittwochen mercurialem, am pfintztag barbon jonis, am freytag capillos veneris, daruß machen sy dann salben mit mischung ettlichs plütz von vogel, auch schmaltz von tieren, das jch als nit schreib, das yemant daruon sol geergert werden, wann sy dann wöllen so bestreichen sy penck oder seüll rechen oder ofengabeln vnd faren dahin.«[12]

Wie ist nun verständlich zu machen, daß in den Prozeßakten selber von solchen teilweise ›halluzinogenen‹ Salben kaum die Rede ist? Wie können die Bestandteile derartiger Öle und Salben den bohrenden Fragen der Richter und Inquisitoren entgangen sein?

Eines dürfte zunächst wohl unwidersprochen bleiben: Die meisten der unglücklichen Menschen, die zu Beginn der Neuzeit das Opfer jener Verfolgungen wurden, die an Grausamkeit kaum dem nachstehen, was heute aus den Verließen Chiles oder Kambodschas in die Tagespresse dringt, hatten sich weder jemals mit einer ›Hexensalbe‹ eingerieben, noch auch nur daran gedacht, wie die Schneegänse auf den »dantz« zu fliegen.[13] Meist waren sie ganz gewöhnliche Bauern oder Bürger, die in die Maschinerie eines Terrorapparates gerieten, der täglich neue Opfer forderte, um seine Existenz zu rechtfertigen.

Aber es muß noch im Zeitalter der Renaissance und vereinzelt auch später insbesondere Frauen gegeben haben, die mit der Hilfe gewisser Salben in eine Erstarrung fielen, wie es eine ganze Reihe zeitgenössischer Beobachter schildert[14], und die danach Wunderliches von mitunter recht anstrengenden Flügen[15] und orgiastischen Tänzen zu berichten wußten[16].

Warum jedoch schweigen die Prozeßakten über derartige Augenzeugen und über die Ingredienzien der Öle und Salben?

Schaut man sich beispielsweise jene »Fragstuckh auf alle Articul / in welchen die Hexen vnd vnholden auf das allerbequemst möge examiniert werden« etwas genauer an, dann fällt einem auf, daß die Gewissenhaftigkeit der richterlichen Fragen sich zwar darauf bezieht, »obs sie« auf dem Besen »vorn oder hinden gesessen«, oder »wie sie sich in der Luft erkhennen mögen, wo sie seye«[17], daß jedoch nach der Zusammensetzung der Salbe, wenn überhaupt, dann nicht mit vergleichbarer Intensität nachgeforscht wurde.[18] *Wenn* derartige Fragen gestellt wurden, dann waren es zumeist Suggestivfragen, welche die ›Hexe‹ ihrer Sprache beraubten und in denen die gewünschte Antwort fast vollständig enthalten war.[19] Dies geht etwa aus jenem Interrogarium hervor, welches das Landrecht von Baden-Baden aus dem Jahre 1588 vorschrieb und in dem die Ungeduld, zu den vorherbestimmten Antworten zu gelangen, in die Augen springt. Zusehends verlieren die Fragen ihre Frageform und werden in Behauptungen umgebogen:

»Wormit sie gefahren? Item wie solches zugericht und was Farb sie habe? Item ob sie auch eine zu machen getraute?[20] Dann als offt habe sie Menschenschmalz haben müssen und folglich so viel Mord begangen, weil sie auch gemeinlich das Schmalz aussieden oder im Braten schmälzen, sollen sie gefragt werden: was sie mit dem gekochten und gebratenen Menschenfleich gethan? Item: brauchen allezeit zu solchen Salben Menschenschmalz, es sei gleich von todten oder lebendigen Menschen[21], deßgleichen desselben Bluts, Farrensamen[22] etc., des Schmalzes aber ist allezeit dabei.«[23]

Da in den allermeisten Fällen[24] die Realität des Hexenfluges von den Richtern *vorausgesetzt* wurde[25], war auch bereits in der Frage impliziert, daß die Hexe nicht sich selber, sondern ihr Flugobjekt, also den Besen, den Geißbock oder die Gerstel, mit welcher man das Brot in den Ofen schob[26], gesalbt hatte. So lautet beispielsweise die entsprechende Frage im Interrogarium der elsässischen Malefizgerichte: »Wie sie die Salb macht, damit sie die Gabel schmiert?«[27], und die Salbe selber wurde bisweilen nachgerade »Besenschmalz« genannt.

Die Rolle, die bewußtseinsverändernde Pflanzen bei einigen dieser Hexenflüge gespielt haben werden, wurde vermutlich deshalb nicht nur heruntergespielt, sondern ganz verschwiegen, weil ansonsten – wie es bei den zitierten Ärzten, Philosophen und Magiern, etwa Porta, Weier oder Cardanus, auch der Fall war[28] – eine *natürliche* Erklärung für derartige Phänomene nahegelegen hätte, die dem Teufel – wenn überhaupt – nur eine sehr bescheidene Bedeutung belassen hätte.[29] Die ideologische Funktion, die ihm zugedacht war, nämlich ein mächtiger Feind und Verführer der Christenmenschen zu sein, hätte er kaum erfüllen können, wenn ihm nichts als die Rolle eines Gauklers geblieben wäre, der in den Köpfen der Hexen ein bloßes Blendwerk aufflammen ließ.[30]

In einigen der Prozesse läßt sich überdies ganz gut verfolgen, wie der böse Feind in den Berichten der Hexen und Zauberer zunächst gar nicht vorkommt[31] und wie er im Laufe der Prozesse den Angeklagten als ein völlig fremdes Element aufgezwungen wird. Es läßt sich also erkennen, wie in manchen Fällen die offensichtliche Schilderung wirklicher Erfahrungen von aufgenötigten Fiktionen, die der Vorstellungswelt der Richter entstammen, abgelöst wird.

Der Zauberer, Kräuterkundige, Krystallseher und Nachtfahrende Diel Breull aus Calbach berichtet im Jahre 1630 beispielsweise zunächst, »daß er das Jahr uber viermal nemblich alle fronfasten in berg führe« und »er wüste selbst nicht, wie er darein keme (an einem andern orte: wan die Zeit keme, müste er fort und lege da gleichsam als ob er tot were)« und »bekante nechst deme, er were ein nachtfahr; fraw Holt (zu der er führe) were von forn her wie ein fein weibsmensch, aber hinden her wie ein holer baum von rauhen rinden[32], im Venusberg hette er das gekreut zum theil lernen kennen.«

Nach dieser Schilderung, die den Richtern allem Anschein nach herzlich wenig behagte, wurde er in die Tortour genommen, und plötzlich gelang es ihm, das Gericht zur Genüge zufriedenzustellen.[33] Nun heißt es, er habe dem Herrn entsagt mit den Worten »hier stehe ich uff der mist und verleugne den herrn Jesum Christ«[34], dann sei der Teufel aufgetaucht und dergleichen mehr.[35]

Auch im Falle Hans Buochmanns aus Römerswil, der am 15. November 1572 unweit von Sempach »jn Lüfften hinweg jn ein frömd Land getragen, da er sych selbst nitt erkennen ouch nitt by jme selbst gwesen«, kann man recht deutlich die *Beschreibung* der Erfahrung, die er machte, als er »by nacht durch ein holz gangen, unn zu einer stapfen[36] kommen«, nämlich daß er »ein ruschen gehört als wen ein grosser ymmb dahar fluge, glych daruff trummen unn pfyfen, auch allerleyn seytenspil«, von der *Interpretation* trennen, die diesem Erlebnis von den Verhörspersonen gegeben wurde: »in dess hatt in der bös fyend erwüscht, unn in die lüfft hinweg geweyt, das er nütt gwüsst vier tag und vier nächt, wo er gewäsen.«[37]

Schließlich wird auch in einem schottischen Hexenprozeß eine Fee kurzerhand dämonologisch uminterpretiert. So heißt es von einem gewissen Andro Man aus Aberdeen im Jahre 1597, er habe über Jahre hinweg »carnall deall« mit einem »devilische spreit« gepflegt, nämlich einer Elfenkönigin, von der die Akten behaupten, sie sei niemand anderes als der Teufel gewesen: »Thriescoir yeries sensyne or thairby, the Devill, thy maister, com to thy motheris hous, in the likness and scheap of a woman, quhom thow callis the Quene of Elphen«; und weiterhin: »Vpon the Ruidday in harvest, in this present yeir, quhilk fell on ane Wedinsday, thow confessis and affermis, thow saw Christsonday cum out of the snaw in likness of a staig[38], and that the Quene of Elphen was their, and vtheris with hir, rydand vpon quhyt haiknayes . . .«.[39]

Immer wieder tauchen in solchen Berichten Frauengestalten wie die »fraw Holt« oder die »Quene of Elphen« auf, und es ist mehr als wahrscheinlich, daß die Angeklagten diese geisterhaften Frauen der Wildnis unter dem Druck ihrer Inquisitoren mit dem Bösen identifizierten. Schließlich wurde nicht selten das Femininum *unholda* als Bezeichnung für den Teufel verwendet, wie dieser auch in einem alpenländischen Hexenprozeß »die alte Perchtl« genannt wurde.[40]

Die Gestalt des Teufels wurde also wohl in vielen Fällen oktroyiert, und diese Verkörperung aller Schlechtigkeit durfte nicht mit irgendeinem dahergelaufenen Waldgeist oder einer moralisch ambivalenten Elfe verwechselt werden, mit denen das Landvolk seit unvordenklichen Zeiten sein Auskommen hatte. Vermutlich wußten auch viele Angeklagte von Anfang an, welche Sprache von ihnen erwartet wurde, und es mag manchen unter ihnen ergangen sein wie jenen Männern vom Stamme der Kurnai, die – wie einer von den Oldtimern der Australienforschung, Howitt, erzählt – von einem Ethnologen gefragt wurden, wen eine der Gestalten darstelle, die auf eine Felswand gemalt waren. »After consulting together for a few minutes, one of them said: ›We think that he is Jesus Christ.‹ When this answer proved unsatisfactory, they laid their heads together again, and after mature deliberation declared that he must be the devil.«[41]

Zum zweiten hätte es eine ungehörige Machtminderung des Bösen bedeutet, wenn ersichtlich geworden wäre, daß dieser lediglich mit der Hilfe betörender Kräuter die Sinne der Hexen und Zauberer verwirrt hätte. Ein Teufel, der nur auf die Seele und nicht auf die Welt der materiellen

Dinge zu wirken vermag, ist kein Wesen, mit dem sich viel Staat machen läßt. Denn wenn man erst einmal zu der ›Drogenerklärung‹ gegriffen hätte, hätte dann nicht auch die Konsequenz nahegelegen, den Teufel überhaupt wegzukürzen, nach dem scholastischen ›Rasiermessersatz‹ des ›entia non sunt multiplicanda praeter necessitatem‹? In der Tat machten sich ja bereits in den Schriften einiger gelehrter Magier und Mediziner, denen wir heute die Hexensalbenrezepte verdanken, derartige Tendenzen, wenn auch noch recht schüchtern, bemerkbar.

Wie die Bedeutung bewußtseinsverändernder Pflanzen heruntergespielt wurde, wird auch sehr deutlich in jener Erklärung der Heiligen Inquisition bezüglich des Peyote-Kaktus in Neuspanien, in der dieser Pflanze die Macht abgesprochen wurde, jene Phantasmen hervorzurufen, von denen die Indios allem Anschein nach irregeleitet wurden und die allein das Werk des ›Herrn aller Lügen‹ sein sollten:

»Es accion supersticiosa y reprouada oppuesta à la pureça, y sinceridad de nuestra Santa Fee Catholica, siendo ansi, que la dicha yerba, ni otra alguna no pueden tener la virtud, y eficacia natural que se dize para los dichos effectos ni para causar las ymagines, fantasmas y representaciones en que se fundan las dichas adeuinaciones y que en ellas se vee notoriamente la sugestion, y asistencia del demonio, autor deste abuso.«[42]

In gewisser Weise hatte die Heilige Inquisition natürlich recht! Denn ihr Interesse war kein psychologisches oder pharmakologisches, es ging ihr weniger um die naturwissenschaftlichen Aspekte irgendwelcher Sinnesverwirrungen oder Halluzinationen als solchen, sondern eher um die *Inhalte* derartiger Zustände und um deren Herkunft, und wenn sich heutzutage einer der führenden Ethnopharmakologen mit der Einsicht brüstet, *er* wisse im Gegensatz zu den indianischen Zauberern, daß die Natur der Giftpflanzengeister eine chemische sei[43], dann erkennt man leicht, daß die Heilige Inquisition noch ein sehr viel feineres Gespür für ihren Gegenstand hatte als so mancher Wissenschaftler unserer Zeit.

Selbst der spanische Arzt Juan de Cárdenas gab zwar auf der einen Seite zu, daß die Zauberkräuter gewisse Träume, Verwirrungen und andere schreckliche Dinge in den Köpfen der Heiden hervorrufen könnten, doch diese Verruchten seien vom Teufel angestiftet, jene Kakteen, Kräuter und Pilze einzunehmen, auf daß ihre Seelen in Dunkelheit versenkt würden. Die Pflanzen alleine seien niemals in der Lage, den Teufel erscheinen zu lassen.[44]

»Und wenn du ein Kraut nimmst«, gab der Sioux Lahmer Hirsch dem Ethnologen zu bedenken, »nun gut, auch ein Metzgergeselle hinter seiner Ladenkasse hat eine Vision, wenn er Peyote ißt.«[45] (Ein Wink für so manchen Freak in der Subkultur!)

Erst in späterer Zeit, als die wissenschaftliche Aufklärung sich entfaltete und die Feen und Elfen ins Unterbewußtsein vertrieb, und als man nicht mehr an der um sich greifenden Feststellung vorbeikam, daß zum mindesten ein Teil der Hexen Scheinwahrnehmungen zum Opfer fiel, daß sie also nicht wirklich flogen, sondern sich dies nur einbildeten, verwandelte sich gewissermaßen die erkenntnistheoretische Argumentation in eine moralische.

Pierre Bayle, der – hierin ein typischer Philosoph – seinen Skeptizismus lieber in den höheren Sphären der Epistemologie flattern ließ und der außerhalb derselben zu handfesteren Urteilen neigte, macht dies mit aller Deutlichkeit klar, indem er über die Hexen, welche, wie er meint, »aucune marque d'imbécillité d'esprit« zeigten, verlauten läßt:

»Si elles se plaisent à ce songe, & si le prenant pour une réalité, elles souhaitent de retourner à ces assemblées, & pratiquent les cérémonies qui sont les préparatifs de ce

voïage, elles deviennent aussi criminelles qu'un sorcier, & sont en effet des sorciers d'imagination. Elles sont dignes par conséquent de la peine des sorciers.«[46]
Daß die Vorstellung, einige Frauen, namentlich die sogenannten Nachtfahrenden, flögen lediglich in wildbewegten Phantasien oder sie seien nur die Opfer irgendeines dämonischen Blendwerks, durchaus neben der Meinung, die ›neue Sekte‹ der Hexen flöge tatsächlich »wider den gemeinen brauch / vnd die Natur selber«[47] bestehen konnte[48], daß aber diese beiden Gruppen von dämonisierten Menschen nicht immer auf eine klare Weise voneinander unterschieden wurden[49], läßt sich etwa an dem ersehen, was der bekannte und wortgewaltige Fastenprediger Johann Geiler von Kaisersberg im Jahre 1508 in Straßburg von der Kanzel herunter verkündigte. Heißt es auf der einen Seite:
»Nun fragestu: Was sagstu uns aber von den weibern, die zu nacht faren und so si zusamen kumen? Du fragest, ob ettwas daran sei. Wen sie faren in fraw Venusberck, oder die hexen, wenn sie also hin und her faren, faren sie oder bleiben sie, oder ist es ein gespenst? Nun zum ersten sprich ich, das sie hin und her faren und bliben doch an einer stat, aber sie wenen sie faren, wan der teuffel kan inen ein schein also in kopff machen und also ein fantasey«,
so ist man ein wenig verblüfft, wenn Geiler auf der anderen Seite predigt:
»Das ist eine gewisse regel in der matery, das der teuffel kan ein ding von einem ort an das ander tragen, das leiplich ist (per motum localem), durch die angeschöpffte stercke, di er hat von got dem allmechtigen. Daher kummet es, wann ein hex uff ein gabel sitzt und salbet die selbig und spricht die wort, die sie sprechen sol, so fert sie dan dahin, wa sie numen wil. Daz hat die gabel nit von ir selber, die salb thuot es auch nit.«[50]
Auf den ersten Blick scheint sich Geiler hier selber zu

widersprechen, doch auf den zweiten sehen wir, daß er zwar dem Teufel zutraut, die Hexen im eigentlichen Sinne, jene ›neue Sekte‹, die nach den Berechnungen des Dominikaners Silvestro Mozzolino im Jahre 1404 damit begonnen hatte, unsere Welt heimzusuchen[51], in die Lüfte zu ihren Buhlschaften fortzutragen, daß aber eine andere Gruppe von Menschen, jene nachtfahrenden Weiber, die seit alters in der Anschauung des Volkes mit heidnischen Göttinnen des Nachts die Wälder durchstreiften und die in den Venusberg entrückt wurden, daß diese Weiber also nach des Predigers Meinung nur das Opfer von allerlei »fantaseyen«[52] wurden, denen nichts in der Wirklichkeit entsprach.[53]

Solche Nachtfahrenden waren insbesondere dem Landvolk bekannt, und man wußte, daß sie sich bisweilen mit geheimnisvollen Pflanzensalben einrieben, worauf ihr Leib in eine Erstarrung fiel und ihre Seele oder was auch immer in die Wildnis entwich.[54] Zu diesen Frauen muß auch jene alte »Zaubervettel« gehört haben, die von sich behauptete, mitunter im Gefolge der Diana auszufliegen und bei der Domina Venus zu verweilen, und mit der sich einst ein Dominikanerpriester verabredet hatte, um ihre angeblichen Flugkünste unter die Lupe zu nehmen:

»Da es nacht ward, da sie faren wolt, da rufft sie im; da sie faren wolt, da legt sie ein multen uff ein banck, da man deck in macht in den dörffern[55], und besunder in dem land bachet jedermann selber. Da sie in der multen also sass und sich salbet mit öl und sprach die wort, die sie sprechen solt, da entschlief sie also sitzen. Da wont sie, sie für und het semliche freud inwendig, das sie fechtet mit henden und mit füssen, und facht also fast daz die mult über den bank ab fyel, und lag sie under der multen und schluog ir ein loch in den kopff.«[56]

Gleichermaßen wird es sich in jenem mittlerweile fast berühmt gewordenen Augenzeugenbericht des neapolitanischen Magiers und Gelehrten Giambattista della Porta um eine Nachtfahrende gehandelt haben, die Porta allerdings – wobei er sich vielleicht auch in der Form, die er seinem Erlebnis gab, an einer Geschichte Lukians orientierte[57] – als eine *striga* bezeichnete:

»Als ich nun solchen dingen mit gantzem fleiß ein scharpffes nachgedencken hat (denn daß ich eben die warheit bekenn vn verjähe / so hab ich selbst in der sach gezweiflet) ist mir eine alte Vettel an die hand gestossen (derē nemlich eine / welche in Lateinischer Zungen einem Nachtuogel nach / dieweil sie / als man vermeint / den jungen Kindern nächtlicher weise das Blut außsaugen / Stryges genent werden) die hat mir freywilliglichen zugesagt vnnd versprochen / sie wölle mir in eyl vber meine fragē guten bescheid bringen / Heisset derhalben mich vn alle die so bey mir waren / hinauß gehen. Nach dem sie nun außgezogē / hat sie sich gantz vnd gar / ich weiß nit mit was Salbē / geschmieret / welches vns den durch ein spaltlein der Thüren wol ist zusehen gewest. Also ist sie auß krefftiger wirckung der schlaffendmachenden Salben zu boden gefallen / vnnd in einen tieffen schlaf versuncken. Wir aber sind zugefahren / die Thür geöffnet / vnd jr die haut ziemlich erbehrt. Aber so hert hat sie geschlaffen / daß sie es nit vmb ein haar empfunden hette. Nach solchen sind wir widerumb hinauß gewichen / der sachen weiters außwarten wöllē. So bald nun der salbung krafft nachgelassen / ist sie eins mals erwachet / vnd viel seltzamer stemponeyen / wie sie vber Berg vnd thal gefahren sey / erzehlet. Wir verneineten es / sie wolt recht haben / wir wiesen jhr die streich / aber es war verlorn / in summa / es war bey jhr all vnser fürnemen vnd handeln / nit anderst / denn als der in einen kalten Ofen blast.«[58]

Ich habe kurz erwähnt, daß der Augenzeugenbericht Portas in auffälliger Weise an eine Anekdote in Lukians Geschichte *Lucius und der Esel* erinnert, in welcher eine *striga*

Abb. 1 Anonym, Bei Ancona gestrandeter Wal, Italien 1601, Kupferstich

durch einen Türspalt hindurch beobachtet wird, wie sie sich einölt, um sich in eine Eule zu verwandeln, und ähnliche Szenen werden auch hierzulande in Sagen berichtet. Können wir also solchen angeblichen Augenzeugen wie dem Neapolitaner trauen?

Betrachten wir den römischen Stich aus dem Jahre 1601, auf dem ein Wal zu sehen ist, der im selben Jahr bei Ancona an Land gespült wurde (Abb. 1). Es heißt, dieser Stich sei von einem Augenzeugen des Vorfalls angefertigt worden (»ritratto qui dal naturale appunto«).[59] Wenn man vielleicht von den allzu ohrenähnlichen Kopfflossen des Tieres absieht, würde man diesen Stich wohl für eine recht naturgetreue Darstellung des in der Nähe Anconas gestrandeten Wales halten. Indessen wird man dem italienischen Künstler gegenüber etwas skeptischer eingestellt sein, wenn man (Abb. 2) betrachtet, die einen Stich des Holländers Goltzius aus dem Jahre 1598 zeigt. Der hier dargestellte Wal war auf einen holländischen Strand gespült worden.

Zeigen diese beiden Bilder nun, daß der Italiener, der den

Abb. 2 Nach Henrik Goltzius, In Holland gestrandeter Wal, 1598, Kupferstich

Nordsee-Wal spiegelverkehrt wiedergab und lediglich dessen ausgefahrenen Penis schamhaft zurückschnurren ließ, aller Wahrscheinlichkeit nach gar kein Augenzeuge war?

Ich glaube, wir sollten dem Italiener ebenso trauen wie seinem niederländischen Kollegen. Denn zu jener Zeit goß man recht gern Ereignisse oder Gegenstände, die man selber gesehen oder erlebt hatte, in eine feststehende und oft in eine altüberlieferte Form. Vermutlich war es für den italienischen Künstler weniger wichtig, den Betrachtern seines Stiches mitzuteilen, in welcher Lage sich der tote Wal befand oder wie viele Leute auf ihm herumkrabbelten. Von größerer Bedeutung war die Nachricht, *daß* bei Ancona ein riesiges Meeresungetüm an den Strand gespült worden war.

Ähnlich scheinen mir die Dinge im Falle der Berichte über die sich einschmierende Nachtfahrende zu liegen. Einem

Mann wie Porta kam es wohl weniger auf einen wahrheitsgetreuen *Detail*bericht über den Vorgang an. In erster Linie wollte er mitteilen, daß es tatsächlich »alte Zaubervetteln« gab, die sich mit Pflanzensalben einrieben, und die danach vermeinten, durch die nächtlichen Wälder zu fliegen. Zur Darstellung seines Erlebnisses benutzte er ein Muster aus der antiken Überlieferung, das den Kontrast zu der Anschauung, die Porta mit seinem Bericht widerlegen wollte, zudem noch schärfer hervortreten ließ. Denn die *striga* Lukians hatte sich tatsächlich in eine Eule verwandelt und war aus dem Fenster geflattert, und dies entsprach ja auch der verbreiteten Meinung im Zeitalter der Renaissance.

Wir haben also gesehen, daß allem Anschein nach die Meinung, die Teufelsbündnerinnen schmierten sich vor ihren Flügen zum Sabbat, auf die nachtfahrenden Weiber zurückgeht, die sich tatsächlich mit teilweise ›halluzinogenen‹ Salben einrieben. Auch bei jenen sogenannten, »gude wychties« oder dem »cunning folk«[60] der ehemalig keltischen Länder, die mit den Waldfeen in Verbindung standen, tauchen solche Salben auf. So benutzte offenbar die berühmte Ladie Alice Kyteler, der das doppelte Mißgeschick widerfuhr, im Jahre 1324 hingerichtet und sechshundert Jahre später von Professor Murray zur Stützung ihrer etwas abenteuerlichen Hexenkulttheorien herangezogen zu werden, eine »oyntment, wherewith she greased a staffe, upon which she ambled and galloped through thick and thin, when and in what maner she listed«[61], und eine norddeutsche Sage berichtet von einer Hebamme, die von den »witten Wiewern« in den Berg geholt wurde, wo sie sich unbemerkt ein wenig »Elfensalbe« unter die Augen schmieren konnte, was sie auch nach ihrer Rückkehr in die Welt der Sterblichen befähigte, die Unterirdischen zu sehen.[62]

§ 2 Von der Löwin der Weiber zu den Nachtfahrenden

»A u na tingana
Famba b'sikwin?«
(Schämst du dich nicht,
nachts zu fahren?)

Lied der Tsonga

Was für Frauen waren nun aber diese sogenannten »nachtfahrenden Weiber«, und was für ein Wesen war jene Diana, in deren Gefolgschaft diese Frauen angeblich durch die nächtlichen Wälder schweiften?

Artemis, einstmals die »Löwin der Weiber«, von den Griechen zur Keuschheit verpflichtet[1], war eine uralte Frauengöttin, eine Göttin nicht der agrarischen, vielmehr der vegetativen Fruchtbarkeit[2] und auch eine Baumgöttin, aber wiederum nicht eine Herrin der kultivierten, von den Menschen gezogenen Bäume, sondern der unbeherrschten, wildwachsenden Natur, hierin nicht unähnlich dem Baumgott Dionysos, der nicht ein Gott des Weines schlechthin, vielmehr des wilden Weines war.[3]

Das hölzerne Standbild der Artemis Orthia war von Lygoszweigen umwunden[4], weshalb die Göttin auch Lygodesma, »die in Weiden Gebundene« genannt wurde, und diese Zweige schlangen sich vornehmlich um die über den Brüsten gekreuzten Arme. Eine derartige Verschränkung der Arme war gewissermaßen die entschärfte griechische Variante des nach vorne Pressens der nackten Brüste, das für jene Liebes- und Fruchtbarkeitsgöttin vorindogermanischer Völker bezeichnend war[5], deren Nachfolge die etwas sprödere und zahmere Artemis angetreten hatte.

Doch aller Sprödigkeit zum Trotz brach bisweilen bei den

verschiedenen Ausformungen der Artemis ein anderes Wesen hervor. So schwärmte und tobte etwa die lakonische Artemis Karyatis mit ihren Baumnymphen, den Karyatides, mit offenem Haar und ungegürtetem Peplos[6], langgezogene Schreie ausstoßend in wilder Jagd durch die Natur, zumal wenn an gewissen Tagen im Jahr die Fesseln der Bäume gelöst wurden und die Frauen die Freiheit für ihre ekstatischen Tänze erlangten.
Artemis Lyaia in Syrakus hieß die »Löserin«, denn sie löste sich selber wie die Frauen, die ihre Gefolgschaft bildeten.[7] Die Tänze der Artemis Alpheiaia und mehr noch die der Artemis Korythalia, die, wie es ein Gelehrter des vorigen Jahrhunderts etwas verlegen ausdrückt, »vermuthlich nicht die züchtigsten waren«[8] und bei denen ekstatische Frauen sich künstliche Phallen vorbanden – wir werden später hierauf zurückkommen –, waren bereits in der Antike berüchtigt.[9]
Außergewöhnliches fand während solcher Feste statt. Strabo berichtet, daß es im kappadokischen Kastabala einen Tempel der Artemis Perasia gab, in welchem die Priesterinnen der Göttin mit nackten Füßen über glühende Kohlen schritten, ohne sich dabei die Haut zu versengen[10], und vielleicht gehen jene wilden Tänze der Nestorianerinnen während des Festes des heiligen Konstantin, bei denen die Tänzerinnen, wie ein Volkskundler berichtet, mit den Armen herumschlagen, »als wenn sie fliegen würden«[11], und leichenblaß, mit halb geschlossenen Augen bis zu den Knöcheln in die Glut treten, auf derartige Feste der Artemis zurück.
Einige solcher Ereignisse scheinen, in archaischen Zeiten zumal, Initiationsfeste der Frauen gewesen zu sein. Bei den Brauronia an der Ostküste Attikas tanzten Jungfrauen[12] der Artemis, Arktoi, »Bärinnen« genannt, in safranfarbenen Gewändern[13] und einstmals sicherlich in Bärenfellen, um sich in Bärinnen zu verwandeln.[14] Insbeson-

dere von dieser Artemis hieß es, sie riefe den Wahnsinn hervor, aber sie heile ihn auch.[15]

Auch die italische Diana, mit der später die Artemis verschmolzen wurde, war eine Göttin der wilden Tiere und als Herrin der Wölfe zumal die Gebieterin all derer, die *außerhalb* der Kultur, jenseits der Ordnung lebten, die Herrin der Vogelfreien und der Fremden[16], aber auch eine Göttin des Krieges war die Artemis, der die siegreichen griechischen Truppen nach der Schlacht von Marathon ein Ziegenopfer abstatteten.[17] Sie, die Visionen hervorrief, und in deren Tempel entlaufene Sklavinnen und Sklaven wie auch flüchtige Verbrecher Unterschlupf fanden[18], wurde insbesondere vom einfachen Volk verehrt.[19]

Diese Diana wurde nördlich der Alpen sehr bald mit keltischen Naturgöttinnen und Herrinnen der Tiere identifiziert, über deren Wesen wir nicht sehr viel wissen.[20] Vor allem in der Umgegend von Trier, in der sich noch lange nach der fränkischen Besetzung gegen Ende des fünften Jahrhunderts heidnischer Glaube erhalten hat[21], verehrte man eine solche Diana, deren Gewand oberhalb der Gürtellinie so eng zusammengezogen war, daß die nackten Brüste freilagen[22], und es hat den Anschein, daß in der heutigen Pfalz auch Riten der kleinasiatischen Artemis, so einer Artemis-Anahita-Diana, stattfanden.[23] Bedenkt man, daß die ephesische Diana insbesondere eine Göttin des perversen, des »umgekehrten« Geschlechtslebens war[24], dann dürfte die These nicht allzu gewagt sein, daß auch die Riten dieser Pfälzer Anahita nicht zu den züchtigsten gehörten.

Diana war nach römischer Aussage die »vornehmste Gottheit in Galatien«[25] und vermutlich eine der hartnäckigsten Gegnerinnen der neuen Religion. Insbesondere gegen sie richtete sich der christliche Eifer[26], und es mag offenbleiben, wieviel Wahrheit in jener Geschichte aus der Vita des heiligen Taurinus liegt, der im fünften Jahrhundert Bischof des heutigen Evreux war, einer Geschichte, in welcher sich angeblich die Diana aus eigenen Stücken von ihren Anhängern zurückzog, indem sie diese dazu aufrief, von ihrer Verehrung abzulassen, da sie seit der Ankunft der Christen in »feurigen Ketten« gehalten werde[27], die – im Gegensatz zu den spartanischen Lygoszweigen – niemals mehr gelöst werden sollten.

Daß die Macht dieser Göttin sehr gefürchtet war und als sehr real angesehen wurde, zeigt nicht nur die Aussage des Heiligen, der ihre Stimme selber vernommen hatte, sondern noch deutlicher ein Marmortorso der Diana, der einstmals neben der Klosterkirche zu St. Matthias bei Trier stand und auf welchem eine mittelalterliche, noch im 17. Jahrhundert erneuerte Inschrift zu sehen war, in der es hieß:

»Wolt Ihr wissen was ich bin
Ich bin gewessen ein Abgottin
Da S. Eucharius zu Trier kam
Er mich zerbrach mein Ehr abnam
Ich was geehrt als ein Gott
Jetz stehen ich hie der Welt zu spot.«[28]

Es hat indessen den Anschein, daß es der Diana dennoch bisweilen gelang, ihre Ketten zu brechen.[29] In einem Schweizer Manuskript aus dem Jahre 1393 wurde jener berühmte Text aus der Rechtssammlung des Reginus, eines Abtes von Prüm[30], den zu Beginn des elften Jahrhunderts Burchard, der damalige Bischof von Worms in sein *Decretum* aufnahm[31], folgendermaßen ins Deutsche übertragen:

»Ovch ist das nút vnder wegen ze lassenne oder ze ubersehenne das etlich meintetigú wiber, die da nach dem túvel sathan bekert sint, vnd mit der túvel verspottung vnd mit fantasien oder trúgnússe sint verwiset, Das die glöbent vnd veriehent das si selber vnd ein groessú mengi wiben ritten vnd varen mit der heiden gúttinnen, dú da heisset dyana oder mit herodiade[32], vf etlichen walt tieren in der nacht stilli dur vil ertriches oder landes. Vnd das si irem gebot gehorsam sien als einer gewaltigen fröwen. Vnd das sú dú selb gúttinne ze benemten nechten rueffe zuo irem dienst.«[33]

Daß es solche Nachtfahrenden gab, die durch die nächtliche Wildnis schwärmten, scheint in jenen Zeiten des frühen und auch noch des hohen Mittelalters kaum bestritten worden zu sein. *Was* hingegen in Abrede gestellt wurde, das war einerseits, daß es sich bei Diana, der Herrin dieser Wesen, um eine wirkliche *Göttin* handelte[34], und andererseits, daß an derartigen Fahrten außer den Dämonen auch Menschen teilnehmen konnten.[35]

Im 13. Jahrhundert sah der heilige Germanus von Auxerre solche Wesen mit eigenen Augen, Gestalten, die er auf den ersten Blick für wirkliche Menschen hielt. Doch als er sich überzeugen mußte, daß eben die ihm bekannten Leute, die er erkannt zu haben glaubte, zu Hause friedlich in ihren Betten schliefen, folgerte er, daß es mit Sicherheit Dämonen gewesen waren, die lediglich die Gestalt jener schlafenden Weiber angenommen hatten.[36]

Hätten es die Christen jener früheren Zeiten als Tatsache anerkannt, daß ihre Frauen bisweilen mit der »heiden gúttinnen« einherflogen, dann hätten sie damit zugegeben, daß die von ihnen entmachtete »Abgöttin« immer noch einen bemerkenswerten Einfluß auf die Welt ausüben konnte. So wurde die Diana zwar nicht gerade ihrer *Existenz* beraubt, doch die Existenz, die sie fristete, war nur mehr eine kümmerliche. Die einstige Göttin war aus ihren Heiligtümern vertrieben, in ein Schemenreich verbannt, an welchem einige arme Weiber lediglich in »fantasien oder trúgnússe« teilhaben konnten. Man bedurfte ihrer zwar noch hie und da, um die eigene Normalität auf den Begriff bringen zu können, aber allzuviel Wirklichkeit brauchte man ihr nicht zuzugestehen. Das alte Heidentum verblich in toten Winkeln, und das neue Heidentum derer, die im Herbst des Mittelalters damit beginnen sollten, die Lygoszweige um ihre Herzen zu brechen, lag noch in weiter Ferne. Wir werden später sehen, daß *diese* Aufbegehrenden nicht mehr als Heiden ermahnt, sondern als Ketzer am christlichen Glauben verfolgt und vernichtet werden sollten. Denn bei ihnen handelte es sich nicht länger um Relikte einer abgelebten Zeit, die sich etwa als ein paar nachtfahrende Frauen über die Jahrhunderte hinweg in die Renaissance gerettet hatten. Nicht von *draußen* im Sinne von abgelegenen Dörfern oder Wäldern kam die »neue Sekte« der Hexen, sondern von *drinnen*, oder wie es vielleicht Lévi-Strauss gefallen würde zu sagen: vom *draußen des drinnen*. Und gerade weil das Gesicht der Hexe, viel mehr als das der Nachtfahrenden, für die Verwalter der Ordnung das eigene Gesicht in seiner Nachtseite war, wurde es als Realität, wenn auch als eine *Realität der Anderen* betrachtet.[37] Schneewittchens Stiefmutter mag ihr zweites Gesicht nur sehen, wenn es nicht ihr eigenes, sondern das des Spiegels ist.

Wenn also ein Geiler sagen konnte, die Nachtfahrenden phantasierten nur, die Hexen hingegen flögen wirklich, dann hatte er in gewisser Weise recht. Die Wirklichkeit der Nachtfahrenden war dahin, und keine Theorien à la Margaret Murray können sie für den Beginn der Neuzeit zum Leben erwecken. Doch die Hexe war – wenn auch als Zerrbild – die Wirklichkeit einer Zukunft, die nicht wahr werden durfte.

§ 3 Die Vagina der Erde und der Venusberg

»What name, we bilong belly all the same.«

Eingeborener vom Sepik

Die nachtfahrenden Weiber, die sich, auf welche Weise auch immer, »in der nacht stilli« vereinten, um in einer mehr oder weniger wilden Verzückung »dur vil ertriches oder landes« zu schwärmen, taten dies, wie wir gesehen haben, unter der Führung eines Wesens, das zumindest von den mittelalterlichen Berichterstattern Diana genannt wurde. Diese Diana haben wir über die Artemis, die »unbezwungene Jungfrau«, wie sie in der *Odyssee* heißt, bis zu einer vorindogermanischen Göttin zurückverfolgt, die ihre Brüste nach vorne preßte und die den Taumel und bisweilen den Wahnsinn hervorrief. Aber was war dies für ein Wesen, und in was für einer Lebensform hatte es seinen Platz?

Wir haben bereits angedeutet, daß diese uralte Göttin zwar als *parthenos*, als Jungfrau bezeichnet wurde, daß dieses Wort jedoch in älteren Zeiten eine etwas andere Bedeutung hatte als bei den späteren Griechen. Das Wort hatte ursprünglich nicht den Sinn, den wir auch heute noch mit ›Jungfrau‹ verbinden, es bezeichnete vielmehr eine freie, keinem Manne untertane Frau[1], und es ist anzunehmen, daß sich die Griechen in der Gestalt der unbemannten Amazone noch eine ferne Erinnerung an diesen Typ von Frau bewahrt haben[2], wie die Amazonen ja auch als Verehrerinnen der Artemis bekannt waren.[3]

Der Prototyp der Artemis, die ungebundene Herrin der Vegetation, läßt sich wohl bis in die letzte Eiszeit zurückverfolgen, bis zu jenen meist fettleibigen[4] Frauenstatuetten mit oft gewaltigen Brüsten, auf denen manchmal die

Arme ruhen, mit ausladendem Gesäß, bisweilen auch mit weit geöffneter Vulva und geschwollenen Schamlippen, wie bei der sogenannten Venus von Moravany nad Váhon.[5] Derartige Statuetten wurden zwar durchweg in den Herdgruben gefunden[6], die einst den Mittelpunkt der aus gewaltigen Mammutstoßzähnen errichteten Großhütten bildeten, doch mitunter auch in den Tiefen der Kulthöhlen, wie etwa die Venus von Garsitz[7], aber auch dort wiederum in der Nähe kleiner Feuerstellen.[8]
Wenigstens drei Indizien legen die Vermutung nahe, daß diese Figuren Vegetationsmütter darstellten, Herrinnen nicht nur des Lebens von Mensch und Tier[9], sondern zumal des Todes.[10] Zum einen entspricht die Haltung der Arme auf den Brüsten, wie man sie etwa bei der berühmten Venus von Willendorf, vornehmlich jedoch bei nacheiszeitlichen Venusstatuetten findet, der embryonalen Armhaltung der Toten und der noch Ungeborenen.[11] Zum anderen hafteten auf manchen der Figuren noch Spuren roten Ockers, der vielleicht dem Lebenssaft entsprach, mit welchem auch heute noch viele Völker ihre Initianden einreiben, wenn sie aus dem ›Initiationstod‹ zurückkehren.[12] Überdies ist der Kopf der Frauengestalten meist ungegliedert, er läuft in einen bloßen Zapfen aus, oder er fehlt sogar völlig. Das ›gesichtslose Gesicht‹ der Venus von Dolni Věstonice erinnert, insbesondere wegen der schrägen Augenschlitze, an das eines Ritters des späten Mittelalters mit heruntergelassenem Visier (Abb. 3)[13], und das ›Gesicht‹ der Willendorferin ist durch gewellte Querrillen (Abb. 4) in einer Weise gemustert, als ob eine Verhüllung des Gesichtes dargestellt worden sei. Wenn diese Interpretation nicht allzu weit hergeholt ist, dann läßt sich hier vielleicht ein Prototyp der ›Verhüllerin‹ späterer Zeiten erkennen, der Totengöttin, die uns noch in der Kalypso und der »fraw Holt« begegnen wird, in deren Namen der indogermanische Stamm *kel-* (›verbergen‹, ›verhül-

Abb. 3 Venus von Dolni Věstonice

Abb. 4 Venus von Willendorf

len‹) steckt.[14] Auch jenes Bisonhorn, das die wiederum gesichtslose Venus von Laussel in der Rechten hält (Abb. 5), läßt das Füllhorn der Erdmutter Gaia vorausahnen, die Hörner der Ziege Amaltheia[15], welche Nektar und Ambrosia spendeten[16], jenes Trinkhorn, das eine iberische Unterweltsgöttin in der Linken hält, die vermutlich Ataecina hieß und die wohl in einer Grotte unweit der Meerenge von Gibraltar verehrt wurde, deren Brüste entblößt und deren Kopf verhüllt war.[17] Und schließlich erinnert das Horn der Venus aus der Dordogne an die Trinkhörner, aus denen die germanischen Walkyrien den in der Schlacht gefallenen Kriegern den Trank darreichten[18], oder an den Becher, den schließlich die Frau Venus dem Tannhäuser kredenzte:

»Die schönste von den Frauen
Reicht ihm den Becher hin,
Ihm rinnt ein süßes Grauen
Seltsam durch Herz und Sinn.
Er leert ihn bis zum Grunde,
Da spricht am Tor der Zwerg:
Der unsre bist du zur Stunde,
Dies ist der Venusberg.«[19]

Wer von der ›Elbenspeise‹ genossen hat, ist für immer den Jenseitigen verfallen, und auch Kalypso, die in einer Höhle auf der Insel Ogygia, dem »Nabel des Meeres«, lebt, will den Odysseus dazu bewegen, von ihr den Lethetrank des Vergessens, Nektar oder Ambrosia, anzunehmen, auf daß der Held Unsterblichkeit erlange, oder in andern Worten, nicht mehr in die Heimat, die Welt der Sterblichen zurückkann.[20] Auch die Medizinmänner der Seri-Indianer, die vier Tage und Nächte ohne zu essen oder zu trinken in der Finsternis einer Höhle verbringen mußten, um dem dort lebenden Geist zu begegnen und damit initiiert zu werden, versicherten den Ethnologen:
»Wenn Ihr diese Reise in die Heilige Höhle unternehmt, werdet Ihr niemals, wie all die anderen Menschen, altern.«[21]
Wenn wir von der These ausgehen, daß die eiszeitlichen Kulthöhlen die Gebärmutter[22] jener Erdgöttin waren, in die der Initiand geführt wurde, um in ihr zu ›sterben‹ und zu neuem Leben wiedergeboren zu werden, und einige der altsteinzeitlichen Höhlen, wie beispielsweise Le Combel, der vor etwa dreißig Jahren entdeckte Teil der Höhle von Pech-Merle, legen dies nahe[23], und wenn wir weiterhin annehmen, daß in dieser Gebärmutter Rituale aufgeführt wurden, in welchen die Initianden an der ›Herauslösung‹ der Tiere aus der Felswand[24], an deren Geburt aus dem Schoß der Erde teilnahmen[25], wofür nicht wenige Indizien zu sprechen scheinen[26], dann läßt sich ein derartiger Kult

Venus von Laussel

über die Jahrtausende bis zu seinen entferntesten Ausläufern fast in unsere Zeit hinein nachverfolgen.[27]
Es hat den Anschein, daß wir jene Initianden, von denen wir vermuten, daß sie bei der Vermählung mit der Vegetationsmutter in deren Leib ›starben‹[28], in den kretischen Kureten wiedertreffen, die wie der Begleiter der ›Großen Göttin‹, der wohl das Urbild des in Raubtierfelle gehüllten Dionysos Zagreus, des ›Herrn der wilden Tiere‹, war[29], mit der Natur starben, um mit ihr wieder aufzuleben.
Der Sage nach nahm die Erdgöttin Gaia den Zeus zu sich in eine Höhle des Aigaion, des Ziegenberges, die wahrscheinlich entweder mit der heutigen Höhle von Psychro im Hochland von Lassithi oder mit der von Arkalochori identisch ist. Dort nährte sie ihn mit der Milch der Ziege Amaltheia, ähnlich wie die Heidrun die Einherier mit der Milch aus ihrem Euter labte, also mit Nektar und Ambrosia, nach einer anderen Version mit dem Honig wilder Bienen[30], die ebenfalls in Höhlen zu leben pflegen.[31] Wie er wurden die kretischen *epheboi* und später die samnitischen ›Wolfsmänner‹ wie die Werwölfe des Zeus Lykaios in die Wildnis geschickt, damit sie dort verwilderten und danach zu Männern würden.[32]
Nach wieder einer anderen Tradition war die »kleine Bärin« die Nährerin des Gottes, der sich vermutlich während seiner Initiation ebenso in einen Bären verwandelte, wie die Jungfrauen der brauronischen Artemis zu Bärinnen wurden.
Es ist anzunehmen, daß auch die Tityroi, die nach Strabo den Korybanten ähnelten, in einem Heiligtum der Diktynna, einer kretischen Artemis auf dem Berge Tityros einer vergleichbaren Initiation unterworfen wurden.
Auf der Halbinsel Akrotiri gab es einen Kult der Artemis Kurotrophos in der dortigen Bärenhöhle, der Arkudia, in deren Mitte sich ein bärenförmiger Stalagmit befindet. Heute verehrt man an dieser Stelle in einem Fest am

2. Februar die Panagia Arkudiotissa, die Jungfrau Maria vom Bären.[33]
In solchen Höhlen müssen nicht nur die weisen Männer der Kreter nach Erkenntnis gesucht haben, wie etwa der durch die ›Lügnerparadoxie‹ berühmt gewordene Epimenides, angeblich Sohn einer Nymphe, den seine Zeitgenossen den »neuen Kuros« genannt haben.[34] Hier scheinen vielmehr auch noch in späteren Zeiten Frauen, die befruchtet werden wollten oder die vor der Niederkunft standen, Rituale – vielleicht in der Form nächtlicher Fackeltänze[35] – aufgeführt zu haben, über deren genaueren Inhalt man nur spekulieren kann.
Es läßt sich vermuten, daß die Frauen in grauer Vorzeit die ›Seele‹ des Kindes nicht während des Beischlafes durch den männlichen Samen, vielmehr direkt aus dem mütterlichen Schoß der Erde in sich aufnahmen.[36] Ein derartiger Schoß wird etwa die Höhle der Eileithyia bei Amnisos an der kretischen Nordküste gewesen sein, in deren Öffnung ein Feigenbaum wächst[37] und in welcher – kurz nach dem Eingang – ein runder Stalagmit, ein *omphalos*, ahnen läßt, daß man sich hier am Nabel der Welt befindet.[38] Dahinter erhebt sich ein wesentlich größerer Stalagmit, in dem sich mit einiger Mühe (oder einem Fachbuch) eine sitzende Frau erkennen läßt, der vermutlich jener bereits erwähnte Sohn und ›Begleiter‹ auf dem Schoße sitzt.[39] Im Hintergrund der Höhle – von deren Decke beständig ein leicht mineralhaltiges Wasser tropft[40] – öffnet sich im Boden fast senkrecht ein schmaler Schlund. Läßt man sich – wie es wohl seinerzeit die Kreterinnen taten – in diese Öffnung hineingleiten (das erwähnte Fachbuch gibt einem den Mut dazu), gelangt man nacheinander in drei kleine Grotten, wohl einstmals der Uterus der Erde, wenn die Höhle selber die Vagina war.
Die Eileithyia, eine uralte kretische Göttin, wurde später mit der Artemis identifiziert, vornehmlich unter deren

Abb. 6 Eingang zur Höhle der Eileithyia bei Amnisos

Aspekt der Frauen- und Geburtsgöttin[41], und noch im 16. Jahrhundert wurde sie am Golf von Mirabella vom Volk wie auch von christlichen Priestern gesehen, als sie mit ihren blonden Nymphen im Meer badete und in den Fluten verschwand. Auch heute noch wähnen sie ein paar alte Leute am Ufer des Flusses Amnisos unweit der Höhle.[42]

Kulte dieser Art reichen bis in neuere Zeiten. Die Verena, ein holleartiges Wesen, wurde im Verenenbad zu Baden im Aargau verehrt, wo sich die Frauen Kindersegen aus dem heißen »Verenenloch« erhofften. Einstmals sang man in der Gegend das Lied vom Tannhäuser, der sich in Frau Vrenelis Burg vorwagte, und über ein Jahrtausend lang war St. Verenas Grab in Zurzach Schauplatz zügellosen Treibens. Wie die Diana die Vogelfreien, die Fremden und die Sklavinnen zu sich nahm, so trafen sich hier jedes Jahr die fahrenden Weiber, und in einem Fastnachtsspiel heißt es:

»Ich han dich wol in großen eeren gsehen
Es ist iez by siben jaren bschehen
Zuo Zurzach an dem huorendanz
Darumb so treist du wol ein kranz
Dann da warend mee dann hundert huoren
Die do all am danz da umbher fuoren
Do hast du da den gulden gwunnen
Den man der hüpschisten solt gunnen.«[43]

In eben demselben Aargau schritt auch vor der Niederkunft die Hebamme dreimal pfeifend um den »Kindlistein« herum, klopfte an ihm an oder rutschte mit nacktem Hintern an ihm herunter und öffnete ihn dann mit einem goldenen Schlüssel.[44] Im elsässischen Niederbronn, wo einst eine keltische Diana als Quellgöttin verehrt wurde, trugen noch bis in unser Jahrhundert hinein Frauen, die sich eine Schwangerschaft erhofften, Wasser aus der Mineralquelle ins umliegende Gebirge und gossen es dort in die sogenannten Schalensteine[45], und in anderen Randgebieten Frankreichs lassen sich noch heute manche junge Mädchen vor der Heirat mit entblößtem Unterleib siebenmal einen Felsen – den sogenannten »heißen Stein« hinuntergleiten. Auch in einigen kurpfälzischen Dörfern holte vor nicht allzu langer Zeit noch die Hebamme die Kinderseelen aus einer Höhle, der »Teufelskuchi«, in welcher »die böse Frau« hauste.[46]

Von diesem Wesen, das im schwäbischen Heubach »die weiße Frau« genannt wurde und das in der Höhle des Rosensteins der Hebamme die Kinder reichte, sagte man, daß zu ihr die in ihrer ersten Jugend Verstorbenen zurückkehrten und daß sie bisweilen sogar die Seelen ungetaufter Säuglinge wieder raube.[47] In Tirol war es die »Stampe« selber, welche die Kinder brachte, sie war des-

halb wohlgelitten, und man legte ihr Krapfen auf das Tennendach.[48]
Derartige Gestalten begegnen uns auch in den Hexenprozessen zu Beginn der Neuzeit. Eine Bessie Dunlop etwa, aus Lyne in Ayrshire, berichtete auf die Frage hin, wer jener sie im Kindbett besuchende »sperit« gewesen sei, den sie Thom nannte, er gehöre zu den »gude wichtis that wynnit in the Court of Elfame«, und »quhen sche was lyand in chyldbed-lair, with ane of her laiddis, that ane stout woman com in to hir, and sat doun on the forme besyde hir, and askit ane drink at hir, and sche gaif hir.« Dieses Wesen stellte sich als »the Quene of Elfame« heraus, die den erwähnten Geist Thom ausgeschickt hatte, »to wait vpoun hir, and to do hir gude.«[49]
Wir sprachen davon, daß es bei den Schweizer Vreneli-Festen hoch herging. Auch heute noch gebärden sich in manchen Gegenden die Frauen anläßlich der Feste, die um Niederkunft und Hebammen kreisen, recht ausgelassen. In Mazedonien strömen sie in der Nacht vom 7. auf den 8. Januar in Scharen durch die Straßen, während die Männer sich verstecken. Sollte einer gefaßt werden, dann muß er sich – falls er nicht nackt ausgezogen werden will – mit Geld auslösen. Anschließend führt man die Amme zu einer Quelle, wo man sie mit Wasser übergießt.[50]
Von den dänischen Frauengilden wird berichtet, daß ihre Mitglieder es nach der Geburt recht wild trieben, in die Häuser einbrachen, um dort Fleisch, Eier und Brot zu erbeuten, daß sie in den Gassen Fuhrwerke in Stücke schlugen[51], sich den Männern gegenüber allerlei Freiheiten herausnahmen und vorbeigehenden Frauen die Haube, das Symbol der Unterwerfung unter den Mann, vom Kopfe schlugen[52], wie es auch im Kölner »Weiberfasching« am Donnerstag vor der Fastnacht Brauch war.[53]
Kehren wir jedoch wieder zu den kretischen Kuroi und Kureten zurück. Im Frühling, wenn die Blumen und

Kräuter wieder erblühten[54], schwärmten (*thyein*)[55] und tanzten sie im Gefolge der ›Großen Mutter‹ über Wiesen und Haine, die Tiere der Wildnis nährend, und es scheint dabei – wie einige Wissenschaftler vermuten – ziemlich orgiastisch zugegangen zu sein.[56] Die Göttin entließ das Leben aus der Erde wie die spätere griechische Artemis das Leben aus dem Schoß der Mutter löste, es aber auch wieder auslöschte.[57]

Eng verwandt mit diesen Kureten, und wohl auf die selbe Wurzel zurückgehend, waren auch die Mänaden des Zagreus-Dionysos, des »Packenden« oder »Zerreißers«, bei denen der Zug der ›Wilden Jagd‹ noch deutlicher hervortritt. Auch diese ekstatischen[58] ›Jägerinnen‹ waren, gleich den Erinyen der Artemis[59], Totengeister, die ›zwischen den Zeiten‹ – in Panther-, Reh- oder Fuchsfelle gehüllt[60], den Thyrsos in der Hand[61] und Wolfsjunge an der Brust – durch die Landschaft tosten und denen man, wie später den »bonnes dames« und den »nahtfrouwen«[62], Totenspenden, meist Milch und Honig, überließ. Am zweiten Tag der Anthesterien, am Chóes, dem Tag, an dem der »Blütengott« Dionysos, der große »Löser«, auf einem von zwei Satyrn gezogenen Schiffskarren durch die Straßen und Gassen Athens rollte, kamen mit ihm die Totenseelen aus den Sümpfen von Lerna, dem Tor zur Unterwelt, zu den Sterblichen.

Wenn das Schiff auf das Land rollt, dann stülpt sich das Wesen der Dinge um. Am Chóes endete die Herrschaft der Herren, die Sklaven waren frei und durften tun, was ihnen beliebte.[63]. Noch im Jahre 1133 fuhr ein hölzernes Schiff auf Rädern von Cornelimünster über Aachen und Maastricht – wo es Segel und Mast erhielt – nach Tongern und Looz.[64] In den Orten, in denen das Schiff hielt, erfaßte die Frauen eine ekstatische Wildheit: Halbnackt, mit aufgelösten Haaren die einen, nur mit einem kurzen Hemdchen bekleidet die anderen, umtanzten sie das Schiff und trieben hernach etwas, von dem der berichterstattende Mönch nur weinen oder schweigen zu können erklärte.[65] Zum Unglück für die Nachwelt entschloß er sich nicht zu einem weinenden Schreiben, so daß wir heute nicht mehr wissen, was sich nach Einbruch der Dunkelheit um das Schiff herum abspielte.

Da das Schiff im Wasser, also gewissermaßen im ›Niemandsland‹ schwamm, war es an die Gesetze von irgend jemandes Land nicht gebunden, und es nimmt nicht wunder, im ausgehenden Mittelalter die ›gesetzlosen‹ Narren oft auf Schiffen dargestellt zu sehen (Abb. 7).[66] Fuhr nun gar ein Schiff über ›*Jemandes*land‹, dann kam dies einem Einbruch des Chaos in die Ordnung gleich.

So war auch bereits der »Wender« Dionysos, dessen Treiben seine Wurzeln in den Kulten der unterjochten vorgriechischen Bevölkerung hatte[67] und das insbesondere die Frauen und die Sklaven erfaßte, also Menschen, die eher an der Peripherie der Gesellschaft als in deren Zentrum standen[68], den herrschenden Schichten ein Dorn im Auge. Doch obwohl bald »der maß- und ordnungsliebende Staat seine schwere Hand auf den Taumel der Orgien legte«[69], scheint sich dionysisches Treiben in einigen abgelegenen Landschaften Griechenlands bis ins zwölfte nachchristliche Jahrhundert hinein gehalten zu haben.[70] Auch die Herrschenden hatten erfahren, wie es dem erging, der sich dem rauschhaften Gott und seiner Meute frontal entgegenstellte: Er wurde selber vom Wahnsinn zerrissen. So bändigte man den Dionysos auf eine Weise, die in der Geschichte die Vertreter von Gesetz und Ordnung immer wieder mit Erfolg anwendeten: Man lenkte den Taumel in immer ruhigeres Fahrwasser, bis er schließlich verebbte und nur noch unterirdisch dahinfloß.[71]

Auch die ›Große Göttin‹ hinterließ noch einige Spuren. Es scheint, daß der Brauch, am Tag der ›Großen Mutter‹ das Inzestverbot aufzuheben[72], eine Erinnerung an jene

Abb. 7 Hieronymus Bosch, Das Narrenschiff

Tage war, in denen das ›Sterben‹ im Schoß der Erde einen Inzest mit der Mutter darstellte.
Auf anatolischen Frauenfiguren sehen wir bisweilen jene ›Liebhaber‹, wie sie der ›Großen Mutter‹ soeben auf den Rücken klettern, und die angstvollen Visionen späterer Generationen (wie auch zeitgenössischer Wissenschaftler) von der kastrierenden *vagina dentata*, oder die Vermutungen, es habe dereinst Zeiten gegeben, in denen sich die kleinasiatische Artemis spinnengleich ihre Günstlinge in eine Felsenhöhle holte, um sie nach vollendetem Beischlaf zu töten, scheinen wiederum nichts anderes zu sein als die verzerrten Reminiszenzen an den archaischen Initiationstod in den Spalten des Erdreichs.
Als diese Höhlenkulte der Vergangenheit angehörten, ›starb‹ der Erkenntnissuchende noch manchmal im Schoß der Hierodulen, der Tempelprostituierten, welche die ›Große Mutter‹ vertraten[73], und in Kleinasien überdauerten die Erdkulte noch längere Zeit in den phrygischen Mysterien der Kybele. Nachdem der Initiand der Kybele – einer Göttin, die kaum von der dortigen Artemis unterschieden ist[74] – den »Mischtrank« zu sich genommen hatte, ging er in deren »Brautgemach« ein, wie der Ausdruck lautete, das im *adyton* lag, der einstigen Höhle, über der später ein Tempel errichtet worden war. Als »Todgeweihter« trat er ein, in einer Grube in der Mitte des *adyton* ›starb‹ er in der Liebesvereinigung mit der Gottheit, und aus ihr wurde er als Attis wiedergeboren und mit Jubel begrüßt.[75]
Eine solche Erkenntnis des Wesens der Dinge im Bauch der mütterlichen Erde erstreben auch heute noch die Desana-Indianer in den kolumbianischen Urwäldern mit Hilfe der Schlingpflanzendroge *yajé*, im Quechua *ayahuasca*, Liane des Todes, genannt.[76] Entlang einer durch die Droge sichtbar gewordenen Nabelschnur (*porakërida*)[77] kehren sie in den Schoß der Erde zurück, was sie

gleichermaßen als einen inzestuösen Akt auffassen.[78] Die Peyoteros der Huicholes in Mexiko zwängen sich auf ihrem Weg zum Ursprung durch einen Engpaß, der in der Nähe der heutigen Großstadt Zacatecas liegt, eine Stelle, die sie »die Vagina« nennen und die bei den Mexikanern »La Puerta« heißt.[79] Die Indianer vermeiden den Inzest mit ihrer Mutter Wirikúta, indem sie vor dem Eintritt in deren Scheide alle ihre Liebesgeschichten beichten und wieder zu den unschuldigen Kindern werden, als die sie einst den Mutterschoß verlassen hatten.[80]

Wie die Huicholes den Weg zurückgehen, den sie seit ihrer Geburt hinter sich gebracht hatten, so unternimmt auch der Weise im Tantra-Yoga den »Gang gegen den Strom« (*ujâna-sâdhana*), indem er allerdings alle Verhaltensweisen, von der Atmung bis zum Samenfluß »rückwärts« laufen läßt[81], was immer man sich darunter vorstellen mag.

Es gab im klassischen Griechenland noch einige andere Kulte, denen man ansehen kann, daß sie in archaischen Zeiten vermutlich in Höhlen stattgefunden hatten, wenn auch die ›Erdmutter‹ mittlerweile durch männliche Gottheiten ersetzt worden war. *Delphys* beispielsweise heißt »Vagina«[82], und aus dem dortigen Erdschlund ertönte nach Nonnos einstmals die Orakelstimme der Gottheit.[83] Der Schoß der Erde, in späterer Zeit aller Wahrscheinlichkeit nach nur noch eine Vertiefung in aufgeschüttetem Erdreich[84], war wohl ehedem der Eingang zur *korykion antron*, einer Tropfsteingrotte etwa 760 Meter oberhalb des Apollotempels am steilen Berghang[85], ein Zugang zum Leib der Erdgöttin Gaia, wo heute noch Neraiden hausen sollen[86] und wo vielleicht einst der indoeuropäisierte Apollo den schlangengestaltigen Pytho durchbohrte[87], der das Heiligtum bewachte.

Noch augenfälliger hat sich der Höhlenkult indessen im Orakel des Trophonius in Lebadaia erhalten. Wer in die dortige Höhle hinabstieg, wurde zuvor mit einem Öl gesalbt,[88], dann trank der Betreffende vom Wasser der Lethe – des Vergessens – und von dem Wasser der Mnemosyne, welches ihm später helfen sollte, sich an das zu erinnern, was ihm in der Höhle widerfuhr. Auf derartige Weise vorbereitet, stieg er alsbald auf einer schmalen Leiter in den Erdspalt hinab, um zu »sehen« und zu »hören«. Pausanias, der das Orakel selber besucht hat, erzählt, daß solche Leute für gewöhnlich nach ihrer Rückkehr aus der Höhle von Schrecken erfüllt waren »und weder sich selbst noch ihre Umgebung« erkannten, doch mit der Zeit sei selbst das Lachen wiedergekommen.[89] Offenbar nicht bei allen, denn jene, die sich in den Spalt gewagt hatten, nannte man in der Antike »Männer ohne Lachen«.[90]

Eine vergleichbare Reise in die Unterwelt scheinen, zumindest im Ursprung, auch die berühmten Mysterien von Eleusis gewesen zu sein, in denen nach Auffassung einiger Gelehrter die Mysten die Irrfahrten der Demeter auf der Suche nach ihrer vom Totengott verschleppten Tochter Persephone ›nacherlebten‹, jener Göttin, die von Hades eine befristete Wiederkehr ihrer Tochter und damit der Fruchtbarkeit erwirkte.[91] In historischer Zeit ist wohl das Eingehen in den Schoß der Erde durch das bloße Berühren einer künstlichen Vagina, die vermutlich in der *cista mystica* lag[92], ersetzt worden, doch auch hier erkennen wir noch einen fernen Abglanz des ›Todes‹ in der ›Großen Gebärmutter‹ und der anschließenden Wiedergeburt.

In Japan ersteigen gewisse Initianden, in weiße Kleider gehüllt wie die Toten, den Aki-no-mine, den »Herbstgipfel«, angeführt von einem Bergasketen. Ihr Ziel ist Kōtaku-ji, die Gebärmutter der ›Großen Göttin‹, in der sie ›sterben‹ und ›wiedergeboren‹ werden. Kōtaku-ji ist heute ein Tempel, in welchem Stoffstücke die Blutgefäße und von der Decke herabhängende Hanfseile die Knochen der

›Erdmutter‹ repräsentieren.[94] Werden die Initianden wieder aus dem Schoß der Erde entlassen, dann schreien sie gellend »Wuu-uu!« Dieser Schrei heißt *ubu-goé*, und er ist der erste Schrei des Säuglings nach seiner Geburt.[95]

Auch in unseren Gegenden muß ein solches ›in den Schoß der Erde gehen‹, das ›in den Berg fahren‹, noch lange Zeit nicht nur ein Gegenstand des Volks*glaubens*, sondern auch, wie wir einigen Hexenprozeßakten entnehmen können, ein Gegenstand der *Erfahrung* gewesen sein, womit wir endlich wieder bei den »Nachtfahrenden« angelangt sind.

Von den Erlebnissen des Nachtfahrenden Diel Breull haben wir bereits gehört. Im Jahre 1582 wurde im Salzburgischen der erzbischöfliche Rat Dr. Martin Pegger, latinisiert Pegius, ein gelehrter Mathematiker und Astrologe, verhaftet, weil er in einigen Schriften behauptet hatte, seine Frau habe im Unterberg bei der Herodias und ihren Bergfrauen und Bergmännchen verweilt, und die Herodias habe ihr auch in ihrem Haus am Fischmarkt in Salzburg einen Gegenbesuch abgestattet. Im Verlauf der Untersuchung versuchte man zwar, dem Pegius und seiner inzwischen ebenfalls verhafteten Frau Hexerei anzuhängen, doch die beiden vermochten sich nicht zu einem solchen *crimen* zu bekennen. Als sie nach zehn Jahren Haft auf Hohensalzburg starben, wurde Pegius in geweihter Erde, seine Frau hingegen außerhalb des Friedhofes begraben.[96]

Geschichten von derartigen Bergfahrten wurden im ausgehenden Mittelalter vielfach auch von Reisenden erzählt, die aus dem Süden zurückkehrten.[97] So berichtete etwa der provençalische Reisende Antoine de la Sale im Jahre 1420, ein Priester mit Namen Don Anthon Fumato, »lequel par lunoisons n'estoit mie en son bon sens«, sowie ein deutscher Rittersmann seien in die Sibyllinische Grotte auf dem Monte della Sibilla eingestiegen. Dort seien sie

berückend schönen Frauen begegnet, die mit einigen Männern jeder Art von Lust gefrönt hätten.[98]
In den altenglischen Balladen wird der Beischlaf mit der Erdgöttin meist zu einem Kuß abgemildert. Bei Thomas the Rhymer läßt sich die Elfenkönigin im grünen Kleide unter dem Eildonbaume abküssen, worauf sie ihrem etwas überraschten Freier bedeutet: »Jetzt mußt du mit mir gehen, und du mußt mir sieben Jahre lang dienen!«[99]
Um solche unliebsamen Konsequenzen zu vermeiden, weigert sich denn auch der etwas gewitztere Gawain im Schlosse des Grünen Ritters wie auch auf der Geisterinsel der Seligen, »li reaume don nus éstranges ne retorne«, auch nur ein kurzes Techtelmechtel mit der Schattenkönigin einzugehen.[100] Wir haben kurz erwähnt, daß der Verführer, oder wenn man will: der Verführte, die Fee unter einem Baum, einem sogenannten »ympe-tree« trifft, und wir haben bereits weiter oben gesehen, daß am Eingang zum Schoß der Erdmutter meist ein Baum stand. Denn nahe dem Omphalos, dem Nabel der Welt, erhebt sich zumeist die Weltenachse, sei es nun eine Tropfsteinformation oder ein Baum, der die verschiedenen Schichten der Welt miteiander verbindet, indem er mit seinen Wurzeln in die Unterwelt greift und mit seinem Wipfel in den Himmel ragt.
In einer bekannten Geschichte der Jakuten wird erzählt, wie ein armes altes Ehepaar in einer Waldlichtung auf eine riesige Birke stößt, deren Wipfel die Wolken berührt. Dieser Baum heißt An-doi-du-itschyte, »Eingang zum Erdbeschützer«, und er versorgt fortan die alten Leute mit Milch und Butter[101], wobei man an den *hûnangsfall*, den Honigfall, denken wird, der von dem germanischen Weltenbaum Yggdrasill fließt, oder an den *hom*, der vom persischen Ilpa-Baume tropft.[102] Nach einer anderen jakutischen Sage traf der erste Mensch, ein Jüngling, »am stillsten Ort der Erde«[103], wo der Mond nicht abnimmt

und die Sonne nicht untergeht[104], wo ewiger Sommer herrscht und wo der Kuckuck unaufhörlich ruft, auf einen gigantischen Baum, aus dessen Wurzelwerk plötzlich bis zum Bauch ein nacktes Weib mit frei umherflatterndem Haar und üppigen Brüsten zum Vorschein kam. Das Weib reichte ihm eine seiner Brüste, und der Jüngling trank, bis er fühlte, »wie seine Kraft hundertfältig wuchs«.[105]
Wie dieses sibirische Wesen, das bisweilen Geburtsgöttin Kübäi-chotun genannt wurde, ist auch die iranische Ardvīsūra anāhita, deren Nachfahrin Artemis-Anahita-Diana uns bereits in § 2 in der Pfalz begegnet ist, eine Herrin der Tiere, der Vegetation und der menschlichen Fruchtbarkeit, die für das Gedeihen des Uterus und für reichliche Milch in den Brüsten Sorge trägt.[106] Wie die Artemis war auch sie zunächst selber die ›Große Gebärerin‹, die sich später mit der Rolle der Nährerin und Helferin begnügen mußte.
Weltenachsen wie die, unter welcher die üppige Jakutengöttin lebte, wurden noch vor einiger Zeit in der Form entlaubter Birken von altaischen Schamanen so in der Mitte der Jurte aufgestellt, daß ihre Wipfel zum Rauchloch hinausschauten, und in ihre Stämme waren meist neun tiefe Kerben eingehauen, die dem Schamanen das Klettern ins Jenseits ermöglichten.[107] Die Schamanen an der Unteren Tunguska erzählten den Ethnographen, ihre Seelen kletterten während der Ekstase an einer Holzstange entlang in die andere Welt, während die Stange selber wüchse und wüchse, bis sie »zur Spitze des Himmels« reichte.[108] Bei den Burjaten ist der Schamanenbaum mit einer Schnur aus gedrehter Seide umwunden, die zum Nabel und zur Gebärmutter der Erde führt.[109]
Auch der schamanenartige Odin hing nach der Auskunft des *Hávamál* bekanntlich neun Tage lang am Weltenbaum Yggdrasill[110], und als er schließlich von ihm abfiel, war er voller Weisheit und der Zauberei mächtig:[111]

»Ich weiß, daß ich hing
Am windigen Baum,
Neun Nächte lang,
Mit dem Ger verwundet,
Geweiht dem Odin,
Ich selbst mir selbst.«

Einige Forscher identifizieren heute diesen Weltenbaum nicht länger mit der Esche, *askr* – welches Wort auch eine Bezeichnung für Bäume im allgemeinen war[112] –, sondern mit der Eibe[113], altnordisch *yr*[114], einem immergrünen Baum[115], der insbesondere an warmen Tagen das Alkaloid Taxin in die Luft ausscheidet, das ›halluzinogene‹ Wirkungen hervorrufen kann[116], was vielleicht auch einiges Licht auf die Berichte von Plutarch und Dioskurides wirft, nach denen der Schlaf im Schatten der blühenden Eibe den Tod bringen könne.[117] *Ygg* ist der Stamm von *Yggr*, »der Schrecker« oder »der Schreckliche«, einem der Namen Odins, während *drasill* ein literarischer Ausdruck für »Pferd« war.[118] Neun Tage lang scheint also Odin auf diesem Pferd ins Jenseits geritten zu sein[119], ähnlich wie die nordische Hexe auf ihrem *gandr* oder der sibirische Schamane auf seiner Trommel aus den Zweigen des Weltenbaumes, die sich in ein Reittier verwandelte.
Neun Tage brauchte auch der Held eines siebenbürgischen Märchens, um an einem riesigen Baum mit sprossenartigen Zweigen hochzuklettern und um in eine kupferne, eine silberne und endlich in eine goldene Stadt zu gelangen.[120] In dem Maße, in welchem später zunehmend die Wälder gerodet wurden und der Zaun der Zivilisation immer weiter in die Wildnis vorrückte, mußten auch diese Leitern in eine andere Welt verschwinden.
Die Khasi erzählen sich einen Mythos, in dem es heißt, daß in grauer Vorzeit ein gewaltiger Baum ihr Land überschattete. Die Vorfahren der Khasi wollten jedoch Pflanzungen anlegen, und dafür bedurften sie der Strahlen der Sonne,

die das Blättergewirr nicht durchdringen konnten. Deshalb fällten sie den Urwaldriesen. Doch als der Baum auf den Boden donnerte, löste sich der Himmel und entschwand in die Höhe.[121] So kamen sie zwar in den Genuß der Früchte der Erde, aber die Nabelschnur zum Himmel war für alle Zeiten abgerissen.

§ 4 Wilde Weiber und Werwölfe

»Ma despoille me gardez!«
Alter Werwolf

»Man ziehe den Rock des Landes an, das man besucht, und bewahre den Rock des Landes auf, aus dem man stammt.«
Diderot

Wir haben erwähnt, daß bei ausgesprochenen Frauenfesten bisweilen den Männern übel mitgespielt wurde, und daß sich die Frauen das Symbol ihrer Unterordnung, die Haube, vom Kopf rissen, daß sie mit gelösten Haaren, halbnackt herumtanzten, und daß sich die ekstatischen Tänzerinnen der Artemis Korythalia künstliche Phallen umbanden.
Wie wir zahlreichen Abbildungen entnehmen können, wurden solche Phallen stets nur von Frauen verwendet, und die Männer, die an solchen Tänzen teilnahmen, taten dies in Frauenkleidung und unter Frauenmasken.[1] Ihnen fehlt bezeichnenderweise der Penis, und nach ihren Bewegungen zu schließen waren sie Empfangende, nicht Zeugende, Männer, die den Frauen ihren Hintern zur Begattung darboten.[2]
Solche ›Zeiten zwischen den Zeiten‹, in denen mit anderen Unterschieden auch derjenige zwischen Mann und Frau aufgehoben wurde, indem man ihn umkehrte[3], haben die Jahrtausende überdauert. Im Großarltal im Salzburgischen beispielsweise bildeten die Spinnstubenfrauen Organisationen, die von der Bevölkerung geradezu als »dämonische Gruppen« aufgefaßt wurden und die zu gewissen Zeiten einem Mann, wenn sie seiner habhaft werden konnten, die Hosen auszogen und ihm die Kastration androhten.[4]

Aus Tirol wird von einem Brauch berichtet, den ich vielleicht, ungeachtet der Benutzung eines Fremdwörterlexikons, nicht ganz richtig wiedergebe, da der betreffende Volkskundler ein bißchen schamhaft zur medizinischen Terminologie griff. Unter zügellosem Gelächter wurde irgendein Hirtenbursche überfallen, auf den Boden geworfen und festgehalten. Daraufhin riß man ihm die Hosen vom Leib, und die Frauen rieben ihm, ohne seinen Penis zu berühren, beständig die Hoden, bis er mit einer Dauererektion dalag, die ihm vermutlich nach einiger Zeit große Schmerzen bereitete, da die Frauen es nicht zu einem Samenerguß kommen ließen.[5] Nachdem der Bursche schließlich unter Hohn und Spott davongejagt wurde, näherte sich das Fest seinem Höhepunkt. In wilden Wipp- und Trippeltänzen, mit entblößtem Unterleib, feuerten sich die Frauen gegenseitig mit Gertenhieben und -stichen an, und »jungen Nachzüglerinnen halfen Gewitztere mit phallischem Gerät und den Schwurfingern nach«.[6] Auch in Bulgarien endeten noch vor kurzer Zeit manche Hebammenfeste damit, daß sich die Frauen einander ›beischliefen‹[7], und vielleicht stehen solche Feste im Zusammenhang mit jenen alten heidnischen Ritualen, gegen die bereits im 7. Jahrhundert die christlichen Prediger eiferten, die sie »Spurcalia« nannten, ein Wort, das vom lateinischen *spurcus*, »säuisch« abgeleitet wurde. Die rheinische Spörkelfrau ist wiederum ein Wesen, das etwa der »fraw Holt« entspricht[8], die bekanntermaßen mit der Diana identifiziert wurde.

In früheren Zeiten scheinen in einigen Gegenden auch die in den Rauhnächten umherziehenden Perchten Frauen gewesen zu sein. Zumindest waren noch bis weit ins vorige Jahrhundert hinein die steirischen Perchtln »nur Weiwaleut«[9] mit langen Haaren, die ins angerußte Gesicht hingen, und mit entblößter Brust. »Fria«, erzählte eine alte Frau über die Donnersbacher Perchtln, die oft ein Wickelkind, »a Hudlkind«, mit sich trugen, »fria, wia i a Dirndl war, habm sa's öfta gemacht daß oane hat oan Brust außa hänga lassn, weil s'eh so vermacht warn, gibt's koan Scheniera«.[10]

Etwas Vergleichbares zu den österreichischen und bulgarischen Frauenfesten findet man insbesondere in Afrika. Beim Fest der jungfräulichen, lediglich mit einem »Lichtkleid« angezogenen Zulugöttin Nomkubulwana ergingen sich die Frauen und die Mädchen in allerlei Obszönitäten, übernahmen die normalerweise den Männern vorbehaltenen Arbeiten, wie beispielsweise das Melken der Kühe und liefen unbekleidet und mit Waffen umher, während die Männer sich verbargen. Die Frauen wurden also zu Männern[11], und mit dieser Umkehrung stand auch das Gedeihen der Felder in Zusammenhang.[12]

Tänze, die an jene der Korythalia erinnern, werden aus Westafrika berichtet. Während der Initiation in den Frauenkult Mawu griff sich die Tänzerin, ein junges Mädchen, unter die Raffia-Schürze, die das Schamhaar repräsentierte, und holte einen hölzernen Phallus hervor, der in eregierter Stellung an ihrem Unterleib angebracht war. Diesen Phallus massierte sie und verfolgte dabei einige der zuschauenden Frauen. Wäre es ihr gelungen, eine von ihnen, die mit kreischendem Lachen davonstoben, zu erfassen, dann hätte sie mit ihr einen Beischlaf simuliert.[13]

›Zwischen den Zeiten‹, wenn die alte Zeit vergangen und die neue noch nicht angebrochen ist, stehen die Dinge außerhalb der Normalität, die Ordnung ist verkehrt und zugleich in ihrer Weiterexistenz bedroht. Jetzt stehen die Mächte der Ordnung und die Mächte des Chaos miteinander im Kampf.

Spuren eines solchen Kampfgeschehens finden sich bisweilen noch in einigen Aussagen, die während der Hexenprozesse des ausgehenden Mittelalters gemacht wurden, wenn etwa die Els von Merspurg um die Mitte des fünfzehnten Jahrhunderts zu Protokoll gab, sie und ihre Genossinnen seien unter der Anleitung eines »tüfels«, der »Krütli« hieß, ausgefahren, und daß sie »an eim donstag in einer fronuasten stachen vnd turnierten mit hanffstengel / Hetten ir ettlich vff hunden geritten«[14], oder wenn am 10. März 1570 eine Magdalena Hermes in Quedlinburg »zur Güte« bekannt, sie sei in Wernigerode in der Nacht zum 1. Mai, also in der Walpurgisnacht, mit einigen anderen Frauen auf Besenstielen zum Brocken geflogen. Dies sei in der Begleitung eines Knechtes im braunen Rock geschehen, der währenddessen auf der Sackpfeife geblasen habe. Auf dem Berggipfel angelangt hätten sie sich dann mit Schwingen, Milchfässern und Mangelhölzern geschlagen.[15]

In einem mittlerweile bekannten lettischen Prozeß in Jürgensburg im Jahre 1692 erzählte der alte Werwolf Thies, ein kurländischer Bauer mit durchaus schwejkhaften Zügen, dem »an gesundem verstande nimmer gefehlet«, von sich und anderen Bauern, »sie giengen nur in den busch und würffen ihre gewöhnlichen kleider ab, so würden sie stracks zu wölffen und lieffen dann als wölffe herumb und zerriszen, was ihnen an pferden und vieh vorkähme, doch hätte referent kein grosz vieh, sondern nur lämmer, zickel, fercken und dergleichen zerriszen«.[16] Diese Werwölfe hatten zur Aufgabe, die »kornblüte«, und zwar »gersten, haber und roggen« des alten Jahres, also die Fruchtbarkeit, welche von den »zauberern«[17] geraubt worden war, aus der »hölle« »im morast unter Lemburg« (lettisch Mālpils)[18] zu retten. Dort unten hielt der Teufel mit den nämlichen Zauberern ein Gelage ab.

In diese Hölle gingen sie »ordinarie dreymahl: die Pfingstnacht, Johannis nacht[19] und Lucien nacht; was die beyde erste zeiten betreffe, nicht allemahl eben in denen nächten, sondern wenn das korn recht in blüte stehe, dann alsdann undt in der saat zeit nehmen die zäüberer den seegen weg und brächten ihn hernach in die höllen und bearbeiteten sich die wahrwölffe, solchen wieder heraus zu bringen«. Auch die Frauen spielten bei diesem Treiben ihre Rolle: »Die weiber wären woll mit unter den wahrwölffen, die mägde aber würden dazu nicht genommen, sondern die würden zu fliegenden Puicken und drachen gebrauchet und so verschicket und nehmen den segen von der milch und butter weg.«[20]

Man wird sich in diesem Zusammenhang an den oft erhobenen Vorwurf entsinnen, der im Mittelalter gegenüber manchen Hexen erhoben wurde, daß diese nämlich des Nachts die Kühe auf eine Weise mölken, daß den Tieren fortan die Milch wegbliebe. So heißt es etwa gegen Ende des 14. Jahrhunderts im Schlesischen: »weder das sacrament sunden die keczer und die an gloubin zwifeln und die unglouben an in han als peleweis (= Bilwis) und mulkenstelerinnen und die off den brockesberg varen.«[21]

Auch in anderen Randgebieten Europas überdauerten derartige Kulte bis weit in die Zeit der Renaissance hinein. Im Jahre 1575 beispielsweise verlautete ein gewisser Paolo Gasparutto aus einem kleinen Dörfchen in Friaul, er würde »andar vagabondo la notte con strigoni et sbilfoni«[22], und er erläuterte dies gegenüber der Heiligen Inquisition etwas genauer, daß nämlich »il giovedí de tutte le quattro tempore de anno erano sforcciati a andar insieme con questi stregoni in piú campagne, come a Cormons, avanti la chiesa di Iassico, et insino su la campagna di Verona«, wo sie »combattevano, giocavano, saltavano, et cavalcavano diversi animali, et facevan diverse cose fra loro«, und »le donne battevano con le cane di sorgo gl'homeni che erano con loro, et li quali non havevano in mano altro che mazze di finochio«.

Diese Bauern, die wie die Portasche *striga* zur Donnerstagsnacht in einen Starrkrampf fielen, worauf ihre »Seele« auf typischen Hexentieren[22a] wie Hasen, Katzen, Schmetterlingen und Mäusen, ausfuhren (»invisibilmente con lo spirito et resta il corpo«)[23], um, mit Fenchelzweigen bewaffnet – ähnlich wie die Els von Merspurg mit Hanfstengeln – die Feinde der Ordnung und der Fruchtbarkeit (»tutti li frutti della terre«) zu bekämpfen, nannten sich »in loro linguaggio benandanti«. Sie legten Wert auf die Tatsache, daß sie, mehr noch als der alte Thies und seine »wahrwölffe«, »gute stregoni« seien, die sich mit den »schlechten stregoni« oder »malandanti«, die den livländischen »zäüberern« entsprechen, das heißt »gl'homini et donne che fano il male«, heiße Gefechte lieferten.[24] Ein Battista Moduco gab zu Protokoll: »Et se noi restiamo vincitori, quello anno è abondanza, et perdendo è carestia in quel anno.«[25]

In diesen »guten stregoni« wie auch in den »wahrwölffen« oder den wilden Weibern der Nomkubulwana erkennen wir Verwandte jener »groessú mengi wiben«, die durch die Stille der Nacht tobten, der kretischen Kuroi, die im Gefolge der Großen Göttin über die Wiesen tanzten, der außer sich geratenen, fellgekleideten Mänaden des »großen Umwenders«, der nächtlich umherschweifenden Totenseelen der Artemis-Hekate[26] und schließlich der wildgewordenen Brechlerinnen aus dem windischen Gailtal.

Wie groß auch immer die Differenzen zwischen all diesen Menschengruppen sein mögen, es verbindet sie, daß sie ›außerhalb der Zeit‹ ihre normalen, ihre Alltagsaspekte verlieren und zu ›jenseitigen‹ Wesen werden, sei es nun, daß sie sich in Tiere und Mischwesen verwandeln, oder sei es, daß sie ihre ›sozialen Rollen‹ umkehren; sei es, daß sie leiblich durch die Landschaft schwärmen oder daß sie dies nur »con lo spirito«, in der Ekstase, mit oder ohne ›halluzinogene Drogen‹ tun.

›Zwischen den Zeiten‹ bedeutet eine Krisis in der Ordnung der Dinge. Die Normalität ist außer Kraft gesetzt, oder genauer gesagt, Ordnung und Chaos hören auf, Gegensätze zu sein. In dieser Krisenzeit, in der sich die Natur regeneriert, indem sie zuvor stirbt, ›sterben‹ auch die Menschen und schwärmen als Geisterwesen durch die Gegend, um zur Wiederbelebung der Natur, von der sie ein Teil sind, beizutragen. Der Aspekt des *Kampfes* gegen die Mächte der Finsternis kann dabei mehr oder weniger stark ausgeprägt sein.

Im Laufe der Zeit verschwindet das Bewußtsein der Tatsache, daß sich ›außerhalb der Zeit‹ die Grenzen zwischen den Toten und den Lebenden[27], zwischen denen im Berg und denen unter der Sonne, zwischen Wildnis und Zivilisation auflösen, und mit diesem Bewußtsein schwindet auch die Tatsache selber. Die letzten Nachtfahrenden wissen vielleicht noch, daß sie mit der »fraw Holt« ausfliegen oder daß sie zur »Domina Venus« in den Berg gehen, aber warum sie das tun, das wissen sie immer weniger. Sie *tun* es auch weniger, als daß es ihnen *widerfährt*, und die Menschen laufen dann nur noch *Gefahr*, von einem »Geschwürm vnd Gespenst« entrückt zu werden, »so bisswylen Nachts die Lütt ab dem Feld vnd Strassen vffgehept vnd jn einer Schnelle jn wytte Land getragen«.[28]

Das Verhältnis der Menschen zu diesem »Geschwürm« ist manchmal immer noch zweideutig, entsprechend dem zweideutigen Wesen dieser »Meute« selber. Das »Wilde Heer« wird noch lange Zeit als verderben-, aber auch als fruchtbarkeitsbringend empfunden.

Heutzutage ist es angesichts der Quellen meist recht schwierig, zu entscheiden, ob es sich bei Berichten über das Auftauchen des »Wilden Heeres« nun um dämonische *Interpretationen* natürlicher Phänomene, etwa eines ungewöhnlich starken Sturmes handelt oder ob es sich wirklich um Beschreibungen kultischer Umläufe in Dämonen verwandelter Menschen handelt.

Wohl nur einen Nachklang der letzteren dürfen wir in

jenen Schweizer Burschen sehen, die des Nachts auf dem Friedhof ein »frömd wunderlich geschrey, als ob sy selen weren« erhoben und die vorbeigehenden Bürger erschreckten und mit Steinen bewarfen[29]; solche »Nachtbuben« zogen des öfteren unter Trommelklang und Hörnerschall durch die nächtlichen Gassen, führten die Nachtwächter irre und rissen die Bürger aus dem Schlaf.[30] Zuweilen streiften sie durch das Land, überfielen reiche Bauern und Kaufleute, erpreßten ein Lösegeld, raubten Vieh und übten manchmal eine wahre Schreckensherrschaft aus.

Bei solchen Gruppen wird es sich um Nachlebsel jener Bünde gehandelt haben, deren Mitglieder einstmals als Kinder in der Wildnis ›sterben‹ mußten, um als Erwachsene in die Ordnung ›wiedergeboren‹ zu werden, und die ›zwischen den Zeiten‹ außerhalb des Gesetzes lebten.

Wir erinnern uns an die Aussage des alten Thies, er habe als Werwolf allerhand Kleinvieh zerrissen, und wir werden später sehen, daß die italischen *Hirpi sorani* »rapto vivere« mußten.[31] In der alten Schweiz unternahmen die Burschenschwärme regelrechte Beutezüge in benachbarte Landschaften, und so heißt es einmal:

»Im 1495 jar vor fasnacht zoch ain muotwillig volk von Uri, Underwalden und Zug in das Turgow; aber die grafschaft Dockenburg hielten die von Schwitz, als si zuo inen waren komen und fasnacht hieltend.«[32]

Gegen Ende des Mittelalters schritt die Obrigkeit mit immer schärfer werdenden Maßnahmen gegen solches Treiben ein. So wurden etwa im Jahre 1430 in den von Herzog Amadeus VIII. erlassenen *Statuta Sabaudiae* in Chambéry harte Strafen ausgesprochen, die den *larvaria* drohten, also jenen, die sich in »Teufelskleider« steckten, um die »agricolae et ceteras personas simplices« zu erschrecken und Geld von ihnen abzupressen.[33]

Gerade *weil* diese Burschen außerhalb der Ordnung standen, konnten sie ursprünglich die Ordnung erkennen und damit aufrechterhalten, und weil sie gewissermaßen ›Unbeteiligte‹ waren, durften sie rügen und damit richten. So versammelte sich bisweilen eine derartige »Wilde Jagd« vor einem Hofe, und die Burschen riefen:

»Wenn-der-is aber nit waid ge
So wei-mer-ech Chüe u Chalber ne
Mer weinech s'Huus abdecke
Mer weinech uferwecke.«[34]

Über ein oberbayerisches »Haberfeldtreiben« heißt es noch im Jahre 1766:
»Anfangs gehet einer von den zusam gerotheten purschen zu dem ienigen Hause, wo ein Leichtfertigs Drits halber abgestrafftes Weibs Bild darin sich befindet, mit Vngestimm klopft er an die fenster lääden oder haus thier, fraget sich mit lauttem geschrey in formalibus an: Paur (diesen mit namen nennent) hast die Hur zu hauß? ist das Haaber feld lähr? seye es lähr oder nit, wür treiben dannach darin. Nach disem machen Sye einen vnverträglichen Lärmmen mit vndereinander gemischten jauchzen, schreyen, Bryllen, mit thüer Glockhn, Pritschen, schlagen auf die Preter, Blasen mit Kühe horn, schüessen aus feuer gewölhen, so daß die ienige, so es das erstemahl hören, nichts anders glauben als es seye die höll ausgelassen worden. villfältig geschieht es, daß einige von diesen Purschen die mit Schindl belegte häußer abdeckhen, die fenster einschlagen vnd die zäun zusammen reissen, iederzeit aber springen sye in einem Creiß herumb, vnd tretten dieweils nit anderst auf, als wan ein hexen tanz daselbst Vorbeygangen were. Dabey machen Sye sich im angesicht russig vnd theills falsche pärth, damit Sye nit erkhant werden.«[35]
Wir sagten, daß diese Burschen ursprünglich keine Menschen mehr waren, wenn sie ihre Rüge- und Beutezüge

unternahmen, sondern ›unparteiische‹ Jenseitige, die eben deshalb dazu berufen waren, ernsthafte Abweichungen von der Norm zu ahnden. Doch aus solchen ›Toten‹ konnten leicht Tote werden. Denn ungleich der späteren »Policey« trafen sie bisweilen auf eine energische Gegenwehr, die ihrerseits nicht geahndet werden durfte.

So rasten beispielsweise südlich von Bukarest die mit gehörnten Vogel- und gefiederten Ziegenköpfen vermummten »Kukeri«, die als Totschläger berüchtigt waren, mit ihrem Baba genannten Anführer durch die Dörfer. Wer einen solchen dämonischen Läufer ums Leben brachte, durfte weder angeklagt noch bestraft werden[36], denn auch diese Tat geschah außerhalb der Normalität.

Noch gegen Ende der sechziger Jahre des vorigen Jahrhunderts stürmten im Lötschental am Sonntag vor der alten Fasnacht die Masken wie die Stiere brüllend durch das Dorf, in welchem um ein Uhr nachmittags alle Häuser verrammelt worden waren.[37] Ließen sich eine Frau, ein Kind oder ein jüngerer Bursche sehen, so schlugen ihnen die Masken einen Aschensack um den Kopf, und insbesondere die jungen Mädchen wurden mit einer Rußaufschwemmung, Jauche oder mit Blut bespritzt. Dies waren indes verhältnismäßig milde Bräuche, die in früheren Zeiten sehr viel wilder und rauher gewesen waren, als noch ausgeraubt, zerstört und geplündert wurde.[38]

Derlei findet man heute noch in Afrika. Nachdem die Initianden (*mvon*) im südlichen Kamerun auf qualvolle Weise durch einen etwa fünfzehn Meter langen Tunnel gerobbt und gerutscht sind, befinden sie sich ›draußen‹, außerhalb jeder Ordnung. Alle Arten von Plünderung, Raub und Überfall sind ihnen nunmehr gestattet, wie einstmals den Vermummten der Diana, die bei ihren Maskenläufen über harmlose Passanten herfielen und diese erschlugen.[39] Sechs Monate bleiben sie nackt, mit weißem Ton eingerieben wie die Titanen, die auf den Höhen des

Parnassos den Dionysos samt seinen Ammen zerrissen, um ihn zu ›initiieren‹[40], und jetzt sind sie die Ahnengeister (*bekon*). Sie haben das Recht, jede Frau totzuschlagen, die sich in ihre Nähe wagt[41], oder besser gesagt, sie können dies ohne weiteres tun, da sie jenseits aller Normen, jenseits von Gut und Böse stehen.
Auch die Jünglinge der Spartaner verließen zur Initiation die Siedlungen, und zwar ohne jegliche Ausrüstung oder Nahrungsmittel, die sie sich erst stehlen mußten. Gewisse Auserwählte lebten zwei Jahre lang in der Wildnis und mordeten bei nächtlichen Beutezügen unter der Landbevölkerung.
Verwandelten sich die Lötschentaler Burschen, von denen wir eben gehört haben, vermutlich einst in wilde Stiere, so heißt es in einem Text aus dem Jahre 1428 gleichfalls über Walliser Burschenschaften: »ouch so werent ir vil under inen, die der boes geist lerte, daß si zu woelfen wurdent«, und darüber hinaus, »daß si selber duchte und nit anders wüsdin, wann daß sie woelf werint, und wer si dann do ze malen sach, den duchte ouch nit anders und erlueffent schaf, geiß und lember und assent die in eines wolfes figur.«[43]
Während in solchen Fällen kaum ein Zweifel bestehen kann, daß es sich um *Menschen* handelt, die sich in Tiere oder in Totengeister verwandelten, gibt es andere Berichte, die allem Anschein nach (*pace* Höfler) ›Halluzinationen‹ oder Interpretationen von Naturereignissen, wie etwa ungewöhnlichen Stürmen, wiedergeben. Auf diese Weise würde ich zum Beispiel jenen Bericht über das »Wilde Heer« deuten, welcher in der Chronik derer von Zimmern verzeichnet steht:
»Im jar 1550 hat man das wutteshere zu Mösskirch gehört. Das ist in ainer nacht zu herpstzeiten nach den zehen uhren vorm Banholz mit einer grosen ungestimme über die Ablach uf Minchsgereut gefaren, und als das ain guete weil

daselbs umbher terminiert, ist es die Herdtgassen herabkommen und dann neben dem siechenhaus und unser Frawen über die Ablachbrucken, dem bach nach an der stat, die Katzenstaig hinauf, mit aim wunderbarlichen gedöss, lauten geschrai, clingln und aim grosen luft, so das getriben. Es ist nachgends, das sollichs die wächter uf dem thurm und ander in der stat wol hören megen, aber finstere und verre halb gleichwol nichs sehen künden, dem Herdlin zugefarn, daselbs hindurch neben Rordorf ins Hardt, ist auch noch diesebig nacht gen Feringen an der Lauchard kommen. Da ist der blast von dem alten burgstall hinab und durch das stetlin hindurch mit groser forcht der borger und zugehörer getriben worden. In derselben nacht, als das wüetend here zu Veringen passiert, do ist nachts umb die zwelf uren ungefärlich ain wächter uf der gasen gangen, mit namen Hanns Dröscher, der hat die stund wellen ussrüefen. In dem ist das geschell angangen und vom alten schloss herab kommen. Da hat etwar uf dem mark daselbsten ine angechrieen: ›Mano! mano!‹ Der guet wächter hat im gefürcht und wol gemerkt, das es nit recht zugang.«[44]

Schaut man sich auf einer Landkarte der Schwäbischen Alb die Strecke an, die dieses »Wütende Heer« zwischen zehn Uhr und den letzten Nachtstunden, wenn auch in einer langen Herbstnacht, zurückgelegt haben müßte, dann wird man eine solche Leistung selbst par force dahinlaufenden dämonischen Burschen kaum zutrauen können.[45]

§ 5 Die Verteufelung der Sinne, vornehmlich der weiblichen

»The Devil flatters our Mother Eve, as if he was desirous to make her more Happy than her Maker did; but there was the Devil in that flattery.«

Cotten Mather

Fassen wir das Bisherige kurz zusammen. Wir haben zu Beginn die Vermutung geäußert, daß eine Anerkennung der Tatsache, bewußtseinsverändernde Drogen seien für die absonderlichen Erfahrungen der Hexen verantwortlich, diesen Erfahrungen, wie auch jenen der Wilden in der Neuen Welt, in den Augen der weltlichen Gerichte und der Heiligen Inquisition den Wirklichkeitscharakter geraubt hätte. Da die christliche Kultur den Gebrauch derartiger Mittel kaum kannte oder ihnen zumindest feindlich gegenüberstand[1], mußten die Erfahrungen, die mit ihrer Unterstützung gemacht wurden, als illusionäre Verkennungen der wirklichen Welt, als Halluzinationen, kurz, als *Schein*erfahrungen interpretiert werden.

Veränderte sich mit Hilfe dieser Giftpflanzen die Erfahrung auf eine grundlegende Weise, dann war das, der offiziellen Meinung zufolge, nicht so zu verstehen, daß nun etwa eine Sensibilität für bisher verborgene Eigenschaften oder Tatsachen der Wirklichkeit frei wurde. Vielmehr glaubte man, daß Menschen, die sich solchen Erlebnissen öffneten, die Wirklichkeit in einer verzerrten Weise wahrnahmen, sich von ihr loslösten, daß sie kein vernünftiges Urteil mehr abgeben konnten über den Ort, an dem die Grenze zwischen Schein und Wirklichkeit verlief. Die

Giftpflanze schläferte die Vernunft ein, und »el sueño de la razon produce monstruos«. (Abb. 8).

Doch eine derartige Auffassung, wie Goya sie zum Ausdruck brachte, ist bereits die einer neueren Zeit. Für die meisten Theologen und Dämonologen der Renaissance wurden die Dämonen nicht vom Schlaf der Vernunft *hervorgerufen*, und zwar in keinem Sinn des Wortes. Sie wurden auf diese Weise nicht hervorgelockt und schon gar nicht *geschaffen*. Sie existierten nicht nur unabhängig von dem, was die Menschen über sie meinten oder dachten, sie ergriffen von sich aus die Initiative und überschwemmten unter allerlei Maskierungen – etwa als Engel oder als Muttergottes[2] – die Welt. Hätten sich der Beischlaf der Hexe mit dem Teufel oder ihr Tanz auf dem Sabbat als bloße Illusionen erwiesen, dann hätte als zweiter Schritt die Konsequenz, den Teufel selber als Scheinwahrnehmung wegzuerklären, auf der Hand gelegen.

Wir haben überdies gesehen, daß der Teufel, der erst seit dem 13. Jahrhundert in größerem Umfang zu einer volkstümlichen Figur wurde, in den *Erfahrungs*berichten der Nacht- und Bergfahrenden gar keine Rolle spielte und allem Anschein nach diesen Frauen und Männern entweder aufgenötigt wurde, oder daß die Verhörspersonen ihn in die Protokolle einfügten.

Diesen Nachtfahrenden sind wir nachgegangen, und wir haben ihre Anführerinnen bis zu jenen ›Erdmüttern‹ zurückverfolgt, in deren Schoß einstmals die Menschen ihre Individualität auflösten, »starben«[3], um aus dem Ursprung als Wissende wiedergeboren zu werden.

Um zu sehen, was sie im Grunde waren, mußten sie zu(m) Grunde gehen, mußten sie in den Uterus der Allgebärerin zurückkehren, in den Ursprung nicht nur der Menschen, sondern aller Wesen der Natur.

Der Akt dieser Erkenntnis war zugleich ein Akt der Liebe, der einen Inzest mit der Mutter dargestellt hätte, wenn

Abb. 8 Francisco de Goya. Der Schlaf der Vernunft gebiert Monstren

sich nicht im Ursprung mit den Inzest*schranken* auch der Inzest selber aufgelöst hätte. Der Ursprung ist sündlos. Wo es keine Normen mehr gibt, können auch keine Normen übertreten werden. Und Erkenntnis des Ursprungs hieß: Auflösung der Trennung der Dinge voneinander. Also weniger: *sehen* und *erleben*, daß diese Dinge da, die auf den ersten Blick, in der Alltagsperspektive, verschiedene sind, sich als eines erweisen. Sondern eher: Auflösung des Sehens und des Erlebens selber im Ursprung.

Denn was in späteren Zeiten, im klassischen Griechenland, in verdünnter Form ›Erkenntnis als Erinnerung‹ hieß, das bedeutete in archaischen Zeiten noch den tatsächlichen Rückgang aus der ›Welt der Trennungen‹ in den vereinheitlichenden Schoß der Dinge, der keine Erkenntnis und keinen Erkenntnisgegenstand, kein oben und kein unten, weder Tiere noch Menschen, weder Frauen noch Männer kannte.

Entgegen dem, was heutzutage die Philosophen lieben und was sie »kritische Selbstreflexion« nennen, eine Technik, die es angeblich möglich macht, unseren Horizont von innen heraus, aus sich selber verständlich zu machen[4], hatten die archaischen Menschen noch die Einsicht, daß man seine Welt verlassen mußte, um sie erkennen zu können, daß man nur ›zahm‹ werden konnte, wenn man zuvor ›wild‹ gewesen war, oder daß man nur dann in der Lage war, im vollen Sinne des Wortes zu leben, wenn man die Bereitschaft gezeigt hatte, zu sterben.

Um also innerhalb der Ordnung leben zu können, um mit Bewußtsein zahm zu sein, mußte man in der Wildnis verweilt haben, man konnte nur wissen, was das *drinnen* bedeutete, wenn man *draußen* gewesen war.

Die Göttin des ›Draußen‹ war die Artemis-Diana, einstmals die wilde Mutter der Vegetation. Wir haben gesehen, wie diese »Löwin der Weiber« von den Indoeuropäern auf eine ganze andere Weise gezähmt wurde, wie man sie

keusch und spröde machte, und wie man sie ›jungferte‹, wie sie sich nicht länger die Männer in ihren Schoß holte, sondern sich gegen die Männer sträubte, die ihr bisweilen nachstellten, um sie nackt beim Baden zu beobachten. *Diese* Diana sollte später mit der Heiligen Jungfrau verglichen werden[5]; bei den Renaissancemalern verwandelte sie sich schließlich in ein kokettes Weib, das sich den Blicken der Männer zugleich entzog und diese lockte (Abb. 9).
Wir haben kurz angedeutet, wie die Sibylle zur Pythia entmachtet wurde, zu einem Medium, das nicht mehr Herr der eigenen Erfahrungen war, sondern ein bloßes Gefäß für den Gott, ein junges Landmädchen, das von Apollo vergewaltigt wurde, nachdem sein Sträuben vergeblich geworden war. Und wir haben schließlich auch gesehen, wie dem »Löser der Gegensätze«, dem »Weibmann« Dionysos die Flügel gestutzt wurden, indem er einen Platz in der olympischen Religion zugewiesen bekam.
Der ›Kult der Großen Mutter‹ versickerte. Trotzdem überdauerten einige der Wesenszüge dieses unbemannten Weibes in abgeschwächter Form. Der Schoß der Kirke, Kalypso, »fraw Venus«, Morgain la fée verlockte den Helden auf seiner Initiationsfahrt ins »Tal ohn' Wiederkehr«, den Odysseus, den Tannhäuser, den Ritter der Tafelrunde und noch den Nachtfahr der späteren Hexenprozesse.
Doch für gewöhnlich entzieht sich dieser Held der Liebe zur Schattenkönigin, oder genauer gesagt, er geht nur mit halbem Herzen auf sie ein. Denn der Beischlaf hört immer mehr auf, *Erkenntnis* zu sein, er entwickelt sich zur drohenden Gefahr. Die Vagina hat Zähne. Sie frißt und verschlingt. Wird der Held von einem solchen Weib verführt oder von der »Wilden Jagd« mitgerissen, dann kehrt er im günstigsten Falle bleich und »tämisch« zurück, »elwetritsch«[6], wie die Kurpfälzer, oder »huldrin«, wie die Norweger sagen.

Abb. 9 Schule von Fontainebleau, Diana

Weiter haben wir gesehen, wie sich noch lange Zeit die ›Zeit zwischen den Zeiten‹ erhielt, in der sich die Trennungen auflösten. Immer noch schwärmten dann die Unterirdischen durch die Gassen der Polis und klopften an die Haustüren in den Alpendörfern: die Jenseitigen waren nicht mehr jenseits, die Diesseitigen nicht mehr diesseits. Die Mächte der Unterwelt bedrohten die unter der Sonne. Hades entführt die Vegetationstocher Persephone in sein Schattenreich und will sie dort für sich behalten. Demeter – und ihr nach der Initiand der Eleusinischen Mysterien – ›stirbt‹ in den Ursprung und erwirkt die befristete Rückkehr der Fruchtbarkeit. Der Tod entsteht und damit wieder ein neues Leben.
Auch die livländischen Werwölfe und die Benandanti in Friaul nehmen diesen Kampf gegen die Mächte des Chaos immer wieder auf, oder besser gesagt, sie beteiligen sich am Kampf zwischen Leben und Tod, der die Ordnung der Welt begründet. Denn die ›magischen Rituale‹ sind weniger ein *Eingriff* in das Geschehen, wie all jene es sich vorstellen, die sie für ›protowissenschaftliche Manipulationstechniken‹ halten[7], sondern eher die *Teilnahme* an der kosmischen Krisis, die Bedrohung und Bedingung des Lebens *zumal* ist.
Die stetig komplexer werdende Zivilisation verliert das Wissen um diese Dinge. Sie begegnet dem Jenseitigen von nun an, indem sie dessen Erfahrung zunehmend unterbindet, verdrängt, oder später ›spiritualisiert‹ und ›subjektiviert‹. Hier liegt die Wurzel aller ›Projektionstheorien‹, wie sie eines Tages von Feuerbach und Marx, von Psychoanalytikern und positivistischen Ideologiekritikern entwickelt werden sollten. Das ›Draußen‹ rutscht nach innen, und wenn es mitunter dennoch nicht seinen ursprünglichen Charakter verleugnen kann, wird es als ›projiziert‹ wieder der Subjektivität einverleibt. »Es darf überhaupt nichts mehr draußen sein, weil die bloße Vorstellung des Draußen die eigentliche Quelle der Angst ist.«[8]

Dieser Abdrängungsprozeß trifft zunächst vornehmlich jene, die in besonderem Maße ›auf der Grenze‹ stehen, die seit alters auf eine etwas unkontrollierbarere Weise dem Jenseitigen aufgeschlossen waren: die Frauen, und unter ihnen vor allem jene, die ihre Fähigkeiten, bisweilen die Grenzen zu überschreiten, besonders entwickelt hatten.

Bei heutigen Naturvölkern trifft man noch in vielen Fällen auf eine ›archaischere‹ Einstellung zu dem Teil ihrer selbst, der jenseits des Zaunes der Zivilisation, in der Wildnis liegt. Für die Bakweri am Kamerun-Berg wird die Welt des ›Draußen‹ die Welt der Seejungfrauen *(liengu)* genannt. Diese Welt umfaßt das Meer und den Urwald. Dieses ›Draußen‹ ist zugleich der Bereich, in dem sich die Frauen der Bakweri bewegen. Die Männer züchten innerhalb des Zaunes, der die Welten voneinander trennt, ihre Ziegen, Kühe und Schweine, während die Frauen außerhalb des Zaunes aus dem Regenwald das Brennholz holen und Xanthosoma pflanzen.

Alle Frauen sind draußen, aber die Seejungfrauen sind noch ›draußener‹ als all die anderen. Wenn nun eine gewöhnliche Frau von einem solchen Geisterwesen besessen wird, und dies kann einer Jungfrau wie auch einer älteren Frau widerfahren, dann muß sie den Bereich der Kultur verlassen: Sie kleidet sich mit einem Rock, der aus den Rinden oder den Wurzeln des *iroko*-Baumes gefertigt ist, erhält einen *liengu*-Namen und erlernt die Seejungfrauensprache, bis sie schließlich nach mehreren Monaten von einer Medizinfrau oder einem Medizinmann in der Dämmerung des Tages in eine tiefe Wasserstelle geworfen wird, was an den mazedonischen Brauch erinnert, eine andere Mittlerin zwischen den Welten, die Hebamme, an eine Quelle zu führen und sie dort mit Wasser zu übergießen.[9]

Jetzt ist diese Frau zu einer Seejungfrau geworden. Ihr

Haar wächst lang und wirr, und sie reibt sich den ganzen Leib mit einer Mischung aus Holzkohle und Palmöl ein, bis sie über und über schwarz eingefärbt ist. Alle ›kulturellen‹ Gegenstände, und das heißt insbesondere alle von Europäern oder Männern hergestellten oder bearbeiteten Dinge bleiben von ihr fern, und statt der phallischen Plantagen-Banane, einer ›Männerpflanze‹ par excellence, ißt sie nunmehr nur noch die von Samen durchsetzte wilde Banane.

Für die Männer ist diese Frau jetzt endgültig ›out‹. Sie spricht mit den anderen Frauen die den Männern unverständliche Sprache der Seejungfrauen – sie ist völlig wild geworden[10] und lebt in einer fremden, den Männern unzugänglichen Welt.

Weil sie aber rituell, d. h. *mit Bewußtsein* wild geworden ist, ist sie der Wildnis zugleich nicht *ausgeliefert*.[11] Jetzt erst, nachdem sie ›draußen‹ gewesen ist, ist sie bereit zum ›Drinnen‹, zur Heirat mit einem Mann.[12] Oder anders ausgedrückt: Sie ist nun kulturfähig in einem viel elementareren Sinne als der Mann. Denn ihre ›rituell entschärfte‹ Wildheit nützt fortan die Gemeinschaft vor dem bedrohlichen Einbruch der Seejungfrau in den Bereich innerhalb des Zaunes.[13]

Ähnlich hielten es unsere Altvorderen. War die mittelalterliche Hexe noch die *hagazussa*, diejenige, die auf dem Hag, der Hecke, dem Zaun saß[14], der hinter den Gärten verlief und das Dorf von der Wildnis abgrenzte[15], und war sie somit ein Wesen, das an beiden Bereichen teilhatte, wir würden heute vielleicht sagen, ein halbdämonisches Wesen, so wird sie mit der Zeit immer eindeutiger, bis sich in ihr nur noch das verkörpert, was aus der Kultur hinausgeworfen wird, um in der Nacht in verzerrter Form wiederzukehren.

Zwar wird heutzutage – insbesondere in der feministischen Literatur – die Rolle der *sejdr*-treibenden Frauen[16]

ein wenig idealisiert, etwa wenn unter den Tisch fällt, daß manchmal die eine oder die andere der Völven und *spákonur* gelyncht wurde, doch im allgemeinen war das Verhältnis der Menschen zu diesen Weibern ›zwischen Tag und Nacht‹ durchaus ambivalent[17], etwa gegenüber jenen barfüßigen Kimberinnen, welche die Kriegsgefangenen zu einem riesigen ehernen Kessel führten, ihnen die Kehle durchschnitten, aus dem herausspritzenden Blut weissagten und zu eben dem Zwecke ihre Eingeweide durchsuchten[18]; gegenüber den Völven, die, ähnlich wie die Pythia auf ihrem Dreifuß, auf dem *sejdhjallar* sitzend ihre Seele in fremde Länder schickten[19], oder gegenüber rein dämonischen Wesen, die im Zwielicht durch die Wälder fuhren.[20]
Um deutlich zu machen, daß die Hexe kein Wesen des ›Drinnen‹ war, sondern daß sie zumindest mit einem Fuße ›draußen‹, jenseits der Kultur stand, bediente man sich schon seit alters zu ihrer Charakterisierung der Umkehr des Gewöhnlichen. In der *Vatnsdaela Saga* heißt es etwa über die alte Hexe Ljot:
»Sie hatte ihre Kleider über den Kopf gezogen[21] und schritt rückwärts, den Kopf nach unten durch ihre Beine gesteckt, und der Blick ihrer Augen war nicht gut anzusehen, wie sie trollhafte Blitze gegen sie schleuderte.«[22]
Die Hexen der Akan gehen mit den Füßen nach oben und dem Kopf nach unten[23], der Hexer *(umthakathi)* der Zulu reitet – genauso wie die spätmittelalterliche Hexe (Abb. 10) – umgekehrt auf einem Pavian[24], und auch der jakutische Schamane Küstech sitzt rittlings auf einer Bergziege, »deren Hufe nach rückwärts gerichtet sind«.[25] Wenn der Medizinmann der westaustralischen Jigalong sich in seinen adlerfalkenartigen ›Traumgeist‹ *(badundjari)* verwandelt, dann werden seine Beine zu Flügeln, seine Hoden zu Augen und sein After zu einem Schnabel. Mit dem Rücken nach vorne fliegt er auf und davon.[26]
»Quod sursum est, deorsum faciunt«, schreibt Petronius

Abb. 10 Hans Baldung Grien, Hexensabbat (1510)

in seinem *Satyricon* über die Hexenweiber und *nocturnae*[27], und auch in christlicher Zeit haben die Hexen oft »widersinnes vmb den Kopff gelegte Zöpffe«. Sah man ihnen in die Augen, dann erblickte man in der Pupille sein Bild verkehrt herum.[28] Auf dem Sabbat tanzen sie meist gleichermaßen umgekehrt. So heißt es beispielsweise zu Beginn des 17. Jahrhunderts, daß sie »at theyr meetings, do all thinges contrary to the custome of Men, dauncing, back to back, hip to hip, theyr handes ioyn'd, and making theyr circles backward, to the left hand, with strange phantastique motions of theyr heads, and bodyes«.[29]

Zur selben Zeit wird südlich der Pyrenäen vom Teufel erzählt, daß er auf dem Sabbat die Hexe »con su mano yzquierda (a la vista de todos) la tendia en el suelo boca abaxo, o la arrimaba contra un Arbol, y alla la conocia someticamente«, das heißt, er habe die Hexe anal beschlafen, für gewöhnlich jedoch von beiden Seiten.[30]

Nicht dies, die Umkehrung gewöhnlicher Verhaltensweisen und Eigenschaften als Metapher zur Darstellung dessen, was sich einer Beschreibung mit der Sprache des Alltagslebens, der Begrifflichkeit ›innerhalb des Zauns‹ entzog, ist das Charakteristische, welches die vor- und nichtchristliche Hexe von jener aus der Zeit der großen Hexenverfolgung unterscheidet.[31] Bezeichnender ist vielmehr der Wandel in der Haltung, die man gegenüber der Hexe und mithin dem ›Draußen‹ einnahm.

Denn die christliche Kultur hatte damit begonnen, eine neue Form von Ordnung aufzubauen, die weniger die *Anerkennung* der ›anderen Seite‹ ihrer selbst als deren Verdrängung und schließliche Vernichtung erforderlich machte.

Der erste Schritt bestand gewissermaßen in der ›Dämonisierung des Dämonischen‹. Menschen konnten keine Strigen sein, und Menschen konnten auch nicht an den nächtlichen Fahrten der Diana teilnehmen. Man versuchte also, die *hagazussa* vom Zaun zu verscheuchen, sie von der Grenze der Kultur in die Wildnis, von der Dämmerung in die Nacht zu jagen.

Der zweite Schritt wurde notwendig, als man fühlte, daß diese Dämonen mit solch leichter Hand nicht zu entmachten waren, daß sie vielmehr tiefliegenden Bedürfnissen der Menschen entsprachen, die sich nicht so einfach auflösen und durch etwas anderes ersetzen ließen.

Die Heilige Jungfrau etwa, Sinnbild dafür, daß die Frau nur als unberührtes Mädchen und als Mutter, beidesmal züchtig und asexuell, Geltung beanspruchen darf[32], konnte gerade noch als Substitut für die etwas zickig gewordene Schwester des Apollo hingenommen werden. Doch als Ersatz für die nicht gerade zugeknöpfte Diana der Epheser, um nur ein Beispiel zu nennen, konnte das kaum angehen.[33]

Die Dämonen nun, die man in die Wildnis, weitab von den Menschen, getrieben hatte, kehrten in veränderter Gestalt und auf weitaus bedrohlichere Weise zurück. Sie begnügten sich nicht länger damit, auf dem Zaun zu hocken, sondern schlichen nachts die Kellertreppe herauf und schlugen an die Türen. Jetzt drohte die Hexe nicht mehr von außen, sie erwachte im Inneren.[34]

Zunächst gab es noch gewisse ideologische Schwierigkeiten, diese Tatsache auch öffentlich anzuerkennen, hatte man doch ausdrücklich betont, daß die Menschen am Treiben der Dämonen nicht teilnehmen konnten. Doch in diesen Texten war nur die Rede von den ›nachtfahrenden Weibern‹ und ihren Anführerinnen wie Diana und Herodias. Und diese waren ganz verschieden von jenen Wesen, die seit Beginn des 15. Jahrhunderts ›von innen her‹ die Welt beunruhigten, die in den Dörfern und Städten, den Ställen und Kellern ihr Unwesen trieben.

In der Vorlage des *Canon Episcopi*, dem Texte Reginos von Prüm, stand kein Wort von der blutdürstigen *striga*, und aus diesem Grund durfte man jetzt auch offiziell versichern, daß es Menschen gab, und noch dazu in beträchtlicher Anzahl, die in der Mitte des Tages wie in der Mitte der Nacht vom bösen Feind oder auf Böcken und Besen durch die Lüfte zu perversen Buhlschaften entführt, ihren Mitmenschen nach Leib und Seele trachteten. Solche Menschen sündigten nicht nur wider die Natur, sie waren gleichzeitig und im Gegensatz zu den vergleichsweise harmlosen Nachtfahrenden *maleficae*, und deshalb mußten sie ungleich härter bestraft werden. Ihnen boten die alten Verordnungen keinen Schutz, denn »ad lamias nostras« – so hieß es, und das, wie wir gesehen haben, sogar mit Recht – bezogen sich diese Texte nicht.[35]

Hatte also der erste, nicht ganz erfolglose Schritt im früheren Mittelalter darin bestanden, das Heidnische aus der Kultur hinauszuwerfen, so entwickelte sich jetzt angesichts des Aufflackerns eines ›neuen Heidentums‹ in der Gestalt von Ketzern, Hexen und anderen Hoffärtigen notgedrungen die Strategie, den bösen Feind im Zentrum der Kultur zu stellen und ihn dort vernichtend zu schlagen. Hatte der Teufel auch das ›Innere‹, die Seele, in seinen Besitz gebracht, dann mußte sein neuer Wohnsitz, der Leib, abgetötet und verbrannt werden[36], um ihm die Basis zu rauben.

Die Wiedergeburt der *striga* im Inneren ist kein vereinzeltes Phänomen gewesen. Im ausgehenden Mittelalter muß der böse Feind in allen Bereichen des Lebens zugeschlagen haben. Oder anders ausgedrückt: Zu jener Zeit muß sich ein neuer Frühling angekündigt haben, und zwar just in einer Epoche, die gerne mit einem Herbst verglichen wird. Die Blüten, die dieser Frühling trieb, müssen in den Augen von Kirche und Obrigkeit als Zeichen des Ausbruchs eines neuen Heidentums gegolten haben.

Die Fesselung der Sinne, die Verbannung der Sinnlichkeit in das innere Exil, die Entstehung der Privatsphäre, wie wir sie heute kennen, und damit ein weitgehender Verlust von Ungezwungenheit und Unmittelbarkeit wird heute vielfach – und dies vor allem durch den Einfluß des Werkes Norbert Elias' – als ein recht kontinuierlicher Prozeß der Zivilisation gesehen, der etwa zur Zeit der Renaissance, in der die Grundlagen der modernen, einen erheblichen ›Triebverzicht‹ fordernden ›Leistungsgesellschaft‹ gelegt wurden[37], am augenfälligsten geworden sei.[38]

Es scheint mir jedoch eher so zu sein, daß gerade das *späte* (im Gegensatz zum frühen) Mittelalter ein heftiges Aufflackern der Sinnlichkeit, der Augen, des Gaumens, der Phantasie und der Seele erlebt hat, verbunden mit einer fortschreitenden Lockerung der gesellschaftlichen Überwachung, und zwar nicht nur innerhalb des in den Städten aufkommenden Bürgertums, sondern gleichermaßen unter dem Landvolk. Die starren Einteilungen der ständischen *ordines* waren erschüttert, und das Leben wurde gefühlvoller, leidenschaftlicher, ungebundener und intensiver.[39]

Man hat unzählige Male darauf hingewiesen, wie ungezwungen die beiden Geschlechter im Mittelalter gemeinsam das Badehaus aufgesucht hätten, eine Sitte, die im Zeitalter der Renaissance mehr und mehr Verboten zum Opfer gefallen sei.[40] Dies scheint indessen nicht ganz den Tatsachen zu entsprechen, denn ein derartiger Brauch entwickelte sich in größerem Umfang erst im *späten* Mittelalter, während im frühen die Geschlechter noch meist getrennt voneinander badeten.[41] Desgleichen verbreitete sich die Sitte, unbekleidet zu schlafen, in größerem Umfang anscheinend erst im 14. Jahrhundert.[42] Die mittelalterlichen Wandmalereien, die Männer und Frauen Süßholz raspelnd in der Wanne zeigen, scheinen zudem weniger ein Ausdruck ungetrübter Sinnesfreude zu sein, als daß sie ein Laster unter vielen anprangern.[43]

Überhaupt wird es nicht so ohne weiteres angehen, diese

Badehäuser als ein Indiz für die Unbefangenheit der Zeit zu zitieren. Viele von ihnen waren eher Freudenhäuser denn Reinigungsanstalten[44]; *rîberîn*, »Badereiberin« galt soviel wie »Hure«, und von den Badestuben in den niederländischen Städten sagte man, daß sie »zu anreyzung der vnkeuscheyt erbawen, also das mehr muotwillens vnd schand darinn geübt wirdt, dann in offenen Frawen heuseren«.[45]

Die Abscheu vor der Nacktheit war in erster Linie ein Erbe der jüdisch-christlichen Religion. Waren zwar auch die ionischen Griechen, die bereits über die Tatsache, daß die jungen Spartanerinnen nackt oder zumindest leicht bekleidet mit den Knaben Sport trieben[46], nicht eben entzückt, und entrüsteten sich die prüden Römer wiederum über die nackten griechischen Athleten, an denen sie die Dekadenz der hellenischen Kultur ablasen[47], so waren diese Kulturen doch unschuldig im Vergleich zu jener, in der die Jungfrau Maria jedesmal die Augen schloß, wenn sie sich auszog, um nicht in die Verlegenheit zu geraten, ihre nackten Brüste zu sehen.[48] War Eva das Weib, welches nackt war, so war die Heilige Jungfrau das Weib, welches die Frauen wieder kleidete: »Tu redressas la chute de la femme en enfantant le Logos qui redresse ceux qui ont été terrassés . . .«[49]

Die Entblößung der Brüste galt im allgemeinen als Erniedrigung, als Buße. So wurde etwa im Jahre 1417 ein »Zauberweib« vom Domherrn zu Freising verurteilt, zwei Jahre lang an bestimmten Tagen vor einer größeren Menschenmenge mit geschorenem Haar und nacktem Oberkörper auf dem Kirchhof zu stehen.[50] Doch selbst wenn die »Geißler« sich öffentlich peitschten, hielten sie den Unterleib bedeckt, und auch bei ausgesprochen schlimmen und entehrenden Strafen, etwa wenn ein Mann Ehebruch begangen hatte und mit der betreffenden Frau nackt durchs Dorf gejagt wurde, blieb im allgemeinen der Schoß der Frau be-

Abb. 11 Eva am Bamberger Dom

deckt, »pudibundis tamen mulieris coopertis«, wie es in einem Text aus dem Jahre 1292 in Avignon heißt.[51]
Auch die hochmittelalterlichen Frauendarstellungen sind bemerkenswert unerotisch, und ein Kunsthistoriker meint beispielsweise über eine Bamberger Adam-und-Eva-Skulptur, die erste Darstellung nackter Leiber in der deutschen Plastik, die beiden seien »as little sensuous as the buttresses of a Gothic church«.[52] Zwei kleine, gewissermaßen unumgängliche Protuberanzen, die an der Stelle sitzen, wo sich normalerweise die Brüste befinden, unterscheiden die schmalbeckige Eva von ihrem Partner.[53] (Abb. 11) Die Darstellungen nackter Frauen mit extrem langem Torso und weit auseinanderliegenden, hochsitzen-

den Brüstchen, »more protective than any drapery«[54], legen also gleichfalls die Vermutung nahe, daß das Mittelalter nicht gerade ein Zeitalter der Unschuld und der Ungezwungenheit war. Im Gegenteil: Gerade hier stand man dem nackten Körper »zutiefst feindlich«[55] gegenüber.

Gegen diese Sinnenfeindschaft machte das *späte* Mittelalter Front, indem es zusehends Entblößung und Bedeckung auf eine bisweilen recht raffinierte Weise zusammenspielen ließ.[56] Vergleichen wir etwa die enterotisierte Eva des *Speculum humanae salvationis* aus dem Jahre 1330 (Abb. 12) mit der spätgotischen Eva Berthold Furtmeyers aus dem Jahre 1481, die soeben von der »Todesseite« des Paradiesbaumes den verhängnisvollen Apfel gepflückt hat (Abb. 13). Das Becken der letzteren ist breiter, weiblicher geworden, ihr Haar reicht bis zu den Kniekehlen. Die mädchenhaften Brüste liegen zwar immer noch verhältnismäßig hoch, aber sie sind nicht länger ›aufgesetzt‹, sondern bilden eine organische Einheit mit dem Leib, der kein ›Gefängnis der Seele‹ mehr ist.

Mit dem ausgehenden Mittelalter werden also Bilder gemalt, die einen Betrachter *ansprechen*, während die Maler in den Zeiten davor eher Bilder schufen, die, wie man gesagt hat, »für das Auge Gottes« sichtbar waren.[57] Gott *sah*, weniger, als daß er *wußte*, und so sah auch der Betrachter der romanischen Eva nicht so sehr deren Brüste, als daß er wußte, was gemeint war. Die späteren Darstellungen, die eines Tages zwanglos in Photographien übergehen sollten, sind von einem Beobachtungspunkt aus gemalt und auf ihn hin gerichtet[58]; der Betrachter ist an einem Geschehen *beteiligt*, er muß keine Symbole *lesen*, die seine Vorstellungen wachrufen[59] und die es erlauben, in einem Bild Szenen darzustellen, die sich in der Wirklichkeit nacheinander ereigneten, was auch dem sogenannten »Simultanprinzip« des hochmittelalterlichen geistlichen Spiels entspricht, nach welchem es kein Auftreten und Abgehen der

Abb. 12 Adam und Eva, aus dem *Speculum humanae salvationis* (um 1330)

Abb. 13 Berthold Furtmeyer, Baum des Todes und des Lebens (1481)

Schauspieler gibt, wie wir es vom modernen Theater her gewöhnt sind, sondern lediglich deren Zurückgehen auf den Standort, nachdem ihre Szene beendet ist.[60] Abbildung 13 verkörpert beide Darstellungsweisen. Einerseits beteiligt es bereits den Betrachter, andererseits erzählt es immer noch eine Geschichte. Eva erhält von der Schlange den Todesapfel und reicht ihn an ihre Nachkommen weiter, und gleichzeitig pflückt die Heilige Jungfrau vom selben Baume den Lebensapfel, mit dem sie zumal die leidende Menschheit erlöst.

Wir können also verfolgen, wie im späten Mittelalter allmählich die Sinne aktiviert werden, wie immer mehr das Sehen, die Augen sich intensivieren. Der *Limburger Chronik* zufolge trugen um die Mitte des 14. Jahrhunderts plötzlich viele Frauen »so wide heubtfinster also daz man ihre broste binah halbe sah«[61], und bei den höheren Schichten leitete im selben Jahrhundert die Königin Isabella von Bayern die Mode der »robes à la grand'gorge« ein, bei der das Kleid bis zum Nabel offenstand[62], eine Mode, die schließlich dazu führte, daß man auf die frei getragenen »Paradîs epfelin« Rouge auftrug[63], diamantverzierte Ringe und Käppchen über die Brustwarzen stülpte, oder diese gar durchbohrte und mit edelsteinbesetzten goldenen Ketten behing, vielleicht um die Standfestigkeit des Busens unter Beweis zu stellen.[64]

Nannte man eben noch die Armöffnungen der Frauenkleider »Teufelsfenster«[65], so wurden jetzt nicht nur diese Einblicke mehr und mehr erleichtert. Die traditionellerweise langen Gewänder der Bäuerinnen wurden kürzer und farbenfroh, während sie zuvor meist ungefärbt gewesen waren, zugleich wurden sie immer körperbetonter, und der Busen entzog sich immer weniger den Blicken, bis sich Geiler von Kaisersberg darüber erregte, daß er gar »den brustkernen« erspähen konnte, als er einer Frau etwas zu tief in den Ausschnitt geschaut hatte.[66] »Darnach findt man Klötz«, fährt er fort, »die tanzen also säuisch und unflätig, daß sie die Weiber und Jungfrauen dermaßen herumschwenken und in die Höhe werfen, daß man ihnen hinten und vornen hinaufsieht bis in die Weich und haben es bisweilen die Jungfrauen fast gern, wenn man sie also schwenket, daß man ihnen ich weiß nit wohin siehet.«[67]

Durch die Zeit wehte nunmehr ein anderer Geist. War es bislang wenigstens den Jungfrauen gestattet gewesen, die »tafeln aufzuthun«[68], also denjenigen, die noch nicht in den Besitz eines Mannes übergegangen waren – eine Sitte, die man auch bei Naturvölkern findet[69] – so heißt es im Jahre 1539 empört:

> »Die töchter tragend ouch jetzt das,
> Was einst dirnen schandlich was:
> Wyt ussgeschnitten schuh, schuben, röck,
> Dass man die milchsäck nit bedeck.«[70]

Die Repression der Sinne wurde jetzt allenthalben im wahrsten Sinne des Wortes spürbar.[71] Im Verlaufe des 16. Jahrhunderts wurden die Brüste des »mit schöner Farbe bestrichenen Naturübels«, wie der *Unholdenhammer* die Frauen nannte, fest eingeschnürt, oder sie verschwanden züchtig hinter gefältelten Hemdchen, der Hals verbarg sich hinter riesenhaften Krausen, der Hintern wurde durch einen Reifrock verdeckt.[72] Selbst die hochmittelalterlichen Hauben und Kinnbänder kehrten wieder und ließen das Haar nur noch erahnen.

Am sinnesfeindlichsten aber ging es in dem eben von den Mauren ›befreiten‹ Spanien zu: der *manto* verhüllte den weiblichen Leib bis auf ein kleines Guckloch, Schwarz entwickelte sich zur durchgängigen Farbe, der Gesichtsausdruck gefror zu einer Maske, die Mieder wurden mit Eisenstangen versehen, und selbst die Andeutung einer Brust versuchte man zu verstecken. Überdies verwendete man Bleiplatten, um schon vorhandene Brüste flach zu halten oder das Wachstum der noch nicht entwickelten zu verhindern.[73]

Noch gegen Ende des 17. Jahrhunderts schreibt eine französische Comtesse über die Spanierinnen von Stand:

»C'est une beauté parmi elles de n'avoir point de gorge, et elles prennent des précautions de bonne heure pour l'empêcher de venir. Lors que le Sein commence à paroître elles mettent dessus de petites plaques de plomb, et se bandent comme les Enfans que l'on emmaillote. Il est vrai qu'il s'en faut peu qu'elles n'aient la gorge aussi unie qu'une feüille de papier . . .«[74]
Auch die öffentlichen Bäder gingen enorm zurück, was bestimmt nicht in erster Linie auf die Verbreitung des »Frantzosen« oder auf die Verteuerung des Brennholzes zurückzuführen ist: Von neununddreißig Bädern im Frankfurt am Main des Jahres 1387 halten sich knapp hundertfünfzig Jahre später noch kümmerliche acht.[75] Kurz, in den meisten Lebensbereichen machen sich Einschränkungen und Reglementierungen immer deutlicher bemerkbar.[76]
Wir können also – entgegen der Annahme Elias' – zweierlei feststellen: Das Verrutschen der Schamgrenze, die wachsende Befangenheit etwa gegenüber dem nackten Körper entwickelte sich nicht in einem allmählichen Prozeß der Zivilisierung. Vielmehr erlebte das späte Mittelalter, vielleicht besonders zur Zeit der großen Pest, als der Tod vor allem in den Städten zahllose Menschen hinwegraffte[77], eine Befreiung der Sinnlichkeit auf allen Ebenen des Lebens. Aber diese Sinnlichkeit, die sich hier Bahn brach, war nicht nur eine ›kindliche‹, unbefangene. Sie war auch oft eine ganz bewußte und herausfordernde, ja, man hat beispielsweise die Mode des 14. Jahrhunderts als eine ausgesprochen »aggressive« charakterisiert.[78] Sie löste jedoch nicht die eines unschuldigen Zeitalters ab.[79] War die nackte Frau des früheren Mittelalters ein Symbol der Unterwerfung, der Erniedrigung und der Demut gewesen, so begehrte die dekolletierte Frau der neuen Zeit, einer Epoche, die meist nur als das Ende einer alten gesehen wird, auf. Sie war weniger nackt, sie war eher entblößt, und sie war sich dessen auch bewußt.[80] Sie zeigte

ein freieres Gesicht als je zuvor, doch in ihren Zügen begann man bald nur ›Hoffart‹ zu sehen, hinter der sich letzten Endes die Teufelsbuhlerin verbarg.
Diese Frau des späten Mittelalters war in die Domäne des Mannes eingebrochen. Es war eine Frau, die wir, wie ein Historiker es beschreibt, in den Trinkstuben der Zünfte, auf Festen und Volksbelustigungen jeder Art, auf Märkten und Messen, überall, wo es heiß und hoch hergeht, antreffen, und zwar »meist nicht eben als Wächterin des guten Tones und der strengen Sitten«[81], eine Frau, die zu einem neuen Selbstbewußtsein gefunden hatte. Sie fand Einlaß in Berufszweige, die ehedem den Männern vorbehalten waren, sie durfte ordnungsgemäß ein Handwerk erlernen und Meisterin werden, ja, es gab nicht wenige Gewerbe mit zünftiger Ordnung, die nur von Frauen betrieben werden durften, wie mancherorts weite Zweige der Textilindustrie, das Bierbrauen, Bleichen und Backen, und auch unter den Kürschnern, Riemenschneidern, Lehrern und Ärzten finden wir sie vielfach[82], bis schließlich zu Beginn der Neuzeit die Obrigkeit, sowie die Zunft- und Gesellenverbände im Zuge der Domestizierung der Frau der öffentlichen Frauenarbeit den Riegel vorschoben.
Und damit sind wir auch schon am zweiten Punkt angelangt. Die Daumenschrauben dieser neuen Zeit zogen *sich* nicht nur in einem ganz langsamen, gleichsam unmerklichen Prozeß an, sie *wurden* auch auf eine oft spektakuläre Weise angezogen.
Zwar konnte im 16. Jahrhundert ein Mann wie Etienne de la Boëtie mit einem gewissen Recht schreiben:
»Die Gewohnheit, die uns überall in der Gewalt hat, ist nirgends so groß wie bei der Verführung zur Knechtschaft. Sie bringt uns dazu, dieses Gift zu schlucken und es nicht einmal bitter zu finden, so wie man von Mithridates erzählt, er habe sich allmählich daran gewöhnt, Gift zu nehmen.«

Doch die Menschen wurden nicht nur *verführt*, sie wurden auch ganz offen und bewußt *unterdrückt*. Elias schenkt, so scheint es wenigstens, dem *reaktiven* und vor allem dem ausdrücklichen Zwangscharakter der Einschnürung der Sinne eine zu geringe Beachtung.[84] Die ›hoffärtige‹ Frau beispielsweise wurde als Hexe dingfest gemacht, ihre Sinnlichkeit wurde ihr ausgebrannt.

Sagt die sich aufknöpfende Frau des 17. Jahrhunderts etwas kokett: »Il fait trop chaud – objectez-vous?«, so entgegnet nunmehr ihr Gesprächspartner: »Il fera bien plus chaud en Enfer!«[85] Man begnügte sich indessen nicht mit dieser Drohung. Dieser Frau wurde bereits auf Erden die Hölle heiß gemacht. Sie, die herausfordernd ihre nackten Brüste gezeigt hatte, und deren ungekämmtes Haar im Winde geflattert hatte, wurde zu einem Wesen verzerrt, das auf dem verzauberten Mann durch die Nacht ritt, anstatt sich von *ihm* bespringen zu lassen, und das mithin den Mann zum Objekt der eigenen Lüste herabwürdigte. Es sind »meist geile wollustige / vnnd nach Fleisch lebende Weibspersonen«[86], über die im Jahre 1609 ein ebenso glühender wie hin und her gerissener baskischer Hexenrichter ausruft:

»Wenn man sie sieht mit den im Winde fliegenden Haaren auf den Schultern, so erscheinen sie mit diesem schönen Haarschmuck so geziert daß, wenn die Sonne hindurchscheint wie durch eine Wolke, der Glanz unbeschreiblich ist und glühende Blitze bildet; daher kommt die Bezauberung durch ihre Augen, die ebenso gefährlich in der Liebe sind, wie in der Hexerei.«[87] (Abb. 14)

Der Blick dieser Frau sagt jedoch nicht – wie wir es von den meisten Aktbildern insbesondere der späteren Zeit her gewohnt sind[88] – ›Ich will Dir gehören‹, er ist kein Ausdruck des Anbietens oder der Unterwerfung, in ihm stellt sich viel eher ihre eigene, aggressive Sinnlichkeit dar. Neben der moralisch aufreizenden Nacktheit[89] treten im-

Abb. 14 Hans Baldung Grien, Zwei Hexen (1523)

mer wieder, wie wir gesehen haben, die aufgelösten Haare der Hexe in den Vordergrund, mit denen sie mancherlei Zauber – im doppelten Sinne des Wortes – ausgeübt haben soll. So heißt es etwa in der Anklage gegen die schottische ›Hexe‹ Bessie Skebister im Jahre 1633:

»Ye sat doun, and taking of your curtch, sheuk your hair lous, and ever since shoe (gemeint ist die Klägerin, eine gewisse Margaret Mudie) hes bein so vehementlie pained, that shoe dwins and becoms wors and wors: and hes nevir bein weill since ye curst hir, our sheuk your hair lous.«[90]

Die verheirateten Germaninnen trugen ihr Haar zwar lang, aber entweder in Zöpfen[91] oder mit Nadeln aufgesteckt oder mit einem Band zusammengehalten[92], in späterer Zeit mit Kopftüchern bedeckt.[93] Im Mittelalter schließlich blieb das Haar ganz unter Tüchern, Schleiern und Hauben verborgen. Das »Gebende« des Hochmittelalters, eine enge Haube mit straffem Kinnband, ließ nur noch ein Lispeln zu, und das Essen war nur mehr nach Lockerung des Bandes möglich.

Das »unzüchtige Haarauflösen« wurde in den Bayerischen Volksrechten des 8. Jahrhunderts in einem Atemzug mit dem außerehelichen Beschlafen der Frau eines anderen und mit der Vergewaltigung einer Jungfrau genannt[95], und wer einer Frau die Kopfbinde löste, mußte nach fränkischem Recht dreißig Solidi, wer sie an die Brüste faßte, fünfundvierzig Solidi bezahlen.[96] Noch im 17. Jahrhundert konnte es einer Frau wie der Christina Heyden zum Verhängnis werden, wenn ihr Mann sie in der Nacht (!) mit »verworrenem Haar« und »ufgemachten Kleideren« sah, »als etwan sie mit viel Buhlen getanzt und zu tun gehabt«.[97]

Es hat den Anschein, daß zu allen Zeiten und in den verschiedensten Kulturen lange und insbesondere aufgelöste, wirre und wehende Haare[98] als ein Zeichen dafür galten, daß der oder die Betreffende sich, wie die Soziologen sagen, der sozialen Kontrolle entzog oder daß diese

Menschen zumindest dem Druck der Konventionen in geringerem Maße ausgeliefert waren. Die christlichen Anachoreten beispielsweise liefen nackt und ließen ihre Haare wuchern, um zu demonstrieren, daß sie ›wild‹ geworden waren und ihre Zivilisation verlassen hatten.[99] Was in ihrem Falle jedoch ein Zeichen äußerster Demut vor Gott war – das Opfer ihrer Kultur –, war bei der Hexe ein Zeichen extremer Rebellion: ihr die Haare abzuschneiden war Demütigung und Wiedereingliederung in die Kultur zumal.[100]

§ 6 Der Wolf, der Tod und die Insel des Ethnologen

»Est-ce que to connais la mort?
Eh bien, moi je vais t'en parler.«

Lied der Fang

»Die Furcht vor dem Tode ist das beste Zeichen
eines falschen, das heißt schlechten Lebens.«

Wittgenstein

Auch dem heidnischen Brauchtum, wie den insbesondere vom niederen Klerus getragenen kirchlichen »Narrenfesten«, rückte man am Beginn der Neuzeit endgültig zu Leibe.[1] Wir haben bereits gesehen, daß die mittelalterlichen Burschen, die, zu Dämonen und Tieren geworden, in den Rauhnächten und anderen ›Zeiten zwischen den Zeiten‹ aus der Wildnis kamen und plündernd und bisweilen zerstörend durch die Ansiedlungen rasten, daß diese Burschen außerhalb der Normalität und damit außerhalb des Rechts standen.

Im ausgehenden Mittelalter wurden sie nun auf eine ganz andere Weise ›außerhalb des Rechts‹ gestellt. Konnten sie zuvor als dämonische Wesen nicht unter Anklage gestellt werden, ja, waren sie es selber, die auf archaische Weise rügen und strafen durften, weil sie im strengsten Sinne des Wortes Unparteiische, jenseits aller Kultur Stehende waren – hierin glichen sie in gewisser Weise dem Narren, der allerdings meist für die Wahrheit den Preis der Unverbindlichkeit zu zahlen hatte[2] –, wurde ihnen nunmehr eine ernsthafte Bestrafung angedroht. Denn man sah in ihnen jetzt Menschen, und zwar solche, die

sich ähnlich wie die ›neue Sekte der Hexen‹ dem Bösen dienstbar machten.
So wurde etwa in der ersten Hälfte des 15. Jahrhunderts in Luzern verordnet, daß diejenigen streng bestraft werden sollten, die »ir antlit vermacht und in Tüfels wis oder in Böggen wis« herumliefen[3], und im Jahre 1601 heißt es: »So verrathend alle die, so das Fäst haltend, sich selber mit der usserlichen form und kleidung, dass sy nit Gott, sondern dem Bösen dienind, dieweyl sy in Tüfels kleideren wie die Tüfel umbhin lauffend.«[4]
Wer außerhalb des Rechts, der Kultur stand, war in archaischen Zeiten für die gewöhnlichen Menschen ›gestorben‹, und der Inbegriff für einen solchen ›Toten‹ war in vielen Fällen der Bär, aber noch in bedeutenderem Maße der Wolf, der nach altnordischem Recht, aber auch noch sehr viel später als friedlos galt. »Doch sint drê stete binnen deme lande to Sassen«, heißt es beispielsweise im *Sachsenspiegel*, »dâ den wilden thyren vrede gewarcht is bî kuninges banne, *sunder beren unde wolven unde vossen*; diz heizit banvorste.«[5]
Selbst wenn sich ein Wolf in ein Heiligtum verirrt hatte, wurde er dort als *vargr í veum*, als »Würger im Tempel« gehetzt[6], und die letzte Zeit vor *ragnarök*, der Götterdämmerung, in der alle Ordnung aus den Fugen geriet und wo sich das Unterste nach oben kehrte, wurde in der *Voluspá* »Wolfszeit«, *vargold*, genannt.[7]
Der friedlose Mensch, der als »Toter« angesehen wurde[8], der Verbannte, der *wealdgenga*, hieß auch noch bei den salischen Franken und bei den Goten *vargr*, »Würger« oder »Wolf«, und sein »Wolfskopf«, angelsächsisch *wulfes heáfod*, war im Lande ausgeschrieben.[9]
Nur an demjenigen durfte man die Todesstrafe vollstrecken, der zuvor für friedlos erklärt, der aus der Gemeinschaft ausgestoßen wurde, ein Akt, dessen Bedeutsamkeit für die Seele eines Menschen wir heute kaum noch nachempfinden können.

Überdies hat es den Anschein, daß in grauer Vorzeit nur derjenige töten durfte, der ebenfalls kurzfristig aus dem Verband der Lebenden ausgetreten und ein Toter geworden war, eine Tatsache, die vielleicht in der mittelalterlichen »Unehrlichkeitserklärung« des Henkers und Scharfrichters noch von fern nachklingt.
Ähnliches galt indessen möglicherweise auch für den archaischen Krieger. Odin, der Totengott und Führer des Totenheeres, dessen *einherjar* mitunter bezeichnenderweise *ulfar*, Wölfe, genannt wurden, war auch der Gott der Krieger, und vermutlich stellten die Harier, die Kämpfer der Nahanarwalen, die schwarz bemalten Krieger, von denen Tacitus berichtet[10], derartige rituell für tot Erklärte dar, ›Tote‹, die in der Gesetzlosigkeit, in der Wildnis die Feinde der Gemeinschaft töteten. Vielleicht gehören hierher auch die mit Gips bestrichenen Krieger der Phoker, die Herodot erwähnt, und jene Priester, die sich nach einer römischen Sage bei der Belagerung der etruskischen Stadt Fidenae mit Schlangen und brennenden Fackeln in den Händen und in der Gewandung der Unterweltsgötter auf die römischen Truppen stürzten.[11] Auch hier scheint es ferne Nachklänge zu geben. Noch zu Beginn des Dreißigjährigen Krieges kamen die als unüberwindlich geltenden bayerischen Reiter in schwarzer Kleidung auf schwarzen Pferden und mit dem Totenkopf am Helm zum Einsatz[12], und die preußischen Totenkopfhusaren gab es bekanntlich bis in die jüngste Vergangenheit.
Den *ulfar* verwandt waren vor allem die berüchtigten Berserkir. Das Wort *berserkr* wird heute vielfach mit »Bloßhemd« (anstelle von »Bärenhemd«) übersetzt, was bedeutete, daß die Berserkir ohne Brünne kämpften.[13] So heißt es auch in der *Ynglinga Saga*:
»Odin machte, daß seine Männer in der Schlacht ohne Brünnen kämpften und rasend *(galnir)* waren wie Hunde oder Wölfe, in ihre Schilde bissen und stark waren wie

Bären oder Stiere; sie töteten die Männer, aber weder Feuer noch Eisen verletzte sie; das nannte man Berserkirgang.«[14]

Dies würde auch einsichtig machen, warum die Berserkir, *wenn* sie bekleidet waren, eher Wolfs- als Bärenfelle trugen, weshalb sie bisweilen auch *úlfheþnar* genannt wurden.

Diese Berserkir scheinen im Ursprung Burschenbünde gewesen zu sein, unter denen mitunter die Bevölkerung wohl in noch wesentlich stärkerem Maße gelitten hat, als es bei den schweizerischen Burschen des Mittelalters, im Vergleich zu ihnen Chorknaben, der Fall war.[15] Sie waren, zumindest in späterer Zeit, nachgerade geächtet, hielten sich in einsamen Waldgebieten auf, die für gewöhnlich von den anderen Menschen gemieden wurden[16], und raubten bisweilen Frauen, die sie wochenlang bei sich behielten, um mit ihnen ihren Mutwillen zu pflegen.[17]

Oft kam es wohl vor, daß derjenige, welcher in seiner Jugend Berserker gewesen war, sein Leben lang davon gezeichnet blieb. Über den alten Ulf, den Großvater des Skalden Egil Skallagrim, wurde beispielsweise berichtet: »Jedesmal, wenn es zu Abend ging, wurde er so unwirsch, daß nur wenige Leute mit ihm ins Gespräch kommen konnten. Beim Dunkelwerden pflegte er schläfrig zu werden. Man erzählt sich, daß er nachts häufig in verwandelter Gestalt *(hamrammr)* umging. Die Leute nannten ihn *Kveldúlfr*, das heißt Abendwolf.«[18] Des Morgens, so heißt es weiter, habe er in tiefer Erschöpfung in seinem Bett gelegen.[19]

Auch diese wilden jungen Männer, die rohes Fleisch aßen und Blut soffen, vergleichbar den nun doch wohl etwas zahmeren Wikingern, die mitunter ebenfalls in Raubtierfelle gekleidet waren und Bärenmasken trugen, hatten den Totengott Odin zum Führer, und sie scheinen als fast unbesiegbare Kämpfer, als ›Tote‹, als ›Wölfe‹ gegolten zu haben.

In den *Vinnili*, wie einstmals die Langobarden hießen, und in den nordischen *Ylfingar*, in den »Wölflingen« der Amelungensage, aus deren Geschlecht die Recken Hildebrand, Wolfhart und Albhart stammten, aber auch im »Bärenhäuter« des Märchens[20] spiegelt sich noch solche Wolfs- oder Bärennatur.

Cani arrabiati nannte noch im 16. Jahrhundert der venezianische Gesandte Giovanni Correro die eidgenössischen Krieger, und es ist überliefert, daß um 1530 junge Haudegen aus dem Freiamt Aargau während der Fehdehandlungen wie Hunde gebellt hätten.[21]

Die Werwölfe des Zeus Lykaios[22] wurden nach neun Jahren, die sie im Wald als ›Wölfe‹ verbracht hatten, wieder zurückverwandelt, falls sie in der Zwischenzeit keinen Menschen gefressen hatten.[23] Auf dem Gipfel des Lykaion, des höchsten Berges Westarkadiens, stand ein Tempel, ein *abaton*, zu dem kein Sterblicher Zutritt hatte. Wer dennoch eintrat, der verlor wie Odysseus auf der Insel der Kalypso seinen Schatten, denn die Sonne stand jetzt senkrecht über ihm. Er befand sich auf der Achse der Welt, ihrem »stillsten Ort«, dem Zugang zur Unterwelt, und er war nun für die gewöhnlichen Sterblichen ein ›Toter‹ geworden.[24]

Einen derartigen Einschlupf zur Unterwelt, eine Felsenhöhle, besaßen auch die *hirpi Sorani*, die dafür berühmt waren, daß sie mit nackten Füßen über glühende Kohlen rannten, und die nach einem apollinischen Orakelspruch »wie die Wölfe« vom Raube leben sollten. Diese Grotte war dem mit dem Totengott Dispater identifizierten Soranus geweiht[25], und aus ihr scheinen zu gewissen Zeiten die Werwölfe ausgeströmt zu sein.

Vielleicht haben solche Erdschlünde bis in die manieristische Architektur des 16. Jahrhunderts nachgewirkt, etwa im *Orcus* des »Sacro Bosco« bei dem Städtchen Bomarzo, über dessen Rachen man die Worte eingemeißelt fand:

Abb. 15 Eingang zur Unterwelt im ›Heiligen Wald‹ bei Bomarzo

»OGNI PENSIERO VO ...«, was vielleicht »Jeder Gedanke fliegt« heißt, was aber auch an Dantes »Lasciate ogni speranza voi ch'entrate« erinnert (Abb. 15).[26]
Historisch faßbarer als die Werwölfe des Soranus sind die Luperci des Faunus oder Pan Lykaios, die am 15. Februar, am Ende des altrömischen Jahres[27], also wiederum ›zwischen den Zeiten‹, nackt und seit der Kaiserzeit etwas züchtiger mit Ziegenfellen um die Lenden[28] aus der Wolfshöhle Lupercal, dem Eingang zur Unterwelt[29], durch die Stadt strömten und die sich entblößenden Frauen mit Ziegenfellriemen auf den Unterleib schlugen.[30]
Es mag sein, daß diese »Wölfe«, die »Toten«[31], in archaischen Zeiten die Frauen wirklich beschliefen, so wie es noch später hieß, daß die Fauni, »qui penetrant domos«, die dort sich aufhaltenden Frauen vergewaltigten.[32]
Wir haben bereits darauf hingewiesen, daß in der archaischen Mentalität der Zaun, die Hecke, die den Bereich der

Wildnis von dem der Kultur trennte, nicht nur keine unüberwindliche Grenze darstellte, sondern daß dieser Zaun zu gewissen Zeiten sogar niedergerissen wurde. Wer *mit Bewußtsein* innerhalb des Zaunes leben wollte, der mußte zumindest einmal im Leben diese Einfriedung verlassen haben, der mußte als ein Wolf, als ›Wilder‹ durch die Wälder geschweift sein[33], oder moderner ausgedrückt: er mußte die Wildnis in sich selber, seine *Tiernatur*, erlebt haben.[34] Denn seine ›kulturelle Natur‹ war nur die eine Seite seines Wesens, schicksalhaft gebunden an die tierhafte *fylgja*, die demjenigen sichtbar wurde, der den Hag überschritt, der sich seinem ›zweiten Gesicht‹ überließ.[35]

Huginn und Muninn, die beiden Raben, die auf Odins Schultern saßen, waren nur ein Bild dafür, daß der Gott über die Fähigkeit eines solchen anderen ›Gesichtes‹ verfügte, oder anders ausgedrückt, daß er *als* einer dieser Vögel oder als anderes Tier in ferne Länder fahren konnte: »Odinn skipti hömum, lâ pâ bûkrinn sem sofinn eda daudr, enn hann var pâ fugl eda dŷr, fiskr eda ormr ok fôr â einni svipstund â fiarlaeg lönd.« (Odin wandelte die Gestalt, sein Leib lag entschlafen oder tot, und er fuhr als Tier, Vogel, Fisch oder Schlange urplötzlich in ferne Länder.[36])

Auch die nordische ›Hexe‹ sandte ihre ›Seele‹ aus, während ihr Körper, ihr ›Alltagsleib‹, auf dem *sejdhjallr*, einem vermutlich übermannshohen Holzgerüst, verblieb.[37]

Die Hexe der westafrikanischen Temne verläßt bisweilen *noru*, die Alltagswelt, wo die Dinge sich ereignen, »wie wir sie für gewöhnlich sehen« *(m' ma sa nank yen)*; eine Welt, die *roshiron* heißt, »ein Ort, von dem die Hexen ausgehen«, ist zu dieser Alltagswelt das Gegenstück und wiederum nur ein Bild zur Veranschaulichung der grundlegenden Veränderung ihrer Wahrnehmungsweise. Jetzt verändert sich mit einem Schlag das Gesicht der

Hexe und nimmt die Züge eines Tieres an: ihre ›Tiernatur‹ zeigt sich.[38]

›Halb-tierisch‹ war auch noch eine mittelalterliche Hexe wie Cundrîe la surziere; *eigi einhamr*, »nicht nur eine Gestalt habend« war dafür der altnordische Ausdruck.

Die Tzotzil-Indianer in Chiapas sagen auch deshalb nicht, daß man ein *nagual* habe, sondern daß man ein *nagual* sei, etwa ein Berglöwe oder irgendein anderes Tier.[39] Die eigene *nagual*-Natur zeigt sich dem Menschen äußerst selten, und in unseren Märchen und Sagen bedeutet das Gesichte des ›alter ego‹ nicht selten den Tod. Und das ist auch nicht unplausibel. Denn wer sein anderes Ich sieht, der hat sein vertrautes Ich ›losgelassen‹, dessen Alltagspersönlichkeit ist, wenn man will, ›gestorben‹, sie hat sich aufgelöst, um dem anderen Teil seiner selbst Raum zu geben.

Für uns Angehörige der modernen Zivilisation, die wir meist mehr *haben*, als wir *sind*, ist die Erfahrung jenes ›wilden‹ Teiles unserer Person kaum mehr vertraut. Gängige Ideologien unserer Zeit, wie die Psychoanalyse oder der Marxismus, weisen zwar darauf hin, daß ›dieses da‹, was jenseits unserer Alltagserfahrung liegt, ›wir selber‹ sind. Aber diese Ideologien zeigen immer wieder die Tendenz, diesem ›anderen Teil unserer selbst‹ den Wirklichkeitscharakter zu nehmen, ihn als eine ›illusionäre Projektion‹ zu erweisen. Und dies eben vor allem deshalb, weil sie in einer Zeit entstanden sind, in der sich die Hecke, auf der einst die *hagazussa* hockte, zu einer Mauer verfestigt hatte, die mit der Grenze der Wirklichkeit zusammenfiel.

Wir haben gesagt, daß derjenige, der das Wesen der Kultur kennenlernen wollte, in die Wildnis hinausmußte, denn nur dort konnte er Aufschluß über das erlangen, was ihm zwar vertraut, aber dennoch unbekannt war: seine Alltagsnatur. Geoffrey of Monmouth berichtet im Hochmittelalter vom Leben Merlins in den Kaledonischen Wäldern; Yvain, Lancelot du Lac, Tristan verlassen die Kultur, um vom rohen Fleisch der Tiere zu leben und um in der Wildnis, »li reaume don nus éstranges ne retorne«, vom Wahnsinn befallen zu werden.[40] Erst auf der Grundlage dieser Wildheit war es ihnen möglich, zum Ritter aufzusteigen. Gleichermaßen läuft der tungusische Schamane in die Wildnis hinaus, oder seine ›Seele‹ zieht den Sippenfluß, *mumangi chokto bira*, den »wässerigen Flußweg« hinab zu den Geistern der Ahnen, wobei ihm sein Tamburin als Gefährt in der Gestalt einer Eidergans oder eines Hechtes dient und er den Schlegel als Ruder benutzt.[41] Auf diese Weise gelangt er schließlich zu einem »Sippenschamanenbaum«, dessen Wurzeln in die Unterwelt und dessen Wipfel in die Oberwelt reichen, während die Welt der Menschen sich in der Mitte des Stammes befindet.[42] An diesen Wurzeln liegt *ijä-kyl*, die »Tiermutter« des Schamanen, die seine ›Seele‹ verschlingt, um sie als Tier wiederzugebären. Von diesem Tag an verfügt der Schamane über die ›andere Seite‹ seiner Person, seinen »Tierteil« *(chargi)*, der in einem einsamen Baum draußen in der Taiga lebt.[43]

Es ist also weniger so, daß sich der Schamane in ein Tier *verwandelt*, vielmehr hat er nun die Erfahrung seines ›wilden‹ seines ›Tieraspektes‹ gemacht. Jetzt erst ist er ein Schamane im vollen Sinne, denn *wissen*, was seine ›menschliche‹ Seite ist, das vermag er nur, wenn er zumal weiß, was sie *nicht* ist, oder anders ausgedrückt, wenn sie ›verfremdet‹ ist, wenn er sie *gesehen*, und das heißt, *von außen* gesehen hat. Nach dieser Erfahrung ist er nicht länger, was er einmal gewesen war, und auf bildlichen Darstellungen erscheint er nun als Menschenvogel oder als ein Mensch mit Vogelbeinen.[44]

Dreimal zeigt sich die »Tiermutter« dem Schamanen: bei seiner Geburt, seinem ›Initiationstod‹, in dem sein Leib zerlegt und wieder zusammengefügt wird[45], und bei seinem wirklichen Tod.[46] Wenn er nach seiner Flußfahrt die ›andere Seite‹ seiner selbst noch einmal deutlich sieht, dann wird er sterben, und auf seinen ›schamanischen Reisen‹, die mit ständiger Lebensgefahr verbunden sind[47], trägt er deshalb einen Fransenschleier vor den Augen, der ihm das Leben rettet, weil er nun seine Tiernatur nur in schwachen Umrissen erkennt.

Wir haben gesehen, daß Begriffe wie *fylgja, nagual, chargi* usw. Bezeichnungen für den Teil der menschlichen Natur sind, über den wir ›innerhalb des Zaunes‹ keine Aussagen machen können, oder zumindest keine Aussagen, die derjenige im wesentlichen verstehen könnte, der noch nie über diese Grenze hinausgelangt ist.

»Das *nagual*«, sagt der Indianer Don Juan zu dem Ethnologen Castañeda, »ist der Teil von uns, für den es keine Beschreibung gibt – keine Worte, keine Namen, keine Gefühle, kein Wissen.«[48] Und wie der tungusische Schamane dreimal seine »Tiernatur« sieht, bei seiner Geburt, seinem ›Initiationstod‹ und seinem wirklichen Tod, so verlautet auch der Indianer, daß wir im Augenblick unserer Geburt »alle *nagual* sind«, doch gleichermaßen in der Stunde unseres Todes und auch in seltenen Augenblicken unseres Lebens. Dann hören wir etwas »wie eine Stimme, die aus den Tiefen kommt, die Stimme des *nagual*«.[49]

In jenen seltenen Augenblicken müssen wir ›leer‹ sein, wir müssen unsere ›kulturelle Natur‹ preisgeben oder zu *hang'-e-lah* werden, wie die Mewuk-Indianer einst sagten, zu »Verlorenen«.[50] Wir müssen, um eine andere Metapher zu gebrauchen, die Grenze überschreiten, welche die Wildnis von der Zivilisation, der »Insel des *tonal*«, wie es der Yaqui-Indianer ausdrückt, trennt.

Doch der Schritt in diese Wildnis bedeutet eine Konfrontation mit dem Tod:

»Ich habe dir einmal gesagt, daß das *tonal* bei der Geburt beginnt und beim Tod endet; ich habe dies gesagt, weil ich weiß, daß sobald die Lebenskraft den Leib verläßt, all die einzelnen Zellen des Bewußtseins sich auflösen und dorthin zurückkehren, wo sie herkommen, zum *nagual.* Was ein Krieger tut, wenn er ins Unbekannte reist, ähnelt sehr dem Sterben, mit der Ausnahme, daß sein Bündel der einzelnen Gefühle sich nicht auflöst, sondern sich etwas ausdehnt, ohne daß sie ihren Zusammenhalt verlieren. Beim Tod jedoch sinken sie in die Tiefe und bewegen sich unabhängig voneinander, als ob sie nie eine Einheit gebildet hätten.«[51]

Der Schritt von diesem ›kleinen Tod‹ zum großen ist indessen klein. Denn »jenseits des Tors der Augen des *tonal* rast der Sturm . . . Ein Sturm, der uns das Leben wegblasen kann.«[52]

Die *piunbökmökupanyen*-Zeremonie der Mundurucú-Indianer schildert anschaulich eine solche Reise zu den ›Pforten des Todes‹. Meist ist es zunächst ein Tapir, welches die Seele eines Menschen entführt und durch den Urwald, mitten durch das Unterholz und über Flußläufe hinweg prescht. Irgendwann einmal übergibt das Tapir die Seele einem Pekkari, das sie dann an ein kleineres Tier weiterreicht und so fort. Der winzigste Affe des Dschungels gibt sie wiederum einem großen Fisch, dieser gibt sie einem kleineren . . . Während so die Seele des Menschen immer ›tiefer‹ hinab entführt wird, schwinden dessen Lebenskräfte immer mehr, und er wird schwächer und schwächer. Ohne Bewußtsein liegt sein Leib auf der Matte. Immer weiter entfernt sich seine Seele vom Leib, oder in anderen Worten, immer mehr lösen sich die Grenzen auf, die den Betreffenden von immer ›entfernteren‹ Tieren trennen, bis er dorthin gelangt, wo nichts mehr von irgend etwas anderem getrennt, wo ›alles sich gleich ist‹, zum Tod. Der Schamane der Mundurucú nimmt diesen Wettlauf mit dem Tod auf sich. Er folgt der wilden Jagd durch den Urwald und stimmt den Gesang der Tier-

art an, die jeweils die Seele trägt, wobei er versucht, den Lauf der Tiere anzuhalten und die Seele in den Leib zurückzubringen.[53] Doch er wird sich davor hüten, sich ›zu tief‹ vorzuwagen und die Schwelle des Todes mitzuüberschreiten.[54]
Apuleius berichtet auf ähnliche Weise über die Reise zur Todespforte in den Mysterien der Isis:
»Ich ging bis zur Grenze des Todes; ich betrat Proserpinens Schwelle und nachdem ich durch alle Elemente gefahren, kehrte ich wiederum zurück.«
Und er fügt weise hinzu, was so mancher Ethnologe aus dem Munde eines Schamanen vernommen hat:
»Siehe! Da habe ich dir berichtet, was du, obgleich du es gehört, doch nicht verstehen kannst.«[55]
Zu meinen, daß lediglich unsere modernen Philosophen ein Bewußtsein davon hätten, daß Worte wie ›Wildnis‹, ›Tiernatur‹ und dergleichen metaphorische Begriffe sind, ist in seiner Überheblichkeit etwas naiv. Die Dogon, oder genauer gesagt der Weise Ogotêmmeli, nennen derartige Begriffe »Worte dieser niederen Welt«[56], und auch der Indianer erwidert auf die Frage des Ethnologen, was denn jenseits der »Insel des *tonal*« sei: »Es gibt keine Möglichkeit, dies zu beantworten. Wenn ich sagen würde, nichts, dann hätte ich aus dem *nagual* lediglich einen Teil des *tonal* gemacht. Alles, was ich sagen kann ist, daß man jenseits der Insel das *nagual* findet.«[57]
Deshalb erklären die Winnebago nicht, wie die Geister *sind*, sondern wie sie *nicht* sind[58], und auch die Fang sagen nicht, was *sein* wird, sondern eher, was *nicht* sein wird. Der Verstand, der die Grenzen zieht und scheidet, löst sich auf: »Quand on mange l'*eboga*, on fait un court séjour dans le monde des êtres qui échappent au mal. Il n'y a plus de relations sexuelles, d'hommes ni de femmes, de Blancs ni de Noirs . . . on voit le passé, le présent et le futur . . . Il n'y a pas de distinction entre Blancs et Noirs: cette différence

est un événement qui est survenu et qui disparait après la mort.«[59]
Die Weißen erscheinen denen, die sie einst mit einem gewissen Recht ›Wilde‹ nannten (denn diese hatten noch ein *Bewußtsein* ihrer Wildnis), als Menschen, welche die »Insel des *tonal*« über die Maßen aufblähen und erweitern, oder anders ausgedrückt, die glauben, daß die Zivilisation ›innerhalb‹ des Zaunes sich aus sich selbst heraus begreifen könne, und die überdies der Überzeugung sind, daß sie um so mehr von der Welt verstünden, je weiter sie ihren Zaun in die Wildnis vorrückten. Sie erscheinen als Menschen, die nicht *leben* können, weil sie den Tod vergessen haben: »Die Franzosen«, sagte ein alter Kabyle, »verhalten sich so, als ob sie niemals sterben würden.«[60]
Und der Indianer spricht in gleicher Weise von jenen, »die ihr Leben so leben, als würde der Tod sie nie berühren.«[61] Der Tod selber ist jedoch keine Erfahrung, sondern die *Grenze* aller Erfahrung.[62] Und nur im Bewußtsein der Begrenztheit des Lebens, der Endlichkeit, lebt man mit Bewußtsein. Nur wer in der Wildnis gehaust hatte, konnte ein wahrer Ritter werden, nur wer seinen ›Tierteil‹ gesehen hatte, wer ›gestorben‹ war, konnte mit Bewußtsein in der Kultur leben[63], nur wer bei den !Kung-Buschleuten den »Schmerz« erträgt, dem Tod »in die Augen zu blicken«, wird ein Heiler sein können[64], und bei den Iglulik-Eskimos konnte schließlich nur der Schamane werden, der es auf sich nahm, sich selber »als Skelett« zu sehen.[65]
»Dein Tod wird dir sagen, daß du nicht recht hast und daß nichts wirklich zählt außer seiner Berührung. Dein Tod wird dir sagen: ›Ich habe dich noch nicht berührt‹.«[66]
»Das *nagual*«, sagt der Indianer, »ist das Unaussprechliche«[67], und er wiederholt damit die Einsicht, die für alle Mystiker kennzeichnend ist, daß nämlich »das Mystische« nicht aussagbar ist, daß es sich vielmehr *zeigt*.
»Ich glaube«, schreibt Wittgenstein in einem Brief, »was

viele heute schwefeln, habe ich in meinem Buch festgelegt, indem ich darüber schweige.«[68] Und ein anderer Mystiker, Seuse, sagt: »Da ist ouch kein da; waz man da von redet, so verhoenet man es.«

Aber, so wird man fragen, führt nicht bereits *diese* Rede über das *nagual*, führen nicht schon diese *Worte* über das »Unaussprechliche« in die Absurdität?[69] Tut der Indianer nicht genau das, von dem er sagt, daß man es nicht tun könne, siedelt er das *nagual* nicht auf der »Insel des *tonal*« an?

Wir können vielleicht sagen: *nagual, fylgja, chargi* usw. sind keine Worte, die sich auf irgend etwas Erfahrbares beziehen, sie machen vielmehr deutlich, daß die Erfahrung der Dinge, *m'ma sa nank yen*, wie die Temne sagen, eine *Erfahrung* der Dinge ist. Und dies ist wiederum keine *Erfahrung*, die wir machen könnten. ›Erfahren, daß die Erfahrung eine Grenze hat‹ – ein solcher Satz könnte nur dann einen Sinn haben, wenn sich die Dinge als ›Unbegrenzte‹ erfahren ließen. Doch wenn sich im ›Unbegrenzten‹, im *nagual*, auch die Erfahrung auflöst, dann gibt es niemanden mehr, der noch irgend etwas oder auch nur die Abwesenheit von etwas erfahren könnte.

Aber wenn »*nagual*« nichts Erfahrbares bedeutet – ist es dann kein *sinnloser* Begriff? Ähnelt er dann nicht der Schraube, die kein Teil des Mechanismus ist, weil sie nichts dreht, wenn sie sich dreht?[70]

Sagen wir: Das *nagual* ist keine Schraube des Mechanismus. Und trotzdem ist es nicht so, daß das Wort »*nagual*« nichts drehen würde. Oder besser gesagt: Ohne das *nagual* würde sich *überhaupt nichts* drehen. Und ein Bewußtsein vom *nagual* ist zugleich das Bewußtsein, *daß* sich etwas dreht. In diesem Sinne kann nur der ein Bewußtsein von der »Insel des *tonal*«, von seinem eigenen ›Mechanismus‹, seiner eigenen Kultur haben, der des *naguals*, seiner eigenen Begrenzung, ›inne wird‹. Und um seiner eigenen

Endlichkeit inne zu werden, um zu seinem *Selbstbewußtsein* zu gelangen, geht der Initiand dorthin, wo er das »Flüstern« des *nagual* vernimmt, ein Flüstern, das nicht von dieser Welt und dennoch dieser Welt nicht äußerlich ist.
Oder in anderen Worten: Die »Insel des *tonal*« liegt im Schatten der Dämonen. Sie ist ›dämonisiert‹, und zu den wenigen, die in unserer Kultur ein Bewußtsein davon haben, gehören die sogenannten ›Geisteskranken‹. Solche Dämonen sind freilich keine gewöhnlichen Gegenstände der Erfahrung. Wir *begegnen* ihnen nicht im Alltag, und der Wissenschaftler wird sie trotz aller Verfeinerung des ›Alltagssehens‹ vergeblich suchen. Je mehr er sie sucht, um so weiter entfernt er sich von ihnen.
Um der Dämonen ›inne‹ zu werden, müßte sich der Wissenschaftler selber ›dämonisieren‹, er müßte sich zu den Grenzen der »Insel des *tonal*« vorwagen, »leer« werden, anstatt sich mit ›*tonal*-Wissen‹ zu überfüttern. Er müßte sich Flügel wachsen lassen, was auch er könnte, denn auch er *ist* das, was er *nicht* ist. Auch er könnte *eigi einhamr* sein, wie die Germanen sagten, deren ›Wissenschaftler‹ Odin noch Weisheit besaß und fliegen konnte.
Die archaischen Menschen hatten von all dem ein *deutliches* Bewußtsein. Sie wußten noch, daß ein bewußtes ›Erfahren der Dinge‹, ein bewußtes Leben auf der Insel nur durch eine *Auflösung* der Erfahrung möglich wurde.
Bewußtseinsverändernde Pflanzen halfen dabei mitunter. Sie trugen dazu bei, die Fundamente der Kultur zu erschüttern. »Machtpflanzen schütteln das *tonal* und bedrohen die Festigkeit der ganzen Insel.«[71] Aber sie sind weder eine notwendige, noch gar eine hinreichende Bedingung dafür, daß man das »Flüstern des *nagual*« vernimmt:

Glendower: »I can call the spirits from the vastly deep.«
Hotspur: »Why, so can I, or so can any man;
but will they come when you do call for them?«

Zu diesem ›Schütteln‹ verwenden die Fang die Droge *Tabernanthe eboga*[72], viele südamerikanische Völker die bereits erwähnte Schlingpflanze *Banisteriopsis caapi* oder *yajé*. Während des *oyne*-Festes der Cubeo werden im wahrsten Sinne des Wortes die Grenzen niedergerissen. Man trinkt *yajé*, darauf entfernt man die Trennwände des Hauses und ein schrankenloser Geschlechtsverkehr findet statt.[73]

Bei der Initiation auf einer kleinen melanesischen Insel legen sich die erwachsenen Männer auf den Bauch und bieten den Initianden ihren After dar, ähnlich wie es wohl, wie wir gesehen haben, männliche Tänzer bei gewissen Artemis-Festen gegenüber den Frauen taten. Vor einiger Zeit waren diese melanesischen Initianden noch zur Fellatio verpflichtet, eine Sitte, auf die man inzwischen verzichtet hat.

Ein derartiges Ritual scheint nicht nur der Ausdruck dafür zu sein, daß die Initianden nun von der ›Welt der Frauen‹ getrennt und in die ›Welt der Männer‹ eingegliedert werden[74], sondern dürfte überdies bedeuten, daß die Trennung zwischen männlichen und weiblichen Verhaltensweisen aufgelöst wird.

Bei der Initiation der Tolai auf Neu-Britannien betrieben die Initianden Sodomie. Die gewöhnliche Zeit hatte aufgehört und damit waren auch die Normen verschwunden. Die jungen Männer befanden sich jetzt in der »Traumzeit«, *momboto*, in der sich die Menschen »wie die wilden Tiere« benehmen und die Männer mit ihren Schwestern schlafen.[75]

Die Kuma im Hochland von Neuguinea suspendieren auf ähnliche Weise – und zwar mit Hilfe eines *nonda* genannten ›halluzinogenen‹ Pilzes[76] – die Ordnung der Kultur. Während sich für gewöhnlich die Aggressionen der Männer auf alle diejenigen richten, die nicht zum eigenen Clan gehören, verteilt sich in diesem Purgatorium ihre Wut auf die Angehörigen der eigenen Gruppe. Das Unterste kehrt sich zuoberst. Die Frauen nehmen sich nun Freiheiten heraus, die ihnen sonst nicht zustehen. Gegen den normalen Brauch tanzen sie, und die jungen Mädchen ergreifen die sexuelle Initiative.[77]

§ 7 Die verkehrte Welt oder ›Pot in Every Chicken‹

»Fair is foul and foul is fair.«

Macbeth

Der römische Redner Dion Chrysostomus berichtet über die persischen *Sakaia*, man habe während dieser Tage einen zum Tode verurteilten Verbrecher regieren lassen. Ihm stand nicht nur der Harem des Herrschers zu seinem Pläsier offen, er durfte auch Befehle erteilen und sich besaufen, und man mußte tun, wonach sein Herz begehrte. Nach diesem Fest riß man ihm jedoch die Kleider vom Leibe, geißelte ihn ausgiebig und schlug ihn ans Kreuz, wie man auch später mit dem dornengekrönten ›Spottkönig der Juden‹ verfahren sollte.[1]

Immer wieder begegnet uns die Sitte, in der ›Zeit zwischen den Zeiten‹ die Verhältnisse umzukehren, und es hat den Anschein, daß diese Verkehrung des Gewöhnlichen – ähnlich wie die Paradoxie bei den Zen-Buddhisten oder bei den abendländischen Mystikern von Plotin bis Wittgenstein, – eine Weise der Darstellung des ›Draußen‹, des ›Ganz Anderen‹ ist, eine Darstellung des *nagual* innerhalb der Grenzen der »Insel des *tonal*«.[2]

Der peruanische Wildkatzendämon wird als ›Bewohner *zweier* Welten‹ dargestellt: einerseits aufrecht und unbefiedert, andererseits umgekehrt, befiedert und mit verkehrten Farben bemalt.[3] Bei den Reifezeremonien der Wemale auf den Molukken oder bei den afrikanischen Bemba krabbeln die Mädchen rückwärts, im letzteren Falle durch einen ›Geburtstunnel‹[4], womit zugleich der Rückgang zum Ursprung gemeint ist. Dem entspricht, daß die Verbindung zwischen den Welten oft ›auf dem Kopf‹ steht.

Der germanische Weltenbaum, den in der *Voluspá* die *völva* erklettert, ist kein gewöhnlicher Baum, wie wir ihn unter der Alltagsperspektive sehen. Die Zauberfrau klettert zur Krone *hinunter* und gelangt nacheinander auf neun Stufen, zu neun verschiedenen Welten.[5]
Es mag sein, daß die umgekehrte Kreuzigung, die Petrus gefordert haben soll, in der Tradition des verkehrten Kreuz-Baumes steht. Petrus wollte den ersten Menschen darstellen, so wie er gewesen war, bevor Lucifer bei seinem Fall die Ordnung der Dinge umgekehrt hatte. Petrus soll am Kreuze gesagt haben:
»Hierüber sagt der Herr im Geheimnis: wenn Ihr nicht das Rechte nehmt und das Obere als das Untere, werdet Ihr das Reich nicht erkennen.«[6]
Noch in dem spätmittelalterlichen *Buch von Leccan* wird von einem wundersamen neunästigen Baum erzählt, dessen unterer Teil über dem Firmament und dessen Krone in der Erde wurzelt.[7] Und im frühen 13. Jahrhundert führte ein Engel die Brabanter Mystikerin Hadewych auf ein Gefilde, wo sich ein Baum befand, dessen Wipfel nach unten und dessen Wurzeln aufwärts gerichtet waren, und der Engel sprach zu ihr:
»Meisterin, die du diesen Baum vom Anfang bis zum Ende, zur tiefen Wurzel hinaufklimmst, verstehe, wie dies der Weg des Beginnenden zur Ausdauer des Vollendeten ist.«[8]
Einige Menschen repräsentieren gewissermaßen das *nagual* auf der »Insel des *tonal*« Die Ordnung ist durch sie allgegenwärtig gebrochen, sie zeigen der Kultur ihr *anderes* Gesicht. Die *hohnuhk'e* der Cheyenne sagten »nein«, wenn sie »ja«, und »ja«, wenn sie »nein« meinten. Schickte man sie fort, so kamen sie näher, forderte man sie auf, zu Fuß zu gehen, dann bestiegen sie ein Pferd. Meist blieb der *hohnuhk'e* allein, und er hockte auf einem einsamen Hügel auf der Grenze zwischen Zivilisation und Wildnis.

Von diesen Leuten unterschieden sich die Mitglieder der »Gegenteil-Gesellschaft«, die mit bloßen Händen Fleischbrocken aus dem kochenden Topf holten und deren Zelte mit der Innenfläche nach außen gestülpt waren und ein umgekehrtes Rauchloch aufwiesen.[9]
Während der »Mittwinter-Zeremonie« der Spokane verloren alle Personen mit Eichelhäher-»power« zusehends ihre menschlichen Eigenschaften. Sie rissen sich die Kleider vom Leib, verwandelten sich in Eichelhäher und tanzten mit für diesen Vogel charakteristischen, unregelmäßigen Schritten herum. Bisweilen konnte man solche ›Wer-Eichelhäher‹ beobachten, wie sie im Geäst großer Bäume schliefen oder wie sie von Ast zu Ast hüpften. Neigte sich das Fest seinem Ende zu, mußte man sie wieder einfangen und in Menschen zurückverwandeln. Gelang es nicht, sie zu fassen und zu überwältigen, so mußten sie als ›Eichelhäher‹ in der Wildnis weiterleben.[10]
Den *hohnuhk'e* ähnelten die Mitglieder des mittelalterlichen Ordens *Galois et Galoises* in Frankreich, die im Sommer schwere Pelze trugen und das Kaminfeuer in ihren Häusern entfachten, während sie in der klirrenden Kälte des Winters auf Muff, Mantel und Handschuhe verzichteten.[11]
Die Peyoteros der Huichol-Indianer verkehren auf ihrer bereits erwähnten Reise zum Ursprung, ihrer Pilgerschaft nach *Wirikuta*, ihre normalen Verhaltensweisen. Der alte Mann wird zum Kind, von traurigen und häßlichen Dingen spricht man in frohen und schönen Worten, und man dankt, indem man »bitte« sagt.[12] *Im Grunde*, im Ursprung ist alles einerlei, alles ist gleichzeitig sein Gegenteil und damit eines.
Wenn der *payé*, der Schamane der Kamayurá-Indianer am Rio Xingú, für die Menschen hienieden starb, so fing er aus der Perspektive der anderen Welt an zu leben. Ist hier Nacht, so ist dort Tag. Verfinstert sich der Mond, wird er bei uns »krank«, so »gesundet« und strahlt er im Jenseits.

Dies ist der Augenblick, die große Zeit der Verwandlungen und Entrückungen: Die Menschen laufen Gefahr, in die jenseitige Welt versetzt zu werden, und die *mamaé*, die ›anderen Seiten‹, die ›Hilfsgeister‹ der Schamanen, schwärmen von ›draußen‹ in unsere Welt.
Einstmals, oder richtiger gesagt, im Ursprung, waren bzw. sind die beiden Welten eine einzige: Da tanzten und sangen die Menschen mit den *mamaé* und erfreuten sich am Beischlaf mit den wilden Tieren und den Bäumen des Urwaldes.[13] Diesseits und Jenseits sind im Grunde einerlei. Der Tod des Entrückten, des Schamanen ist gleichzeitig sein Leben. Tod und Leben sind eins.
Dieser Grund ›öffnet‹ oder ›zeigt‹ sich an der Schnittstelle der Zeiten, dort wo sich im alten China *yin*, das Weibliche, dessen Zeit der Winter ist, und *yang*, das Männliche, dessen Zeit der Sommer ist, in ihrem Rückzug bzw. ihrem Einzug schneiden. Dann treffen sich die Männer und die Frauen am Heiligen Ort[14], der weder *yin* ist noch *yang*, sondern beides zugleich.
Leben und Tod sind einerlei. Die Geburt eines Kindes auf dieser Welt bedeutete bei den Aschanti gleichzeitig den Tod des ›Geist-Kindes‹ einer ›Geist-Mutter‹ in der anderen Welt. Deshalb ist die Freude der alten Frauen bei den Pubertätszeremonien zugleich von Trauer begleitet. Denn ein Geistkind stirbt, wenn eine Jungfrau als Frau wiedergeboren wird, die dann zunächst noch nicht gehen kann und *akoda*, »kleines Kind«, genannt wird.[15]
Im Ursprung lösen sich die Gegensätze auf. Der Initiand macht die Erfahrung, daß das Vereinzelte, das, was ihm als Kind, als Nicht-Initiiertem *Verschiedenes* zu sein schien, eigentlich, das heißt im Grunde, eines ist.[16]
Aber er erfährt dies nicht auf abstrakte Weise wie unsereins im Philosophie-Seminar der Universität, er macht diese Erfahrung leibhaftig an sich selber. Den Männern der Piaroa in den venezuelanischen Urwäldern wird bei

der Initiation die Zunge durchbohrt, die fortan dasselbe Merkmal aufweist wie die Zunge des Pekkari, während der silberne Lippenschmuck, den sie fortan tragen, dem Borstenbüschel entspricht, das dieses Tier am Unterkiefer hat.[17] Die Thonga brachen sich einst die oberen Schneidezähne heraus, um sich ihren Rindern anzugleichen[18], und die Fali im nördlichen Kamerun feilen sich bei der Initiation die Zähne waran- oder krokodilartig zu, oder sie durchbohren Ohren, Lippen und Nasenflügel, bis sie der Kröte und der Schildkröte ähneln.[19] Man vermutet auch, daß einige australische Stämme die Subincision durchführen, weil auch der Penis der Opossums, Känguruhs, Koalas, Wombats usw. ›geschlitzt‹ ist.[20]

Der Initiand macht also die körperliche Erfahrung, daß ›dieses da‹, welches auf den ersten, den ›nicht-initiierten‹ Blick Unterschiedenes zu sein schien, im Ursprung mit sich selber eins ist. »That one«, meinte ein australischer und vielzitierter Eingeborener, indem er auf eine Photographie deutete, welche die Forscher von ihm gemacht hatten, »is just the same as me; so is a kangaroo.«[21]

In der Perspektive des Ursprungs, der »Traumzeit«, *ngarungani* lösen sich die Unterschiede auf:

»In *ngarungani* there were no blackfellow, but kangaroo, goanna, bird bin walk like blackfellow. Him all the same blackfellow. After him bin turn into kangaroo, goanna, bird.«[22]

Wir haben jetzt gesehen, daß es die archaische Mentalität kennzeichnet, ein klares *Selbstbewußtsein* dadurch zu gewinnen, daß man dem, was man *ist* und gleichzeitig *nicht ist*, ›in die Augen sieht‹. Der archaische Mensch erkannte *sich* noch auf viel deutlichere Weise als wir Heutigen in dem, was er *nicht* war. Und ›man selber und zugleich nicht man selber sein‹ – das konnte nur bedeuten: die Grenze aufzulösen, die einen selber vom Känguruh, die Menschennatur von der Känguruhnatur trennte, eine Grenze,

von der die Fang sagen würden: »Elle est survenue et elle disparait après la mort«, wenn es auch nur der ›kleine Tod‹, der Tod der Initiation ist.
Zu wissen, *wie* es ist, was es *heißt*, wir zu sein[23], das heißt, zugleich man selber und *nicht* man selber zu sein, das bedeutet, um einen geläufigen Ausdruck zu verwenden, entfremdet zu sein.
Aber was kann das heißen, so wird man vielleicht fragen, ›außerhalb‹ unserer selbst zu sein? Wenn wir *nicht* wir selber sind – sind *wir* dann nicht wir selber? Läuft das Ganze nicht auf einen semantischen Unsinn hinaus, und zwar ›semantisch‹ deshalb, weil schließlich ›wir *wir* sind‹, und dies eben keine ›empirische‹ Erkenntnis, sondern bestenfalls die Kurzschrift einer Bedeutungsexplikation oder, wie Wittgenstein sagen würde, eine »grammatische Bemerkung« ist? Hat also der Ausdruck »ein anderer sein« überhaupt einen Sinn? Wäre der andere nicht eben – der andere und nicht wir?[24]
Hier ließe sich sagen: Sinn hat ein Satz wie: ›Ich war ein anderer‹, wenn wir etwa Aspekte an uns selber erfahren haben, die uns zuvor verborgen waren. Und durch eine solche Kontrasterfahrung gewinnt das, was wir zuvor gewesen sind, erst eine *Bedeutung* für uns. Das meinen wohl die Philosophen, wenn sie davon reden, daß die Erfahrung des anderen die Bedingung des Selbstbewußtseins im Sinne einer Selbst*erfahrung* ist. Wir erkennen unser »Tagesgesicht« gleichermaßen nur dann, wenn wir unsere »nächtlichen Augen« geöffnet haben. *Masse padiena*, die »Augen der Nacht«, über welche die Hexen (*ngontunne*) der Badyaranké im Senegal verfügen und die dem Menschen für gewöhnlich unsichtbar sind, öffnen sich nur in der Zeit der Initiation.[25] Nur wer den Zaun überschreitet, kennt die Bedeutung der Dinge innerhalb des Zaunes, oder in den Worten T. S. Eliots:

»We shall not cease from exploration
And the end of all our exploring
Will be to arrive where we started
And know the place for the first time.«

Aber wenn sich die Grenzen zwischen unserer Welt und der ›Welt des Känguruhs‹ auflösen, dann wartet *dort* keine Erkenntnis auf uns. Die Erkenntnis wartet auf den *Heimkehrer* aus der Wildnis.

»Deus nescit se quod est, quia non est quid«, sagt Dionysos Areopagita, und auf die Frage des Ritters im *Siebenten Siegel*, ob er ihm jetzt, nachdem er ihn im Schachspiel matt gesetzt habe, seine Geheimnisse offenbaren würde, antwortet der Tod: »Ich habe keine Geheimnisse. Ich bin unwissend.«

Wenn Alice im Wunderland auf die Frage, wie groß sie sei, die Hand auf ihren Scheitel legt, dann macht sie so wenig eine Größenangabe, wie derjenige eine Auskunft über seine Person gibt, der auf die Frage, wer er sei, mit »ich« antwortet. In gleicher Weise ist das, was einst die Philosophen »absolutes Wissen« nannten, kein Wissen. Das *nagual*, sagt der Indianer, ist kein Gegenstand der Erfahrung, und feinfühlige Ethnologen wie Radin oder Werner Müller sind nie müde geworden zu betonen, daß man Begriffe wie *mana, orenda, wakan* usw. nicht so verstehen dürfe, als ob mit ihnen ›Quasi-Dingliches‹ gemeint sei.[26]

So ist es vielleicht auch irreführend, wenn man sagt, daß die archaischen Menschen ›zwischen den Zeiten‹ die Erfahrung des Chaos machten.[27] Besser sollte man sagen: Sie erfuhren die Auflösung der Ordnung, und damit erfuhren sie erst die Ordnung.

In diesem elementaren Sinne sind wir Heutigen viel unwissender über uns selber und unseren Horizont als die Menschen von einst, da wir zu der naiven Meinung neigen, mit Bewußtsein leben zu können, ohne den Preis des ›kleinen Todes‹ gezahlt zu haben. Dieses Bewußtsein benennen viele Indianer mit einem Wort, das im allgemeinen mit »power« übersetzt wird. Die Weißen haben viel, vielleicht alles. Die Menomini sagen: »Alles. Alles – außer *meskowesan, ›power‹.*«[28]

»Meine Haut war weiß, sie leckten an mir, um zu sehen, ob diese Farbe abging und waren belustigt, als sie in ihrer Fremdartigkeit haftenblieb. Wieder und wieder strichen ihre Hände über meine Brust, über Bauch und Penis. Mit zarten Fingern berührten sie meine Nase, meine Augen, mein Haar und steckten ihre Nasen in meinen Nabel. Immer wieder sagten sie das eine Wort: ›*Habe, babe.*‹ Es hat lange gedauert, bis ich wußte, daß es bedeutet: ›Ein Unwissender‹.«[29]

§ 8 A midsummernight's dream?

Orphée: »Il ne fait pas de vent.
Pourquoi avez-vous l'air
d'avancer contre le vent?«
Heurtebise: »Pourquoi . . . Toujours
pourquoi. Ne me posez plus
de questions, marchez!«[1]

›But-‹, said Bilbo.
›No time for it,‹ said the wizard.
›But-‹, said Bilbo again.
›No time for that either! Off you go!‹
Tolkien

Zu Beginn der Neuzeit scheint auf zwei verschiedenen Wegen eine fremdartige Pflanze, stinkend, giftig, aber mit schönen weißen Blütenblättern nach Europa gelangt zu sein[2], der »Stechöpffel« (Abb. 16). Im Jahre 1417, während der Regierungszeit Kaiser Sigismunds, betraten zum erstenmal, von Ungarn her kommend, die Zigeuner deutschen Boden[3], deren Zauberfrauen die Samen dieser Pflanzen beim Wahrsagen verwendeten.[4] Über hundert Jahre später brachten auch Reisende den Stechapfel als Zierpflanze aus Neuspanien[5] in die botanischen Gärten, von wo aus er im Laufe der Zeit verwilderte.
Obgleich es im allgemeinen in der Fachliteratur anders verzeichnet steht[6], wird aus diesem Grund der Stechapfel in der ›Hexensalbe‹ des ausgehenden Mittelalters keine Rolle gespielt haben können[7], was indes kaum von Belang sein mochte, da im Bilsenkraut und in der Tollkirsche[8] vergleichbare ›Flugpflanzen‹ zur Verfügung standen.[9]
Seit alten Zeiten jedoch scheint der Stechapfel von Indianern benutzt worden zu sein, um ihnen die Begegnung mit den Geistern oder den Blick auf das Wesen der Dinge, Tierverwandlungen oder die Verzauberung anderer Men-

Abb. 16 Stechapfel aus dem Lust- und Arzeneygarten des Freiherrn von Hohberg

schen zu erleichtern. Auch dort, wo der Stechapfel heute noch verwendet wird, gilt er, wenn nicht als ein Kraut übler Geister und Hexen, so doch zumindest als bedrohlich für Leib und Seele.[10]

Den Ethnologen fiel es nicht leicht, mit den Huicholes auch nur über den Stechapfel zu reden, und viele der Indianer taten zunächst so, als hätten sie noch nie in ihrem Leben von dieser Pflanze gehört.[11] Erst nach einem Jahr erfuhren die Ethnologen von dem Schamanen[12], dem *mara' akáme* Ramón Medina Silva, daß es bei den Huicholes zwar keinen Stechapfelkult gebe, doch daß es heiße, einzelne Menschen, Hexen, trieben mit dem stacheligen Gewächs ihr Unwesen. Der Stechapfel-Hexer *Kiéri Téwiyári* versuche hartnäckig, die Indianer von dem ›halluzinogenen‹ Peyote-Kaktus abzulenken und sie zum Genuß des

Abb. 17 Kiéri Téwiyári verlockt eine Indianerin dazu, eine Hexe zu werden. (Garn-Bild der Huichol-Indianer)

Stechapfels (*kiéri*) zu bewegen. »Er trägt den Wahnsinn in sich«, erzählte der Schamane, und er fuhr dann fort, über diesen Hexer zu berichten:

»Manche Leute sind von dieser Art, sie lernen von ihm. Sie folgen seiner Spur. Es wird ihnen schwindelig, und ihr Hals verengt sich. Es berauscht sie, und sie straucheln über ihre Füße. Sie krümmen sich zusammen und stürzen auf den Boden. *Kiéri Téwiyári* besingt sie. Er benutzt seine Pfeile[13], er blendet sie. Er sagt: ›Ich bin der *mara' akáme*, folgt mir!‹ Auf diese Weise bringt er sie unter seinen Einfluß. Er bringt sie dazu, daß sie sich auf dem Boden

Abb. 18 Stechapfelhexer Kiéri Téwiyári und Peyoteschamane Káuyúmarie (Garn-Bild der Huichol-Indianer)

herumwälzen. So packt sie das Verlangen, auf hohe Felsen zu klettern, zu fliegen, in die Tiefe zu springen, tief, tief hinunterzuspringen. Als ob sie fliegen könnten. Sie glauben, daß sie fliegen können, jene Leute. Sie lernen von ihm, und sie werden zu Hexen.«[14]

Die kalifornischen Luiseño-Indianer benutzten einst den Stechapfel (*naktamush*) bei ihren Initiationen, insbesondere um sich in allerlei Tiere, vornehmlich in Krähen, Eulen und Falken zu verwandeln und um deren Sprache verstehen zu können.[15] Auch für die Huicholes ist *kiéri* mit dem Fliegen verbunden:

»So nimmt sie der Häuptling, er selber, jener Häuptling der Hexen, jener Baum des Windes, er nimmt sie selber mit sich hinaus, und sie bleiben dort draußen fünf, sechs oder sieben Tage lang, und sie essen dort draußen in der Sierra ganz für sich alleine. Sie befinden sich dort völlig in der Einsamkeit, und manchmal, wenn sie den Felsen erklimmen, wozu er sie auffordert, wenn sie kurz davorstehen, von den gewaltigen Felsen in den schrecklichen Abgrund, in die *barrancas* zu springen, weil sie glauben, daß sie Flügel haben und fliegen können, dann nimmt jene Person dieses Etwas von ihnen weg. Er vernichtet es, wie man sagt. Aber nur für eine kurze Zeit. Für zwei oder drei Minuten nimmt er ihn weg, diesen Wahnsinn. Dann denken sie nach und fragen: ›Wo bin ich? Oh, wo bin ich? Oh, weit, sehr weit weg! Vater, Großvater[16], schau, wie weit! Was tue ich hier draußen?‹ Aber dann verlieren sie sich wieder, denn jener Baum, der Baum des Windes, läßt sie nicht los.«[17]

Kiéri Téwiyári, der ›Stechapfelzauberer‹, betört also einige Indianer, die er in der Wildnis auf einen Felsen gelockt hat, aber wenn sie im Begriffe sind, in den Tod zu springen, hält er sie zurück und beginnt damit, sie zu Hexen auszubilden.[18]

Es hat indessen den Anschein, daß die Huicholes in früheren Zeiten den Stechapfel nicht nur für ein lediglich die Sinne verwirrendes Hexenkraut hielten, sondern daß er auf diese Weise erst abgewertet wurde, als Heiliger Hirsch Älterer Bruder *Káuyúmarie* ihn verdrängte[19] (Abb. 18) und den Indianern an seiner Stelle den gleichermaßen bewußtseinsverändernden Peyote-Kaktus, *híkuri*, brachte, der heute die Huicholes instand setzt, jene Nahtstelle zu erreichen, welche die Welten voneinander trennt: den Weltenbaum. Und ähnlich wie die Stechapfel-Hexen springen noch heute die Schamanen auf hohen Felsen herum und ›fliegen‹ über steil abfallende Schluchten (Abb. 19), daß den Ethnologen das Herz stockt.

Abb. 19 Huichol-Schamane beim Sprung über eine Felskluft

Bis zu dieser Nahtstelle sind auch Ethnologen vorgedrungen. Barbara Myerhoff, welcher der bereits erwähnte Schamane Ramón *híkuri* zu essen gab, erzählt, daß sie sich bald nach der Einnahme des Kaktus auf einem riesigen Baum wiedergefunden habe, »dessen Wurzeln bis tief unter die Erde reichten, und dessen Äste jenseits der Sichtweite in den Himmel ragten. Dies war der Lebensbaum, die *axis mundi* oder der Weltenpfahl, der die Schichten des Kosmos durchdringt, die Erde mit der Unterwelt und dem Himmel verbindet, und von dem aus die Schamanen zu ihren magischen Flügen aufsteigen«.[20]

Plötzlich erblickte sie einen roten Farbtupfer, der im Dunkel des Waldes umherhuschte. Der Tupfer kam näher, und die Ethnologin sah, daß es ein vibrierender Vogel war, der auf einem Felsen vor ihr landete:

»Es war Ramón, als Psychopomp, als papagenoartiger

Halbmensch, als magischer Vogel, vor Aufregung sprudelnd. Er führte mich zur nächsten Episode, in der ein orakel- und gnomenhaftes Wesen von makabrer Klebrigkeit auftauchte. Ich stellte ihm die Frage, jene, welche mir die ganzen Monate nicht aus dem Kopf wollte: ›Was *bedeuten* die Mythen?‹ Da gab es mir mit schleimiger Stimme, die mit einer tödlichen Unheimlichkeit verschmolz und meine Ernsthaftigkeit verspottete, die Antwort: ›Die Mythen bedeuten – nichts. Sie bedeuten sich selber . . .‹«[21]

Während diese Frau ihre Erfahrung mit Hilfe des gewissermaßen ›offiziellen‹ Peyote-Kaktus machte, und zwar mit der Unterstützung eines gleichermaßen ›offiziellen‹ *mara'akáme*, scheint der – laut *Time Magazine* peruanische – Völkerkundler Carlos Castañeda auf einen jener Hexer (*brujos*), angeblich vom Volke der Yaqui, gestoßen zu sein, der den Stechapfel noch verwendete.

Es ist bekannt, daß die Yaqui in früheren Zeiten Frauen und Männer kannten, die von den Ethnologen »ritual specialists«, von den jesuitischen Missionaren hingegen eher *brujas* oder *brujos*, Hexen, genannt wurden, und daß diese Hexen mehr für sich allein als in öffentlichen Zeremonien mit den Geistern Verbindung aufnahmen.

Ganz wie es der *mara'akáme* der Huicholes über die ›Stechapfel-Hexen‹ seines Volkes berichtete, gingen diese Yaqui-Hexen in die Einsamkeit der Sierra hinaus, um dort ihre Schutzgeister in der Gestalt von Coyoten, Bergschafen, Schlangen und anderen wilden Tieren kennenzulernen.[22]

Es ist nicht leicht, ein Urteil über die Authentizität der Berichte Castañedas abzugeben, doch es ist auf alle Fälle nicht *ohne weiteres* statthaft – wie es immer häufiger geschieht – abzustreiten, daß der *brujo* Don Juan ein Indianer ist, der in der Tradition solcher Hexen steht[23], auch wenn es sich nicht unbedingt um einen *brujo* der Yaqui-Kultur handeln wird.[24]

Nachdem sich Castañeda mit einer Stechapfelart, *Datura meteloides* oder »devil's weed«, – »herbe du diable« und »erba dal diavolo« war auch die dämonologische Bezeichnung für die Pflanze in der Spätrenaissance – eingerieben hatte, widerfuhr ihm in seinen eigenen Worten folgendes: »Don Juan starrte mich an. Ich ging einen Schritt auf ihn zu. Meine Beine waren gummiartig und lang, extrem lang. Ich machte noch einen Schritt. Meine Kniegelenke fühlten sich elastisch an wie eine Sprungstange, sie rüttelten und vibrierten und zogen sich federnd zusammen. Ich bewegte mich vorwärts. Die Bewegung meines Körpers war langsam und bebend, sie war mehr wie ein Zittern nach vornehin und in die Höhe. Ich blickte hinunter und sah Don Juan unter mir, weit unter mir sitzen. Der Schwung trug mich noch einen Schritt vorwärts und dann setzte ich ab. Ich erinnere mich, daß ich noch einmal runterkam, dann stieß ich mich mit beiden Füßen ab, sprang rückwärts, und glitt auf meinen Rücken. Ich sah den dunklen Himmel über mir und wie ich die Wolken hinter mir ließ. Ich rückte meinen Körper so zurecht, daß ich hinuntersehen konnte. Ich blickte auf das schwarze Massiv der Berge. Meine Geschwindigkeit war außerordentlich. Meine Arme lagen fest an meinem Körper, und mit dem Kopf gab ich die Richtung an. Wenn ich ihn zurückdrehte, bewegte ich mich in vertikalen Kreisen. Die Richtung änderte ich, indem ich den Kopf zur Seite drehte. Ich erlebte solch eine Freiheit und Schnelligkeit wie nie zuvor. Die wundervolle Dunkelheit erfüllte mich mit Trauer, vielleicht mit Sehnsucht. Es war, wie wenn ich einen Ort gefunden hätte, wo ich hingehörte – die Dunkelheit der Nacht. Ich versuchte, um mich zu blicken, aber alles was ich wahrnahm war, daß die Nacht klar war, und doch war sie voller Macht. Plötzlich wußte ich, daß es Zeit wurde, wieder hinunterzukommen, es war, als ob ich einem Befehl gehorchen mußte. Und ich schwebte hinab wie eine Feder, in Bewegungen nach jeder Seite.«[25]

Zu Beginn haben wir gehört, wie sich bis ins Zeitalter der Renaissance hinein ›nachtfahrende Weiber‹, die bisweilen von den Magiern als *striges* bezeichnet wurden, mit ›Hexensalben‹ einrieben und alsbald über Stock und Stein flogen.

Ein Wissenschaftler, der sich während der Walpurgisnacht in der Einsamkeit des Waldes in einen alten Kahn gelegt und seinen nackten Leib mit einer solchen Salbe – sicherlich aus Nachtschattengewächsen gewonnen – einschmierte, berichtet noch wesentlich Turbulenteres als der Ethnologe:

»Der Körper, den ich verlassen hatte, lag wie tot im Kahn. Ich selbst, mein Astralleib, oder wie man es nennen will, schwebte. Ein Wunsch, ein Gedanke genügte, um mich hinzubefördern, wohin ich wollte. Alle Bewegungen waren von euphorischen Lustgefühlen begleitet. Ich wünschte mich zum nächsten Baum – schon war ich dort. Aber als ich nach dem Baumstamm griff, blieb er mir sozusagen in der Hand, oder besser, er ging durch meine Hand. Dann schwebte ich ganz durch den Baumstamm hindurch, das heißt eigentlich müßte ich sagen: Der Baum ging durch mich hindurch, während ich mich vorwärts bewegte. Ich wußte nun, daß ich mich hinwünschen konnte, wohin ich wollte, und ich wünschte mich an den nächsten Ort einer Walburgisorgie. Im Nu war ich dort.

Das Bild, das sich mir bot, war unbeschreiblich. Nackte weibliche Wesen von unsagbarer Schönheit schwebten dort umher. Waren es Feen, Göttinnen, Teufelinnen? Ich weiß es nicht.

Ich mischte mich in den Reigen, wünschte mich zu der nackten Fee, die mir als die schönste erschien. Ihr Sinnenzauber war unschilderbar – und ich vereinigte mich mit ihr ...«[26]

Und schließlich berichtet ein amerikanischer Völkerkundler über seine Verwandlung in ein wildes Tier:

»Plötzlich stand ich vor einem großen Spiegel, und als ich hineinschaute, starrte mich ein riesiger Jaguar an. Gleichzeitig spürte ich den Jaguarkörper ... Ich war *in* diesem Körper, und ich fühlte ihn, so, wie ich meinen eigenen nie gespürt hatte. Und obgleich ich anscheinend ganz ›jaguarhaft‹ geworden war, behielt ich noch irgendein infinitesimales menschliches Bewußtsein.«[27]

Einige Stunden später, als er sich wieder in einen Menschen zurückverwandelt hatte, schrieb er auf ein Blatt Papier:

»Hätte ich für jemanden, der mich gesehen hätte, wie ein Jaguar ausgesehen? Irgendwie denke ich: ja. Aber ich fühle mich jetzt verpflichtet, hinzuzufügen, ich hätte nur ausgesehen wie ein dummer Ethnologe, den Halluzinationen aus seinem Gehirn geschossen hatten und der wie ein Irrer auf dem Boden herumkrabbelte und idiotische Laute von sich gab.«[28]

Die Frage, die sich diesen Wissenschaftlern meist unmittelbar nach ihren Erlebnissen aufdrängte und die sie in einer gewissen Verlegenheit zurückließ, hat, wie wir bereits gesehen haben, eine alte Tradition. Es ist die Frage, welche manche Mystikerinnen des Mittelalters ebenso beunruhigte wie die Magier und Dämonologen der Renaissance: Flogen oder verwandelten sie sich wirklich, oder bildeten sie sich lediglich ein, daß sie flogen oder sich verwandelten, oder hatten sie unter dem Einfluß des Teufelskrauts und der anderen Drogen lediglich eine Halluzination, oder aber widerfuhr ihnen etwas, das sich einer Beschreibung mit Hilfe unserer Umgangs- und Wissenschaftssprache schlicht entzieht?[29]

Müssen wir hier, in Analogie zu Wittgensteins »Und wenn

ein Löwe spräche, wir könnten ihn nicht verstehen«, sagen: Und wenn eine Hexe sich in eine Krähe verwandelte und flöge, wir könnten sie nicht sehen?
Begriffe wie die des ›sprechenden Löwen‹ oder der ›fliegenden Hexe‹ wären danach isolierte Elemente, also solche, die nicht ›eingriffen‹, in eine Lebensform, die diesen Elementen erst einen Sinn gäbe.
»Ich habe mich in einen Jaguar verwandelt« – ein solcher Satz gliche wiederum der Wittgensteinschen Schraube, die sich drehte, ohne irgendeinen anderen Teil des Mechanismus, an dem sie angebracht ist, mitzudrehen. Wir hätten bestenfalls die Illusion eines Sinns, weil wir nicht überblicken könnten, wie derartige Sätze in einer fremden Lebensform verwendet werden, welche ›Arbeit‹ sie dort verrichten, oder in anderen Worten, welchen Unterschied es macht, ob man solche Sätze äußert oder nicht.[30]
So wie sie einfach dastehen oder geäußert werden, wären sie auf alle Fälle noch otios, vergleichbar gewissen Sätzen der metaphysischen oder der theologischen Spekulation, oder aber sie könnten allein der Welt Walt Disneys entsprechen, in welcher – für Erwachsene zumindest – die Hexe mit dem Habicht um die Wette fliegt.[31]
Solche Hollywood-Vorstellungen sind unter den Ethnologen weit verbreitet, und sie werden nicht wenig dazu beigetragen haben, daß die Ethnologen den ›Wilden‹ mitunter als bemerkenswert primitive Menschen ohne irgendein Fingerspitzengefühl erschienen sind.[32] Dem Ethnologen Johannes Wilbert etwa erzählten die Sanema-Indianer, daß ihre Schamanen fliegen oder zumindest einen Fuß hoch über der Erde gehen könnten, worauf der Wissenschaftler in aller Naivität erwiderte, er *sehe* doch, daß die Schamanen wie all die anderen herumliefen. Worauf die Indianer entgegneten: »Das liegt daran, daß du nicht *verstehst!*«[33] Und in ähnlicher Weise sagte ein Washo-Schamane zu einem anderen Völkerkundler: »Du weißt

nicht, worüber ich rede, und das gleiche gilt für jeden, der dieses Ding liest, was du da schreibst!«[34]
Man könnte auch sagen, daß den Indianern bewußt war, daß die Ethnologen nicht die Bohne von dem verstanden, was das Wort »fliegen« im schamanistischen Zusammenhang bedeutete, indem sie eben voraussetzten, daß man nur fliegen könne wie ein Vogel oder ein PanAm-Pilot.
Sehr deutlich wird dies an einem Dialog zwischen Castañeda und dem *brujo*, in welchem sich der Ethnologe dermaßen verständnislos erweist, daß man kaum den Verdacht loswerden kann, Castañeda habe aus Wie-sag-ich's-meinen-Kindern-Gründen heraus das Zwiegespräch frisiert:
»Ich wollte ihn noch etwas fragen. Ich wußte, daß er ausweichen würde; darum wartete ich, bis er das Thema anschnitt. Ich wartete den ganzen Tag. Bevor ich an diesem Abend wegfuhr, mußte ich ihn schließlich fragen: ›Bin ich wirklich geflogen, Don Juan?‹
›Das hast du mir doch gesagt, oder nicht?‹
›Natürlich, Don Juan. Ich meine, ist mein Körper geflogen? Bin ich wie ein Vogel davongeflogen?‹
›Du stellst mir immer Fragen, die ich nicht beantworten kann. Du bist geflogen. Dafür ist ja der zweite Teil des Teufelskrauts da. Wenn du öfter davon nimmst, wirst du das Fliegen ganz beherrschen. Es ist keine so einfache Sache. Ein Mensch *fliegt* mit Hilfe des zweiten Teils des Teufelskrauts. Das ist alles, was ich dir sagen kann. Was du wissen willst, hat keinen Sinn. Vögel fliegen wie Vögel, und ein Mensch, der Teufelskraut genommen hat, fliegt auch so (*el enyerbado vuela así*).‹
›Wie die Vögel fliegen? (*Así como los pájaros?*)‹
›Nein, er fliegt wie ein Mensch, der das Kraut genommen hat. (*no, así como los enyerbados!*)‹
›Dann bin ich nicht wirklich geflogen, Don Juan. Ich bin

in meiner Vorstellung geflogen, nur in Gedanken. Wo war mein Körper?‹

›In den Büschen‹, erwiderte er scharf, aber gleich begann er wieder zu lachen. ›Die Sache mit dir ist, daß du die Dinge nur auf eine Art verstehst. Du glaubst nicht, daß ein Mensch fliegt. Und doch kann ein *brujo* in Sekundenschnelle tausend Meilen zurücklegen, um zu sehen, was vor sich geht. Er kann seinen Feinden auf große Entfernung einen Schlag versetzen. Nun, fliegt er also oder fliegt er nicht?‹

›Wirklich, Don Juan, du und ich, wir sehen die Dinge verschieden. Angenommen, um nur ein Beispiel zu nennen, einer, mit dem ich studiere, wäre hier bei mir gewesen, als ich das Teufelskraut nahm. Wäre es ihm möglich gewesen, mich fliegen zu sehen?‹

›Da bist du wieder mit deinen Fragen, was würde geschehen wenn ... Es hat keinen Sinn, so zu reden. Wenn dein Freund oder irgend jemand anderes den zweiten Teil des Krautes nimmt, bleibt ihm nichts anderes übrig als zu fliegen. Wenn er dich also nur beobachtet hätte, so hätte er dich vielleicht fliegen sehen oder auch nicht. Das hängt von ihm selbst ab.‹

›Aber ich meine, Don Juan, wenn du und ich einen Vogel fliegen sehen, dann sind wir uns darüber einig, daß er fliegt. Aber wenn zwei meiner Freunde mich hätten fliegen sehen, wie ich es heute nacht tat, hätten sie dann beide geglaubt, daß ich geflogen bin?‹

›Ja, vielleicht. Du glaubst, daß Vögel fliegen, weil du gesehen hast, wie sie fliegen. Fliegen ist eine bekannte Sache bei Vögeln. Aber du stimmst nicht anderen Dingen zu, die Vögel tun, weil du sie niemals bei Vögeln gesehen hast. Wenn deine Freunde von Menschen wüßten, die mit dem Teufelskraut fliegen, dann wären sie sich einig.‹

›Ich will's noch anders ausdrücken, Don Juan. Ich wollte sagen, wenn ich mich mit einer schweren Kette an einem

Felsen festgemacht hätte, wäre ich dann genauso geflogen, weil mein Körper nichts mit meinem Fliegen zu tun hatte?‹ Don Juan sah mich kopfschüttelnd an. ›Wenn du dich an einen Felsen kettest‹, sagte er, ›dann, so fürchte ich, wirst du mit einem Felsen an seiner schweren Kette fliegen müssen.‹«[35]

Das Problem des Ethnologen besteht also darin, daß er nicht weiß, wie er das Erlebnis, das er hatte, interpretieren soll. Einerseits scheint – zumindest nach der Deutung des Indianers – klarzusein, daß er nicht geflogen ist in der Weise, wie das die Vögel tun, vielmehr *así como los enyerbados*, so, wie eben einer fliegt, der sich mit dem Stechapfel eingerieben hat.[36]

Denn nach dem Zeugnis des Indianers lag Castañedas Körper ebenso in den Büschen wie der Körper von Nyders ›Nachtfahrender‹ »under der multen« oder der von Portas *striga* in der Kammer, was diesem Magier »wol ist zusehen gewest«.[37]

Doch wenn der Körper eines *brujo* »in den Büschen« liegt, wie ist es dann zugleich möglich, daß derselbe Hexer in Sekundenschnelle tausend Meilen zurücklegen, daß der Volkskundler mit feenartigen Wesen den Beischlaf pflegen[38], oder daß die ›Zaubervettel‹ mit der Diana und ihren Weibern durch die nächtlichen Wälder fliegen kann?

Oder anders ausgedrückt: von allen *empirischen* Fragen, wie sie vielleicht von Parapsychologen beantwortet werden könnten, einmal abgesehen, wie können wir überhaupt verstehen, *was es heißt*, daß ein Hexer tausend Meilen zurücklegt, obgleich sein Körper sich nicht fortbewegt?[39]

Denn ein Mensch, so wird man einwenden, ist ja kein Wesen, das aus zwei ›Entitäten‹ besteht, nämlich Körper und Geist, die zwar normalerweise miteinander verbunden sind, deren Verbindung sich indessen unter ganz außergewöhnlichen Umständen lösen könnte, wie es uns die traditionelle Metaphysik noch suggerieren mochte.

Wir besitzen nicht einen Körper und einen Geist, vielmehr sind wir Wesen, die lachen, denken, Bücher schreiben und eventuell auch fliegen können. In uns *sitzt* kein Bewußtsein, das eine ›körperliche Hülle‹ hinter sich lassen könnte, vielmehr *sind* wir bewußte Wesen.[40]

Wer also glaubt, er könne sich auch nur vorstellen, sein Geist oder seine Seele löste sich von seinem Körper[41], der müßte auch in der Lage sein, sich auszumalen, was es *bedeutete*, daß sich die Form einer Blume von der Blume oder das Lächeln der Cheshire-Katze von der Katze löste.[42]

Liegt es demnach nicht nahe, zu vermuten, daß ein Hexer sich nur *vorstellt*, oder daß er nur eine Halluzination hatte, er sei geflogen? Und dies nicht deshalb, weil Menschen keine Vögel sind, sondern weil die Annahme, seine Seele oder sein Geist seien geflogen, überhaupt keinen *Sinn* ergibt? Einem, der behauptete, seine Seele habe tausend Meilen zurückgelegt, hätte ein Philosoph wie Wittgenstein wohl nicht widersprochen, etwa mit dem Argument, daß Seelen nicht fliegen könnten. Er hätte ihm eher entgegengehalten: »Du hast mir noch nicht gezeigt, wie du diesen Satz *verwendest!*«

»Man sagt, die Seele *verläßt* den Körper. Um ihr dann aber jede Ähnlichkeit mit dem Körper zu nehmen, und damit man beileibe nicht denkt, es sei irgendein gasförmiges Ding gemeint, sagt man, die Seele ist unkörperlich, unräumlich; aber mit dem Worte ›verläßt‹ hat man schon alles gesagt. Zeige mir, wie du das Wort ›seelisch‹ gebrauchst, und ich werde sehen, ob die Seele ›unkörperlich‹ ist, und was du unter ›Geist‹ verstehst.«[43]

Was *könnte* ein solcher Satz wie »Ich bin mit Hilfe des Stechapfels geflogen« also bedeuten? Ich glaube, wir können mit derartigen Sätzen nur dann eine Bedeutung verbinden, wenn wir unsere Betrachtungsweise oder, um en vogue zu bleiben, unser gängiges ›Paradigma‹ verändern.

Abb. 20 Werbock. Fotomontage von Janet Belden

Wir erinnern uns vielleicht, daß wir in § 6 gesehen haben, wie ein Satz von der Art »Ich habe mich in einen Werwolf verwandelt« zu verstehen ist. Ein Werwolf ist kein Mensch, dem ein Wolfspelz wächst, dessen Zähne sich in Reißzähne verwandeln und dessen Worte in ein Wolfsgeheul münden. Ein Werbock ist kein Mensch, aus dessen Kopf plötzlich Hörner sprießen (Abb. 20). Oder genauer gesagt: Selbst wenn sich ein Werwolf einen solchen Pelz umwerfen und wie ein Wolf heulen sollte[44], dann ist es nicht das, worauf wir unser Augenmerk richten sollten.[45] Viel eher könnte man sagen: Ein Werwolf ist ein Mensch, der die Grenze zwischen Zivilisation und Wildnis ›in sich‹ *auflösen* kann, der in der Lage ist, den Zaun zu überschreiten, der seine ›Zivilisationsseite‹ von seiner ›Wildnisseite‹, seiner ›Wolfsnatur‹ trennt. Er ist ein Wesen, das seiner ›Tiernatur‹, die für gewöhnlich von seiner Kultur unter Verschluß gehalten wird, ›in die Augen‹ schaut und *mithin* allererst ein Bewußtsein seiner ›kulturellen Natur‹ entwickeln kann.[46]

Es hat also den Anschein, daß unsere Person sehr viel mehr ausmacht als das, was die Kultur des Alltags uns von uns selbst vor Augen führt.[47] Und es hat überdies den Anschein, daß gerade die archaischeren Kulturen den Menschen oder zumindest einige Menschen dazu anleiteten, in gewissen Augenblicken ihre gewöhnliche Natur ›leer‹ werden zu lassen[48], wie der Indianer sagt, ein »abaissement du niveau mental« herbeizuführen, wie die Parapsychologen sagen[49], oder ihre Grenzen preiszugeben.

Vergleichen wir unsere Natur mit einem Eisberg. Nur ein kleiner Teil dieses Berges, der über der Wasseroberfläche, ist für gewöhnlich sichtbar. Aber der ganze Berg ist viel größer als der Teil, auf den die Sonne scheint. Wir können seine Konturen noch ein paar Meter verfolgen, bis sie sich in der Schwärze der Tiefe verlieren. Man muß die Fähigkeit entwickelt haben, sich wie die sibirischen Schamanen in einen Tauchervogel zu verwandeln, um den Konturen in die Tiefe folgen zu können.[50]

In dem Maße also, in welchem unsere Alltagsperson ihre mehr oder weniger festen Grenzen aufgibt, erweitert sich dasjenige, was wir zu unserer Person rechnen[51], und es findet gewissermaßen der umgekehrte Vorgang zu demjenigen statt, in welchem sich verschiedene Personen *einen* Körper teilen.[52] Die Grenzen unserer Person schließen nunmehr Dinge mit ein, die wir zuvor zur ›Außenwelt‹ gezählt haben. Uns wird schlagartig bewußt, daß diese Grenzen nicht mit 1,78 m und 63 kg absteckbar sind.[53] Unsere Seele *löst* sich nicht vom Körper, doch die Grenzen unserer Person decken sich nicht länger mit jenen Grenzen unseres Körpers, die wir auf einer Photographie sehen mögen. »The Whites don't catch anything when they take photographs«, meinte ein Arapaho-Schamane zu dem Ethnologen, »and therefore it is meaningless to photograph.«[54] Wir fliegen weniger, als daß unsere gewöhnlichen ›Ich-Grenzen‹ verfliegen[55], und so mag es durchaus sein, daß *wir* uns plötzlich an Orten wiederfinden, an denen unser ›Alltagsleib‹, dessen Grenzen sich nicht mehr mit den Grenzen unserer Person identifizieren lassen, sich *nicht* befindet.[56]

Eine derartige Erweiterung unserer Person könnte sicher mit einem Wort wie ›fliegen‹ umschrieben werden[57], was vermutlich nur jenen exotisch erscheinen wird, die der Meinung anhängen, daß die Bedeutung der Begriffe, die wir verwenden, vollkommen durch die Standardsituationen, in denen wir sie gelernt und bislang gebraucht haben, fixiert seien[58], so daß jede erweiterte Anwendung notwendigerweise einen *völlig* neuen, einen ganz *anderen* Gegenstand bezeichnen müsse.[59] Eine solche Auffassung ist sozusagen das semantische Äquivalent zu dem Welt*bild*, nach welchem das, was als wirklich anerkannt wird, durch eine starre Grenze von der ›Unwirklichkeit‹ getrennt ist.

So versucht auch der Indianer, dem Ethnologen deutlich zu machen, daß *er*, die Person Castañeda, nicht an die Grenzen seines physischen Leibes gebunden sei, ohne daß man deshalb glauben müsse, man könne aus seinem Körper ›herausspringen‹:

»Nimm diesen Sprung nicht in dem Sinn, in dem du einen Sprung verstehst«, sagte er. »Noch einmal, das ist nur eine Ausdrucksweise. Solange du glaubst, daß du ein fester Körper bist, kannst du dir keinen Begriff von dem machen, worüber ich rede.«[60]

Andere Menschen beschreiten andere Wege, um derartiges verständlich zu machen. Sie *zerstören* etwa die gewöhnliche Ausdrucksweise durch widersprüchliche Beschreibungen. Dies ist ein Weg, den viele Mystiker in allen Teilen der Welt lieben.

In den apokryphen *Akten des Johannes* aus dem 2. Jahrhundert heißt es beispielsweise, daß während der Kreuzigung Jesus dem Johannes in einer Höhle erschienen sei und zu ihm gesprochen habe:

»Johannes, für die Menge dort drunten in Jerusalem werde ich gekreuzigt und durchbohrt, aber zu dir spreche ich.« Und er habe hinzugefügt: »Nichts von dem, was sie über mich erzählen werden, habe ich erlitten . . . Man hat mich durchbohrt, aber man hat mich trotzdem nicht durchstoßen, man hat mich gehängt und nicht gehängt, Blut floß aus mir heraus, und es floß nicht heraus.«[61]

§ 9 Angst vorm Fliegen

»Item ma laufft nit mit den fussen auss der welt.«

Sebastian Franck

»Das ist gleichwohl unglaubhaft, kann auch mit unserem Verstand nicht erfaßt werden, zudem unsere Lehrer für gewöhnlich dem Text allein anhangen und das, was sie in ihren täglichen Büchern nicht finden, entweder nicht wissen oder dem doch keinen Glauben schenken.«

Froben Christoph von Zimmern

Natürlich gibt es Wissenschaftler, die sich mit derartigen Vorgängen und Ereignissen befassen und die auch häufig dafür bezahlt werden. Solche Wissenschaftler sind nicht selten Psychiater.

Leider zeigt es sich in den meisten Fällen, daß diese Psychiater Menschen sind, die die Grenzen, welche die moderne Zivilisation zwischen sich selbst und der Wildnis zieht, mit den Grenzen zwischen Wirklichkeit und Schein identifizieren.[1] Was jenseits dieser Zivilisationsgrenzen liegt, ist für sie meist nur eine »Projektion«[2], und die Auflösung der Grenzen ist das Anzeichen für eine Krankheit der Seele.

Sie sprechen dann etwa von einem »lack of the ability to distinguish between the two realities, that of the mind and that of the external world«[3], oder Ethnopsychiater wie Devereux, die offenbar von den Physikern erfahren haben, wie die Wirklichkeit *wirklich* ist[4], vermuten, daß diejenigen, die glauben, die Grenzen der Wirklichkeit deckten sich nicht mit den ›Grenzen des Zaunes‹, lediglich mit Panik auf die Stummheit der Materie reagieren, daß solche Leute dem ›Draußen‹ Bedeutungen zuschreiben, die es gar nicht besitzt, vergleichbar dem kleinen Säugling, der während der Abwesenheit der Mutter deren »befriedigende Antworten, die er früher erfahren hat, halluziniert«.[5]

Andere Wissenschaftler machen mit dem ›Draußen‹ noch kürzeren Prozeß. Sie sagen, daß es jenseits der Grenzen gar nichts gibt oder zumindest nichts, was für einen Wissenschaftler von Bedeutung sein könnte:

»Methodologically speaking«, – die Miene verfinstert sich, und Runzeln erscheinen auf der Stirn – »one might add that it is nonsense to defend by theoretical argument that certain aspects of reality can not come into focus via strictly scientific observation and reasoning. For in science we need and can only deal with that which, within the framework of the scientific method, can be established and taken hold of. The rest – granted that such a rest exists – is simply irrelevant to the student.«[6]

Zu wem die Tiere und Pflanzen der Wildnis reden, der halluziniert, der bevölkert aus Angst vor der Stummheit der Natur die Welt mit Wesen, die es gar nicht gibt.

»Die ungezählten Stimmen der Natur«, so sagte ein Tuscarora-Indianer, »die für den Weißen stumm sind, sind für uns voller Leben und Kraft.«[7]

Doch für den Ethnopsychiater liegen die Dinge anders. Für ihn ist es klar, daß der Tuscarora mit der Hilfe ›animistischer Projektionen‹ seine Angst davor besänftigt, es könnten gar keine ›Stimmen der Natur‹ existieren.

Es hat indessen den Anschein, daß die Angst weniger die Triebkraft des Indianers als die Devereux' ist. Für letzteren ist der Schamane ein »schwer neurotischer Mensch oder sogar ein Psychotiker im Zustand temporärer Remission«. Er belegt diese Behauptung vornehmlich mit weiteren Behauptungen, etwa damit, daß die Schamanen Halluzinationen hätten und »für gewöhnlich unendlich weniger realistisch als die normalen Menschen« seien, ja, er geniert sich nicht, beifällig das »ganz menschliche Ressentiment« heranzuziehen, das dazu geführt habe, daß Jeanne d'Arc verbrannt worden sei und daß die Priester in einem ständigen Kampf gegen die Schamanen ständen.

»Mit Kroeber, Linton und LaBarre behaupte ich *daher*«, so fährt Devereux fort, »daß der Schamane psychisch krank ist.« Schließlich fügt er noch hinzu, daß diese Tatsache von jenen Ethnologen – vermutlich wiederum sehr angstvollen Leuten – geleugnet werde, »die sich in einer Zeit, da die Normen sich auflösen, in den Kulturrelativismus« flüchteten.[8]

Wie die Wirklichkeit ist, zeigt sich danach also *innerhalb* der Kultur, und zwar unserer eigenen, und dort vor allem innerhalb der Wissenschaft[9], in jedem Falle aber innerhalb des Zaunes.

Doch die Latten des Zauns sind nach Devereux an einigen Stellen morsch geworden, sie lassen sich leicht herausbrechen, und auf ihnen vermögen es einige Leute, »Grenzgänger des Wissens«[10], in die Wildnis hinauszufliegen.[11]

Devereux – wie auch andere ausgesprochene Feinde des ›Kulturrelativismus‹ – haben Angst davor, diesen Zaun zu überschreiten, und das Wissen um die morschen Latten beunruhigt sie so sehr, wie einst einem Descartes davor graute, daß ohne ›Unbezweifelbarkeit‹, ohne einen festgefügten *hag*, die trügerischen Dämonen durch die Spalten schlüpfen und die Welt der Vernunft mit den Bazillen eines allgegenwärtigen Zweifels infizieren könnten.[12] Es scheint mir, daß man an diesen Wissenschaftlern recht gut die Folgen jener Entwicklung beobachten kann, in der das ›Drinnen‹ durch einen immer stabiler werdenden Panzer vom ›Draußen‹ abgetrennt wurde.

Aber wir haben gesehen, wie die Hexe, jenes Wesen, das mit dem einen Bein in der Wildnis, mit dem anderen in der Zivilisation stand, durch ihre Vertreibung vom Zaun letzten Endes nicht entmachtet wurde, sondern als eine ungleich drohendere Gefahr in den Dörfern und Städten wieder auftauchte. Und in gleicher Weise können wir verfolgen, wie durch die Panzerung der Subjektivität, durch die zunehmende Verlagerung des ›Wirklichkeitsakzentes‹[13] auf sich immer mehr voneinander isolierende Binnenbereiche, die Sicherheit sich in diesen Innenbezirken nicht erhöht.

Glaubte der von dem ›trügerischen Dämon‹ verfolgte Descartes noch, allein im Denken selber, in seinem tiefsten Inneren den archimedischen Punkt, den unüberschreitbaren Teufelskreis gefunden zu haben, in welchen er sich zurückziehen konnte, während er das ›Draußen‹ den Dämonen überließ, und war für eine Teresa von Avila nicht das Wissen, sondern nur noch die Demut ein für den Teufel unantastbares Terrain[14], so sollte sich die künftige Philosophie bis zum heutigen Tage in einen immerwährenden Abwehrkampf gegen die Dämonen stürzen, die aus den Tiefen der Seele hervorkrabbelten.[15] Deren Bundesgenossen, die man gerne ›Skeptiker‹ oder ›Relativisten‹, innerhalb der Ethnologie ›Kulturrelativisten‹ nennt, verfallen dem wissenschaftlichen Bann.[16] Denn sie nehmen daran teil, auch noch die letzte Bastion, das ›Innere‹, das Denken, die ›Rationalität‹ den Mächten der Wildnis zu öffnen.[17]

> »Gibt's wirklich Geister, Piggy?«
> »Die gibt's nicht, das ist doch klar.«
> »Warum nicht?«
> »Dann wäre doch alles verkehrt – Häuser
> und Straßen und Fernsehen – das ging'
> doch dann alles gar nicht.«[18]

Es scheint auf den ersten Blick etwas paradox zu sein, daß dieser Prozeß der ›Panzerung‹[19] gerade in der Epoche besonders betrieben wurde, in der die Menschen das Wagnis unternahmen, ihr, wie es heißt, »geschlossenes Universum« aufzubrechen und in die fernen Länder jenseits des Horizontes vorzudringen. Wenn freilich etwa Bloch betont, daß der Wagende der damaligen Zeit ein Novum »unter den Produktivkräften«[20] gewesen sei, so sollte man vielleicht betonen: *unter den Produktivkräften.*

Denn wie die Menschen in die Wälder vorgedrungen waren, um sie zu roden, um sie immer mehr zu ›Ressourcen‹ zu degradieren[21], so stießen meist gepanzerte Eroberer über den Horizont hinaus, weil es da ›etwas zu holen‹ gab, weil die Fremde Beute versprach.

Man beutet keine Natur aus, die zu einem spricht.[22] Doch eine Natur, von der man glaubt, wie es zwei inzwischen berühmt gewordene Ethnozentriker des 19. Jahrhunderts ausgedrückt haben, daß sie »den Menschen anfangs als eine durchaus fremde, allmächtige und unangreifbare Macht gegenübertritt, zu der sich die Menschen rein tierisch verhalten, von der sie sich imponieren lassen, wie das Vieh«[23], eine solche Natur hat keine Sprache mehr, sie ist nur noch Material.

Und man beutet schließlich keine Menschen aus, die man versteht. So veriegelt man sich in der Fremde in noch viel stärkerem Maße als zu Hause in seiner ›Subjektivität‹ und man verfremdet das Fremde, indem man die Schotten des Vertrauten schließt.[24]

Dem späteren Völkerkundler wird bisweilen gerade das *Verstehen* des Fremden als ein Indiz dafür erscheinen, daß er es nicht länger mit etwas *authentisch* Fremdem zu tun hat[25], und nach den Worten eines der Begründer der modernen Ethnologie sollte dem Völkerkundler als einem Grenzschützer der Vernunft auch jedes innere Verständnis des Fremden untersagt sein:

»Die ganze Geistesverfassung der Naturvölker, bei denen in passiver Hingabe an die allzu überwältigenden Eindrücke der Außenwelt Hallucinationen und Illusionen ein halbbewußtes Schwanken zwischen Träumen und Wachen als Normalzustand unterhalten, befähigt sie zur Selbstschöpfung übersinnlicher Agentien, oder zu unbedingtem Glauben an dieselben, in einer Intensität und Ausdehnung, für deren directes Verständnis unserem logischen Denken glücklicherweise die Brücke abgebrochen ist oder doch sein sollte.«[26]

Auch Devereux weiß um die Existenz einer solchen Brücke, doch für ihn und viele seiner Kollegen stürzt derjenige, der sie überschreitet, aus der Wirklichkeit in eine Welt aus Schein und Trug.[27]

Wir haben gesehen, wie der indianische Hexer den Ethnologen dazu bewegen will, diese Brücke zu betreten. Dieser hatte ein Erlebnis[28], das er als einen Flug durch den nächtlichen Himmel über der Sierra beschrieb, und der Indianer versucht, ihn von einer *Dichotomie* abzubringen, nach welcher man entweder nur fliegen kann, wie das die Vögel tun, oder aber sich nur einbildet, daß man geflogen sei.[29]

Es geht ihm also darum, dem Ethnologen vor Augen zu führen, daß es einen Bereich der Wirklichkeit gibt, den zu betreten, und vor allem, den als Wirklichkeit anzuerkennen, von dessen gepanzerter Kultur im allgemeinen untersagt ist.

Der Schritt selber konnte dem Wissenschaftler natürlich nicht genügen. Denn wer oder was konnte ihm die *Gewähr* dafür geben, daß dies tatsächlich Wirklichkeit war und nicht nur Schein? Und gab ihm nicht viel eher seine eigene Kultur die Kriterien an die Hand, mit deren Hilfe er seine Erlebnisse als Scheinwahrnehmungen abtun konnte? Und hätte er diese Erlebnisse wiederholt, wäre es ihm dann nicht lediglich ergangen wie demjenigen, der nach Wittgenstein eine zweite Ausgabe derselben Zeitung gekauft hatte, um festzustellen, ob das, was in der ersten Ausgabe gedruckt stand, der Wirklichkeit entspräche?

Aber entsprach das Erlebnis Castañedas nun *wirklich* der

Wirklichkeit, wird man fragen. Oder aber: Was sind und wo finden sich die *Kriterien*, nach denen es sich entscheiden läßt, ob er einen normalerweise verschlossenen Bereich der Wirklichkeit wahrnahm oder ob er lediglich einem Blendwerk seiner Sinne erlag? Woher können wir die Sicherheit nehmen, zu behaupten, daß ein Psychiater wie Devereux Unrecht hat mit seiner Feststellung, daß jenseits des Zaunes nur der Wahnsinn lauert?

Zeigt sich das, was wirklich ist, nicht – um mit Wittgenstein zu reden – *in* unserer Lebensform? Zeigt uns unsere Lebensform nicht nachdrücklich, daß uns auf der anderen Seite *nichts* erwartet als das, was wir auf irgendeine Weise immer schon kennen und was von der Wissenschaft längst rubriziert ist?[30] Und ist es nicht, wie Erkenntnisspezialisten sagen, ein Zeichen von »Leichtgläubigkeit«[31], wenn wir etwas anderes denken?

Oder gibt es am Ende – nämlich dort, wo eine Konfrontation der Kriterien verschiedener Lebensformen zu Ende geht – überhaupt keine Kriterien, nach denen sich eine solche Frage eindeutig beantworten ließe?[32]

In der Tat sind einige Philosophen zu einem derartigen Schluß gekommen. Sie meinen etwa, es gebe keinen »*neutral* way of testing«[33], wie es sich in Wirklichkeit verhalte, es gebe also nicht so etwas wie eine ›epistemologische Schweiz‹, in der man feststellen könne, ob die Schamanen oder ob die Psychiater recht hätten.[34] Man könne die Erfahrung, die ein solcher Schamane mache, in der einen und in der anderen Weise interpretieren, denn die Erfahrung selber sei, »of course, intrinsically neither«. Oder anders ausgedrückt: Wenn sich das, was wirklich ist, notwendigerweise *in* einer Lebensform *zeigt* und wenn sich verschiedene Lebensformen in der Verwendung grundlegender Kriterien nicht unter einen Hut bringen lassen, wenn irgendeine Erfahrung wie die Castañedas in der einen Lebensform eine Erfahrung der Wirklichkeit, in der anderen eine Halluzination *ist*, dann gibt es keine neutrale Erfahrung, gewissermaßen *die Erfahrung selber*, die als Schiedsrichter in der Frage ihrer eigenen Interpretation dienen könnte.[35] Die Erfahrung selber könnte argumentativ niemals eine Rolle spielen, sie kürzte sich auf eine ähnliche Weise weg wie das »Ding an sich« der Transzendentalphilosophie bei der Beantwortung der Frage, ob wir denn sicher sein könnten, daß die Gegenstände unserer Erfahrung tatsächlich so seien, wie sie an sich, in der Wirklichkeit sind. Kriterien ständen dann gegen Kriterien, Lebensform gegen Lebensform, und nur um den Preis des Dogmatismus ließe sich irgendeine Entscheidung herbeiführen.

Die Struktur dieser Argumentation reicht weit in die Vergangenheit zurück, und sie findet sich stets in den Paradeschritten des philosophischen Skeptizismus.

Der zu Unrecht vergessene Salomon Maimon machte in dieser Weise gegen jede ›transzendentale Deduktion‹ der Erkenntniskategorien geltend, daß man immer nur hinreichende, aber keine notwendigen Bedingungen des »kategorialen Rahmens« der wahrnehmbaren Wirklichkeit formulieren könne[36], und in späterer Zeit wies insbesondere Ajdukiewicz darauf hin, daß das, was wir erfahren, auf vielerlei und sich gegenseitig ausschließende Weise beschrieben werden könne und daß es keine Möglichkeit gebe, aufgrund der Erfahrung selber die eine Beschreibung gegenüber der anderen zu begünstigen[37], da jede der Beschreibungen, wie ein moderner Ausdruck lautet, durch die Erfahrung »unterdeterminiert« sei.

Während in der späteren Antike derartige Argumente im Namen der akademischen Skepsis *gegen* den Monopolanspruch des Christentums vorgebracht wurden[38], haben sich in späteren Epochen gerade die christlichen Theologen ihrer bedient, um die Monopolstellung der Offenbarung gegenüber wissenschaftlichen Erkenntnissen halten zu können, denen lediglich der Status von Hypothesen zugebilligt wurde, die für Berechnungen tauglich sein mochten.[39] Die »Unterdeterminiertheit« der Erfahrung durch solche Hypothesen zeigte so deutlich wie nichts anderes die Kluft, durch die irdisches Wissen von göttlicher Offenbarung getrennt war.

Ich will nun nicht abstreiten, daß es Erfahrungen gibt, deren Wesen durch die Mittel, wie sie uns zu einem bestimmten Augenblick im Alltag und in der Wissenschaft »gegeben« sind, »unterdeterminiert« werden, daß wir also in Situationen kommen können, in denen wir von den Kriterien unserer Lebensform, soweit wir sie im Laufe unseres Lebens erworben haben, im Stich gelassen werden[40], Situationen, in denen sich gewissermaßen der ›hermeneutische Zirkel‹ nicht schließt.[41] Dann machen wir Erfahrungen, die jeden strikten Transzendentalphilosophen irritieren müssen, weil wir sie – seiner Auffassung nach – gar nicht machen *können*.[42]

So lassen sich etwa, worauf bereits Austin hingewiesen hat, durchaus ›Grenzfälle‹ der Erfahrung vorstellen – wie sie beispielsweise Kafkas Gregor Samsa widerfuhren –, in denen allem Anschein nach unsere Lebensform keine eindeutigen Kriterien bereitstellt, nach denen sich entscheiden ließe, ob es sich nun um dieselbe Person oder bereits um eine andere handelt[43] (Abb. 21). Zählt die Erinnerung in stärkerem Maße als die körperliche Kontinuität als Kriterium der persönlichen Identität? Wo beginnt der Bereich, in dem der Körper sich nicht lediglich verändert hat, sondern ein anderer Körper ist?

Wenn es freilich zwischen verschiedenen Antworten nichts zu wählen gibt, dann *gibt* es nichts zu wählen[44], und die Meinung des Apostels Paulus, der über seine eigene Ekstase schreibt: »Ist er im Leibe gewesen, so weiß ich nichts; ist er außer dem Leibe gewesen, so weiß ich's auch nicht; Gott weiß es«, scheint dann ein wenig zu optimistisch zu sein.

Abb. 21 Walt Disney, Alice im Wunderland

Und doch läßt sich, so glaube ich, einiges zugunsten des lieben Gottes, oder sagen wir zumindest, zugunsten des Apostels sagen. Denn wir können uns nicht damit zufriedengeben, einfach zu konstatieren, daß uns die gängigen Kriterien allein lassen.

Zum einen ist keine Lebensform jemals »in Ordnung«, so wie sie nun einmal ist. Und zum anderen lassen sich deshalb in jeder Lebensform stets Fragen stellen, die mit den derzeitig *anerkannten* Mitteln, die diese Lebensform zur Verfügung stellt, nicht zu beantworten sind, ohne daß sich daraus bereits folgern ließe, daß diesen Fragen kein Sinn zuzusprechen wäre.[45]

So bedeutet etwa die Tatsache, daß es in einer Kultur, in der es nur sachgebundene Maßeinheiten und keine Umrechnungsgleichungen für diese Maße gibt, in welcher also nicht gesagt wird, daß eine Elle zwei Fuß entspricht[46], *nicht*, daß die Frage nach einer derartigen Gleichung *sinnlos* ist, auch wenn bisher noch niemand diese Frage gestellt haben mag. Die Geschichte hat ja auch zur Genüge gezeigt, daß irgendwann einmal eine gesellschaftliche ›Interessen‹-Veränderung nicht nur solche Fragen hervorgebracht, sondern sie auch beantwortet hat. Daß mit Muschelgeld eine Kokosnuß und mit Delphinzähnen ein Huhn gekauft wird, muß nicht die Illegitimität der Frage nach der Wertgleichung zwischen den beiden Geldarten bedeuten[47], so als gäbe es eine Art im Geiste Gottes *fixierter* Kulturgrammatik, deren Regeln lediglich einer Begriffsexplikation zugänglich sind, die alles »läßt, wie es ist«.

Gerade das Unternehmen einer solchen Begriffsexplikation kann das einem ›ordinary language philosopher‹ zunächst ganz unverdächtige Werk eines Teufelchens sein, das Fragen aufkommen läßt, die durch ein bloßes *Klarlegen* motiviert werden, und zwar Fragen, die als ganz *vernünftig* empfunden werden.[48] (Das Teufelchen ist nämlich gar nicht ›draußen‹ – es ist ›draußen‹ und ›drinnen‹ zugleich; es hockt auf der Grenze und sorgt dafür, daß die Lebensform nicht zu einer »festen Burg« versteinert.[49])

Oder nehmen wir als ein weiteres Beispiel die geographische Orientierung der Alfuren auf der Insel Ceram, deren Siedlungen auf eine Weise angelegt sind, daß man über das Gebirge aufs Meer blickt. Das Innere der Insel ist unbewohnt. Für die Bewohner des Dorfes Ahiolo im Süden der Insel heißt die Grundrichtung, die etwa unserem Süden entspricht, *lowau*, das heißt »dem Meer zu«, die entgegengesetzte Richtung *lodaja*, Westen *lodi* (rechts von der Grundrichtung) und Osten *lokai* (links davon).

Für die Bewohner des Ortes Waraloin im Norden Cerams verhält sich alles genau umgekehrt: *lowau* ist Norden, *lodaja* Süden. Invariant bleibt die Festlegung von *lodi* und *lokai* anhand der Grundrichtung, so daß für die Eingeborenen im Norden die Sonne in der Richtung *lodi* aufgeht, für die des Südens hingegen in der Richtung *lokai*.[50]

Nach der Auffassung der im Norden lebenden Insulaner liegen die Siedlungen der Südküste nicht im Süden (denn ›Süden‹ ist für sie »dem Meer zu«), vielmehr links und rechts entlang derselben geraden Küste, so daß sie sich nicht darüber im klaren sind, daß sie auf einer Insel leben. Dieses geographische Weltbild könnte natürlich dann leicht ins Wanken geraten, wenn etwa die Bewohner Waraloins in Richtung *lodaja*, also landeinwärts vorstießen, das waldige Gebirge überwänden und plötzlich in Ahiolo anlangten, das ihrer festen Überzeugung nach jedoch im Osten oder im Westen liegen müßte.

Doch das Innere der Insel ist das Reich der Geister und Dämonen, und man kann sich vorstellen, daß derjenige, welcher durch das Geisterland hindurch auf die Südseite der Insel käme, glauben müßte, daß ihn die Dämonen entrückt hätten.[51]

Aber läßt sich sagen, daß solchen Erfahrungen mit der Zeit ein anderer ›Stellenwert‹ versagt bleiben müsse, daß sich aufgrund derartiger Reisen durch das Reich der Geister das geographische Weltbild der Alfuren nicht verändern *könne*? Wollte man behaupten, daß die in ihrer Lebensform verankerte Geographie »in Ordnung ist, wie sie ist«, und deshalb einfach inkommensurabel mit unserer westlichen Geographie, so daß die Beschreibung, die wir soeben gegeben haben, einem »category mistake« à la Ryle gleichkommt? Oder ist es nicht viel natürlicher und vernünftiger zu sagen, daß der ›Rahmen‹, innerhalb dessen die Alfuren ihre Erfahrungen beschreiben, nicht *feststeht*, daß er sich vielmehr durch Erfahrungen verändern kann?

Es scheint eine Schwäche aller ›transzendentalen‹ Philosophien zu sein, sei es nun in ihren ›ontologischen‹ oder in ihren ›linguistischen‹ Varianten, daß sie den ›Rahmen‹

oder die Bedingungen der Erfahrung auf eine zu scharfe Weise von der Erfahrung trennen.

Doch Verstehen ist keine völlige *anamnesis*[52], und die gegenwärtige Praxis einer Lebensform deckt keineswegs jede mögliche Erkenntnis ab. Oder anders ausgedrückt: Die Fragen, die wir *sinnvollerweise* in einer Lebensform stellen können, werden von dieser Lebensform nicht *determiniert*, vielmehr sind solche Fragen selber *Lebenselemente* dieser Weltsicht.

Zu glauben, daß derartige Fragen Fragen ›von außen‹ seien, in dem Sinne, daß sie logisch von der Lebensform zu trennen seien, und zu glauben, daß die Lebensform im strengen Sinne der Rahmen sei, *innerhalb* dessen, alle Fragen ihre Bedeutung haben müßten, scheint der Grundfehler zu sein, der extreme Relativisten und ›transzendental‹ argumentierende Dogmatiker eint.[53]

Die Dogmatiker neigen zu Anschauungen wie der, daß nicht *wir* Vernunft haben, sondern daß die Vernunft *uns* hat, oder daß nicht wir die Mythen denken, sondern daß sich die Mythen in uns denken, und die extremen Relativisten erwecken den Eindruck, als ob sie glaubten, sie ständen im freien Raum außerhalb ihrer Lebensform, und ihre Meinungen seien bloße »Äußerungen«, frei von den Hypotheken jahrtausendealter Traditionen. Doch selbst der Laplacesche Dämon, »qui pour un instant donné, connaîtrait toutes les forces dont la nature est animée, et la situation respective des êtres qui la composent«[54], kann trotzdem die Zukunft nicht exakt voraussagen, weil er seine eigene Berechnung nicht mitberechnen kann[55], was zeigt, daß er zur Grenze des »univers« zählt, die ›drinnen‹ und ›draußen‹ zugleich ist.

Es kann also sehr irreführend sein, eine Lebensform allzusehr mit einem ›Rahmen‹ zu vergleichen, oder mit etwas, das Erfahrungen *determiniert*. Denn der ›Rahmen‹ *ist* nur durch die Erfahrungen, und diese Erfahrungen sind nicht auf irgendeine Weise *festgelegt*. In diesem Sinne kann man vielleicht sagen, daß sich jede Lebensform *selber vorweg ist* und daß Theoretiker wie Thomas Kuhn unrecht haben, wenn sie glauben, daß die Frage nach der Wahrheit lediglich »innertheoretisch« gestellt werden könne.[56] Und gleichermaßen unrecht haben jene Semantiker, die das entsprechende in bezug auf Bedeutungen sagen, daß nämlich die Frage nach der Bedeutung eines Begriffes oder eines Satzes immer nur relativ zu gewissen »analytical hypotheses« gestellt werden könne.

Daß die Fragen nach Wahrheit und Bedeutung stets über das hinausgreifen, was *innerhalb* einer jeweiligen Lebensform oder Zivilisation erfahrbar ist[57], war den archaischen Menschen noch viel bewußter als Kuhn oder Quine. *Sie* wußten noch, daß sie immer auch das waren, was sie nicht waren. Zwar waren sie nicht – wie Werner Müller meint – Menschen der Einheit. Aber sie hatten noch ein deutliches Bewußtsein der *zerbrochenen* Einheit, aus der heraus sie lebten. Und sie wußten, daß dieser Bruch die Bedingung von Schmerz und Glück zumal war und daß die Erkenntnis der Wahrheit Leid *und* Freude bedeutet.

Eine ›Inkommensurabilitätsthese‹ jedoch, die Wahrheit und Bedeutung jeweils *diesseits* der Grenzen einer Lebensform ansiedelt, läßt damit die betreffenden Lebensformen zu ›Systemen‹ erstarren, die nur das sind, was sie *sind*.[58] Solche Thesen hindern einen daran, über die Grenzen vorzustoßen, oder wenn sie zu einem Vorstoß ermuntern, dann sagen sie gleichzeitig: »Laßt *alles* Wissen fahren!« Doch der Grenzgänger des Wissens ist weder von *dieser* noch von der *ganz anderen* Welt. Er ähnelt vielmehr der *hagazussa*, die auf dem Zaun sitzt, die die Welten trennt.

Wir sehen also zumindest, daß die Kriterien, nach denen wir suchen, um beurteilen zu können, ob die Schamanen nun das Opfer von Scheinwahrnehmungen werden oder ob sie etwas Wirkliches wahrnehmen, nicht in irgendeiner

Lebensform, weder der eigenen noch der fremden, *fixiert* sind. Diese Kriterien sind nicht ›immer schon‹ gegeben, so als bedürften wir lediglich einer ›konzeptuellen Archäologie‹, mit deren Hilfe wir sie ausgraben könnten.

Der Vorwurf des Idealismus gegen die extremen Relativisten oder ›Inkommensurabilitätstheoretiker‹, sie bestritten, daß die Wirklichkeit *außerhalb* der Lebensformen existiere[59], verfängt indessen nicht so ohne weiteres. Denn diese Philosophen würden erwidern, daß ein Satz wie: »Es *gibt* doch die Wirklichkeit«[60] (oder wie es ein traditioneller Idealismuskritiker wohl formulieren würde: »Es *gibt* die Wirklichkeit doch außerhalb unseres Bewußtseins«[61]) keiner Erfahrung entspreche, die wir machen könnten.

Sollten wir jemandem erzählen, daß wir heute morgen unter anderem die Erfahrung gemacht hätten, daß es die Wirklichkeit tatsächlich gibt, so würde sich der Betreffende – falls er nicht gerade Philosophieprofessor wäre – mit Recht ein wenig wundern.[62]

Natürlich machen wir die Erfahrung, daß es diese oder jene Dinge und Personen gibt, etwa Steine, Blumen, Hexen oder Philosophen, und wir mögen uns bisweilen darüber wundern. Aber wir machen für gewöhnlich keine Erfahrung, daß es überhaupt etwas gibt und nicht vielmehr nichts.

Wenn also diese Philosophen sagen, daß sich alle diese Dinge nur in einer Lebensform zeigen, dann wollen sie damit nicht zum Ausdruck bringen, daß die Dinge ›Produkte‹ unserer Lebensform seien oder daß ›esse‹ sich mit dem von unserer Zivilisation bestimmten ›percipi‹ *identifizieren* lasse. Sie machen vielmehr darauf aufmerksam, daß wir aus unserer Lebensform nicht heraustreten können wie aus einem Behälter, um ›draußen‹ nachzuprüfen, ob die Dinge *wirklich* von der Beschaffenheit sind, wie sie innerhalb der Lebensform *erscheinen*.[63]

Was wir ihnen also verdanken, ist der Hinweis darauf, daß Begriffe wie »Lebensform« nichts bezeichnen, was man ohne weiteres mit Käfigen, Apparaten oder Gebäuden (mit und ohne Fenster[64]) vergleichen könnte, und das bedeutet zumal, daß auch Begriffe wie »die Grenzen der Lebensform« leicht in die Irre führen, wenn wir dabei zu sehr an Schlagbäume denken.

Doch seien wir vorsichtig, diesen Philosophen zuviel zuzugestehen. Denn solche Sätze wie: »Heute morgen habe ich die Wirklichkeit erfahren« oder »In der Dämmerung habe ich das Flüstern des *nagual* vernommen« sind nicht notwendigerweise das Ergebnis einer sprachlichen Konfusion, wie es einige der Nachfolger Wittgensteins, die kein Verständnis mehr für die Mystik ihres Meisters aufbringen, suggerieren. Derartige Sätze können auch der Ausdruck dafür sein, daß unsere Erfahrung *zugrunde* gegangen ist und daß sie zugrunde gehen muß, damit wir unsere Lebensform selber *erfahren* können.[65] Was wir auf diese Weise ausdrücken mögen, war, wie wir bereits gesehen haben, die Bedeutung der Initiation: Nur der kann *mit Bewußtsein* leben, dessen Leben zu(m) Grunde gegangen ist, der den ›Tod‹ erlitten hat; nur derjenige *kennt* seine Erfahrung und seine Lebensform, der über ihre Grenzen ›hinausgeflogen‹ ist.

Jetzt sehen wir vielleicht auch etwas deutlicher, was jene Philosophen nicht sehen, die glauben, daß die verschiedenen ›frames of reference«, in denen sich die Natur der Dinge auf verschiedene Weise zeigt, sich gegenseitig endgültig ausschließen müßten.

Gerade diese Philosophen, die oft viel zu vorschnell, nämlich beim Versagen ihrer Wissenschafts- und Alltagskriterien, auf eine »Inkommensurabilität« der Lebensformen schließen zu können glauben und die stets die Tendenz zeigen, das Fremde noch mehr zu verfremden, es zu »exotisieren«, wie das häßliche Fachwort lautet[66], gerade sie verzementieren die Fugen ihrer eigenen Zivilisation und beschneiden das Unkraut in deren Ritzen.[67]

Fliegen kann ihrer Meinung nach niemand, der innerhalb der Bannmeile der Fabriken, Labors und Universitätsinstitute lebt. Wie ein Schamane fliegen kann man nur in der Wüste von Sonora, wenn die Dämmerung hereinbricht und wenn Kojote und Hase sich gute Nacht sagen.

Diese Annahme einer grundlegenden ›Inkommensurabilität‹ hat eine Zersplitterung der Wirklichkeit zur Folge.[68] Man kann nun nicht länger danach fragen, was das Wesen der Dinge ist, ob der Ethnologe geflogen sei oder nicht, ob er sich wirklich in eine Krähe verwandelt habe oder ob er sich dies nur eingebildet habe.

Die Frage lautet vielmehr jetzt: Ist der Ethnologe innerhalb *seiner eigenen* Lebensform geflogen? Und: Ist er innerhalb der Lebensform *des Indianers* geflogen? Begriffe wie »wahr« und »wirklich« erhalten nunmehr ihren Sinn lediglich *innerhalb* einer recht schottendichten[69] Lebensform, und da die einzelnen Lebensformen allem Anschein nach miteinander unverträglich sind, so gibt es die *eine* und die *andere* Wirklichkeit, wie ja auch der irreführende Titel eines der Bücher Castañedas lautet.

Aber damit nicht genug. Denn so, wie wir dies jetzt formuliert haben, ist die Voraussetzung unangetastet geblieben, daß die verschiedenen Wirklichkeiten demselben Betrachter offen vor Augen liegen, daß er nicht unähnlich dem Betrachter des Wittgensteinschen ›Enten-Hasen‹ in einer Art von umfassendem ›gestalt-switch‹ zuerst die Situation so sehen kann, wie sie sich in der Lebensform des Ethnologen zeigt, und alsbald – gewissermaßen nachdem er vom Stab der Fee berührt wurde – so, wie sie sich in der Lebensform des Indianers darbietet.

Doch dieses Bild ist falsch. Denn setzen wir eine grundlegende ›Inkommensurabilität‹ der Lebensformen voraus, dann gibt es kein *etwas* mehr, das wir auf eine andere Weise sehen können, dann löst sich die *Situation selber* in Luft auf.[70]

Man kann nicht von einem Ereignis, das sich wegkürzt, sagen, daß es auf einander widersprechende Weisen beschrieben werden könne. Denn aufgrund der relativistischen Behauptungen gäbe es gar nichts, was in der einen Lebensform so und in der anderen so beschrieben werden kann, und der Dialog zwischen dem Indianer und dem Ethnologen hätte überhaupt keinen Gegenstand.

Wenn *innerhalb* unserer Lebensform feststände, was als wahr und was als falsch gilt[71], dann ließe sich nicht einmal mehr die Relativität der Lebensformen ausdrücken. Dann könnten wir nicht einmal mehr *beschreiben* und sagen: »So ist eben das menschliche Leben.« Dann wäre auch unsere eigene Lebensform nicht länger König[72], denn es gäbe keine Untertanen mehr.

Oder um es anders auszudrücken: Eine *ganz* andere Lebensform wäre keine ganz *andere* Lebensform.[73] Dies ist im *strengen* Sinne kein ›transzendentalphilosophisches‹ Argument, denn es besagt nicht, daß wir nur das erkennen können, was wir – gewissermaßen virtuell – immer schon erkannt haben.[74]

Aber es besagt, daß auch eine Bedeutungs*veränderung* eine *Bedeutungs*veränderung ist.

Wenn etwa Feyerabend fragt, wie wir denn jemals wissen könnten, ob unsere Anschauungen wirklich *Erkenntnis* seien oder nur »well fabricated dreams«[75], dann könnte ihm Wittgenstein mit der Frage entgegnen: »Wäre das nicht so, wie wenn wir annehmen, daß wir uns bisher in allen Rechnungen stets verrechnet haben?«[76]

Ein Kritiker ›transzendentaler‹ Argumentationsweisen hat einmal gesagt, daß Kant ein Philosoph gewesen sei, der uns den eigenen Durst zum Trinken angeboten habe[77], und man kann sich gewiß leicht vorstellen, daß sich etwas Ähnliches gegen ein ›paradigm case argument‹ einwenden ließe.

Dennoch können wir davon ausgehen, daß sich unser Durst nicht mit *allem* befriedigen läßt. Daß »anything goes«, wird nicht einmal der von der Wüstensonne Geschwächte annehmen.

Feyerabend meint, die Kriterien, nach denen man das Erlebnis Castañedas beurteilen könne, seien der jeweiligen Lebensform gemäß derartig verschieden, daß es keine »objektive Möglichkeit« gebe, »zwischen ihnen zu entscheiden, es sei denn, man findet eine ›Superwelt‹, die Erfahrungen beider Arten in sich einschließt«.[78]

Aber eine solche Welt braucht man nicht erst zu finden. Sie ist keine »Annahme«[79], »Hypothese«, kein »theoretisches Konstrukt«. Nichts *spricht dafür*, daß es die Dinge ›wirklich gibt‹, und dies ist auch keine Tatsache, die durch die Praxis *bestätigt* wird, wie die Marxisten nicht müde werden zu behaupten.[80]

Die Welt ist vielmehr alles, was der Fall ist. Und wenn es der Fall ist, daß wir bisweilen Schwierigkeiten haben, uns zwischen sich gegenseitig ausschließenden Beschreibungen zu entscheiden, dann *ist* es eben so. Was Feyerabend sucht und was er eine »Superwelt« nennt, hat er bereits gefunden. Befände er sich nicht ›in‹ ihr, dann gäbe es *nichts*, was ihn in Entscheidungsschwierigkeiten bringen könnte.

Wir haben allerdings gesehen, daß die Kriterien, nach denen wir Erlebnisse wie das Castañedas beschreiben, nicht »festen Schienen« gleichen, wie Wittgenstein meint. Wir können zwar unsere Erfahrungen von der »logischen Grammatik« unserer Sprache nicht *loslösen*, aber unsere Erfahrungen werden auch nicht von dieser »Grammatik«, wie sie ein Semantiker explizieren könnte, völlig determiniert.

Nehmen wir, um dies zu illustrieren, einen jener philosophischen Standardsätze, mit denen man für gewöhnlich Urteile veranschaulicht, die zwar »synthetisch« sind, die also etwas über das Wesen der Welt aussagen, deren Wahrheit jedoch angeblich »apriorisch«, also unabhängig von jeder empirischen Nachprüfung eingesehen werden kann: »Die Farben Grün und Rot können nicht gleichzeitig an derselben Stelle sein.«

Von einem solchen Satz heißt es, daß wir uns nicht vorstellen könnten, daß er falsch sei.[81] »›Ich kann mir das Gegenteil nicht vorstellen‹ heißt hier natürlich nicht: meine Vorstellungskraft reicht nicht hin. Wir wehren uns mit diesen Worten gegen etwas, was uns durch seine Form einen Erfahrungssatz vortäuscht, aber in Wirklichkeit ein grammatischer Satz ist . . .«[82]

Aber verhält es sich wirklich so? Ist es, wie Wittgenstein meint, einfach ein »Unsinn«, das Gegenteil für möglich zu halten? Es scheint vorschnell zu sein, so zu urteilen. Denn wenn man den Wahrnehmungspsychologen glauben darf, so kann durch eine intermittierende Helldunkelreizung des Auges das Erlebnis hervorgerufen werden, daß eine Fläche zur gleichen Zeit rot und grün ist.[83]

Ist dies nun ein Gegenbeispiel zu dem angeblich »grammatischen« Satz? Man hat gegen solche Beispiele angeführt, es sei eine *semantische* Tatsache, daß wir die Wörter »rot« und »grün« so verwendeten, daß wenn immer wir etwas als rot beschrieben, wir diesen Gegenstand nicht zugleich als grün beschreiben könnten:

»If we stick to this rule, we do not call an object ›both‹ red and green, however strange our color experiences may be.«[84]

Eine solche Argumentation setzt natürlich voraus, daß eine derartige Regel in unserer Sprache, *komme was da wolle*, festgelegt sei. Damit wird *vorentschieden*, was wir *auf alle Fälle* sagen werden[85], und die Versuchspersonen, die den betreffenden Gegenstand als zugleich rot und grün beschreiben, haben gewissermaßen Pech gehabt, daß ihnen entgangen ist, was die wittgensteinianischen Sprachanalytiker über das Wesen der Sprache herausgefunden haben.

So rutscht der Semantiker in die Rolle des Leibnizschen lieben Gottes, der allerdings die Wahrheit *jedes* empirischen Satzes a priori feststellen konnte.[86] Doch selbst für einen solchen Gott gäbe es keine *absolut* festen semantischen Schienen, aufgrund deren er etwa von vornherein Fragen beantworten könnte wie die, ob gewisse Sätze »analytisch« oder »synthetisch« sind oder ob Computer aus Metall denken können. Und wenn es selbst der liebe Gott nicht kann, um wieviel weniger können es dann die Semantiker, die nur sehr weitläufig mit ihm verwandt sind!

»Redet um Gottes willen nicht so«, sagte einmal Gustav Landauer, »als ob ihr Gottes Schwager wäret und zu uns kämet, um uns Grüße von ihm zu bestellen!«[87]

Unser Weltbild ist kein fertiges Gehäuse, das der Semantiker nur noch zu inspizieren brauchte.[88] Doch etwas Derartiges scheint Wittgenstein immer wieder geglaubt zu haben:

»Man könnte Einem, der gegen die zweifelsfreien Sätze Einwände machen wollte, einfach sagen ›Ach Unsinn!‹ Also nicht ihm antworten, sondern ihn zurechtweisen.«[89]

Wittgenstein nimmt nicht einmal die *Möglichkeit*, daß der andere recht haben könnte, ernst, und er rechnet nicht damit, daß bereits allerlei Dämonen im Gebälk seiner »logischen Grammatik« hocken könnten. Wittgenstein schrieb zur Lobpreisung Gottes, und er vergaß dabei, auch dem Teufel seinen Teil zu geben.

Wir haben gesagt, daß sich die Vertreter der ›Inkommensurabilitätsthese‹ das Wasser abgraben, das sie selber sehr notwendig brauchen könnten. Eine solche *reductio ad absurdum* liegt gegenüber jeder überzogenen ›skeptizistischen‹ These, etwa der semantischen ›Unbestimmtheitsthese‹ Quines, nahe.[90] Können wir niemals wissen, *was* wir meinen, dann kann auch Quine nicht mehr wissen, was *er* mit seiner ›Unbestimmtheitsthese‹ meint[91], dann gibt es überhaupt nichts mehr, was man wissen oder nicht wissen kann[92], und *alle* Erkenntnis müßte sich aus dem Verkehr der Menschen ziehen, auch noch die vermeintlich untrügliche Selbsterkenntnis des Denkens eines Descartes.[93]

Ich glaube, daß man solchen übertriebenen philosophischen Anschauungen nur dann bereit ist, einigen Kredit zu geben, wenn man der Meinung ist, daß der Dogmatismus die einzige Alternative darstellt. Ein derartiger Dogmatismus will uns glauben machen, daß wir eben im Grunde immer schon alles wissen und verstanden haben, da wir etwas (Fremdes) stets als etwas (Vertrautes) erkennen müßten, oder etwas antiquierter ausgedrückt, daß der Geist immer nur sich selber erkenne.

Doch die Alternative ›entweder es gibt im Grunde nur *eine* Lebensform oder es gibt gar keine‹ ist falsch. Viel eher scheint es angebracht zu sein, die verschiedenen Lebensformen mit den Fasern einer Schnur zu vergleichen, wie dies Wittgenstein in einem etwas anderen Zusammenhang getan hat. Die einzelnen Fasern überlappen sich zwar[94], aber es gibt keinen *roten Faden*[95], der sich durch die Schnur zieht, um die einzelnen Fasern miteinander zu verbinden. Die Fasern berühren sich also jeweils, doch es gibt keine durchgängige *Grundfaser*, etwa die Vernunft, den Geist, oder wie immer die Begriffe lauten, deren Artikel die Philosophen bisweilen vor lauter Ehrfurcht weglassen.[96]

»Wenn aber Einer sagen wollte: ›Also ist allen diesen Gebilden etwas gemeinsam – nämlich die Disjunktion aller dieser Gemeinsamkeiten‹ – so würde ich antworten: hier spielst du nur mit einem Wort. Ebenso könnte man sagen: es läuft ein Etwas durch den ganzen Faden, – nämlich das lückenlose Übergreifen dieser Fasern.«[97]

Doch die Tatsache, daß es möglicherweise keine »durchgehenden Identitäten«[98] gibt, besagt nicht, wie die extremen

Relativisten meinen, daß die verschiedenen Lebensformen miteinander »inkommensurabel« sind, auch wenn der ›gemeinsame Maßstab‹ eben kein durchgängiger *Stab* ist.
Wir sehen also, daß eine solche radikale Skepsis trotz aller sympathischen Züge, die man bei ihr entdecken mag[99], von der Dogmatik jener, für die die Wirklichkeit so weit reicht wie ihr Blick vom Kirchturm der Wissenschaft, nicht durch Welten getrennt ist.
Denn wenn der Dogmatiker, der ›Wissenschaftsgläubige‹, wie wir vielleicht heute eher sagen würden[100], wenn dieser Mensch die Brücken abbricht und die Mauern verstärkt, so tut der Skeptiker, der konsequente Relativist, dasselbe.[101] Oder zumindest: Er bestreitet dem Dogmatiker nicht die Herrschaft und das Recht *innerhalb* der Mauern.[102] Er weist ihn nur darauf hin, daß er den Blick für den Wald außerhalb der Mauern verloren hat und daß sich dort Dinge ereignen mögen, von denen dessen Schulweisheit sich nichts träumen läßt.
Das Dilemma des Relativisten aber liegt darin, daß er alles dies innerhalb der Mauern, die ihm nicht den Schutz geben, den er sich erhofft[103], nicht *sagen* kann, oder daß er stets mit gespaltener Zunge reden muß. Der Relativist kann nur noch versuchen, den Dogmatiker zu *verführen* (etwa nach Feyerabend). Doch welcher Dogmatiker wird mit ihm in den Wald gehen? Welcher Wissenschaftsgläubige wird auch nur einen Trip mit ihm werfen?
Man kann freilich sagen, daß der Relativist zumindest *anerkennt*, was der Dogmatiker zwar sicherlich meist *weiß*, aber nicht *zugibt*.[104] Denn wer panzert sich schon, wenn keine Gefahr droht?
In gewisser Weise ähnelt der Dogmatiker dem, der mit zornbebender Stimme erklärt, daß er sich niemals erregen lasse. Der Relativist jedoch rührt nicht nur an die Ängste des Dogmatikers[105], er kitzelt auch an dessen Sehnsüchten, deren Erfüllung der Dogmatiker sich versagt.[106]

Aber auch der Relativist erfüllt sich diese Sehnsüchte nicht. Er steht auf den Mauern der Stadt, und in seinem Blick in die Wildnis spiegelt sich die Trauer über sein Unvermögen zu fliegen.

§ 10 Die Halbwahrheiten des Coyote oder Castañeda und die Altered States of America

»Wer viel glaubt,
Dem widerfährt viel.«

Märkische Bäuerin

Man kann also sagen, daß sowohl dem Relativisten wie seinem Partner, dem Dogmatiker, etwa dem ›Wissenschaftsgläubigen‹, die Einsicht fehlt, daß die eigene Lebensform immer schon das ist, was sie nicht ist, und daß man deshalb in gewisser Weise erst dann ein Bewußtsein dieser Lebensform erlangt, wenn man sie verläßt.

Was für den Indianer das *nagual*, das ist für den Ethnologen die fremde Lebensform des Indianers. Indem der Ethnologe sich in die Wildnis der Fremde begibt, sich auf sie einläßt, *sieht* er zum erstenmal auf deutliche Weise das, was ihm immer zu nahe gewesen ist. Er verläßt seine Gesellschaft auf der Suche nach ihr, und im Fremdesten noch erkennt er sich selber. *Tat tvam asi.*

Als zwei gefiederte Bären Rattling Blanket Woman in eine Höhle führten, saß dort ein verwitterter alter Mann mit der Stimme einer Frau, und als sie plötzlich erkannte, daß der Greis sie selber war, erschauderte sie, und das Gesicht verschwand.[1]

Fast alle Wissenschaftler und Philosophen, die die Erfahrungen Castañedas interpretiert und aus ihnen Schlüsse gezogen haben – einschließlich Castañeda selber –, scheinen das Wesentliche nicht verstanden oder ungenügend beachtet zu haben, daß es nämlich dabei nicht um die Erfahrung einer *anderen* Wirklichkeit geht, sondern um die Erfahrung jenes anderen Teiles *der* Wirklichkeit, dessen

Erleben die Bedingung der Selbsterkenntnis des Ethnologen ist.

Die Initiation, die der Indianer bei Castañeda einleitet, ist weniger eine Initiation in die Welt der Yaqui-Hexen als eine in *dessen* Welt, in die Welt des Ethnologen.

Und genauso ist die Initiation des sibirischen Schamanen nicht in erster Linie eine Einweihung in die Lebensform der »fliegenden Völker«, der Schnee-Eulen und der Adler. Bei den Jenissej-Ostjaken erzählte man den künftigen Schamanen folgende Geschichte: Einst rühmte sich ein Schamane, daß er Fähigkeiten von großer Bedeutung erworben habe. Da fragte ihn eines Tages ein Adler, worin denn diese Fähigkeiten beständen. Daraufhin erwiderte der Schamane: »Siehst du den Felsen dort droben? Auf den bin ich gestern geflogen!« »Du meine Güte«, entgegnete da der Adler, »auf diesen Felsen fliege ich immer, um dort meine Notdurft zu verrichten!«[2]

Auch für die Yaqui-Indianer lag das Ziel nicht darin, es den Vögeln gleichzutun. Eine ihrer alten Sagen berichtet von einem Indianer namens Malon Yeka, der sich nichts sehnlicher wünschte, als fliegen zu können. Ein Bussard war bereit, ihm diesen Wunsch zu erfüllen, und lieh ihm sein Gefieder, wofür er des Mannes Kleider im Tausch nahm.

Doch wie der Bussard nun mit diesen Kleidern in Schwierigkeiten geriet, so hüpfte der Indianer unbeholfen von Ast zu Ast, auf der vergeblichen Suche nach irgendeinem toten Tier, das er verzehren könne. Als beide schließlich sechs Tage und sechs Nächte durchlitten hatten, machten sie ihren Tausch wieder rückgängig.[3]

Das Ziel der ›Grenzübeschreitung‹ ist also für den Ethnologen weniger, ein *brujo*, ein Hexer, zu werden, in Sekundenschnelle tausend Meilen zurückzulegen und seinen Feinden auf große Entfernung einen Schlag versetzen zu können. Das Ziel liegt eher darin, ein Bewußtsein seiner selbst und der eigenen Lebensform zu gewinnen, ein Ziel, das den Indianer mit dem Ethnologen verbindet, ob ihre Wege nun verschiedene sind oder nicht.[4]

Der englische Ethnologe Adrian Boshier berichtet, wie eine alte Zulu-Hexe dreimal die Orakelknochen für ihn warf. Dann nahm sie einen kleinen Impala-Knöchel in die Hand, blickte dem Engländer ins Gesicht und sagte: »Dies bist du. Du lebst unter deinem Volk, aber manchmal mußt du hinaus in den Busch, ganz allein. Du wanderst den ganzen Tag und die ganze Nacht. Du schläfst unter den Bäumen wie der Impala-Bock. Du gehst stets dorthin, wohin dein Gefühl dich leitet, wohin deine Geister dich führen. Wenn du zu deinem Volk zurückkehrst, dann fragt es dich, warum du ganz allein in die Wildnis gehst. Es glaubt, daß du verrückt bist. Aber ich weiß, warum du das tust – ich tue es auch. Du gehst, um zu lernen, indem du in den wilden Gegenden, den Bergen, der Wüste lebst. Du wirst dies tun, solange du lebst: Du wirst unter deinem Volk leben, dann wirst du es verlassen, um allein im Busch mit deinen Geistern umherzustreifen. Dies ist dein Lebensweg: Was du lernst ist das, was dich die Geister lehren. Dies ist der einzige Weg.«[5]

Wir haben gesehen, daß es nicht zwei Wirklichkeiten gibt, nämlich die der Hexen von Sonora und die der University of California. Für jeden, der es einmal unternommen hat, mit der Unterstützung von Stechapfelsamen zu ›fliegen‹ oder mit Tieren und Pflanzen zu ›reden‹, dem wird die Frage Castañedas, nämlich »Bin ich *wirklich* geflogen, ich meine, ist mein *Körper* geflogen, so, wie die Vögel fliegen?«, etwas seltsam und unangebracht anmuten. Denn wenn er im allgemeinen auch nicht den *Wirklichkeitscharakter* seiner Erfahrung in Frage stellen wird (sondern *wenn*, dann eher den Wirklichkeitscharakter seiner Alltagserfahrungen[6]), so ist er sich durchweg im klaren darüber, daß er dem Habicht oder der Schnee-Eule keine Konkurrenz gemacht hat.

Schnee-Eulen sprechen nicht, wie sie es im Märchen tun[7], englisch oder deutsch. Aber wir können mit Schnee-Eulen kommunizieren, wenn wir – und dabei können uns bewußtseinserweiternde Drogen behilflich sein – die Grenzen zu unserer eigenen ›Tiernatur‹ und damit die Grenzen, die uns von der Schnee-Eule trennen, *auflösen.*
Wie im Falle des ›Fliegens‹, so versucht der Indianer auch im Falle des ›Redens mit Tieren und Pflanzen‹ den Wissenschaftler von seinen Walt Disney-Konzeptionen abzubringen. Dies tut er wiederum weniger in der Art, wie sie in Philosophie-Seminaren üblich ist, sondern eher auf die Weise, in welcher ein Zen-Mönch seinem Schüler die Nase herumdreht oder in der er ihn in die Küche schickt, um abzuspülen. So erzählt er ihm von einer Begegnung mit einem Hirsch:
»›Er redete mit mir‹, sagte Don Juan mit einem Grinsen.
›Der Hirsch redete?‹
›Jawohl.‹
Don Juan stand auf und packte seine Jagdausrüstung zusammen.
›Hat er wirklich geredet?‹ fragte ich verblüfft.
Don Juan brüllte vor Lachen.
›Was hat er gesagt?‹ fragte ich halb im Scherz. Ich dachte, er wolle mich an der Nase herumführen. Don Juan war einen Augenblick lang ruhig, als versuche er, sich zu erinnern. Dann hellten sich seine Augen auf, und er erzählte mir, was der Hirsch gesagt hatte.
›Der magische Hirsch sagte ›Hallo, Freund‹‹, fuhr Don Juan fort. ›Und ich antwortete ›Hallo‹. Dann fragte er mich: ›Warum weinst du?‹ und ich sagte: ›Weil ich traurig bin‹. Dann näherte sich das magische Geschöpf meinem Ohr und sagte so deutlich, wie ich jetzt spreche: ›Sei nicht traurig.‹‹
Don Juan starrte mir in die Augen. In seinem Blick funkelte Schadenfreude. Er fing an, brüllend zu lachen.

Ich sagte, sein Dialog mit dem Hirsch sei ziemlich doof gewesen.
›Was hast du erwartet‹, entgegnete er, immer noch lachend. ›Ich bin ein Indianer.‹«

Der Indianer sagt also dem Ethnologen nicht *explizit*, daß der ›magische Hirsch‹ sich auf eine *ungewöhnliche* Weise mit ihm verständigt habe. Er karikiert vielmehr die Vorstellungen, die sich der Ethnologe von einem solchen Dialog macht, er überzeichnet sie auf eine ironische Weise und *zeigt* damit ihre Unangemessenheit (Abb. 22).

Oder anders ausgedrückt: Wie die Zauberpflanzen in erster Linie die Wahrnehmungs- und Vorstellungswelt des Wissenschaftlers *erschüttern* sollen, wie der Zen-Meister den Schüler mit der Feststellung *irritieren* will, daß sich die »Buddha-Natur« im Transistor-Radio zeige, so soll die Ironie des *brujo* den Wissenschaftler zum ›Sprung‹[8] durch die Risse seiner Lebensform reizen.

Wie sich das, was das Tier zu dem Hexer sagt, von der gewöhnlichen Sprache unterscheidet, so unterscheiden sich auch die ›Stimmen‹, die der Schizophrene hört, von der gewöhnlichen Stimme, von dem, was Merleau-Ponty die »voix directe« nennt.[9] Solche ›Stimmen‹ *hört* er weniger, als daß er ihrer *inne* wird[10], und er trennt sofort ›die Stimmen‹, die zu ihm ›reden‹ von den Stimmen, die der Therapeut aus einem Diktaphon ertönen läßt.[11]

Wie das für den Schizophrenen ›vergiftete‹ Gericht nicht in dem Sinne vergiftet ist, wie es der Lebensmittelchemiker verstehen würde[12] – und ihn deshalb dessen Analyse kaum in seiner Meinung irritieren dürfte –, so wird die Feststellung eines Zoologen, daß Hirsche oder gar Pflanzen nicht reden können, für den *brujo* kein ernst zu nehmendes Argument darstellen.

Deshalb ist es auch sehr irreführend, von Halluzinationen so zu reden, als ob es sich bei ihnen um eine Art von

Abb. 22 Aus *Radical America comix*

›Pseudo-Wahrnehmungen‹ handelte[13], die während des Erlebens selber nicht von gewöhnlichen Wahrnehmungen unterschieden werden könnten und die man besser als ›illusionäre Verkennungen‹ bezeichnen sollte.[14]

Die Frau, die von einem Buhlteufelchen beschlafen wird, weiß in diesem Augenblick selber, daß sie ›beschlafen‹ wird, das heißt sie erlebt etwas ganz anderes, als sie von ihrem ehelichen (oder außerehelichen) Beischlaf her gewohnt ist, und es wird sich um einen sehr schlechten Psychiater handeln, der ihr einzureden versucht, daß da gar niemand sei, der auf ihr liege.[15]

In gewisser Weise vergleichbar mit der halluzinatorischen Erfahrung des Schizophrenen ist vielleicht das ›Wirklichkeitsgefühl‹ mancher Metaphysiker, die die Frage stellen, ob es denn *wirklich* die Wirklichkeit gebe, oder wie man denn überhaupt wissen könne, ob andere Menschen Bewußtsein haben.[16] Diesen Metaphysiker wird für gewöhnlich eine Antwort im Stile Wittgensteins, nämlich: »Aber unter welchen Bedingungen wäre denn deiner Meinung nach überhaupt etwas wirklich?«[17], oder wie sie ihm der berühmte Dr. Johnson geben könnte, der die Wirklichkeit eines Steines dadurch bewies, daß er ihn wegkickte, kaum zufriedenstellen. Er würde vielmehr mit Recht entgegnen: »Aber ich meine diese Frage doch nicht im Alltagssinne – es ist eine *erkenntnistheoretische* Frage!«[18]

Was sich nun hinter dem Satz: »Es ist eine erkenntnistheoretische Frage« verbirgt, das ist vermutlich der Verlust oder das Schwächerwerden der *Selbstverständlichkeit* und der Vertrautheit der Dinge, des eigenen Leibes oder der eigenen Person. Das, was sich normalerweise von selbst versteht und was wir für gewöhnlich nie in Frage stellen würden, wo Zweifel ›out of place‹ wären, wird plötzlich fragwürdig.

Dies gilt natürlich für den Philosophen, der oft nur das hervorbringt, was Peirce einst »paper doubts« genannt hat[19], in viel geringerem Maße als für den Schizophrenen, denn die ›metaphysischen‹ Fragen und Zweifel der Philosophen bleiben im allgemeinen auf die Welt ihrer Universitäts-Seminare beschränkt.[20] Auch Hans Albert wird sich keine grauen Haare wachsen lassen, wenn er einmal *begründen* sollte, warum er beim Gemüsehändler um die Ecke Auberginen statt Zucchini gekauft hat.[21]

Wenn also etwa Feyerabend mit einem gewissen Recht die ›Kritischen Rationalisten‹ (als ein Beispiel für moderne Metaphysiker) mit Hysterikern vergleicht[22], so wird es sich allenfalls um eine sehr begrenzte Hysterie handeln, die dort endet, wo der Alltag beginnt.[23] Natürlich kennen auch viele Schizophrene die sogenannte ›doppelte Buchführung‹, doch diese zieht sich im Gegensatz zu der des Philosophen durch die ganze Alltagswelt hindurch, deren ›doppelter Boden‹ meist zudem einen bedrohlichen Charakter hat.

Ich habe zuvor gesagt, daß mir bisweilen die Authentizität der Texte Castañedas insbesondere wegen der Art und Weise, in der er seine Erlebnisse darstellt, fragwürdig erscheint. Ich bin zu diesem Schluß eben deshalb gelangt, weil ich sowohl aufgrund eigener ›Stechapfelerfahrungen‹ wie auch anderer derartiger Erlebnisberichte[24] zu wissen glaube, daß ein Tier nicht plötzlich – wie es für die Tiere des Märchens charakteristisch ist – »Hallo Freund!« sagt. Während der Indianer *ironisch* vorgibt, derartiges erlebt zu haben, scheint Castañeda uns glauben machen zu wollen, er habe so etwas wirklich *erlebt*: »›Aber es ist unbegreiflich, daß ein Kojote reden kann‹, sagte ich.
›Es war kein Reden‹, antwortete Don Juan.
›Was war es denn dann?‹
›Dein Körper hat zum erstenmal verstanden. Aber du hast es versäumt, zu erkennen, daß es erstens kein Kojote war und zweitens kein Sprechen, so wie du und ich sprechen.‹
›Aber der Kojote hat wirklich gesprochen, Don Juan!‹
›Wer redet jetzt wie ein Idiot? Nach all den Jahren des Lernens solltest du es eigentlich besser wissen. Gestern hast du ›die Welt angehalten‹ und du hast vielleicht sogar *gesehen*. Ein magisches Wesen hat dir etwas erzählt, und du warst fähig, es zu verstehen, weil deine Vorstellungen von der Welt zusammengebrochen waren.‹
›Die Welt war so, wie sie heute ist, Don Juan.‹
›Nein, das war sie nicht. Heute erzählen dir die Kojoten nichts, du kannst die ›Linien der Welt‹ nicht *sehen*. Gestern konntest du all das einfach deshalb tun, weil etwas in dir zum Stillstand gekommen war.‹«
Es scheint mir ein wenig unglaubhaft zu sein, daß der Ethnologe den Kojoten wirklich reden hörte in der Weise, wie er den Indianer reden hört[25], und genauso unglaubwürdig erscheint sein Bericht über einen Flug durch die nächtliche Wüste, den er auf eine Weise erlebt haben will,

die ihn zu der Frage verleiten konnte, ob er *como los pájaros* geflogen sei. Denn ›die Welt‹, die bei ihm ›zum Stillstand‹ gekommen war, war die Welt seiner Alltagswahrnehmung, eben jener ›Welt‹, innerhalb deren die Zoologen die ›Kommunikationssysteme‹ der Kojoten untersuchen mögen.[26]

Indem er die Grenzen sich auflösen ließ, die im gewöhnlichen Leben eine Verständigung zwischen Mensch und Kojote verhindern, zeigte sich ihm etwas von dem, was sich hinter diesen Grenzen verbirgt.

In diesem Sinne hörte der Kojote auf, ein Tier zu sein und ›verwandelte‹ sich in ein ›magisches Tier‹.[27] Castañeda hingegen stellt sein Erlebnis so dar, als ob sich seine Wahrnehmungs*weise* nicht grundlegend verändert hätte und als ob er das Rotkäppchen und der Kojote der böse Wolf gewesen sei.

Nach der Auffassung des Indianers ist ein ›gewöhnlicher Mensch‹ einer, der glaubt, daß derartige Erlebnisse Sinnestäuschungen seien. Und eine ›gewöhnliche Hexe‹ ist ein Mensch, der glaubt, daß die Tiere *im Grunde* reden und daß ihr ›Nicht-reden-Können‹ ein bloßer Schein sei. Beide können zwar, wenn auch auf verschiedene Weise, sehen, aber nicht *sehen*, und ihre Kontroverse erinnert an die der Jatmül in Neuguinea, deren Sonnen-Moiety die Meinung vertritt, die Nacht sei lediglich die Abwesenheit des Sonnenlichts, während die entgegengesetzte Moiety behauptet, die Nacht sei das ›positive‹ Phänomen, und der Tag sei nur die Abwesenheit der Nacht.[28] Wer indessen *sieht*, der erkennt die Wahrheit und die gleichzeitige Beschränktheit beider Standpunkte:

»Du weißt vielleicht, daß *sehen* nur eintritt, wenn man sich zwischen die Welten schmuggelt, die Welt der gewöhnlichen Menschen und die Welt der Hexen.«

Denn zwischen den Welten, ›auf dem Zaun‹, erkennt man, daß sowohl die ›Wissenschaftsgläubigen‹ als auch die

›Zaubergläubigen‹ recht und unrecht zugleich haben: die ›magischen Tiere‹ reden weder wie im Märchen, noch ist ihr ›Reden‹ ein bloßer Trug, wie ihn die Psychiatrie wegerklären mag. Ein ›magisches Tier‹, das auf ›kalifornische‹ Weise Konversation pflegte, würde auf die Dauer kaum dem Winkelobjektiv eines Eibl-Eibesfeldt entgehen.[29]
Oder in etwas anderen Worten: Man sieht solche ›magischen Tiere‹ weniger mit den ›leiblichen Augen‹ *(tan čašm)*, sondern mit den ›Augen der Seele‹ *(gyān čašm)*, wie es in den Pahlavi-Texten heißt[30], oder mit *tschante ischta*, den ›Augen des Herzens‹, wie die Sioux-Indianer sagen. Die Grenzen unserer Person erweitern sich, und wir werden Dinge gewahr, die für unsere gewöhnlichen Augen unsichtbar und unerreichbar bleiben.
Wir sagten in § 8, daß ein *brujo* nicht wie ein Vogel fliegen können muß, um in Sekundenschnelle an einem anderen Ort zu sein, denn es habe den Anschein, als ob der Hexer die Grenzen seiner Person dermaßen verändern könne, daß er sich an dem Ort seines Alltagsleibes und *zumal* an einer Stelle befinden mag, an der sich dieser Leib nicht befindet. Etwas ähnliches ereignet sich vielleicht im Hellsehen und in der Telepathie. Auch hier scheint die betreffende Person keine Entfernungen zu überwinden in der Weise, in der dies etwa elektromagnetische Wellen tun[31], es scheint sich nicht um eine Über*tragung* zu handeln, wie wohl die meisten Parapsychologen annehmen[32], sondern eher um eine ›Entgrenzung‹, in welcher im Laufe des Zivilisierungs- und Individuierungsprozesses errichtete Barrieren *aufgelöst* werden.[33]
Es *fliegt* also kein Gedanke von der einen Person zu der anderen (denn was für einen *Sinn* könnte man auch nur mit etwas Derartigem verbinden?), vielmehr *verschwinden* einige der Grenzen des im Vergleich zu archaischen Menschen ›abgekapselten‹ modernen ›Individuums‹[34], das nunmehr an einer (nicht metaphorisch verstandenen)

»conscience collective« teil hat. Wenn also der Jäger der Buschleute fühlt:

»Der Springbock scheint zu kommen, denn ich spüre das dunkle Haar an des Springbocks Flanke. Klettert auf die Brinkkuppe drüben, damit ihr nach allen Seiten hin ausschauen könnt! Denn ich empfinde ein Springbockgefühl ... Dies bin ich gewohnt, so zu spüren: Ich habe eine Empfindung in den Waden, als ob des Springbocks Blut auf sie heruntertropfe ...«[35] dann mag es durchaus sein, daß dieser Buschmann »vertiert«[36], daß zusehends die Schranken zwischen dem Springbock und ihm selber fallen.

Im Ursprung gibt es diese Schranken nicht. Als der Kulturheros der Abenaki, Gluskap, von seinen Kindern, den Menschen und den Tieren Abschied nimmt und in einem Boot dem Sonnenaufgang zupaddelt, befällt alle Wesen ein tiefes Schweigen. Und da bemerken sie, daß sie, die zuvor *eine* Sprache hatten, einander nicht mehr verstehen.[37]

Im Ursprung, heißt es bei den marokkanischen Kabylen, »sprachen alle Steine, sprach alles Holz, sprach alles Wasser, sprach die Erde«.[38]

Eine Voraussetzung, um zum Ursprung zu gelangen, um etwa mit den Pflanzen ›reden‹ zu können, ist deshalb das, was die Indianer »Ehrfurcht« nennen, das *Unwichtig-Werden* des Menschen gegenüber den anderen Geschöpfen der Natur:

»Als ich noch ein Kind war, lehrten mich meine Eltern und die alten Leute, alle Dinge mit Ehrfurcht zu behandeln, auch die Felsen, die Steine und die kleinen Kriechtiere, denn sie alle sind *manitus*.«[39]

›Teilhaftig‹ zu werden des *manitu* aller Dinge heißt, ›die gemeinsame Sprache aller Dinge sprechen‹.

»›Es spielt keine Rolle, was man zu einer Pflanze sagt‹, meinte er. ›Man kann genausogut Worte erfinden; das wichtigste ist das Gefühl, sie gerne zu haben und sie als seinesgleichen anzusehen.‹ Ein Mann, der Pflanzen sammle, müsse sich jedesmal bei ihnen entschuldigen, wenn er sie pflücke, erklärte er mir, und ihnen versichern, daß er selbst ihnen irgendwann als Nahrung dienen werde. ›Also sind wir und die Pflanzen alles in allem gleich‹, sagte er. ›Weder wir noch sie sind irgendwie wichtiger oder unwichtiger.‹«[40]

Und ein Kickapoo-Indianer kennzeichnet die Ehrfurchtslosigkeit unserer Zivilisation mit den Worten:

»Die Weißen verderben unser Land, sie machen die ganze Natur seufzen. Sie schneiden die Kräuter mit langen Messern, sie verderben die Kräuter und die Kräuter weinen. Sie töten die Bäume mit mörderischem Eisen, sie tun den Bäumen unrecht und die Bäume weinen. Sie reißen die Eingeweide der Erde auf, sie tun der Erde weh und die Erde weint. Sie vergiften das Wasser unserer klaren Flüsse und machen es trübe, die Fische sterben, und die Fische und Flüsse weinen, die Erde weint, die Wiesenkräuter weinen – ja, die ganze Natur machen die Weißen weinen. O die Undankbaren! Auch sie wird Strafe ereilen.«[41]

Für denjenigen, den der indianische Hexer den ›gewöhnlichen Menschen‹ nennt, also etwa den ›aufgeklärten‹ Ethnologen, scheint es keine Möglichkeit zu geben, mit den Wiesenkräutern, ›magischen Hirschen‹ oder auch nur mit den antiken Göttern zu reden. Christoph Martin Wieland hat dies – ähnlich wie Wittgenstein angesichts seines hypothetischen »redenden Löwen« – wie folgt ausgesprochen:

»Gesetzt, Jupiter oder die goldne Aphrodite, seine Tochter, wollte dich so, daß keinem Zweifel Raum übrig bliebe, von ihrem Daseyn überzeugen: so könnten sie es doch nicht anders, als wie es deine Natur zuläßt, bewerkstelligen? also auf eben dieselbe Weise, wie du und ich und alle andern Menschen, vermöge unsrer Natur, von dem Daseyn irgendeines Dinges außer uns gewiß werden? nämlich vermittelst des äußerlichen Sinnes, durch den unmittelbaren Eindruck, den sie auf eines oder mehrere Organe desselben machen müßten. Setze also, Zeus erschiene dir unter der Gestalt eines Stiers oder Schwans, so würdest du nicht ihn, sondern einen Stier oder Schwan sehen; und wie könntest du – oder wie hätten Europa und Leda, denen dieses Abenteuer wirklich begegnet seyn soll, auf den Einfall kommen können, den Vater der Götter unter dieser Maske zu suchen? Eben dasselbe würde geschehen, wenn Zeus oder Aphrodite sich dir unter menschlicher Gestalt zeigten: du würdest Menschen sehen, nicht Götter.«

Wieland meint, daß wir immer nur die *Masken* der Götter sehen könnten, denn wollten wir sie in ihrem wahren Wesen sehen, dann müßten sie »dem Menschen neue bisher unbekannte Sinnenwerkzeuge, oder Empfänglichkeit für Erscheinungen, die außerhalb des Kreises ihrer Anschauung liegen«, geben. »Was auch die Dämonen an sich seyn mögen, uns können sie weiter nichts als idealisierte Menschen seyn.«

Wir sehen also immer nur das, was wir selber sind. Versuchen wir, darüber hinaus zu blicken, dann »finden wir uns mit einem undurchdringlichen Dunkel umgeben; oder das Licht selbst, das uns dann entgegen strömt, ist so blendend, daß es für Augen wie die unsrigen zur dichtesten Finsterniß wird«.[12]

Castañeda versucht uns glaubhaft zu machen, daß – um im Bilde Wielands zu bleiben – Zeus in der Gestalt eines Schwanes zu ihm gesprochen habe, und er überläßt es dem Indianer, ihm und dem Leser vor Augen zu führen, daß es weder ein Schwan noch ein gewöhnliches Sprechen gewesen sei. Doch jemand, zu dem ein ›magischer Schwan‹ spricht, bedarf kaum eines Gurus, der ihn darüber aufklärt, *wie* er selber diese Erfahrung gemacht hat.

Bei einem ähnlichen Erlebnis, das der Ethnologe mit einem ›magischen Hund‹ hatte, meint er, der Indianer habe diese Begegnung als eine Begegnung mit Mescalito

(Zeus) »interpretiert«. Doch hier läßt sich wiederum fragen: Hatte Castañeda ein Erlebnis, das erst ›magisch‹ *interpretiert* werden mußte?

Hatten die nachtfahrenden Weiber im Mittelalter etwa Erlebnisse des Leichtwerdens und Hochgehobenwerdens, über die sie hernach so etwas wie eine Hypothese aufstellten, nach der sie mit der Diana durch die Wälder gefahren waren?

Natürlich könnten wir an derartigen Erfahrungen weitgehend[43] das durchführen, was ein Empirist älteren Stils vielleicht eine ›konzeptuelle Entrümpelung‹ nennen würde, bis wir schließlich bei irgendwelchen Empfindungen anlangten, die den »Sinnesdaten« des sogenannten Phänomenalismus nicht unähnlich wären, und über den Wirklichkeitsstatus solcher Empfindungen könnte man möglicherweise[44] auch bei Menschen verschiedener Weltanschauungen leichter eine Übereinkunft herstellen.

Doch mit der Beschreibung derartiger ›Sinnesdaten‹ werden wir nicht die *Erfahrung* der Nachtfahrenden wiedergegeben haben[45], und wir bezahlen den Gewinn an Übereinkunft mit der Irrelevanz der Aussage, weil wir die Erfahrung selber deformiert haben.[46]

Etwas als etwas *interpretieren* bedeutet, etwas nach Reflexionen, Vergleichen usw. auf eine bestimmte Weise *deuten*, stets gewärtig, daß etwa eine andere Deutung die richtigere sein könnte.[47] Im Normalfall interpretieren wir erst dann, wenn wir nach der Bedeutung eines Erlebnisses fragen, die uns nicht unmittelbar gegeben ist.

Für gewöhnlich nehmen wir, wenn wir jemanden treffen, nicht zuerst einen physischen Gegenstand wahr, den wir dann als eine bestimmte Person interpretieren, vielmehr sehen wir eine bestimmte Person. Wenn wir jemanden reden hören, dann »dekodieren« wir (falls es sich nicht um einen Hegelianer handelt) nicht dessen Rede, vielmehr hören wir dem Betreffenden zu.[48]

Und nach der Beschreibung zu urteilen, die Castañeda von seiner Begegnung mit dem ›magischen Hund‹ gibt, nahm er gleichermaßen nicht zunächst einen Hund wahr, den er als *magischen* Hund deutete. Vielmehr nahm er einen magischen Hund wahr. Wenn Castañeda also glaubt, daß er derartige Erlebnisse allererst »übersetzen« mußte, wie er sich ausdrückt[49], dann scheint er eine größere Treue gegenüber den kalifornischen Ethnomethodologen als gegenüber seinen eigenen Erfahrungen an den Tag zu legen[50], und der Verdacht verstärkt sich immer mehr, daß die meisten seiner Erlebnisberichte philosophisch frisiert sind.

Ein anderer großer Ethnologe, Hallowell, berichtet, daß in einer schwülen Sommernacht plötzlich ein Blitz vom Himmel zuckte, und als der Donner vernehmlich grollte, drehte sich ein alter Ojibwa-Indianer zu seiner Frau um und fragte sie: »Hast du verstanden, was er gesagt hat?« »Nein«, antwortete sie, »ich hab's nicht mitgekriegt.«[51] Anscheinend war es also nicht so, daß die beiden Indianer den *Donner* nicht richtig hörten und ihn deshalb nicht richtig *interpretieren* konnten[52], vielmehr hatten sie den *Donnervogel* nicht richtig verstanden.[53]

Ist die Annahme richtig, daß Castañeda uns eine falsche Beschreibung seiner Erlebnisse gibt, dann erklärt sich vielleicht auch die Verbundenheit des Ethnologen mit dem Kojoten.

Mit einem Kojoten als Schutzgeist ist nicht gut Kirschen essen. Denn dieses ›magische Tier‹, das bei den meisten Indianerstämmen ein Hexentier ist (Abb. 18), lügt immer ein wenig und sagt stets nur die Halbwahrheit.

»Shamans never get power from Coyote – Coyote always spoils everything«, sagte eine Schamanin der Paviotso zu einem Ethnographen.[54]

§ 11 Traumzeit und Traumfahrt

> »Oh diese Menschen von ehedem haben verstanden zu träumen, und hatten nicht erst nöthig, einzuschlafen.«
>
> *Nietzsche*

Wir haben gesehen, daß der Ethnologe sich mit dem ›magischen Kojoten‹ verständigen konnte, weil etwas in ihm, wie der Indianer es ausdrückte, »zum Stillstand gekommen war«, nämlich die gewöhnliche Wahrnehmungsweise des Alltags, in welcher der Kojote lediglich ein Exemplar einer zoologischen Species darstellt.

Diese alltägliche Wahrnehmungsweise läßt sich natürlich auch in entgegengesetzter Richtung verändern, etwa im Labor, in dem die fortschreitende ›Entzauberung‹ der Wirklichkeit geradezu als ein Indiz der Annäherung an die Wahrheit, an die *nackte* Wahrheit angesehen wird.

Die Wirklichkeit ist danach ohne Farbe, ohne Stimme, ohne Gehör – nach Devereux schweigt uns die Materie an: alles andere gehört zur Sphäre des Bewußtseins, und das Bewußtsein durchsetzt die Welt mit Lug und Trug.

»Wir untersagten uns streng (im Laboratorium war sogar eine Strafe ausgesetzt)«, schreibt Pawlow, »solche psychologischen Ausdrücke zu benutzen wie ›der Hund erriet‹, ›wollte‹, ›wünschte‹ usw. Endlich begannen sich uns alle Erscheinungen, die uns interessierten, in einer anderen Form zu zeigen.«

Auch bei diesen Forschern war also zusehends die Alltagswahrnehmung »zum Stillstand« gekommen, freilich in umgekehrter Richtung. Der Hund, der vielleicht noch zuvor freudig erregt gebellt hatte, gab nun nur noch Laute von sich.[1]

»So schwer es die erste Zeit auch war, so gelang es mir doch schließlich nach längerer Mühe und durch konzentrierte Aufmerksamkeit zu erreichen, daß ich im wahrsten Sinne des Wortes objektiv wurde.«[2]

Wie für den archaischen Menschen zeigt sich auch für diese Forscher die Wahrheit *im Grunde*, in der Tiefe, nachdem die Zwiebelringe des Bewußtseins, der Kultur abgelöst worden sind. Aber wenn dem archaischen Menschen in diesem Grunde, im Ursprung, die Dinge *einerlei* werden, indem die Spaltung der Dinge, ihre Differenzierung aufgehoben wird, spaltet und differenziert der Forscher auf eine noch viel konsequentere Weise, als es ohnehin in seiner Zivilisation üblich ist.

Er hat weder Ehrfurcht vor den Dingen, noch liebt er sie. Er wirft ein Netz über sie, er teilt sie und teilt sie ein. Die Dinge werden rubriziert, kontrolliert und von all dem gesäubert, was über die Maschen hinauswuchern will. Die Dinge weinen, aber der Forscher sieht keine Tränen. Er rodet den Urwald und legt einen vom Unkraut gereinigten Garten an, in dem nur noch Gemüse wächst, das sich verwerten läßt.

Und weil die Mägen der Menschen einheitlicher zu sein scheinen als ihre Seelen, so hat der Forscher die Objektivität, die Einhelligkeit der Meinungen auf seiner Seite. Auch ein Wilder wird Tomaten verdauen, auch ein australischer Ureinwohner wird sich nicht der Einsicht verschließen, daß ein Scheit Holz hart und brennbar ist.

So wird es dem Ethnologen bestenfalls zum Problem, wie und ob er dem Eingeborenen beibringen soll, daß das Schwirrholz lediglich »a slab of wood« und daß der Maskentänzer »not an ancestor« sei, »but a neighbour in disguise«.[3]

Wissen die Indianer nicht, daß der Schamane nur *vorgibt*, die Krankheit aus seinem Patienten herauszusaugen, und daß er nur einen gewöhnlichen Stein im Mund hat, den er nach dem Saugen herausspuckt?[4] Fehlt ihnen eine Einsicht, über welche *wir* verfügen?

Ich möchte sagen, daß eher uns eine Einsicht fehlt, über welche *sie* verfügen.[5] Denn wie der Kojote sich für den, der Augen hat, zu *sehen*, in ein magisches Wesen ›verwandelt‹, oder besser, sein magisches Wesen *zeigt*, so verwandelt sich für den Guiana-Indianer der ›bloße‹ Stein in einen feindlichen Geist[6], und dergestalt zeigt sich der Ahne in dem Maskentänzer.[7]
Wenn dem Initianden vor Augen geführt wird, daß die Menschen *selber* tanzen, dann ist dies weniger eine ›Entmythologisierung‹, wie sie sich ein Ideologiekritiker im Stile Topitschs vorstellen würde.[8] Viel eher wird dem Initianden gezeigt, daß seine Person gewissermaßen in die Tiefe geht, daß er selber der Ahne *ist*, von dem er zuvor noch geglaubt hatte, er habe ein von ihm losgelöstes Dasein.[9]
Der Initiand erfährt, daß der Parakgeist *durch* die Flötenbläser – die Parakmänner *(jenei paraek)* – spricht und weint[10], daß er in ihnen *manifest* wird. Er macht die Erfahrung, daß ›dieses da‹, nämlich der Geist, im Grunde, *im Ursprung* etwas anderes ist, als er vor der Initiation annahm – *er selber*. Oder, wie es vielleicht ein Spinoza oder ein Hegel ausgedrückt hätten: Indem sich der Ahne in dem Nicht-Initiierten verkörpert, verliert er das Bewußtsein seiner selbst. Dieses Selbstbewußtsein gewinnt er nun wieder in der Initiation.[11]
Wenn also beispielsweise Mühlmann aus der Tatsache, daß der Dukduk-Maskentänzer »an den Beinen« erkannt wird, folgern zu können glaubt, daß das Ganze lediglich ein »Spiel« sei, das die Neubritannier durchaus von der Wirklichkeit zu unterscheiden wüßten[12], dann zeigt er, daß er wenig verstanden hat von dem, was die Identität des Maskentänzers mit dem Dukduk bedeutet. Der Ethnologe begreift wieder einmal nicht mehr als irgendein Nicht-Initiierter, der durch Zufall dahinterkommt, daß es ja *Menschen* sind, die die Masken anlegen, und der nun

glaubt, er habe damit ein Mysterium aufgedeckt. Aus solchen Entdeckungen heraus schreiben sich dann Bücher über »Ursprung und Ende der Metaphysik« beinahe von selbst.

Als einer der Erstbesteiger des Matterhorns, der alte Taugwalder, starb, so heißt es, fing dessen Sohn, der junge Taugwalder, damit an, von den Erlebnissen seines Vaters während der Besteigung des Berges so zu erzählen, als seien es die eigenen Erlebnisse gewesen: Er war nun selber alt geworden, er trug den Bart des Vaters, in einem Wort, er *war* der Vater, und dieser alte Taugwalder konnte nicht sterben, denn er befand sich ›außerhalb der Zeit‹.[13]

Wußte der junge Taugwalder einfach nicht, daß er er selber und nicht sein Vater war, oder genauer gesagt, hatte das Alter seinen Verstand verwirrt?

War jener Religionswissenschaftler, der nach der Einnahme von Meskalin in den Spiegel schaute und der zu erkennen glaubte, daß ihn Schiwa, der große »Verwandler«, in der Gestalt eines Professors anschaute, und der sich selber mit den Worten zuzwinkerte: »Hör auf damit, Schiwa, du alter Gauner!«[14], war dieser Mann geistig umnachtet?

Schiwa ist zeitlos. Er ›verkörpert‹ sich *in* der Zeit, aber wer sich selber *als* Schiwa erkennt, der tritt, so könnte man sagen, aus der Zeit heraus, der wird sich seines eigenen *Ursprungs* – nicht seines Anfangs[15] – bewußt.

Ein Baum, der noch wenige Jahre vor Evans-Pritchards Aufenthalt im westlichen Nuerland wuchs, *war* der Baum, in dessen Schatten die Schöpfung der Menschheit sich ereignet hatte. Und auch die ›zeitliche Tiefe‹ der Nuer-Lineages vergrößerte sich nie: die Anzahl der Generationen, der Abstand zwischen den Lebenden und den Gründern des Clans blieben konstant[16], mochten auch noch so viele aufeinanderfolgende Menschen die Personen der Lineage ›verkörpern‹. Waren diese ›Körper‹ auch der Zeit

unterworfen, die wenigen Generationen der Lineage waren so zeitlos wie die platonischen Ideen.[17]
Die Pfeife, aus welcher der Sioux-Indianer rauchte, *war* die Pfeife von ›einst‹, auch wenn sie erst vor kurzem geschnitzt worden war:
»Diese Pfeife, die du mir gebracht hast, ist so heilig wie die ursprüngliche, die uns von der Weißen-Büffelkuh-Frau gegeben wurde. In der Tat sind sie für den, der versteht, die gleichen.«[18]
»Was bedeutet ›vor langer Zeit‹?« fragte Castañeda den Indianer. »Es bedeutet vor langer Zeit«, erwiderte dieser, »oder vielleicht bedeutet es jetzt, heute. Es ist einerlei.«
Ich glaube also, daß wir wiederum, wollen wir verstehen, was es mit derartigen Fällen auf sich hat, unsere Betrachtungsweise – ähnlich wie im Falle des Fliegens oder der Unterhaltung mit dem Kojoten – verändern müssen.
Natürlich wußten sowohl der junge Taugwalder als auch der Religionswissenschaftler oder der Sioux, wann sie geboren worden waren, wann die Pfeife geschnitzt wurde, wer ihre Eltern waren und so fort. Aber zu einem gewissen Zeitpunkt machten sie – ähnlich wie der Werwolf – die Erfahrung, daß sie wesentlich *mehr* waren als sie zuvor gewußt hatten, daß sich in ihnen etwas verkörperte, von dem sie niemals angenommen hätten, daß sie selber es waren.[19]
Oder anders ausgedrückt: Sie *sahen* plötzlich, daß »junger Taugwalder« oder »Allan Watts« nur Oberflächen- oder Alltags-Identitäten waren und daß sich ihre tiefere Identität im Grunde verbarg.
Sagen wir, daß dieser Grund ›außerhalb der Zeit‹, *àrdaga*, wie die Germanen oder *nhh*, wie die alten Ägypter sagten[20], liegt, dann heißt dies, daß der Grund sich zeigt, wenn wir von der zeitlichen Veränderung *absehen*. Mit dem Begriff ›außerhalb der Zeit‹ soll die Zeit nicht ›versubjektiviert‹ werden, wie es die idealistischen Philosophen ge-

tan haben; damit soll lediglich zum Ausdruck gebracht werden, daß unter der ›mythischen Perspektive‹ die zeitliche Veränderung *keine Rolle spielt.* Sagen wir: »Die Zeit bleibt stehen«, dann bedeutet das: Wir betrachten etwas ohne *Rück*sicht und ohne *Vor*sicht.

Nun werden uns vermutlich die Wahrnehmungspsychologen darauf aufmerksam machen, daß jede Ansicht notwendigerweise eine solche Rück- und Vorsicht impliziert. Sagen wir deshalb eher: Rück- und Vorsicht verlieren in der ›mythischen Perspektive‹ die *Relevanz*, die sie in der Alltagsperspektive oder in der ›historischen Perspektive‹ haben.

Die Revolutionäre, die während eines Aufstandes im 19. Jahrhundert mit ihren Gewehren auf die Turmuhren anlegten, »pour arrêter le jour«, wie ein Augenzeuge es beschreibt[21], und ihre Nachfolger, die im Mai 1968 eine Uhr der Sorbonne anhielten und darunter schrieben: »Nous y mettrons le temps«, wußten natürlich einerseits um die ›Geschichtlichkeit‹ ihrer Handlungen. Aber sie stellten sich andererseits außerhalb der Zeit, indem die Geschichtlichkeit für sie *irrelevant* wurde.

»Der wahre Sufi ist *ibnu'l waqt*«, heißt es, er ist ein »Sohn des Augenblicks«[22], und wenn Foucault meint, die Geschichte lasse uns über die Feierlichkeiten des Ursprungs lachen, dann ahnt er wenig vom olympischen Lachen der Götter über die Geschichte.[23]

Es ist ein schlechter philosophischer Einwand gegen die Unmittelbarkeit, zu sagen, daß doch auch diese als solche vermittelt sei. Denn Unmittelbarkeit *heißt* ja: Absehen von jeder Vermittlung.

Es ist ein schlechter Einwand, die Revolutionäre darauf hinzuweisen, daß sie am 25. Mai um sechs Uhr nachmittags auf die Turmuhren geschossen hätten. Das wußten sie vermutlich selber, oder sie hätten sich zumindest nicht gegen diese Tatsache gesperrt. Aber diese Tatsache war für

sie ohne Interesse. Und diese Interesselosigkeit war »mythisch«.
Und schließlich ist es ein schlechter Einwand gegen einen australischen Ureinwohner, der behauptet, er sei ein *Wondjina* der »Traumzeit«[24], der Zeitlosigkeit, ihm zu sagen, er sei doch wie alle anderen Menschen aus Fleisch und Blut und schätzungsweise soundsoviele Jahre alt. Denn diese Identität, die der Ethnologe im Auge hat, meint der *Wondjina* nicht.[25]
In ähnlicher Weise hat es nicht viel Sinn, einem Schizophrenen, der sagt, er lebe »völlig zeitlos«, den wandernden Sekundenzeiger einer Armbanduhr unter die Nase zu halten. Denn der Schizophrene wird entgegnen, daß er wohl wisse, »was eine Stunde sei, aber er fühle die Zeit nicht«. Er *lebt* die Zeit nicht mehr, weil er kaum mehr in die Wirklichkeit *eingreift*, weil er nicht länger in ihr tätig wird.[26] In seinem Erleben ist etwas wirklich geworden, was Henry Miller mit den Worten beschrieb: »Alles war für morgen bestimmt, aber es wurde niemals morgen.«
Um einen solchen ›Perspektivenwechsel‹ zu erreichen, werden die uns mittlerweile als recht ruppig bekannten Zen-Buddhisten wiederum sehr handgreiflich:
»Eines Tages machten Ma-tsu und Po-chang einen Spaziergang und sahen ein paar Wildgänse vorbeifliegen.
›Was ist das?‹ fragte Ma-tsu.
›Es sind Wildgänse‹, sagte Po-chang.
›Wohin fliegen sie?‹ fragte Ma-tsu.
Po-chang erwiderte: ›Sie sind bereits weggeflogen.‹
Unvermittelt packte Ma-tsu Po-chang an der Nase und drehte sie ihm herum, so daß Po-chang vor Schmerz aufschrie.
›Wie‹, rief Ma-tsu, ›können sie jemals weggeflogen sein?‹
Dieses war der Augenblick Po-changs Erleuchtung.«[27]
Die vorbeifliegenden Wildgänse *sind* vorbeifliegende Wildgänse. Die weggeflogenen Wildgänse *sind* weggeflo-

gene Wildgänse. Wenn der Buddha kommt, dann kommt er. Wenn der Buddha geht, dann geht er.

Was sich in der ›Traumzeit‹ ereignet, ereignete sich nie, und es wird sich nie ereignen. Oder, um es genauer auszudrücken: »Traumzeit« bedeutet jene Perspektive der Wahrnehmung, in welcher ein Ereignis ist, was es ist, ohne Beachtung des Zeitpunktes, an dem es sich befinden mag. Wenn der Seher seine Weisheit kündet, dann gibt er keine Auskunft über das, was *sein wird*, sondern über das, was gewissermaßen *immer schon geschehen ist*.[28]

Nachem ein Forschungsreisender sich in einem Brief an die Geister der Tsodilo-Berge für die Entweihung ihrer Wohnstätte durch seine Expedition entschuldigt hatte, blickte ihn der Buschmann Samutschoso an »und sagte mit vor Erregung zitternder Stimme: ›Es ist alles gut, Master. Die Geister bitten mich, dir zu sagen, daß von nun an für dich alles gut ausgehen werde. Sie weisen mich nur noch darauf hin, daß du, wenn du an den nächsten Ort deiner Reise gelangst, einem neuen Unglück begegnen wirst, das schon auf dich wartet. Sie lassen dir sagen, du solltest deshalb nicht den Mut verlieren, denn es ist ein Unglück, das nicht der Zukunft angehört, sondern der Vergangenheit.‹«[29]

Der Forscher hat sozusagen *in der Zukunft* nichts zu erwarten. Denn das Unglück, von dem die Geister der Kalahari reden, *ist bereits*, so wie sein unberufenes Betreten der Tsodilo-Berge ist.

Die meisten Gelehrten, die sich mit der ›Traumzeit‹, *alcheringa, chukurpa, ungur, bugari-gara*, wie sie von den australischen Stämmen genannt wird, theoretisch beschäftigen, haben deren Wesen, so scheint es, nicht richtig beschrieben. Selbst Eliade, um einen der feinfühligsten unter ihnen zu nennen, meint etwa, daß die »konkrete Zeit« in die »mythische Zeit projiziert« werde[30] oder daß der archaische Mensch glaube, in die ›Traumzeit‹ »zurückzukehren«[31], was zwar für die Vorstellungen von H. G. Wells, aber nicht für die der australischen Ureinwohner zutrifft.[32] Denn der Begriff »Traumzeit« bezieht sich auf keine graue *Vor*zeit[33], in die der Australier glaubte zurückgehen zu können, die sich »vergegenwärtigen« ließe, die man »wiederholen«[34] oder »nachahmen«[35] könne, die »andauerte«[36], die »parallel« zur gewöhnlichen Zeit verliefe[37] oder auf die sich die gegenwärtige Zeit »projizieren« ließe. Die Traumzeit ist keine vergangene, keine gegenwärtige und keine künftige Zeit[38]: sie hat *überhaupt keinen ›Ort‹* im Kontinuum der Zeit.

»Once upon a time«, so beginnt ein Märchen, »and a very good time it was, though it wasn't in my time, nor in your time, nor in any else's time . . .«[39] Oder von Mohammed erzählte man beispielsweise, daß er nach einer nächtlichen Reise zu Allah, mit dem er siebzigtausend Gespräche führte, sein Bett noch warm und einen umgeworfenen Wasserkrug noch nicht ausgelaufen vorfand.[40]

Dem kommt bisweilen auch die allgemeine Zeitauffassung mancher Naturvölker entgegen. Für die Saulteaux am Berens River in Manitoba wurden gewisse wichtige Ereignisse nicht auf einer Skala von Zeitpunkten eingeordnet. Sie waren nicht vorher oder nachher. Man könnte eher sagen, daß diese Indianer sich auf ›Löcher‹ in der Zeit, auf Zeitloses, zu- oder von ihm wegbewegten. Die Zeit, die während dieser Bewegung verlief, wurde nicht gezählt, etwa in Tagen oder dergleichen[41], und es ist auch nicht zutreffend, zu sagen, diese Zeit sei eine Spanne zwischen *wiederkehrenden* Ereignissen gewesen. Vielmehr kamen die Indianer immer wieder auf *dasselbe* ›Zeitloch‹ zu und entfernten sich wieder von ihm.[42]

Die ›Reise‹ zum Ursprung ist für einige Völker zugleich eine *geographische* Reise[43], etwa für die Huicholes, deren *mara' akáme* seine Kinder auf einem »Flug« nach *Wirikúta*, zum Ursprung aller Dinge führt[44], durch moderne Städte

hindurch und über Highways hinweg, mit denen mittlerweile die ›mythischen‹ Orte verzementiert und überbaut worden sind.
Auch die Fahrt des Jason mit seinen halbdämonischen, vermutlich tiergestaltigen Gefährten[45] nach Kolchis war wohl eine derartige Initiationsfahrt zum Ursprung, in die Unterwelt. Im Kiel ihres Schiffes, der Argo, war ein *sehender* Holzbalken aus dem Stamm der Orakel-Eiche von Dodona eingelassen, der die Initianden in kritischen Situationen warnte[46], vergleichbar den hölzernen ›Reittieren‹ der Schamanen, die diese über die Grenzen ihrer Kultur hinaustrugen. Wie die Eiche von Dodona wohl in grauer Vorzeit als Weltenachse mit ihren Wurzeln, wie Vergil sagt, bis in den Tartarus reichte[47], so führte auch deren Balken die Argonauten ins Jenseits.[48]
Odysseus reiste bis zum Nabel der Welt, zur Insel der Kirke, über welcher stets die Sonne im Zenith steht[49], und von dort trieb ihn der Boreas, der vom Polarstern weht, zu dem die Verlängerung der *axis mundi* führt, in die Unterwelt.[50] Die Unterweltsgöttin Kirke[51] empfing auch Odysseus und dessen Gefährten, denen sie Tiergestalt gab, wie typische Initianden mit den Worten: »Ihr, die ihr zweimal sterben werdet, wo andere Menschen nur einmal sterben«, und durch die Pforte zur anderen Welt, die schmale Passage zwischen den Verderben bringenden Skylla und Charybdis, folgte Odysseus seinem weiteren Weg.[52]
Alle diese Fahrten scheinen also ursprünglich *auch* ›räumliche‹ Reisen gewesen zu sein, die erst eine spätere, analytische und abstrahierende Anschauungsweise in eine ›spirituelle‹ und in eine ›physische‹ Komponente zerlegt hat.[53]
Mag es sein, daß Aristeas, der nach dem Zeugnis des Sophisten Maximos von Tyros »wie ein Vogel« in ferne Länder flog, während sein Leib »wie tot« dalag, und auch der Hyperboräer Abaris, der auf dem »Pfeil« des Apollo oder in der Gestalt eines Raben ähnliches unternahm, mag

es sein, daß diese schamanenartigen Weisen noch *tatsächliche* Reisen in die Wildnis hinaus unternahmen[54], so ›spiritualisierten‹ sich solche Fahrten im Laufe der Zeiten immer mehr, bis sie schließlich, wie bei Parmenides oder in Platos *Phaidros*, nur noch die Metaphorik zur Beschreibung, wie metaphysische Erkenntnis erlangt wurde, abgaben.[55]

Während also in unserer ›Zeit der Trennung‹ die Tendenz vorherrscht, die Einheit der Dinge zu zerlegen, die Dinge in Komponenten zu zersplittern – etwa in eine bloße Materie, die von geistigen Kategorien zu Einheiten »gestanzt« wird, in Gegenstände, die sich aus im Grunde Verschiedenartigem »zusammensetzen«, aus »Geistigem« und »Stofflichem«, aus Formen, Farben, Tönen usw., die eine »Synthese« miteinander eingehen können oder Bedeutungen »erhalten« – zeigten sich der archaischen Mentalität die Dinge der Welt in viel größerer Einheit.

Noch im Altenglischen bedeuteten Farbbezeichnungen wie *fāh/fāg* etwas, das wir nur noch mit ›zusammengesetzten‹ Begriffen wie bunt / schön, *grēne* mit grün / fruchtbar / günstig, *sweorc, myrce, wan, deorc* mit dunkel / schaurig / verhüllt übersetzen können, und wenn der Sprachwissenschaftler meint, dies zeige, wie wenig zu jener Zeit die Dinge »nach ihrer objektiven Beschaffenheit« gegliedert worden seien[56], dann scheint er vorauszusetzen, daß unsere ›analytische‹ Anschauungsweise das Wesen der Wirklichkeit auf eine adäquatere Weise wiedergibt als die archaische ›einheitliche‹ Erfahrungsweise.[57]

Eine derartige ›einheitliche‹ Anschauung finden wir wiederum bei sogenannten ›Geisteskranken‹. So sagt etwa einer von ihnen:

»Wenn ich ›rot‹ sage, so ist das ein Begriff, der in Farben, Musik, Gefühl, Sinnen und Natur ausgedrückt werden kann. Der Mensch hat also nicht fünf Sinne, sondern *einen* Sinn . . .«[58]

Was also viele Wissenschaftler eine »Krankheit des Geistes« nennen, scheint die Auflösung einer trennenden, analytischen Anschauung zu sein, durch die eine archaische Wahrnehmungsweise zum Vorschein kommt, die normalerweise unter kulturellem Verschluß gehalten wird, und in ähnlicher Weise scheinen auch viele bewußtseinserweiternde Drogen eine Erfahrung zu ermöglichen, die ein analytisches Denken bezeichnenderweise »synthetisch« oder »syn-ästhetisch« nennt, weil von *seinem* Standort aus in dieser archaischen Wahrnehmung eben Dinge oder Komponenten »zusammengebracht« oder »konfundiert« werden[59], die *im Grunde* nicht zusammengehören.

Dieser *Grund* wird aber wiederum *innerhalb* unserer eigenen modernen Zivilisation gesucht und gefunden, in der eine ›nichtanalytische‹ Anschauung nur mehr in Reservaten wie der Poesie oder der Kunst ihr Dasein fristet.

Wir haben gesehen, daß ›Traumzeit‹ die Perspektive bedeutet, in der man das, was man sieht, ohne Rücksicht auf das sieht, was es einmal war oder was es einmal sein wird. In gleicher Weise ist der ›Traumort‹ an keiner *bestimmten* Stelle, obgleich er natürlich in der gewöhnlichen, der Alltagsperspektive an einer bestimmten Stelle liegt.

Doch der ›Traumort‹, etwa *Tir-na-Oige*, das »Land der Jugend« aus den irischen Elfenmärchen, zeigt sich nur, wenn man ihn nicht geographisch sucht.

Samuel Butler hat einmal gesagt, das ›Denken über das Denken‹ ähnele dem Kratzen einer juckenden Stelle: je mehr man kratzt, desto mehr jucke es.[60] Mit dem Traumort verhält es sich ebenso. Je mehr man ihn sucht, um so mehr entfernt man sich von ihm. »Du bist zu schnell gerannt für das Glück«, schreibt Nietzsche. »Jetzt, wo Du müde wirst, holt das Glück Dich ein.«

»Wo war's, wo war's nicht?«, heißt es in einem ungarischen Märchen. »Irgendwo, sieben mal sieben Länder weit und noch weiter, jenseits des Operenzenmeers, hinter einem alten Herd in der Mauerspalte, im Rock der Muhme in der siebenundsiebzigsten Falte: ein weißer Floh und in seiner Mitte eine prächtige Königsstadt.«[61]

Der ›Traumort‹ ist überall und nirgends[62], wie die ›Traumzeit‹ immer und nie sich ereignet. Man könnte auch sagen: das Wort ›Traumort‹ bezieht sich auf keinen bestimmten Ort, und wir gelangen zu ihm, indem wir *nirgendwohin* gelangen.

Der Wassertropfen, der nach der Einnahme einer bewußtseinserweiternden Droge nicht mehr *als* etwas, sondern *als sich selber* gesehen wird, der *sunder warumbe* ist, wie Meister Eckhart sagt, »ohne warum«, verwandelt sich in das Universum, in *alles* und damit in *nichts*.

Wollte man auf die Frage, wo sich der »Traumort« befindet, mit »hier« antworten, dann wäre das so, wie wenn man auf die Frage, wer man sei, mit »ich« antwortete, oder wie wenn man jemanden, der einen fragte, wo man sei, die Antwort gäbe »hier«, vorausgesetzt man wollte nicht lediglich den Blick des Fragenden auf sich lenken, wozu auch ein »Huhu« genügen würde.[63]

Und so, wie bei einer vollständigen ›intersubjektiven‹ Beschreibung der Wirklichkeit kein ›Ich‹ auftauchte, so würden in einer Beschreibung aller Ereignisse und aller Orte der Welt, die ein Wissenschaftler geben könnte, kein »Traumzeitpunkt« und kein »Traumort« zu finden sein. »Nicht zu Schiffe und nicht zu Fuß fände man den Wunderpfad.«[64]

Der »Traumort« liegt *in der Mitte*, und *die* Mitte ist gleichermaßen überall und nirgends. Der Sioux Schwarzer Hirsch erzählt von einem Medizinmann seines Volkes:

»Zuerst nahm er einen Stab, streckte ihn in die sechs Richtungen, senkte ihn dann und machte im Mittelpunkt des größeren einen kleinen Kreis, das Heim des Großen

Geistes. Als er den Stab wieder nacheinander in die sechs Richtungen gehalten hatte, zog er eine Linie, indem er von Westen her gegen den Rand des kleinen Kreises fuhr; ebenso zog er eine Linie von Osten her, eine von Norden und eine von Süden. Wir sehen, daß durch die Errichtung des Altars in dieser alles zum Mittelpunkt führt oder zu ihm zurückkehrt, und diese Mitte, die hier ist, von der wir jedoch wissen, daß sie eigentlich überall ist, sie ist Wakan-Tanka.«[65]

Von Haus aus haben alle Wesen *wakan.* Alle, außer dem Menschen.[66] Dieser ist von seiner *wakan*-Natur entfremdet, und er muß diesen Bruch – den Zaun zwischen Zivilisation und Wildnis – immer wieder überwinden. Es gehört zu seinem Wesen, und dies haben die Indianer wie auch Hegel viel besser verstanden als etwa Marx, stets *zwischen* beiden zu stehen. Der Mensch lebt *notwendigerweise* in der Entfremdung.

»Diu sêle«, sagt Meister Eckhart, »ist geschaffen als ûf ein ort zwischen zît und êwicheit. Mit den nidersten sinnen nâch der zît üebet sie zîtlîchiu dinc; nâch der obersten kraft begrîfet und empfindet sie âne zît êwigiu dinc.«

Wenn die Sonne im Scheitelpunkt zwischen Osten und Westen steht, dann hält sie für einen Augenblick inne; sie ist ortslos *unter der Voraussetzung*, daß nur ihr Weg hinauf und ihr Weg hinab Strecken sind, an denen sie ›verortet‹ werden kann. Der Zenith ist dann ein ›Loch im Raum‹, und der ›Zeitpunkt‹ ist dann kein *Zeit*punkt mehr, sondern ein ›Loch in der Zeit‹. Wie die auffliegenden Vögel Ma-tsus nichts als auffliegende Vögel sind, so steht die mittägliche Sonne nicht an einer vom Kontinuum der Zeit *bestimmten* Stelle.

Der Mittag steht ›zwischen den Zeiten‹; er ist zeitlos. Nachdem Odysseus am Morgen von der Insel der Kirke abgefahren war, legte sich gegen Mittag der Wind, und die Sonne wurde so heiß, daß das Wachs in den Ohren seiner

Gefährten zu schmelzen begann, und sie Gefahr liefen, den Gesang der Sirenen, der Mittagsdämonen, zu hören.[67]
Wenn die arkadischen Hirten während der heißen Mittagsstunden ihre Ziegen zur Quelle führten und sich unter schattenspendende Bäume oder in kühle Felsgrotten zurückzogen, erschien ihnen im Halbschlaf der zottige Pan, der die wollüstigen Träume brachte[68], dann stieg die nackte Artemis in den Teich[69] wie später die Frau Hulli in die Fluten des Mains[70], und die »Mittagsfrau« streifte über die Felder, um ihr Opfer zu Tode zu kitzeln, wenn es ihre Fragen nicht beantworten konnte[71], oder um es wenigstens im Wirbelwind davonzutragen.[72]
Auch die Hexen und die Werwölfe[73] entfalteten dann ihre Aktivitäten, und ein John Walsh aus Dorset bekannte etwa im Jahre 1566, daß er die *feries* »betwene the houres xii and one at noone, or at midnight« zu treffen pflege.[74]
»Eben die vorige Relation bekräfftigte mir auch aus glaubwürdigen Mäulern, daß es gar gewisse sey, daß der Waldmann, oder derselbig, so Wurtzeln und Gekräuter graben pfleget, offte mit dem Rübezahl sprechen und conversiren sol. Doch nur biß auff halbweg zwölffen, oder nach eilffen, da er einen jeden heisset vom Gebirge weichen, damit er nicht Schaden nehme.«[75]
Was man aus diesem Bericht des Praetorius wohl erahnen kann, das ist, daß sich am Mittag die dämonische Natur des Rübezahl offenbarte und daß dann die Wurzelmänner und Kräuterweiblein Gefahr liefen, ›entrückt‹ zu werden oder ein sonstiges Leid zu erfahren.
Wir sagten, daß am Mittag die Zeit ›stillsteht‹, daß dieser Augenblick aus dem Kontinuum der Zeit ›herausfällt‹, weil das eine Kontinuum beendet ist und das andere noch nicht angefangen hat. Gleichermaßen durfte in den »Zwölften«, wenn die Sonne starb[76], der ›Zeit zwischen den Zeiten‹, nichts »rund gehen«, kein Fuhrwerk durfte fahren, nichts durfte gesponnen werden[77], alle Unter-

schiede lösten sich auf, und im Mittelalter fand an jenen Tagen bevorzugt das *festum stultorum* statt.[78]

Mit allen Unterschieden, mit allen Grenzen schwindet auch die Trennung von Zeit und Raum. Beatrice erfährt Gott »dove s'appunta ogni ubi ed ogni quando«, da, wo »jedes wann und jedes wo sich treffen«.[79]

Weiter haben wir gesehen, daß der Mittag *nur Mittag ist*, also kein Punkt, der auf einer Zeitstrecke verortet werden kann. In gleicher Weise ist die räumliche Mitte unter *der* Voraussetzung nicht räumlich bestimmt, daß sie ›zwischen‹ den aneinanderstoßenden Raumstrecken liegt, die nicht durch ein Kontinuum miteinander verbunden sind.

Das mittelalterliche Hochgericht tagte mancherorts auf dem Schnittpunkt eines Kreuzweges, und in Bern befanden sich dort auch Richterstuhl, Schandpfahl und Pranger.[80] Die Richter waren ›unparteiisch‹, sie gehörten im wahrsten Sinne des Wortes ›keiner Richtung‹ an so wie die Fremden[81] oder die geisterhaften Burschenbünde, denen bekanntlich oft die Rolle zugesprochen wurde, Recht zu sprechen, zu rügen oder zu strafen, da sie außerhalb der Ordnung standen und *deshalb* die Ordnung herstellen konnten.

An solchen ›ortlosen Orten‹ zeigten sich auch einstmals die Geister. Dort war nach der *Vita Sancti Symphoriani* die Diana, die ›Herrin der Nachtfahrenden‹ anzutreffen, die wegen ihres Aufenthaltes auf den Kreuzwegen auch *Trivia* genannt wurde[82], und die nach der Aussage des Heiligen dort »das giftige Unkraut ihrer Bosheit« ausstreute.[83]

Begab man sich in der Neujahrsnacht auf einen Kreuzweg, so stand der Himmel offen und man erfuhr, was sich im kommenden Jahr ereignen würde.[84]

Die Mitte des Hauses, die Herdgrube[85], war der Zugang zu den Geistern der Unterwelt, und wir haben bereits gesehen, daß vornehmlich in solchen Herdgruben die eiszeitlichen Venusfiguren, mutmaßliche Darstellungen der Unterwelts- und Erdgöttin, gefunden wurden. Durch das Rauchloch[86] über der Feuerstelle flogen später die Hexen zum Tanz, auch durch das »Ulenlok« oder die »Ulenflucht« der niedersächsischen Strohdächer[87] oder durch die Spitzen der Grasdächer der afrikanischen Thonga[88], wie auch der asiatische Schamane durch die zentrale Zeltöffnung hindurch seinen Flug in die jenseitige Welt begann.[89] Denn durch die Feuergrube und das Rauchloch zog sich die Achse der Welt, die die Schichten des Kosmos miteinander verband.

§ 12 Road Bilong Science

»White man got no dreaming
Him go 'nother way
White man him go different
Him got road bilong himself.«

Australischer Ureinwohner

Wir haben davon geredet, daß die menschlichen Kulturen den Zaun zwischen sich selber und der Wildnis auf verschiedene Weise errichtet haben und daß dieser Zaun eine unterschiedliche Bedeutung angenommen hat.
Im Falle jener Kulturen, die wir ›archaische‹ genannt haben, ist im Gegensatz zu unserer eigenen Kultur ein weitaus deutlicheres Bewußtsein davon vorhanden, daß wir immer nur das *sein* können, was wir sind, wenn wir zur gleichen Zeit das sind, was wir *nicht* sind, daß wir nur dann wissen können, wer wir sind, wenn wir unsere Grenzen erfahren und damit überschritten haben, wie es etwa Hegel ausdrücken würde.
Dies bedeutet jedoch gerade nicht, daß wir unsere Grenzpfähle immer weiter in die Wildnis hinein vortreiben, daß wir das ›Draußen‹ ohne Ende roden, bearbeiten, kategorisieren.[1] Es bedeutet eher, daß wir selber wild werden, um unserer eigenen Wildheit nicht *ausgeliefert* zu sein und um dadurch allererst ein Bewußtsein unserer selbst als zahmen, als kulturellen Wesen, zu gewinnen.
Wollten wir die eine Seite aus sich selbst heraus verstehen, dann ähnelten wir in gewisser Weise Karl Valentin, der in einen Musikladen geht und nur die *eine* Seite einer Schallplatte kaufen will.
Doch es gibt kein Wissen über die »Insel des *tonal*« ohne die Erfahrung ihrer Erschütterung, ohne das *nagual*.

Wir haben auch gesehen, daß eine Kultur, die am Bewußtsein ihrer selbst ein geringes Interesse hat, etwa unsere eigene, meist eine ist, die sich die Wildnis unterwirft, indem sie sie kultiviert.
Es nimmt nicht Wunder, daß in einer derartigen Kultur das Verstehen dessen, was nicht zu ihr selber gehört, meist auch den Charakter der Aneignung durch Unterwerfung oder aber der reinen Abwehr annimmt.
In aller Offenheit zeigt dieser Eroberer sein Gesicht fast nur noch in totalitären, »sozialistischen« Gesellschaften. So verbreitete etwa die sowjetische Presse im Juni 1966 ein Interview mit dem ehemaligen Tschuktschen-Schamanen Anikau, der dem Korrespondenten der *Magadanskaja Prawda* erklärte, es tue ihm heute leid, daß er einmal ein Betrüger gewesen sei, der nichtexistierende Geister gerufen und dafür seinen Volksgenossen Fische, Fleisch, Otter- und Rentierfelle abgeknöpft habe.[2]
Im »Ministerium der Liebe« des Jahres 1984 gibt man sich bekanntlich erst zufrieden, als Winston Smith *selber* vier statt drei vorgehaltene Finger sieht, und der Ethnologe Menowstschikow stellt in diesem Geiste mit Befriedigung fest:
»Erst unter dem Einfluß der Sowjetgesellschaft begannen die asiatischen Eskimos, ihre verzerrten Ansichten über natürliche und soziale Phänomene Schritt für Schritt abzulegen. Jetzt ist ihr Leben von den materialistischen Ideen des Marxismus-Leninismus durchdrungen und wird von Technologie und Wissenschaft beeinflußt.«[3]
Solch offenen Applaus für die ›kulturelle Vernichtung‹ finden wir bei westlichen Ethnologen unserer Zeit nur noch sehr selten. Bei diesen Wissenschaftlern findet sich oft viel eher eine sublimere Vereinnahmung des Fremden, das die eigene Selbstverständlichkeit gefährden könnte.
Nach diesen Leuten findet Verstehen fast durchgängig *in* der Kultur statt; das Fremde gilt als *verstanden*, wenn es in

die vertrauten Kategorien *übersetzt* ist. Man reißt ›draußen‹ irgendwelche Dinge an sich, setzt mit ihnen in die eigene Kultur über und baut sie, die Fugen verspachtelnd, in deren Zusammenhang ein.

Wie der Totempfahl, oder genauer gesagt, das was vorher einmal ein Totempfahl war, die Decke einer Villa stützt oder als trauriges Beutestück den Vorgarten eines Museums ziert[4], so kreuzen sich entsprechend in unserer Phantasie die Flugbahnen indianischer Hexen mit denen der Jumbo-Jets, und das Weltbild der wilden Menschen verwandelt sich in ein imaginäres Disneyland, in dem wir wieder Kinder unter Kindern sein dürfen.

Das Fremde wird ›entfremdet‹, wird heimisch gemacht und dadurch neutralisiert. Verstanden ist etwas dann, wenn gezeigt werden kann, daß wir es virtuell immer schon verstanden haben, wenn es *eingeordnet* ist in das, was wir zum Bereich unserer eigenen Kultur rechnen.

Zu den Einordnungskräften, zur intellektuellen Polizei, gehören vornehmlich Wissenschaftler. Sie bilden keine einheitlichen Kontingente, sondern zerfallen eher in Truppen mit verschiedenen Aufgabenbereichen. Da gibt es etwa Einheiten, die man mit etwas bösem Willen als Schutztruppen verstehen kann. Sie widmen sich der Aufgabe einer recht unverblümten und leicht durchschaubaren *Abwehr* des Fremden.

Solche Wissenschaftler, deren Ideal es ist, »cool« zu bleiben, wie es ein Ethnologe ausdrückt[5], machen den Feind aus und halten ihn draußen. Sie vernehmen bisweilen das entfernte »Flüstern des *nagual*« und versichern, dort, woher dieses Flüstern komme, lauerten nur der Wahnsinn und der Tod.

Sie sagen, daß man deshalb nicht in dieses Schattenreich eintreten dürfe.[6] Um zu verstehen, was ein Werwolf sei, dürfe man auf keinen Fall selber zum Werwolf *werden*, man dürfe niemals dessen Erfahrungen *nachvollziehen*.[7] Wer die

Zuñi-Indianer verstehen will, dem wird im Namen der ›Objektivität‹ untersagt, selber zum Zuñi zu werden, und um dem ethnologischen Novizen die Konsequenzen des »going native« deutlich vor Augen zu führen, greift man dann meist zum »Struwwelpeter« der Völkerkunde, zur Geschichte des Ethnologen Frank Cushing. Dieser Mann habe den Weg in die Wildnis eingeschlagen, so sagt man, und er sei nicht nur nicht mehr zurückgekommen, sondern er habe sogar – *horribile dictu* – die Unmanierlichkeit begangen, seine eigenen ›Feldnotizen‹ zu verbrennen![8]
Wissenschaftlern, die den ›Rationalitätsnormen‹ ihrer Disziplin untreu werden, ergeht es zwar nicht mehr wie den sogenannten *lançados* oder *tangos-maos*, jenen Portugiesen, die bereits während der Erschließung der westafrikanischen Küste im 15. Jahrhundert zu den Eingeborenen ›überliefen‹ und die nach einem Regierungsbeschluß in Lissabon im Jahre 1518 zum Tode verurteilt wurden, wenn man ihrer habhaft werden konnte, doch sie unterschreiben meist – wie etwa die Rezeption der Schriften Castañedas es zeigt – ihr *wissenschaftliches* Todesurteil, was indessen Menschen, die nur zu einem geringen Teil ihr Selbstwertgefühl aus der »scientific community« beziehen, nicht allzu sehr verdrießen wird.[9]
Verstehen ist also nach der Meinung der meisten Ethnologen kein Nachvollzug. Verstehen bedeutet vielmehr die Eingliederung des Werwolfs in die intellektuellen Menagerien, die unsere Kultur bereitstellt. Diese Menagerien verbürgen Objektivität. Objektivität bedeutet Kontrolle. Der Werwolf wird verortet, vermessen, getastet, gesehen. Doch was man in diesem Zoo zurückbehält, ist nicht länger ein Werwolf. Der Werwolf ist in der Wildnis zurückgeblieben, und die Dämonen sind vor den analytischen Blicken geflohen.
Wenn die Ethnologen kommen, so lautet ein haitianisches Sprichwort, verlassen die Geister die Insel.[10]

Was immer es *wirklich* gibt, sagen also diese Wissenschaftler, muß *unsere* Tests überstehen. »Unsere Tests überstehen« bedeutet: Es muß sich ein Äquivalent in *unserer* Kultur finden lassen. *Unsere* Kultur, genauer gesagt, die Wissenschaft, ist der Grund, wenn wir behaupten: »Im Grunde halluziniert der Schamane nur.« Wer dies bestreitet, gilt als Relativist. Man denkt in schwarz und weiß, in Tag und Nacht, und die Sonne der Aufklärung bringt alles an den Tag.

Wir sagen dann: Wenn *ich* das täte, was der Schamane tut, dann wäre ich ein Fall für den Psychiater.[11] Wenn *ich* ein Pferd wäre, sagte einmal Radcliffe-Brown ironisch, würde mir das Gras nicht schmecken.[12]

Die ›logische Grammatik‹ unserer Lebensform – und bei ›Wissenschaftsgläubigen‹ sogar die ›Grammatik‹ der derzeit herrschenden Wissenschaften – ist danach so etwas wie die säkularisierte Variante der platonischen Ideenwelt. *Im Grunde* wissen wir immer schon (›virtuell‹) alles, aber unsere leibliche Seele ist von diesem Grund entfremdet, weil sie vor ihrer Geburt in die Welt des Werdens ihren Durst im Flusse Er, dem Wasser des Vergessens, gestillt hat. Einige Seelen waren dabei maßvoller als andere, sie tranken weniger, und deshalb können sie sich später angesichts der Sinnenwelt noch etwas deutlicher als andere an das erinnern, was diese Sinnesdinge im Grunde sind.[13]

Ebenso denken viele moderne Wissenschaftler. Wenn sie nicht wissen, was die Dinge im Grunde, in Wirklichkeit sind, dann deshalb, weil sie von diesem Grunde, von der ›logischen Grammatik‹ ihrer Lebensform entfremdet sind. Deshalb müssen sie deren Regeln, die ›immer schon‹ in ihnen sind, klarlegen, um den Spielraum zu gewinnen, innerhalb dessen wahre Erkenntnis stattfindet.

Wer freilich auf diese Weise argumentiert, wehrt ab, indem er vereinnahmt. Er sagt nicht einfach: »Laß die Finger von der Wildnis!« Er sagt: »Im Grunde gibt es da nichts, was es nicht auch hier gibt – und deshalb können wir alles *ohne Opfer* verstehen.« Wer so argumentiert, setzt nichts aufs Spiel, oder besser gesagt, er hat die Bank, eine Bank, die seit Jahrhunderten keine größeren Verluste erlitten hat. Er spricht etwa von einer angeblichen »hermeneutischen Grunderfahrung«, »daß jeder Satz einer natürlichen Sprache prinzipiell in jede andere Sprache muß übersetzt werden können«[14], oder er formuliert, etwas weniger prätentiös, ein »Postulat der prinzipiellen Umsetzbarkeit«, durch welches »die Ethnologie ihre Berechtigung« erhalte.[15]

Was sich hinter solchen Sätzen verbirgt, das ist vermutlich die Vorstellung, die Sprache sei ein Kleid, mit dem man Sachverhalte umhüllt. Die Wirklichkeit ist nackt, und die Sprache kleidet sie ein. Mag sie nun ein Feigenblatt sein oder ein Flanellanzug, auf alle Fälle ist sie der Sache selber *äußerlich*.

Oder wie es Ulrich von Wilamowitz-Moellendorf formuliert hat: »Das Kleid muß neu werden, sein Inhalt bleiben. Jede rechte Übersetzung ist Travestie. Noch schärfer gesprochen, es bleibt die Seele, aber sie wechselt den Leib: die wahre Übersetzung ist Metempsychose.«[16]

Nun will ich im Gegensatz zu extremen ›Kontextualisten‹ wie Quine, die jede Bedeutung balkanisieren[17], nicht behaupten, daß es keine Übersetzungen *geben* könne. Selbstverständlich gibt es Sachverhalte, die auf verschiedene Weise dargestellt werden können, und ebensowenig läßt sich bestreiten, wie es einige moderne Wissenschaftstheoretiker tun, daß es ›Reduktionen‹ gibt, daß es sinnvoll ist, zu sagen, daß etwas nur etwas Bestimmtes zu sein *schien*, in Wirklichkeit, *im Grunde* aber etwas anderes ist.

Wenn wir jedoch die Übertreibungen des Relativismus vernachlässigen, dann sehen wir die Wahrheit, die in ihm steckt. Wir sehen dann nämlich, daß sich nicht *alle* Sachverhalte in *jeder* Sprache zeigen, gar in jener kastrierten Sprache, wie sie unter Universitätsdenkern gebräuchlich ist.

Nicht *alle* Räder drehen sich *überall*. Nicht einmal alle Wege in Italien führen nach Rom, geschweige die mythischen Wege der Huichol-Indianer. Das Rad »Werwolf« dreht in unserer modernen Zivilisation kaum etwas, und wenn, dann dreht es etwas anderes als dort, wo es »zu Hause ist«, wie Wittgenstein sagen würde.
Und um zu sehen, *was* es »zu Hause« dreht, wie es dort »arbeitet«, müssen wir dorthin *gehen*, wo der Werwolf umgeht[18], und es mag sogar sein, daß wir bisweilen mit den Werwölfen heulen müssen, um zu verstehen, wie sie heulen.
Und was wir da erfahren, werden wir nicht unbeschadet vertäuen, verladen und nach Hause bringen können. »Wer nun zur Seefahrt aufgelegt«, meint Jacob Grimm, »ein Schiff bemannen und mit vollem Segel an das Gestade jenseits führen kann, muß dennoch landen, wo andrer Boden ist und andre Luft streicht.«[19]
Verstehen ist nicht gleichbedeutend mit *Übersetzen*[20], wenn wir – *cum grano salis*[21] – unter einer Übersetzung die Übertragung einer Bedeutung von einem Medium in ein anderes *salva veritate* verstehen, wobei es gleichgültig sein kann, ob diese Übertragung Wort für Wort vor sich geht (was oft für Exotismen à la Whorf verantwortlich ist), oder ob wir uns bemühen, das zu finden, was die Semantiker »funktionale Äquivalente« nennen.
Verstehen bedeutet (indessen) oft, daß wir nicht mehr etwas (Fremdes) als etwas (Vertrautes) erkennen, wie es das platonische Modell der Erkenntnis als »Wiedererinnerung« nahelegt, sondern daß wir lernen, wie ein Wort in einer fremden Umgebung gebraucht wird, wie es in einen fremden Bedeutungszusammenhang *eingreift*.
Wenn wir also bisweilen mit den Wölfen heulen müssen, dann wird dies bedeuten, daß wir manches von dem Vertrauten vergessen müssen, vor allem das, was uns das Verständnis des Fremden verstellt, aber es muß nicht

bedeuten, daß wir für immer *alles* vergessen werden[22], wie es ein konsequenter Relativismus nahelegt. Der Ethnologe wird zwar als ein Veränderter, doch nicht als ein ganz anderer zurückkehren, denn sonst hätte nicht *er* eine Erkenntnis gewonnen.[23]

Wer freilich nicht *verstehen* will[24], sondern nur übersetzen und subsumieren[25], der will lediglich sich einverleiben, der will nicht wissen, *wer* er ist, der will nur dicker werden, oder zumindest so bleiben, wie er ist.[26]

Hier mag man einwenden: »Aber wenn wir mit den Werwölfen durch die Wildnis streifen, einmal vorausgesetzt, daß uns dies überhaupt gelingen kann, werden wir dann noch in der Lage sein, zu *beschreiben*, was wir da erlebt haben, wie es ist, ein Werwolf zu sein?«

Erginge es uns, wenn wir uns auf die Lebensform der Werwölfe einließen, nicht wie dem griechischen Seher, der wissen wollte, ob die Frauen beim Beischlaf größere Lust empfänden als die Männer? Die Götter nämlich hatten Verständnis für sein Erkenntnisstreben und verwandelten ihn in eine Frau. Nun wußte er zwar, wie es ist, wenn eine Frau Lust empfindet, doch er hatte zu seinem Unglück vergessen, wie er Lust empfunden hatte, als er noch ein Mann gewesen war.[27] Kann man also *alles* haben, oder strafen die Götter eine solche Hybris?

Nun, ich glaube gerade nicht, daß man *alles* haben kann. »Vogliamo tutto« ist nicht nur in der Politik eine etwas naive Devise. Daher der Zweifel, ob sich alle ›Werwolf-Erfahrungen‹ so übersetzen lassen, daß sie derjenige nachvollziehen kann, der diese Erfahrungen selber nicht gemacht hat. Es mag bisweilen sogar sein – und es kann offenbleiben, ob dies ein erkenntnistheoretisches oder eher ein psychologisches Argument ist –, daß wir die Fähigkeit, solche Erlebnisse auf eine allgemein einsichtige Weise *darstellen* zu können, opfern müssen, um die Fähigkeit zu erlangen, derartiges *erleben* zu können, und wir

werden darin dem Odin gleichen, der für die Weisheit sein Auge ließ. Auch der Vogel, der Zeus den Rauschtrank brachte, mußte bei jedem Flug eine Feder lassen.
Ich glaube, daß wir Heutigen, die wir daran gewöhnt sind, frei Haus gelieferte Erkenntnisse zu verkonsumieren, weitgehend vergessen haben, daß die Wahrheit ihren *Preis* hat. Oder wie ein Eskimo-Schamane zu Knud Rasmussen sagte: »Ihr wißt nicht, daß nur der erkennt, der in die Einsamkeit geht und *Leiden* erträgt!«
So mag es denn sein, daß wir unsere wissenschaftliche *Unschuld* verlieren, daß unsere alltägliche Weise zu sehen ›gebrochen‹ wird, daß wir dafür aber lernen zu *sehen*, was sehen bedeutet, so wie der Werwolf erfährt, was Menschsein bedeutet.
Aber bleibt dieser Werwolf dann nicht mit seinem *Sehen* allein? In der Tat scheint es, daß der Werwolf sein *Sehen* auch mit Einsamkeit bezahlt, daß er nur etwas gewinnt, wenn er auch etwas verliert, das ihm zwar nicht gleichermaßen, aber dennoch teuer war. Doch das bedeutet wiederum nur, daß wir nicht *alles* haben können, und der Weg in die Einsamkeit bedeutete deshalb auch so viel wie ›erwachsen werden‹.
Die Menschen haben immer wieder die Wahl. Aber bereits die Eva des Alten Testaments gab ja bekanntlich die Geborgenheit des Paradieses hin für die Wahrheit.
Aber *gibt* es für uns überhaupt noch die reale Möglichkeit, ein »inneres Verständnis«[28] für einen Werwolf oder für die nachtfahrenden Weiber zu entwickeln, oder bleibt es nicht letzten Endes bei dem, was die Wissenschaftler einen »fiktiven Mitvollzug« nennen?[29] Müßten wir dann nicht sehr verschieden sein von dem, was wir nun einmal sind, und müßte es nicht notwendigerweise so sein, daß wir über sehr viele Erkenntnisse, über die wir verfügen, *nicht* verfügen dürften?[30]
»Ich weiß, daß ein Hemd, wenn es auch in Fetzen gegan-

gen ist und von mir in keiner Weise mehr benötigt wird, doch immer etwas bleibt, dessen Nutzen ich kenne. Ich kann nie das Wissen abtun, wie ein Knopf geöffnet und wie der Arm in den Ärmel gesteckt wird oder wie man den Hemdschoß in die Hose steckt. Um ein Michii zu werden, hätte ich mich nicht nur des Zwanges zum Schreiben zu entledigen, ich müßte auch das Wissen aufgeben, daß es überhaupt das Schreiben gibt.«[31]

Hierzu läßt sich zweierlei sagen. Gewiß drohen demjenigen, der es unternimmt, Grenzerfahrungen zu machen, mannigfache Gefahren und Schwierigkeiten, wobei die Gefahr, in der »scientific community« nicht für voll genommen zu werden, sicherlich die geringste Gefahr sein wird.[32] Hier mag die Situation des Ethnologen mitunter der jenes indischen Gesandten in England nicht unähnlich sein, der nach seiner Rückkehr nach Indien seiner Kaste für verlustig erklärt wurde und der durch eine goldene Yoni hindurchkriechen mußte, um wieder rein zu werden[33], auch wenn der abendländische Ethnologe seine Reinheit weniger durch eine Vagina als durch die sterilen wissenschaftlichen Raster wiedergewinnen wird, durch die er seine Erfahrungen quetschen muß.

Schwerer wiegt wohl die Gefahr jener Form des »going native«, in der man glaubt, ein paar äußerliche Requisiten machten aus einem Ethnologen bereits einen Wilden, wo er doch nur als ›Salonwilder‹ zum Gespött der fremden Menschen wird. Daß so etwas auch in unserer eigenen Kultur oft der Fall ist, wird vermutlich so mancher linke Student wissen, der einmal glaubte, ein bissel Dialekt und vier Wochen Fabrikarbeit hätten ihn schon in einen Industriearbeiter verwandelt. So heißt es etwa über den sozialistischen Schriftsteller Ladislaus Gumplowicz:

»In Kleidung und Haltung war er bemüht, das echte Bild eines elenden Proletariers zu geben. Aber weit entfernt, damit Zutrauen und Anerkennung zu wecken, reizte er nur die Lachmuskeln der Arbeiter. Ich erinnere mich, wie, als er auf einer kleinen Arbeiterfestlichkeit mit viel echtem Feuer eine revolutionäre Freiligrathsche Dichtung vortrug, die ernste Stimmung der Zuhörer sich, aller begeisterten Rhetorik zum Hohn, in laute Heiterkeit auflöste, als um den Leib des hastig Gestikulierenden der einfach geknotete grobe Strick sichtbar wurde, der bestimmt war, die Hosenträger zu ersetzen.«[34]

Doch von solchen naiven Spielarten des Anbiederns und anderen Instinktlosigkeiten einmal abgesehen, bedeuten wirkliche Grenzerfahrungen, wie sie etwa die Erlebnisberichte Castañedas veranschaulichen, eine schwerwiegende Erschütterung der Identität des Ethnographen.

Derartige Verunsicherungen können natürlich zur Folge haben, daß der Betreffende die fremdartigen Erfahrungen gerade verdrängt, indem er sich etwa in fast manischer Weise an seinen methodologischen Gerüsten festhält wie ein Ertrinkender an einem Strohhalm. Vielleicht ist so zu erklären, warum oft Feldforscher in weitaus stärkerem Maße Erfahrungen durch die wissenschaftliche Mangel ziehen, als dies so mancher Schreibtischgelehrte tut, den das Exotische eher reizt, als daß es seine täglichen Selbstverständlichkeiten bedroht.[35] Aber gerade solche Erschütterungen sind die Voraussetzungen der Erkenntnis, oder besser gesagt: Durch die Spalten und Risse, die die kulturelle Identität des Ethnographen erhält, *zeigt* sich das *nagual* und *damit* erst die Bedeutung seiner Alltagsidentität.

Und jetzt erkennen wir auch das Stückchen Wahrheit, das in der Kritik an gewissen Formen des »going native« liegt. Denn daß wir bei Grenzerfahrungen mit einem Fuß in unserer eigenen Kultur bleiben[36], oder daß wir, wie Diderot uns rät, zwar den Rock des fremden Landes anziehen, den Rock des eigenen Landes jedoch im Schrank bewahren sollten[37], ist dann weniger eine unvermeidliche Konzession, die wir machen müssen, oder ein notwendiges Übel, das wir in Kauf zu nehmen gezwungen sind, es ist vielmehr geradezu die *Bedingung* der Erkenntnis.[38]

Diese Erkenntnis erlangt nur der, welcher sich »zwischen die Welten schmuggelt«, wie es der Yaqui-*brujo* ausdrückt, zwischen die Welten des ›drinnen‹ und des ›draußen‹.

Auch ein Cushing war kein Zuñi, auch ein Werwolf ist kein Wolf, er ist ein Mann-Wolf, er steht *zwischen* den Welten des Wolfes und des gewöhnlichen Menschen, so wie bekanntlich die *hagazussa* auf der Nahtstelle der Welten sitzt, mit dem einen Bein innerhalb und mit dem anderen Bein außerhalb der Kultur.

Wir sehen also, daß Ethnologen wie Mühlmann, die glauben, man könne ein »inneres Verständnis« für einen Papua nur haben, wenn man ein Papua *wäre*, und die den »existentiellen Mitvollzug« als einen »Krampf« abtun[39], mit ihrer Behauptung unrecht haben. Denn wenn wir nicht wissen könnten, *wie* ein anderer fühlt (was natürlich nicht bedeutet, der andere zu *sein*), dann wäre es auch nicht möglich, zu wissen, *wie* wir selber fühlten (wir hätten überhaupt keinen Maßstab für die *Art und Weise* unseres Gefühls). Wenn wir jedoch wissen können, *wie* es ist, wie wir selber fühlen, dann müssen wir auch *notwendigerweise* wissen können, wie ein anderer fühlt.[40] Wenn der »existentielle Mitvollzug« des Seelenlebens eines anderen nicht *möglich* ist, dann wird es auch kaum möglich sein, »existentiell mitzuvollziehen«, was Mühlmann mit seiner These meint, warum er eine derartige These aufstellt, was er dabei fühlt usw., und er wird dies dann auch selber nicht wissen können. Seine These würde darauf hinauslaufen, den Begriff des »Mitvollzuges« *aus dem Verkehr der Sprache zu ziehen*.[41]

Aber ich glaube wiederum, daß man sehr wohl mitvollziehen kann, was jemand meint, der eine solche These vertritt. Denn sie scheint ein Ausdruck der Angst davor zu sein, sich auf das Fremde *einzulassen* und dadurch die eigenen Selbstverständlichkeiten in einem anderen Licht zu sehen. So tendiert der Forscher zu einem ›Solipsismus‹, sei es nun der seiner eigenen ›verwissenschaftlichten‹ Lebensform[42] oder gar der seiner eigenen Person.

Daß wir keine Papuas *sind*, hindert uns so wenig an einem Zugang zur Seele des Papuas, wie es uns hindert, Mühlmann zu verstehen, daß wir nicht Mühlmann sind. Daß wir Mühlmann viel leichter verstehen können als den Papua liegt daran, daß wir uns mit geringerer Mühe in die Lebensform eines Professors einfühlen – oder, à la mode ausgedrückt: ›sozialisieren‹ – können als in die des Menschen am Sepik.

Aber vermutlich würde der Professor *sich selber* viel besser verstehen, wenn er das Wagnis auf sich nähme, dasjenige nachzuvollziehen, was sich nicht mehr in die Begrifflichkeit seiner Wissenschaft übersetzen läßt.

Indem er bereits die *Möglichkeit* des Verständnisses des anderen abtut, begibt er sich gleichzeitig der Möglichkeit eines Selbstverständnisses, das zu gewinnen gerade der Ethnologe große Chancen hätte. Er sieht nicht, daß ›ein anderer nicht sein zu können‹ kein *Hindernis*, sondern die *Bedingung* des Veständnisses des Fremden ist, und er ähnelt darin jenen Philosophen, die glauben, daß der ›Sprung im kosmischen Ei‹, die ›Entfremdung‹, die Erkenntnis des Wesens der Wirklichkeit verhindere. Doch das ›absolute Wissen‹ ist kein Wissen[43], und das Wissen verdanken wir der Eva, die nach der Frucht griff.

Wir sagten, daß die ›Zaunreiter‹ unter den Wissenschaftlern, oder »die religiösen Naturen, die keine Religion haben«, wie Simmel sagt, bisweilen mit ihren Erfahrungen allein bleiben werden, und mancher, aus dessen Seele einmal tropische Urwälder gewuchert sind, wird wissen, was es bedeutet, sich zwischen den Schlingpflanzen und Orchideen des Unterbewußtseins zu verheddern, nachdem man von den Trampelpfaden der Kultur abgekommen ist und Schwierigkeiten hat, den Weg zurückzufinden. Und findet er sich plötzlich wieder diesseits des Zaunes, dann ist er ein anderer geworden, für den die einst heimische Welt viel von ihren Heimlichkeiten verloren hat. Aber wie eine *selbst*verständliche Welt keine *verständliche* Welt ist, so wird er *jetzt* vieles von seiner Welt zum erstenmal verstehen, auch wenn es ihm mitunter so gehen mag wie dem, der einem Blinden verständlich machen will, was »rot« bedeutet.

Gewiß wird der Blinde einiges von dem erlernen können, was Wittgenstein die »Grammatik« oder die »logische Form« des Farbwortes nennen würde[44], aber in einem sehr entscheidenden Sinne wird der Blinde die Bedeutung des Wortes nicht kennen, und es wird Situationen geben, in denen er das Wort nicht anwenden kann, nämlich dort, wo wir einfach etwas Rotes *sehen*, und das sind eben die Situationen, aufgrund deren wir überhaupt sagen, daß der Betreffende blind ist.

Aber derjenige, der einmal wie alle anderen sah und der dann blind wurde, der wird etwas über die Bedeutung des Sehens wissen, was demjenigen schwerfallen wird zu verstehen, für den das Sehen eine Selbstverständlichkeit unter vielen ist. Und wenn ein solcher Mensch sein Augenlicht wiedergewinnen sollte, dann wird er wohl die Dinge der Welt auf eine Weise sehen, wie er es vor seiner Blindheit nie getan hat.

Und dies scheint auch das Wesen der Initiation des Ethnologen zu sein. Der Yaqui-*brujo* hatte weniger die Absicht, aus ihm eine Hexe oder gar einen »Neurotiker«[45] zu machen; er wollte ihm eher den Weg dazu öffnen, über das ›Fliegen‹ zum Gehen zu gelangen und über das ›Reden mit dem Kojoten‹ zu einem Bewußtsein dessen, was es bedeutet, diesseits des Zaunes mit den Menschen zu reden.[46]

Aber der Forscher wird damit immer ein wenig ›zwischen

den Welten‹ verbleiben, und diese Einsamkeit ist der Preis, den er für seine Erkenntnis zahlt: für immer ausgeschlossen zu bleiben aus der selbstverständlichen Welt der redenden Tiere und aus der Welt der redenden Ethnologen.

Mais écoutez – le coq chante, il est jour et mon livre est fini.

1 Cf. F. Unger: *Die Pflanze als Zaubermittel*, Leipzig 1911, S. 44 f., 56. Etwas anders zitiert bei J. B. Holzinger: *Zur Naturgeschichte der Hexen*, Graz 1883, S. 12, der sich auf die im Jahre 1688 in Graz erschienenen *Idea juris statutarii et consuetudinarii stiriaci et austriaci* eines Nicolaus Beckmann beruft. Danach kam den ›Hexen‹ der Flug »so lieblich vor, als wann sie in einem Kugelwagen führen«.

2 Die Hexen der Kaguru hängen sich an den Bauch der Hyänen, während diese durch die Lüfte fliegen. Cf. T. O. Beidelman: »Witchcraft in Ukaguru«, in *Witchcraft and Sorcery in East Africa*, London 1963, S. 64 f.

3 Im Jahre 1590 gab Joanna Michaelis aus Château-Salins zu Protokoll, auf dem Sabbat habe sich ihre Sicht verwirrt und alles sei ihr undeutlich erschienen. Währenddessen sei ihr Leib zu Hause schlafend gelegen. Cf. B. Barnett: »Witchcraft, Psychopathology, and Hallucinations«, *British Journal of Psychiatry* 1965, S. 443. Dies und die Angabe eines steirischen Spielmannes, ihm sei der Teufel begegnet, worauf ihm alsbald ein »Nebel« vor die Augen gekommen und er auf ein Hexengelage auf dem Gleichenberger Kogel versetzt worden sei (Unger, a.a.O., S. 50), läßt einen an das »Nebelsehen« bei der Atropinvergiftung denken.

4 J. R. Crawford: *Witchcraft and Sorcery in Rhodesia*, London 1967, S. 52, 54, M. Gelfand: *The African Witch*, Edinburgh 1967, S. 48, ferner B. E. Ward: »Some Observations on Religious Cults in Ashanti«, *Africa* 1956, S. 55 und M. D. Jackson: »Witchcraft Confessions Among the Kuranko«, *Man* 1975, S. 393 f. Die Salbe wurde von der Hexe Mazwita hergestellt, und zwar aus »the powdered roots of a bush«. Sie hieß »Medizin für das Nachthexen«. Andere »Medizinen«, die sie des Nachts mit sich herumtragen, »erzeugen riesige und furchterregende Gestalten« (Crawford, a.a.O., S. 126). Cf. auch I. Schapera: »Sorcery and Witchcraft in Bechuanaland«, in *Withcraft and Sorcery*, Harmondsworth 1970, S. 111; P. E. Joset: *Les sociétés secrètes des hommes-léopards en Afrique noire*, Paris 1955, S. 35, ferner S. F. Nadel: »Witchcraft and Anti-Witchcraft in Nupe Society«, *Africa* 1935, S. 426. Die *uarraninkalla* der Bambara, jene Männer, die es vermochten, sich in Leoparden zu

verwandeln, aßen »different powders which were called *baschi*« (B. Lindskog: *African Leopard Men*, Uppsala 1954, S. 146). Die Anioto im östlichen Kongo benutzten zu diesem Zwecke »a secret ointment« (a.a.O., S. 23). Die Angaben sind also mehr als dürftig. M. F. Field (*Search For Security*, London 1960, S. 277) meint, daß die häufige Verbindung »between dream mushrooms and sorcery«, die sich nicht nur bei den Akan, sondern auch bei anderen Völkern Afrikas fände, auf eine heute vergessene Verwendung bewußtseinserweiternder Pilze zurückzuführen sei, doch scheint dies eine reine Spekulation zu sein. Oft benutzen afrikanische Hexen »special medicines«, um die neben ihnen Schlafenden zu betäuben, damit sie ungestört wegfliegen können. Cf. E. H. Ashton: *Medicine, Magic and Sorcery Among the Southern Sotho*, Cape Town 1943, S. 8 f. Es ist schwer zu sagen, welche Drogen die südostafrikanischen Hexen verwenden. J. W. Raum (»Die Jünglingsweihen der Süd-Sotho-Stämme«, *Wiener Völkerkundliche Mitteilungen* 1969, S. 10, 20 f.) erwähnt, daß die Initianden der Tlokwa einen »Betäubungsbrei« aus einer Zwiebel *leshoma (Buphane toxicaria)* oder *bookgwe (Scilla lanceaefolia)* und *mafifimatsho (Phygelius capensis)* zu sich nehmen. Ob allerdings die fliegenden Nachthexen der Sotho derartige Drogen benutzen, scheint nicht bekannt zu sein. Der Bericht der Shona-Hexen legt auch den Gedanken an Stechapfel nahe. Die Zulu verwenden *iYoli*, »the common kraal-weed« (*Datura stramonium*) zur Schmerzstillung (cf. A. T. Bryant: *Zulu Medicine and Medicine-Men*, Cape Town 1966, S. 73), im Ulanga-Distrikt werden die zu Brei gekochten Blätter von *Datura fastuosa* »als Narkotikum« gegessen (cf. F. Haerdi: *Afrikanische Heilpflanzen*, Basel 1964, S. 175), aber auch zu Giftmorden benutzt (cf. R. O. Bally: *Heil-und Giftpflanzen der Eingeborenen von Tanganyika*, Dahlem 1938, S. 66). Ob die »Medizin« der Zulu-Medizinmänner, mit der diese die »Pforten des Raumes« öffneten, Stechapfel war, läßt sich nach den Quellen gleichermaßen nicht mit Bestimmtheit sagen. Der britische Forschungsreisende David Leslie, der eines Tages die Verbindung mit einigen seiner Jäger verloren und deshalb einen Medizinmann aufgesucht hatte, schreibt: Schließlich stimmte der Medizinmann meiner Forderung zu, »saying ›he would open the Gate of Distance, and would travel through it, even although his body should lie before me.‹ . . . The doctor then made eight little fires – that being

the number of my hunters; on each he cast some roots, which emitted a curious sickly odour and thick smoke; into each he cast a small stone, shouting, as he did so, the name to which the stone was dedicated; then he ate some ›medicine‹, and fell over in what appeared to be a trance for about ten minutes, during all which time his limbs kept moving. Then he seemed to wake, went to one of the fires, raked the ashes about, looked at the stone attentively, described the man faithfully, and said: ›This man has died of the fever, and your gun is lost.‹ To the next fire as before: ›This man‹ (correctly described) ›has killed four elephants‹, and then he described the tusks . . . I took a particular note of all this information at the time, and to my utter amazement it turned out correct in every particular.« (A. Lang: *The Making of Religion*, London 1898, S. 75 f., verzerrt ›zitiert‹ bei E. Bozzano: *Übersinnliche Erscheinungen bei Naturvölkern*, Bern 1948, S. 89 f., einem notorisch unzuverlässigen Autor. Cf. auch ferner V. W. Turner: »The Waters of Life«, in *Religions in Antiquity*, Leiden 1970, S. 510.) Daß nach der britischen Gerichtsbarkeit die Hexen heute frei ausgehen (da es sie ja ›nicht gibt‹), hat unter den Shona einiges Entsetzen hervorgerufen. Cf. M. Gelfand: *Witch Doctor*, London 1964, S. 48. Für gewöhnlich sind nicht allein die Richter, sondern auch die Ethnologen unwillig, Aussagen wie die der drei Shona-Frauen ernstzunehmen. Cf. etwa R. A. LeVine: »Witchcraft and Sorcery in a Gusii Community«, in *Witchcraft and Sorcery in East Africa*, London 1963, S. 230 oder M. D. Sahlins: *Tribesmen*, Englewood Cliffs 1968, S. 109.
Die klassische Erklärung hat Altmeister Evans-Pritchard abgegeben: »A witch cannot do what he is supposed to do and has in fact no real existence.« (E. E. Evans-Pritchard: »Witchcraft«, *Africa* 1935, S. 418 und ders.: *Witchcraft, Oracles and Magic Among the Azande*, Oxford 1937, S. 119, ferner J. D. Krige: »The Social Function of Witchcraft«, *Theoria* 1947, S. 9.) Interessant ist die diesbezügliche Ambivalenz bei vielen afrikanischen Wissenschaftlern. Mbiti beispielsweise schreibt zunächst, daß es natürlich keine wirklichen Hexen gebe. Doch im nächsten Augenblick gibt er zu bedenken, daß es »Hexen« gebe, die sich, ohne es zu wollen, nachts träfen, Erfahrungen austauschten und Pläne schmiedeten; aber es ist ihm nicht ganz wohl dabei, und er lenkt wieder ein, indem er konzediert, daß »seine Information« nach »freier Erfindung«

klänge. Cf. J. S. Mbiti: *Afrikanische Religion und Weltanschauung*, Berlin 1974, S. 257. Eine ähnliche Haltung findet man bisweilen bei Gelehrten in den sogenannten sozialistischen Gesellschaften. So schreibt etwa V. Diószegi (*Tracing Shamans in Sibiria*, Oosterhout 1968, S. 72): »I have absolutely no faith in the supernatural power of the shaman and no faith in his spirits ... And still ...« M. Douglas (»Thirty Years After ›Witchraft, Oracles and Magic‹«, in *Witchcraft, Confessions and Accusations*, London 1970, S. XXXIV) meint vorsichtig, derlei Dinge seien »difficult to understand within the terms of our analysis«, womit sie die Sache auf sich beruhen läßt. Regelrechte Hexenorganisationen scheint es noch bis in unsere Zeit hinein in Ungarn gegeben zu haben. Cf. T. Körner: »Die ungarischen Hexenorganisationen«, *Ethnographia* 1969, S. 211. Deren Mitglieder rieben sich mit einem »Zauberfett« ein, um fliegen zu können. V. Klein (»Der ungarische Hexenglaube«, *Zeitschrift für Ethnologie* 1934) berichtet in ihrem hochinteressanten, aber leider völlig unbeachtet gebliebenen Artikel, eine Hexe aus Szeged, Kornelia néni, habe ihr erzählt, daß sie »oft die Hexenversammlung auf dem St. Gellértberg« besucht hätte. »Auf diesen Versammlungen verhandelte man über schwierige Fälle der Praxis, man betete gemeinsam. Man gab sich auch dem Vergnügen hin: man tanzte, man sang ›und anderes‹. Was unter diesem ›anderen‹ zu verstehen sei, darüber schwieg sich Kornelia néni hartnäckig und beharrlich aus.« (A.a.O., S. 396.) Während ihrer Lehrzeit mußte Kornelia nachts zwischen 11 und 1 Uhr auf den Hof einer alten Hexe, ihrer Lehrmeisterin, kommen. Diese zog einen Kreis um sie und zitierte allerlei »Erscheinungen« herbei: »Diese Erscheinungen waren die Hexen der Gegend in Gestalt von Stieren, Katzen, Löwen usw. mit riesengroßen Augen und von furchtbarem Aussehen. Kornelia néni hatte nur das erstemal Angst, die sie aber verbarg, da die Erscheinungen in dem Augenblick, in welchem sie vor Schrecken die Flucht ergriffen hätte und aus dem Zauberkreis herausgetreten wäre, Gewalt über sie bekommen hätten.« (A.a.O., S. 381.)

5 Cf. G. Róheim: »Witches of Normanby-Island«, *Oceania* 1948, S. 282, 287, 288 f. Die Hexe fällt in Trance, und nach der Auffassung der Eingeborenen fliegt ihre »Seele« *(yaru-yarua)* weg.

6 Cf. auch J. C. W. Moehsen: *Geschichte der Wissenschaften in der Mark Brandenburg, besonders der Arzneiwissenschaft*, Berlin 1781,

S. 440. J. Brunnemann (*Discours Von betrüglichen Kennzeichen der Zauberey*, Halle 1727, S. 58) behauptet zwar, daß aus »inquisitionalactis« hervorgehe, daß Frauen Salben aus »Bilsen-Samen, Opio, Nachtschatten« usw. eingerieben hätten. Es steht aber eher zu vermuten, daß er diese Angaben aus den Werken von Weier, Porta und anderen hat. Wenn überhaupt in Hexenprozeßakten auf Nachtschattengewächse geschlossen werden kann, dann meist nur im Zusammenhang des Schadenzaubers. So bekannte etwa im Jahre 1611 in der Nähe des steirischen Leibnitz die Zauberin Lenggo Frauhelmbin, sie habe einen Nachbarn mit dem Saft einer schwarzen Beere »sinnlos« gemacht, wobei man wohl an die Tollkirsche denken darf. Cf. F. Byloff: *Hexenglaube und Hexenverfolgung in den österreichischen Alpenländern*, Berlin 1934, S. 69. In einem Schwyzer Hexenprozeß im Jahre 1571 erklärte ein Bub den Richtern, »sin muter hab Jnn geleert lüth leemen mit einem salb, so uß krüteren gemacht«. (A. Dettling: *Die Hexenprozesse im Kanton Schwyz*, Schwyz 1907, S. 12, ferner O. Heilig: »Zur Kenntnis des Hexenwesens am Kaiserstuhl«, *Zeitschrift des Vereins für Volkskunde* 1904, S. 416.) Bilsenkrautsamen wurde allerdings bisweilen höchstwahrscheinlich von den Henkern zur Betäubung der Opfer verwendet. So heißt es etwa in einer Luzerner Apothekerrechnung an die Stadt im Jahre 1570: »met 8 schilling vmb bilsamsamen so des Henckers knecht vff 12 July durch Geheiss geben«. (Zit. n. E. Gerhard: *Beiträge zur Geschichte einiger Solaneen*, Colmar 1930, S. 39.) Natürlich gilt es hierbei zu bedenken, daß solche Bilsenkrautsamen auch für andere Zwecke Verwendung fanden, zumal die Henker jener Zeit Heiltätigkeiten ausübten. Cf. W. D. Hand: »Hangmen, the Gallows, and the Dead Man's Hand«, in *Medieval Literature and Folklore Studies*, New Brunswick 1970, S. 324. E. Stahl / R. Kunde (»Pflanzliche Rauschgifte und ihre Erkennung«, in *Themen zur Chemie, Toxikologie und Analytik der Rauschgifte*, Heidelberg 1975, S. 10) erwähnen – allerdings ohne Quellenangabe – daß im Mittelalter Nachtschattenpflanzen als »Wahrheitsdrogen« zur Erlangung von Geständnissen eine Rolle gespielt hätten. Leider erhielt ich auf Anfrage bei Prof. Stahl keine Auskunft über die Quelle. Zudem bin ich mir nach eigenen Erfahrungen mit Nachtschattendrogen nicht sicher, ob sie für einen solchen Zweck geeignet sind. Auch Montanus (*Die deutschen Volksfeste, Volksbräuche und deutscher Volksglaube*,

Iserlohn o. J., S. 145) behauptet, das Johanniskraut *(Hypericum perforatum)* sei hierfür verwendet worden, aber auch er belegt dies nicht. Im Fränkischen war es ausdrücklich verboten, den Hexen zur Erleichterung ihrer Qual bei der Folter Opiumtränke einzuflößen. Cf. W. Reubold: »Geschichtliche Notizen über Gerichts- und Gefängnislokale zu Würzburg«, *Archiv des Historischen Vereins zu Würzburg* 1901, S. 203 f. nach F. Merzbacher: *Die Hexenprozesse in Franken*, München 1970, S. 147. Daß zumindest in späteren Zeiten mitunter »Wahrheitsdrogen« benutzt wurden, geht indessen aus § 6 des 58. Artikels der *Constitutio Criminalis Theresiana* hervor, in dem den Richtern verboten wird, die Delinquenten mit Drogen zum Sprechen zu bringen. So wird die »Eingebung eines Getränks, oder Beschmierung mit allerhand Salben zu vermeintlicher Auflösung einer vom Teufel verursachten Verstockung« untersagt. (Zit. n. einer Abschrift, die mir liebenswürdigerweise Prof. Annelies Lägreid zur Verfügung stellte.) Ferner ist das Bilsenkraut offenbar auch zum Hellsehen verwendet worden. So geht beispielsweise aus der Urgicht der Puisterflickerschen im Jahre 1648 hervor, daß diese einem Bauern, dem ein Ochse abhanden gekommen war, neun »Bilsenknöpfe« gegeben habe, damit er das Tier wiederfinde. Cf. W. Hartmann: *Die Hexenprozesse in der Stadt Hildesheim*, Hildesheim 1927, S. 52.

7 W. Crecelius: »Auszug aus hessischen Hexenprocessacten«, *Zeitschrift für deutsche Mythologie und Sittenkunde* 1855, S. 65 f. Der Rainfarn *(Chrysanthemum vulgare)* enthält ein Alkaloid und ein stark wirkendes ätherisches Öl. Seine Blätter werden in der Volksheilkunde gegen Schwindel und Fallsucht verwendet, können aber bei hoher Dosierung zu Lähmung und Bewußtlosigkeit führen. Das narkotische Hahnenfußgewächs Schwarze Nieswurz (*Helleborus niger*) führte im Mittelalter häufig zu Vergiftungen, da sein Wurzelstock zwei Glykoside, Helleborein und Hellebrin, enthält, die dem Krötengift Telocinobufagin ähneln und digitalisähnlich auf das Herz einwirken. Melampus heilte mit der Nieswurz die Proetiden, die wegen der Mißachtung einer Bildsäule der Hera im Wahnsinn auf den Feldern umherirrten und sich wie Kühe gebärdeten. Cf. J. B. Friedrich: *Die Symbolik und Mythologie der Natur*, Würzburg 1859, S. 260. Außer der Angabe der Agnes Gerhardts habe ich in Hexenprozeßakten fast nirgends Giftpflanzen als Bestandteile von Hexen-

salben erwähnt gefunden. Lediglich im 14. Jahrhundert gab eine Anne-Marie de Georgel an, ein riesiger Ziegenbock habe ihr giftige Pflanzen gezeigt (cf. J. C. Baroja: *Die Hexen und ihre Welt*, Stuttgart 1967, S. 110), und im Jahre 1651 gab eine Frau zu Protokoll, eine mutmaßliche Hexe habe ihr »etliche bittere Mandeln gegeben, welche sie alsbald essen, aber etliche kauen, und auf einen Tuch wieder speyen, und sich damit musseln (einschmieren) müssen, selbigen Abend wäre sie krank worden, und hätte die schwere Noth gekriegt«. Auf die Frage, ob der Teufel ihr beigeschlafen habe, antwortete sie: »Sie wüßte nicht anders, als daß es geschehen, müßte in der Krankheit, so sie bishero für die schwere Noth gehalten, geschehen seyn. Sie könnte aber nicht sagen, wie ihr unterdessen zu Muthe wäre, sondern wäre, als wenn sie schliefe; Wenn sie aber zu ihr selbst wieder käme, wäre es, als wenn sie mit Knüppeln geschlagen wäre.« (Zit. n. G. C. Horst: *Zauber-Bibliothek*, Bd. VI, Mainz 1826, S. 209, 213.) Nach den Symptomen zu urteilen, könnte es sich bei den »bitteren Mandeln« um Nachtschattenbeeren gehandelt haben. Von schwedischen Hexen heißt es, sie hätten Gift von Blumen und Kräutern gelesen und hätten zu ihren Salben Krötenfett und Schlangenschaum getan. Cf. K. Heckscher: *Die Volkskunde des germanischen Kulturkreises*, Hamburg 1925, S. 110. Allerdings ist bei dieser Angabe nicht gesichert, daß sie aus Prozeßakten stammt. Gebratene Kröten und Krötenschleim tauchen immer wieder, freilich meist in Sagen und in der Volksüberlieferung als Ingredienzien auf. Cf. A. Wittmann: *Die Gestalt der Hexe in der deutschen Sage*, Bruchsal 1933, S. 13. Im Hautsekret der Kröten ist die Indolverbindung Bufotenin enthalten, aber dessen »halluzinogene« Eigenschaften sind in der pharmakologischen Literatur umstritten. Cf. N. Alger: »Comment on ›The Influence of Psychotropic Flora and Fauna on Maya Religion‹«, *Current Anthropology* 1974, S. 153. R. Ludewig / K. Lohs (*Akute Vergiftungen*, Stuttgart 1971, S. 181) hingegen meinen, die Haut der Gemeinen Erdkröte *(Bufo bufo)* und die der Wechselkröte *(Bufo viridis)* enthielten halluzinogen wirkende Sterine. Auch von der Haut des Feuersalamanders heißt es, daß sie zwei hochgiftige Alkaloide, Samandrin und Samandaridin enthielte. Cf. O. v. Hovorka/A. Kronfeld: *Vergleichende Volksmedizin*, Bd. I, Stuttgart 1908, S. 369. Auch als Heilmittel verwendete man einst – allerdings verbrannte – Kröten: »Ob wohl die kroth vergifft ist /« schrieb Albertinus 1612 in seinem Buch *Der welt tummel- vnd schawplatz*, »jedoch wann sie zu Aschen verbrent ist worden / verlieret sie die krafft deß Giffts / vnd wird artzneyisch.« (Cf. H. Bächtold-Stäubli: »Kröte«, in *Handwörterbuch des deutschen Aberglaubens*, Bd. V, Berlin 1933, Sp. 619.) »Adders grease« soll nach einem Text aus dem Jahre 1601 »cause all the russhes strawed in the parlour, to seeme as if they were crawling snakes.« Ein gewisser Whitehead gab vor, »that he coude turne all the rushes in a Roome into spirites and serpentes«. (Zit. n. G. L. Kittredge: *Witchcraft in Old and New England*, New York 1929, S. 144.) Bekannt sind die Sagen, in denen der Held nach dem Genuß einer weißen Schlange die Sprache der Vögel versteht. Im *Fafnismal* versteht Sigurdr nach dem Genuß des Blutes des Lindwurms (Schlange) Fafnir die Sprechmeisen, und dem Melampus leckten zu eben dem Zwecke Schlangen die Ohren aus. Cf. R. T. Christiansen: *The Migratory Legends*, Helsinki 1958, S. 39 f. Wie etwa A. Puharich (*The Sacred Mushroom*, Garden City 1974, S. 94 f.) meint, scheint sich Bufotenin auch in den Samen und den Blättern der Mimose *Ahadenantera peregrina*, aus der früher die Schnupfdroge Cohoba hergestellt wurde, sowie im Panther- und im Fliegenpilz zu befinden, wobei letzteres umstritten ist. Cf. C. H. Eugster: »Über den Fliegenpilz«, in *Neujahrsblatt der Naturforschenden Gesellschaft in Zürich*, Zürich 1967, S. 34. Die erwähnte Mimose ist ein Gewächs, von dem bereits Christoph Kolumbus berichtete und das nach B. de las Casas (*Apologética historia de las Indias*, Bd. I, Madrid 1909, S. 138 f., 445) die Bewohner der Antillen zu sich nahmen, um den Teufel um Rat zu fragen, bis sie wirres Zeug redeten, »ó como alemanes, confusamente«. In früheren Zeiten scheinen Kröten auch von den Maya verwendet worden zu sein. So berichtet ein englischer Reisender: »Sie thun erstlich ein wenig Wasser in den Krug / dann füllen sie ihn mit Safft von Zuckerröhren / oder ein wenig Honig / damit der Tranck süsse werde / und ihn starck zu machen / thun sie Toback-wurtzeln und Blätter / und sonst andere Wurtzeln / welche da zu Lande wachsen / und die sie wissen / daß sie dergleichen Wirckung haben / dazu. Ich habe selbst an unterschiedenen Orthen gesehen / daß sie eine lebendige Kröte dazu hinein geworffen haben. Hierauff wird das Gefässe zugemacht / und sie lassen dieses alles funffzehen Tage oder einen Monat lang miteinander jähren / biß alles wol durcharbeitet / die Kröte gantz verweset / und der Tranck die verlangte Stärcke bekommen hat.« (T. Gage: *Neue merckwürdige Reise-Beschreibung nach Neu Spanien*, Leipzig 1693, S. 307 f.) Auch heute noch scheinen sich guatemaltekische Indianer mit Krötenhaut einzureiben (cf. N. M. Hellmuth: »Comment«, a.a.O., S. 155, P. T. Furst: »Comment«, a.a.O., S. 154, G. Tessmann: *Die Pangwe*, Bd. II, Berlin 1913, S. 145.) M. Barnard (*The Mythmakers*, Athen 1966, S. 24) behauptet, daß im alten China Bufotenin aus Krötendrüsen extrahiert worden sei, um Rauschdrogen herzustellen, aber sie führt keine Belege an. Der Pharmakologe Alger meint, daß ein Kröten-Gebräu eher ein ›one-way-ticket‹ zum Friedhof sei, was auch Gage bestätigt, der berichtet, daß Todesfälle besonders dort vorkämen, wo die Indianer »Kröten hinein thun«. Wie Tessmann schreibt, werden bei den Fang zerriebene Kröten insbesondere zu Giftmorden verwendet.

8 J. Weier: *Von den Teuffeln / Zaubrern / Schwartzkünstlern / Teuffellsbeschwerern / Hexen oder Vnholden vnd Gifftbereitern*, Frankfurt/M. 1575, S. 435 f. In Weiers Quelle Cardan liest sich dies so: »Iuuantur ergo ad haec unguento, quo se totas perungunt. Constat ut creditur puerorum pinguedine è sepulchris eruta, succis que apij aconiti que tum pentaphylli siligine que.« (H. Cardanus: *De subtilitate*, Basel 1554, S. 500.) Es mag sein, daß Weier auch von seinem berühmten Lehrer schöpft. Denn dieser rät zu einem Rauch aus Koriander, Eppich, Bilsenkraut und Schierling, um die Dämonen augenblicklich zu versammeln. Cf. H. C. Agrippa v. Nettesheim: *Magische Werke*, Bd. I, Stuttgart 1855, S. 198 f. An der Zusammenstellung Weiers orientiert sich offensichtlich die mittlerweile klassische Schilderung der Vorbereitung des Hexenfluges bei D. Merezkowskij: *Leonardo da Vinci*, Berlin 1928, S. 121, der, wie es scheint, auch De Lancre verwertet hat. Weier führt noch ein »Öl« an, das aus folgenden Ingredienzien besteht: »Rect. Semin. lolij, hyoscyami, cicutae, papaueris, rubei & nigri, lactucę, portulacae, ana part. iiij. Semin. fabae inuersę part. j. Ex his omnibus fiat oleum secundū artis legem, & pro qualibet vncia iustius olei misceatur. Scrup. I. opij Thebaici. Hinc sumatur scrup. vel. I. S. & duorum dierum subse quetur somnus.«

9 F. Bacon: *The Works*, Bd. II, London 1876, S. 664.

10 Zit. n. J. Tomeo/J. M. Estadella: *La brujeria y la supersticion en*

cataluña, Barcelona 1963, S. 31. Die Autoren schreiben, das katalanische Hexensalbeningredienz par excellence sei die Raute, das *herbe de bruixa* gewesen.

11 J. Valvasor: *Ehre des Herzogthumes Crain*, Bd. I, Laibach 1689, S. 359. Cf. auch ferner E. Richter: »Der nacherlebte Hexensabbat«, *Forschungsfragen unserer Zeit* 1960, S. 99. Ähnliche Salben, in denen auch der Taumellolch erwähnt wird, jedoch ohne Quellenangabe, zitiert G. W. Gessmann: *Die Pflanze im Zauberglauben und in der spagyrischen Heilkunst*, Berlin 1922, S. 158 f. Pierre de Lancre (*Wunderbahrliche Geheimnissen der Zauberey*, o. O. 1630, S. 21 f.) schreibt: »Ettliche sagen daß die salbe machet / das die Häxen gleichsam erstarret sindt / vnd sie kühn zu machen das sie durch die Lufft fliegen / auch in finstere Nachten / dann der Teuffel menge etliche Sachen darunter / die schlaffende Leuth machen / als Mandragora / vnd den Stein Memphite.« Francesco-Maria Guazzo erwähnt im Jahre 1626 Tollkirsche, Taumellolch, Mandragora, Bibergeil und Mohn. Cf. R. H. Robbins: *Encyclopedia of Witchcraft and Demonology*, New York 1959, S. 366. J. C. Frommann (*Tractatus de fascinatione*, Nürnberg 1675, S. 764) nennt »Opium, crocus, storax, vinum, cicuta (also Shakespeares ›root of hemlock digg'd i the dark‹), coriander«, und Porta »eleoselinum, aconitum, frondes populneas, et fuliginem. Vel Aliter sic: Sium, acorum vulgare, pentaphyllon, vespertilionis sanguinem, solanum somniferum et oleum«. (I. B. Porta: *Magiae naturalis*, Amsterdam 1561, S. 85, in der Ausgabe Lugdum 1561, S. 180.) »Vel eleoselini succo, populnearum nouellarum frondium, acori vulgaris, solani hortensis, stramonij, aconito, maximéque viridantium tempora perunxeris, collum vel iugulum, per quem venae ascendunt soporiariae, loca vbi maximè venae sunt cospicuae, manibus pedibúsque.« (A.a.O., S. 84 bzw. 178.) »Von der Hexen-Salbe muß ich noch was gedenken: Es bestehet aber dieselbe laut der Parlements Acte aus folgenden Stücken: als aus der Alraun-Wurzel, weissen Bi(l)sen Saamen; dem Taubkorn oder Mäusekorn Saamen; dem Schierling; aus den Nachtschatten Beern; aus Tachs- und Fuchs-Schmalz, mit Mag-Saamen-Saft vermischt.« (J. F. Rübel: *Systematische Abhandlung von denen fast allgemein eingerissenen Irrthümern betreffend die Besizung vom Teufel*, o. O. 1758, S. 136.) »Und die salbe wirt dewffelisch gemacht«, schreibt Matthias Widman von Kemnat, Chronist und Hofkaplan Friedrichs des Siegrei-

chen von der Pfalz im 15. Jahrhundert, »von der feistichkeit der kinde, die gebraten vnd gesodten sein vnd mit andern vergiften dingen, als schlangen, eidessen, krotten, spinnen.« (Zit. n. H. Wirth: »Hexenverbrennung zu Heidelberg«, *Archiv für die Geschichte der Stadt Heidelberg* 1868, S. 107.) M. J. Praetorius (*Blockes-Berges Verrichtung*, Leipzig 1668, S. 301) spricht von »Mohn / Nachtschatten / Sonnenwendel / Schirling und dergleichen« und nennt als Quelle Paracelsus, bei dem ich allerdings lediglich die Angabe von Katzenschmalz, Wolfsschmalz, Eselsmilch und ähnlichem gefunden habe. Cf. T. Paracelsus: *Opera*, Bd. II, Straßburg 1616, S. 259. »Bilsen- und Napellenkraut« erwähnt J. S. Halle (*Magie, oder, die Zauberkräfte der Natur*, Bd. I, Berlin 1784, S. XXXIII). Die Flugsalbe (*repülö zsir*) der ungarischen Hexen, die unter anderem *szép asszonyok*, »schöne Frauen« genannt wurden, wurde angeblich aus dem Fett von in der Woche vor dem Georgstag gefangenen, soeben aus dem Winterschlaf erwachten Fledermäusen gewonnen und in die Fußsohlen eingerieben. Genannt werden zudem noch Eingeweide ungetaufter Kinder, Mutterkuchen, Nachtschatten und Ruß. Cf. H. v. Wlislocki: *Aus dem Volksleben der Magyaren*, München 1893, S. 90 f., 115 f., 140. Nach G. Róheim (*Die Panik der Götter*, München 1975, S. 246) schmierten sich die Ungarinnen Fußsohlen, Hände und Achselhöhlen mit einer Salbe aus Krötenfett, nach V. Klein (a.a.O., S. 385) Schläfen, Rücken und die Schlagadern mit einer »gewissen giftigen Pflanze«, vermutlich Bilsenkraut. In Kärnten heißt es im Jahre 1673, die Hexensalbe werde aus »Hittrich« (Hüttenrauch, Arsenik) und »Donnerstrahlen« hergestellt, worunter vielleicht Spießglanz oder Bergkrystall zu verstehen ist. Cf. Byloff, a.a.O., S. 105, K. Reiterer: *Ennstalerisch*, Graz 1913, S. 100. Im 2. Kapitel seines Buches *De la lycanthropie, transformation et extase des sorciers*, Lyon 1591, nennt der Arzt Jean de Nynauld »la racine de la belladona, morelle furieuse, sang de chauue sourris, d'huppe, l'aconit, la berle, la morelle endormante, l'ache, la suye, le pentaphilon, l'acorum vulgaire, le persil, fueilles du peuplier, l'opium, l'hyoscyame, cyguë, les especes de pavot, l'hyvroye, le synochytides, qui fait voir les ombres des Enfers, c'est-à-dire les mauvais esprits, comme au contraire l'anachitides faict apparoir les images des sancts anges . . .« (Zit. n. M. Préaud: *Les sorcières*, Paris 1973, S. 34, cf. auch A. J. Clark: »Flying

Ointments«, in *The Witch Cult in Western Europe*, London 1921, S. 279.) Nynaulds Schrift *Les ruses et tromperies du Diable*, 1611 in Paris erschienen, die ein Kapitel über »la composition de leurs onguens« enthält (nach R. Yve-Plessis: *Essai d'une bibliographie française de la sorcellerie*, Paris 1900, S. 126), ebenso wie die 1674 in Basel erschienene *Magiologia* des Schweizer Pfarrers B. Anhorn von Hartwiss, die gleichfalls Salbenrezepte enthalten soll, waren mir leider nicht zugänglich. Nach Nynauld stellten die Hexen aus den angeführten Mitteln »huyles ou onguents« her, und »ils s'en oignent toutes les parties du corps, afin que les pores estans ouverts et relaxez«. »Ce n'est donc merveille si apres s'estre frotees toutes les parties du corps jusques à rougir, et apres ointes d'un tel onguent, il leur semble (à quoy leur ayde leur fole croyance et intention) estre portees en l'air à mesure que l'onguent penetre et monte au cerveau.« Meines Erachtens sehr dubiose Rezepte ohne Quellenangabe finden sich bei C. Seignolle: *Les évangiles du diable*, Paris 1964, S. 319. Aphrodisische Salben (*fattura d'amore*) aus Mandragora-Wurzel, Bilsenkraut, Schwarzem Nachtschatten, Stechapfel usw. sind heute noch im südlichen Italien in Gebrauch. Cf. M. Risso/W. Böker: »Delusions of Witchcraft«, *British Journal of Psychiatry* 1968, S. 966 f. Nördlich der Alpen wird in diesem Zusammenhang auch oft das Eisenkraut erwähnt. Cf. M. Busch: *Deutscher Volksglaube*, Leipzig 1877, S. 149. Die Kräuter, die im übrigen im Volke »Hexenkräuter« genannt werden, tragen diesen Namen meist nicht, weil die Erinnerung sie mit irgendwelchen Hexensalben verbände, sondern beispielsweise, weil ihre zerzausten Fruchtstände an die wirren Haare der Hexen erinnern; oder der Wurmfarn heißt vermutlich wegen seiner flügelähnlichen Wedel »Hexeflitch« oder »Drudafeddara«. Cf. H. Marzell: »Hexen und Druden in deutschen Pflanzennamen«, *Bayerisches Jahrbuch für Volkskunde* 1962, S. 108, 110. Inwieweit viele der erwähnten Rezepte auf wenige zurückgeführt werden können, ist heute schwer zu entscheiden. Fast ganz unmöglich ist es, herauszufinden, aus welchen Quellen die Originalrezepte sind oder ob manche von ihnen ziemlich aus der Luft gegriffen wurden. Zumindest bei Leuten wie Porta, Paracelsus und wohl auch bei Cardan hat es den Anschein, daß sie ihre Auskünfte von Nachtfahrenden oder Kräuterfrauen selber hatten. Daß einer von ihnen einmal selber eine solche Salbe ausprobiert hätte, scheint fast außerhalb des Denkbaren gewesen zu sein. Cf. W. Shumaker: *The Occult Sciences in the Renaissance*, Berkeley 1972, S. 78. Von Gassendi wird erzählt, er habe gegenüber einem Schäfer, der »ein bestimmtes Mittel« zu sich nahm, so getan, als ob er dieses Mittel gleichfalls einnehme. Der Schäfer schlief nach wenigen Minuten ein »und redete im Traum tausenderlei Narrheiten«. Als er nach vier bis fünf Stunden erwachte, »beglückwünschte er Gassendi, der neben ihm auf der Erde am Kamin lag, über die gute Aufnahme, die Gassendi gleich das erstemal beim Bock gefunden habe«. Cf. M. Perty: *Die mystischen Erscheinungen der menschlichen Natur*, Leipzig 1861, S. 378. Der Autor gibt als Quelle die »Lettres Juifs« des Marquis d'Argent an, die mir nicht zugänglich waren. Baroja (a.a.O., S. 230 f.) erzählt die Geschichte anders. Ich habe die Gesammelten Werke Gassendis überflogen, konnte sie aber darin nicht entdecken. Vielleicht hat es während der Renaissance in ganz seltenen Fällen doch Selbstversuche gegeben, denn R. Scot (*The Discouerie of witchcraft*, London 1584, S. 186) glaubte aus folgendem Grund nicht an die Salben-Wirkung: »It were maruell, that when a stranger is annointed therewith, they haue sometimes, and yet not alwaies, the like operation as with witches.« H. Boguet schreibt im Jahre 1590, daß Leute, die keine Hexen gewesen seien, mit Hilfe der Salbe aus dem Kamin geflogen waren. Cf. G. Parrinder: *Witchcraft: European and African*, London 1958, S. 45. Einen der ersten beglaubigten Selbstversuche, und zwar mit dem gefährlichen Sturmhut, unternahm im 17. Jahrhundert Babtista von Helmont. Cf. J. Ennemoser: *Geschichte der Magie*, Leipzig 1844, S. 913 f. Hexensalben scheint es in der Volkstradition im engeren Sinne nicht mehr zu geben. Verschiedene der oben angeführten Kräuter begegnen uns jedoch beispielsweise in einem »grossen hexen Rauch« aus dem 17. Jahrhundert, jedoch »*contra* maleficia«. Unter anderem werden genannt: »Cromitper vnd staudn« (Wacholder), »Dullkraut« (Bilsenkraut), »Eisen krautt«, »fahrn krautt«, »Griener hanif« (*Cannabis sativa*), »Nachtschaden«, »ollmäger sammen« (*Papaver somniferum*), »Polley« (*Mentha pulegium*), »Rauten«, »Reinfahrn«, »schellkraut«, »Venus harr«. (L. Fischer: »Ein ›Hexenrauch‹«, *Bayerische Hefte für Volkskunde* 1917, S. 199 ff.) »Ein anderes Cataplasma oder Umschlag-Müßlein zum Haupt in der Zauber-Raserey: Man nehme klargestoßenen weißen Magsamen, Bilsensamen, von jedem anderthalb

Quintl, die äußere Schale von der Allraunwurz 2 Quintl, Opium oder Schlafsaft 15 Gran, Safran 6 Gran, Kühmilch, soviel als nöthig. Daraus mache man über dem Feuer ein Müßlein und lege es warm über.« (A. Glorez: *Eröffnetes Wunderbuch*, Regensburg 1700, S. 454.)

12 J. Harttliepp: *Puch aller verpotten Kunst*, Halle 1914, S. 20. An dieser Mischung orientiert sich offensichtlich folgende Anleitung, die H. B. Schindler (*Der Aberglaube des Mittelalters*, Breslau 1858, S. 160) zitiert: »Mondkraut, Maiträubchen *(Osmunda lunaria)*, am Montag geschnitten (cf. hierzu H. Marzell: »Die Mondraute als Kraut des Mondes«, *Schweizer Archiv für Volkskunde* 1931, S. 60 ff.), Eisenkraut *(Verbena officinalis)*, Dienstag gesammelt, Godeskraut (*Mercurialis perennis*), Mittwoch gepflückt, Hauslaub, Donnerbart oder Godesbart *(Sempervivum tectorum)*, Donnerstag geholt, Liebfrauenhaar *(Adianthum capillus veneris)*, Freitag gebrochen, Sonnenwende *(Heliotropium Europaeum)* Sonnabend, und Bilsenkraut, Elfenkraut *(Hyoscyamus niger)*, Sonntags eingebracht nebst Tollkraut *(Atropa belladonna)* und Sturmhut *(Aconitum camarum)*.« Hier scheint das Rezept Harttliepps mit einem anderen Rezept kombiniert worden zu sein.

13 Hierauf deutet meines Erachtens auch die immer wiederkehrende Angabe, die ›Hexen‹ hätten ihre Salbe weggeworfen. Cf. z. B. M. R. Buck: »Hexenprocesse aus Oberschwaben«, *Alemannia* 1882, S. 130 und G. Olgiati: *Lo sterminio delle streghe nella Valle Poschiavina*, Poschiavo 1955, S. 86. Die Existenz einer Salbe gehörte nun einmal zu dem, was die meisten Richter stereotyp voraussetzten, und fand sie sich bei der Durchsuchung der Wohnungen der ›Hexen‹ nicht, so mußte sich diese Tatsache erklären lassen. Aber warum legte man auf die Existenz einer solchen Salbe einen so großen Wert, wenn man ihr gleichzeitig alle ›halluzinogenen‹ Wirkungen absprach? Das Einreiben mit Salben kannte man vor allem aus Augenzeugenberichten über nachtfahrende Weiber, und es galt vermutlich als ein Indiz für Authentizität. Die Funktion der Hexensalbe wurde z. B. damit erklärt, daß die Hexen »das harte grausame und unbarmherzige Angreiffen des Teufels nicht koennen ertragen / darum so erhartet er durch dieses Oel ihre Glieder«. Als Haupterklärung diente indessen: »Sonst thut er es auch darum / damit er gleich / als ein Affen-Spiel die Goettlichen Sacramenta vorbilde.« (Praetorius, a.a.O., S. 422.) Ähnlich meint Del Rio, die Salbe werde verwendet, »pour imiter les

Sainctz et sacrez sacrements de l'Eglise et plausiblement acquérir plus de respect et de révérence à ses abominables mystères«. (Zit. n. M. Garçon/J. Vinchon: *Le diable*, Paris 1926, S. 94) Der Flug wurde später geradezu »Schmierfahren«, die ›Hexen‹ selber »Schmiervoegel« oder »Schmaltzfluegel« genannt. Cf. A. Praetorius: *Von Zauberey vnd Zauberern*, Frankfurt/M. 1629, S. 34, 37.

14 Es ist mir unverständlich, wie N. Cohn (*Europe's Inner Demons*, London 1975, S. 220) sagen kann, daß es direkte Augenzeugenberichte nicht gebe.

15 Der »Cognitor publicus Peinlicher Sachen« im Dienste des Herzogs von Lothringen schreibt: »Barbelina Rayel sagt / wie sie offtmals auff dieser Fahrt were so gar abgemartert wordẽ / dz sie / nach dem sie widerumb zu Hauß kommen / drey gantzer Tag zu Bett liegen müssen / ehe sie auff einem Fusse hette stehen mögen.« (N. Remigius: *Daemonolatria / Das ist / Von Vnholden vnd Zauber Geistern*, Frankfurt/M. 1598, S. 168.) Eine andere Frau berichtet, daß sich auf dem Rückflug »ein solcher Wind vmb sie her« erhoben habe, »daß sie schwerlich Athem schöpffen mocht / vnnd bey nahe daruon erstickt«. (A.a.O., S. 110.) Zumindest über Schwindel und große Müdigkeit am nächsten Tag klagten viele der Frauen. Cf. C. Meyer: *Der Aberglaube des Mittelalters und der nächstfolgenden Jahrhunderte*, Basel 1884, S. 245. Ähnliches ist bei heutigen Geisterseherinnen zu beobachten: »Weite Reisen in der Ekstase strengten sie besonders stark an. Sie war nachher oft stundenlang erschöpft ... Einmal war sie nach einer derartigen Ekstase eine halbe Stunde lang hysterisch blind. Ihr Gang war schwankend, tastend, sie mußte geführt werden.« (C. G. Jung: *Frühe Schriften*, Bd. I, Olten 1971, S. 28.) Als »Poriomanie« wird jener Zustand bezeichnet, in dem der Betreffende oft lange Zeit herumirrt, einen starken Tanzdrang verspürt, bis er irgendwann vor lauter Erschöpfung umfällt. Cf. J. Schumacher: *Die seelischen Volkskrankheiten im deutschen Mittelalter*, Berlin 1937, S. 13.

16 Solche Frauen hatte wohl auch Pedro Cirvelo in seinem 1556 in Salamanca erschienenen Buch *Reprobación de las supersticiones y hechicerías* im Sinn, wenn er schrieb: »Las brujas no se mueven de sus casas, sino que el diablo las priva de los sentidos y caen en tierra como muertas, y ven en sus fantasías y sueños todo que luego refieren haberles acontecido.« (Zit. n. J. Jiménez Rueda: *Herechías*

y supersticiones en la Nueva España, México 1946, S. 197.) Derartige Berichte ignoriert etwa T. Szasz (*Die Fabrikation des Wahnsinns*, Frankfurt/M. 1976, S. 124) völlig, indem er nicht einmal bereit ist, diesen Frauen ›Halluzinationen‹ zuzugestehen. Für ihn sind alle Aussagen auf der Folter abgepreßte Erfindungen. Ähnlich auch N. Cohn: »The Myth of Satan and His Human Servants«, in *Witchcraft, Confessions and Accusations*, London 1970, S. 12.

17 So in den handschriftlichen *Absoluta Generalia circa Confessionem veneficarum*, dem sogenannten *Kelheimer Hexenhammer* des Jahres 1487.

18 Cf. hierzu L. Mejer: »Hexenthum und Stechapfel«, *Jahresberichte der Naturhistorischen Gesellschaft zu Hannover* 1894, S. 30.

19 Typische Ingredienzien, die in den Akten genannt werden, sind etwa: »schwarzer Farren saamen« (H. Koch: *Hexenprozesse und Reste des Hexenglaubens in der Wetterau*, Gießen 1935, S. 24); in einem »gütlichen Examen« im Jahre 1602 heißt es: »darzue soll sy nemben faulles holz, das bei der nacht scheinet, ein menschen harr, sauporsten, prunwasser, mel ein wenig, ein schmalz und ain oblet.« (F. Byloff: *Volkskundliches aus Strafprozessen der österreichischen Alpenländer*, Berlin 1929, S. 19.) Margreth Thüttinger aus Brittnau gab 1549 zu Protokoll, sie und ihre Gefährtinnen »Ryttends vff stuellinen / die salbettends Mitt Arbonen salb«. (E. Hoffmann-Krayer: »Luzerner Akten zum Hexen- und Zauberwesen«, *Archives suisses des traditions populaires* 1899, S. 310.) Im Volk hieß es, die Münsterländer Hexen rieben sich mit dem Saft des Faulbaumes (*Rhamno cathartica*) ein. Cf. L. Strackerjan: *Aberglaube und Sagen aus dem Herzogtum Oldenburg*, Bd. I, Oldenburg 1909, S. 387. Am Niederrhein werden »Kleuärschchen«, d. h. Johanniskäferchen genannt (Montanus, a.a.O., S. 35), in Portugal der in der Johannisnacht aufgefangene Tau (H. Urtel: *Beiträge zur portugiesischen Volkskunde*, Hamburg 1928, S. 39), in Peru Llama-Fett (A. M. Karlin: *The Death-Thorn*, London 1934, S. 122), in anderen Gegenden Rinderfett, Wachs und etwa eine Gabe Honig (P. Walther: *Schwäbische Volkskunde*, Leipzig 1929, S. 77). Im Jahre 1494 berichtet der Henker in Diensten des Grafen Philipp von Virneburg, er habe folgendes von »frauwen, die zeybery gedrieben« erfahren: »Item attich nemen sie vnd pulueren vnd mischen sie mit dem küchen, daruß machen sie eyn salb vnd faren domit.« (Zit. n. J. Hansen:

Quellen und Untersuchungen zur Geschichte des Hexenwahns, Bonn 1901, S. 594.) Der Attich oder Feldholder (*Sambucus ebulus*) wächst zumeist tief im Wald und gilt mancherorts auch als Irrkraut. Bei der Durchsuchung der Zelle der 1749 hingerichteten Subpriorin des Klosters Unterzell bei Würzburg fand man ihre Schmierhäfen, oder zumindest was man dafür hielt, Zauberwurzeln, Kräuter und den goldgelben Rock, in dem sie angeblich zum »Hexentantz« zu fliegen pflegte. Cf. H. C. Schütze: *Vernunft- und Schriftmäßige Abhandlung von Aberglauben*, Wernigerode 1757, S. 179 f. Normalerweise gaben die ›Hexen‹ an, die Zusammensetzung der Salben sei ihnen unbekannt (cf. etwa J. Schmid: »Ein Hexenprozeß im Landgericht Hollenburg«, *Carinthia* 1965, S. 752), oder es heißt lediglich, wie in einem Bericht über das Autodafé in Logroño im Jahre 1610, der Teufel sei zwei bis drei Stunden vor Mitternacht zu den Hexen gekommen, und »le unta con una agua verdinegra y hedionda, las manos, sienes, pechos, partes vergonçosas«. (Zit. n. G. Zacharias: *Satanskult und Schwarze Messe*, Wiesbaden 1970, S. 56.) Mit einer »unbekannten Flüssigkeit« rieb sich die ukrainische Hexe ein, bevor sie in der Johannisnacht zum Lysaja Gora, dem »Kahlen Berg« flog. Cf. D. Zelenin: *Russische Volkskunde*, Berlin 1927, S. 394. Da die Hexe die Verkörperung alles dessen war, was der Ordnung widersprach, findet man auch oft solch »Widersinnes« als Bestandteil der Hexensalbe, etwa das sogenannte »œuf coquatrie«, das Hahnenei. Im Jahre 1474 wurde auch ein derartiger Hahn in Basel bei lebendigem Leibe verbrannt, weil er des »ruchlosen und unnatürlichen Verbrechens« für schuldig befunden worden war, ein Ei gelegt zu haben. Cf. J. Needham: »Menschliche Gesetze und die Gesetze der Natur«, in *Wissenschaftlicher Universalismus*, Frankfurt/M. 1977, S. 291 f. In modernen angelsächsichen ›Hexensekten‹ werden anscheinend mitunter Salböle verwendet. Nach G. B. Gardner (*Ursprung und Wirklichkeit der Hexen*, Weilheim 1965, S. 50, einem Potpourri wilder Spekulationen) besteht eines aus Eisenkraut oder zerbröckeltem Pfefferminz, die durch ein Tuch gepreßt wurden. Es empfiehlt sich, manchen Angaben moderner Autoren über die Bestandteile von Hexensalben mit Mißtrauen zu begegnen. G. Büscher (*Buch der Geheimnisse*, Frankfurt/M. 1952, S. 202) erwähnt ohne Quellenangabe den Fingerhut (*Digitalis purpurea*), wobei ich vermute, daß der Autor diese Pflanze mit dem Eisenhut verwechselt hat. Der Fingerhut spielt sowohl in der alten Volksheilkunde als auch im Volksglauben keine Rolle, und allem Anschein nach wird er zum erstenmal im Jahre 1542 als Volksheilmittel erwähnt. Cf. C. Posner: »Volkstümliche Mittel in der modernen Medizin«, *Zeitschrift des Vereins für Volkskunde* 1913, S. 379 und H. Marzell: *Wörterbuch der deutschen Pflanzennamen*, Leipzig 1951, S. 130. H. G. Wunderlich (*Die Steinzeit ist noch nicht zu Ende*, Hamburg 1974, S. 369) nimmt an, daß das in den Roggenähren schmarotzende Mutterkorn in den Hexensalben verwendet worden sei. Nichts in den Quellen gibt Anlaß zu dieser Vermutung. Auch daß Extrakte des Flockenstieligen Hexenpilzes *(Boletus erythropus)* verwendet wurden (cf. F.-M. Engel: *Die Giftküche der Natur*, Hannover 1972, S. 396), ist anscheinend ohne Grundlage. I. Strobl (»Wir Hexen«, *Neues Forum*, Mai 1976, S. 61) und H. Freimark (*Okkultismus und Sexualität*, Leipzig 1938, S. 313) erwähnen den Fliegenpilz als Hexensalbeningredienz. Für diese Behauptung gibt es ebenfalls keinerlei Hinweise. In Strobls Quelle (H. Marzell: *Zauberpflanzen und Hexengetränke*, Stuttgart 1963, S. 47) habe ich nichts dergleichen gefunden. Ein anderer bisweilen recht unzuverlässiger Autor, R. v. Ranke-Graves (*The White Goddess*, London 1961, S. 45), meint ohne Beleg, portugiesische Hexen benutzten noch heute den ›halluzinogenen‹ Pilz *Panaeolus papilonaceus*. Zu welchem Zweck, erwähnt er nicht.

20 Ein Augenzeugenbericht aus dem frühen 15. Jahrhundert zeigt, daß es meist nur bei der Frage blieb. So heißt es von einer römischen ›Werkatze‹: »Sy sprach vor dem capitoly vberlautt, hett sy ir salb, sy wöltt hinfarn, o wie gern hett ich vnd maniger curtisan gesehen, das man jr die salb geben hett. da stund vf ain doctor vnd sprach, das jr die salb nit solt geben werden, wann der tuïffel mocht mit gotz verhencknuß groß jrrung machen.« (Harttliepp, a.a.O., S. 21)

21 Bereits im 15. Jahrhundert warf die Inquisition den Waldensern in Arras vor, sie hätten zur Flugsalbe eine mit Hostien gefütterte Kröte, zu Pulver zerstoßene Knochen eines Gehenkten, Kräuter und das Blut kleiner Kinder verwendet. Cf. W. G. Soldan/H. Heppe/M. Bauer: *Geschichte der Hexenprozesse*, Hanau 1912, S. 225. Ähnliches unterstellte man auch den Katharern.

22 Farn wird sehr häufig in Hexenprozessen erwähnt. Cf. H. Mar-

zell: *Die heimische Pflanzenwelt im Volksbrauch und Volksglauben*, Leipzig 1922, S. 32 f. Oft ist es auch das »Irrkraut« der Sage und manchmal heißt es, daß man mit seiner Hilfe die Sprache der Tiere verstehen könne. Cf. P. Drechsler: *Sitte, Brauch und Volksglaube in Schlesien*, Leipzig 1906, S. 206 und A. V. Rantasalo: *Einige Zaubersteine und Zauberpflanzen im Volksaberglauben der Finnen*, Helsinki 1959, S. 59, 62, 65. Nun ist wohl in vielen Fällen kaum noch eruierbar, welche genaue Pflanze sich unter dem Namen »Farn« verbirgt, denn das Wort bezeichnete oft nur irgendein »hohes Gras«. Cf. J. Hofbauer: *Die Grafschaft Neuburg am Inn*, München 1969, S. 169. Wenn in ›Zaubertexten‹ von »farrensamen« die Rede ist, dann sind vermutlich nicht die Sporen gemeint, sondern die, wie es heißt, lediglich in der Johannisnacht sichtbaren »magischen Samen«. Ich denke – *pace* Wasson et al. – daß ähnlich wie bei den Pilzen diese ›Samenlosigkeit‹ dem Farn seine mythische Bedeutung gegeben hat.

23 Teils zit. n. H. Pollack (*Mittheilungen über den Hexenprozeß in Deutschland*, Berlin 1886, S. 13), teils n. Soldan/Heppe/Bauer, a.a.O., S. 375 f.

24 Freilich kam es mitunter vor, etwa in dem berühmten Hexenprozeß zu Mora in Schweden im Jahre 1670, daß ein Richter die Frage stellte, »ob sie auch gewiß wären, daß sie persönlich vom Teufel weggeführt worden seyen, oder ob es ihnen vielleicht nur so im Traume, oder bei Ohnmachten vorgekommen?« (Zit. n. Horst, a.a.O., S. 218.) So wurde auch später in der *Constitutio Criminalis Theresiana* bezüglich angeblicher »Bockreuter« der »Erfahrenheit« Rechnung getragen, »dass melancholische, Sinnenverruckte, oder mit ausserordentlichen Krankheiten behaftete Leute sich von allerhand phantastischen Sachen einen lebhaften Eindruck machen«. Unkomplizierter verhielt sich der Amerikaner William Penn als Gerichtsvorsitzender gegenüber der wegen »Besenritts« angeklagten »Witch of Ridley Creek«, einer gebürtigen Schwedin. Als diese sich freiwillig zu ihren Flügen bekannte, sprach Penn sie unverzüglich frei, da ihm, wie er sagte, kein Gesetz bekannt sei, welches das nächtliche Herumfliegen verbiete. Cf. K. Knortz: *Hexen, Teufel und Blocksbergsspuk*, Annaberg 1913, S. 106.

25 Cf. auch L. Mejer: *Die Periode der Hexenprocesse*, Hannover 1882, S. 69. Mejer übertreibt allerdings – wie viele der heutigen Autoren,

die sich mit dem Hexenwesen beschäftigen – die Rolle der Hexensalben maßlos. Cf. z. B. M. J. Harner: »The Role of Hallucinogenic Plants in European Witchcraft«, in *Hallucinogens and Shamanism*, New York 1973, S. 129 oder W. Woeller: »Zur Geschichte des Hexenwahns und der Hexenprozesse in Deutschland«, *Wissenschaftliche Zeitschrift der Humboldt-Universität zu Berlin* 1963, S. 885. Wenn etwa E. Gerhard (*Beiträge zur Geschichte einiger Solaneen*, a.a.O., S. 38) behauptet, daß die Angaben über die Verwendung von Bilsenkraut und Tollkirsche in der Literatur über die Hexenprozesse »zahllos« seien, so ist dies schlicht falsch. Übertrieben wird die Häufigkeit der Verwendung ›halluzinogener‹ Drogen in der mitteleuropäischen Volkskultur heute vor allem von den Vertretern der ›psychedelischen Volkskunde‹, etwa von Sergius Golowin, der mittlerweile fast hinter jedem auch noch so unschuldigen Pflänzlein, das in einem Märchen oder in einer Sage vorkommt, eine halluzinogene Droge wittert. Doch selbst *wenn* eine solche Pflanze bewußtseinsverändernde Wirkungen hat, dann bedeutet das noch lange nicht, daß sie auf Grund dieser Wirkungen eine mythische oder ›magische‹ Bedeutung hat. Wenn beispielsweise das Mutterkorn (*Claviceps purpurea*), dessen Dauermycel *Secale cornutum*, das Lysergsäure enthält und schon zu schweren Vergiftungen, verbunden mit Erblindungen und dem sogenannten »Ameisenlaufen« geführt hat (cf. V. H. Bauer: *Das Antonius-Feuer in Kunst und Medizin*, Berlin 1973), mit der Kornmutter oder der Roggenmuhme in Verbindung gebracht wird, so kann dies einfach daran liegen, daß das bräunliche Mycel an die langen Brustwarzen des »Zitzenweibs« erinnert, wie schon W. Mannhardt (*Roggenwolf und Roggenhund*, Danzig 1865, S. 17) meinte. Oder, um ein anderes Beispiel zu nennen: Wenn Golowin vielsagend auf den Teufelsnamen »Krütli« hinweist, dann zieht er dabei nicht in Betracht, daß dieser Name im Sinne von ›Früchtchen‹ oder ›verdorbener Mensch‹ eine auch in der Schweiz allgemein verbreitete, geringschätzige Bezeichnung war. Cf. W. K. Tantsch: *Deutsche Teufels- und Hexennamen aus Urgichten des 15. bis 18. Jahrhunderts*, Heidelberg 1958, S. 219ff. Daß die Hexen wirklich zum Sabbat flögen, galt allgemein als gesichert. Jean Filesac schrieb im Jahre 1609, wer heute noch an der Realität des Hexenfluges zweifle, sei nicht nur kein Christ, sondern vor allem ein Dummkopf. Cf. L. Thorndike: *A History of Magic and Experimental Science*,

Bd. VIII, New York 1958, S. 540. Und etwa hundert Jahre vorher meinte der lombardische Inquisitor Sylvester Prierias Mozzolino, am Hexenflug zweifeln hieße, das Zeugnis der Sinne bezweifeln, also etwa auch, daß er im Augenblick ein Buch über Hexen verfasse. Cf. H. C. Lea: *Materials Toward a History of Witchcraft*, Bd. I, New York 1957, S. 257. Im Jahre 1529 entschied der Inquisitionsrat mit sechs gegen immerhin noch zwei Stimmen, daß die Hexen von Navarra wirklich – und nicht in ihrer Phantasie – zu den Versammlungen flögen. Cf. J. C. Baroja: *Vidas magicas e Inquisición*, Bd. II, Madrid 1967, S. 60.

26 Cf. H. Frischbier: *Hexenspruch und Zauberbann*, Berlin 1870, S. 2. In selteneren Fällen flogen die Hexen auch in Eierschalen. Cf. V. Newall: *An Egg at Easter*, London 1971, S. 80 ff.

27 J. Klélé: *Hexenwahn und Hexenprozesse in der ehemaligen Reichsstadt und Landvogtei Hagenau*, Hagenau 1893, S. 21. Es kann natürlich sein, daß bisweilen die Salbe auf diese Weise in die Vaginalschleimhäute gelangte, insbesondere wenn die Hexe auf ihrem ›Flug‹ auf dem Besen oder der Gabel hin und her rutschte. Cf. P. Hughes: *Witchcraft*, Harmondsworth 1965, S. 129. Für gewöhnlich schmierten die Hexen »den rugge, brust, arme, hende, knebugen und Ellebagen«. (H. Tardel: »Ein bremischer Hexenprozeß vom Jahre 1603«, *Niederdeutsche Zeitschrift für Volkskunde* 1938, S. 43, cf. auch B. Wangner: »Hexenprozesse aus den Jahren 1635–36 in Löffingen-Blumberg«, *Oberdeutsche Zeitschrift für Volkskunde* 1935, S. 108, E. Jones: *Der Alptraum*, Leipzig 1912, S. 119.)Wenn M. Murray (*The God of the Witches*, London 1931, S. 91) meint, daß wohl *zunächst* der Stecken gesalbt wurde, und daß erst in späterer Zeit die Hexe sich selber einrieb, so scheint es sich in Wirklichkeit eher umgekehrt zu verhalten. Murray, wie auch ihre Anhänger (cf. z. B. C. Hole: *Witchcraft in England*, London 1945, S. 97) behaupten dies natürlich deshalb, weil sie von der Voraussetzung ausgehen, daß die ›Hexen‹ zu Fuß zu einem wirklichen Sabbat gegangen seien, und einen *Flug* wollten sie ihnen nun doch nicht zumuten. Zu Hilfe kam diesen Autoren allerdings die Tatsache, daß gerade die englischen Hexen sehr flugfaul waren. Cf. A. Macfarlane: *Witchcraft in Tudor and Stuart England*, London 1970, S. 6, 215 und K. Thomas: *Religion and the Decline of Magic*, London 1971, S. 445. F. Donovan (*Never on a Broomstick*, London 1973, S. 60) behauptet, daß Hexensalben auch

inhaliert worden seien. Ich habe allerdings in den Quellen keinerlei Hinweis auf eine derartige Praxis gefunden.

28 Auch solche »weißen Magier« standen oft im Kreuzfeuer der Meinungen, und es ist nicht uninteressant zu sehen, daß die damalige Kritik an der »magia naturalis« weniger eine wissenschaftliche, als eine theologische war. Im »Buch der Natur« herumzustöbern war überflüssig, wenn es doch das »Buch der Bibel« gab. Cf. N. Henrichs: »Scientia Magica«, in *Der Wissenschaftsbegriff*, Meisenheim 1970, S. 35 f. Die »wissenschaftliche Magie« war nicht zuletzt angeregt worden durch die Kontakte, welche die abendländische Welt seit dem Hochmittelalter insbesonders mit der arabischen Kultur angeknüpft hatte.

29 »Damit aber an den Vnholden / sie auffzumutzen / nichts vergessen würde / hat jnen der Sathan etwas natürlicher Artzney vnnd Salben angegeben / vnd beredt / so sie sich damit salben vnnd schmieren / werden sie den nechsten oben zum Camin hinauß durch den lufft fahren.« (Weier, a.a.O., S. 430.) Da Weier befürchtete, er könne selber als Teufelsbündner betrachtet werden, wälzte er einen möglichen Verdacht auf seinen Gewährsmann Porta ab: »Auff das aber / dieweil ich von den träumen rede / niemandts gedencken möge / ich gehe selbst im schlaff / vnd rede auß dem traum / so hat mich für gut vnnd auch nützlich angesehen / etwas auß anlaß anzuziehen / auß dem scharpff sinnigen vnd vnuerdrossenen erkündiger der natürlichen heimligkeiten Johanne Baptista porta Neapolitano.« (a.a.O., S. 431.) Weier war der Auffassung, der Teufel schwäche und verwirre mit Hilfe der Drogen die Hexe so weit, daß er in ihr ein »zubereit organum vnd Werckzeug« habe. (a.a.O., S. 444.) Cf. auch D. P. Walker: *Spiritual and Demonic Magic from Ficino to Campanella*, London 1958, S. 152.

30 Cf. etwa J. Bodin: *Vom aussgelasnen wütigen Teuffelsheer*, Straßburg 1591, S. 273 f. Er meint, daß der Teufel in der Tat den Menschen »etliches einbildet«, jedoch nicht etwa den Flug, den Tanz und den Beischlaf, vielmehr »als vollbring solches die krafft der Wörter und des Schmärs / daß er ihnen gibt«. (a.a.O., S. 118.) Solchen Illusionen sind seiner Meinung nach Porta und Weier zum Opfer gefallen, die »sich fast bemühen den Leuten einzureden / als sey es ein Salb Natürlicher krafft vnnd den Schlaf bringend / auff daß man den Leuten einen Lust mach / es zuuersuchen«. (a.a.O.,

S. 273.) Wer sagte, die Salbe tue es und nicht der Teufel, der stand in dem Verdacht, auch Jesus Christus zuzutrauen, daß er mit Narkotika herumexperimentiert habe: »I hope they will not saie, that Christ had not made anie ointments.« (Scot, a.a.O., S. 103.) Daß Jesus überhaupt vom Teufel in die Wildnis getragen worden war, bezweifelte zu jener Zeit T. Hobbes (*The English Works*, Bd. III, London 1839, S. 641 f.). M. Foucault (»Les déviations religieuses et le savoir médical«, in *Hérésies et sociétés*, Paris 1968, S. 21 f.) meint, daß Leute wie Weier das Teuflische lediglich »verinnerlicht« hätten (cf. auch K. M. Michel: »Schön sinnlich«, *Kursbuch* 49, 1977, S. 14), indem sie betonten, daß der Teufel weniger auf die Materie als auf die Seele wirke. Das ist zwar richtig, aber eine solche Auffassung hatte im 16. Jahrhundert eine ganz andere Bedeutung als Foucault meint, denn hätte man sie ernst genommen, dann wäre dem Teufel nicht viel mehr Bedeutsamkeit verblieben als den heidnischen Göttinnen der Nachtfahrenden, die zu jener Zeit ohnehin ausgespielt hatten. Man hielt es überdies für eine raffinierte Strategie des Teufels, seine eigene Bedeutung durch den Mund von Ärzten und Magiern herunterzuspielen, um die Menschen in Sicherheit zu wiegen und dann um so wirkungsvoller zuschlagen zu können.

31 Wie die *Interpretation* von Geistern und Dämonen als Teufel mit schlichten *Beschreibungen* verschmilzt, läßt sich an Berichten über die Kulte fremder Völker ganz gut ablesen, was auch einiges Licht auf die Bedeutung der Beschreibungen des Auftauchens des Teufels in manchen europäischen Hexenprozessen wirft. »Der Götzen-Diener«, schreibt etwa J. B. Müller (*Leben und Gewohnheiten der Ostjacken*, Berlin 1720, S. 47), »wirfft sich gebunden auf die Erde nieder, erwartend mit verstellten Gebehrden die Besitzung des Satans . . .« In einem anderen Text heißt es über einen Schamanen: ». . . und er antwortete, daß wenn er den Teufel um künftige Dinge befragen wollte, er es auf gleiche Art angriffe; dieses hätte er uns aber nur zu unserem Vergnügen gemacht, und er also diesmahl den Teufel nicht gesprochen . . .« (J. G. Gmelin: *Reise durch Sibirien*, Bd. I, Göttingen 1751, S. 283 f., zit. n. J. U. Haas: *Schamanentum und Psychiatrie*, München 1976, S. 256, 264.) Im Laufe des 18. Jahrhunderts wandert der Teufel immer mehr in die als solche gekennzeichnete Interpretation: »Und daß der Vater der Lügen sich in ihre Gaukeleyen mengen könne«, schreibt etwa D. Cranz (*Historie von Grön-*

land, Leipzig 1765, S. 273) über die Eskimo-Angekoks, »um diesen seinen angeblichen Dienern ein Ansehen zu verschaffen und das arme Volk zu äffen, ist auch nicht zu leugnen.« Während beispielsweise Gmelin die Sache so darstellt, als hätte der Schamane selber vom Teufel gesprochen, lassen andere Autoren wenigstens erkennen, daß sie die Götter der Eingeborenen für den Teufel *halten.* Jacinto de la Serna etwa, der ein religiöses Fest schildert, das im Juli 1626 in Tenantzingo stattfand und auf welchem die Indianer *teonanacatl* (nicht *peyotl*, wie Gusinde meint) zu sich nahmen, stellt fest, es sei sicher, »daß sie einen Pakt mit dem Teufel haben«. (Zit. n. M. Gusinde: »Der Peyote-Kult«, in *Festschrift zum 50jährigen Bestandsjubiläum des Missionshauses St. Gabriel*, Wien 1939, S. 424.)

32 Auch die Teufel, die im Mittelalter den Mönchen und Nonnen im Kloster erscheinen, haben bisweilen keinen Rücken. Cf. Caesarius von Heisterbach: *Dialogus miraculorum*, Bd. I, Bonn 1933, § 52. Die von vorne gesehen berauschend schöne *x-tabai*, ein hexen- oder eher feenartiges Wesen, eine Herrin der Tiere und insbesondere der Hirsche, das in den Stämmen alter Ceiba-Bäume im Urwald von Yucatán lebt (cf. R. Redfield/A. Villa Rojas: *Chan Kom*, Washington 1934, S. 122, 207), hat einen harten knöchernen Rücken, was man spätestens dann bemerkt, wenn man sie während des Beischlafs umarmt. Cf. J. E. S. Thompson: »Ethnology of the Mayas of Southern and Central British Honduras«, in *Field Museum of Natural History*, Chicago 1930, S. 65 f., ferner O. Smailus: »El concepto de los espíritus del monte (aluxoob)«, in *Actas del XLI Congreso Internacional de Américanistas*, Bd. III, México 1976, S. 219, 222. Die in Bergen und Felsen hausenden Huldren, die von einer Waldfrau angeführt werden, haben einen hohlen Rücken, und die nordische Skogsfru, ein Todesdämon und eine Herrin der Tiere mit langen Brüsten, ist gleichermaßen von vorn her verführerisch schön, aber von hinten her hohl wie ein Backtrog. Der Beischlaf mit ihr wurde bis zum Ende des 17. Jahrhunderts meist mit dem Tode bestraft. Cf. H. Güntert: *Kalypso*, Halle 1919, S. 71 f., Å. Hultkrantz: »Bachofen and the Mother Goddess«, *Ethnos* 1961, S. 83 f. Als »Frau Welt«, deren Rücken von Würmern und Maden zerfressen war, nahmen solche Wesen Einzug in die Literatur. In einem mittelpersischen Traktat wird erzählt, wie sich dem Zarathustra ein vollbusiges Weib von strahlender Schönheit nähert und sich bereit erklärt, mit ihm zu

schlafen. Glücklicherweise flüstert Ahura Mazda ihm ein, vorher ihren Rücken zu begutachten, und Zarathustra erschaudert, denn er ist voller Schlangen und Kröten und vom Aussatz befallen. Cf. R. Bleichsteiner: »Perchtengestalten in Mittelasien«, *Archiv für Völkerkunde* 1953, S. 72. Auch der Rücken mancher britischen Feen ist mit Seegras und Muscheln bewachsen. Von der Frau Venus sagte man, sie habe einen »ströwen Ars«. Cf. E. H. Meyer: *Germanische Mythologie*, Berlin 1891, S. 282.

33 Noch wesentlich deutlicher wird dies, wenn man die Vorgehensweise der Heiligen Inquisition im Falle des Benandanti-Kultes in Friaul verfolgt. Obgleich die Bauern selber angaben, sie führen »in favor di Christo« und ihre Widersacher, die »stregoni«, zugunsten des Teufels, wurden sie im Verlaufe der Prozesse selber zu Hexen abgestempelt. Cf. C. Ginzburg: *I benandanti*, Turin 1973, S. 15 ff., 50 f., 104 ff., 133 ff.

34 W. Crecelius: »Frau Holda und der Venusberg«, *Zeitschrift für deutsche Mythologie und Sittenkunde* 1853, S. 273 ff. ». . . da habe er sich geleget«, führte er zunächst aus, »und geschlaffen, und nach dem er erwacht, befunden, daß er in fraw Venus berg gewesen, hette er mancherlei sachen und daß fraw Holt einen keßel mit waßer ubergehengt, und sonsten gesehen, daß etzliche im feuer geseßen; so hetten auch etliche umb den tisch geseßen, uff dem angesicht gelegen, eßenspeiß und weinkanten vor sich gehabt, doch brots in mangel gestanden;. . . es ginge nichts böses vor, doch wolte er, daß er nie mit zu thun gehabt.« (A.a.O., S. 273.) Eine ähnliche Geschichte findet sich in einem Brief des Arztes D. Andr. Libarius an D. Sig. Schnitzerus aus dem Jahre 1608. Cf. O. Böckel: »Zur Sage vom Venusberg«, *Alemannia* 1885, S. 141 f. Böckel, der diesen Brief publizierte, wundert sich, wie unbefangen man sich zu jener Zeit mitunter über einen Besuch des Venusberges äußern durfte, zumal Libarius diesen Brief in seinem Buch *Cista media* abdrucken ließ. Ob Diel Breull mit der Venus gebumst hat, ist aus den Akten nicht ersichtlich. Diejenigen, welche es taten, berichten oft, daß die Venus, wie es etwa zu Beginn des 16. Jahrhunderts in den Cavaleser Prozessen heißt, bis ans Herz hinan kühl gewesen sei. Cf. Byloff, a.a.O., S. 12. Bekannter ist die Kälte des teuflischen Glieds. »Alles mit Kälte und Frost beschehen«, bekennt im Jahre 1632 eine Verena Hornung über ihren Beischlaf mit dem Teufel Hölderlin. Cf. E.

Balzer: »Die Bräunlinger Hexenprozesse«, *Alemannia* 1910, S. 10. Dies scheint sich auch auf die Hexen selber übertragen zu haben. Jedenfalls sagte im Jahre 1640 ein Mann über seine als Hexe verdächtigte Frau aus, sie sei, wenn er sie beschlafen habe, »zum öfteren« ganz kalt wie ein »frusch« gewesen. Cf. W. Krämer: *Kurtrierische Hexenprozesse im 16. und 17. Jahrhundert*, München 1959, S. 51. Die dämonischen Wesen werden oft als seelen- und gefühlslos geschildert. »Kalter Bauer« nannte man früher die Selbstbefriedigung. Nach Thomas von Aquin war der Teufel auch nicht ejakulationsfähig. Wenn er sich indessen sehr beeilte, dann konnte er als Succubus einem Mann den Samen abzapfen und diesen in Windeseile noch in wohl temperiertem Zustand einer Frau als Incubus in den Schoß gießen. Spaß am Beischlaf hatten im besten Falle nur der Hexer und die Hexe, während der Teufel seine Befriedigung aus der Tatsache bezog, wieder eine Seele mehr an sich gebracht zu haben. Während der Reformationszeit glaubten hingegen immer mehr Leute daran, daß der Teufel selber eine Hexe befruchten könne. »How else, asked the Catholic theologians, could the birth of Luther be explained?« (H. R. Trevor-Roper: *Religion, the Reformation, and Social Change*, London 1967, S. 95.) Später war man von der Realität derartiger Samentransporte nicht mehr so recht überzeugt, etwa »weil die Menschen selbst / die allzu lange Geburths Glieder haben / zu der Erzeugung ihres gleichen unfähig erfunden worden / indem sich in einer so langen Rinne der Saame erkältet.« (C. Thomasius: *Kurtze Lehr-Sätze Von dem Laster der Zauberey*, Halle 1704, S. 200.) Wenn der Samen bereits die Fahrt durch einen zu lang geratenen Penis nicht durchstand, um wieviel geringer war dann die Wahrscheinlichkeit, daß er bei einer auch noch so schnellen Fahrt durch die Lüfte nicht auf der Strecke blieb. Berg- und Luftfahrten, wie sie Breull berichtete, scheinen im übrigen bis ins 17. Jahrhundert hinein gar nicht so selten gewesen zu sein. Jedenfalls hielt es etwa ein Hans Daniel aus Rotenbuch für nötig, zu betonen, daß er die Fahrten der »Frau Hullen« nicht mitgemacht habe. Cf. A. Kaufmann: »Holda im fränkischen Hexenwesen«, *Zeitschrift für Volkskunde* 1891, S. 27.

35 Daß der Teufel oft in Frauengestalt auftrat, nackt und mit prallen Brüsten, braucht man nicht wie S. Freud (»Eine Teufelsneurose im siebzehnten Jahrhundert«, in *Studienausgabe*, Bd. VII,

Frankfurt/M. 1973, S. 304 f.) mit einer an den Haaren herbeigezogenen Theorie der »Projektion der eigenen Weiblichkeit auf den Vaterersatz« zu erklären. Eine viel umstandslosere Erklärung ist die, daß zunächst Frauengestalten wie die »fraw Holt« die Szenerie bestimmten, die später vom Teufel überlagert wurden. Außerdem hätte ein männlicher Teufel geringe Chancen besessen, eine größere Anzahl von Männern zum Beischlaf zu bewegen. Wenn Freud meint, daß weibliche Teufel äußerst selten vorgekommen seien, dann behauptet er dies aus Unkenntnis heraus. Schon den Heiligen wie Victorinus oder Antonius erschien eine aufgedonnerte Teufelin, und die Hübscherinnen *(incredibilis multitudo meretricum)*, die während des Konzils zu Konstanz die Stadt bevölkerten »und die Concilsväter umschwärmten, wurden als verkappte Teufel entpuppt«. (Zit. n. Dr. Karsch: *Naturgeschichte des Teufels*, Münster 1877, S. 6, 35.) An der Kathedrale von Notre Dame in Paris war ein Teufel mit prallen Mutterbrüsten angebracht (cf. F. Heer: *Abschied von Höllen und Himmeln*, München 1970, S. 115), und ein Hexer aus Willisau schildert im Jahre 1628 den Teufel als »in schöner wybs gestallt und roott bekleitt«. Cf. J. Schacher von Inwil: *Das Hexenwesen im Kanton Luzern*, Luzern 1947, S. 9, ferner auch H.-J. Stebel: *Die Osnabrücker Hexenprozesse*, Osnabrück 1969, S. 63. Er tritt unter dem Namen »Greta« auf (Pollack, a.a.O., S. 9), und eine schwedische Hexe nennt ihn noch im Jahre 1720 »Frö«, wobei man an Freya, die Meisterin des Sejd denkt (cf. A. Runeberg: *Witches, Demons, and Fertility Magic*, Helsingfors 1947, S. 81), aber vielleicht auch an deren Bruder Freyr, von dessen Fest in Uppsala bekanntlich Adam von Bremen und Saxo berichten, daß es dort sehr »liederlich« und orgiastisch zugegangen sei. In früheren Zeiten zeigte sich der Teufel nicht selten in der Gestalt antiker Göttinnen wie Venus oder Minerva (cf. E. Le Blant: »Les premiers chrétiens et les dieux«, *Mélanges d'archéologie et d'histoire* 1894, S. 10), und einem Tobias Ohnmacht erschien er im Jahre 1595 als ein attraktives Frauenzimmer, das ihm zwar einige Lust bereitete, jedoch »kühl bis an das Herz hinan« gewesen sei. Cf. F. Volk: *Hexen in der Landvogtei Ortenau*, Lahr 1882, S. 13. Auch die Führerinnen der Nachtfahrenden wurden mitunter zu Teufelinnen umgedeutet. Der Probst zu St. Dorotheen in Wien, Stephanus Lanzkranna spricht in seiner Schrift *Die Hymelstrass* (Augsburg 1484, Sp. 112) von »der tyer begegnung, an gefunden ding, an die frawen bercht oder an die frawen holt, an herodiasis, an dyana, die heidenisch goettin oder tewfelin, an die nachtvarenden, an die bilweysz . . .« (Zit. n. V. Waschnitius: »Perht, Holda und verwandte Gestalten«, *Sitzungsbericht der Kaiserlichen Akademie der Wissenschaften*, Wien 1914, S. 47.) Aus der Freya, von den Skalden *eigandi fressa*, »Katzenherrin« genannt, (cf. A. V. Ström: »Germanische Religion«, in *Germanische und baltische Religion*, Stuttgart 1975, S. 152) und insbesondere aus der »mater daemonum«, der Diana, Kybele usw. wurde später des »Teufels Großmutter«. Cf. F. J. Dölger: »Teufels Großmutter«, in *Antike und Christentum*, Bd. III, Münster 1932, S. 174 und C. Schneider: *Geistesgeschichte der christlichen Antike*, München 1970, S. 160.

36 *Stapfen* bedeutet einen Überstieg im Zaun. Seit alten Zeiten vermutete man gerade an solchen Stellen des Zaunes die *hagazussas*.

37 Cf. R. Weiss: »Eine merkwürdige Luftfahrt nach Mailand im 16. Jahrhundert«, *Schweizer Volkskunde* 1947, S. 98, 100 f. F. Ranke (*Kleinere Schriften*, Bern 1971, S. 249) hat diese Fahrt als eine »Epileptiker-Reise im Dämmerzustand mit voraufgehender sensorieller und motorischer Aura« interpretiert. Wir werden die Problematik derartiger Interpretationen später behandeln.

38 Cf. § 2. Anm. 18.

39 Zit. n. M. Murray, a.a.O., S. 242.

40 Cf. Byloff, a.a.O., S. 100. Vielleicht etwas zu vorschnell urteilt J. Favret (»Hexenwesen und Aufklärung«, in *Die Hexen der Neuzeit*, Frankfurt/M. 1978), daß die Hexen selber nur durch ihr Schweigen über die Jahrhunderte hinweg zu uns sprechen, denn ich glaube, daß bisweilen ihre Stimme von den dämonologischen Einflüsterungen durchaus unterschieden werden kann. Nicht nur wurde im übrigen der Teufel verweiblicht. Auch die Führerinnen der Nachtfahrenden wurden mitunter vermännlicht. Im Mecklenburgischen etwa trat die Holle als düsterer Kerl im grünen Jägerrock und mit breitem Hut auf. Cf. Waschnitius, a.a.O., S. 129.

41 Zit. n. J. G. Frazer: *Totemism and Exogamy*, Bd. I, London 1935, S. 151 f.

42 Cf. I. A. Leonard: »Peyote and the Mexican Inquisition«, *American Anthropologist* 1942, S. 325 f.

43 Cf. R. E. Schultes: »An Overview of Hallucinogens in the Western Hemisphere«, in *Flesh of the Gods*, London 1972, S. 5. Zieht

man in Betracht, daß Schultes, wohl der bekannteste Ethnobotaniker der Welt, bei seinen Drogenversuchen anscheinend nie viel mehr als Erbrechen und Kopfweh erlebt hat (cf. ders.: »A New Narcotic Snuff from the Northwest Amazon«, *Botanical Museum Leaflets* 1954, S. 248 f., ders.: »The Plant Kingdom and Hallucinogens«, *Bulletin of Narcotics* 1970, S. 25 ff.), dann wird seine Anschauung vermutlich etwas verständlicher. Cf. auch die törichten Bemerkungen von I. C. Jarvie: »Comment on Rosengren on Malinowski's Magic«, *Current Anthropology* 1976, S. 678 oder P. Tibbetts: »Feyerabend's ›Against Method‹: The Case for Methodological Pluralism«, *Philosophy of the Social Sciences* 1977, S. 272 f.

44 Cf. J. de Cárdenas: *Primera parte de los problemas y secretos maravillosos de las Indias*, Mexico 1591, S. 234 ff. Fray Diego Durán hingegen, der in den siebziger Jahren des 16. Jahrhunderts über die Verwendung von Salben aus *ololiuhqui* (wohl den Winden *Rivea corymbosa* oder *Ipomea violacea*, nicht *Datura meteloides*, wie oft behauptet wird. Cf. R. E. Schultes: »Teonanacatl: The Narcotic Mushroom of the Aztecs«, *American Anthropologist* 1940, S. 429) bei den Azteken schreibt, ist der Meinung, daß die Menschen, die sich mit einem solchen »Pech« einschmierten und zu Zauberern würden, *mit seiner Hilfe* erst einen Kontakt zum Teufel herstellten. Cf. D. Durán: *Book of the Gods and Rites*, Norman 1971, S. 116.

45 W. Müller: *Indianische Welterfahrung*, Stuttgart 1976, S. 53 und M. Chaves: »Mítica de los Siona del alto Putumayo«, in *Miscellanea Paul Rivet*, Bd. II, México 1958, S. 133. »Jeder Depp kann kiffen«, sagte mein Freund Wolf Brüggemann zu einer Zeit, als ich noch nicht verstehen wollte, was er meinte. Mit welcher Überheblichkeit und Verständnislosigkeit im übrigen bisweilen Ethnologen über die Drogenerfahrungen berichten, zeigt etwa S. Knecht (»Indianische Götterpilze«, *Zeitschrift für Ethnologie* 1967, S. 285): »Es wäre interessant, zu erfahren, was die Indios im Pilzrausch sehen. Da ihre Psyche relativ einfach strukturiert ist und sie auf einer primitiven Bewußtseinsstufe stehen (von einigen hochintelligenten Indianern abgesehen), dürfte sich bei ihnen das Rauscherlebnis vom Wachbewußtsein nicht wesentlich unterscheiden – abgesehen von den Farbeffekten und das Erlebnis der Körperlosigkeit. Leider sind die Indianer für solche Fragen nicht zugänglich, und sie sind auch nicht in der Lage, ihre seelischen oder Rauscherlebnisse zu interpretie-

ren.« Noch peinlicher ist, was W. Hopp (*Sterben – wenn nötig, töten – nie*, Berlin 1958, S. 141 f.) über den Schamanen der Omagua und dessen Visionen schreibt: »Über die Zaubereien und hypnotischen Einflüsse auf seine Stammesbrüder könnte man ein Buch schreiben, dessen Inhalt blühender Unsinn wäre.« Wer Hopps Buch gelesen hat, wird dem wohl schwerlich widersprechen können. Cf. hierzu auch H. P. Duerr: »Fröhliche Wissenschaft«, *Unter dem Pflaster liegt der Strand* 1977. M. Dobkin de Rios (»The Anthropology of Drug-Induced Altered States of Consciousness«, *Sociologus* 1972, S. 149 f.) schlägt mit bemerkenswerter Naivität vor, EEG-Untersuchungen solcher Erfahrungen, wie sie etwa Castañeda gemacht habe, durchzuführen (cf. z. B. A. Kasamatsu/T. Hirai: »An Electroencephalographic Study on the Zen Meditation (Zazen)«, in *The Nature of Human Consciousness*, New York 1973, S. 269 ff., B. K. Anand/G. S. Chhina/B. Singh: »Some Aspects of Electroencephalographic Studies in Yogis«, in *Altered States of Consciousness*, New York 1969, S. 503 ff.), und zwar, weil solche Experimente »a step in the right direction« seien, »to make such interior states ›respectable‹ scientifically«! Cf. hierzu H. Bergson: *Les deux sources de la morale et de la religion*. Paris 1932, S. 232 f. »In 1948«, schreibt E. Arbman (*Ecstasy or Religious Trance*, Bd. I, Uppsala 1963, S. 200), »during one of his stays among the Wind River Shoshoni in Wyoming, my successor to the chair in Comparative Religion at the University of Stockholm, Professor Åke Hultkrantz, had an opportunity of participating in a peyote rite. His attempts to smuggle away some of the drug he was offered in order to keep his powers of observation intact were only partly successful, owing to the intentness with which he was observed by Indian participants in his immediate vicinity.« Seine indianischen Gastgeber lassen ihn an einem heiligen Akt teilnehmen, doch der Professor hat nichts Eiligeres zu tun, als die Droge »herauszuschmuggeln«, vermutlich um sie im Laboratorium analysieren zu lassen.

46 P. Bayle: *Œuvres diverses*, Bd. III, La Haye 1727, S. 563. Dieselbe Auffassung wie Bayle hatte bereits lange vorher der Dominikaner Jacquier vertreten, für den deshalb die Frage nach der Realität des Hexenfluges bedeutungslos war. Cf. S. v. Riezler: *Geschichte der Hexenprozesse in Bayern*, Stuttgart 1896, S. 246. Etwas toleranter, aber im Grunde mit größerer Menschenverachtung schreibt etwa

zur selben Zeit wie der französische Skeptiker ein deutscher Autor: »Solche Leute nun, welche sich solcher giftiger Mittel, als woraus die sogenannte Hexen-Salbe bestehet, bedienen, verdienen allerdings den Staup-Besen und die Landes-Verweisung. Warum man sie aber verbrennen soll, verstehe ich nicht; es müßte dann nur die Ursache seyn: daß weil sie muthwilliger Weise schon ihr Hirn angebrennt, ihr Leib nun zu nichts bessers als zum verbrennen tauge.« (Rübel, a.a.O., S. 137.) Daß sie gerade aus solchen Gründen *nicht* zum Zeugen gegen sich selber taugten, etwa wenn sie ohne Nötigung bekannten, zum Sabbat geflogen zu sein, wurde seit dem 17. Jahrhundert immer häufiger betont. Cf. C. Hansen: *Witchcraft at Salem*, New York 1969, S. 94. Die Interpretation visionärer und dämonischer Erfahrungen als Krankheiten wurde mit verschiedenartiger Intention vorgetragen. Isidor von Sevilla bezeichnete schon recht früh jede Art von Ketzerei als *pestilentia*, die durch verdorbene Luft – *corrupto aere* – in die *viscera* eindringe. Cf. R. I. Moore: »Heresy as Disease«, in *The Concept of Heresy in the Middle Ages*, Leuven 1976, S. 2. Was die Lepra für den Leib, das war die Ketzerei für die Seele. Teresa von Avila hingegen versuchte, visionäre Nonnen dadurch vor dem Zugriff der Inquisition zu retten, daß sie deren »nicht-intellektuelle Visionen« auf Krankheiten wie die Melancholie zurückführte. Cf. T. R. Sarbin/J. B. Juhasz: »The Historical Background of the Concept of Hallucination«, *Journal of the History of the Behavioral Sciences* 1967, S. 343 f. So kam auch die Kommission, die im Jahre 1661 vom Parlament in Dijon eingesetzt wurde, um die Besessenheit der Nonnen von Auxonne zu untersuchen, zu dem Ergebnis, daß es sich um einen »furor uterinus« handle. Die Nonnen seien liebestoll und dächten und redeten von nichts als Liebe. Cf. C. Ernst: *Teufelsaustreibungen*, Bern 1972, S. 117. Nach R. Mandrou (»Die französischen Richter und die Hexenprozesse im 17. Jahrhundert«, in *Die Hexen der Neuzeit*, Frankfurt/M. 1978, S. 322 f.) erregten solche Besessenheitsskandale um Nonnen, die meist aus gutem Hause kamen, weitaus mehr Aufsehen als die massenhaften Verbrennungen armer Weiber auf dem Lande. Auf Grund *derartiger* Vorkommnisse setzte sich mit der Zeit immer mehr das »pauca a morbo, multa ficta, a daemone nulla« durch. Wie leichtfertig übrigens auch noch in neueren Zeiten ›Hexen‹ für geisteskrank erklärt wurden, sieht man etwa bei O. Snell (*Hexenpro-*

zesse und Geistesstörung, München 1891, S. 95), der von einigen Fällen spricht, die sich nicht anders erklären ließen, »als durch die Voraussetzung, daß die Hexen von ihrer Teilnahme am Teufelskultus mit seinen Fahrten durch die Luft überzeugt waren, oder, *was dasselbe ist*, daß sie geisteskrank waren«. (Hervorh. v. mir.) Je fester und geschlossener die Weltanschauung der Menschen ist, um so stärker scheint die Tendenz hervorzutreten, diejenigen, welche andersartige Erfahrungen machen oder abweichende Meinungen vertreten, für Kranke zu halten und sie auch so zu behandeln. »Ich erinnere mich noch«, schreibt Ignazio Silone (in A. Koestler: *Ein Gott der keiner war*, Zürich 1950, S. 93 f.) über ein Erlebnis in Rußland während der frühen zwanziger Jahre, »wie ich einer Direktorin des Staatsverlages einmal mehrere Stunden lang zu erklären versuchte, daß sie sich der entmutigenden und demütigenden Verhältnisse, unter denen die sowjetischen Schriftsteller schaffen, wenigstens zu schämen habe. Sie konnte mich einfach nicht begreifen. ›Die Freiheit‹, mußte ich ihr durch Beispiele erläutern, ›ist die Möglichkeit zu zweifeln, die Möglichkeit, sich zu irren, zu suchen und zu experimentieren, ist die Möglichkeit, jeder Autorität – sei es nun eine literarische, künstlerische, philosophische, religiöse, soziale oder gar politische Autorität – mit einem Nein zu antworten‹. ›Aber das ist ja‹, murmelte die hohe Funktionärin entsetzt, ›das ist ja konterrevolutionär!‹ Dann fügte sie hinzu, wie um sich ein wenig zu revanchieren: ›Wir sind glücklich, daß wir eure Freiheit nicht besitzen, statt dessen haben wir Sanatorien.‹« Daß die Sanatorien in der Sowjetunion auch heute noch solche »kranken Konterrevolutionäre« beherbergen, ist bekannt.

47 U. Molitoris: *Von Hexen vnd Vnholden*, Straßburg 1575, S. 56.

48 Dies wird nicht beachtet von Trevor-Roper, a.a.O., S. 93.

49 Schon recht frühzeitig wurden nachtfahrende Frauen und ›Zaundämonen‹ in einem Atemzug genannt. In einem vermutlich zu Beginn des 14. Jahrhunderts in Gent entstandenen Gedicht ist die Rede von »haghetissen ende varende vrouwen, goede kinder, in goeden trouwen, coubouten, alven, nickers, maren«. (Zit. n. J. Franck: »Geschichte des Wortes ›Hexe‹«, in *Quellen und Untersuchungen zur Geschichte des Hexenwahns*, Bonn 1901, S. 636.) Die säuberliche Trennung zwischen Nachtfahrenden und strigaartigen Hexen war so schwierig, und die Gefahr, daß der *Canon Episcopi* (cf. hierzu

§ 5), der den Flug der nachtfahrenden Weiber für eine Illusion erklärte, auch die Strigen schützte, war so groß, daß sich einige Fachleute nicht anders zu helfen wußten, als daß sie versuchten, die Echtheit des Konzilsbeschlusses anzuzweifeln, obwohl ihn die Kurie niemals außer Kraft zu setzen wagte. Cf. H.-P. Kneubühler: *Die Überwindung von Hexenwahn und Hexenprozeß*, Diessenhofen 1977, S. 44 f. In einem Dialog läßt im Jahre 1523 Pico della Mirandola auf die Frage, ob es sich bei dem Hexenwesen um eine alte oder um eine neue Ketzerei drehte, einen der Gesprächspartner antworten: »Io credo certo, che parte sia di quello antico, e parte ripieno di nuove superstizioni, come se tu dicessi antico d'essenza, e nuovo d'accidenti (per parlare secondo i moderni)!« (G. Pico della Mirandola: *La strega*, Milano 1864, S. 59.) Diese Auffassung war nicht ganz unrichtig, wie wir sehen werden.

50 J. G. von Kaisersperg: *Die Emeis, Dis ist das Büch von der Omeissen*, Straßburg 1516, S. 36, 54. Das zweite Zitat ist fast wörtlich aus M. Plantsch: *Pusculum de sagis maleficis*, Pforzheim 1507, c2a. Cf. N. Paulus: *Hexenwahn und Hexenprozeß*, Freiburg 1910, S. 8. Geiler berichtet auch von einem Ritter, der in den »fraw venus berg« fahren wollte. Aber als er wieder zu sich kam, lag er mitten in einer Mistlache. »Das was fraw venus berg«, stellt Geiler lakonisch fest. Cf. auch P. Binsfeld: *Tractat Von Bekanntnuß der Zauberer vnd Hexen*, München 1591, S. 30. Die *Emeis* wurde übrigens nicht von Geiler selber herausgegeben, vielmehr ist sie ein Gedächtnisprotokoll des Franziskaners Johann Pauli, der die Fastenpredigten Geilers regelmäßig besucht hatte.

51 Cf. H. C. Lea: *Geschichte der Inquisition im Mittelalter*, Bd. III, Bonn 1913, S. 557. Von einer »neuen Sekte« sprach vermutlich als erster der Dominikaner Jean Vineti, Inquisitor von Carcassonne, im Jahre 1450. Zu Beginn des 16. Jahrhunderts schreibt der Inquisitor Bernard von Como, ebenfalls ein Dominikaner: »Haec ergo secta strigiarum non est illa, quae profiteatur et credat, se cum Diana, dea paganorum, vel cum Herodiade equitare super quasdam bestias.« (Zit. n. J. Hansen, a.a.O., S. 282.) Nachtfahrende und spätere ›Hexen‹ werden von den meisten Feministinnen, deren Arbeiten ich gelesen habe, sorglos durcheinandergeworfen. Cf. z. B. I. Strobl: »Die Hexen«, *Emma*, Oktober 1977, S. 20. Die von den Richtern suggerierten Sabbate als eine »Art Ärztinnenkongreß«

darzustellen, wie es Strobl tut, auf welchem »Kulttänze getanzt und Opfer dargebracht« worden seien, ist eine Phantasie, für die man (und auch frau) keinerlei Anhaltspunkte in den Quellen findet. Differenzierter und unideologischer ist A. Zindler: »Hexengesang«, *Frauenoffensive*, Januar 1978, S. 27.

52 Im Jahre 1411 schreibt der Tiroler Edelmann Hans von Vintler, daß man »des guet beweisung hat / das der leib nicht chumpt von stat / aber si werden verzucket im sinn / das si wänen sie varen da hin / vnd mit dem bestrickt sie Sathanas / das si im gelauben dester pas.« H. v. Vintler: *Die pluemen der tugent*, Innsbruck 1874, V. 8174 ff.

53 Die oberösterreichische Regierung in Innsbruck verlautete noch im Jahre 1540, man solle den Verhafteten ihre Schmierbüchsen aushändigen und solle sie sich einsalben lassen, damit dem gemeinen Volk vor Augen geführt werde, daß die »sach nichts und lauter fantasey« sei. Cf. Byloff, a.a.O., S. 39. Da es einander widersprechende Augenzeugenberichte gab, vertrat eine Vielzahl von Autoren die Meinung, manchmal flögen die Hexen wirklich, für andere gelte hingegen: »These with Drake sail about the world, but it is on an ocean of their own phancies, and in a ship of the same: They boast of brave banquets they have been at, but they would be very lean should they eat no other meat.« (T. Fuller: *The Profane State*, London 1652, S. 353 f., zit. n. K. M. Briggs: *Pale Hecate's Team*, London 1962, S. 43.) Cf. auch Pico della Mirandola, a.a.O., S. 109 oder J. N. Martius (*Unterricht von der wunderbaren Magie*, Frankfurt/M. 1719, S. 21 f.), der meint, daß sowohl im Falle der Illusion, wie auch dem des wirklichen Fluges der Teufel die Natur lediglich »imitiret«, es also in keinem Falle übernatürlich zuginge. Daß die Dämonen auf Körperliches nicht einwirken könnten, behauptete im übrigen bereits Poseidonius. Cf. L. Edelstein: *Ancient Medicine*, Baltimore 1967, S. 223. Ausgesprochen im unklaren darüber, ob die Hexen nun flogen oder nicht, war sich Luther, der abwechselnd das eine und das andere behauptete. Cf. M. Luther: *Werke*, Bd. VIII, Berlin 1930, S. 257. Gegen Ende des 16. Jahrhunderts sagte schließlich der Teufel selber, der es ja wissen mußte, zu Christoph Wagner: »Wenn einer will wissen wie es in frembden Landen zugeht / so können wir einen dahin bringen gar geschwind / so bereden wir denselben / da sie eine Salb machen von Menschen Schmaltz vnd andern dingen / wenn sie sich damit schmiren / vnd

einen Beesen oder Stecken zwischen die Beyn nämmen / so warten wir fleißig auff vnd führen sie dauon / vnd bringen sie wohin sie begert haben / Vnd wann es dann Zeit ist / so führen wir sie wider heym. Bißweylen auch nämen wir sie nicht mit dem Leib in die Lufft / sondern machen jre Gedancken also verkehrt vnd verwirrt / das sie nicht anders meynen sie wären an dem Ort vnnd Stell da sie hin begert haben / vnd sehen alles was sich allda zutrug vnnd verlieffe / wären auch selber dabey vnd hulffen darzu / da sie doch nur an einem ort still ligen vnnd vnbewegt bleiben.« (Zit. n. W.-E. Peuckert: *Gabalia*, Berlin 1967, S. 107.)

54 Auch in anderen Weltgegenden scheinen sich bisweilen die Eingeborenen im unklaren darüber zu sein, was nun von der Hexe wegfliege, ihr Körper, ihr ›double‹, ihre ›Seele‹? Cf. etwa B. Malinowski: *Magic, Science and Religion*, Garden City 1954, S. 169.

55 Insbesondere der Backtrog galt als ein Ort der Verwandlung. Deshalb wurde früher auch vielerorts die Braut vor der Hochzeit in der Mulde angekleidet und behaubt.

56 Kaisersperg, a.a.O., S. 36. Der Bericht ist eine Paraphrase aus J. Nyder: *Formicarius*, o.O. 1517, S. 25, einem Buch, das etwa im Jahre 1435 verfaßt wurde. Ähnlich ist der Augenzeugenbericht des Arztes Augustus de Turre aus Bergamo bei B. Spina (*Novus malleus maleficarum sub quaestione de strigibus*, Köln 1581, S. 8 f.), einer Schrift, die erstmals im Jahre 1459 veröffentlicht wurde. Cf. auch A. Lercheimer: *Christlich bedencken vnd erinnerung von Zauberey*, Speyer 1597, S. 119, ferner A. Castiglioni: *Incantesimo e magia*, Roma 1934, S. 291. Auch Bodin berichtet von einer Frau, deren Leib zwar während ihres ›Ausflugs‹ starr dalag, sie selber aber währenddessen an einer anderen Stelle gesehen wurde: »Alsbald rib sie sich also gantz Nackend mit einer sondern Salb. Darauff fuhr sie gleichsam Todt ohn allfühlnuß dahin. Nach fünff Stunden / als sie wider zu jhr selber kam vnnd auffstund / erzehlet sie frembde Händel / so an vnderschidenen Orten vnnd Enden sich hatten verloffen: auch also wahrhafft befundē worden.« (Bodin, a.a.O., S. 115.) Der Luzerner Stadtschreiber Cysat berichtet: »Ich hab selbs einen Puwrmann ab der Landtschafft erkennt, dessen Eewyb sich ouch verluten liess, sy wäre offt jn einer kurtzen Wyl zuo Einsidlen vnd an andern Orten, wytt von Heimant; sy sagt ouch bisswylen von denen, die jn frömbden Landen gstorben oder vmbkommen, wie sy bynen gewesen, jnen die Hand gebotten,

doch so wären sy tod, davon man aber im Vatterland noch nütt gwüsst. Jr Lyb aber blibe vnd läge da im Betth, allein jr Geist oder Seel wandlete allso vss.« (R. Brandstetter: *Renward Cysat*, Luzern 1909, S. 36.) Ähnlich ist auch die Beschreibung, welche die ›Hexe‹ Cathrina Kellerin von ihren Reisen gibt. Cf. Schacher v. Inwil, a.a.O., S. 15. Noch in sehr viel späteren Zeiten stoßen wir auf vergleichbare Berichte. Zu Beginn des vorigen Jahrhunderts heißt es von einer steirischen ›Hexe‹, sie »schmiert sich eilfertig an allen heimlichen Orten, dreht sich mit wüthenden Geberden eine Zeit lang im Kreis herum und fällt endlich unter konvulsivischen Zuckungen zu Boden. Nach einem halbstündigen Hinstarren erwacht sie ermattet und abgespannt und behauptet: daß sie soeben am Scheckelberge auf der Hexengesellschaft gewesen sey.« (C. Gräff: *Versuch einer Geschichte der Criminalgesetzgebung in der Steyermark*, Graz 1817, zit. n. H. Biedermann: *Hexen*, Graz 1974, S. 84.)

57 Lukian erzählt in seiner Geschichte »Lucius und der Esel«, wie eine Frau durch einen kleinen Spalt in der Tür beobachtet wird – eine Szene übrigens, die in vielen Sagen immer wiederkehrt (cf. z. B. P. Zaunert: *Rheinland-Sagen*, Bd. II, Jena 1924, S. 143 f.) –, wie sie sich nackt auszieht und, an den Zehennägeln beginnend, den ganzen Körper mit etwas einreibt, das dem Beobachter der Szene wie Olivenöl aussieht. Plötzlich wachsen ihr Federn, die Nase verwandelt sich in einen Schnabel, und krächzend flattert sie als Eule zum Fenster hinaus. »Ich dachte, ich träumte«, fährt Lukian fort, »und ich befühlte meine Augenlider mit den Fingern, denn ich konnte nicht glauben, daß meine eigenen Augen dies sahen oder wach waren. Als ich mich schließlich einigermaßen davon überzeugt hatte, daß ich wach war, bat ich Palaestra, mir auch Federn zu geben und mich mit jener Mischung einzuschmieren, damit ich fliegen könne; denn ich wollte durch eigene Erfahrung wissen, ob meine Seele gleichermaßen zur Seele eines Vogels würde, wenn mein Leib seine menschliche Form verlöre.« (Lukian: *Works*, Bd. VIII, London 1967, S. 71 ff.) Bereits Göttinnen wie Hera oder Aphrodite zogen sich nackt aus, bestrichen sich mit einer Salbe und flogen von dannen. Cf. hierzu auch F. J. M. de Waele: *The Magic Staff or Rod in Graeco-Italian Antiquity*, Gent 1927, S. 133 f., 138. Die Erzählung Lukians muß ebenso wie die ähnliche aus den *Metamorphosen* des Apuleius zur Zeit der Renaissance recht bekannt gewesen sein,

denn beide wurden nicht selten zu Vergleichen herangezogen, etwa wenn Durán (a.a.O., S. 116) eine Parallele zwischen der griechischen Hexe und den aztekischen *nahualli*, die sich in Tiere verwandeln konnten, zieht. Auch Porta, der wegen seiner Beschäftigung mit natürlicher Magie bei nicht wenigen modernen Wissenschaftlern verrufen ist (cf. z. B. L. Olschki: *Bildung und Wissenschaft im Zeitalter der Renaissance in Italien*, Leipzig 1922, S. 262 f.), scheint seinem Erlebnis sozusagen ein klassisches Kleid gegeben zu haben, was in jenen Zeiten nicht unüblich war. (Cf. hierzu L. Vajda: »Traditionelle Konzeption und Realität in der Ethnologie«, in *Festschrift für Ad. E. Jensen*, Bd. II, München 1964, S. 768.) Ähnliche Darstellungsstereotypen gab es bereits während der Antike für die Beschreibungen ritueller Ekstasen. Cf. M. Dibelius: »Die Isisweihe bei Apuleius und verwandte Initiationsriten«, in *Botschaft und Geschichte*, Bd. II, Tübingen 1956, S. 34, 40. Nicht nur Porta, sondern auch Cardan benennt die Nachtfahrenden mit dem Ausdruck *striga*: »Man soll aber hie zuo erst bedenckẽ ob die hexen oder vnholden (welche gemeinlich nachtfrauwen von Strige dem vnglücklichen nachtuogel also genennet) seyend oder nit.« (H. Cardanus: *Offenbarung der Natur*, Basel 1559, S. DCXLI.) Die Hexe als Eule ist vielleicht kein südländischer Import. In einer Tegernseer Handschrift aus dem 11. Jahrhundert ist noch die Rede von einer »Lamia holzmuoia vel wildaz wîp«. (Franck, a.a.O., S. 618.) »Holzmuoia« war eine geläufige Bezeichnung für diesen Nachtvogel, und es hat den Anschein, als ob das Wort in dieser Textstelle nicht einfach eine Verdeutschung von *striga* ist.

58 Porta, a.a.O., S. 85 (Antwerpener Ausgabe) und S. 181 (Lugduner Ausgabe). Die deutsche Übertragung ist von Weier (a.a.O., S. 433 f.). Die erste Ausgabe der *Magia naturalis sive de miraculis rerum naturalium* erschien ohne Imprimatur im Jahre 1558 in Neapel. Zwei Jahre später wurde in Venedig eine italienische Übersetzung des Werkes veröffentlicht, in welcher stillschweigend die Episode mit der *striga* weggelassen wurde. Außerdem fehlten die Hexensalbenrezepte (cf. Anm. 11) mit der vom Übersetzer nicht als Einschub gekennzeichneten Erklärung: »Ma per non fomentare la curiositá degli huomini et degli empi che adoperarebbeno queste cose in mala parte, tacieremo quelle compositioni che simili malvagie feminelle, instigate dal Demonio et da sfrenate voglie, adoperano.« (Zit. n. G.

Bonomo: *Caccia alle streghe*, Palermo 1971, S. 394 f.) In anderen Worten, gerade entgegengesetzt der Meinung Portas wird der Teufel zum Urheber der ›Hexenerfahrungen‹ gemacht. Auch in der neapolitanischen Ausgabe des Jahres 1589 und in einer Ausgabe, die sich in der Heidelberger Universitätsbibliothek befindet (ohne Deckblatt; laut Katalog 1607 in Frankfurt am Main erschienen), sind die Hexenepisode und die Salbenrezepte ausgespart. Hingegen findet sich beides in den beiden oben genannten Ausgaben von 1561 sowie in einer Lyoner französischen Übersetzung und in einer 1680 in Sulzbach erschienenen deutschen Übersetzung, die mir leider nicht zugänglich war. E. O. Haisch (»Das Hexenwesen, eine Drogen-Subkultur?«, *Medizinische Welt* 1976, S. 339) behauptet in seiner Studie, die leider von falschen Angaben wimmelt, Porta habe mit Hexensalben »selbst experimentiert«. Einen Beleg dafür sucht man vergebens. Viele der Dämonologen des 16. Jahrhunderts lehnten das, was man heute eine empirische Untersuchung des Hexentreibens nennen würde, ab. In seinem Werk *Heptaplomeres* legt etwa Bodin dem Calvinisten Curtius in den Mund, was sich wohl auf ihn selber bezieht: »Gewiß bin ich früher von einer unglaublichen Begierde erfaßt worden, die Luftfahrten der Hexen und ihre Zusammenkünfte mit den Dämonen mit meinen eigenen Augen zu schauen«, doch angesichts der Lebensgefährlichkeit eines solchen Unternehmens habe er es schließlich vorgezogen, seine Überzeugungen von der Wirklichkeit dieser Vorgänge aus der antiken Überlieferung sowie aus den zeitgenössischen Gerichtsakten zu schöpfen. Cf. F. v. Bezold: »Jean Bodin als Okkultist und seine Démonomanie«, in *Aus Mittelalter und Renaissance*, München 1918, S. 297. Im Hochmittelalter, als die nachtfahrenden Weiber noch durch den *Canon Episcopi* gedeckt waren, konnten sich Männer wie Gervasius von Tilbury noch umstandslos mit ihnen über ihre Flüge unterhalten. Zur Zeit der Renaissance konnte hingegen eine solche Konversation für die Betreffende tödliche Folgen haben, da man sie ohne viel Federlesens als blutdürstige *striga* bezeichnete. So wurde zu Lebzeiten Portas eine mit der Diana nachtfahrende Domenica Barbarella aus Novi als »strega« verurteilt. Man hatte beobachtet, daß sie »iacuit ut mortua per duas horas vel circa, que tandem ab astantibus sepius agitata, in se rediens dixit hec verba: ›Io ge sum pur stata al vostro despetto‹: et narravit plurimas turpitudines quas dicebat se perpetrasse in dicto ludo.« (Zit. n. Ginzburg, a.a.O., S. 26.) An Pfingsten 1519 wurde eine Frau Ursula aus dem Emmental zu Bern für immer des Landes verwiesen. Zuvor hatte man sie an den Pranger gestellt und ihr einen Zettel angeheftet, auf dem zu lesen stand: »Dise abergloubige búbin, so hie gegenwúrtig stat, sich us narrheit und bösem glouben – und darmit ir narung dest bas ze uberkommen – usgeben hat: si fure mit frow Selden und dem Wútisher, dadurch si allerlei heimligkeit moge wússen. Und damit fromm biderb eren-lút angeben und geleidet, si sient strudel und hexen. Und aber sich erkennt, daß der Túfel, so ir erschinen sy, si damit betrogen ... Und wo ira min gnädigen herren nit so große gnad und barmherzigkeit getan, si hettend die glouketzerin und búbin in einem für verbrönnen oder in der Aren ertränken lan.« (Zit. n. H. G. Wackernagel: *Altes Volkstum der Schweiz*, Basel 1956, S. 106.) Dem Augenzeugenbericht Portas standen manche seiner Zeitgenossen mit einer gewissen Skepsis gegenüber. Obgleich allerdings etwa R. Scot (a.a.O., S. 184) meinte, Porta habe sich womöglich von der »alten Hexe« übertölpeln lassen, »although he maie be ouertaken and cousened by an old witch, and made not onelie to beleeue, but also to report a false tale«, führt er dennoch dessen Episode an, vornehmlich um den einflußreichen Bodin zu widerlegen, der an die Realität des Hexenfluges glaubte. Bodin hatte seinerseits die *Magia naturalis* des Scheiterhaufens für würdig befunden und Porta einen *magum veneficum* genannt, was Porta in einer späteren Auflage seines Buches auf recht gelassene Weise zurückwies. Cf. Bonomo, a.a.O., S. 397. Wie sehr sich im übrigen manchmal die Zeiten gleichen, sieht man etwa an einem Bericht eines modernen Nachfahren Portas, der die Ekstase einer afrikanischen Hexe beschreibt und anschließend hinzufügt: »Shortly afterwards she began to describe her adventures which I shall call a ›dream‹, though the Mambila would firmly resist any such interpretation and would argue that the events recalled were in fact true.« (F. Rehfisch: »Death, Dreams, and the Ancestors in Mambila Culture«, in *Man in Africa*, London 1969, S. 309.) Nachtfahrende scheint es nach dem Ausgang des Mittelalters nur noch in den »toten Winkeln« gegeben zu haben, wie es Thomas Platter ausdrückte (cf. E. Le Roy Ladurie: *Les paysans de Languedoc*, Paris 1969, S. 243), also in abgelegenen und namentlich in Gebirgsgegenden.

»Dises seind arbeitselige bettelweiber«, meint Cardanus (a.a.O., S. DCXLI), »so in thaeleren wonen / vnd sich mit kestenen oder wilden kreütterẽ speißen / wann sie auch nit etwas milch hetten / moechten sie nit leben. darüb seind sie mager / vngestalt / tieff augen / bleich vnd schwartz / also dz man dẽ gesicht erkennet / daß sie voll Melancholey oder schwartzer verbrenter gallẽ seind. Sie reden nit vyl / seind gantz doll / vnd habẽ ein kleinen vnderscheid von denẽ so der boeß geist besessen hat.« In der Tat wird der Mangel an den Vitaminen C und B, bedingt durch die Tatsache, daß insbesondere in abgelegenen Gebieten im Winter weder Obst noch frisches Gemüse und kaum Butter, Eier oder Frischfleisch zur Verfügung standen, visionäre und ekstatische Erfahrungen begünstigt haben. Cf. A. Huxley: *Heaven and Hell*, Harmondsworth 1959, S. 117 f. Immerhin war jedoch die Ernährung im Laufe des Mittelalters gesünder geworden, da in größerem Umfang aminosäurehaltiges Gemüse wie Erbsen und Bohnen angebaut wurde. Cf. R. Tannahill: *Kulturgeschichte des Essens*, Wien 1973, S. 197 f.

59 Cf. E. H. Gombrich: *Art and Illusion*, New York 1961, S. 80 f.

60 Viele Leute unter diesem »cunning folk« würden wir heute eher mit den Hexenbannern als mit den Hexen selber vergleichen. Nach einem schottischen Gesetz aus dem Jahre 1563 wurden nicht nur sie, sondern sogar diejenigen zum Tode verurteilt, die sie konsultierten! Cf. G. Parrinder: »The Witch as Victim«, in *The Witch Figure*, London 1973, S. 128 f.

61 R. Holinshed: *Chronicles*, London 1587, zit. n. M. A. Murray: *The Witch-Cult in Western Europe*, London 1921, S. 104. Ich will damit nicht die Suppe derer fett machen, welche die Vorstellungen Murrays *in toto* ablehnen. Denn Murray hat zumindest *eines* gesehen: daß hinter den Exkursionen der Nachtfahrenden archaische Kulte standen. Aber sie täuschte sich nicht nur über die Art dieser Kulte und über die Art der Erfahrungen, welche diese Frauen (und in geringerem Maße Männer) machten. Ihr Hauptfehler lag darin, daß sie diese Nachtfahrenden mit den späteren ›Hexen‹ vermischte und teilweise mit Hilfe von Textmanipulationen einen »dianischen Kult« konstruierte, den es bestenfalls in den Phantasien einiger Inquisitoren und Dämonologen gab. Cf. hierzu auch J. B. Russell: *Witchraft in the Middle Ages*, Ithaca 1972, S. 25.

62 Cf. G. F. Meyer: *Schleswig-Holsteiner Sagen*, Jena 1929, S. 34 f.

und W. Y. Evans Wentz: *The Fairy Faith in Celtic Countries*, Rennes 1909, S. 104. Sehr früh begegnet uns auch das Einschmieren mit der »Trollsalbe«. Cf. E. Hartmann: *Die Trollvorstellungen in den Sagen und Märchen der skandinavischen Völker*, Stuttgart 1936, S. 162. Die litauischen Berstukai, elfenartige Wesen, die bisweilen im Mondschein auf der Heide tanzten, schmierten manchmal Menschen mit einer Kräutersalbe ein, damit diese sich verwandeln und fliegen konnten. Cf. E. Veckenstedt: *Die Mythen, Sagen und Legenden der Zamaiten*, Bd. II, Heidelberg 1883, S. 14 f. Auch die »wilden Weiber« in den russischen Wäldern, die in Felsenhöhlen wohnten, benutzten Salben aus »Waldwurzeln«, um sich unsichtbar zu machen. Cf. J. Campbell: *The Hero With a Thousand Faces*, New York 1968, S. 79. Die Benandanti in Friaul scheinen keine Drogen benutzt zu haben. Als einer von ihnen im Jahre 1591 befragt wurde, ob er sich mit irgendeiner Salbe oder einem Öl eingerieben habe, erwiderte er sehr heftig: »no, alli santi, Dio, Evangeli che io non mi ongevo né diceva parola alcuna . . .« (Ginzburg, a.a.O., S. 28.) Nicht nur die thessalischen, auch die tantristischen »Zauberweiber« sollen hingegen bewußtseinsverändernde Drogen zum Flug verwendet haben. Cf. H. Goetz: *Epochen der indischen Kultur*, Leipzig 1929, S. 309.

Anmerkungen zu § 2

1 Ein archaischer Prototyp der Artemis wird oft zusammen mit Löwen dargestellt. Laut D. Sölle (»Maria ist eine Sympathisantin«, *Emma*, Dezember 1977, S. 12) gibt es in Lateinamerika eine *madonna leone*, die nackt auf einem Löwen reitet.

2 Cf. M. P. Nilsson: *The Minoan-Mycenaean Religion*, Lund 1927, S. 433, ferner W. F. Otto: »Apollon und Artemis«, *Die Antike* 1925, S. 357.

3 Cf. L. R. Farnell: *The Cults of the Greek States*, Bd. II, Oxford 1896, S. 429, J. Wiesner: *Olympos*, Darmstadt 1960, S. 36, J. Przyluski: »Ursprünge und Entwicklung des Kultes der Muttergöttin«, *Eranos-Jahrbuch* 1938, S. 17 f., H. Jeanmaire: *Dionysos: Histoire du culte de Bacchus*, Paris 1951, S. 22 f. Vermutlich geht die heilige Säule

der Diana Nemorensis gleichfalls auf einen solchen Baum zurück. Daß auch die spätere Diana in Bäumen verehrt wurde, sieht man an einer Episode aus dem Leben des heiligen Nikolaus von Myra, dem die Diana in Gestalt einer Nonne erschien, nachdem er einen Baum hatte umhauen lassen, unter welchem der Göttin Opfer dargebracht worden waren. Cf. A. Wesselski: *Versuch einer Theorie des Märchens*, Reichenberg 1931, S. 189. Es gab auch einen alten Brauch, in dem der Jäger Gehörn und Fell des erbeuteten Tieres an einen Baum der Artemis oder an entsprechende keulenförmige Pfeiler hängte. W. Burkert (*Griechische Religion der archaischen und klassischen Epoche*, Stuttgart 1977, S. 234) meint, dieser Brauch ginge »ohne Zweifel bis ins Paläolithikum zurück«. Daß eine solche im Baume verehrte Artemis-Diana in manchen Gegenden bis heute nachwirkt, veranschaulicht ein rumänisches Gedicht (nach O. Buhociu: *Die rumänische Volkskultur und ihre Mythologie*, Wiesbaden 1974, S. 28):

»Sub un cer roşu răsărit,
Este un pom mare 'nflorit,
Cu vîrful pînă la ceri
Cu poalele jos pe mari
Cine'n măr ca îmi sedea?
Sedea Zîna Magdalina.«

»Unter dem rotleuchtenden Himmel
Steht ein großer blühender Baum
Dessen Wipfel bis an den Himmel reicht
Seine Zweige sind über den Meeren
Wer befand sich in dem Apfelbaum?
Dort saß Zîna Magdalina.«

4 Cf. A. Thomsen: »Orthia«, *Archiv für Religionswissenschaft* 1906, S. 406 f. Noch in historischer Zeit wurden in ihrem Kult Knaben in Anwesenheit einer Priesterin bis aufs Blut gepeitscht. Letztere hat in archaischen Zeiten diese Prozedur wahrscheinlich selber durchgeführt.

5 Cf. I. Jucker: »Artemis Kindyas«, in *Gestalt und Geschichte*, Bern 1967, S. 140 f., ferner C. Christou: *Potnia theron*, Thessaloniki 1968, S. 23. Wahrscheinlich ist das Wort »entschärft« noch zu schwach. Denn die Geste des Kreuzens der Arme über den Brüsten war

vermutlich geradezu ein Ausruck von Keuschheit. Bei den heutigen Kabylen muß das heranwachsende Mädchen ihre Brüste nicht nur fest einschnüren, sie muß sich vielmehr in Gegenwart ihres Vaters und ihres älteren Bruders dadurch ›asexuell‹ machen, daß sie die Arme über den Brüsten kreuzt. Cf. P. Bourdieu: »The Sentiment of Honour in Kabyle Society«, in *Honour and Shame*, London 1965, S. 224.

6 Die meisten Zauberinnen, wie etwa Dido oder Medea, trugen ihr Haar aufgelöst und ihre Gewänder ungegürtet. Ursprünglich waren sie wohl ganz nackt wie Kassandra in jener Nacht, als die feindlichen Krieger aus dem Bauch des hölzernen Pferdes kletterten. Cf. G. Luck: *Hexen und Zauberei in der römischen Dichtung*, Zürich 1962, S. 19 f., 69 f., T. Wächter: *Reinheitsvorschriften im griechischen Kult*, Gießen 1910, S. 22, E. Samter: *Geburt, Hochzeit, Tod*, Leipzig 1911, S. 114 f., A. Delatte: *Herbarius*, Liège 1938, S. 57 f. Bis vor kurzem gab es noch als eines der letzten Survivals kultischer Nacktheit das sogenannte »Regenmädchen« auf dem Balkan. Cf. N. Kuret: »Frauenbünde und maskierte Frauen«, *Schweizer Archiv für Volkskunde* 1972, S. 346. Nackte Mädchen, die mit der Hilfe des Bilsenkrautes Regen erflehten, gab es bekanntlich im frühen Mittelalter.

7 Cf. K. Dilthey: »Archäologische Streifzüge«, *Rheinisches Museum für Philologie* 1870, S. 328 f. und K. Meuli: *Gesammelte Schriften*, Bd. II, Basel 1975, S. 1048 f.

8 F. G. Welcker: *Griechische Götterlehre*, Bd. II, Göttingen 1860, S. 392. Der Artemis Limnatis geweihte *tympana*, eine Art Bongos, lassen ebenfalls auf exzessive Tänze schließen. Cf. L. B. Lawler: *The Dance in Ancient Greece*, London 1964, S. 92.

9 Cf. M. P. Nilsson: *Griechische Feste*, Leipzig 1906, S. 188. Bei dem Fest der Murkum, einer artemisartigen Göttin in den Gebirgstälern des Karakorum, führt ein nackter Priester wilde Tänze auf, während deren er sich gegenüber den anwesenden Frauen sexuelle Freiheiten herausnehmen darf, aber auch von diesen mißhandelt wird. Ein derartiges ›Quälrecht‹ hatten die Frauen auch einst an gewissen Tagen gegenüber dem König von Gilgit. Cf. K. Jettmar: »Völkerkundliche Forschung im Haramoshgebiet«, *Zeitschrift für Ethnologie* 1958, S. 253. Daß der orgiastische Zug erst durch orientalische Einflüsse in den Artemiskult gekommen sei, wie A. Leib-

brand/W. Leibbrand (*Formen des Eros*, Bd. I, Freiburg 1972, S. 93) meinen, dürfte kaum richtig sein. Allerdings haben sich solche Züge in Kleinasien, etwa in den Kulten der Ephesia, durch derartige Einflüsse deutlicher erhalten. Cf. G. Thomson: *Forschungen zur altgriechischen Gesellschaft*, Bd. I, Berlin 1974, S. 220.

10 Cf. E. des Places: *La religion grecque*, Paris 1969, S. 55, A. Dupont-Sommer/L. Robert: *La déesse de Hiérapolis Castabala*, Paris 1964, S. 13 f., 56 ff.

11 R. Zdansky: »Die Feuertreter in Thrazien«, in *Die Wiener Schule der Völkerkunde*, Horn 1956, S. 557. Cf. auch S. Papadimas: »The Bare-Footed Walking on Burning Charcoal of Anastenarìa« in *Proceedings of the XIIth International Congress of the IAHR*, Leiden 1975, S. 144.

12 Und keine kleinen Mädchen, wie immer wieder gesagt wird. Cf. A. Mommsen: *Feste der Stadt Athen*, Leipzig 1898, S. 453.

13 Cf. L. Deubner: *Attische Feste*, Berlin 1932, S. 208. In einem Heiligtum der brauronischen Artemis zu Athen fand man Fragmente kleiner Kratere, auf deren Wänden (vermutlich tanzende oder sich rhythmisch bewegende) Arktoi in sehr kurzem dunklen Chiton oder ganz nackt abgebildet sind. Cf. F. Muthmann: *Mutter und Quelle*, Basel 1975, S. 234.

14 Cf. E. Curtius: »Artemis Gygaia und die lydischen Fürstengräber«, *Archäologische Zeitung* 1853, S. 151.

15 So heilte sie – vermutlich mit Opium, da sie als Artemis Hemera mit Mohnkapseln dargestellt wird – die von Dionysos mit Wahnsinn geschlagenen Töchter Proitos', des Königs der Argiver.

16 Cf. F. Altheim: *Griechische Götter im alten Rom*, Gießen 1930, S. 149. An manchen Orten, wo die Jungfrau Maria die Artemis ablöste, blieb auch jene noch die Patronin der Flüchtlinge und Outlaws. Cf. C. Picard: *Ephèse et Claros*, Paris 1922, S. 709.

17 Cf. H. Delbrück: *Geschichte der Kriegskunst*, Bd. I, Berlin 1908, S. 54, G. Siebert: »Artémis Sôteira à Delos«, *Bulletin de Correspondance Héllenique* 1966, S. 457. Diana wurde – oft in Begleitung des Mars dargestellt – besonders von den Legionären verehrt. Cf. G. Ristow: »Götter und Kulte in den Rheinlanden«, in *Römer am Rhein*, Köln 1967, S. 59. Bereits die Diwia, eine der Vorläuferinnen der Artemis, war eine solche Kriegsgöttin. Cf. P. Faure: *La vie quotidienne en Grèce au temps de la guerre de Troie*, Paris 1975, S. 133. Ihr

wird etwa die keltische Badb entsprochen haben, eine Geburts- und Kriegsgöttin, die als Krähe über das Schlachtfeld flog und in späteren Zeiten zur Hexe herabsank.

18 Ihr *dies natalis* war zugleich *dies servorum*, und die flüchtigen Sklaven hießen im Volke *cervi*, Hirsche. Cf. Altheim, a.a.O., S. 144 und E. Aust: *Die Religion der Römer*, Münster 1899, S. 142. Bereits im ausgehenden sechsten vorchristlichen Jahrhundert begegnet uns die Diana mit einem Hirschgeweih auf dem Kopf (cf. G. Radke: *Die Götter Altitaliens*, Münster 1965, S. 106), und in Patrai fuhr die Priesterin der Artemis auf einem von Hirschen gezogenen Wagen umher, wie auch der Wagen der Artemis selber mit Hindinnen bespannt durch die Lüfte flog. In der Nähe des Val Camonica fand man in einem Heiligtum der »venetischen Artemis«, Rhetia, einundzwanzig beschriftete Geweihe des Tieres. Cf. H. Miyakawa/A. Kollautz: »Zur Ur- und Frühgeschichte des Schamanismus«, *Zeitschrift für Ethnologie* 1966, S. 165. Die Hirschmasken, die in dem bekannten Bericht Caesarius' über die Kalendae Januarii des frühen Mittelalters vorkommen, werden meist als Masken des keltischen Gottes Cernunnos gedeutet, doch es können auch durchaus Masken des Artemiskultes gewesen sein, zumal die ›keltische Diana‹ oft mit einem Hirsch oder einer Hindin dargestellt wurde. Cf. E. Krüger: »Diana Tifatina am Limes«, *Germania* 1933, S. 105. Petrus Chrysologus erwähnt, daß die Leute unter anderem Jagden der Diana durchgeführt hätten, auf denen es recht obszön zugegangen sei. Cf. M. Meslin: *La fête des kalendes de janvier dans l'empire romain*, Bruxelles 1970, S. 80 f. Auf der iberischen Halbinsel wurde Artemis mit einer lusitanischen Hirschgöttin identifiziert, und der heilige Pacianus, im 4. Jahrhundert Bischof von Barcelona, erregte sich in seiner verlorengegangenen Schrift *Cervus* über Hirschfellvermummungen, die in seiner Diözese am Neujahrstag stattfanden. Cf. J.-M. Blázquez: »Die Mythologie der Althispanier«, in *Götter und Mythen im alten Europa*, Stuttgart 1973, S. 763 f. Schon in der Jungsteinzeit und in der Hallstattkultur war der Hirsch Attribut einer Magna Mater (cf. H. Ladenbauer-Orel: »Die kultische Hirschbestattung von Lang-Enzersdorf bei Wien«, *Mitteilungen der Anthropologischen Gesellschaft in Wien* 1965, S. 257), der Herrin über Leben und Tod in der Natur. Nach Strabo lag in der Nähe von Kolophon eine der Artemis geweihte kleine Insel, zu der trächtige

Hindinnen schwammen, um dort zu gebären. Wer weiß, wer in archaischen Zeiten jene Hindinnen waren? Zumal, wenn man an die Arktoi der Artemis Brauronia denkt, oder an die Verwandlung der Iphigenie in eine Hirschkuh, jener Iphigenie, die eigentlich eine Erscheinungsform der Artemis unter ihrem Aspekt der »Öffnerin des Mutterleibes« war. Böotische Frauen, die in Fruchtbarkeitskulten dem Aktaion opferten, zogen Hirschkuhfelle über und nannten sich Hindinnen, und noch vor nicht allzu langer Zeit soll es im niederösterreichischen Waldviertel heimliche »Hexenfeste« gegeben haben, deren Teilnehmer Hirschmasken trugen. Cf. W.-E. Peuckert: »Hirsch und Hirschmaske«, *Handwörterbuch des deutschen Aberglaubens*, Bd. IV, Berlin 1932, Sp. 101, 116. Hierher gehört vermutlich auch der berühmte »Abbots Bromley horndance« in Staffordshire, der früher während der *Zwölften* aufgeführt wurde, und in dem neben Maid Marian und Robin Hood sechs Männer mit nachgemachten Rentiergeweihen auftreten. In alten Zeiten standen sich in diesem Ritual wohl Hindinnen und Hirsche (oder Rentierkühe und Rentierbullen) gegenüber, die sich wahrscheinlich paarten. Cf. R. Wolfram: »Robin Hood und Hobby Horse«, *Wiener Prähistorische Zeitschrift* 1932, S. 360 f., K. H. Bouman: »Little Brother«, in *Forgotten Gods*, Leiden 1949, S. 72. Der Hirsch blieb lange Zeit ein ›Jenseitstier‹ (cf. V. Kellermann: »Der Hirsch im germanischen Volksglauben der Vorzeit«, *Germanien* 1938, S. 19), und auch in der Sage heißt es, daß Dietrich von Bern auf der Jagd einen Hirsch verfolgte, der ihn geradewegs in die »Hölle« führte. Cf. H. P. Pütz: »Der Wunderer und der Herr der Tiere«, *Österreichische Zeitschrift für Volkskunde* 1977, S. 103. Eine Hindin der Artemis entführte bereits den Herakles, der sie jagte, durch das Skythenland ins Jenseits. Cf. J. Wiesner: *Die Kulturen der frühen Reitervölker*, Frankfurt/M. 1973, S. 75. Artemishaft und von den Spaniern gleichermaßen verteufelt war die bereits erwähnte *x-tabai* (cf. § 1, Anm. 32), wohl ursprünglich Suhui Dzip, eine »Herrin der Tiere«, die insbesondere den Hirsch vor dem Jäger schützte und dessen Schüsse fehlleitete. Cf. D. de Landa: *Relación de las cosas de Yucatán*, Cambridge 1941, S. 155.

19 Noch im Jahre 942 beschwerte sich Papst Marinus II. beim Bischof von Capua, daß ausgelassene Tänze und Jagdtreiben am Berg Tifata – wo ein altes Dianaheiligtum sich befand – geduldet

würden. Aber noch im 19. Jahrhundert soll dort derartiges beobachtet worden sein. Cf. K. Hoenn: *Artemis*, Zürich 1946, S. 137.

20 Die Namen solcher Göttinnen sind teilweise erhalten: Ancamna (cf. P. J. Schweisthal: »Zur Mars-Inschrift aus Möhn«, *Römisch-germanisches Korrespondenzblatt* 1914, S. 90), die Quellgöttin Sirona (cf. F. Sprater: *Die Pfalz unter den Römern*, Speier 1929, S. 42, R. Forrer: *L'Alsace romaine*, Paris 1935, S. 155, 159), Abnoba, die unter anderem gleichfalls eine Quellgöttin war (cf. E. Krüger: »Das römische Quellheiligtum in Baden-Baden«, *Germania* 1918, S. 79 f., F. Haug: »Zu den römischen Altertümern von Baden-Baden«, *Germania* 1919, S. 15 f.), Nantosuelta (cf. A. v. Domaszewski: »Die Schutzgötter von Mainz«, in *Abhandlungen zur römischen Religion*, Leipzig 1909, S. 131). Die Diana-Hekate wurde einer dreigestaltigen Icovellauna gleichgestellt. Cf. H. J. Diesner: »Zur Rolle der Religion unter besonderer Berücksichtigung des Christentums«, in *Die Römer an Rhein und Donau*, Wien 1975, S. 377. Auch in anderen Teilen des römischen Weltreiches war der Kult der Diana, die jeweils mit entsprechenden einheimischen Göttinnen identifiziert wurde, weit verbreitet. Cf. z. B. C. Patsch: »Archäologisch-epigraphische Untersuchungen zur Geschichte der römischen Provinz Dalmatien, *Wissenschaftliche Mitteilungen aus Bosnien und der Hercegovina* 1899, S. 223. Es ist manchmal allzu verlockend, keltische Dianen *direkt* bis zu den kretischen Herrinnen der Tiere zurückzuführen, wie dies etwa S. Reinach (»L'artémis arcadienne et la déesse aux serpents de Cnossos«, *Bulletin de Correspondance Hellénique* 1906, S. 158 f.) mit jener Diana getan hat, die auf einem Relief aus Savigny-lès-Beaune an der Côte-d'Or abgebildet ist, und die in der Linken zwei Schlangen hält. Freilich lassen sich derartige Attribute auch in der keltischen Tradition finden, und zwar bereits in der Hallstattzeit. Cf. P. Lambrechts: *Contribution à l'étude des divinités celtiques*, Brugge 1942, S. 62 f. Vielleicht war auch die helvetische dea Artio, die mit einem Bären und mit Früchten abgebildet wurde, eine Diana. Cf. H. d'Arbois de Jubainville: *Les druides et les dieux celtiques à forme d'animaux*, Paris 1906, S. 157 und G. Behrens: *Germanische und gallische Götter in römischem Gewand*, Mainz 1944, S. 31. J. Markale (*La femme celte*, Paris 1977, S. 121) hält sie für eine frühe Abundantia. In der Diana Arduinna hat man die Göttin Brig(a)it gesehen, eine Herrin der Tiere, welcher der Eber zugeord-

net war, oder genauer gesagt, die Bache, jenes zerstörerische Tier, das mit dem Mond verbunden war, das in den Nächten durch die Wildnis jagte und nur unter Lebensgefahr verfolgt werden konnte. Cf. R. Christinger/W. Borgeaud: *Mythologie de la Suisse ancienne*, Genève 1963, S. 45, D. Heubach: »Nachklänge aus dem Heidentum im Mittelalter«, *Archiv für Religionswissenschaft* 1925, S. 161, G. Lehmacher: »Die Göttin Brigit«, *Anthropos* 1951, S. 272, Markale, a.a.O., S. 125. Jene bekannte nackte Göttin, die auf einem galoppierenden Eber sitzend dargestellt ist, wird vermutlich die Diana Arduinna sein. Cf. C. Renel: *Les religions de la Gaule avant le christianisme*, Paris 1906, S. 251. Von orgiastischen Kulten, die im Zusammenhang mit derartigen Göttinnen stattfanden, etwa auf einer Insel in der Nähe der Loire-Mündung, möglicherweise auf Le Croisic, berichtet Strabo. Sie scheinen durch gemäßigtere Kulte ersetzt worden zu sein, die von den Nonnen der heiligen Brigit durchgeführt wurden. Diese Frauen unterhielten in Kildare bis zur Regierungszeit Heinrich VIII. ein heiliges Feuer. Cf. T. D. Kendrick: *The Druids*, London 1927, S. 139 f.

21 Cf. K. Böhner: »Romanen und Franken im Trierer Land nach dem Zeugnis der archäologischen Quellen«, in *Siedlung, Sprache und Bevölkerungsstruktur im Frankenreich*, Darmstadt 1973, S. 381.

22 Cf. E. Krüger: »Diana Arduinna«, *Germania* 1917, S. 4 ff., ders.: »Ein neues Diana-Relief aus dem Neunhäuser Wald«, *Trierer Zeitschrift* 1934, S. 101 f., Prof. Radtke: »Der Dianastein von Oberbetschdorf«, *Anzeiger für elsäßische Altertumskunde* 1912, S. 272, hierzu G. Wissowa: »Interpretatio Romana: Römische Götter im Barbarenlande«, *Archiv für Religionswissenschaft* 1916, S. 30. Darstellungen einer völlig nackten Artemis – über die sich die späteren Kirchenväter empören sollten – gab es wohl nur in Ephesos, auf denen sich die Ephesia an die Brüste greift (cf. D. G. Hogarth: *Excavations at Ephesus*, London 1908, Tafel XXIV, 2), einmal abgesehen von den beliebten Bildern der Szene, in welcher Aktaion der Artemis beim Baden zuschaut. Cf. die entsprechenden pompejanischen Wandgemälde, wiedergegeben bei Muthmann, a.a.O., S. 28 und bei D. Le Lasseur: *Les déesses armées dans l'art classique grec*, Paris 1919, S. 163 f. Die übliche römische Diana trägt den Chiton ungegürtet. Cf. A. Alföldi: »Diana Nemorenis«, *American Journal of Archaeology* 1960, S. 137.

23 Zumindest wurde bei Altrip die Basis einer Statue dieser Göttin aus dem dritten Jahrhundert gefunden. Cf. E. Schwertheim: *Die Denkmäler orientalischer Gottheiten im römischen Deutschland*, Leiden 1974, S. 190.

24 Cf. H. Gressmann: *Die orientalischen Religionen im hellenistisch-römischen Zeitalter*, Berlin 1930, S. 90.

25 Wenn man Plutarch glauben darf. Cf. J. Weisweiler: »Die Stellung der Frau bei den Kelten«, *Zeitschrift für celtische Philologie* 1939, S. 214. Cf. ferner A. Bertrand: *La religion des gaulois*, Paris 1897, S. 361. Was die Nymphen für die Artemis, das waren offenbar die Dianen für die Diana. Bei Martin von Bracara ist im 6. Jahrhundert die Rede davon, daß es »in silvis Dianas« gebe, »quae omnia maligni daemones et spiritus sunt«. (Zit. n. W. Boudriot: *Die altgermanische Religion in der amtlichen kirchlichen Literatur des Abendlandes vom 5. bis 11. Jahrhundert*, Bonn 1928, S. 56.) Von »Dianen« war auch auf einer bei Vicenza gefundenen Votivgabe die Sprache. Cf. C. B. Pascal: *The Cults of Cisalpine Gaul*, Bruxelles 1964, S. 149.

26 Bisweilen wurde die Diana offiziell von der Heiligen Jungfrau abgelöst. A. Boissier hat beispielsweise die Marienverehrung im Zürcher Fraumünster auf einen keltischen Dianakult zurückgeführt. Cf. F. Stähelin: »Aus der Religion des römischen Helvetien«, *Anzeiger für Schweizerische Altertumskunde* 1921, S. 29. Insbesondere in Ephesus und von dort aus verbreitete sich der Marienkult. Cf. S. Freud: »Groß ist die Diana der Epheser«, in *Gesammelte Werke*, Bd. VIII, London 1943, S. 361. Der ephesische Artemiskult erwies sich gegen die christlichen Angriffe zunächst als sehr resistent und wurde erst durch Johannes Chrysostomos zurückgedrängt. Cf. J. Geffcken: *Der Ausgang des griechisch-römischen Heidentums*, Heidelberg 1929, S. 102, 282 f. Die keltischen Dianen waren oft von einem Hasen begleitet, der später zu einem *der* Hexentiere werden sollte. Cf. A. Weitnauer: *Keltisches Erbe in Schwaben und Baiern*, Kempten 1961, S. 76, P. Goeßler: »Statuetten der Diana und Victoria von Wannweil«, *Germania* 1932, S. 201. Diesem Hasen begegnen wir auch später zu Füßen der Maria, die damit ihren Sieg über die Sinneslust dokumentierte.

27 J. Zwicker: *Fontes historiae religionis celticae*, Bd. II, Bonn 1935, S. 265. In der Vita des Caesar von Arles aus dem sechsten Jahrhundert ist von einer Magd die Rede, die von einem Dämon besessen

war, »quod rustici Dianam appellant«. (a.a.O., S. 133 f.) Als sich der heilige Wulfiliacus in der Gegend von Trier eine Hütte baute, fand er ein Standbild der Diana, »quod populus hic incredulus quasi deum adorabat«. Diesen Bauern predigte er, daß es »nihil esse Dianam, nihil simulacra nihilque quae eis videbatur exercere cultura«. Als er versuchte, das Standbild umzuwerfen, und dieses weder ruckte noch zuckte, rannte der Heilige heulend in die Kirche und erflehte den Beistand des Herrn – mit Erfolg, denn alsbald stürzte es um, worauf er es »in pulverem redegi«. Cf. G. von Tours: *Historiarum libri decem*, Bd. II, Berlin 1956, S. 178 f. Die heutigen Historiker sind übrigens der Meinung, daß es sich in dieser Geschichte um den northumbrischen Missionar Willibrord handelte, der im späten 7. Jahrhundert in der Nähe der Sauer bei Echternach eine Abtei erbaute. Cf. E. M. Wightman: *Roman Trier and the Treveri*, London 1970, S. 241. Solche Episoden darf man nicht zu wörtlich nehmen, denn sie kehren immer wieder. Cf. etwa Marcus Diakonus: *Vie de Porphyre*, Paris 1930, S. 49 und H. Quentin: *Les martyrologes historiques du moyen âge*, Paris 1908, S. 518. Cf. hierzu auch H. Usener: *Kleine Schriften*, Bd. IV, Leipzig 1913, S. 197 f. In der *Passio Kiliani martyris Wirziburgensis*, etwa zur Mitte des 9. Jahrhunderts verfaßt, sagen die Ostfranken zu ihrem Missionar: »Tunc volumus servire magnae Dianae, sicut et anteriores nostri fecerunt patres, et prosperati sunt in eo usque in praesens.« (Cf. C. Clemen: *Fontes historiae religionis germanicae*, Berlin 1928, S. 59.) Welche germanische Göttin hier von dem Geistlichen als »Diana« bezeichnet wurde, ist unbekannt.

28 K. Simrock: »Heiden werfen«, *Zeitschrift für deutsche Mythologie und Sittenkunde* 1855, S. 132. Man hatte diese Diana-Statue außerdem noch aufgehängt, damit sie nicht die Erde berührte. Cf. L. Radermacher: »Venus in Ketten«, *Westdeutsche Zeitschrift für Geschichte und Kunst* 1905, S. 223 f. In Tirol war man der Meinung, Hexen dürften nicht mit der Erde in Verbindung kommen: deshalb müsse man sie in kupfernen Kesseln fangen und hängend verbrennen. Cf. E. v. Künssberg: *Rechtsgeschichte und Volkskunde*, Graz 1965, S. 25. Im Kanton Luzern band man sie auf Karren, in der Umgegend von Solothurn setzte man sie auf Pferde. Cf. Schacher v. Inwil, a.a.O., S. 37, H. Lewy: »Zur Zauberkraft der Erde«, *Archiv für Religionswissenschaft* 1933, S. 207, J. Fresin: *Geschichte der Stadt Wein-*

heim, Weinheim 1962, S. 68. Der bereits zitierte Henker des Grafen von Virneburg gab gegen Ende des 15. Jahrhunderts an, man müsse die Zauberweiber »alsbalde von der erde vff eynen karen heben« (cf. Hansen, a.a.O., S. 593), und im Inngebiet hieß es: »Wenn die Imster Hexe, die zum Galgen gefahren wird, nur das kleinste Patzele Dreck, das ihr ein entrüsteter Zuschauer vielleicht in den Schinderkarren warf, zwischen die Finger bekäme, dann könnte sie sich unsichtbar machen und dem Tode entgehen.« (N. Mantl: *Vorchristliche Kultrelikte im oberen Inntal*, Innsbruck 1967, S. 187. Auch die Könige von Hawaii durften nicht den Boden berühren, da sie sonst einen unerträglichen Machtzuwachs erfahren hätten. Cf. A. M. Hocart: »Flying Through the Air«, *Indian Antiquary* 1923, S. 80 f. Heidnische Gottheiten wurden vielerorts bis ins 18. Jahrhundert hinein alljährlich verspottet. In Hildesheim versammelten sich bisweilen die jungen Leute und bewarfen mit Steinen und Stöcken etwa zwei Klafter lange Holzklötze, die nach einem spätmittelalterlichen Register »abgotter«, einer davon »Jupiter« genannt wurden.

29 Es ist nicht leicht, zu entscheiden, ob der Name »Diana« im späten Mittelalter noch in etwas abgelegeneren Gebieten Mitteleuropas im Volke verbreitet war, oder ob lediglich die Gelehrten und Geistlichen, die die Texte Reginos und Burchards kannten, mit diesem Namen entsprechende volkstümliche Frauengestalten bezeichneten. Daß der Name schon in früheren Zeiten nicht mehr *allgemein* verbreitet war, läßt sich allerdings wohl schon daran erkennen, daß es ansonsten für Burchard erläßlich gewesen wäre, Synonyme anzuführen. Auch der in spätmittelalterlichen Bußpredigten und Tractaten erwähnte Name »Abundia« jener *princeps dominarum nocturnarum*, die Häuser und Ställe besuchten, geht aller Wahrscheinlichkeit nach auf einen Text des Wilhelm von Paris zurück, so daß aus seinem Vorkommen in Textstellen nicht auf seine Existenz im Volksglauben geschlossen werden darf. Cf. H. Naumann: »Abundia«, in *Handwörterbuch des deutschen Aberglaubens*, Bd. I, Berlin 1927, S. 124. Auch die Tatsache, daß der Nürnberger Hutmacher Asmus Mayer, der in den zwanziger Jahren des 16. Jahrhunderts praktisch eine Kopie von Vintlers »Tugendblume« verfertigte, die Stelle »So habent denn etlich gemeyn / Mit der poesen Erodiana / So gelauben etlich an die Dyadema / Die do eyn falschen

goettin ist« wegließ, deutet darauf hin, daß er mit dieser »Dyadema« nicht viel anzufangen wußte. Cf. O. Ebermann/M. Bartels: »Zur Aberglaubensliste in Vintlers ›Pluemen der Tugent‹«, *Zeitschrift des Vereins für Volkskunde* 1913, S. 11. Im Sinne von »Hexe« überdauerte »Diana« im Alttoskanischen und im Sardinischen *(jana)*, im Neapolitanischen *(janára)*, im Altfranzösischen *(gene)*, im Asturischen *(šana)*, im Altprovencalischen *(jana)*, wie Stähelin (a.a.O., S. 29) und im Berner Jura *(djanātsch)* wie E. Tappolet (»La survivance de ›Diana‹ dans les patois romands«, *Schweizer Archiv für Volkskunde* 1919, S. 225) gezeigt haben. Auch das rumänische *zîne* (cf. in diesem Kap. Anm. 3) läßt sich auf »Diana« zurückführen. Cf. M. Eliade: »Some Observations on European Witchcraft«, *History of Religions* 1974, S. 160. Der Artikel von D. Lesourd (»Diane et les sorcières: étude sur les survivances de Diana dans les langues romanes«, *Anagrom* 1972) war mir leider nicht zugänglich. Im Puy-de-Dôme schworen die Bauern bis vor nicht allzu langer Zeit noch mit den Worten »Per Diano neiro« (cf. P. Sébillot: *Le folklore de la France*, Bd. IV, Paris 1907, S. 327), und auch der Name der Zâna, einer Fee, die in den albanischen Bergen lebt, dort nackt in den Quellen badet, tanzt und auf Möwen einherfliegt (cf. M. Lambertz/K.-H. Schröder: »Die Mythologie der Albaner«, in *Götter und Mythen im alten Europa*, Stuttgart 1973, S. 508), geht wohl auf die Diana zurück. In Kärnten wurde die Pehtrababa zu den *žene* gerechnet, die mit offenen Haaren in wilden Felswänden und Berghöhlen hausten. Cf. R. Dürnwirth: »Deutsches Element in slovenischen Sagen des Kärntischen Oberrosenthales«, *Zeitschrift für Volkskunde* 1891, S. 202. Es hat den Anschein, daß »dyana« im Spätmittelalter insbesondere in lateinischen Texten als Bezeichnung für die verschiedenartigsten Dämonen gewählt wurde. So heißt es etwa in einer Wiener Handschrift aus dem 14. Jahrhundert: »vel sepe contigit quod, quia sagittam Dyane patitur, quod dicitur in vulgari pilwizzschos, stuppam vel excipiunt, quod dyabolus occulte inmisit ad deceptionem videntium.« Dieser Bilwis, ursprünglich ein Korndämon, wurde im Hochmittelalter den *nahtvaren* beigesellt, und etwa im 14. Jahrhundert wurde sein (oder ihr) Name zu einem beliebten Synonym für »Hexe«. Cf. L. Mackensen: »Bilwis«, in *Handwörterbuch des deutschen Aberglaubens*, Bd. I, Berlin 1927, Sp. 1314 f. Im allgemeinen jedoch war das Wort eine Bezeichnung für witte wîwer, gute Holden und dergleichen, wie es sich auch von *bilewit*, »wohlwollend«, herleitet. Cf. W.-E. Peuckert: *Deutscher Volksglaube des Spätmittelalters*, Stuttgart 1942, S. 108 f. G. Hollen (*Opus sermonum dominicalium de epistolis*, Hagenau 1517, zit. n. J. Staber: »Ein altbayerischer Beichtspiegel des 15. Jahrhunderts«, *Bayerisches Jahrbuch für Volkskunde* 1963, S. 16) schreibt, daß die Leute bei der Geburt eines Kindes »expellunt muscipilas, quas credunt esse dyanas«. Auch hier scheinen holdenartige Wesen gemeint zu sein.

30 Der Text läßt sich zwar nicht, wie es lange hieß, bis zur Synode von Ancyra, jedoch bis zu Caesar von Arles zurückverfolgen, in dessen Vita die Rede ist von »sceleratae mulieres retro post Satanam conversae, daemonum illusionibus et phantasmatibus seductae, credunt se et profitentur nocturnis horis cum Diana paganorum dea et innumera multitudine mulierum equitare super quasdam bestias et multa terrarum spatia intempestae noctis silentio pertransire, eiusque iussonibus velut dominae obedire, et certis noctibus ad eius servitium evocari.« (Zwicker, a.a.O., S. 134.) Cf. auch Regino von Prüm: *Libri duo de synodalibus causis et disciplinis ecclesiasticis*, Leipzig 1840, Kap. CCCLXXI, S. 355, H. J. Schmitz: *Die Bußbücher und die Bußdisziplin der Kirche*, Bd. I, Mainz 1883, S. 446.

31 Zur Frage, inwieweit diese Anweisungen den Volksglauben der Zeit widerspiegeln oder lediglich ältere kanonische Bestimmungen aufbewahrten, cf. M. Hain: »Burchard von Worms und der Volksglaube seiner Zeit«, *Hessische Blätter für Volkskunde* 1956. Den Glauben an Holda und ihre Fahrten hält der Verfasser für das rheinfränkische Gebiet im Hochmittelalter für erwiesen (a.a.O., S. 46). Cf. auch E. Fehrle: »Inwieweit können die Predigtanweisungen des hl. Pirmin als Quelle für alemannischen und fränkischen Volksglauben angesehen werden?«, *Oberdeutsche Zeitschrift für Volkskunde* 1927, S. 98, 108. Im 9. Jahrhundert muß in einigen Gegenden zumindest das Andenken der Diana Arduinna, jener wilden Göttin, die auf der ›jenseitigen‹ Bache (cf. G. Jones: *Kings, Beasts and Heroes*, London 1972, S. 108 f.) einherritt, sehr wach gewesen sein, denn die Mönche des Klosters Andain in den Ardennen holten eigens die Reliquien des heiligen Hugbert, des späteren St. Hubertus zu sich, um durch ihn die alte Herrin der Tiere zu ersetzen. Cf. J. Keiper: *Die christlichen Jagdschutzpatrone und Reisebücher aus Oberbayern*, Speyer 1929, S. 7, 16.

Abb. 23 Nachtfahrende vom Schleswiger Dom (um 1300)

32 Herodias, die von Burchard zur Erläuterung der Diana in den Text eingefügt wurde und deren Namen von nun an immer wieder auftauchen sollte (cf. G. Tartarotti: *Del Congresso Notturno delle Lammie*, Rovereto 1749, S. 26), ist wohl einerseits eine Kontamination von »Hera« (im Sinne von Hera Dominica = Proserpina) und »Diana«, sowie andererseits der Name der Tochter des Herodes, Salome Herodiana, die zum ewigen Herumtanzen verdammt worden war. Cf. W. Liungman: *Traditionswanderungen Euphrat-Rhein*, Bd. II, Helsinki 1938, S. 588. Ihr Name hat sich auch als »Irudica« bei den Südslawen gehalten (a.a.O., S. 617). Daß Burchard diesen Namen einfügte, ist vielleicht ein weiteres Indiz dafür, daß der Name »Diana« zumindest in jener Gegend im 11. Jahrhundert etwas in Vergessenheit geraten war. Jedenfalls kann man nicht, wie es etwa W.-E. Peuckert (»Hexen und Weiberbünde«, *Kairos* 1960, S. 103) tut, aus der Tatsache, daß der Name noch in Texten des 16. Jahrhunderts vorkommt, *ohne weiteres* schließen, daß die Diana unter dieser Bezeichnung im Volke lebendig war.

33 J. Grimm: *Deutsche Mythologie*, Bd. III, a.a.O., S. 412. Derartige Texte gab es im ausgehenden Mittelalter recht häufig. In ehemals keltischen Ländern wurde oft noch der Name der Bensozia oder

Abb. 24 Nachtfahrende auf Tigerkatze. Schleswiger Dom (um 1300)

Bisazia *(bona satia?)* hinzugefügt, aber auch die Namen »Pharaïldis« oder »Domina Abundia« (cf. Anm. 29). Cf. S. Reinach: »La religion des Galates«, in *Cultes, mythes et religions*, Bd. I, Paris 1905, S. 276. Daß man sich jene »wiber« bisweilen recht attraktiv vorstellt, zeigt jene rotgelockte Nachtfahrende, die mit flatterndem Mantel über das nördliche Seitenschiff des Schleswiger Domes fliegt und deren Zeigefinger auf das Kirchenschiff deutet. (Cf. Abb. 23.) Ihr gegenüber reitet eine weitere Frau, die ein Horn in der linken Hand hält, auf einer getigerten Katze. (Cf. Abb. 24.) Beide Gewölbemalereien werden etwa auf das Jahr 1300 datiert und stammen von einem unbekannten Meister. Cf. F. H. Hamkens: »Heidnische Bilder im Dome zu Schleswig«, *Germanien* 1938, S. 178.

34 Alphons Tostatus, Bischof zu Madrigal, schreibt im Jahre 1440 in einem Bibelkommentar: »Dicere ergo, Dianam illam esse deam, non solum est error, sed infidelitas.« Und weiter: »Sunt autem daemones ista Diana et Herodias, quae se in forma dearum venerari faciunt.« (Zit. n. Hansen, a.a.O., S. 107.) Als solche Dämonen wurden anscheinend auch die germanischen Gottheiten angesehen. In einem sächsischen Taufgelöbnis aus dem 8. Jahrhundert heißt es etwa: »Forsaichstû diobolae? ... end allum diobolgelde? ... end allum dioboles uuercum? – end ec forsacho allum dioboles uuercum

and uuordum, Thunaer ende Uuôden ende Saxnôte ende allum thêm unholdum thê hira genôtas sint.« (Zit. n. R. Stumpfl: *Kultspiele der Germanen als Ursprung des mittelalterlichen Dramas*, Berlin 1936, S. 269.) Saxnôt ist ein Wort für Ziu (Tyr). Cf. auch die Schrift von Johannes of Salisbury, eines Freundes Beckets, *Episcopi Carnotensis Policratici*, Bd. I, Oxford 1909, S. 100 f.

35 H. C. E. Midelfort (*Witch Hunting in Southwestern Germany*, Stanford 1972, S. 16) hat im Gegensatz zur üblichen Interpretation den Text des *Canon Episcopi* so verstanden, daß darin *lediglich* bezweifelt würde, daß die Diana eine Göttin sei. »Far from dismissing such simple peoples as visionaries or lunatics, as so many scholars have supposed, the canon condemned them as infidels.« Wäre die Interpretation Midelforts richtig, dann hätten auch sämtliche spätmittelalterlichen Kommentatoren den Text falsch verstanden, und er hätte auch nicht jenen im Weg gestanden, die die Realität des Hexenfluges bejahten. So zitiert ja auch Midelfort (a.a.O., S. 118) selber eine Stimme aus dem frühen 17. Jahrhundert, die wiederum Binsfeld, Del Rio und Spina anführt, welche bereits gesagt hätten, daß sich der Kanon nicht »ad lamias nostras« beziehe.

36 »Si quis a diabulo deceptus«, heißt es in einem fränkischen Königsgesetz, der *Capitulatio de partibus Saxoniae*, das auf dem Reichstag zu Paderborn im Jahre 785 oder wenige Jahre später zur Unterdrückung des sächsischen Glaubens entworfen wurde, »crediderit secundum morem paganorum virum aliquem aut feminam strigam esse et homines commedere, et propter hoc ipsam incederit vel carnem eius ad commedendum dederit vel ipsam commederit, capite punietur«. (C. Clemen, a.a.O.) »A diabulo deceptus« ist eine formelhafte Wendung, die immer wieder den heidnischen Glauben kennzeichnen soll, so daß man wohl das Wort »Täuschung« nicht in dem engen Sinn von »Halluzination« verstehen darf. Cf. G. Zenker: *Germanischer Volksglauben in fränkischen Missionsberichten*, Stuttgart 1939, S. 21. Zenker hält übrigens die Unterstellung, die Sachsen hätten an eine menschenfressende Hexe geglaubt, für fränkische Greuelpropaganda. Die Rücksichtslosigkeit der damaligen fränkischen Christianisierung der Heiden (cf. R. Drögereit: »Die schriftlichen Quellen zur Christianisierung der Sachsen und ihre Aussagefähigkeit«, *Jahrbuch der Gesellschaft für niedersächsische Kirchengeschichte* 1966, S. 12) macht dies nicht ganz unwahrscheinlich. Cf.

auch H. Jankuhn: »Spuren von Anthropophagie in der Capitulatio de partibus Saxoniae?«, *Nachrichten der Akademie der Wissenschaften in Göttingen* 1968, S. 60 f. Was die nachtfahrenden Weiber betrifft, so scheint es diese im südlichen Europa während des ausgehenden Mittelalters in größerer Anzahl gegeben zu haben als hierzulande. Nach der Aussage des Dominikaners Jacopo Passavanti (*Lo specchio della vera penitenza*, Firenze 1856, S. 318 ff., zit. n. Cohn, a.a.O., S. 215 f.) schwärmten noch im 14. Jahrhundert die *tregenda* unter der Führung von Diana und Herodias durch die italienischen Wälder, und gegen Ende desselben Jahrhunderts wurden in Mailand zwei Frauen verurteilt, weil sie über viele Jahre hinweg zweimal in der Woche an solchen Fahrten teilgenommen hatten. Ihre Berichte wurden für bare Münze genommen und nicht als Phantasieprodukte interpretiert. (Cf. Cohn, a.a.O., S. 217 f.) Auch Gervasius von Tilbury neigte etwa hundert Jahre vorher zu der Meinung, daß Menschen tatsächlich an den Fahrten durch die Wildnis teilnehmen konnten. In Italien wurde die Führerin der Nachtfahrenden oft auch Befana oder Berta genannt, und um die alten Zeiten zu kennzeichnen, sagte man bis vor kurzem noch mancherorts »non è piu il tempo che Berta filava«. Cf. F. Herrmann: *Beiträge zur italienischen Volkskunde*, Heidelberg 1938, S. 63. Später hieß es bei uns oft von den »Hollenfahrten«, sie würden den Betreffenden aufgenötigt. Cf. z. B. O. Schell: »Der Volksglauben im Bergischen an die Fortdauer der Seele nach dem Tode«, *Archiv für Religionswissenschaft* 1901, S. 306. Im hohen Mittelalter war man anscheinend zeitweise davon überzeugt, daß eine Vielzahl von Menschen an den Fahrten teilnahmen. Zumindest heißt es im *Roman de la Rose*:

> »Maintes gens par lor folie
> Cuident estre par nuict estrées
> Errant avecques Dame Habonde;
> Et dient que par tout le monde
> Li tiers enfant de nacion
> Sunt de ceste condicion.«

In Irland und in Wales hat sich offenbar solcher Glaube länger erhalten als andernorts. So heißt es beispielsweise noch im vorigen Jahrhundert: »A woman . . . was commonly believed to have been with the fairies for seven years when she was a maiden. She married after coming back and had children; and she was always able to see the *good people* and to talk with them, for she had the second-sight. And it is said that she used to travel with the fairies at night.« Cf. Evans Wentz, a.a.O., S. 42.

37 Im späteren Mittelalter kam es nun vor, daß der Teufel immer häufiger im Kampf um die Seele Sieger blieb. So geschah es in einem Osterspiel im Jahre 1322, das von Dominikanern in Eisenach aufgeführt wurde. Es heißt, daß der Landgraf Friedrich sich über den Ausgang des Stückes dermaßen erschreckte, daß ihn anschließend der Tod dahinraffte. Cf. E. Diestel: *Der Teufel als Sinnbild des Bösen*, Berlin 1921, S. 16. Die Macht des Teufels wurde mitunter dermaßen hochgespielt, daß die Dämonologen der Renaissance bis an die Grenze des Manichäismus gerieten. Dieser Gefahr entgingen sie freilich meist durch das Lippenbekenntnis, der Teufel bedürfe der Erlaubnis des Herrn, und seine sowie der Hexen Künste, also beispielsweise das Fliegen, seien zwar *mira*, d. h. dem gewöhnlichen Menschen Unerreich- und Unerklärbares, jedoch keine *miracula*, d. h. Wunder, die zu vollbringen dem lieben Gott vorbehalten sei. Cf. J. L. Teall: »Witchcraft and Calvinism in Elizabethan England«, *Journal of the History of Ideas* 1962, S. 25.

Anmerkungen zu § 3

1 Cf. E. Fehrle: *Die kultische Keuschheit im Altertum*, Gießen 1910, S. 203 f., J. G. Frazer: *The Magic Art and the Evolution of Kings*, Bd. I, London 1911, S. 36 f., J. Markale, a.a.O., S. 170 f. Bei Pindar und in der Ilias bedeutete *parthenos* noch das unverheiratete junge Mädchen und nicht notwendigerweise »Jungfrau« im heutigen Sinne. Konkubinen, also unverheiratete Frauen, wurden in Sparta ebenfalls mit diesem Wort benannt. Ihre Kinder hießen *partheniai*. Cf. C. Seltmann: *The Twelve Olympians and their Guests*, London 1956, S. 127. Auch die Sprößlinge der Frauen, die während der Abwesenheit ihrer Männer, die mit längeren Kriegszügen beschäftigt waren, von den Perioiken geschwängert wurden, erhielten diese Bezeich-

nung. Cf. E. W. Klimowsky: *Das mann-weibliche Leitbild in der Antike*, München 1972, S. 48. Die Tatsache, daß Rachel eine »unversehrte *betula*« *(virgo intacta)* genannt wird, zeigt vielleicht ebenfalls, daß das hebräische *betula* ursprünglich nur so viel wie »unverheiratete Frau« bedeutete, obgleich *betulim* mit »Hymen« übersetzt wird. Auch *naara*, sowie *almāh*, das in der Septuaginta mit *parthenos* wiedergegeben wurde, bedeuteten in älteren Zeiten wie auch das lateinische *virgo* eine Frau, die unverheiratet war. Cf. E. Buonaiuti: »Maria und die jungfräuliche Geburt Jesu«, *Eranos-Jahrbuch* 1938, S. 338. Als im Jahre 1929 der Sturm der Church of Scotland auf die Seelen der Kikuyu losbrach und die Missionare die Klitorisbeschneidung verbieten wollten, beriefen sich die konsternierten Afrikaner auf ihre Bibeln, in denen der Begriff »(Heilige) Jungfrau« mit *muiritu* übersetzt worden war. *Muiritu* heißt indessen »initiiertes Mädchen«, das klitoridektomiert ist und sich eines oder mehrerer Liebhaber erfreut. Cf. W. E. Mühlmann: *Chiliasmus und Nativismus*, Berlin 1961, S. 118. In der »unbesamten« Jungfrau *apeirogamos* haben sich später gewisse Züge der Artemis bewahrt, freilich eher der griechischen als der vorgriechischen. »Unbemannt« konnte nur noch »keusch« bedeuten. »Artemis Agrotera symbolized« bei den Griechen nur noch »the belief that for women there was a nobler state than being mated with a husband«. (R. E. Witt: *Isis in the Graeco-Roman World*, London 1971, S. 141.)

2 Cf. E. Kornemann: *Die Stellung der Frau in der vorgriechischen Mittelmeerkultur*, Heidelberg 1927, S. 39 ff. Die Enthüllung der einen Brust – während die andere verdeckt blieb, was Anlaß gab zu der bekannten Sage, die Amazonen hätten sie sich ausgebrannt – geht vermutlich auf die Entblößung der Brüste bei den kretischen Ammen des Gottes zurück. Cf. C. Picard: »Die Ephesia von Anatolien«, *Eranos-Jahrbuch* 1938, S. 62. Entblößte Brüste werden uns später wieder bei den Hexen begegnen, und es ist nicht uninteressant, daß eine Bezeichnung für Hexen »Besen-Amazonen« war. Cf. H. Wirth: »Zur Topographie des Hexenwesens«, *Archiv für die Geschichte der Stadt Heidelberg* 1869, S. 36.

3 Cf. G. Tzenoff: *Die Abstammung der Bulgaren*, Berlin 1930, S. 99.

4 Insbesondere in Sibirien fand man freilich neben den fülligen auch mädchenhafte Figürchen. In Griechenland wurde der letztere Typ etwa seit der Wende vom vierten zum dritten Jahrtausend

vorherrschend. Bei den kykladischen Frauenfiguren sind die Glutäen geschwollen, und auch die Oberschenkel und der Hintern sind sehr mollig, die Brüste hingegen kaum mehr als Knospen. Cf. S. Weinberg: »Neolithische anthropomorphe Steinidole aus Griechenland«, in *Kunst und Kultur der Kykladeninseln im 3. Jahrtausend v. Chr.*, Karlsruhe 1976, S. 55f.

5 Cf. R. Feustel: »Statuettes féminines paléolithiques de la République Démocratique Allemande«, *Bulletin de la Société Préhistorique Française* 1970, S. 22. Wenn auch bei einigen Statuetten Bauch und Gesäß zurücktreten, so werden die Brüste zumeist nicht vernachlässigt. Cf. H. Delporte: »La statuette féminine de Krasnii Iar (Sibérie)«, *Bulletin de la Société Préhistorique Française* 1965, S. 128, ders.: »Problèmes d'interprétation de la Venus de Tursac«, *Quartär* 1960, S. 124, E.-G. Gobert: »Sur les Vénus aurignaciennes«, in *La préhistoire*, Paris 1968, S. 211. Bisweilen sind *nur* die Brüste profiliert. Cf. K. Absolon: »The Diluvial Anthropomorphic Statuettes and Drawings, Especially the So-called Venus Statuettes, Discovered in Moravia«, *Artibus Asiae* 1949, S. 201 ff. Bei den Peterfelsfigürchen ist hingegen lediglich der Hintern ausgearbeitet. Während etwa die Statuette von Tursac möglicherweise eine Frau bei der Entbindung zeigt, und die unter einem Rentierbullen oder einem Bison liegende Frau auf dem Renknochenfragment von Laugerie Basse höchstwahrscheinlich schwanger ist, stellen viele Bilder offenbar keine schwangeren Frauen dar. Cf. etwa F. Bordes / P. Fitte / P. Laurent: »Gravure féminine du Magdalénien IV de la Gare de Couze«, *L'Anthropologie* 1963, S. 273, 278 und G. Bosinski: »Magdalenian Anthropomorphic Figures at Gönnersdorf«, *Bolletino del Centro Camuno di Studi Preistorici* 1970, S. 62 f., 70.

6 Cf. z. B. V. Toepfer: »Drei spätpaläolithische Frauenstatuetten aus dem Unstruttal bei Nebra«, *Fundberichte aus Schwaben* 1965, S. 107 f. An solchen Herdstellen bestattete man oft die Toten, so etwa in Grimaldi, Duruthy, Predmost, Laugerie-Basse und anderen Orten. Cf. H. Müller-Karpe: *Geschichte der Steinzeit*, München 1974, S. 253 f. Vielleicht ist die altaische »Jungfrau-Mutter« Kyz äna, die Herrin des Feuers, eine ferne Nachfahrin dieser eiszeitlichen Herdstellenvenus. Cf. O. Nahodil: »Mutterkult in Sibirien«, in *Glaubenswelt und Folklore der sibirischen Völker*, Budapest 1963, S. 500.

7 Cf. R. Feustel: »Sexuologische Reflexionen über jungpaläolithi-

sche Objekte«, *Alt-Thüringen* 1970, S. 22. Auch die Schamlippen der berühmten Venus von Willendorf sind verlängert. Cf. auch K. Willvonseder: »Die Venus von Draßburg«, *Germania* 1940, S. 1 f. Bei der neolithischen ›Großen Göttin‹ bleiben meist das sogenannte pubische Dreieck und der Venushügel akzentuiert. Die Zurschaustellung der Vulva begegnet uns wieder im frühen Kreta. Cf. S. Alexiou: *Minoan Civilization*, Heraklion 1969, S. 85.

8 Die Tukano-Indianer sehen in der Herdstelle einen Uterus, weil sie der Ort wichtiger Umwandlungen ist. Cf. G. Reichel-Dolmatoff: »The Cultural Context of an Aboriginal Hallucinogen: Banisteriopsis Caapi«, in *Flesh of the Gods*, London 1972, S. 95. Die Basken glaubten einst, daß die in den Kultgrotten hausenden Geister durch unterirdische Gänge in den Herd der Häuser gelangten. Cf. J. M. de Barandarián: »Die baskische Mythologie«, in *Götter und Mythen im alten Europa*, Stuttgart 1973, S. 538.

9 S. A. Tokarev (»Zur Bedeutung der Frauendarstellungen im Paläolithikum« in *Beiträge zur Völkerforschung*, Berlin 1961, S. 682 f.) ist als guter Marxist und Freund des Fortschritts der Auffassung, daß bei dem »kärglichen« Leben der Eiszeitmenschen eine Fruchtbarkeitsgöttin, die zur Vergrößerung der Gruppe beigetragen hätte, kaum denkbar gewesen sei. Nun ist zum ersten zu bedenken, daß es sich um eine Mutter *allen* Lebens, also auch dem der Jagdtiere gehandelt haben wird, und zum zweiten, daß es sich bei jenen Wildbeutern – wenn man rezente Jäger und Sammler zum Maßstab nimmt – wenn nicht um eine »original affluent society«, so doch kaum um Menschen drehte, die stets am Hungertuch nagten. »Ethnologists and archaeologists had become neolithic revolutionaries, and in their enthusiasm for the Revolution spared nothing denouncing the Old (Stone Age) Regime.« (M. Sahlins: *Stone Age Economics*, Chicago 1972, S. 5 und P. Clastres: *Staatsfeinde*, Frankfurt/M. 1976, S. 185 f.) Die Umweltbedingungen scheinen zudem gar nicht so fürchterlich gewesen zu sein, wie es das Wort »Eiszeit« suggerieren mag, ja, es ist sogar anzunehmen, daß die Winter jener Zeiten wärmer waren als heutzutage, da der Eiswall die einströmende Polarluft abhielt. Cf. R. Claiborne: *Entscheidungsfaktor Klima*, Wien 1973, S. 187. Die meisten Ethnologen entwerfen noch heute das Bild von Naturvölkern, die vornehmlich leiden und hungern: »Der Mensch der Naturvölker ist in erster Linie *bedrängt*

von Mächten der Umwelt. Und als ein bedrängter, ausgelieferter, körperlich und seelisch leidender Mensch ist er weit mehr ein heilsbedürftiges als ein erkenntnishungriges Wesen.« (W. E. Mühlmann: »Erfahrung und Denken in der Sicht des Ethnologen«, *Paideuma* 1964, S. 15, ders.: »Ethnologie und Völkerpsychologie«, in *Handwörterbuch der Sozialwissenschaften*, Tübingen 1960, S. 350.) Dieselbe Auffassung, freilich wesentlich überheblicher formuliert, findet sich etwa bei G. Devereux (*Angst und Methode in den Verhaltenswissenschaften*, München 1973, S. 230), der den »Primitiven« zugesteht: »Vielleicht, weil ein blindes Huhn auch mal ein Korn findet, kommen die Vorstellungen des Primitiven von dem, was jenseits der Reichweite seiner Sinne liegt, wissenschaftlich geprüften Feststellungen manchmal ziemlich nahe.« Cf. dagegen etwa I. De Vore: »Die Evolution der menschlichen Gesellschaft«, in *Evolutionstheorie und Verhaltensforschung*, Hamburg 1974, S. 202 ff. und P. Clastres: »Über die Entstehung von Herrschaft«, *Unter dem Pflaster liegt der Strand* 1977, S. 133 f.

10 Stark stilisierte Venusgestalten und kleine Steinscheiben mit einer radialen Vulva fanden sich auch in Begräbnisstätten von Männern. Cf. A. Marshack: *The Roots of Civilization*, New York 1972, S. 295 f., 317.

11 Auch die Toten, die später in den *pithoi* begraben wurden, hatten ihre »arms tightly pressed to the body, a natural foetal position«. Der *pithos* war die Gebärmutter, in die der Mensch zurückging. Cf. M. Gimbutas: *The Gods and Goddesses of Old Europe*, Berkeley 1974, S. 159. Zumal war er auch der Speicher für das abgeerntete Korn; das Kornmädchen wurde unter die Erde gebracht, und sein Entführer Pluto war sowohl der Herrscher der Toten wie auch der Hüter des Kornvorrates. Cf. M. P. Nilsson: »Die eleusinischen Gottheiten«, *Archiv für Religionswissenschaft* 1935, S. 113. Überhaupt scheinen bei vielen Völkern die Sarkophage eine Gebärmutterform zu haben. Cf. etwa F. Termer: »Die Kenntnis vom Uterus bei den Maya«, *Ethnos* 1959, S. 197. In den ägyptischen Pyramidentexten heißt es: »Du wirst Deiner Mutter Nut hineingelegt, sie umschließt Dich.« Cf. J. Thimme: »Die Kykladenkultur der frühen Bronzezeit«, in *Frühe Randkulturen des Mittelmeerraumes*, Bd. I, Baden-Baden 1968, S. 38. Im Neuen Reich begattete der Sterbende im Tod die Isis, und die eleusinische Sitte,

während der Mysterien einen Schoß zu berühren, um wiedergeboren zu werden, ist vermutlich ein etwas verblaßtes Überbleibsel jenes Eingangs in die mütterliche Vagina. Als der peruanische Gummizapfer Manuel Córdova-Rios von Indianern entführt und in deren Stamm aufgenommen wurde, mußte er während der rituellen Eingliederung eine Embryonalstellung einnehmen, und man wickelte ihn fest in ein Leinentuch – die Gebärmutter – ein. Cf. M. Córdova-Rios / F. B. Lamb: *Wizard of the Upper Amazon*, Boston 1975, S. 21 f. Bei den Asmat tritt der Adoptivling aus einem Geburtskanal heraus, der von liegenden Männern und Frauen mit gespreizten Beinen gebildet wird. Die letzte Frau der Reihe krümmt sich beim Austritt des Betreffenden und stöhnt vor Schmerzen. Cf. G. Konrad: »Von den Asmat«, in *Unter Papuas*, Innsbruck 1976, S. 71. Im Laufe des Mittelalters wurde hierzulande der Tod eher als eine Entwöhnung von der Mutter charakterisiert. »Vrô Welt«, singt etwa Walther von der Vogelweide, »ich han ze vil gesogen: ich will entwonen, des ist zît.« (Zit. n. F. Vonessen: »Die Mutter als Stiefmutter«, *Symbolon* 1972, S. 127.)

12 So werden beispielsweise die Popot-Initiandinnen zu einer Höhle – der »heißen Seku-Höhle« – geführt, mit rotem Ocker eingerieben und *ku mes-mes*, »die roten-roten Kinder« genannt, ein Wort, das zur Bezeichnung ungeborener Kinder dient. Cf. J.-E. Elmberg: *The Popot Feast Cycle*, Lund 1966, S. 107, ferner W. de Mahieu: »Cosmologie et structuration de l'espace chez les Komo«, *Africa* 1975, S. 244. »Heiß sein« heißt oft »in der Gebärmutter«, im Geisterhaus sein, »kalt werden« dementsprechend »zur Normalität zurückkehren«, »unwirksam werden«. Cf. P. A. Gerstner: »Der Geisterglaube im Wewäk-Boikin-Gebiet Nordost-Neuguineas«, *Anthropos* 1952, S. 207, A. Capell: »The Word ›Mana‹«, *Oceania* 1938, S. 93. Auch die Hexen und die Yogis mußten »heiß« werden, um aus der Alltagswelt heraustreten zu können. Cf. R. F. Fortune: *Sorcerers of Dobu*, London 1932, S. 295, E. H. Zuesse: »On the Nature of the Demonic: African Witchery«, *Numen* 1971, S. 216 f., R. de Nebesky-Wojkowitz: *Oracles and Demons of Tibet*, The Hague 1956, S. 534 f.

13 Zu den Schleiern über den Gesichtern späterer Fruchtbarkeitsgöttinnen cf. E. H. Guggenheimer: »Magic Textiles«, *Dialectica* 1977, S. 195 f.

14 Cf. Güntert, a.a.O., S. 63 f. Die Wurzel *kel-*, die auch in »Halle«, »Hehl«, »Helm«, »Hölle« steckt, findet sich ebenfalls im griechischen *kalyptein*, »verhüllen«, im lateinischen *celare, occulere*, »verbergen«, *color*, »Farbe«. Cf. F. Kluge: *Etymologisches Wörterbuch der deutschen Sprache*, Berlin 1967, S. 297. Auf einer römischen Aschenurne ist die Initiation des Herakles in die eleusinischen Mysterien dargestellt. Herakles sitzt dabei mit verhülltem Kopf auf einem mit Löwenfell bedeckten Thron. Cf. F. Wehrli: »Die Mysterien von Eleusis«, *Archiv für Religionswissenschaft* 1934, S. 79. Die Verhüllung des Kopfes bedeutete allerdings nicht nur den ›Tod‹ des Initianden. Nach altrömischem wie auch nach friesischem Brauch wurde gewissen *morituri*, Todgeweihten, das Haupt verhüllt. Cf. L. Weiser-Aall: »Zur Geschichte der altgermanischen Todesstrafe und Friedlosigkeit«, *Archiv für Religionswissenschaft* 1930, S. 217 f. Die Büttel, welche die kampfunwilligen Gladiatoren niederstrecken mußten, hießen *larvae* und waren in ähnlicher Weise vermummt. Cf. F. Altheim: *Terra Mater*, Gießen 1931, S. 57. Auch die Tarnkappe, die Hades von Hermes erhielt, wird sich auf diese Verhüllung zurückführen lassen. G. Baesecke (*Vorgeschichte des deutschen Schrifttums*, Halle 1940, S. 18) bringt auch den Namen der Hekate mit »hehlen« in Zusammenhang. (Cf. auch W. Berg: »Hekate: Greek or ›Anatolian‹?«, *Numen* 1974, S. 136.) »Percht« wird gleichermaßen auf *bergan*, »bergen«, »Holda« auf *helan*, »hehlen«, »verhehlen« zurückgeführt. Später wurde »Percht« zu *berht*, »glänzend« gestellt. Cf. O. Paul: »Zum Rauhnachts-Glauben und Brauch in Steiermark«, *Germanien* 1938, S. 137 f.

15 Nach K. v. Spieß (*Bauernkunst*, Berlin 1935, S. 253) ist die Frau Holle »sowohl in Ziegengestalt als auch als Rauschtrankspenderin bezeugt«. In Griechenland wurde die Ziege auch mit anderen Personen, die mit ehemaligen Erdkulten in Verbindung standen, verknüpft. Das Zittern der Ziege im Heiligtum zu Delphi löste vermutlich das Beben der Pythia ab, die in das *adyton* hinabstieg. Cf. W. Burkert: *Homo Necans*, Berlin 1972, S. 143. Bisweilen war neben dem Omphalos, dem Nabel der Welt, ein Füllhorn abgebildet.

16 Cf. M. Lurker: »Zur Symbolbedeutung von Horn und Geweih«, *Symbolon* 1974, S. 87. Bereits zur Zeit Homers ist die Rede von einer Ambrosia-*Salbe*, mit der man sich einrieb. Cf. W. H. Roscher: »Ambrosia und Nektar«, in *Ausführliches Lexikon der grie-*

chischen und römischen Mythologie, Leipzig 1884, S. 281. Sie muß aus gewissen Pflanzen gewonnen worden sein, denn es heißt auch, daß die Rosse der Götter Ambrosia weideten, und anscheinend hat sie die Fähigkeit des Fliegens verliehen. Cf. W. Schwartz: *Nachklänge prähistorischen Volksglaubens im Homer*, Berlin 1894, S. 39. Im allgemeinen wird gesagt, daß Ambrosia eine Art Schmiere und daß Nektar etwas wässeriger gewesen sei. Cf. R. B. Onians: *The Origins of European Thought*, Cambridge 1951, S. 296, 299. Die Differenzierung der beiden ist freilich relativ jung. Cf. R. Schmitt: »Nektar – und kein Ende«, in *Antiquitates Indogermanicae*, Innsbruck 1974, S. 158. Ambrosia wird gerne mit dem Sanskrit-Wort *amrita* identifiziert, und *amrita* wird bekanntlich bisweilen *soma* genannt. Cf. R. G. Wasson: »Fly Agaric and Man«, in *Ethnopharmacologic Search for Psychoactive Drugs*, Washington 1967, S. 443. Da nun Wasson die These vertritt, daß *soma* ursprünglich der Fliegenpilz gewesen sei, hat man auch geschlossen, daß sich hinter Ambrosia *Amanita muscaria* verberge. Cf. R. v. Ranke-Graves: »What Food the Centaurs Ate«, in *Steps*, London 1958. Ich halte diese These für völlig unbewiesen. Für noch unwahrscheinlicher halte ich die Vermutung Graves, daß die Mänaden Fliegenpilz gegessen hätten. Wasson meint, die Abneigung der Griechen gegen Pilze im allgemeinen ginge auf ein altes Tabu zurück und diese seien nur von Initianden gegessen worden. Cf. V. P. Wasson / R. G. Wasson: *Mushrooms, Russia and History*, Bd. I, New York 1957, S. 123, 152, 337, Bd. II, S. 338, ferner R. v. Ranke-Graves: *Griechische Mythologie*, Bd. I, Hamburg 1960, S. 7 f. Die ›Mykophobie‹ der Griechen ist freilich eine Übertreibung, denn die Griechen importierten sogar Pilze, vermutlich aus Italien, wo Pilzgerichte sehr beliebt waren. Cf. D. Brothwell / P. Brothwell: *Food in Antiquity*, London 1969, S. 90 f., U. E. Paoli: *Das Leben im Alten Rom*, Bern 1961, S. 112. Wasson scheint seine Auffassung unter anderem aus der Tatsache zu folgern, daß Porphyrios (nach G. della Porta: *Villa*, Frankfurt/M. 1592, S. 764) an einer Stelle den Fliegenpilz *broma theon*, »Götterspeise«, nannte. Cf. R. Heim / R. G. Wasson: *Les champignons hallucinogènes du Méxique*, Paris 1958, S. 27. Eine ähnliche Bezeichnung – »Fleisch der Götter« – gibt es bekanntlich bei den Mazateken, die damit *Psilocybe mexicana* und ähnliche ›halluzinogene‹ Pilze benennen. *Psilocybe* Pilze hat man inzwischen auch in Europa entdeckt. Cf. M. Semeredžieva / F. Nerud: »Halluzinogene Pilze in der Tschechoslowakei«, Česka Mykologie 1973, S. 42 ff. Ich verdanke diesen Hinweis Reinhard Greve. Es gibt allerdings kaum Hinweise darauf, daß selbst bei solchen Kulten des klassischen Altertums, die über mehrere Ecken hinweg mit alten Haoma-Kulten in Verbindung stehen, wie etwa den Mithras-Mysterien der römischen Legionäre, etwas anderes als Wein oder ähnliche Getränke Verwendung fanden.

17 Cf. Blázquez, a.a.O., S. 735.

18 Jener Trank, den die schicksalsverkündenden Schwanjungfrauen den Einheriern reichten, war wohl ›Milch‹ aus den Eutern der Himmelsziege Heidrun, das *óminnisöl*, der Trank des Vergessens. Cf. A. Kuhn: *Die Herabkunft des Feuers und des Göttertranks*, Gütersloh 1886, S. 154. Auch der *soma* stammte aus dem Euter der Himmelskuh. Cf. H. Lommel: »König Soma«, *Numen* 1955, S. 199. Der Riese Mimir trank das für Odin so attraktive Weisheitswasser aus dem Brunnen unter jener Wurzel der Yggdrasill, die in Richtung des Reifriesenlandes lag. Auch er benutzte ein Horn, das sogenannte Gjallarhorn. Cf. W. Baetke: *Die Religion der Germanen in Quellenzeugnissen*, Frankfurt/M. 1937, S. 145 f. Bei den Kelten war die Rede von einer »Unsterblichkeitsspeise«, die aus »certain fragrant berries« gewonnen wurde. Cf. J. A. MacCulloch: *Celtic Mythology*, New York 1918, S. 54.

19 Die Stelle ist aus Geibels *Tannhäuser*, zit. n. Güntert, a.a.O., S. 155. Cf. auch ders.: *Altgermanischer Glaube*, Heidelberg 1937, S. 24. Im 16. Jahrhundert war »den Dannhäuser spielen« eine verbreitete Redensart für das Verweilen im *mons veneris*, also für den Beischlaf. Cf. D.-R. Moser: *Die Tannhäuser-Legende*, Berlin 1977, S. 109. Auch Odin mußte erst die Zuneigung der Riesentochter Gunnlod gewinnen, in deren Verwahrung sich der begeisternde Dichtermet, in den Zauberrunen gemischt wurden, befand, bevor er in Adlergestalt mit jenem *odroerir* auf und davon konnte. Cf. E. Mogk: *Germanische Mythologie*, Straßburg 1898, S. 115 f.

20 Cf. Güntert, a.a.O., S. 154. Auch Kore kann ja bekanntlich nicht mehr für immer das Totenreich verlassen, weil sie dort – ähnlich wie Schneewittchen – in einen Granatapfel gebissen hat. Bei den Thesmophorien aßen die Frauen Granatapfelkerne. Cf. W. Burkert: *Griechische Religion*, a.a.O., S. 369.

21 Cf. D. Coolidge / M. R. Coolidge: *The Last of the Seris*, New York 1939, S. 94, A. L. Kroeber: *The Seri*, Los Angeles 1931, S. 13.
22 Auch A. Leroi-Gourhan (*Préhistoire de l'art occidental*, Paris 1965, S. 120) schließt aus der Tatsache, daß »les étroitures, les passages ovales, les fentes et les alvéoles ont été marqués et parfois peints en rouge« auf den weiblichen Charakter der Höhlen. An ihren Wänden sind oft auch Vulven eingeritzt. Noch in einer Simon Magus zugeschriebenen Abhandlung wird das christliche Paradies mit einer Gebärmutter und der Paradiesfluß mit der Nabelschnur verglichen. Cf. H. Bergema: *De boom des levens in schrift en historie*, Hilversum 1938, S. 406. In einem Hexenprozeß im Jahre 1620 ist die Rede vom »auf Venesberg oder paradies fahren«. Cf. K. Amersbach: »Zur Tannhäusersage«, *Alemannia* 1895, S. 77.
23 Cf. S. Giedion: *Die Entstehung der Kunst*, Köln 1964, S. 168 f., 240.
24 Cf. auch E. Holm: *Die Felsbilder Südafrikas*, Tübingen 1969, S. 109 f.
25 Die Fußabdrücke, die man in der Höhle von Tuc d'Audoubert fand, stammen von Personen, die zwischen 11 und 13 Jahren alt waren. Cf. H. Begouën/H. Vallois: »Les empreintes de pieds préhistoriques«, in *Les cavernes du Volp*, Paris 1958, S. 99. Wenn es sich bei jenen ovalen, mit Schnurlöchern versehenen Scheiben aus Rengeweih (cf. D. Peyrony: »Sur quelques pièces intéressantes de la grotte de la Roche«, *L'Anthropologie* 1930, S. 22, J. Maringer: *Vorgeschichtliche Religion*, Zürich 1956, S. 130 f.) um Schwirrhölzer handelt, was naheliegt, dann spricht dies ebenfalls dafür, daß hier Initiationen vorgenommen wurden. Cf. auch F. D. Klingender: »Palaeolithic Religion and the Principle of Social Evolution«, *British Journal of Sociology* 1954, S. 145 f.
26 Da man Hunger auch dem Dümmsten zutraut (M. E. P. König: *Am Anfang der Kultur*, Berlin 1973, S. 15), interpretieren auch heute noch sehr viele Wissenschaftler, allen voran die marxistischen (cf. S. A. Tokarev: »The Problem of Totemism as Seen by Soviet Scholars«, *Current Anthropology* 1966, S. 188) die Höhlen als Orte, an denen ›Jagdmagie‹ praktiziert worden sei. A. Gehlen (»Über die Verstehbarkeit der Magie«, in *Studien zur Anthropologie und Soziologie*, Neuwied 1963, S. 88) etwa sieht in den Tierdarstellungen an den Höhlenwänden »die Gier nach der Beute und die Angst vor dem

Mißerfolg«, und E. O. James (»Religion und Reality«, *Journal of the Royal Anthropological Institute* 1950, S. 26) meint sogar, eine solche These »hardly needs arguing«. Doch die ›Jagdmagiethese‹ hat ein »arguing« bitter nötig. Zum ersten haben sich manche der angeblichen Pfeile und Speere, die scheinbar in den Tieren staken, in Mikrophotographien als Schilfrohre oder als Zweige entpuppt. Cf. A. Marshack: »Le bâton de commandement de Montgaudier«, *L'Anthropologie* 1970, S. 332. Auch das Gebilde auf dem Oberschenkel der Frau mit den konischen Brüsten aus Isturitz, der von hinten ein (mutmaßlicher) Mann folgt – auf der Rückseite des Knochenplättchens nähert sich gleichermaßen ein Bisonbulle einem Weibchen, das begattungsbereit den Schwanz hebt (cf. R. de Saint-Périer: »Deux œuvres d'art de la grotte d'Isturitz«, *L'Anthropologie* 1932, S. 19 ff., cf. auch A. Lemozi: »Fouilles dans l'abri sous Roche de Murat«, *Bulletin de la Société Préhistorique Française* 1924, S. 43) –, scheint mir kein Pfeil zu sein, wie etwa W. G. Haensch (*Die paläolithischen Menschendarstellungen aus der Sicht der somatischen Anthropologie*, Bonn 1968, S. 74) meint, sondern viel eher ein Baumzweig oder ein Baum, an dem sich sieben Nadeln bzw. Äste befinden. Wenn sich üblicherweise der Mann der Frau zum Beischlaf von hinten näherte – und damit erklärte sich auch die sogenannte Pseudosteatopygie der Venusfigürchen durch die sexuelle Reizwirkung des Hinterns –, dann wirft dies vielleicht auch Licht auf die Tatsache, daß viele Frauen an den Höhlenwänden, vor allem etwa in Pech-Merle, ihr Gesäß nach hinten recken. »Hören Sie nie auf unverheiratete Anthropologen«, rät indessen J. Greenway (*Verfluchte Wüste*, Hamburg 1974, S. 20), »die Ihnen erzählen, daß die Venus von Willendorf und ähnliche breithüftige paläolithische Skulpturen ›Fruchtbarkeitsfigurinen‹ seien. Diese unschuldigen Anthropologen glauben wohl, daß Babies im Arsch getragen werden.« In aller Unschuld möchte ich freilich zu bedenken geben, daß weniger der Hintern als die üppigen Brüste (cf. Abb. 3, 4, 5) und der oft beachtliche Bauch den Gedanken an Fruchtbarkeit nahelegen. Die Venusgestalten waren dann vielleicht Darstellungen eben jener Erdmutter, deren Vagina der Höhlenschlund war, in welchen der Initiand eindrang. Wie noch in viel späteren Zeiten vor dem Eingang zur Unterwelt der Weltenbaum, die *axis mundi* stand, so findet sich auch beispielsweise an der linken Felswand, auf die man unmittelbar nach dem Verlassen des Durchkriechsteines in Höll am Warscheneck stößt, ein kleines Bäumchen mit kreuzförmiger Wurzel abgebildet. Überhaupt trifft man solche Baumdarstellungen häufig an den Höhleneingängen, auch Ritzungen siebenästiger Bäume, und an einer Felswand des Mausbündllochs denjenigen, der vermutlich vornehmlich an diesem Baum entlang ins Jenseitige kletterte: ein zweibeiniges Wesen mit Vogelkrallen und langem Schnabel, also wahrscheinlich ein flugfähiger Aurignacien-Schamane. Cf. E. Burgstaller: »Schamanistische Motive unter den Felsbildern in den österreichischen Alpenländern«, *Forschungen und Fortschritte* 1967, S. 109 f., 144 f., ders.: »Felsgravierungen in den österreichischen Alpen«, *Ipek* 1968, S. 127 f., ferner auch J. Hanika: »Kultische Vorstufen des Pflanzenanbaues«, *Zeitschrift für Volkskunde* 1953, S. 62 f. Daß die mutmaßlichen Schamanen – wie etwa der berühmte von Lascaux – bisweilen mit eregiertem Penis dargestellt werden (cf. H. Kirchner: »Ein archäologischer Beitrag zur Urgeschichte des Schamanismus«, *Anthropos* 1952, S. 254, hierzu J. Maringer: »Schamanismus und Schamanen in vorgeschichtlicher Zeit«, *Zeitschrift für Religions- und Geistesgeschichte* 1977, S. 117 f.), bedeutet vermutlich, daß sein Flug ins Jenseits zumal ein sexuelles Ereignis war. So bin ich mir auch nicht sicher, ob H. Herter (»Hermes«, *Rheinisches Museum für Philologie* 1976, S. 221, cf. auch D. Fehling: *Ethologische Überlegungen auf dem Gebiet der Altertumskunde*, München 1974, S. 7 ff.) recht hat, wenn er meint, daß der eregierte Penis des Psychopomps Hermes ursprünglich eine »Abwehrfunktion« gehabt habe. Hermes, der tricksterhafte ›Grenzüberschreiter‹ par excellence, überwand nicht nur als Gott der Diebe die Grenzen des Rechts, sondern auch mit seinen Flügelsandalen die Grenze zwischen Leben und Tod, und wie der Schamane war auch er es, der den Weg zurück kannte. Auch bei anderen Völkern versteift sich der Penis des Schamanen während der Ekstase. Der nordwestaustralische *bàn-man* besingt sein Glied – eine Geisterschlange –, bis es sich aufrichtet: während der Ekstase spritzt aus ihm ein »dünner, feiner Faden«, auf welchem seine *yà-yari*-›Seele‹ »on top« auf »walkabout« geht. Cf. H. Petri: »Der australische Medizinmann«, *Annali Lateranensi* 1952, S. 172 f. Die »clever men« der Wuradjeri kletterten an ihrem ejakulierten Samen entlang auf Bäume, in deren Ästen sich Nester, die Traumzeitlager des Adlerfalkenmannes, befanden. Von dort aus schritten sie durch die Luft zu den anderen Bäumen. Cf. R. M. Berndt: »Wuradjeri Magic and ›Clever Men‹«, *Oceania* 1947, S. 349 ff. Bei den Unambal ritt der Medizinmann – nachdem seine ›Traumzeit-Kraft‹ herausgespritzt war – auf einer Ungud-Schlange durch die Lüfte, um sich mit ihr während des Fluges zu begatten. Cf. A. Lommel: *Die Unambal*, Hamburg 1952, S. 51. Zum zweiten finden sich Speere oder Harpunen oder als solche gedeutete Objekte bei weniger als 10% der Tierdarstellungen; in Gabillou unter ca. 150 Tieren lediglich bei zweien, wie L.-R. Nougier (»Le ›Grand Etre‹ de Rouffignac«, in *In Memoriam do Abade H. Breuil*, Bd. II, Lisboa 1966, S. 207) gezeigt hat, der allerdings ohne Grund, wie mir scheint, an der ›Jagdmagiethese‹ festhält. Zum dritten zeigen die Tiere, insbesondere das Ren, das Hauptjagdtier bestimmter Jahreszeiten, das in der Kunst des jüngeren Magdalénien vorherrschend wird (cf. L. Vajda: *Untersuchungen zur Geschichte der Hirtenkulturen*, Wiesbaden 1968, S. 124, 127), oft ein typisches Brunftgebaren, Brunftstellung, Beriechen, Berühren und Jagen. Außerdem sind trächtige Tiere häufig. Cf. W. Rätzel: »Die Verhaltensweisen des Rentiers in der Kunst des Magdalénien«, in *Studien aus Alteuropa*, Bd. I, Köln 1964, S. 53, 55 f. Ferner werden auch die ›Mischwesen‹ immer weniger als verkleidete Jäger interpretiert. So ist auch kaum anzunehmen, daß die ›Antilopenmenschen‹ der südafrikanischen Felsmalerei Jäger mit Antilopenmasken sind, weil derartiges bei den Buschleuten nie beobachtet wurde. Cf. H. Pager: *Stone Age Myth and Magic*, Graz 1975, S. 59 f. Warum jedoch, so fragen viele Autoren, die der ›Jagdmagiethese‹ geneigt sind, malten die Eiszeitjäger auch gefährliche Tiere wie Löwen oder Bären, deren Vermehrung ihnen kaum am Herzen gelegen haben dürfte? (Cf. z. B. H. Begouën: »The Magic Origin of Prehistoric Art«, *Antiquity* 1929, S. 19, A. Nitschke: *Soziale Ordnungen im Spiegel der Märchen*, Bd. I, Bad Cannstatt 1976, S. 13. Auch Gelehrten, welche diese These ablehnen, wird eine solche Tatsache zum Problem. Cf. z. B. P. J. Ucko / A. Rosenfeld: *Felsbildkunst im Paläolithikum*, Verona 1967, S. 234.) Und warum richtet sich die Häufigkeit der Tierdarstellungen allem Anschein nach nicht nach wirtschaftlichen Gesichtspunkten? Zumindest während der Kälteperioden war die Saiga-Antilope das wichtigste aller Jagdtiere, und man müßte sich doch vorstellen, daß die Wiedergeburt dieses Tieres für die Eiszeitmenschen von allergrößter Bedeutung gewesen sei. Doch bis heute hat man keine mit Sicherheit identifizierte Darstellung dieser Antilope gefunden. Cf. Ucko / Rosenfeld, a.a.O., S. 181. Auch von den Felsmalereien der Buschleute heißt es, daß sie nicht »the diet of the hunter« widerspiegelten. Cf. P. Vinnicombe: »Myth, Motive, and Selection in Southern African Rock Art«, *Africa* 1972, S. 194. Nun läßt sich beobachten, daß beispielsweise die australischen Ureinwohner ihre »increase ceremonies« auch für schädliche und gefährliche Tiere wie etwa Moskitos und üble Nachtvögel, für die Tigerschlange und die Todesotter, für Hundertfüßler und Flöhe, ja für Wirbelwinde, Dürre, Durchfall und die Ruhr durchführen, indem sie deren jeweilige Steine reiben. Cf. A. R. Radcliffe-Brown: »Notes on Totemism in Eastern Australia«, *Journal of the Royal Anthropological Institute* 1929, S. 406 f., P. M. Kaberry: »The Forrest River and Lyne River Tribes of Northwest Australia«, *Oceania* 1935, S. 433, T. G. H. Strehlow: »Geography and the Totemic Landscape in Central Australia«, in *Australian Aboriginal Anthropology*, Nedlands 1970, S. 132. Befremdet uns dies, so wohl deshalb, weil unsere Zivilisation sehr viel mehr nach *ausbeuterischen* Nützlichkeitsgesichtspunkten denkt, als das die ›archaischen‹ Gesellschaften getan haben. Verstehen wir kaum noch, warum es in der Antike Götter für Diebe und Verbrecher gab – Nietzsche war wohl noch einer der letzten, die dem einen Sinn abgewinnen konnten –, so verstehen wir noch weniger, daß etwa die Sioux sagen können, daß alles *wakan*, daß *alles* heilig sei. Hiermit steht auch im Zusammenhang, daß wir solche Zeremonien zu sehr im Sinne einer ›Beschaffungstechnik‹, eines ›Herbeizauberns‹ sehen. Doch die Rituale werden nicht etwa vor der Jagd durchgeführt, oder wenn man der betreffenden Tiere bedarf, vielmehr eben bevor die betreffende Species »becomes plentiful« (R. Piddington: »Totemic Systems of the Karadjeri Tribe«, *Oceania* 1932, S. 377) oder gar »when the species *is* especially plentiful or fat«. Cf. A. P. Elkin: »Totemism in North Western Australia«, *Oceania* 1933, S. 290. Eine Windzeremonie wird nicht dann durchgeführt, wenn man des Windes besonders bedarf, sondern wenn er ohnehin weht und vielleicht sogar stärker als sonst im Jahr. Cf. B. Spencer / F. J. Gillen: *Across Australia*, Bd. II, London 1912, S. 366, H. Petri: »Rituelle Vermehrungshandlungen in den

Kimberleys«, *Paideuma* 1952, S. 193, L. Wittgenstein: »Bemerkungen über Frazers ›The Golden Bough‹«, in *Sprachanalyse und Soziologie*, Frankfurt/M. 1975, S. 39, 48, S. K. Langer: *Philosophie auf neuem Wege*, Berlin 1965, S. 160 f. Ethnologen, die glaubten, die Eingeborenen wollten mit ihren Riten auf ›magische‹ Weise den Regen herbeizaubern, erregten bisweilen Heiterkeit: »Once a band of !Kung Bushmen had performed their rituals, a small cloud appeared on the horizon, grew and darkened. Then rain fell. But the anthropologist who asked if the Bushmen reckoned the rite had produced the rain, were laughed out of court.« (M. Douglas: *Purity and Danger*, London 1966, S. 58, L. Marshall: »!Kung Bushman Religious Beliefs«, *Africa* 1962, S. 249, T. O. Beidelman: »Kaguru Time Reckoning«, *Southwestern Journal of Anthropology* 1963, S. 19, cf. auch ferner I. Blythin: »Magic and Methodology«, *Numen* 1970, S. 47). P. Feyerabend (*Wider den Methodenzwang*, Frankfurt/M. 1976, S. 83) vermutet, daß derartige Regentänze vielleicht »erstarrte Überbleibsel einst erfolgreicher meteorologischer Manipulationen« seien. In Wirklichkeit scheint es sich indessen gerade umgekehrt zu verhalten, wofür etwa Winch ein viel feineres Gespür gezeigt hat als die Popperianer (cf. z. B. T. Settle: »The Rationality of Science Versus the Rationality of Magic«, *Philosophy of the Social Sciences* 1971, S. 190 f.). Nachdem viele Völker den Sinn ihrer Rituale als *Teilnahme* an einem kosmischen Geschehen verloren hatten, interpretierten sie selber diese Rituale als ›magische‹ Handlungen, die wiederum von den Wissenschaftlern als ›Prototechniken‹ gedeutet wurden. Einen solchen Zauber konnte noch J. C. Lawson (*Modern Greek Folklore and Ancient Greek Religion*, Cambridge 1910, S. 49) um die Jahrhundertwende auf der Insel Santorini beobachten. Er traf eine Hexe, die auf einem Felsen über dem riesigen Krater saß und die auf seine Frage, was sie dort tue, antwortete, sie mache Regen. Die Weinbauern der Insel waren ungeduldig geworden, weil bereits seit zwei Jahren kein Regen mehr gefallen war und hatten die Hexe im voraus für ihre Künste bezahlt. Auch der Engländer gab ihr noch etwas Geld, und zwar nicht ohne Erfolg: »I must acknowledge«, fügt er hinzu, »that her charms were effectual, for before we parted, the thunder was already rolling in the distance, and the rain which I had bought spoilt largely the rest of my stay in the island.«

27 Ein vermutlich ähnliches Weltbild begegnet uns bei den Desana-Indianern am Rio Vaupés. Nachdem sich der Schamane das ›halluzinogene‹ Pulver *vihó* in die Schleimhäute gebracht hat, klettert er in eine Höhle der umliegenden Hügel, um *Vihó-mahsë*, den Herrn der Tiere, zu treffen. Von diesem tauscht er Tiere gegen die Seelen von toten Stammesangehörigen, die dann – gewissermaßen um das Gleichgewicht der Natur zu wahren – in die Höhle eingehen. Doch gleichzeitig muß er auch mit den Seelen noch lebender Menschen bezahlen, deren Schicksal damit bestimmt ist. Generationen von Schamanen haben die Höhlenwände mit zum Teil übereinander geblendeten Tierbildern versehen (cf. G. Reichel-Dolmatoff: »Rock-Paintings of the Vaupés«, *Folklore Americas* 1967, S. 107 ff.), und der Schamane »schüttelt« auch die Tiere von den Wänden, verstaut sie in Körben und trägt sie aus dem Felsenunterus hinaus. Draußen erwachen sie aus ihrem Stupor und entlaufen paarweise in den Urwald. Cf. G. Reichel-Dolmatoff: *The Shaman and the Jaguar*, Philadelphia 1975, S. 85 f. Wie der Schamane, dessen Bezeichnung *ye'e* mit *ye'éru*, »Penis«, zusammenhängt, um der Fruchtbarkeit willen in die Gebärmutter der Erde eindringt (*tulári*) und zudem die weiblichen Tiere beschläft, sorgt auch hier der Herr der Tiere für einen Ausgleich, indem er vorzugsweise junge Mädchen überfällt und vergewaltigt, ein Akt, der ebenfalls der Fruchtbarkeit der Tiere dienlich ist, die am Ort des Geschehens leben. Auch das Jagen wird *vaímerä gametarāri*, »die Tiere beschlafen« genannt. Cf. ders.: *Amazonian Cosmos*, Chicago 1971, S. 82 ff., 126, 129, 132. Vielleicht wirft dies auch ein Licht auf die (anscheinend) sexuellen Mensch-Tierszenen in der frankokantabrischen Eiszeitmalerei. Cf. etwa E. Piette: »Gravure du Mas d'Azil et statuettes de Menton«, *Bulletin et Mémoires de la Societé d'Anthropologie de Paris* 1902, S. 771 f., L. Capitan / H. Breuil / D. Peyrony: *Les Combarelles aux Eyzies*, Paris 1924, S. 57, L. R. Nougier / R. Robert: »Scène d'initiation de la grotte de la Vache à Alliat«, *Bulletin de la Société Préhistorique de l'Ariège* 1968, S. 54 f. Dafür, daß der altsteinzeitliche Schamane die Tiere aus dem Felsen ›löste‹ spricht auch, daß in vielen Fällen die Konturen der Tiere im Felsen vorgegeben waren, wie der Besitzer der Höhle Le Portel, Herr Jean Vézian, meinen Freunden und mir im Sommer 1972 liebenswürdigerweise vor Augen geführt hat. Cf. auch J. Vézian: »Les utilisations de contours de la roche dans la

grotte du Portel«, *Bulletin de la Société Préhistorique de l'Ariège* 1956, S. 87. Auch das Malen der Felsbilder bei den Australiern ist nur eine »Belebung«, und keine *Herstellung*. Cf. L. Sharp: »Ritual Life and Economics of the Yir-Yoront of Cape York Peninsula«, *Oceania* 1934, S. 30 f., H. P. Duerr: *Ni Dieu – ni mètre*, Frankfurt/M. 1974, S. 136 f. Wie in der sokratischen Mäeutik der Philosoph dem Gedanken seines Gesprächspartners zur Geburt verhilft, so tut dies auch der Eskimoschnitzer. Er hält das Stück Elfenbein an sein Ohr und flüstert: »Wer bist du?« »Wer versteckt sich da?« Und alsbald befreit er beispielsweise einen Seehund aus der Materie (cf. E. Carpenter: »Ohnainewk, Eskimo Hunter«, in *In the Company of Man*, New York 1960, S. 425), ähnlich wie auch der Schamane zu der auf dem Meeresgrund hausenden Tiermutter Sedna, die auch Avilajoq, »die, welche unverheiratet sein wollte« oder Nuliajoq, »die, welche sich selber beischläft« heißt, hinabtaucht, um aus ihren Haaren oder aus ihrem Kessel die Jagdtiere zu befreien. Cf. W. Thalbitzer: »Die kultischen Gottheiten der Eskimos«, *Archiv für Religionswissenschaft* 1928, S. 401, F. Boas: *The Central Eskimo*, Lincoln 1964, S. 178 ff. Die Absicht, das Gleichgewicht der Natur nicht zu verletzen, die uns bei den Desana begegnet ist, läßt sich auch sehr gut an Riten der Indianer in den Orinoko-Urwäldern beobachten. Der Yanomámi-Jäger geht gemeinsam mit seiner Frau – beide bis auf eine Hüftschnur entblößt – auf Beutesuche. Wenn sie eine Wildspur entdeckt haben, schnupft der Mann das ›halluzinogene‹ Pulver *epéna* – eine Droge, die zwar für gewöhnlich mit *Virola Calophylloidea Markgraf* identifiziert wird (cf. S. H. Wassén / B. Holmstedt: »The Use of Paricá«, *Ethnos* 1963, S. 12), die jedoch verschiedenartige Schnupfpulver sein kann (cf. N. A. Chagnon / P. Le Quesne / J. M. Cook: »Yanomamö Hallucinogens«, *Current Anthropology* 1971, S. 72) und der oft *bole hena*, die Blätter einer Acanthacee, beigemischt werden – und gerät allmählich in Ekstase, was den Yanomámi-Männern nicht allzu schwerfallen dürfte, da sie nahezu täglich recht hohe Dosen der Droge zu sich nehmen, was sie im Vergleich zu anderen Indianern zu ausgesprochenen Drogen-Freaks zu machen scheint. Cf. auch H. Valero: *Yanoáma*, Frankfurt/M. 1972, S. 135 ff. Seine Frau legt sich sodann mit gespreizten Beinen in einer Weise auf den Boden, daß sich unter ihrer Vulva die Wildspur befindet. Ist die Spur etwa die eines Tapirs, dann verwandelt sich der Jäger zunehmend in den Speciesgeist des Tapirs (*bekurá* oder *hekúla*), und seine Frau wird zu einem Tapirweibchen. Sie löst ihm die Penisschlaufe, reibt ihm den Pimmel bis er steif geworden ist und führt ihn in ihren Schoß ein. So entsteht ein neues Tapir als Ersatz für das, welches er kurz darauf bei der Jagd töten wird. Das Tapir wird mit eigenen Augen sehen, daß es wiedergeboren wird, denn unmittelbar vor dem Todesschuß wird es auf den Penis des Jägers blicken, der auf eine Weise hochgebunden ist, daß er die Hoden teilt und wie die Vagina aussieht, aus der es neu entstehen wird. Cf. H. Becher: *Poré / Perimbó*, Hannover 1974, S. 53 f. Auch die Navaho waren von der Vorstellung eines Ausgleiches dermaßen durchdrungen, daß sie glaubten, der Schamane könne das Leben eines Patienten nur dadurch retten, daß er ein anderes Leben opferte, was dazu führte, daß er gleichzeitig – je nach Blickwinkel – für einen *brujo*, eine Hexe angesehen wurde. Cf. L. B. Boyer / R. M. Boyer / H. W. Basehart: »Shamanism and Peyote Use Among the Apaches of the Mescalero Indian Reservation«, in *Hallucinogens and Shamanism*, New York 1973, S. 55.

28 Noch im *Traumbuch* des Artemidor von Daldis im zweiten nachchristlichen Jahrhundert heißt es: »Einer Göttin beizuschlafen bedeutet den Tod.«

29 Cf. A. J. Festugière: *Études de religion grecque et hellénistique*, Paris 1972, S. 38 f.

30 Auch die ephesische Artemis wurde »die Biene« genannt. Cf. M. C. Astour: *Hellenosemitica*, Leiden 1965, S. 185. Die drei weissagenden Schwestern, die einst am Parnaß wohnten, versetzten sich mit wildem Honig in Begeisterung und flogen durch das Gebirge. Ohne diesen Honig sollen sie nur wirr durcheinandergeredet haben. Cf. H. Usener: »Milch und Honig«, *Rheinisches Museum für Philologie* 1902, S. 179. Von ihnen erhielt anscheinend die Pythia den Namen *melissa*. Es mag sein, daß dabei auch eine Rolle spielte, daß man dachte, die Bienen entstünden ohne Begattung, also jungfräulich (cf. E. Fehrle: »Die Keuschheit der Bienen im Volksglauben«, *Alemannia* 1911, S. 46), und daß sie wie die Artemis den Wahnsinn erregten. Ursprünglich hießen die griechischen Wörter für »berauscht sein« *methyein* und *methyskein*. Sehr viel später erst tauchte das Wort *oinun* (von *oinos* »Wein«) auf, und so heißt es auch, daß Dionysos den Honig erfunden habe. Cf. K. Kerényi: *Dionysos*,

München 1976, S. 45 f. *Oinos* scheint etymologisch mit *soma* zusammenzuhängen, der in den Veden auch *vinas* genannt wird. Cf. J. de Vries: *Forschungsgeschichte der Mythologie*, München 1961, S. 208, cf. auch Anm. 16. Der Topf, in dem im Tempel der Bona Dea der Wein getragen wurde, hieß noch lange Zeit »der Honigtopf«, und den Wein selber nannte man »Milch«. Cf. A. B. Cook: »The Bee in Greek Mythology«, *The Journal of Hellenic Studies* 1895, S. 21. An diesem Kult durften nicht nur keine Männer teilnehmen, selbst männliche Tiere wurden entfernt. Cf. L. R. Farnell: »Sociological Hypotheses Concerning the Position of Women in Ancient Religion«, *Archiv für Religionswissenschaft* 1904, S. 70 f. Die Honigwabe taucht im Mittelalter auch als Epitheton der Heiligen Jungfrau auf: »Wis gegruezet, honeges vlade! du waba triefendiu, Sancta Maria!« (Zit. n. F. Eckstein: »Honig«, in *Handwörterbuch des deutschen Aberglaubens*, Bd. IV, Berlin 1932, Sp. 293.)

31 Cf. R. F. Willetts: *Cretan Cults and Festivals*, London 1962, S. 215.

32 Die Wildnis des Waldes scheint später wohl die Höhle abgelöst zu haben. Von den Initianden des kretischen Zeus heißt es, sie hätten, mit schwarzen Wollkleidern angetan, dreimal neun Tage in den Tiefen der Idäischen Höhle zugebracht. Cf. L. Weniger: »Theophanien: altgriechische Götteradvente«, *Archiv für Religionswissenschaft* 1923, S. 37 f.

33 Cf. P. Faure: »Nouvelles recherches de spéléologie et de typographie«, *Bulletin de Correspondence Héllenique* 1960, S. 210 f. Das Wort für Bär ist im Griechischen Femininum. Von den *kurotrophoi* des Zeus, seinen Ammen, heißt es, daß sie in Bärinnen verwandelt wurden. Auch die berühmte Zeushöhle auf dem Ida wurde einst »Bärenhöhle« genannt. Cf. A. Alföldi: *Die Struktur des voretruskischen Römerstaates*, Heidelberg 1974, S. 44 f., 48. In der Höhle von Inatos an der kretischen Südküste fand man übrigens Statuetten von einander beischlafenden Männern und Frauen.

34 Cf. G. R. Levy: *The Gate of Horn*, London 1948, S. 291. Man sagt, er habe eine Schrift verfaßt, welche »Die Geburt der Kureten und Korybanten« hieß. In einigen Gegenden Mexikos ›sterben‹ die *curanderos de aire* zweimal im Jahr, und ihre ›Seelen‹ entrücken in Gebirgshöhlen, wo sie von Geistern, den *enanitos* instruiert werden. Unterdessen liegt ihr Leib erstarrt zu Hause. Cf. W. Madsen: »Sha-

manism in Mexico«, *Southwestern Journal of Anthropology* 1955, S. 51.

35 Cf. W. H. Roscher: *Über Selene und Verwandtes*, Leipzig 1890, S. 25.

36 Über die Gaia schreibt F. G. Jünger (*Griechische Mythen*, Frankfurt/M. 1957, S. 197): »Ihre gebärende Kraft ist so groß, daß sie ohne Zeuger Kinder hervorbringt. Wird ihre Tochter Rhea die Große Mutter genannt, so ist Gaia die Mutter der Mütter.« Wie in jenen Zeiten die Rolle des Mannes bei der Zeugung eingeschätzt wurde, ist nicht leicht zu entscheiden. Wenn wir von ethnologischen Untersuchungen her urteilen, dann scheint einiges für die These zu sprechen, nach welcher die Seele – oder postwittgensteinisch gesprochen: die Person – des Kindes von der ›Urmutter‹, bei den Letten etwa der Māra (cf. H. Biezais: *Die Hauptgöttinnen der alten Letten*, Uppsala 1955, S. 179), stammte, während der Vater eher zum Leibe des Kindes beitrug. Nach Malinowski (a.a.O., S. 223 ff.) waren die Trobriander der Auffassung, daß *momona* (ein Wort, das sowohl den Samen als auch die Vaginalsekrete bezeichnet) lediglich Lust und Geilheit förderte. Außerdem müsse der Penis die Vagina der Jungfrau (*nakapatu*, »die Geschlossene«) weiten, damit das »Geistkind« eintreten könne. Nach dem damaligen Distrikt-Offizier der Trobriand-Inseln glaubten die Frauen, sie besäßen »ejaculatory powers«, mit deren Hilfe sie nach dem Beischlaf den männlichen Samen hinauswerfen könnten. Cf. A. C. Rentoul: »Physiological Paternity and the Trobrianders«, *Man* 1931, S. 153. Nach den Erkundigungen H. A. Powells wurde indessen den Kindern der Trobriander zunächst die Erklärung gegeben, der männliche Samen erzeuge das Kind, während sie die ›spirituelle‹ Erklärung erst später erführen. Cf. R. M. W. Dixon: »Virgin Birth«, *Man* 1968, S. 633 f. und H. W. Scheffler: »Kinship, Descent, and Alliance«, in *Handbook of Social and Cultural Anthropology*, Chicago 1973, S. 751. Zu welchen komischen Situationen die Verwechslung des ›somatischen‹ mit dem ›spirituellen‹ Aspekt führen kann, erzählt J. C. Goodale (*Tiwi Wives*, Seattle 1974, S. 136): »I approached a group of men and women . . . and quite seriously asked them: ›Who makes babies and how do they get inside the mother?‹ I was entirely unprepared for the reaction. The men and women stopped their talk and looked at me questioningly. When I said nothing, they looked at each other and began to giggle, then broke into uncontrolled laughter. They paused only to repeat my question to each other and

to those who, hearing the uproar, came to investigate. Each time my question was repeated, the laughter resumed with renewed convulsions. Finally, one woman dried her streaming eyes and caught her breath enough to answer my repeated question. ›Boy make him‹, she said and looked so contemptuous at my innocence that I feared for my future ability to get any useful information from these people.« Die Tiwi hatten also die Frage so verstanden, als hätte sie sich auf den ›somatischen‹ Aspekt bezogen. Das, was wir die Seele des Kindes nennen würden, stammt hingegen meist nicht vom Samen. Die »Geistkinder« oder »Kinderkeime« der Bad auf der Dampier-Halbinsel leben vor der Empfängnis in Orchideen oder Bandarabäumen. Sie heißen *rai*, ein Wort, das etwa »Leben«, »Herz« oder »Seele«, aber auch »versteckt« oder »geheim« bedeutet. Cf. E. A. Worms: »Australian Mythological Terms«, *Anthropos* 1957, S. 755. Wenn ein *rai* einer Frau erscheint, muß sie es fragen, wer sein Vater sein soll. Falls nun das ›Geistkind‹ einen anderen Mann als ihren eigenen nennt, muß sie mit diesem schlafen. »Jeder weiß«, sagte ein Bad zu dem Ethnographen, »daß das Kind nicht von nichts kommen kann, sondern vom Vater. Ich kann nicht begreifen, wie die Weißen solche Dinge von uns erzählen, als wüßten wir nicht, daß das Kind einen Vater haben muß.« Der Mann nimmt das *rai* auf und gibt es an die Frau weiter. Baibab, ein alter Bad, erinnert sich: »Mein Vater sagte: ›Ich nehme dich in deine Mutter hinein.‹« Cf. ders.: »Mythologische Selbstbiographie eines australischen Ureinwohners«, *Wiener Völkerkundliche Mitteilungen* 1957, S. 41. Bei südaustralischen Stämmen dringt das »Geistkind« *julan' didji* in die Gebärmutter der schwangeren Frau ein und ›animiert‹ den Foetus. Cf. R. Berndt / C. Berndt: »A Preliminary Report of Field Work in the Ooldea Region«, *Oceania* 1943, S. 374, W. L. Warner: *A Black Civilization*, New York 1958, S. 23 f. In Tibet kann es passieren, daß die Seele eines Vorfahren in den Schoß einer Frau einschlüpft und aus Verärgerung darüber, daß im Uterus kein Embryo wartet, das sie ›beseelen‹ könnte, die Frau krank werden läßt. Die Betreffende muß dann schleunigst geschwängert werden. Cf. M. Hermanns: *Die Familie der A Mdo-Tibeter*, Freiburg 1959, S. 45 f., 209. Andererseits hat es *bisweilen* den Anschein, daß einige Völker der Auffassung sind oder waren, daß der männliche Samen überhaupt nichts zur Entstehung des Kindes beitrage oder daß er höchstens eine Art

Fruchtwasser bilde, in welchem der Embryo wie eine Seerose schwimme. Cf. P. Kaberry: »Virgin Birth«, *Man* 1968, S. 312. Die Eingeborenen am Tully River waren, ähnlich wie nach Malinowskis Zeugnis die Trobriander, der Meinung, daß bei den Tieren der Samen zur Fortpflanzung notwendig sei, nicht aber bei den Menschen, und dies wurde geradezu als differentia specifica zwischen den beiden angesehen. Cf. W. E. Roth: *Superstition, Magic and Medicine*, Brisbane 1903, S. 22; kritisch hierzu E. Leach: »Golden Bough or Gilded Twig?«, *Daedalus* 1961, S. 377. Die Unambal meinen, daß bei den Tieren und bei den Weißen der Beischlaf genügen möge, doch nicht bei ihnen selber. Seitdem freilich die Weißen im Lande seien, habe sich die Situation auch bei vielen Unambal geändert. Cf. Lommel, a.a.O., S. 27, cf. auch D. M. Schneider: »Virgin Birth«, *Man* 1968, S. 127 f. Die Bewohner der Salomonen-Insel Bellona waren offenbar der Auffassung, daß Frauen und Männer lediglich deshalb miteinander schliefen, weil es so schön kitzle. Cf. T. Monberg: »Fathers Were Not Genitors«, *Man* 1975, S. 37. Freilich gibt es auch die Vorstellung, daß die Mutter nur eine Art Brutkasten sei, während *täll'äll*, der männliche Samen allein das Kind erzeuge. »›Mother nothing‹, my informant ... of the Ompelä tribe, declared with finality.« Cf. D. F. Thomson: »The Hero Cult, Initiation and Totemism on Cape York«, *Journal of the Royal Anthropological Institute* 1933, S. 506. Bei den Marind-anim auf Neuguinea gilt das Sperma als *die* Lebensessenz. Während der *sosom*-Initiation werden die Neophyten von den erwachsenen Männern anal besamt, und im *otivbombari*-Ritual werden Frauen von bis zu einem Dutzend Männern vergewaltigt, angeblich um den Knaben bzw. den Foeten zum Wachstum zu verhelfen. Cf. J. van Baal: *Dema*, The Hague 1966, S. 815 f., 479, 493 f. Zusammenfassend kann man wohl sagen, daß die meisten der angeführten Anschauungen erkennen lassen, daß man die *Persönlichkeit* des Kindes nicht *biologisch* erklärt, sondern, wenn man will, *soziologisch*. Nicht das Sperma gibt dem Kind seine Identität, sondern eher der Ahne der Traumzeit. (Cf. hierzu § 11.) Lévy-Bruhl scheint dies wohl im Sinn gehabt zu haben, wenn er über die »primitive Mentalität« schrieb: »Orientée comme elle l'est, on peut affirmer, sans crainte d'erreur, que si son attention se porte sur le fait de la conception, ce n'est pas à ses conditions physiologiques qu'elle s'arrêtera. Qu'elle les con naisse ou qu'elle les ignore plus ou moins, il n'importe pas beaucoup, puisque, dans tous les cas, elle les néglige, et cherche la cause ailleurs, dans le monde des forces mystiques.« (L. Lévy-Bruhl: *La mentalité primitive*, Paris 1947, S. 512 f.)

37 Als Odysseus' Schiff zwischen Skylla und Charybdis, dem Tor zum Jenseits zermahlen wurde, hielt sich der Held so lange an einem riesigen Feigenbaum fest, der auf einem Felsen über dem Strudel wuchs, bis die Charybdis wieder einen Balken seines Schiffes ausspie, an dem er sich festhalten konnte. Cf. K. Burdach: *Der Gral*, Stuttgart 1938, S. 42. Die Feige wird überhaupt sehr oft mit der Unterwelt oder mit Unterweltsgottheiten wie Demeter oder Dionysos assoziiert. Cf. A. J. Evans: »Mycenaean Tree and Pillar Cult«, *The Journal of Hellenic Studies* 1901, S. 104 und K. Boetticher: *Zur Kenntnis antiker Gottesverehrung*, Berlin 1898, S. 73. Die Maske des unterirdischen Dionysos auf Naxos war aus dem Holz der schwarzen Feige geschnitzt (cf. K. Kerényi: *Die Mysterien von Eleusis*, Zürich 1962, S. 128), und unter Feigenbäumen hielten sich auch gerne die Faune auf, wenn sie einmal nicht den Weibern nachstellten. Da sie die wollüstigen Gefühle erregte – manche Wissenschaftler sehen in ihr gar ein Rauschmittel (cf. O. Goetz: *Der Feigenbaum in der religiösen Kunst des Abendlandes*, Berlin 1965, S. 28) –, wird sie den Schoß der Erde wie den des Weibes dargestellt haben. Kein Wunder, daß die frühen Christen in ihr den verbotenen Baum sahen. Cf. R. Guénon: *Le symbolisme de la croix*. Paris 1931, S. 86. Zu gewissen Zeiten strömt der Feigenbaum einen betörenden Duft aus, insbesondere wenn seine Früchte von Insekten angestochen werden und sein klebriger Saft auf die Blätter tropft. Cf. L. Rettenbeck: *Feige*, Basel 1955, S. 61. Noch bis in unsere Zeit galt es in Palästina als gefährlich, in seinem Schatten zu schlafen, da in seinem Laubwerk die dämonischen *maskūn* wohnten. »Feige« war bei den alten Griechen ein Wort für »Vagina« und *sykazo* hieß »eine Frau unzüchtig betasten«. Cf. Dr. Aigremont: *Volkserotik und Pflanzenwelt*, Bd. I, Leipzig 1910, S. 75, J. Murr: *Die Pflanzenwelt in der griechischen Mythologie*, Innsbruck 1890, S. 32. Der Name des Ficus ruminalis, des Feigenbaumes, der vor der Lupercal-Höhle stand, wo Romulus und Remus geboren wurden, leitet sich von *ruma* oder *rumis* ab, was »Mutterbrust« bedeutet. Cf. L. Cser: »Der mythische Lebensbaum und die Ficus Ruminalis«, *Acta Antiqua* 1962, S. 333.

Ein Feigenbaum stand auch in Eleusis – Eleutho wird mit Eileithyia in Verbindung gebracht –, und zwar an der Stelle, wo Hades mit der Persephone in die Unterwelt gefahren war. Cf. O. Gruppe: *Griechische Mythologie und Religionsgeschichte*, München 1906, S. 48 f., 792. Im späten Mittelalter heißt es, Tannhäuser habe unter einem Feigenbaum geschlafen, als sich ihm die Frau Venus näherte, und auch auf der Insel Bougainville sagt man, daß auf dem Wege zum Jenseits ein wilder Feigenbaum, eine riesige Sykomore mit unzähligen Stämmen und Luftwurzeln wachse, in deren Zweigen die Kinderseelen vor der Geburt lebten. Cf. H. Thurnwald: »Jenseitsvorstellungen und Dämonenglaube des Buin-Volkes« in *Beiträge zur Gesellungs- und Völkerwissenschaft*, Berlin 1950, S. 347 f.

38 Cf. P. Faure: *Fonctions des cavernes crétoises*, Paris 1964, S. 84. Wie bereits erwähnt, lebte die Kalypso in einer Höhle, in welcher sie ein Feuer aus Zedern und Wacholderholz unterhielt, deren Duft die Luft der ganzen Insel erfüllte. Über der Insel der Kirke (einer anderen Erscheinungsform der Kalypso) stand stets die Sonne senkrecht, so daß Odysseus nicht mehr wußte, wo Osten und wo Westen lag. Auch über dem Dikte oder dem Lykaiosberg stand die Sonne senkrecht, und auch sie waren der Mittelpunkt der Erde. Cf. F. A. S. Butterworth: *The Tree at the Navel of the Earth*, Berlin 1970, S. 28 f. und E. A. Havelock: »Parmenides and Odysseus«, *Harvard Studies in Classical Philology* 1958, S. 136.

39 Auch im Baskenland werden noch vereinzelt, beispielsweise in der Höhle von Bidarray, Stalagmiten für versteinerte Heilige (*arpekosaindu*) gehalten. Cf. Barandarián, a.a.O., S. 523, 525, 544.

40 In einem melanesischen Mythos heißt es, die unbemannte Urahnin habe sich in einer Höhle so unter einen Stalaktiten gelegt, daß das in ihre Vagina tropfende Wasser das Menstrualblut »zurückgehämmert« habe, so daß ein »Geistkind« in sie eintreten konnte. Cf. L. Austen: »Procreation Among the Trobriand Islanders«, *Oceania* 1934, S. 105 und B. Malinowski: *Sex and Repression in Savage Society*, London 1927, S. 109. Dieses Wasser hatte also offensichtlich dieselbe Funktion wie der männliche Samen bei manchen australischen Stämmen, nämlich die Vagina für die Empfängnis vorzubereiten. Cf. C. Strehlow: *Die Aranda- und Loritja-Stämme in Zentralaustralien*, Bd. III, Frankfurt/M. 1907, S. XI, cf. auch M. F. Ashley-Montagu: »Ignorance of Physiological Paternity in Secular Knowledge and

Orthodox Belief Among the Australian Aborigines«, *Oceania* 1940, S. 111. (Einmal vorausgesetzt, es sei unwahr, wie Spencer in einem Brief vom 9. Dezember 1903 über Strehlow an Frazer schrieb, nämlich daß »what they have told him is just what they tell the women«. Cf. B. Spencer: *Scientific Correspondence*, London 1932, S. 97. Cf. auch in diesem § Anm. 36.)

41 Bis in unsere Zeit gibt es noch Vergleichbares, etwa Durchkriechsteine für Schwangere in christlichen Kapellen. Cf. T. Zachariae: »Durchkriechen als Mittel zur Erleichterung der Geburt«, *Zeitschrift des Vereins für Volkskunde* 1902, S. 112. Am bekanntesten scheint die Felsspalte der Falkensteinkapelle zu sein. Kroch man in anderen Gegenden gemeinsam durch einen derartigen Felsen, dann galt man als Geschwister. Cf. S. Ciszewski: *Künstliche Verwandtschaft bei den Südslawen*, Leipzig 1897, S. 4. Noch im 19. Jahrhundert rutschten die schwangeren Athenerinnen einen Felsen zwischen dem Areopag und dem Pnyx hinunter, indem sie die Diana (unter dem Namen der Lucina) anriefen. Cf. C. Wachsmuth: *Das alte Griechenland im neuen*, Bonn 1864, S. 71 und O. F. A. Meinardus: »Fertility and Healing Cult Survivals in Athen: Haghia Marina«, *Zeitschrift für Ethnologie* 1974, S. 271 f. Kinderlose Frauen der Rif-Kabylen klettern noch heute in eine Höhle namens Wigzen, die sich am Fuße des höchsten Berges des Beni Warain befindet. In ihrem Inneren befinden sich drei schmale Öffnungen im Fels, eben breit genug, daß eine Frau hindurchschlüpfen kann. Hinter den Spalten fließt ein unterirdischer Fluß dahin. Cf. W. Vycichl: »Die Mythologie der Berber«, in *Götter und Mythen im alten Europa*, Stuttgart 1973, S. 636. Auch die Tiroler Schalensteine werden mit kinderlosen Frauen in Verbindung gebracht. Cf. H. Fink: *Verzaubertes Land*, Innsbruck 1973, S. 16. Bereits die uralte Erdgöttin Gaia wurde um Kindersegen angerufen, und in ihren Erdschlund in Athen warfen die Frauen Honigkuchen. Cf. A. Dieterich: »Mutter Erde«, *Archiv für Religionswissenschaft* 1905, S. 37 f. Eine direkte Vorläuferin der Eileithyia wird jene fettleibige anatolische Göttin sein, die oft mit gespreizten Beinen dargestellt wird und die vermutlich im Neolithikum in Höhlen verehrt wurde. Cf. J. Mellaart: *Çatal Hüyük*, Bergisch-Gladbach 1967, Tafel 67. Es wird im übrigen vermutet, daß es in der Höhle bei Amnisos nicht nur um menschliche, sondern auch um tierische Wiedergeburt ging. Cf. B. C. Dietrich: *The Origins*

of Greek Religion, Berlin 1974, S. 124, cf. auch P. V. C. Baur: *Eileithyia*, Chicago 1902, S. 29 f. Zudem wird gemutmaßt, daß sich dort einst ein Orakel befand. Cf. H. W. Parke: *Greek Oracles*, London 1967, S. 27.

42 Cf. Lawson, a.a.O., S. 164. Dieser Autor ist der Auffassung, daß der italienische Berichterstatter Onorio Belli und nicht die einheimische Bevölkerung die Göttin »Diana« nannte. Wie sie bei den damaligen Kretern hieß, ist unbekannt. Auf Zakynthos wurden ihr noch vor nicht allzu langer Zeit am Mittag oder zur Mitternacht unter dem Namen »die große Dame« Opfer dargebracht, und auf Chios und Skopelos nannte man sie »Königin der Berge« (a.a.O., S. 170). Beobachtete man dieses Wesen oder ihre Nereiden, so lief man Gefahr, blind oder stumm zu werden. Auch heißt es heute von ihnen, daß sie kleine Kinder raubten. Cf. Faure, a.a.O., S. 230 f. Die *oi kalotyches*, die »Damen des guten Schicksals« werden von den Schafhirten im Epirus sehr gefürchtet. Von einer Frau, die zufällig zu einer Tafelrunde dieser »Damen« stieß, heißt es, daß sie später bewußtlos im Gebirge aufgefunden wurde. Sie soll danach dahingedämmert und schließlich gestorben sein. Cf. J. K. Campbell: »Honour and the Devil«, in *Honour and Shame*, London 1965, S. 160 f. In der großen Höhle oben am Hang des Kamares im südlichen Kreta sollen heute noch Nereiden hausen, die bisweilen vor der Höhle im Mondschein tanzen. Man sagt, sie holten sich nicht selten einsame Wanderer zum Beischlaf. Ich besuchte die Höhle im Jahre 1971, ohne daß mir dergleichen widerfuhr. Es hat indessen den Anschein, daß die Nereiden meine Freunde und mich die Orientierung verlieren ließen, denn während des mitternächtlichen Abstieges wurden wir durch ein merkwürdiges Säuseln in der Luft, das bald aus dieser, bald aus jener Richtung kam, dermaßen verwirrt, daß wir uns in der Einöde verliefen.

43 Cf. A. Martin: *Badewesen in vergangenen Tagen*, Jena 1906, S. 246 f. Cf. ferner K. Weinhold: *Die Verehrung der Quellen in Deutschland*, Berlin 1898, S. 25 f.

44 Cf. E. Samter: *Volkskunde im altsprachlichen Unterricht*, Bd. I, Berlin 1923, S. 19 f.

45 Cf. L. Rütimeyer: *Ur-Ethnographie der Schweiz*, Basel 1924, S. 382. Cf. auch W. Jordans: *Der germanische Volksglaube von den Toten und Dämonen im Berg*, Bonn 1933, S. 19.

46 Cf. P.-Y. Sébillot: *Le folklore de la Bretagne*, Bd. II, Paris 1968, S. 84, G. Charrière: *La signification des représentations érotiques dans les arts sauvages et préhistoriques*, Paris 1970, S. 174 f., P. Sébillot: »The Worship of Stones in France«, *American Anthropologist* 1902, S. 79 ff., V. C. C. Collum: »Die schöpferische Mutter-Göttin der Völker keltischer Sprache«, *Eranos-Jahrbuch* 1938, S. 276 f. Cf. auch die Abbildung des sogenannten »Druiden-Felsens« oder »Steinhasen« im bretonischen Locronon, in dessen Mulden sich kinderlose Frauen setzen, bei J. Michell: *The Earth Spirit*, London 1975, S. 83. Cf. auch J. W. Wolf: *Hessische Sagen*, Leipzig 1853, S. 13. Solche Felsen, Bäume, Seen heißen häufig »Titisteine«, »Titibäume«, »Titiseen«. Es ist interessant, daß am Kamerunberg das Kinderwort für Vagina *titi* lautet. Cf. S. G. Ardener: »Sexual Insult and Female Militancy«, *Man* 1973, S. 422. In unseren Breitengraden wird das Wort eher zur Bezeichnung der weiblichen Brustwarze verwendet. Zur »bösen Frau« cf. E. H. Meyer: *Badisches Volksleben im 19. Jahrhundert*, Straßburg 1900, S. 10 f. und R. Beitl: *Der Kinderbaum*, Berlin 1942, S. 43. In der heutigen Kammerbacher Höhle, dem früheren Hollenloch im Meißner sollen noch zu Beginn des 19. Jahrhunderts Mädchen und Burschen in dem dortigen Gewässer Blumen und Kräuter für die Frau Holle versenkt haben. Darinnen badeten einstmals kinderlose Frauen, vermutlich um ›Kinderseelen‹ zu empfangen. Cf. A. Häger: »Der Meißner und seine Frau Holle«, *Germanen-Erbe* 1940, S. 18 f. und K. Paulsdorff: »Die Hollen-Kammer«, *Mannus* 1972, S. 128 f. Über der Grotte sollen die jungen Leute getanzt und gesungen haben:

»Miamaide – steht auf der Heide
Hat ein grün's Röcklein an
Sitzen drei schöne Jungfern daran
Die eine schaut nach vorne
Die andre in den Wind
Das Weibsbild an dem Borne
Hat viele, viele Kind.«

Cf. allerdings hierzu K. Löber: »Kräuterholen und Bergzusammenkünfte an Christi Himmelfahrt im Kreis Eschwege«, *Hessische Blätter für Volkskunde* 1969, S. 127 f. Aus dem Teich der Höhle scheint früher auch »der alte Wode« mit seinem wilden Heer gezogen zu sein. Cf. K. Paetow: *Frau Holle*, Kassel 1952, S. 131. Insbesondere die »weißen« oder »guten Hexen« in den ehemals keltischen Ländern scheinen in derartigen Höhlen ihre Heilkunst und was sonst auch immer gelernt zu haben. So berichtet etwa im Jahre 1653 ein Mann in Yorkshire, er habe in der Nacht eine schöne Frau getroffen, die »led him to a little Hill and she knocked three times, and the Hill opened, and they went in, and came to a fair hall, wherein was a Queen sitting in great state, and many people about her, and the Gentlewoman that brought him, presented him to the Queen, and she said he was welcom, and bid the Gentlewoman give him some of the white powder, and teach him how to use it, which she did.« (J. Webster: *Displaying of Supposed Witchcraft*, London 1677, S. 300 f., zit. n. Murray, a.a.O, S. 243 f.)

47 Cf. W. Mannhardt: *Germanische Mythen*, Berlin 1858, S. 256.

48 Diese »Stampe«, die im unteren Eisacktal noch im vorigen Jahrhundert als Entführerin der Kinderseelen gefürchtet war, »ruckte« auch Erwachsene. Man glaubte, daß sie hinter der Wilden Jagd einherritt. Cf. M. Rumpf: »Spinnstubenfrauen, Kinderschreckgestalten und Frau Perchta«, *Fabula* 1976, S. 221. f. Auch im östlichen Persien geht die kinderraubende Oluca insbesondere auf Kinderfriedhöfen um (cf. D. Bazzi: *Kleinkindererziehung bei den Bahluli*, Zürich 1977, S. 62), und ich vermute, daß die Vorstellung, die Hexen der Renaissancezeit benutzten das Fett ungetaufter Kinder zur Herstellung ihrer Flugsalben, ihre Wurzel im Glauben an derartige ›Kindesräuberinnen‹ hat. Wie die Hekate, so fuhr auch des nachts die Percht mit ihren ungetauften Kindern in Gestalt von Hunden über Berg und Tal. Cf. I. v. Zingerle: »Berchta-Sagen in Tirol«, *Zeitschrift für Volkskunde* 1889, S. 261. Diese ungetauften Kinder haben keinen normalen Status – sie gehören weder dem Bereich der Toten noch dem der Lebenden an. Cf. J. Pentikäinen: *The Nordic Dead-Child Tradition*, Helsinki 1968, S. 182 f., 355 f. Bei den Bororo-Indianern zählt das Kind erst, wenn es einen Namen und damit eine Seele, *aroe*, erhalten hat (cf. C. Crocker: »Les réflexions du soi«, in *L'identité*, Paris 1977, S. 162 ff. und P. H. Stahl »Soi-même et les autres: quelques exemples balkaniques«, a.a.O., S. 288), und bis er Muttermilch getrunken hatte, war auch bei den Friesen der Säugling rechtslos. Cf. P. Diepgen: *Frau und Frauenheilkunde in der Kultur des Mittelalters*, Stuttgart 1963, S. 51 f., V. W.

Turner: »Three Symbols of Passage in Ndembu Circumcision Ritual«, in *Essays on the Ritual of Social Relations*, Manchester 1962, S. 131 f. In Thailand wacht ein mütterliches feenartiges Wesen, Maeae Syy, über die Kinderseele *khwan*, die vor der Geburt in einem Baum lebt. In der ersten Zeit nach der Geburt gehört das Kind noch zu ihrem Einflußbereich. Cf. J. R. Hanks: »Reflections on the Ontology of Rice«, in *Primitive Views of the World*, New York 1964, S. 152. Damit die ungetauften Kinder nicht diesen heidnischen Wesen wie den Hollen oder der Percht anheimfielen (cf. M. Beth: »Kinderraub«, in *Handwörterbuch des deutschen Aberglaubens*, Bd. IV, Berlin 1932, Sp. 1364 f.), verfügte die Kirche die überaus gefährliche Nottaufe, in der eine unsterile Spritze in die Gebärmutter eingeführt wurde, um den Foetus mit Wasser zu taufen. Auch die bornierte Einstellung der heutigen römischen Kirche zum Schwangerschaftsabbruch geht sicher teilweise auf derartige Befürchtungen zurück. Die Vorstellung ist indessen keine christliche. Diejenigen, welche »vor der Zeit« verstarben, aber auch die außerhalb der Ordnung Dahingeschiedenen wie Selbstmörder oder Ermordete, fuhren bereits ruhelos mit der Hekate im Wind dahin (cf. E. Rohde: *Psyche*, Bd. II, Freiburg 1898, S. 83, 411), und die »ungefreuten« Kinder der Bewohner des arkadischen Kaphyai gingen mit einer dort verehrten Artemis um. Cf. Altheim, a.a.O., S. 73. Die *positive* Rolle der hollen- und feenartigen Wesen als Beschützerinnen der Säuglinge übernahmen im Laufe des Mittelalters meist die Engel, die bereits dem Foetus in der Gebärmutter die Seele ›eingossen‹. Die *negative* Rolle fiel dem Teufel zu, der zu erreichen versuchte, »daz ez daz minneclîche antlütze unsers herren (n)iemer gesehende werde«. Cf. H. Vollmer: »Über Engel und Teufel im deutschen Volksglauben des Mittelalters«, *Berichte des Deutschen Bibel-Archivs Hamburg* 1941, S. 4. Da man im frühen Mittelalter nach einer kirchlichen Doktrin im männlichen Samen einen Homunkulus sah, wären die Hollen durch jede nächtliche Pollution mit einem ganzen Schwall von Seelen beschenkt worden. Da man derartiges ungern gesehen hätte, fühlte sich der heilige Augustinus zur Feststellung genötigt, daß der Embryo erst ab dem 40. Schwangerschaftstage beseelt sei. Cf. G. Becker / H. Brackert / S. Brauner / A. Tümmler: »Zum kulturellen Bild und zur realen Situation der Frau im Mittelalter und in der frühen Neuzeit«, in *Aus der Zeit der Verzweiflung*,

Frankfurt/M. 1977, S. 91 f. Bei den ostsibirischen Golden hingegen hat das Kleinkind bis zum ersten Lebensjahr eine eigene Seele *(omija)*, die auf den Seelenbaum *(omija muoni)* zurückkehrt, wenn das Kind eine Erwachsenenseele *(ergeni)* erhält. Man könnte also sagen, daß hier – im Gegensatz zur christlichen Vorstellung – das noch nicht ›eingegliederte‹ Kind nicht lediglich »noch nichts« ist, sondern eine eigene Identität hat. Cf. I. Paulson: »Die Religionen der nordasiatischen Völker«, in *Die Religionen Nordeurasiens und der amerikanischen Arktis*, Stuttgart 1962, S. 121. Für die Christen war ein ungetaufter Säugling hingegen stets potentiell »verloren«, und ein Berthold von Regensburg konnte deshalb gegen die Hübscherinnen, die Prostituierten, argumentieren, daß diese dem lieben Gott täglich viele Seelen entzögen und dem Teufel überantworteten. Cf. T. Hampe: *Die fahrenden Leute in der deutschen Vergangenheit*, Leipzig 1902, S. 62. Die Taufe war deshalb von allerhöchster Dringlichkeit, und da man tote Kinder nicht taufen konnte, tat man alles Erdenkliche, um mindestens die Illusion hervorzurufen, daß sie lebten. Man setzte die Leichen der Wirkung feuriger Kohlen und brennender Kerzen aus, damit die Adern an der Schläfe und um den Hals herum in Bewegung gerieten, oder man hauchte durch die Nase warmen Atem ein, damit er beim Ausströmen kleine Federn wegblies. Dann taufte man das Kind in aller Eile und begrub es anschließend. Cf. O. Vasella: »Über die Taufe totgeborener Kinder in der Schweiz«, *Zeitschrift für Schweizerische Kirchengeschichte*, 1966, S. 30, H. Boesch: *Kinderleben in der deutschen Vergangenheit*, Leipzig 1900, S. 28 f. Tat man dies nicht, so trug man zum Fortbestand des Reiches der Finsternis bei. Cf. auch F. v. Reitzenstein: *Das Weib bei den Naturvölkern*, Berlin 1924, S. 284. Zur »Stampe« cf. auch Fink, a.a.O., S. 235, 151. Noch heute wird die »Wehmutter« mit diesem Namen bezeichnet. Insbesondere in Ungarn wurden solche Hebammen als Hexen verfolgt – sie hießen *bábaasszony*. Cf. M. de Ferdinandy: »Die Mythologie der Ungarn«, in *Götter und Mythen im alten Europa*, Stuttgart 1973, S. 223. Szépasszony, die alte ungarische Göttin der Wöchnerinnen, wurde in christlichen Zeiten zum Inbild der Hexe, die die Säuglinge bedrohte. Cf. B. Kohlbach: »Der Mythos und Kult der alten Ungarn«, *Archiv für Religionswissenschaft* 1899, S. 339. Bereits im 15. Jahrhundert waren die Hebammen eine Zielscheibe des *Unholdenhammers* (cf. hierzu auch T. R. Forbes:

»Midwifery and Witchcraft«, *Journal of the History of Medicine* 1962, S. 264 ff.), und auch in den Alpenländern wurden viele von ihnen verfolgt. Cf. Schacher v. Inwil, a.a.O., S. 106 f. Während des Dreißigjährigen Krieges wurden in Köln fast sämtliche Hebammen der Stadt als Hexen hingerichtet. Sie waren Mittlerinnen zwischen den Welten, und manche ihrer Namen weisen noch darauf hin, wo sie einst die Kinderseelen herholten: *Bomsmutter* (in der Umgegend von Osnabrück) oder *Wild Wei(b)* und *Waldweib* im Bayerischen Wald und in Oberösterreich. Cf. M. Virkkunen: *Die Bezeichnungen für Hebamme in deutscher Wortgeographie*, Gießen 1957, S. 63, 66 f.

49 Zit. n. Murray, a.a.O., S. 44, 240 f., ferner H. Vorwahl: »Deutsche Volksmedizin in Vergangenheit und Gegenwart« in *Studien zur religiösen Volkskunde*, Dresden 1939, S. 12. Die Feen, wie die Diana ›mütterliche Jungfrauen‹, waren die Helferinnen der Frauen im Kindbett, legten den Säugling an ihre Brust, wenn es Hunger hatte und pflegten ihn, wenn die Mutter nicht da war. Wie die Hexen kamen sie vorzugsweise durch das Rauchloch oder den Kamin. Cf. H. Schreiber: *Die Feen in Europa*, Freiburg 1842, S. 5 f., 11 f., 34 f. Im Namen solcher Geburtshelferinnen steckt nicht selten die Wurzel *fa-*. *Fatum* hieß ursprünglich »Sache, die gesagt wurde« und wandelte sich dann zu »Schicksal«. Cf. L. L. Tels-de Jong: *Sur quelques divinités romaines de la naissance et de la prophétie*, Delft 1959, S. 86 f. Auch die Parca, die »Gebärende«, war ursprünglich eine römische Geburtsgöttin, und noch Burchard von Worms warnte jene, die den Parzen einen gedeckten Tisch bereiteten.

50 Cf. W. Puchner: »Spuren frauenbündiger Organisationsformen im neugriechischen Jahreslaufbrauchtum«, *Schweizer Archiv für Volkskunde* 1976, S. 165; es heißt, daß dabei auch unter obszönen Scherzen »Handlungen mit Phallen« ausgeführt würden. Cf. F. Heeger: »Frauenrechtliches im fränkischen Brauchtum«, *Bayerisches Jahrbuch für Volkskunde* 1963, S. 136. Im Jahre 1418 eregte man sich über durch die Gassen stürmende Frauen: »So nemment sich alte wib und kuninginnen ze machende als wol als junge kind, und kan schier ein biderb man nit durch ein gassen komen, si vallent in an und wellent gelt von im gehept han.« (R. Grether: »Frauen an der Basler Fastnacht«, *Schweizer Volkskunde* 1972, S. 2.)

51 Erinnerungen an Vergleichbares muß es auch in Deutschland gegeben haben. Noch vor hundert Jahren verwahrten die Bauern in

der Mainacht ihr Gerät sehr gut, damit es nicht von den Hexen zerschlagen oder von ihnen auf den First des Strohdaches gestellt wurde. Cf. T. Wolff: »Volksleben an der oberen Nahe«, *Zeitschrift des Vereins für Volkskunde* 1902, S. 425. Cf. auch W. Manz: *Volksbrauch und Volksglaube des Sarganserlandes*, Basel 1916, S. 23.

52 Cf. R. Wolfram: »Weiberbünde«, *Zeitschrift für Volkskunde* 1933, S. 143.

53 Cf. A. Becker: *Frauenrechtliches in Brauch und Sitte*, Kaiserslautern 1913, S. 32.

54 Cf. J. Hawkes: *Geburt der Götter*, Bern 1972, S. 133 und M. L. West: »The Dictaean Hymn to the Kouros«, *The Journal of Hellenic Studies* 1965, S. 154 f. In Zagori im Epirus tanzen noch heute die jungen Schäferinnen um den ›tot‹ im Gras liegenden »Mai-Jungen« herum und singen: »Schaut, welch Jugend hier verschieden ist, welch junge Zypresse!« Und dann: »Erhebe dich, Zapheiri, erhebe dich!« Alsbald schwärmen alle zusammen über die Wiesen. Cf. G. A. Megas: *Greek Calendar Customs*, Athen 1963, S. 119, ferner T. Dömötör: »Whitsun Mummers in Hungary«, *Schweizer Archiv für Volkskunde* 1972, S. 66 f.

55 Dieses *thyein* steigerte sich bisweilen zum Fliegen. Die geflügelte Artemis war allerdings bereits den klassischen Griechen unverständlich. Cf. M. S. Thompson: »The Asiatic or Winged Artemis«, *The Journal of Hellenic Studies* 1909, S. 305, F. Studniczka: *Kyrene*, Leipzig 1890, S. 156 ff. Auf sehr alten Kultbildern wird auch Dionysos geflügelt dargestellt. Cf. E. Langlotz: »Dionysos«, *Die Antike* 1932, S. 180 f. Auf Darstellungen des Dionysostreibens schweben anscheinend auch zierliche Mädchen durch die Luft, wobei sie nach Vogelart die Füße herunterhängen lassen. Cf. F. Weege: *Der Tanz in der Antike*, Halle 1926, S. 69.

56 Cf. Hawkes, a.a.O., S. 128. Es heißt, daß »Zeus« und »Hera« unter einer Platane am Flusse Theren bei Knossos einander beigeschlafen hätten, und daß die Bevölkerung alljährlich diesen Akt nachvollzogen habe. Unter einer Platane bei Gortyn hatte sich dieser »Zeus« auch der Europa genähert. Cf. W. Schwartz: *Indogermanischer Volksglaube*, Berlin 1885, S. 48.

57 Mit der Zeit wurde aus der Natur*mutter* immer mehr eine Jungfrau, die bei der Geburt lediglich *behilflich* war, die aber auch den Tod herbeiführen konnte. Auf einem Elfenbeinrelief kretischen

Stils aus dem 7. vorchristlichen Jahrhundert sind auch zwei Eileithyien dargestellt: eine »Löserin« und eine »Binderin«. Cf. K. Kerényi: *Dionysos*, a.a.O., S. 315. Von hier stammen auch die späteren »gürtellösenden« Gottheiten. Sie tragen oft den »Lebensfaden« in den Händen, und in einigen Gegenden Österreichs flocht die Hebamme bei der Taufe eine rot-weiße Schnur.

58 Das Wort *ekstatikoi* war gewissermaßen wertneutral. Wollte man zum Ausdruck bringen, daß sich Übernatürliches kundtat, benutzte man die Begriffe *entheoi* und *prophetoi*, wenn nicht, dann nannte man die Betreffenden *daimonontes*. Cf. E. R. Dodds: *Pagan and Christian in an Age of Anxiety*, Cambridge 1968, S. 53.

59 Cf. K. Dilthey: »Tod des Pentheus«, *Archäologische Zeitung* 1874, S. 91. Die Autorin hebt hervor, daß in alten Zeiten zwischen Bakchen und Erinyen noch nicht unterschieden wurde. Man wußte nur »vom tobenden Schwarm der Nymphen der Artemis«. Ein Name der Artemis war Erinys. Cf. A. Dieterich: *Nekyia*, Leipzig 1913, S. 56. Bei Aeschylos und bei Nonnos bezeichnen sich die Schwärmenden als *mainades*. Cf. W. F. Otto: *Dionysos*, Frankfurt/M. 1933, S. 105. »Hades und Dionysos«, meinte Heraklit, »sind einer und derselbe.« (nach H. Diels: *Die Fragmente der Vorsokratiker*, Hamburg 1957, Fr. 15.) In den Erinyen, den ›Entrückerinnen‹ kündet sich schon ein Zug an, der sich im Gefolge der späteren Artemis-Hekate noch ausgeprägter zeigen sollte. Aber auch diese Erinyen halfen bei der Niederkunft. Cf. E. Rohde: »Paralipomena«, *Rheinisches Museum für Philologie* 1895, S. 21. Oft sind die Archäologen nicht in der Lage, zwischen den orgiastischen Tänzen der Artemis und denen des Dionysos zu unterscheiden. Die beiden Gottheiten sind eng miteinander verwandt, und die Artemis wurde mitunter sogar *bromía* genannt. Cf. I. Jucker: »Frauenfest in Korinth«, *Antike Kunst* 1963, S. 58 f. Wie die Artemis war Dionysos ursprünglich eine Baumgottheit (*endendros*), und er wurde auch *Kissos*, Efeu, genannt. *Numphai* hießen bei den Griechen die Knospen, und die Nymphen der Artemis waren wohl »die Schwellenden«, die zum erstenmal tragenden *parthenoi*. Cf. E. Peterich: *Die Theologie der Hellenen*, Leipzig 1938, S. 294. Wie bereits erwähnt, waren sie vorzugsweise Ammen. Jene berühmten, die Brüste frei tragenden Kreterinnen führen wohl ebenfalls keine Alltagsmode vor, wie meist in kulturgeschichtlichen Werken behauptet wird,

sondern stellten Ammen der Gottheit dar. Cf. C. Picard: *Les religions préhelléniques*, Paris 1948, S. 194. Die Mänaden reichen nicht nur – wie bei Nonnos – den Säuglingen die Brüste oder rauben sie – wie bei Euripides – aus den Häusern, sie säugten auch Wolfsjunge und Rehkälbchen. In der Bruderschaft der marokkanischen Aissâoûa wurde eine Sage tradiert, nach der einst »Löwinnen« *(lbbîat)* wilde Löwenjunge gesäugt und auf diese Weise zwischen sich und den Tieren eine Verwandtschaft hergestellt hätten. Cf. R. Eisler: »Nachleben dionysischer Mysterienriten?«, *Archiv für Religionswissenschaft* 1929, S. 183. Eine solche »Milchverwandtschaft« hat noch bis in unsere Zeit ihre Spuren hinterlassen. In Dardistan erzählt man sich, daß Frauen einer Vergewaltigung dadurch entgehen konnten, daß es ihnen gelang, dem Täter eine ihrer Brustwarzen in den Mund zu drücken, und von einem großen Schamanen heißt es, er habe eine dämonische *ratash*, die ihre Brüste über die Schultern geworfen hatte, von hinten angesprungen und sich beide Brustspitzen in den Mund gestopft, worauf sie ihm als Helferin dienen mußte. Cf. K. Jettmar: *Die Religionen des Hindukusch*, Stuttgart 1975, S. 228 f., 280 und M. Lüthi: *Das Volksmärchen als Dichtung*, Düsseldorf 1975, S. 60 f. Der arabische Held Zaid al-Hail soll sich einst geweigert haben, einen Kameldieb zu erschlagen, weil dieser zuvor aus der Milchschale seines Vaters getrunken hatte (cf. W. R. Smith: *Die Religion der Semiten*, Freiburg 1899, S. 207, ferner D. Bazzi, a.a.O, S. 70 f. und M. S. Filipović: »Forms and Functions of Ritual Kinship Among South Slavs«, in *VIe Congrès International des sciences anthropologiques et ethnologiques*, Bd. II, Paris 1963, S. 79), und wenn es bei den Berbern einem Flüchtigen gelang, das Gewand der Hausherrin aufzureißen und an einer ihrer Brüste zu saugen, dann stand er unter dem Schutz des Hauses. Cf. E. Westermarck: *Ritual and Belief in Morocco*, Bd. I, London 1926, S. 518 f.

60 Ursprünglich trugen die Mänaden wohl Luchs- und Wildkatzenfelle – wie heute noch die Fanggen, die Tiroler Wildfrauen –, und sie verwandelten sich vermutlich ebenso in diese Tiere wie die Tänzerinnen der brauronischen Artemis in Bärinnen. Cf. R. Eisler: *Orphisch-dionysische Mysteriengedanken in der christlichen Antike*, Leipzig 1925, S. 283 f. Der die Mänaden verfolgende Lykurgos hieß bezeichnenderweise »Wolfsabwehrer«.

61 Der meist mit Efeu umwundene Thyrsos muß sich aus ent-

zweigten Ästen oder dergleichen entwickelt haben. Cf. A. Reinach: »L'origine du thyrse«, *Revue d'Histoire des Religions* 1912, S. 47. Man hat das Wort auch mit dem ugaritischen *tirsu,* »Rauschtrank«, und dem spätheth itischen *tuwarsa,* »Weinrebe«, in Verbindung gebracht. Cf. Burkert, a.a.O., S. 253. Es ist vielfach behauptet worden, die Mänaden des Dionysos hätten ›halluzinogene‹ Drogen verwendet. Da Dionysos mit dem arischen Soma identifiziert wurde (cf. G. M. N. Davis: *The Asiatic Dionysos*, London 1914, S. 134 ff.), sowie das Unsterblichkeitselixir *soma* mit *Amanita muscaria*, vor allem weil es heißt, *soma* habe weder Samen, Wurzeln noch Blüte (cf. R. G. Wasson: *Soma*, New York 1968, S. 18) und er wachse hoch droben in den Bergen des Himalaja (cf. S. M. Gupta: *Plant Myths and Traditions in India*, Leiden 1971, S. 28), glauben einige Forscher, vor allem Ranke-Graves, die Mänaden hätten Fliegenpilz gegessen, was allerdings sehr zu bezweifeln ist. (Auch der koreanische Ausdruck für die alraunartige Wurzel *yintsan*, die wir Ginseng nennen, *sam*, ist mit *soma* in Verbindung gebracht worden. Cf. A. Eckardt: »Ginseng, die Wunderwurzel des Ostens«, in *Festschrift für P. W. Schmidt*, Wien 1928, S. 226 f.). R. de Ropp (*Bewußtsein und Rausch*, München 1964, S. 225 f.) nimmt an, daß die Mänaden Tollkirsche und Bilsenkraut in ihren Wein mischten, doch mir ist nichts bekannt, was eine solche Vermutung wahrscheinlich machen könnte. Zudem war die Tollkirsche damals in Griechenland sehr selten und kam nur vereinzelt in den Bergwäldern Thessaliens vor. Cf. H. Marzell: *Geschichte und Volkskunde der deutschen Heilpflanzen*, Darmstadt 1967, S. 216. Nach Plutarch wurde der Enthusiasmus der Bacchantinnen durch den Genuß von Efeu hervorgerufen, den sie zuvor mit den Händen zerrissen. Vom Efeu sagt Plinius, daß er *mentem turbat*, und im Mittelalter hielt man ihn für ein steinabtreibendes Mittel, weshalb man ihn in den Wein mischte, was zu zahllosen, bisweilen tödlichen Vergiftungen führte. Cf. H. Görz: *Großes Kräuter- und Gewürzbuch*, Wiesbaden 1974, S. 91. Allerdings war der dionysische Efeu nicht der bei uns heimische, sondern der nordindische mit gelben Beeren (cf. J. H. Dierbach: *Flora mythologica*, Frankfurt/M. 1833, S. 65), von dem es heißt, er sei nur auf dem Berge Meros nahe dem indischen Nysa gewachsen. Insbesondere das Fruchtfleisch der Efeubeeren gilt wegen des darin enthaltenen α-Hederin als toxisch, und es werden auch heute noch Todesfälle durch ihren Genuß verzeichnet. Cf. O. Gessner / G. Orzechowski: *Gift- und Arzneipflanzen von Mitteleuropa*, Heidelberg 1974, S. 164. Bereits O. Brunnsfelsz (*Contrafayt Kreüterbuoch*, Straßburg 1532, S. 153) schreibt: »Des schwartzen Ephews safft von den blättern / oder den treübeln / krencket den leib / vnd betruebet die synne / wo mans zuo vil nimpt.«

62 In den lateinischen Predigten des Minoriten Berthold von Regensburg heißt es, dumme Frauen vom Lande glaubten, daß »dominas noctis, nahtvaren venire ad eas unde et eis mensas et hujusmodi preparant«. Unter diesern »nahtfrouwen« versteht er »felices dominae«. Sie leben noch heute in den nackten Saligen in Tirol und Kärnten, den Herrinnen der Alpentiere und besonders der Gemsen weiter, also in Weibern von berauschender Schönheit, die in Felsenklüften und vor Höhlen tanzen, Frauen in Notlagen helfen, aber ab und zu auch Menschen entführen. Cf. W. Heiligendorff: *Der keltische Matronenkultus*, Leipzig 1934, S. 76 f., 79 f., 84, ferner C. Vakarelski: *Bulgarische Volkskunde*, Berlin 1968, S. 230 f. J. Herolt (*Sermones discipuli de tempore*, Hagenau 1518, S. 41) spricht von Weibern, die glaubten, die Diana, welche sie »die selige fraue«, »frauberthe« oder »frauhelt« nennen, wandere nächtlings umher. (Zit. n. Staber, a.a.O., S. 18.)

63 An diesem Tag schaukelten die jungen Athenerinnen. Wenn man auf Abbildungen sieht, wie Silene aus dem Gefolge des Dionysos die Frauen dabei ›stoßen‹, und wenn man weiterhin berücksichtigt, daß Dionysos der Vertreterin der athenischen Frauen, der Gattin des *archon basileus* im Bukoleion beischlief, wobei diese Frau vermutlich mit einem Phallus aus Feigenholz an der Vulva berührt wurde (cf. Kerényi, a.a.O., S. 246), dann darf man vielleicht auch in diesem Schaukeln ein Substitut für einen ursprünglichen Beischlaf sehen, ähnlich wie das Schlagen der Frauen auf den Unterleib während der Lupercalien oder der Fastnacht ein solcher später Ersatz für das Beschlafenwerden durch die Totengeister war. Auf einem Skyphos (Abb. 97 bei Kerényi) sehen wir, wie ein Silen eine vornehme Athenerin ›abschleppt‹, und dergleichen wird in jener Nacht nicht selten vorgekommen sein.

64 Ab Looz verliert sich seine Spur im dunkeln. Das Schiff soll jedoch nach Antwerpen auf die Schelde gebracht worden sein. Cf. K. Simrock: *Handbuch der Deutschen Mythologie*, Bonn 1864, S. 388.

65 Cf. C. Clemen: »Der Ursprung des Karnevals«, *Archiv für Religionswissenschaft* 1914, S. 152 f., A. Spamer: *Deutsche Fastnachtsbräuche*, Jena 1936, S. 52, A. Lesky: »Zum Schiffskarren des Dionysos«, *Mitteilungen des Vereins für Klassische Philologie in Wien* 1925, S. 16. H. Rosenfeld (»Fastnacht und Karneval«, *Archiv für Kulturgeschichte* 1969, S. 181) weist darauf hin, daß dieser Umzug in einem Kerngebiet der uralten ›Mutterkulte‹ stattfand. »Odins Gemahlin« heißt es in der Edda, »rudert auf dem Schiff der Erde, lüstern nach Liebe.« Auf skandinavischen Felsbildern, etwa auf jenem bei Kalleby im Kirchspiel Tanum ist ein Schiff mit einem Baum als Mast und vier Lurenbläsern zu erkennen. Auf einem auf der kretischen Insel Mochlos gefundenen Siegelring landet ein weibliches Wesen auf einem solchen Schiff mit einem Baum anscheinend vor den Toren eines Heiligtums. In der Umgegend des steirischen Judenburg glaubte man, daß die Herrin der Wilden Jagd auf einem Schiffsschlitten einherfuhr. Cf. O. Almgren: *Nordische Felszeichnungen als religiöse Urkunden*, Frankfurt/M. 1934, S. 9, 22, 33, 319.

66 Cf. M. Foucault: *Wahnsinn und Gesellschaft*, Frankfurt/M. 1969, S. 25 ff. Wenn Foucault meint, daß Geisteskranke des öfteren auf Schiffen über den Rhein gebracht und am jenseitigen Ufer ausgesetzt wurden, so muß man einschränkend sagen, daß dies nur in einzelnen Fällen nachweisbar ist. Die Schiffsmetapher für die Seele der Irren blieb lange erhalten. »Unbekannt in ihrer eigenen Wohnung«, schreibt etwa J. C. Reil (*Rhapsodien über die Anwendung der psychischen Curmethode auf Geisteszerrüttungen*, Halle 1803, S. 62 f., zit. n. K. Dörner: *Bürger und Irre*, Frankfurt/M. 1969, S. 263), »in der sie alles umgestürzt findet, hat Mast und Ruder verloren und schwimmt gezwungen auf den Wogen der schaffenden Phantasie in fremde Welten, Zeiten und Räume.« Auch Initiationen wurden ähnlich beschrieben. Plutarch etwa schildert in seiner Schrift *De genio Socratis* eine Inititation in einer Orakelhöhle als eine Fahrt der Seele durch ein Meer, nachdem sie sich wie ein Segel ausgedehnt hat. R. Kloepfer (»Das trunkene Schiff«, *Romanistische Forschungen* 1968, S. 165 f.) hat darauf aufmerksam gemacht, wie diese Metaphern wieder in Rimbauds »bateau ivre« auftauchen.

67 J. B. Long (»Śiva and Dionysos – Visions of Terror and Bliss«, *Numen* 1971, S. 188) meint, im Gegensatz zu Dionysos sei der tanzende Schiwa eine Gestalt der vorindogermanischen Bevölke-

rung. Dies trifft indessen auch auf Dionysos zu, auf den die einwandernden Griechen stießen. Lydisch-phrygischer Herkunft ist der spätere Mysteriengott Dionysos-Sabazios. Cf. E. Simon: *Die Götter der Griechen*, München 1969, S. 289, 291.

68 Cf. hierzu vor allem I. M. Lewis: »Spirit Possession and Deprivation Cults«, *Man* 1966, S. 307 ff., ders.: *Ecstatic Religion*, Harmondsworth 1971, S. 100 ff., ferner H. Sibisi: »The Place of Spirit Possession in Zulu Cosmology«, in *Religion and Social Change in Southern Africa*, Cape Town 1975, S. 50 und E. Pressel: »Umbanda Trance and Possession in São Paulo«, in *Trance, Healing, and Hallucination*, New York 1974, S. 216 ff. Nach Lewis wäre der Dionysoskult wohl ein typischer »peripherer Kult«, in dem Unterprivilegierte wie Frauen und Sklaven zum Ausdruck bringen können, was ihnen im normalen Leben nicht gestattet ist. »To this extent they are the authentic, if seldom recognized, founders of Women's Lib«, schreibt Lewis über die Trägerinnen derartiger Kulte. Cf. I. M. Lewis: »The Anthropologist's Encounter With the Supernatural«, in *Parapsychology and Anthropology*, New York 1974, S. 27, ders.: »Spirits and Sex War«, *Man* 1967, S. 626 f. In starren Kastensystemen liegt manchmal die einzige Chance der Veränderung des eigenen sozialen Status darin, ein asketischer *samnyasi* zu werden. »Hence mobility is allowed, but only with a complete denial of all secular interests.« (N. Yalman: »The Ascetic Buddhist Monks of Ceylon«, in *Gods and Rituals*, Garden City 1967, S. 301 f.)

69 M. P. Nilsson: *Geschichte der griechischen Religion*, Bd. I, München 1941, S. 544, C. I. Gulian: *Mythos und Kultur*, Wien 1971, S. 39 ff.

70 Cf. Lawson, a.a.O., S. 228 f.

71 Cf. J. Zafiropulo: *Apollon et Dionysos*, Paris 1961. Wesentlich brutaler ging der römische Senat gegen die Bacchanalien vor. »Es war ein Vernichtungskrieg«, der gegen ihre Anhänger geführt wurde, stellt F. Cumont (*Die orientalischen Religionen im römischen Heidentum*, Leipzig 1931, S. 196) fest. Der Kult lebte freilich allem Anschein nach in abgelegenen Tälern auf Kreta und auf dem Balkan weiter.

72 Selbst bei vergleichsweise puritanischen Völkern wie den Maya gab es ›Zeiten zwischen den Zeiten‹, in denen das Inzestverbot seine Gültigkeit verlor. Cf. Landa, a.a.O., S. 91, ferner R. L. Roys: »Lowland Maya Native Society at Spanish Contact«, in *Handbook of*

Middle American Indians, Bd. III, Austin 1965, S. 666. Cf. auch H. Pittier de Fábrega: »Ethnographic and Linguistic Notes on the Paez Indians of Tierra Adentro, Cauca, Colombia«, *Memoirs of the American Anthropological Association* 1907, S. 324. Wenn es später über die Unholdinnen heißen sollte, sie »vermischen sich fleischlich und der vatter mit der dochter, desgleichen bruder mit der schwester etc. und halten nit natürlich ordnung in dem werck« (cf. Wirth, a.a.O., S. 106), dann *müssen* solche Aussagen nicht notwendigerweise Reminiszenzen an derartige Kulte zum Ausdruck bringen, sondern eher Phantasien über die Hexen als Auflöserinnen aller Ordnung.

73 Die Ischtar wurde geradezu mit »Hure« angeredet. Cf. E. Harding: *Frauenmysterien*, Zürich 1949, S. 90. Daß die Verbindung von Orgasmus und Erkenntnis noch im Mittelalter und darüber hinaus eine Rolle spielte und daß Jesus zudem bisweilen deutliche Incubuszüge aufwies, ist hinreichend bekannt. Schwäbische Ketzerinnen berichteten im 13. Jahrhundert »se carnaliter cognosci a Christi« oder »quod polluunt se corpore Christi«. Mechthild von Magdeburg spricht von Gott, der ihre Seele »mit voller maht in dem bette der minne trutet«, der »zu der minnelustigen sele in das notlich brutbette wil gan uf das er si möhte durküssen und mit sinen bloßen armen umbevahen«. »O du ruwender got an minen brusten«, ruft Mechthild aus, und es bleibt dem Leser überlassen, ob sie das Jesuskind oder den etwas reiferen Jesus meint. (Die Zitate sind aus H. Grundmann: *Religiöse Bewegungen im Mittelalter*, Hildesheim 1961, S. 412, 414.) Auch Berninis Darstellung der Verzückung der Heiligen Theresa könnte die Wiedergabe einer Frau während des Orgasmus sein. Cf. P. Ariès: *Studien zur Geschichte des Todes im Abendland*, München 1976, S. 44, 100, ferner S. de Beauvoir: *Das andere Geschlecht*, Reinbek 1968, S. 632 f. Eine Freundin Jacobs von Vitry identifizierte sich so sehr mit der Heiligen Jungfrau, daß sie jedes Jahr scheinschwanger wurde und ihre Brüste Milch absonderten. Cf. J. Schultz: *Wandlungen der Seele im Hochmittelalter*, Bd. II, Breslau 1940, S. 184. Eine englische Nonne beschreibt Jesus als »feirnesse lufsum neb. flesch hwit under schrud«, also als Schönheit mit lieblichem Gesicht und weißem Fleisch unter den Kleidern, und eine andere stöhnt: »hwi ne fele ich the in my breostes swo swote ase thu art«, »Warum spüre ich dich nicht mit meinen Brüsten, so süß

wie du bist?« (Zit. n. J. Bugge: *Virginitas*, The Hague 1975, S. 100, 105.) Jesus selber scheint freilich nicht immer zimperlich gewesen zu sein. So betörte er im 14. Jahrhundert die Nürnbergerin Adelheid Langmann mit den Worten: »Meine Geminnte, dein Mund ist süßer denn Honigseim . . ., meine Liebe, meine Zarte (usw.) . . .« (Zit. n. W. Preger: *Geschichte der deutschen Mystik im Mittelalter*, Bd. II, Leipzig 1881, S. 274.) Doch nicht nur Mystiker*innen*, auch ein Mann wie Angelus Silesius schreibt die Worte: »Die Psyche seufftzet nach ihrem Jesu, wie ein einsames Turtel-Täublein nach seinem Gemahl.« (Zit. n. R. Holland: »Zur Typik der Himmelfahrt«, *Archiv für Religionswissenschaft* 1925, S. 219.) Die Besessenheit wird oft mit sexuellen Begriffen beschrieben. Bei den Amhara von Gondar bespringt der *zar*-Geist die Frauen, die »Pferde«, aber auch »Bräute der Geister« genannt werden (cf. M. Leiris: *Die eigene und die fremde Kultur*, Frankfurt/M. 1977, S. 205 f.), und auch die Hausa »besteigen« entweder ihre Geister, oder sie werden von ihnen »bestiegen«. Cf. M. Onwuejeogwu: »The Cult of the Bori Spirits Among the Hausa«, in *Man in Africa*, London 1969, S. 285. Nach Cicero vergewaltigte Apollo die sich sträubende Kassandra, die mit der Gabe der Weissagung ihre Jungfräulichkeit einbüßte. Cf. H. Stumfohl: »Zur Psychologie der Sibylle«, *Zeitschrift für Religions- und Geistesgeschichte* 1971, S. 91. Es liegt auf der Hand, daß die Kirchenväter davon später viel Aufhebens machten.

74 Cf. W. M. Ramsey: »Studies in Asia Minor«, *The Journal of Hellenic Studies* 1882, S. 55.

75 Cf. H. Hepding: *Attis*, Gießen 1903, S. 194 ff. Auch der Hades wurde von den Griechen bisweilen »allbettendes Brautgemach« genannt. Cf. L. Klages: »Die Magna Mater«, in *Materialien zu Bachofens ›Das Mutterrecht‹*, Frankfurt/M. 1975, S. 115. J. M. Allegro (*Der Geheimkult des heiligen Pilzes*, Wien 1971, S. 44) ist der Auffassung, daß noch die altorientalischen Tempel den Schoß der Erde darstellten. Der Priester trat danach durch die Tore der Vorhalle – die Schamlippen – und durch einen Schleier – die Jungfernhaut – in die Halle – die Vagina – ein, um danach ins Allerheiligste – den Uterus – zu schreiten. Cf. auch G. Widengren: *Religionsphänomenologie*, Berlin 1969, S. 329. Im Jahre 1921 griff der Architekt Hermann Finsterlin wieder auf derartige Vorstellungen zurück: »Im Innenraum des neuen Hauses wird man sich nicht nur als

Insasse einer märchenhaften Kristalldruse fühlen, sondern als interner Bewohner eines Organismus, wandernd von Organ zu Organ, ein gebender und empfangender Symbiote eines ›fossilen Riesenmutterleibes‹ ... Sagt mir, ob Euch nie das gewalttätige Schema Eurer sechs Wände irritiert und die injizierten Sachsärge Eurer tausend Notwendigkeiten –, ob nie die geheimnisvolle Lust an Euch herankroch, Euch umzuräumen nach dem Rhythmus Eurer atmenden Seele ...?« (Zit. n. U. Conrads / H. G. Sperlich: *Phantastische Architektur*, Stuttgart 1960, S. 149.) Cf. auch ferner E. Neumann: *Die große Mutter*, Zürich 1956, S. 276. Uterus-Konzeptionen spielten auch in der Alchemie eine bedeutsame Rolle. Da die Erdmutter im Austragen der Erzembryonen zu langsam voranschritt, versuchten die Alchemisten diesen Reifungsprozeß in künstlichen Gebärmüttern zu beschleunigen. Cf. W. Schneider: *Geschichte der pharmazeutischen Chemie*, Weinheim 1972, S. 50. Im Hintergrund stand dabei der scholastische Gedanke, auf den später auch Herbert Marcuse zurückgreifen sollte, daß das Wesen einer Sache mit seiner Vollkommenheit, also dem, was sie *noch nicht* ist, zusammenfällt. Da man zudem der Auffassung war, daß alle Körper aus *einer* Urmaterie, dem *mercurius philosophorum* bestand, glaubte man, alle vordergründig unedlen Metalle im Inneren der künstlichen Uteri in edle Metalle, etwa in Gold, umwandeln zu können. Cf. M. Berthelet: *Die Chemie im Altertum und im Mittelalter*, Leipzig 1909, S. XI, XIX, XXIII.

76 Die *yajé*-Pflanze (*Banisteriopsis caapí*), die auch *Telepatina* genannt wurde (cf. C. V. Morton: »Notes on Yagé, a Drug of Southeastern Colombia«, *Journal of the Academy of Sciences* 1931, S. 487), scheint eine ausgesprochene ›Flugdroge‹ (cf. R. Spruce: *Notes of a Botanist on the Amazon and the Andes*, Bd. II, London 1908, S. 424 f., M. Villavicencio: *Geografía de la República del Ecuador*, New York 1858, S. 373, ferner S. H. Wassén: *The Use of Some Specific Kinds of South American Snuff and Related Paraphernalia*, Göteborg 1965, S. 29) zu sein, wenn auch nicht gerade eine ungefährliche. Cf. R. E. Schultes: »The Botanical Origins of South American Snuffs«, in *Ethnopharmacologic Search for Psychoactive Drugs*, Washington 1967, S. 302. Es soll vorgekommen sein, daß Indianer vom Ucayali-Fluß im peruanischen Tiefland, die mit Hilfe von *yajé* den Herkunftsort ihrer weißen Besucher *sehen* wollten, diese fragten, was denn das für seltsame »aparatos« seien, die so schnell die Straßen entlanghusch-

ten. Sie hatten nie zuvor Autos gesehen. Cf. T. Roessner: »El ayahuasca, planta mágica del Amazonas«, *Revista Geográfica Americana* 1946, S. 14, zit. n. J. Perez de Barrados: *Plantas mágicas americanas*, Madrid 1957, S. 293 f. und M. J. Harner: »Common Themes in South American Indian Yagé Experiences«, in *Hallucinogenes and Shamanism*, New York 1973, S. 169. »Several informants who have never been to or seen pictures of Pucallpa, the large town at the Ucayali River terminus of the Central Highway, have described their visits under the influence of *ayahuasca* to the town with sufficient detail for me to be able to recognize specific shops and sights. On the day following one *ayahuasca* party six of nine men informed me of seing the death of my *chai*, ›my mother's father‹. This occurred two days before I was informed by radio of his death.« (K. M. Kensinger: »Banisteriopsis Use Among the Peruvian Cashinahua«, a.a.O., S. 12) M. Córdova-Rios (a.a.O., S. 157 f.) berichtet von einer *yajé*-›Sitzung‹ unter Indianern, daß plötzlich verschiedene Tiere in ihren Zirkel traten: »There was a tawny puma, several varieties of the smaller spottet ocelot, then a giant rosetta-spottet jaguar. A murmur from the assembly indicated recognition. This tremendous animal shuffled along with head hanging down, mouth open and tongue lolling out. Hideous, large teeth filled the open mouth. An instant change of demeanor to vicious alertness caused a tremor through the circle of phantom-viewers. From a memory recess in my brain there emerged with the stimulation of the cats an experience from my past. On a trip to the Rio Putumayo a year before coming to the Jurua to cut caucho, I had come face to face on a forest path with a rare black jaguar. It had been a terrifying experience, but I had dominated the flashing eyes of the beast and we had gone our separate ways without violence. This mighty animal now intruded on our visions and a shudder passed through us all.« Auf Grund dieses Ereignisses hieß Cordova-Rios von nun an Ino Moxo, »Schwarzer Panther«. Die Alkaloide von *yajé*, nämlich Banisterin, Telepathin und Yajein sollen identisch sein mit Harmin, einem Alkaloid der wilden Raute *(Peganum harmala)*, die an den Küsten des Mittelmeeres wächst. Cf. A. L. Chen / K. K. Chen: »Harmine: The Alkaloid of Caapi«, *Quarterly Journal of Pharmacy and Pharmacology* 1939, S. 30 ff., C. Naranjo: *The Healing Journey*, New York 1975, S. 119, V. Haas: *Magie und Mythen im Reich der Hethiter*,

Hamburg 1977, S. 141. Die Pflanze, die bereits in Keilschrifttexten auftaucht (cf. R. C. Thompson: *The Assyrian Herbal,* London 1924, S. 270 f.) und in der man das sagenhafte *moly* gesehen hat (cf. A. Lang: »Moly and Mandragora«, in *Custom and Myth,* London 1885, S. 151 f., W. D. O'Flaherty: »The Post-Vedic History of the Soma-Plant«, in *Soma*, New York 1968, S. 108 f.), soll im späten Mittelalter von Hexen verwendet worden sein. Cf. T. F. T. Dyer: *The Folk-Lore of Plants,* London 1889, S. 56 f. Im allgemeinen jedoch galt sie zu jenen Zeiten als ›giftwidrig‹ und *anti*dämonisch. So heißt es etwa in einem elsässischen Hexenprozeß im Jahre 1589 über eine Angeklagte: »Als sy vermerkt, daß der Teuffel, ir buol, nit mehr nachlassen sondern mit ihro vil und großen Schaden tun wellen, hat sie Rauthen, geweiht Salz und Wachs zu iro genommen, iren buolen damit vertrieben, das derselbig nit mehr zu ihr kommen kendt.« (Zit. n. Marzell, a.a.O., S. 121.) Auch das Dauer verleihende und vor der Zersetzung bewahrende Salz (cf. V. Hehn: *Das Salz*, Leipzig o. J., S. 13 ff., Sun Chief: *The Autobiography of a Hopi Indian,* New Haven 1942, S. 436) war antidämonisch par excellence. Cf. J. Grimm / W. Grimm: *Irische Elfenmärchen,* Stuttgart 1962, S. 48, Evans Wentz, a.a.O., S. 47 f., J. G. Schmidt: *Die gestriegelte Rockenphilosophia,* Bd. II, Chemnitz 1709, S. 362, G. Neckel: *Deutsche Sagen,* Bd. II, Leipzig 1935, S. 87, 91. Das *moly,* welches Odysseus von Hermes erhalten hatte, wird freilich auch mit anderen Pflanzen identifiziert. E. D. Phillips (»Odysseus in Italy«, *The Journal of Hellenic Studies* 1953, S. 62) denkt an *Atriplex halimus,* eine Pflanze mit weißlichen Blättern und dunkler Wurzel, die heute noch als Abwehrmittel gegen Schlangen verwendet wird und deren Verwandte *Atriplex hortensis* in unserer Volksheilkunde wegen ihrer brechreizenden und abführenden Wirkungen geschätzt wird. Cf. auch A.-M. Tupet: *La magie dans la poésie latine,* Lille 1976, S. 123. R. Kleinpaul (*Die Lebendigen und die Toten,* Leipzig 1898, S. 172) meint, daß ohne die Knoblauchdolde ein Schwein mehr im Koben der Kirke rumort hätte. Da Hermes auch *hypnodotes* genannt wurde und mithin wohl mit *Papaver somniferum* in Verbindung stand (cf. J. Wiesner: »Mohn«, in *Kulturgeschichte-Lexikon der Antike,* Bd. II, München 1971, S. 40), kommt vielleicht auch diese Pflanze in Frage. Zudem hat mir freundlicherweise ein Fixer die Auskunft gegeben, daß er bereits mehrmals erfolgreich mit der Hilfe von

Opium Horror-Trips abgebrochen habe, und möglicherweise schränkt Opium auch die Wirkung von Nachtschattenalkaloiden ein, falls das *kykeon* der Kirke Mandragora war. An Knoblauch denkt auch B. Stern (*Medizin, Aberglaube und Geschlechtsleben in der Türkei*, Bd. I, Berlin 1903, S. 315), an das Johanniskraut W. Mannhart (*Zauberglaube und Geheimwissen*, Leipzig 1897, S. 57). Bereits den klassischen Griechen scheint es nicht mehr klar gewesen zu sein, was *moly* war (cf. H. Güntert: *Von der Sprache der Götter und Geister*, Halle 1921, S. 92 f.), und man hat deshalb angenommen, daß es überhaupt keine identifizierbare Pflanze ist. Cf. A. Clay: »The Planktai and Moly: Divine Naming and Knowing in Homer«, *Hermes* 1972, S. 129 f. Ähnliches gilt auch für andere ›Sagenpflanzen‹. Cf. A. L. Willson: »The ›Blaue Blume‹«, *The Germanic Review* 1959, S. 50 f. Für die Raute wiederum spricht, daß diese seit alten Zeiten als Reinigungsmittel verwendet wurde. Dieselbe Funktion hat auch *yajé* bei einigen Indianerstämmen.Dort reinigen sich die Frauen, die zufälligerweise die heiligen Musikinstrumente gesehen haben, mit dem Saft der Pflanze, welcher mit dem Harz von *Amyris carana* vermischt wurde. Cf. M. M. Ypiranga: »Cariamã: Pubertätsritus der Tucano-Indianer«, *Zeitschrift für Ethnologie* 1960, S. 37.

77 Wenn die ›Seele‹ der Samojedenschamanen sich in ein Ren verwandelt, bleibt sie durch ein Lederband mit deren Leib verbunden. G. Róheim (*Hungarian and Vogul Mythology*, New York 1954, S. 52) sieht in diesem Band eine Nabelschnur.

78 Cf. G. Reichel-Dolmatoff: »Notes on the Cultural Extent of the Use of Yajé Among the Indians of the Vaupes«, *Economic Botany* 1970, S. 33. Auch die *kivas* der Pueblo-Indianer sind Gebärmütter, und das *sipápuni*, das kleine Loch im Boden ist der *omphalos*, der Nabel. »I've always been struck«, schreibt F. Waters (»Lessons From the Indian Soul«, *Psychology Today*, May 1973, S. 68), »by the difference between the Indian church and the Christian church. The Christian church with its masculine phallic spire points up towards the sky, while the underground *kiva* sinks down into the feminine earth.« Die großen Gemeinschaftshäuser der Tukano werden als ›Gebärmutter‹ der Sippe betrachtet, und ihre Tür ist die Vagina. Für die Kogi führen alle Höhlen und Erdspalten in den Leib der Muttergöttin. Die heiligen Häuser öffnen sich an der Spitze in der Form eines Trichters – weiblichen Geschlechtsorganen – durch

welche die Erdmutter durch Opfergaben besamt wird. Cf. G. Reichel-Dolmatoff: »Die Kogi in Kolumbien«, in *Bild der Völker*, Bd. V, Wiesbaden 1976, S. 173.

79 Cf. B. Myerhoff: *Peyote Hunt*, Ithaca 1974, S. 139 und P. T. Furst: »Huichol Conceptions of the Soul«, *Folklore Americas* 1967, S. 39 ff.

80 Cf. P. T. Furst: »To Find Our Life«, in *Flesh of the Gods*, London 1972, S. 158.

81 Cf. M. Eliade: *Yoga*, Zürich 1960, S. 326.

82 Cf. L. Bayard: »Pytho-Delphes et la légende du serpent«, *Revue des études grecques* 1943, S. 27. Der entsprechende Ausdruck im Semitischen lautet *pŭth*.

83 Cf. W. H. Roscher: *Omphalos*, Leipzig 1913, S. 43.

84 Cf. G. Roux: *Delphi*, München 1971, S. 105 f. Ähnlich war wohl auch die Erdgöttinnen-Grotte in Olympia eine künstliche. Cf. L. Weniger: »Olympische Forschungen«, *Klio* 1906, S. 155 f. und H.-V. Herrmann: *Olympia*, München 1972, S. 30 f. Der Sage nach fiel einem Hirten namens Koretas eines Tages auf, daß seine Ziegen wie besessen herumhüpften und auf seltsame Weise zu blöken anfingen, wenn sie in der Nähe eines bestimmten Erdschlundes weideten. Nachdem auch Koretas sich einige Zeit in der Nähe der Spalte aufgehalten hatte, begann er prophetische Fähigkeiten zu entwickeln, von denen er indessen wenig hatte, denn bald darauf hüpfte er während einer Ekstase in den Erdschlund und ward nie mehr gesehen. Es heißt, daß aus diesem Spalt ein göttliches *pneuma* hervorgestiegen sei, und man hat auch nicht versäumt, in diesem *pneuma* Kohlendioxyddämpfe zu sehen, die angeblich die Sauerstoffzufuhr zum Gehirn der Pythia beeinträchtigt hätten. Diese Vermutung ist aus mehreren Gründen abwegig. Zum einen brachte man eine Ziege durch Kaltwasserbehandlung zum Zittern, um festzustellen, ob Apollo geneigt war, durch die Pythia zu sprechen, was unnötig gewesen wäre, wenn solche Dämpfe aufgestiegen wären. Cf. A. P. Oppé: »The Chasm at Delphi«, *Journal of Hellenic Studies* 1904, S. 221 f. und E. Will: »Sur la nature du pneuma delphique«, *Bulletin de Correspondance Hellénique* 1942, S. 168 f. Zum zweiten ist die Umgegend von Delphi nicht vulkanisch (cf. P. Birot: »Géomorphologie de la région de Delphes«, *Bulletin de Correspondance Hellénique* 1942, S. 267); zum dritten war der Spalt von Menschenhand angelegt, und zum vierten hat der

Begriff *Pneuma* eine Spannbreite, die vom Materiellen bis zu »Erkenntnis« und »Inspiration« reicht. Cf. H. Leisegang: *Der Heilige Geist*, Bd. I, Leipzig 1919, S. 16 f., 19, 23. Bei den Neuplatonikern z. B. scheint das Wort eine Art ›Astralleib‹ bezeichnet zu haben (cf. O. Geudtner: *Die Seelenlehre der chaldäischen Orakel*, Meisenheim 1971, S. 22), und wenn es etwa heißt, daß Apollo die Pythia vergewaltigte, dann wird man auch hier an so etwas Ähnliches denken können. Die Pythia verbrachte allem Anschein nach die Nacht im Dämmerschlaf in dem Kessel des Dreifußes, der vielleicht dem Kessel entspricht, in welchem der junge Dionysos auf Schamanenart von den Titanen zerstückelt und gekocht wurde (cf. P. Foucart: *Les mystères d'Eleusis*, Paris 1914, S. 452 f.), und in der Tat ist auch die Trance der Pythia nicht ganz zu Unrecht als »verkümmerter Schamanismus« bezeichnet worden. Cf. E. R. Dodds: »Telepathie und Hellsehen in der klassischen Antike«, in *Parapsychologie*, Darmstadt 1966, S. 9. Auch die Priesterin von Dodona scheint in grauer Vorzeit in einem Kessel mit heißem Wasser ›gekocht‹ worden zu sein. Cf. A. B. Cook: *Zeus*, Bd. II, Cambridge, S. 218, ferner C. Uhsadel-Gülke: *Knochen und Kessel*, Meisenheim 1972, S. 49. Der Kesseldreifuß ist mykenischen Ursprungs und wurde zum Kochen über das Feuer gestellt. Wie Herodot berichtet, saß auf ihm während der Argonautenfahrt der weissagende Triton. Cf. K. Schwendemann: »Der Dreifuß«, *Jahrbuch des Deutschen Archäologischen Instituts* 1923, S. 152, 163. Nach einem Mythos wurde in einem solchen Dreifußkessel auch Apollo Hyperbóreos gemetzelt, gekocht und wieder zusammengesetzt, während ein Teil von ihm – wie bei den sibirischen Schamanen – im Kessel verblieb. Cf. Cook, a.a.O., S. 225. Auch auf neueren Darstellungen sitzt Apollo selber – und nicht die Pythia – auf dem Dreifuß. Cf. A. D. Nock: »Religious Attitudes of the Ancient Greeks«, *Proceedings of the American Philosophical Society* 1942, S. 473. Mit der Zeit erhielt der Dreifuß Flügel und nahm immer mehr die Gestalt eines ›Himmelswagens‹ an. Cf. P. Wolters: »Der geflügelte Seher«, *Sitzungsberichte der Bayerischen Akademie der Wissenschaften* 1928, S. 10 f. und O. Schroeder: »Hyperboreer«, *Archiv für Religionswissenschaft* 1905, S. 83. Es gibt verschiedene Versionen, was die Pythia tat, nachdem sie von ihrem Dämmerschlaf erwachte. So heißt es beispielsweise, daß sie frühmorgens innerhalb des Tempels aus der Quelle Kassotis getrunken habe – entsprechende Kanalisationen wurden allerdings bei den Ausgrabungen nicht gefunden (cf. J. Pouilloux / G. Roux: *Énigmes à Delphes*, Paris 1963, S. 93, M. F. Courby: *Fouille de Delphes*, Bd. II, Paris 1927, S. 174 ff.) – ähnlich wie früher die Priesterin der Gaia im Orakel bei Aigeira in Achaia (cf. A. Dieterich: *Mutter Erde*, Leipzig 1925, S. 60) und die des Apollo Deiradiotes in Argos in einem Erdspalt Ochsenblut tranken (cf. F. Rüsche: *Blut, Leben und Seele,* Paderborn 1930, S. 63), oder wie der Priester des apollinischen Orakels zu Klaros bei Kolophon in eine Höhle hinabstieg, um von dem Wasser einer unterirdischen Quelle zu sich zu nehmen. Cf. G. Rosen: *Madness in Society*, Chicago 1968, S. 81. Weiter ist überliefert, daß sie in der Kastalia badete, sich an einem ursprünglich der Gaia zugehörigen Lorbeerbaum festhielt und am ganzen Leib erzitterte, und daß sie überdies, bevor sie ins *adyton* stieg, den Rauch von Lorbeerblättern und Gerstenmehl einatmete, vermutlich weniger um sich zu berauschen als um sich zu reinigen. Cf. T. Hopfner: *Griechisch-Ägyptischer Offenbarungszauber*, Bd. II, Leipzig 1924, § 276, P. Hoyle: *Delphi und sein Orakel*, Wiesbaden 1968, S. 53, ferner J. Pollard: *Seers, Shrines and Sirens*, London 1965, S. 29. Das Kauen von Lorbeerblättern, die den alten Griechen als so dämonenabwehrend galten, daß manche Leute den ganzen Tag über ein solches Blatt im Mund behielten, ist zwar bei Priestern und Propheten seit dem fünften vorchristlichen Jahrhundert bezeugt (cf. H. W. Parke, a.a.O., S. 75), bei der Pythia indessen erst ab dem zweiten nachchristlichen Jahrhundert. L. B. Holland (»The Mantic Mechanism at Delphi«, *American Journal of Archaeology* 1933, S. 214) meint, die Pythia habe vielleicht den giftigen Oleander gekaut, der heute *rhododaphne* heißt, und der digitalisähnliche Wirkungen nach sich zieht. Er vermutet weiter, daß er vielleicht mit dem in Thrakien heimischen (cf. V. Hehn: *Kulturpflanzen und Haustiere in ihrem Übergang aus Asien nach Griechenland*, Berlin 1911, S. 190) *Cannabis* gemischt wurde, aber das sind reine Spekulationen. ›Halluzinogene‹ Eigenschaften hat der Lorbeer kaum, vorausgesetzt es handelt sich um *Prunus laurocerasus*. Cf. P. Amandry: *La mantique apollinienne à Delphes*, Paris 1950, S. 128 f. und H. W. Parke/D. E. W. Wormell: *The Delphic Oracle*, Bd. I, Oxford 1956, S. 26. Allerdings ist er sehr giftig, er enthält Blausäure und wurde in der Volksheilkunde vielfach wegen seiner beruhigenden und schmerzlindernden Eigenschaften geschätzt. Die berühmte Seherin von Prevorst geriet mit seiner Hilfe in einen schlafwachen Zustand. Diese Frau reagierte auch auf andere Pflanzen hypersensibel. Legte man ihr nur ein Gran Tollkirschenwurzel in die Hand, erweiterten sich ihre Pupillen, verspürte sie ein Würgen im Hals und schwindelte es ihr, Bilsenkrautblätter betäubten und lähmten sie, und bei der Berührung von Mohnkapseln schlief sie ein. Cf. J. Kerner: *Die Seherin von Prevorst*, Stuttgart 1958, S. 58. Eine ähnliche Sensibilität darf man vielleicht auch bei den Pythien vermuten. Noch spekulativer ist der Gedanke – der bei vielen Autoren als Behauptung auftritt –, die Pythia habe Bilsenkrautblätter oder sogar Stechapfelblätter (cf. M. K. Opler: »Cross-Cultural Uses of Psychoactive Drugs«, in *Principles of Psychopharmacology*, New York 1970, S. 41) gegessen. Die einzige Bestätigung für diese Annahme scheint in der Bezeichnung *apollinaris* zu liegen, die der Römer Plinius dem Bilsenkraut gab. Die Römer kannten das Bilsenkraut als Heilpflanze (cf. E. Lange: *Botanische Beiträge zur mitteleuropäischen Siedlungsgeschichte*, Berlin 1971, S. 72), doch es hat den Anschein, daß der Name Apollos mit dem Bilsenkraut deshalb assoziiert wurde, weil diese Pflanze (*belinuntia* bei Dioskurides) mit dem Namen des keltischen Gottes Belenus bezeichnet wurde, der wiederum mit Apollo identifiziert wurde, so daß *apollinaris* lediglich die Übersetzung von *belenion* zu sein scheint. Die indogermanische Wurzel *bhel-* bedeutet »weißlich«, und schmutzig-weißlich bis gelb sind ja auch die Blütenblätter der Pflanze. Cf. J. Grimm / W. Grimm: *Deutsches Wörterbuch*, Bd. II, Leipzig 1860, S. 30. (Der Name des Bilwis hat – obgleich dies oft behauptet wird – nichts mit dem Bilsenkraut zu tun. Das Grundwort gehört vielmehr zum Stamm von »wissen«. Cf. Kluge, a.a.O., S. 78.) Der heute gebräuchliche Ausdruck »Apollonienkraut«, der sich vor allem im Österreichischen findet, geht höchstwahrscheinlich auf die heilige Apollonia zurück, die Schutzheilige derjenigen, die an Zahnschmerzen leiden. Bilsenkrautrauch wurde früher insbesondere zur Linderung von Zahnschmerzen eingeatmet. Cf. auch W. Bulk: *St. Apollonia*, Bielefeld 1967, S. 52. Obwohl die Landschaft am Parnaß in der Antike als Gegend bekannt war, von der viele Heilpflanzen bezogen wurden (cf. A. Schmidt: *Drogen und Drogenhandel im Altertum*, Köln 1924, S. 65), läßt sich also bislang nicht nachweisen, daß die Pythien irgendwelche bewußtseinsverändernden Pflanzen – mit Ausnahme des Lorbeers – zu sich genommen hätten.

85 Cf. J. Fontenrose: *Python*, Berkeley 1959, S. 414 f., ferner M. Delcourt: *L'oracle de Delphes*, Paris 1955, S. 142 f.

86 Cf. B. Schmidt: *Das Volksleben der Neugriechen*, Leipzig 1871, S. 103. In der Umgebung dieser Höhle schweifte auch die Wilde Jagd des Dionysos herum. Cf. L. Weniger: »Feralis exercitus«, *Archiv für Religionswissenschaft* 1906, S. 236 f.

87 Cf. B. Collinder: »Pytho, der theriomorphe Apollo«, *Tidskrift för Nordisk Folkminnesforskning* 1967, S. 167. Mit seiner Haut soll in späterer Zeit der Dreifuß bespannt gewesen sein. Ein dem Pytho vergleichbares Wesen scheinen auch bis in die jüngste Zeit die Nachfahren der Kelten gekannt zu haben. »C'était un grand cri«, berichtet J. Loth (»L'omphalos chez les celtes«, *Revue des études anciennes* 1915, S. 194, zit. n. W. H. Roscher: *Der Omphalosgedanke bei verschiedenen Völkern*, Leipzig 1918, S. 92 f.), »qui se faisait entendre chaque nuit de premier mai au dessus de chaque foyer dans l'île de Bretagne: il traversait le cœur des humains et leur causait une telle frayeur que les hommes en perdaient leurs couleurs et leur forces . . . Le cri était poussé par le dragon des Brittons«, der mit einem fremden Drachen kämpfte, und zwar »à l'endroit où tu trouveras exactement le point central de l'île, fais creuser un trou, fais y déposer une cuve pleine de l'hydromel (= Met) . . .« Höhlenorakel mit Schlangengottheiten, zu denen der Medizinmann hinabsteigt, gab es auch in anderen Gegenden der Welt, beispielsweise in Fernando Poo. Cf. A. Friedrich: *Afrikanische Priestertümer*, Stuttgart 1939, S. 58 f. Am bekanntesten sind wohl indessen die Cenote-Rituale der Tiefland-Maya, von denen wir noch hören werden.

88 J.-L. Brau (*Geschichte der Droge*, Frankfurt/M. 1969, S. 12) behauptet, es hätte Opium enthalten, was freilich lediglich eine Vermutung ist.

89 Cf. Pausanias: *Beschreibung von Griechenland*, Berlin 1911, IX, 39, 7 ff. Auch Odin stieg, um die Zukunft zu wissen, zur Wala in die Tiefe, er »reid hann nidr padan Nifheliar til« (A. Mayer, a.a.O., S. 42), und noch im vorigen Jahrhundert stieg während der Johannisnacht das Volk in der Kirche des heiligen Johannes über dem Grab der Sibylle von Cumae auf Treppen in eine Grotte hinab, in der es aus einer Quelle Wasser trank und ein Echo-Orakel befragte.

Cf. M. Hamilton: *Incubation*, London 1906, S. 187. Vor allem in späterer Zeit scheint auch die Trance der Pythia mitunter recht gefährlich gewesen zu sein, sie verdrehte bisweilen die Augen, schüttelte ihr aufgelöstes Haar und hatte Schaum vor dem Mund. Eine Pythia soll sogar – als sie gegen ihren Willen auf dem Dreifuß Platz nehmen mußte – gestorben sein. Cf. A. Bouché-Leclercq: *Histoire de la divination dans l'antiquité*, Bd. III, Paris 1880, S. 203. Im allgemeinen scheint freilich die Trance der Pythia eher ruhiger Natur gewesen zu sein. Cf. E. R. Dodds: *The Ancient Concept of Progress*, Oxford 1973, S. 197. Anders stand es wohl um die Ekstase der ›unbemannten‹ Sibylle, deren Worte noch nicht von männlichen Propheten interpretiert wurden. Zumindest sagt Heraklit im Fragment 92: »Die Sibylle, die mit rasendem Munde Ungelachtes und Ungeschminktes und Ungesalbtes redet, reicht mit ihrer Stimme durch tausend Jahre.« Cf. auch W. F. J. Knight: *Elysion*, London 1970, S. 71 f.

90 Cf. U. E. Paoli: *Die Geschichte der Neaira*, Bern 1953, S. 39.

91 Cf. H. R. Willoughby: *Pagan Regeneration*, Chicago 1929, S. 62, Foucart, a.a.O., S. 401 ff., F. Speiser: »Die eleusinischen Mysterien als primitive Initiation«, *Zeitschrift für Ethnologie* 1928, S. 367, 370, A. van Gennep: *The Rites of Passage*, London 1960, S. 90 f., L. R. Farnell: *Greek Hero Cults and Ideas of Immortality*, Oxford 1921, S. 373 f. Daß auch in historischer Zeit die Mysterien noch vieles von ihrem ursprünglichen Charakter bewahrt haben, zeigt etwa eine Stelle in Lukians *Kataplus*, an welcher Kyniskos auf einer Wanderung durch die Unterwelt die Frage des Mikyllos bejaht, die lautet: »Sag mir – du bist doch in die Eleusinien eingeweiht – gleicht jenen nicht das, was wir hier sehen?« Cf. Wehrli, a.a.O., S. 85. Wenn etwa G. E. Mylonas (*Eleusis and the Eleusinian Mysteries*, Princeton 1961, S. 268) einwendet, daß das Telesterion für ein Wandern »durch verschlungene unterirdische Gänge«, wie K. Seligmann (*Das Weltreich der Magie*, Stuttgart 1958, S. 80) annimmt, viel zu klein gewesen sei, so setzt er natürlich voraus, daß diese Unterweltsreise eine Reise *mit den Füßen* war. Daß dem *kykeon,* welches die Demeter und ihr nach die Initianden zu sich nahmen, eine ›halluzinogene‹ Droge beigemischt war, hat wiederum insbesondere Ranke-Graves (cf. ferner H. Smith: »Do Drugs Have Religious Import?«, *The Journal of Philosophy* 1964, S. 518) aufgrund

der Forschungen Wassons behauptet, jedoch nicht sehr plausibel gemacht. Überliefert ist, daß Kirke irgendwelche »betörenden Säfte« in den *kykeon* aus geriebenem Käse, Mehl, Honig und pramnischem Wein mischte, so daß die Mannen des Odysseus der Heimat vergaßen und sich in Schweine verwandelten. Cf. Hopfner, a.a.O., Bd. I, § 464. In der späteren Literatur heißt es bisweilen, daß unter anderem Mohn, Minze, Raute (cf. Anm. 76) und Koriander in den *kykeon* gemischt wurden. Cf. A. Delatte: *Le cycéon*, Paris 1955, S. 716, ferner W. Schmidbauer: »Halluzinogene in Eleusis?«, in *Drogenabhängigkeit*, München 1972, S. 132 f., 139 f. Die Minze, nach Minthe, einer Geliebten des Hades genannt (cf. J. Murr: »Die geographischen und mythologischen Namen der altgriechischen Welt in ihrer Verwertung für antike Pflanzengeographie«, *Programme des k. k. Ober-Gymnasiums der Franciscaner zu Hall*, 1890, S. 30) wurde bereits in alten Zeiten als Droge verwendet. Sie enthält ein Glykosid und ein weinähnlich duftendes ätherisches Öl, dem »nicht selten tödlich verlaufende Vergiftungen zur Last gelegt werden« und das eine »zentrale, narkoseartige Lähmung« hervorrufen kann. Cf. Gessner / Orzechowski, a.a.O., S. 299 f. Möglicherweise hat dieses *Oleum pulegii* auch ›halluzinogene‹ Wirkungen. Cf. K. Kerényi: »Voraussetzungen der Einweihung in Eleusis«, in *Initiation*, Leiden 1965, S. 63 f. Ob der Mohn, der mitunter dem *kykeon* beigemischt wurde, auf Opium hindeutet (cf. etwa A. Hayter: *Opium and the Romantic Imagination*, London 1968, S. 20), ist meines Erachtens nicht gesichert. Zwar wird Demeter sehr oft mit Mohnattributen dargestellt, doch die betreffenden Mohnkapseln weisen keine Opium-Einritzungen auf, wie wir sie von Kreta her kennen. Nikander berichtet davon, daß Demeter einst einen Knaben in eine Eidechse verwandelt habe, aber Opium dürfte sich kaum für eine Verwandlungsdroge eignen. Mit größerer Gewißheit kann man hingegen vermuten, daß in jenen kretischen Mysterien, aus denen sich wohl die Eleusinien entwickelten, bewußtseinsverändernde Drogen eine Rolle spielten. K. Kerényi (*Dionysos*, a.a.O., S. 56) meint, daß in den kretischen Kulthöhlen in einem Schlauch oder einem Ledersack ein Rauschtrunk aus Honig hergestellt worden sei. Opium scheint schon in frühen Zeiten in Anatolien und im Zweistromland gewonnen worden zu sein (cf. S. M. Kramer / M. Levy: »First Pharmacopeia in Man's Recorded History«, *American*

Journal of Pharmacy 1954, S. 76 ff.), und wenn man es im alten Ägypten verwendete (cf. A.-P. Leca: *La médecine égyptienne au temps des pharaons*, Paris 1971, S. 436 f.), so ist es wohl aus Zypern ins Niltal importiert worden. Cf. R. S. Merrillees: »Opium Trade in the Bronze Age Levant«, *Antiquity* 1962, S. 290 f. Die Vorfahren der Kreter haben das Opium anscheinend aus Kleinasien mitgebracht, und es wurde vermutlich schon recht frühzeitig in religiösen Kulten verwendet. Cf. G. Kritikos: »Der Mohn, das Opium und ihr Gebrauch im Spätminoikum III«, *Praktika tēs* Akadēmias Athēnon 1960, S. 71. Die Göttin von Gazi, die wohl in der Eileithyiahöhle bei Amnisos und vielleicht auch in Psychro im Lassithi verehrt wurde, trägt einen Stirnreif mit Schlafmohnkapseln, auf denen Opiumschnitte zu erkennen sind. Cf. Abb. 108 bei N. Platon: *Kreta*, Genf 1968. Hingegen läßt sich auf einer Großaufnahme des in der Burg von Mykenai von Schliemann aufgefundenen Siegelringes der ›Großen Göttin‹ (cf. Abb. 207 bei S. Marinatos: *Kreta und das mykenische Hellas*, München 1959) erkennen, daß es sich höchstwahrscheinlich nicht, wie Burkert (a.a.O., S. 80) meint, um Mohnkapseln, sondern eher um Samenkapseln der Wasserrose (*Nymphaea lotus*) handelt, deren ›halluzinogene‹ Eigenschaften umstritten sind. Cf. E. A. S. Butterworth: *Some Traces of the Pre-Olympian World in Greek Literature and Myth*, Berlin 1966, S. 175. Auch die etruskische ›Insel der Seligen‹ ist auf Abbildungen mit Mohnkapseln verziert. Cf. A. J. Pfiffig: *Religio etrusca*, Graz 1975, S. 169. Man hat gesagt, daß bereits der *Papaver setigerum*, der in den Pfahlbauten gefunden wurde (cf. G. Buschan: *Vorgeschichtliche Botanik*, Breslau 1895, S. 246 ff., E. v. Tröltsch: *Die Pfahlbauten des Bodenseegebietes*, Stuttgart 1902, S. 46 f., H. Reinerth: *Das Pfahldorf Sipplingen*, Leipzig 1932, S. 108 f.), und auch jene Mohnkörner, die man in deutschen Bandkeramiker-Siedlungen ausgrub (cf. K.-H. Knörzer: »Prähistorische Mohnsamen«, *Bonner Jahrbuch* 1971, S. 34, cf. auch E. Neuweiler: »Die Pflanzenwelt in der jüngern Stein- und Bronzezeit der Schweiz«, *Mitteilungen der Antiquarischen Gesellschaft in Zürich* 1924, S. 248), zur Gewinnung von Opium dienten, vor allem wohl deshalb, weil die Menschen jener Zeiten über Pflanzen verfügten, aus denen man viel leichter Öl gewinnen konnte als aus Mohnsamen. Cf. C. Hartwich: *Die menschlichen Genußmittel*, Leipzig 1911, S. 144 f. Allerdings behauptet J. M. Renfrew (*Paleoethnobotany*,

New York 1973, S. 162), daß die Samen von *Paper setigerum* kein Opium enthielten. Samen des opiumhaltigen *Papaver somniferum* wurden bei Ausgrabungen in südenglischen Siedlungen gefunden. Cf. H. Helbaek: »Early Crops in Southern England«, *Proceedings of the Prehistoric Society* 1952, S. 222. Auch das berühmte *nepenthes* der Helena, welches die Sorgen vertrieb, ist für Opium gehalten worden (cf. O. Schmiedeberg: *Über die Pharmaka in der Ilias und Odyssee,* Straßburg 1918, S. 9), nachdem man seine Deutung als Bilsenkraut verworfen hatte. Cf. L. Lewin: *Phantastica*, Berlin 1924, S. 127, W. A. Emboden: »Ritual Use of Cannabis sativa L.«, in *Flesh of the Gods*, London 1972, S. 218 f. Cf. allerdings auch F. Buffière: *Les mythes d'Homère et la pensée grecque*, Paris 1956, S. 327 f.

92 Cf. A. Körte: »Zu den eleusinischen Mysterien«, *Archiv für Religionswissenschaft* 1915, S. 122.

93 Nach W. v. Uxkull (*Die Eleusinischen Mysterien*, Büdingen 1957, S. 68 f.) zeigte man den Mysten eine Zirbelnuß, die sie angeblich an die Zirbeldrüse, das »dritte Auge des Zyklopen«, erinnern sollte, mit deren Hilfe man die Trennwände zwischen den Menschen und die Entfernungen zwischen ihnen zunichte machen konnte. »Der Hierophant gab den Mysten die Meditationsübungen an, die zur Entwicklung dieser Fähigkeit führen.«

94 In der Wahrnehmung der To Bada' auf Celebes sind Bäume und Sträucher die Behaarung der Erdmutter, und man läßt bei Brandrodungen stets einen Baum stehen, wie man auch bei der Rasur des Kopfes immer ein Haarbüschelchen stehen läßt. Cf. J. Woensdregt: »De landbouw bij de To Bada' in Midden-Selebes«, *Tijdschrift voor Indische Taal-, Land- en Volkenkunde* 1928, S. 164 f.

95 Cf. I. Hori: »Mountains and Their Importance For the Idea of the Other World in Japanese Folk Religion«, *History of Religions* 1969, S. 19 f. »As we trudged up the mountain-side through the cedar forest, we were all embryos in the womb of the mother mountain.« (C. Blacker: »Initiation in the Shugendō«, in *Initiation*, Leiden 1965, S. 108.)

96 Cf. Byloff, a.a.O., S. 55. Dies übrigens nicht, weil man etwa glaubte, sie sei eine Hexe gewesen, sondern weil sie in schlechtem Leumund stand. Der Name »Venusberg« ist seit dem 14. Jahrhundert bezeugt. Cf. W. Pabst: *Venus und die mißverstandene Dido*, Hamburg 1955, S. 99. Nach anderen Autoren taucht die Bezeichnung

zum erstenmal in einer Schrift Johannes Nyders aus dem Jahre 1411 auf. Cf. Moser, a.a.O., S. 108.

97 Vielfach machten auch fahrende Schüler und von den Universitäten gefeuerte Studenten dem Landvolk weis, sie kämen directement aus dem Venusberg. Cf. R. Reuss: *La sorcellerie au 16ième et au 17ième siècle, particulièrement en Alsace*, Paris 1871, S. 146.

98 Cf. D. D. R. Owen: *The Vision of Hell*, Edinburgh 1970, S. 215. Diese lustbetonten Aspekte scheinen im allgemeinen weniger germanischen als keltischen Ursprungs zu sein. Cf. O. Löhmann: »Die Entstehung der Tannhäusersage«, *Fabula* 1960, S. 238. Auch während der Herrschaft der christlichen Ideologie haben sich christianisierte Versionen solcher ›Berggänge‹ gehalten, die allerdings meist mehr an das Trophoniusorakel erinnern als an Fahrten in den mütterlichen Schoß der Erde. Im Augustinerkloster Lough Derg in der irischen Grafschaft Donegal mußte man sich einst zunächst sieben Tage lang reinigen, indem man fastete, um am achten Tag eine Zelle zu betreten, in der man sich in einen engen Sarg legte. Am neunten Tag erhielt man die letzte Segnung und wurde sodann in eine Höhle, das sogenannte »Fegefeuer des St. Patrick« geführt, in deren Tiefe man einen Tag verblieb, und manchmal sogar für immer. Ein Louis Ennius berichtet auf folgende Weise von seinem Besuch dieses Purgatoriums: »Hardly had I taken up this position that frightful howls were heard and from all sides terrible monsters rose up out of the earth. They seemed to be under the command of a black man whose head and feet were those of a goat, beating his enormous bat's wings exactly as one sees Satan depicted by painters ... Then I felt myself carried as if by a great wind across freezing clouds of fog into an immense and gloomy plain, black as a burnt-out forest. It seemed to me as if I were flying at some considerable height over this desolate plain and thus I was able to contemplate the most terrible of scenes. A host of men and women of every condition peopled this plain. All these wretches were being submitted to all kinds of torture, the forms varying according to the crimes they had committed in their lifetime. Some were chained face-downwards to the earth, their bodies studded with huge red-hot nails which demons were driving with hammers. Others were being eaten away by lizards und serpents.« (Zit. n. N. Mackenzie: *Dreams and Dreaming*, London 1965, S. 69 f.). Ein anderer Autor

beschreibt den Gang in die Höhle folgendermaßen: Der Pilger geht zunächst zum Bischof der Diözese, der ihn warnt und ihm die Schrecken ausmalt, die auf ihn warten. Dann erhält er, falls er sich nicht von seinem Vorhaben abbringen läßt, ein Empfehlungsschreiben an den Prior des Klosters Lough Derg. Auch dieser Prior warnt den Pilger noch einmal eindringlich, seinen Plan aufzugeben, worauf der letztere fünfzehn Tage lang fasten und beten muß. Nach der Heiligen Kommunion wird er unter dem Verlesen langer Litaneien zum Eingang des ›Fegefeuers‹ geführt, und ein allerletztes Mal versuchen die Mönche, ihn zur Umkehr zu bewegen. Schließlich darf er die Höhle betreten, und das Höhlentor wird hinter ihm verschlossen. Wenn er nach einem Tag nicht wieder am Eingang steht, schließt sich für den Pilger die Tür für immer und sein Name wird nie mehr erwähnt. Cf. Evans Wentz, a.a.O., S. 233 f. Nach Ansicht Wentz' war dieses Purgatorium wohl der christianisierte unterirdische Aufenthaltsort der Feen, die *Tuatha De Danann* oder *sidhe* hießen. (a.a.O., S. 210 f.)

99 Cf. A. Rüegg: *Die Jenseitsvorstellungen vor Dante*, Bd. I, Einsiedeln 1945, S. 319. Manche Elfen oder Feen scheinen weniger an längeren Beziehungen, sondern eher an kurzen Liebschaften interessiert gewesen zu sein, also an dem, was heute einige Feministinnen »Spontan-Fick« genannt haben. Gerbert beispielsweise, der auf solch heftige Weise in eine Reimser Kokotte verknallt ist, daß er die Wissenschaft sein läßt und zum Penner wird, trifft zu mittäglicher Stunde im Wald die Meridiana, ein Weib von unerhörter Schönheit, das ihm versichert, es sei kein Succubus, was er schon daran sehen könne, daß sie keine Sicherheit, sondern lediglich seine Liebe wolle. Cf. F. v. Bezold: *Das Fortleben der antiken Götter im mittelalterlichen Humanismus,* Bonn 1922, S. 73.

100 Cf. H. Zimmer: *Abenteuer und Fahrten der Seele*, Zürich 1961, S. 93 f.

101 Cf. A. C. Winter: »Birkenverehrung bei den Jakuten«, *Archiv für Religionswissenschaft* 1899, S. 42 f. Bei anderen sibirischen Völkern heißt es mitunter, die Wiege des Schamanen-Stammvaters habe unter einer Birke gestanden, und Birkensaft sei ihm in den Mund getropft.

102 Daß solche Bäume und ihre Unsterblichkeits- und Weisheitstränke von Riesinnen (wie bei den Germanen) oder von Gandhar-

ven (wie in den Veden) bewacht werden, deutet wohl auf ihren vorindogermanischen Ursprung hin.

103 Einen solchen Punkt suchen auch noch die modernen mythischen Gestalten, etwa die Reisenden Jules Vernes. So heißt es beispielsweise in einem Dialog über den Pol: »Was er besonderes hat, mein lieber Johnson? Er ist der einzige Punkt des Globus, der unbeweglich bleibt, während alle übrigen sich mit äußerster Geschwindigkeit im Kreise drehen.« (Zit. n. H. Harth: »Literatur im Dienste des Fortschritts?«, in *Die Literatur und die Wissenschaften*, Hamburg 1976, S. 39 f.).

104 Wie über der Insel der Kalypso die Sonne niemals untergeht, so scheint auch ewige Sonne über dem Berg Lykaios, wo sich Männer in Wölfe verwandeln. Zu Beginn des 18. Jahrhunderts noch sagt ein Zeuge in einem ungarischen Hexenprozeß aus, ein *táltos* habe ihm erklärt, »auf dem hohen Baum, den er gewiß kenne, scheine auch nachts die Sonne. Dorthin werde er hinaufsteigen und den Richter in einen Hund verzaubern.« (V. Diószegi: »Die Überreste des Schamanismus in der ungarischen Volkskultur«, *Acta Ethnographica* 1958, S. 121, cf. auch B. Gunda: »Totemistische Spuren in der ungarischen *táltos*-Überlieferung«, in *Glaubenswelt und Folklore der sibirischen Völker*, Budapest 1963, S. 46.

105 Cf. U. Holmberg: *Der Baum des Lebens*, Helsinki 1923, S. 58 f. Cf. auch G. Buddruss: »Zur Mythologie der Prasun-Kafiren«, *Paideuma* 1960, S. 205 f. Auch die »Mutter des *yajé*« gibt dem indianischen Schamanen Milch aus ihren Brüsten zu trinken. Cf. Chaves, a.a.O., S. 131. In einem um das Jahr 1000 in Reichenau verfaßten Evangeliar befindet sich eine Illustration, auf der sich ein Jüngling – vermutlich Jesus – einem derartigen Baum zwischen Sonne und Mond nähert. Aus der Wurzel des Baumes lugt eine Frau mit entblößten Brüsten hervor, die bis zur Gürtellinie sichtbar ist. L.-I. Ringbom (*Graltempel und Paradies*, Stockholm 1951, S. 498 f.) meint, daß dieses Bild aus dem Iran stamme. Auf ähnliche Weise kommen auch die Nut oder die Hathor aus der Sykomore (*Ficus sycomorus*) zum Vorschein und bieten die Brust zum Trank. Aus dem Holz dieses Baumes wurden auch die ›mütterlichen‹ Mumiensärge hergestellt. Cf. W. Grandjot: *Reiseführer durch das Pflanzenreich der Mittelmeerländer*, Bonn 1962, S. 79. In seinen Zweigen saßen auch einstmals die ägyptischen Totenseelen. Die mesopotamische »Gött-

liche Herrin von Eden« hieß Tintir-kî, ein Name, der mit »Ort des Lebensbaumes« übersetzt wird. Cf. G. d'Alviella: *The Migration of Symbols*, New York 1894, S. 153. Was für ein Baum der biblische Paradiesbaum gewesen ist, ist nicht leicht zu entscheiden. Da er offensichtlich aphrodisische Wirkungen hatte, darf man wohl weniger an den von Wasson unter die Historiker gebrachten Fliegenpilz (cf. C. Lévi-Strauss: »Les champignons dans la culture«, *L'Homme* 1970, S. 12) als möglicherweise an die semitischen »Liebesäpfel«, die *tuphac el sheitan*, die »Teufelsäpfel« der Mandragora, denken (cf. H. Gressmann: »Mythische Reste in der Paradieserzählung«, *Archiv für Religionswissenschaft* 1907, S. 354 f.) oder an die Früchte irgendeines anderen Nachtschattengewächses. Früher wurde der Begriff »Apfel« zur Bezeichnung runder Früchte jeglicher Art verwendet. Cf. S. Golowin: *Die Magie der verbotenen Märchen*, Hamburg 1974, S. 144 f. So hießen etwa im Grenzwald zwischen Böhmen und Mähren die Mohnkapseln, aber auch die moosartigen Auswüchse am wilden Rosenstrauch »Schlafäpfel«. Cf. P. Piger: »Zaubermittel aus der Iglauer Sprachinsel«, *Zeitschrift für österreichische Volkskunde* 1897, S. 271, 273. Die süßlich schmeckenden Früchte der *Mandragora vernalis* sind etwa pflaumengroß und sehen ähnlich aus wie Äpfel, weshalb sie auch von Plinius *mala* genannt wurden. Cf. C. J. S. Thompson: *The Mystic Mandrake*, London 1934, S. 23. Ob sich allerdings hinter der *dûdâ'im* der Septuaginta Mandragora verbirgt, ist umstritten, und gleiches gilt auch für die Pflanzen *dedmet* und *djdj* der alten Ägypter. Cf. W. R. Dawson: »The Substance Called *Didi* by the Egyptians«, *Journal of the Royal Asiatic Society* 1927, S. 497 ff. Am Karmel hieß die *Mandragora officinalis* »Betäubungapfel«, *tuffāh emǵen*. Cf. I. Löw: *Die Flora der Juden*, Bd. III, Leipzig 1924, S. 355.

106 Cf. Holmberg, a.a.O., S. 80.

107 Cf. Holmberg, a.a.O., S. 28 und J. Partanen: »A Description of Buriat Shamanism«, *Suomalais-Ugrilaisen Seuran Aikakauskirja* 1941, S. 17 f. In Neuguinea führt der Schamane (*tawak amine*) die Initianden zu dem Lineage-Baum *kombu*, den sie gemeinsam erklettern. In seinem Wipfel rauchen sie lange Zigarren aus Pandanusblättern und einem Geschabsel aus Opossumknochen *(datndap kwatan)*, und der Schamane hält den jungen Leuten dabei die Körperöffnungen zu, damit der Rauch nicht entweichen kann. Bald darauf geraten die

Initianden in Trance und der *datndap*-Geist kommt über sie. Cf. C. A. Schmitz: *Beiträge zur Ethnographie des Wantoat Tales*, Köln 1960, S. 163. Dem *abasy-oibono,* dem »Geisterloch« entsprach das »Rauchloch der Erde«, die Öffnung der Unterwelt der Tatarenstämme aus dem Altai, durch welche der Schamane als Tauchervogel hinabstieß. An den Gewändern jakutischer Schamanen symbolisierte eine durchlöcherte Eisenplatte diesen Einstieg. Cf. U. Harva: *Die religiösen Vorstellungen der altaischen Völker*, Helsinki 1938, S. 26, 518, 551. Die tschuktschischen Schamanen flogen auf Adlern oder Donnervögeln durch verschiedene Welten, die durch Öffnungen miteinander verbunden waren, die alle unter dem Polarstern lagen, so daß die Weltenachse durch sie hindurchführte. Cf. W. Bogoras: »The Folklore of Northeastern Asia«, *American Anthropologist* 1902, S. 590, ders.: *The Chukchee*, New York 1904, S. 331. Ähnliche Konzeptionen findet man auch bei Indianervölkern. Einige Maya glaubten, daß sich über der Erde sieben Himmelsschichten erstreckten, in denen senkrecht übereinander Löcher klafften, durch welche ein Ceiba-Baum die Erde mit dem Zenith verband. Von diesem Baum bezogen die ersten Menschen ihre Nahrung, und auf Darstellungen sitzen die Cha-aks, die Fruchtbarkeitsgötter, in seinen Ästen. Die Toten kletterten seinen Stamm hoch, bis sie schließlich zu El Gran Dios gelangten, und einstmals wird wohl auch der Schamane denselben Weg genommen haben. Cf. A. M. Tozzer: *A Comparative Study of the Mayas and Lacandones*, New York 1907, S. 154 bzw. W. Cordan: *Götter und Göttertiere der Maya*, Bern 1963, S. 87, ferner auch N. Fock: *Waiwai*, Kopenhagen 1963, S. 101. Die vier Bacabs errichteten in der Urzeit vier *Imix*-Bäume, einen in jeder Himmelsrichtung, die den Himmel stützten. In der Mitte plazierten sie einen fünften Baum, den »grünen Baum des Überflusses«. Cf. R. L. Roys: *The Book of Chilam Balam of Chumayel*, Washington 1933, S. 100. Ein derartiger Baum soll sich einst im yucatekischen Valladolid erhoben haben, einer Stadt, die an der Stelle des früheren religiösen Zentrums Saci angelegt worden war, und bezeichnenderweise ging von hier auch in den Jahren 1533 und 1543 der Aufstand aus, den die Cupul gegen die spanischen Konquistadoren schürten. Cf. R. S. Chamberlain: *The Conquest and Colonization of Yucatán*, Washington 1948, S. 239. Auch im letzten Maya-Refugium Tayasal erhob sich noch gegen Ende des 17. Jahrhunderts »der erste Baum der Welt« in Form eines Steinkreuzes. Cf. A. M. Tozzer: *Chichen Itzá and His Cenote of Sacrifice*, Cambridge 1957, S. 109, J. E.S. Thompson: »The Itzá of Tayasal«, in *Homenaje al Doctor Alfonso Caso*, México 1951, S. 392. *Imix yaxche*, der rote Ceiba des Überflusses – wohl nicht der in Asien heimische *Bombax ceiba*, der bei den Mnong Gar im vietnamesischen Hochland als Büffelopferpfahl dient (cf. G. Condominas: *Wir aßen den Wald des Geistersteins Gôo*, Frankfurt/M. 1969, S. 95, 98, 309 f.), sondern der Baumwollbaum *Ceiba pentandra*, der auch im Sudan als Weltenachse gilt (cf. V. Pâques: *L'arbre cosmique dans le pensée populaire et dans la vie quotidienne du nord-ouest africain*, Paris 1964, S. 60) –, der in der Trockenzeit blattlos, aber von blutroten Knospen und Blüten übersät ist, die gen Himmel weisen und die sich erst senken, wenn sie absterben, worauf in kürzester Zeit der Erdboden mit einem roten Teppich, dem Blutopfer des Baumes, bedeckt ist (cf. E. P. Dieseldorff: *Kunst und Religion der Mayavölker*, Bd. III, Hamburg 1933, S. 32), wurde schon frühzeitig als Kreuz stilisiert und hat als solches über die Zeiten hinweg vieles von seiner ursprünglichen Bedeutung bewahrt. Gegen Ende des Jahres 1850 führte ein José Maria Barrera seine aufständischen Maya-Krieger zu einem Cenote, einem natürlichen Brunnen mitten im Urwald. Dieser Cenote hieß Chan Santa Cruz, »Kleines Heiliges Kreuz«, und dort fanden die Indianer auch ein kleines Mahagoni-Kreuz in einer Grotte, das ihrem religiösen Führer, Manuel Nauat, »de quien se dice que era ventrilocuo« (E. Ancona: *Historia de Yucatán*, Bd. IV, Barcelona 1889, S. 305) – wohl einem geistigen Nachfahren jener schamanenhaften *chilanes* (»Mundstücke der Erde«), die heute *ahmen* heißen, und die schon immer populär waren, weil sie die Interessen des Volkes gegen den Adel vertraten – verkündete, sie sollten gegen den Feind, die »blanca gente« weiterkämpfen. Cf. N. Reed: *The Caste War of Yucatán*, Stanford 1964, S. 135 f. Diesen Hinweis verdanke ich Gisela Heese. Auf Grund neuaufgefundener Manuskripte ist es allerdings zweifelhaft, ob dieser Führer Nauat war, oder nicht eher Juan de la Cruz Puc, die »Verkörperung Jesu« (cf. G. D. Jones: »Revolution and Continuity in Santa Cruz Maya Society«, *American Ethnologist* 1974, S. 668), der von sich behauptete, den Himmel betreten und mit Gott parliert zu haben. Dieser Mann sprach von sich selber als »Ich Unser Herr Jesus Christus vom Heiligen Kreuz«

und war gleichzeitig der erste »Hohepriester« des ehemaligen Weltenbaumes. Cf. F. V. Scholes / R. L. Roys: *The Maya Chontal Indians of Acalan-Tixchel*, Washington 1948, S. 347. Noch heute fungiert das Caoba-Kreuz als Verbindung zwischen Gott und den Menschen, allerdings vermittelt durch Jesus, der Johannes vom Kreuz genannt wird. Cf. A. Villa Rojas: *The Maya of East Central Quintana Roo*, Washington 1945, S. 21 f., 97. Auch die Mixe-Schamanen hören heute noch die »Stimme der Erde« durch Baumkreuze (cf. S. Hoogshagen: »A Sketch of the Earth's Supernatural Functions in Coatlan Mixe«, in *Summa antropologica en homenaje a Roberto J. Weitlaner*, México 1966, S. 314.) In Mexiko begegnet einem auch »Unser Herr vom Baum«, ein hölzerner Jesus, dessen Kopf die Krone eines Baumes ist, dessen Arme in Äste auslaufen (Cf. die Abb. auf S. 170 bei E. Wolf: *Sons of the Shaking Earth*, Chicago 1969), und der an den hochmittelalterlichen Jesus als Lebensbaum erinnert. Cf. R. Bauerreiß: *Arbor Vitae*, München 1938, S. 14. Einige Spezialisten, wie z. B. A. K. Bennett (»La cruz parlante«, *Estudios de cultura Maya* 1970, S. 235) behaupten, das Symbol des Kreuzes sei im wesentlichen ein christliches, was füglich bezweifelt werden darf. Bereits Francisco Hernandez de Cordoba, der im Jahre 1517 (offiziell) Yucatán entdeckte, sah in Campeche »Señales como à manera de cruces« (zit. n. F. D. López de Cogolludo: *Los tres siglos de la dominación española en Yucatán*, Bd. I, Campeche 1842, S. 5, cf. B. Diaz del Castillo: *Wahrhafte Geschichte der Entdeckung und Eroberung von Neuspanien,* Stuttgart 1965, S. 29.) Auch die Spanier trugen das Kreuz, und die Überraschung war auf beiden Seiten groß, zumal in Yucatán die Prophezeiung kursierte, eines Tages würde Kukulcan zurückkehren, und zwar eben aus der Richtung, aus welcher die spanischen Karavellen kamen. So sahen die Maya in den spanischen Kreuzen nichts anderes als den konventionalisierten *imix*-Baum. Cf. R. L. Roys: *The Indian Background of Colonial Yucatán*, Washington 1943, S. 77. Es gab überdies noch eine weitere Prophezeiung, nach welcher irgendwann einmal ein fremdes Volk kommen sollte, das den Indianern von *einem* Gott und der »Macht des Baumes«, des *uahom che*, predigen würde, eine Prophezeiung, die flugs von den Franziskanern ausgenutzt wurde, indem sie diesen Baum als das Kreuz des Herrn interpretierten. Cf. Landa, a.a.O., S. 42 f. Nachkommende Konquistadoren fanden solche indianische

Kreuze insbesondere auf der Insel Cozumel, wo sich ein »sprechendes Heiligtum« der Maya befand (cf. J. L. Stephens: *Begebenheiten auf einer Reise in Yucatán*, Leipzig 1853, S. 358, J. E. S. Thompson: *Maya History and Religion*, Norman 1970, S. 189) und auch in Palenque. Cf. J. H. Caddy: »Description of the Ruins of Palenque«, in *The Walker-Caddy Expedition*, Norman 1967, S. 132, D. Charnay: *Ancient Cities of the New World*, London 1887, S. 214. Noch heute gibt es wahrsagende Kreuze in der Umgegend von Jacaltenango. Cf. O. La Farge / D. Byers: *The Year Bearer's People*, New Orleans 1931, S. 186. Diese Weltachsenbäume standen meist neben Cenotes, den Eingängen zur Unterwelt, die an der Stelle der Höhlen des Hochlandes getreten waren (cf. E. Z. Vogt: »Human Souls and Animal Spirits in Zinacantan«, in *Échanges et communications*, Bd. II, The Hague 1970, S. 1152 f., auch J. B. Johnson: »The Elements of Mazatec Witchcraft«, *Ethnological Studies* 1939, S. 140 f.). Der berühmteste solcher Schlünde ist der Heilige Cenote von Chichen Itzá, der Aufenthaltsort der Regengötter, in den einst vornehmlich Sklavinnen gestoßen wurden, die insbesondere dann, wenn die Maisfelder zu verdorren drohten, die Götter um Rat bitten sollten. Tauchten diese Sklavinnen tot wieder auf, so hatten die Indianer eine unmißverständliche Antwort. Eines der jungen Mädchen, das man auf diese Weise höchstwahrscheinlich ums Leben gebracht hätte und das man bat, die Götter drunten um Mais zu bitten, erwiderte, sie würde den Regengöttern einen Dreck sagen. Aus Furcht, sich vor den Göttern zu blamieren, suchten sich die Priester ein anderes Opfer. Cf. Tozzer, a.a.O., S. 223. Man muß zwar die meist tödlich verlaufenden Orakel-Rituale von den eigentlichen Cenote-Opferungen unterscheiden (cf. K. Helfrich: *Menschenopfer und Tötungsrituale im Kult der Maya*, Berlin 1973, S. 35), doch läßt sich zumindest die Frage aufwerfen, ob nicht ursprünglich hinter allen Menschenopfern die Auffassung stand, daß nur auf diese Weise eine Verbindung zu den in der Tiefe hausenden Regengöttern, die meist als kieferlose, schlangenartige Ungeheuer dargestellt wurden, aus deren Kopf Lotos oder Mais sprießen (cf. F. Anders: *Das Pantheon der Maya*, Graz 1963, S. 167), hergestellt werden konnte, indem man nämlich Abgesandte durch den Cenote in die Unterwelt schickte. Dann wären die Opferungen so etwas Ähnliches wie zum bitteren Ende gedachte schamanistische Jenseitsreisen gewesen, die man nur einmal machte. Später wurden die Opfer an stilisierte Weltachsen, eben an Holzkreuze gebunden oder genagelt, und man riß ihnen das Herz heraus. Solche Menschen nannte man »Kinder Gottes« oder »Kinder Jesu«. Cf. D. E. Thompson: »Maya Paganism and Christianity« in *Publications of the Middle American Research Institute* 1954, S. 16. Noch heute wacht übrigens ein grün gekleidetes Kreuz bei den Tzotzil-Indianern über die Reise der Toten ins Jenseits. Cf. C. Guiteras-Holmes: *Perils of the Soul*, New York 1961, S. 294. Es hat auch den Anschein, daß die Indianer sich nach christlichem Vorbild, aber auch beeinflußt von alten Traditionen, einen eigenen Jesus schaffen wollten. Cf. D. E. Thompson, a.a.O., S. 20. In Bacalar gab es einen ›Orakelkult‹ um ein großes Holzkreuz, dem noch im Jahre 1859 Menschen, und zwar vornehmlich Frauen geopfert wurden. Cf. T. W. G. Gann: *The Maya Indians of Southern Yucatán and Northern British Honduras*, Washington 1918, S. 41 f., cf. auch F. V. Scholes / E. B. Adams: *Don Diego Quichada*, Bd. I., México 1938, S. 152. Da die Maya sich auch sonst während des Krieges gegen die Weißen zur Mitte des vorigen Jahrhunderts auf alte Überlieferungen, etwa auf die des Chilam Balam beriefen (cf. etwa C. B. Heller: *Reisen in Mexiko*, Leipzig 1853, S. 286, 293), ist also kaum von der Hand zu weisen, daß auch das Symbol und die Inspirationsquelle des Widerstandes, das »sprechende Kreuz« der Nauat und Juan de la Cruz, ein direkter Nachfahre der alten Verbindung zwischen den Welten, des Weltenbaumes, war. Die Dörfer der Maya stellen noch in heutiger Zeit ein *imago mundi* mit Kreuzen an jeder der vier Ecken und einem fünften in der Mitte am Cenote dar. Cf. R. Redfield: *The Folk Culture of Yucatán*, Chicago 1941, S. 119; zu den Kreuzen inmitten der Maisernte cf. M. Nash: *Machine Age Maya*, Chicago 1967, S. 95, M. Oakes: *The Two Crosses of Todos Santos*, New York 1951, S. 234, ferner auch K. Jäcklein: *San Felipe Otlaltepec*, Göppingen 1970, S. 263. Diese Mitte ist *zuhuy*, »jungfräulich« wie die Mädchen, die einst an dieser Stelle in den Cenote gestoßen wurden, der sich am »Herz der Erde« *(yolcab)* befand, wie es im *Codex Dresden* heißt, und *zuhuy* waren auch die, welche an einem Pfosten aus Ceiba-Holz geopfert wurden. Diesem Zentrum, dem Cenote und dem Baum, der dort wuchs, war die Farbe grün-blau *(verde cielo)* zugeordnet (cf. J. E. S. Thompson: »Sky Bearers, Colors, and Directions in Maya and Mexican Religion«, in *Contributions to American Archaeology*, Washington 1934, S. 220), die Farbe des Neuen, Jungfräulichen, aber auch des Plötzlichen und Unerwarteten. Cf. O. Stoll: »Die Ethnologie der Indianer-Stämme von Guatemala«, *Internationales Archiv für Ethnographie* 1888, S. 36. Die neue Sonne wurde beispielsweise »grüne Sonne« genannt. Blau wurden die Menschen angemalt, die man im Cenote ertrinken ließ, mit blauer Farbe beschmierte man den Stein, auf welchen man denjenigen preßte, dem man das zuckende Herz herausriß, und die gleichermaßen unglücklichen Iguanas opferte man vielleicht auch nur wegen ihrer bläulichen Farbe. Cf. Landa, a.a.O., S. 117, K. A. Nowotny: *Beiträge zur Geschichte des Weltbildes*, Horn 1970, S. 165, E. Seler: *Altmexikanische Studien*, Berlin 1899, S. 72. Auch die Azteken sprachen vom »blauen Regen des Mittags«, der die Fruchtbarkeit aus Tlalocan mit sich brachte. Cf. C. A. Burland: *The Gods of Mexico*, London 1967, S. 138. Tlalocan lag wohl ursprünglich wie die Residenz der Regengötter der Maya in der Unterwelt und war durch Höhlen erreichbar. Cf. T. D. Sullivan: »Tlaloc«, in *Atti del XL Congresso Internazionale degli Americanisti*, Bd. II, Genova 1974, S. 216. Für »blau« und »grün« gibt es bekanntlich in sehr vielen Sprachen nur eine Bezeichnung (im Griechischen für »blau« und »schwarz«), eine Tatsache, die man allerdings nicht vorschnell zu einer These ausschlachten sollte, nach der die beiden Farben auch in der Wahrnehmung der betreffenden Völker nicht oder kaum differenziert werden können. Cf. M. H. Bornstein: »The Influence of Visual Perception on Culture«, *American Anthropologist* 1975, S. 786 und bereits F. Ratzel: *Völkerkunde*, Bd. I, Leipzig 1885, S. 26. O. Stoll (»Zur Psychologie der indianischen Hochlandsprachen von Guatemala«, *Jahresberichte der Geographisch-Ethnographischen Gesellschaft in Zürich*, 1912, S. 51 f., cf. auch ferner G. Koch: »Farbenindifferenz bei pazifischen Völkern«, in *Festschrift Alfred Bühler*, Basel 1965, S. 240 f.) hat darauf aufmerksam gemacht, daß das Meer im Bereich der Korallenriffe an der yucatekischen Küste hellgrün und weiter draußen kobaltblau und daß auch die Schwanzfedern des Quetzals je nach Lichteinfall grün und metallisch blau schimmerten. Gleiches scheint auch bei der Hautfarbe der Iguanas der Fall zu sein. Im übrigen wird der ›Baum der Mitte‹ auch heute noch als fruchtbarkeitsbringend angesehen. Junge Mädchen, so heißt es, sollen nicht mit seinen Früchten spielen, sonst würden ihre Brüste allzu üppig (cf. Redfield / Villa Rojas, a.a.O., S. 207), und wenn bei den Tzotzil in Chiapas ein Mädchen schwanger wird, aber auf überzeugende Weise jeglichen Beischlaf abstreitet, so glaubt man, die Schwangerschaft sei durch den Schatten des Baumkreuzes verursacht worden. Cf. Guiteras-Holmes, a.a.O., S. 102. Ob mit diesem ›Baum der Mitte‹ ursprünglich ein ›halluzinogener‹ Pilzkult verbunden war, ist im Augenblick noch nicht nachgewiesen. In Mexiko waren Pilze von der Gattung *Psilocybe* jedenfalls mit Tlaloc assoziiert, und damit, wie auch *Amanita muscaria* in Europa, mit dem fruchtbarkeitsspendenden Regen. Cf. R. G. Wasson: »Ololiuhqui and the Other Hallucinogens of Mexico«, in *Summa antropologica,* México 1966, S. 336, sowie R. Escalante / A. López: »Hongos sagrados de los Matlatzincas«, in *Atti del XL Congresso Internazionale degli Americanisti*, Bd. II, Genova 1974, S. 245. Während man früher geglaubt hatte, die Maya seinen ein Volk gewesen, dem der Gebrauch bewußtseinserweiternder Drogen ferngelegen hätte, hat man in jüngerer Zeit bei Lacandonen die rituelle Verwendung des Pilzes *Stropharia cubensis* beobachtet. Cf. P. T. Furst: »Comment«, a.a.O., S. 154. Nach A. J. Rubel (a.a.O., S. 159) schreibt M. Greene Robertson über eine Lacandonengruppe, daß *Psilocybe cubensis* und *Panaeolus venenosus* »are placed in the ritual bowls on small stone altars in ancient Maya *oratorios*. The purpose of their use ... is to contact the gods.« Ob dieser Pilzkult auf die alte Mayakultur oder auf mexikanische Einflüsse zurückgeht, ist umstritten. Bekanntlich fand man in San José Pinula und in Kaminaljuyú zoomorphe (Jaguar, Vögel) und anthropomorphe Pilzskulpturen aus grauem vulkanischem Gestein. Cf. S. F. de Borhegyi: »Miniature Mushroom Stones From Guatemala«, *American Antiquity* 1961, S. 498 f. In den Büchern von *Chilam Balam* findet sich eine Stelle, an der ein *chilan* auf dem Boden liegt und eine »verborgene Botschaft« aufnimmt. J. E. S. Thompson (a.a.O., S. 186) meint, daß dieser Mann »some narcotic« zu sich genommen habe, was sich indessen keineswegs aus dem Text selber ergibt. U. Köhler (»Mushrooms, Drugs, and Potters«, *American Antiquity* 1976, S. 147 f.), der die gewöhnliche Interpretation der Pilzsteine ablehnt, ist der Auffassung, daß eine »deification and worship of mushrooms (cannot) be derived from recent reports of ritual intoxication«. Nun ist es zwar richtig, daß *die Pilze selber* nicht vergöttlicht werden, aber so etwas wird man auch kaum behaupten wollen. Vielmehr sind solche ›halluzinogenen‹ Pilze für gewöhnlich ein Medium der Götter (cf. H. Munn: »The Mushrooms of Language«, in *Hallucinogens and Shamanism*, New York 1973, S. 97), und es ist leicht denkbar, daß sie deshalb mit Tier- und Menschengesichtern dargestellt wurden, denn *durch sie hindurch* zeigten sich ja die jenseitigen Wesen.

108 Cf. E. Emsheimer: »Schamanentrommel und Trommelbaum«, *Ethnos* 1946, S. 177. Im peruanischen Tiefland benutzen einige Schamanen *yajé* oder auch den Stechapfel, um »leicht« zu werden und auf einer Leiter oder einem Pfahl zum Land der *saankariite*, »der Unsichtbaren« zu klettern. Cf. G. Baer / W. W. Snell: »An Ayahuasca Ceremony Among the Matsigenka«, *Zeitschrift für Ethnologie* 1974, S. 70. Cf. auch A. Butt: »Réalité et idéal dans la pratique chamanique«, *L'Homme* 1962, S. 27 f., und T. Koch-Grünberg: *Vom Roroima zum Orinoko*, Bd. III, Stuttgart 1923, S. 213 f.

109 Cf. L. J. Sternberg: »Die Auserwählung im sibirischen Schamanismus«, *Zeitschrift für Missionskunde* 1935, S. 251.

110 Noch in dem mittelalterlichen *Raparius* rühmt sich der Held, in einem Sack am Baume hängend große Weisheit erworben zu haben. Cf. Stumpfl, a.a.O., S. 281. Auch Zeus wurde bekanntlich – zum Schutz gegen Kronos – an einen Baum gehängt. ›Schamanistisch‹ an Odin ist auch dessen ›bisexuelle‹ Komponente. Loki nennt ihn »unmännlich«, und Thor meint, er sei »weibisch«. Saxo erzählt, er sei bei bestimmten Gelegenheiten in Frauenkleidern herumgelaufen. Cf. R. L. Auld: »The Psychological and Mythic Unity of the God Odinn«, *Numen* 1976, S. 150.

111 Nach Orosius hängten die Kimbern nach ihrer siegreichen Schlacht gegen die Römer ihre Gefangenen an Bäumen auf, wobei es sich vermutlich um Odinsopfer handelte. Cf. R. v. Kienle: »Das Auftreten keltischer und germanischer Gottheiten zwischen Oberrhein und Limes«, *Archiv für Religionswissenschaft* 1938, S. 267. Zumindest wurden die Opfer an Odin für gewöhnlich gehenkt, weshalb der Gott auch Hangatýr, »Gott der Gehenkten« genannt wurde, oder sie wurden gespeert, was man auch bei alten ›im Bett‹ sterbenden Kriegern tat, um ihnen den schmachvollen »Strohtod« zu ersparen. Dies hieß »sich dem Odin merken lassen«. Cf. G. Schütte: *Dänisches Heidentum*, Heidelberg 1923, S. 123 f. Es kann

auch sein, daß Odin ursprünglich dem Gott Yggr geweiht wurde, mit dem er im Verlauf der Zeiten verschmolz (cf. W. Steller: »Zum Wodansglauben«, *Mitteilungen der Schlesischen Gesellschaft für Volkskunde* 1925, S. 105), was die Zeilen »Geweiht dem Odin, ich selbst mir selbst« verständlich machte. Später wurde Yggdrasill mit dem Kreuz Jesu verschmolzen, so etwa in einem Denkmal in Bewcastle, das aus dem siebten Jahrhundert stammen soll. Cf. A. Wünsche: *Die Sagen vom Lebensbaum und Lebenswasser*, Leipzig 1905, S. 55. Dies war um so leichter, da im Mittelalter das christliche Kreuz ja ohnehin nicht selten als Baum dargestellt wurde. Cf. F. J. Dölger: »Beiträge zur Geschichte des Kreuzzeichens«, *Jahrbuch für Antike und Christentum* 1967, S. 18 f., G. B. Ladner: »Pflanzensymbolik und Renaissancebegriff«, in *Zu Begriff und Problem der Renaissance*, Darmstadt 1969, S. 253 ff., L. Boyle: *Kurzer Führer durch die St. Clemens-Basilika in Rom*, Rom 1973, S. 29 f.

112 Cf. E. Neumann / H. Voigt: »Germanische Mythologie«, in *Götter und Mythen im alten Europa*, Stuttgart 1973, S. 96.

113 Cf. C. L. Wrenn: »Magic in an Anglo-Saxon Cemetery«, in *English and Medieval Studies*, London 1962, S. 318 f., K. Schneider: *Die germanischen Runennamen*, Meisenheim 1956, S. 278 f., ferner H. R. G. Davidson: »Scandinavian Mythology«, in *Ancient Cosmologies*, London 1975, S. 178.

114 Von *y*, dem letzten Buchstaben des Runenalphabets, wie von der Eibe heißt es in einem normannischen Merkvers: »Yr enthält alles«, die ganze Weisheit. Cf. N. Ninck: *Wodan und germanischer Schicksalsglaube*, Jena 1935, S. 306.

115 Selbst scheinbar völlig morsche und abgestorbene Eiben treiben oft noch neue Schüsse. Cf. W. Bartels: »Pflanzen in der englischen Folklore«, *Berichte der Realschule auf der Uhlenhorst* 1900, S. 21. Ihr Laub ist immerwährend. Weder der Nordwestwind *circius*, noch der Nordostwind *boreas* oder der Südostwind *chaurus* vermögen sie, wie es heißt, zu entblättern. Cf. E. v. Erhardt-Siebold: »Die lateinischen Rätsel der Angelsachsen«, *Anglistische Forschungen* 1925, S. 164. Alles dies wird dazu beigetragen haben, in der Eibe den Weltenbaum zu sehen, vor allem aber auch, daß der Baum angeblich bis zu dreitausend Jahre alt werden kann. Heute haben jedoch Raubbau, Bodenentwässerung und die Industrieabgase für ein *ragnarök* dieser *axis mundi* gesorgt.

116 Cf. Gessner / Orzechowski, a.a.O., S. 90 und Golowin, a.a.O., S. 24.

117 Man sagt, daß selbst Leute, die in einem Zimmer mit Eibenmöbeln geschlafen hätten, von starkem Unwohlsein geplagt worden seien. Früher verbrannte man auch Eibenholz, um mit dem Rauch die Mäuse zu vertreiben. Allerdings enthält das Holz weder Taxin noch die anderen Alkaloide wie Milossin und Ephedrin. Cf. P. Schauenburg / F. Paris: *Heilpflanzen*, München 1970, S. 39. Auch der rote, süßlich schmeckende Samenmantel, also das Fruchtfleisch ist ungiftig und wird mitunter von Holzfällern gegessen, so daß die Eibenbeeren, aus denen nach R. v. Ranke-Graves (*The White Goddess*, a.a.O., S. 194) die alten Iren unter Zusatz von weißer Nieswurz (cf. § 1, Anm. 7) und Teufelsbiß *(Helonias dioica)* ein Pfeilgift hergestellten, kaum zu der tödlichen Wirkung beigetragen haben können. *yr* hieß auch »Bogen«, und die griechischen Wörter *toxon*, »Bogen«, und *toxikon*, »Pfeilgift«, hängen ebenfalls mit dem Taxenbaum zusammen. Lange Eibenspeere gab es bereits im mittleren, Paläolithikum und unsere Vorfahren jagten mit ihnen den mittlerweile ausgestorbenen Waldelefanten. Cf. Müller-Karpe, a.a.O., S. 57. Noch im Schwäbischen hieß die Armbrust *aip* (cf. Kluge, a.a.O., S. 154). Der germanische Bogen *(ybogr)* war meist aus Eibenholz gefertigt, und die Gallier glaubten gar, daß ein bloßer Trunk aus Eibenholzbechern den Tod nach sich ziehe. Die Behausung Ullrs, des Totengottes und »Bogenmannes« *(bogmadr)*, des winterlichen Odins, der jährlich den sommerlichen vertrieb, hieß *Ydalir heita*, »Eibental«. Cf. E. Lemke: »Die Eibe in der Volkskunde«, *Zeitschrift des Vereins für Volkskunde* 1902, S. 192. Ihm entsprach der vedische Totengott Yama, der unter dem *soma* spendenden Weltenbaum verweilte. Auch bei den keltischen Völkern spielte die Eibe als numinoser Baum – bekanntlich verwendeten noch die Hexen in *Macbeth* Eibensaft zum Zaubertrunk – eine große Rolle. Cf. J. de Vries: *Keltische Religion*, Stuttgart 1961, S. 187 f., ferner T. G. E. Powell: *Die Kelten*, Köln 1959, S. 149. So heißt es:

»Willst zum Eibenforst Du gehn,
Sieh nicht Dich um, bleib nicht stehn,
Hüt den Fuß auch vor den Ringen,
Wo die Feen im Grase springen.«

Man erzählt sich, daß um die Mitte des vorigen Jahrhunderts im wallisischen Cyveillioc zwei Burschen, die unter einer Eibe schliefen, in die Gewalt der Feen gelangten. Cf. R. Neumann: »Aus Leben, Sage und Geschichte der Eibe«, *Abhandlungen zum Jahresbericht des Bautzner Gymnasiums*, 1908, S. 21. In Gedichten des Hochmittelalters werden die Heldinnen und Helden meist unter *ympe*-Bäumen, die oft mit Eiben identifiziert werden (cf. A. H. Krappe: *The Science of Folklore*, London 1930, S. 238), von Feen entführt und verfallen dem Wahnsinn. Cf. G. L. Kittredge: »Sir Orfeo«, *American Journal of Philology* 1886, S. 189 f. Im Hessischen lebten noch im 14. Jahrhundert »weiße Jungfern« in alten Eiben (cf. Lemke, a.a.O., S. 193), und man nennt die Eibe mancherorts auch noch in unserer Zeit »Wunderbaum«. Cf. M. Höfler: »Zum Sagenschatz des Isarwinkels«, *Zeitschrift des Vereins für Volkskunde* 1908, S. 182. Schnitt man die Eibe, die in bayerischen »Teufelsküchen« wuchs, an, dann sprühte sie Funken. Cf. E. H. Meyer, a.a.O., S. 173. In späterer Zeit galt die Eibe oft als hexen*abwehrend*. Cf. H. Appel: *Die Wechselbalgsage*, Berlin 1937, S. 19. Es hat den Anschein, daß die *pilbis*- oder *pilliwis*-, die Frau-Hollen-Bäume, in denen weissagende Frauen hausten (cf. W.-E. Peuckert: *Die große Wende*, Bd. I, Darmstadt 1966, S. 176), nicht selten Eiben waren. »Qui vestes suorum puerorum offerunt ad arbores vocatas pilbispawm, queritur quo, cum offerunt non Deo, sed malis spiritibus, ut circa eos volitent, ut dicunt«, heißt es im 15. Jahrhundert in der Schrift *De decem praeceptis* des Thomas Ebendorfer von Haselbach. In der Tradition dieser Baumhollen steht manchmal auch die Heilige Jungfrau, etwa die »Maria im Grünen«. Ein ähnlicher Baum wie der »pilbispawm« oder der *ympetree* wird auch der »*Arbor Fatalium*, gallice des Faées«, auch *Arbor Dominarum* genannt, gewesen sein, der unweit von Dompremi in der unmittelbaren Nachbarschaft einer Heilquelle stand. Jeanne d'Arc tanzte bisweilen tagsüber, aber manchmal auch nachts um diesen Baum herum, an dessen Zweige sie Kränze aus Blüten und Blättern hängte, und an diesem Zauberbaum sprachen auch erstmalig die heilige Katharine und die heilige Margaretha zu ihr. Cf. J. E. J. Quicherat: *Procès de condamnation et de réhabilitation de Jeanne d'Arc*, Bd. I, Paris 1841, S. 67 ff. und ferner H. Dietschy: »Der Maibaum von Domremy«, *Schweizer Volkskunde* 1936, S. 27 f. In jenen Zeiten traten die Feen oft als christliche Gestalten auf (cf. R. Schröder: *Glaube und Aberglaube in den altfranzösischen Dichtungen*, Erlangen 1886, S. 95), und überdies hat J. Huizinga (*Herbst des Mittelalters*, Stuttgart 1952, S. 177) darauf aufmerksam gemacht, daß die Heiligen sich erst im Fortgang des Prozesses in den Aussagen Jeannes als christliche Heilige profilierten, so daß es sein mag, daß die Jungfrau zunächst mit ausgesprochenen Feen in Verbindung stand. Auf die Frage, ob die Feen gute oder böse Geister seien, weigerte sich Jeanne, zu antworten. Cf. Quicherat, a.a.O., S. 178.

118 Cf. E. Magnússon: *Odins Horse Yggdrasil*, London 1895, S. 4 f.

119 Vermutlich gibt es auch Versionen, nach denen Odin geflogen ist. Darauf deutet auch sein Name *Arnhofdi*, »der Adlerköpfige«.

120 Cf. K. v. Spieß, a.a.O., S. 223. Mohammed benutzte zu ähnlichen Zwecken eine Leiter. Cf. J. R. Porter: »Muhammad's Journey to Heaven«, *Numen* 1974, S. 64 f. Vielleicht sind jene alten Dorfbäume, deren Äste man waagrecht zog, wie etwa die alte Linde im hessischen Billingen, zu derem ›ersten Stock‹ früher an der Kirmes eine Treppe gelegt wurde, im Ursprung ›Weltenbäume‹ gewesen. Im ersten Stock der Billinger Linde wurde getanzt, während im zweiten die Musikanten saßen. Cf. F. Mößinger: »Die Dorflinde als Weltbaum«, *Germanien* 1938, S. 388.

121 Cf. W. Schmidt: *Das Mutterrecht*, Mödling 1955, S. 42 ff. Cf. auch U. Harva: *Die religiösen Vorstellungen der Mordwinen*, Helsinki 1952, S. 140 f., ferner M. Eliade: *Occultism, Witchcraft and Cultural Fashions*, Chicago 1976, S. 35.

Anmerkungen zu § 4

1 Ein Kleidertausch zwischen Männern und Frauen fand auch beim Fest der cyprischen *barbata Venus* statt. Cf. A. Bertholet: »Weibliches Priestertum«, in *Beiträge zur Gesellungs- und Völkerwissenschaft*, Berlin 1950, S. 46 f.

2 Cf. H. Schnabel: *Kordax*, München 1910, S. 41 ff., 62. In Frauenkleidung erscheint oft auch Dionysos, der »Frauenmann«, der »weibische Fremdling« und »Gleichmacher«, den Plato *androgynos* nannte, da er beim Beischlaf sowohl den Penis benutzte als sich auch

anal beschlafen ließ. Dieser ungriechischste Gott, den die Griechen jemals hatten, wurde von den Orphikern als *protogonos* dargestellt, der sich mit einem langen Penis selber durch den After befruchtete. Cf. E. Bornemann: *Das Patriarchat*, Frankfurt/M. 1975, S. 285 f., etwas lyrischer dargestellt bei F. G. Junger: *Griechische Götter*, Frankfurt/M. 1943, S. 62. Von den römischen Bacchanalien heißt es, daß dort »die Weihe unter anderem im ›Erleiden‹ eines homosexuellen Aktes bestand.« (Burkert, a.a.O., S. 436). Bornemann (a.a.O., S. 287, 202) hat darauf hingewiesen, daß die griechische doppelgeschlechtliche Gottheit eine Schlagseite zum Männlichen hin hat: sie ist die »Wunschfigur des Päderasten«, der die Vagina häßlich (cf. dagegen allerdings. W. W. Hill: »The Status of the Hermaphrodite and Transvestite in Navaho Culture«, *American Anthropologist* 1935, S. 273 ff.), Penis, Busen und After hingegen schön findet. Auch die entkleideten Frauen auf den klassischen Vasen haben meist einen knabenhaften Körperbau mit kleinem Becken und schmaler Taille. Androgyne Statuetten findet man bereits in der Eiszeit, bei denen offenbar nach einem »aspect-switch« die Brüste zu Hoden und der Kopf zum Penis werden. Cf. R. Richter: »Paläolithische Sexualdarstellungen und ihre Bedeutung für die Geschichte der Sexualforschung«, *Quartär* 1953, S. 79. In vielen Fällen scheint der Dionysoskult den wesensverwandten Artemiskult verdrängt zu haben. Auch im dionysischen Kult ist der Phallus in der Hand der Mänaden. In Methymna durften die Männer nur am ersten Tag mitfeiern. Cf. W.-E. Peuckert: *Geheimkulte*, Heidelberg 1951, S. 238. Da die Klitoris in vielen Gesellschaften als eine Art Penis betrachtet wird, sie also ein männliches Element darstellt, wird sie oft dem Mädchen, das zur Voll-Frau wird, abgeschnitten. Analog wird bisweilen die Entfernung der Vorhaut damit begründet, daß sie eine Art Schamlippe sei. Cf. V. W. Turner: »Symbolization and Patterning in the Circumcision Rites of Two Bantuspeaking Societies«, in *Man in Africa*, London 1969, S. 236. Was bereits van Gennep als Hypothese formuliert hatte (cf. M. Gluckman: »Les rites de passage«, in *Essays on the Ritual of Social Relations*, Manchester 1962, S. 5), scheint sich vielfach mit dem Sinn zu decken, den manche Völker dieser Sitte von sich aus geben. »Solange es seine Vorhaut und seine Klitoris behält«, sagt beispielsweise der Dogon Ogotêmmeli über das Kind, »die Stützen des

Gegenprinzips am jeweiligen Geschlecht, sind Männlichkeit und Weiblichkeit noch gleich stark. Es ist also nicht richtig, den Unbeschnittenen mit einer Frau zu vergleichen, aber er ist wie das noch nicht exzisierte Mädchen zugleich männlich und weiblich. Die Klitoris des Mädchens ist also ein symbolischer Zwilling, ein männliches Hindernis, mit dem sie niemals zeugen könnte und das sie sogar daran hindert, sich mit einem Mann zu vereinigen ... (Dieser würde) ›gestochen‹ werden. Das Organ, das sich für seinesgleichen hält, würde ihm die Beiwohnung streitig machen.« M. Griaule: *Schwarze Genesis*, Freiburg 1970, S. 148 f., ferner G. Dieterlen: *Essai sur la religion bambara*, Paris 1951, S. 71, D. Zahan: »L'univers cosmobiologique de l'Africain«, in *Correspondences in Man and World*, Leiden 1975, S. 210. In einer ›männerbetonten‹ Gesellschaft *erlebt* für gewöhnlich der Mann die Lust, während die Frau sie *gewährt*. Man muß wohl kein ›Feminist‹ sein, um zu sehen, daß das Abschneiden dieses sensiblen und erektionsfähigen Organs, des »kützels der wohllust«, wie es früher bei uns genannt wurde, die Frau zum einen weitgehend sexuell vom Mann abhängig werden läßt und sie zum zweiten ebenso weitgehend zum Lust*spender* macht. Die Nandi sagen auch, daß dem »tollen Treiben« der gereiften Mädchen durch die Klitoridektomie ein Riegel vorgeschoben würde (cf. F. R. Lehmann: »Bemerkungen zu einer neuen Begründung der Beschneidung«, *Sociologus* 1957, S. 67), und die Nubier glauben, der Frau durch diese Operation ihre natürliche »Wildheit« zu nehmen (cf. J. G. Kennedy: »Circumcision and Excision in Egyptian Nubia«, *Man* 1970, S. 181), wie überhaupt in den arabischen Ländern die Neigung besteht, die Frauen als hemmungslos in ihren Begierden anzusehen. Cf. R. T. Antoun: »On the Modesty of Women in Arab Muslim Villages«, *American Anthropologist* 1968, S. 678 f. Bei den nordwestaustralischen Corroborees wird immer wieder die Rolle der Klitoris in der weiblichen Wollust hervorgehoben. Cf. R. Rohrlich-Leavitt/B. Sykes/E. Weatherford: »Aboriginal Woman«, in *Toward an Anthropology of Women*, New York 1975, S. 122. Befragungen von Sudanesinnen haben ergeben, daß 80% der beschnittenen Frauen, aber nur 7% der unbeschnittenen Frauen noch nie einen Orgasmus erlebt hatten. Cf. M. Janssen-Jurreit: *Sexismus: Über die Abtreibung der Frauenfrage*, München 1976, S. 549 f. Ein weiteres ist auch, daß die Beschneidung den ›Rest‹ des weiblichen bzw. des männlichen Blutes, das jeweils

»schlechte Blut«, aus den Initianden fließen läßt. Cf. A. Schäfer: »Zur Initiation im Wagi-Tal«, *Anthropos* 1938, S. 42 f., F. Herrmann: »Die Beschneidung«, in *Beiträge zur Völkerforschung*, Berlin 1961, S. 248, G. Höltker: »Die Knaben-Jugendweihe bei den Bosmun am unteren Ramu«, *Abhandlungen des Staatlichen Museums für Völkerkunde Dresden* 1975, S. 559. Bei den Bena-Bena im Hochland von Neuguinea, einer extrem frauenfeindlichen Gesellschaft, unterziehen sich auch die erwachsenen Männer immer wieder von Zeit zu Zeit einer solchen Prozedur. Cf. L. L. Langness: »Sexual Antagonism in the New Guinea Highlands«, *Oceania* 1966, S. 165. Die Ngulu sind der Auffassung, daß die Eichel durch die Circumcisio ihre Feuchtigkeit *(sika)* verliere, die als typisch weiblich gilt. Cf. T. O. Beidelman: »Notes on Boys' Initiation Among the Ngulu of East Africa«, *Man* 1965, S. 144. Hinter all diesen Gebräuchen scheint also die Konzeption zu stehen, daß Mann und Frau im Ursprung, in ihrem ›natürlichen‹ Zustand eines sind. Im Verlaufe der ›kulturellen‹ Differenzierung jedoch entfernen sie sich voneinander und trennen sich während der Initiation auch noch von den letzten Spuren des anderen Geschlechtes (Blut, Schamlippen, Klitoris, ›Vaginalsekrete‹), die ihnen anhaften.

3 Es ist bezeichnend, daß die Dionysien oft in einem Atemzug mit den Kronien genannt wurden. Cf. S. Luria: »Die Ersten werden die Letzten sein«, *Klio* 1929, S. 423.

4 Cf. Wolfram, a.a.O., S. 145 f., ferner R. Andree: *Braunschweiger Volkskunde*, Braunschweig 1901, S. 228. Von Männern, die das Treiben der Frauen bei den Thesmophorien in Kyrene beobachteten, heißt es, daß ihnen die Genitalien abgeschnitten wurden. Die Brechlerinnen im windischen Gailtal in Oberkärnten waren von den Männern sehr gefürchtet. Faßten sie einen Knecht oder einen Bauernsohn, dann wurde er festgehalten, mit Werg umwickelt und an einem gefällten Baumstamm »gehobelt«. In der Gegend von Feldkirch mußten sich die Männer auf den Boden legen, und die Brechlerinnen stiegen über sie hinweg. Das sogenannte »Bettlerhalsn« bestand darin, daß irgendein mehr oder weniger Ahnungsloser gefangen, umarmt, abgeküßt und mit Flachsspreu schmerzhaft eingerieben wurde, bis er ein Lösegeld zahlte. Noch rauher ging es beim »Hösln« zu, wo man dem gefangenen Mann gewaltsam die Hosen auszog, die man mit Spreu füllte, bis er – meist ohne

seine Beinkleider – das Weite suchte. Dergleichen mochte sich der liebe Gott – immerhin auch ein Mann – nicht mit ansehen, und er suchte während dieser Zeit ebenfalls das Weite, indem er kurzfristig ins Walische auswanderte. Cf. G. Graber: »Alte Gebräuche bei der Flachsernte in Kärnten«, *Zeitschrift für österreichische Volkskunde* 1911, S. 156 f., ferner K. Vilkuna: *Volkstümliche Arbeitsfeste in Finnland*, Helsinki 1963, S. 93 f., 87 f. Ein derartiges »Hobeln« scheint ein typischer Bestandteil vieler ›rites de passage‹ gewesen zu sein, denn es war auch bei der Initiation des Bacchanten oder Beanus (von frz. »bec jaune«, »Gelbschnabel«) an den mittelalterlichen Universitäten üblich. Solche »jungen Füchse« wurden von den älteren Studenten in den Hof der Hochschule geschleppt. Mit geschwärztem Gesicht, Hörnern und verlängerten Ohren, mit Schweinezähnen im Mund, die lediglich ein Grunzen zuließen, streckte man sie am Boden aus. Dann wurden sie »gehobelt«, indem man ihnen an den Genitalien herumfummelte. Dieses gefürchtete Ritual, eine Voraussetzung zum Baccalaureat, wurde zu Beginn des 18. Jahrhunderts allerorts abgeschafft. Cf. E. Reicke: *Magister und Scholaren*, Leipzig 1901, S. 90 f. Das zuvor genannte »ibrschteign« der Frauen über die Männer scheint eine Umkehrung der gängigen Beischlafstellung zu sein. Eine der feministischen Urmütter, Lilith, gleichzeitig eines der Urbilder der mittelalterlichen Succubae, wurde nicht zuletzt deshalb in die Wildnis gejagt, weil sie nicht nur beim Beischlaf *auf* dem Adam liegen wollte, sondern weil sie auch eine diesen Wunsch rechtfertigende Ideologie parat hatte: sie seien nun einmal beide aus Staub geschaffen und mithin gleich. Cf. R. Patai: *The Hebrew Goddess*, New York 1967, S. 210. Mit derartigen *liliths* waren wohl auch jene akkadischen »Dämoninnen der nächtlichen Samenergüsse« verwandt, die auf »Holzstücken« zu ihren Versammlungen flogen. Cf. C. Kiesewetter: *Geschichte des Occultismus*, Bd. II, Leipzig 1895, S. 432. Der sogenannte Stricker, ein Dichter im Hochmittelalter, bezeichnete als »Unholde« solche Weiber, die auf einem Kalb, Stecken oder Besen ritten, einen Mann »überschritten« und ihm Stroh in den Leib steckten (cf. Baesecke, a.a.O., S. 17), eine Sitte, die bekanntlich noch bis in jüngste Zeit von der Spinnstubenfrau während der Perhtennacht geübt wurde, die den faulen Dirnen den Bauch aufschnitt, um ihn mit Kehricht vollzustopfen. Wir haben erwähnt, daß der liebe Gott es vorzog, in der

Zeit der ›wilden Weiber‹ die Gegend zu verlassen. Solche Zeiten wurden auch im allgemeinen als heidnische gesehen. Wenn in Bulgarien die Rusalki oder Vilen – berauschend schöne Weiber mit Flügeln, die den antiken Sirenen ähnelten – zu Beginn des Frühlings ›los‹ waren, führten die Bauern wilde Wirbeltänze mit hohen Sprüngen auf. Wenn man während dieser Zeit betete oder sich auf christliche Weise bekreuzigte, wurde man das Opfer der »Rusalka-Krankheit«. Cf. B. A. Rybakov: »The Rusalii and the God Simargl-Pereplut«, *Soviet Anthropology and Archaeology* 1968, S. 42 f.

5 Wie zumindest mancher männliche Leser wissen wird, führten derartige Handgreiflichkeiten bisweilen zu den sogenannten »Bräutigamsschmerzen«. Daß ein derartiger Brauch vielleicht auch mit gewissen Verhaltensweisen der nachtfahrenden Weiber zusammenhängt, legt eine Geschichte aus dem 14. Jahrhundert nahe, in der eine alte Frau zu ihrem Pfarrer sagt: »Ihr müßtet mich sehr lieben, mein Herr, denn ich habe Euch das Leben gerettet. Mit den ›guten Damen‹ bin ich um Mitternacht mit Kerzen in Euer Haus gekommen. Ihr habt geschlafen und seid nackt gewesen. Nachdem ich Euch so gesehen hatte, habe ich Euch bekleidet, damit unsere Damen nicht Eure Nacktheit sahen, denn sonst hätten sie Euch zu Tode gegeißelt.« (Zit. n. Baroja, a.a.O., S. 88.)

6 W.-E. Peuckert: *Ehe*, Hamburg 1955, S. 51 f. Cf. auch A. Wrede: *Rheinische Volkskunde*, Leipzig 1922, S. 245 f., ferner H. E. Schneider: »Ostpreußischer Frauentanz«, *Niederdeutsche Zeitschrift für Volkskunde* 1940, S. 102 f., der beiläufig erwähnt, daß solche ekstatischen Tänze in den Pyrenäen heute noch »Hexentanz« genannt würden. Dem Flachs wurde in vielen Gegenden »in bedenklichen Stellungen«, wie der Volkskundler schreibt, die Vulva gezeigt. Bis um die Mitte des vorigen Jahrhunderts tanzten die wendischen Mädchen nackt auf dem Feld und sangen dabei:

»Flasken, Flasken Druse
Wachs bis an die Fuse
Bis an meine Titten,
Dann bliw sitten.«

Cf. H. Marzell: »Lein«, in *Handwörterbuch des deutschen Aberglaubens*, Bd. V, Berlin 1933, Sp. 1186 f. Bekannt sind die sogenannten »Weiberdonnerstage« – der Donnerstag war auch der Lieblingstag für den Hexenflug sowie für das Ausfahren der Benandanti (cf. Ginzburg, a.a.O., S. 36) –, an denen die Frauen sich auf Kosten der Männer auslebten. Cf. F. Woeste: »Spuren weiblicher Gottheiten in den Überlieferungen der Grafschaft Mark«, *Zeitschrift für deutsche Mythologie und Sittenkunde* 1853, S. 386. In einem Bericht über einen elsässischen »Weibertag« heißt es, die Frauen seien meistenteils »masquirt« auf dem Markt zusammengeströmt, und jeder Beck und Gastwirt habe ihnen einen Leib Brot und Wein, die Gemeinde zwölf Gulden geben müssen. »Daraus kauften sie einen großen Bock und zierten ihn; eines der Weiber zierte ihn mit Schellen. Dann zogen sie mit Musikanten uf den Meyerhof, da ihnen der Meyer Butter geben mußte. Sie aßen auf der Landstraße, backten Küchlein und die Reißenden mußten mit ihnen um den Bock tantzen. Die Männer durften sich nicht sehen lassen biß auf den Abend; sie übten allen Muthwillen und schmissen die Fenster ein. Es war den 24. Februar 1681.« (Zit. n. A. Becker, a.a.O., S. 27 f., cf. auch F. de Barghon Fort-Rion: *Le druidisme au moyen âge*, Bruxelles 1874, S. 20.) Der Letztere führt – allerdings ohne Quellenangabe – ein vergleichbares ›Bocksfest‹ aus etwa derselben Zeit an. Es ist in diesem Zusammenhang nicht uninteressant, daß bereits der Arzt Cardan den Hexensabbat auf derartige orgiastische Feiern zurückgeführt hat: »Es haben on zweyffel dise ding jren anfang von den alten orgien/bey woellichen die weiber offenlich wild vnnd vnsinnig gewesen. Wie nun durch gesatz solliches verbotten/seind sie heimlich der gestalt zosammenkommē. Wie dieses auch verbotten/habend sie es allein mit den gedancken vollbracht.« (H. Cardanus: *Offenbarung der Natur*, a.a.O., S. DCXLV.) Noch vor nicht allzu langer Zeit hieß es in Chaibar, nackte Hexen vergewaltigten, nachdem sie sich mit Kuhmilch eingerieben und sich vom Islam losgesagt hätten, die Männer, die sie aus der Luft von ihrem Palmstecken aus sähen und bliesen ihnen nach vollendetem Beischlaf so lange in den Penis, bis diese verrückt würden und in der Wüste herumirrten. Cf. J. Wellhausen: *Reste arabischen Heidentums*, Berlin 1897, S. 158 f.

7 Cf. O Lodge: »*Babin Den:* Midwives' Day in Bulgaria«, *Man* 1947, S. 85.

8 Cf. Stumpfl, a.a.O., S. 22 und E. Fehrle: *Feste und Volksbräuche im Jahreslauf*, Kassel 1955, S. 99.

9 Cf. auch M. Lexer: »Volksüberlieferungen aus Kärnten und

Steiermark«, *Zeitschrift für deutsche Mythologie und Sittenkunde* 1855, S. 300.

10 Cf. K. Haiding: »Berchtenbräuche im steirischen Ennsbereich«, *Mitteilungen der Anthropologischen Gesellschaft in Wien* 1965, S. 332. Heutzutage werden die Perchtln nur noch von Burschen dargestellt. Zumindest habe ich während der Rauhnächte im Januar 1977 in der Steiermark weder weibliche Perchtln gesehen, noch konnte ich in Erfahrung bringen, ob es welche gibt.

11 Cf. P. Rigby: »Some Gogo Rituals of ›Purification‹«, in *Dialectic in Practical Religion*, Cambridge 1968, S. 172 f. Die Männer werden dabei oftmals zu Frauen. Aus dieser Tatsache hat man den Schluß gezogen, daß die Gluckmansche Auffassung, durch solche Feste rebellierten gewissermaßen die Frauen, die aus der herrschenden Ordnung heraustäten, falsch sei. Cf. E. Norbeck: »African Rituals of Conflict«, *American Anthropologist* 1963, S. 1256 f., 1270. Natürlich kann man sagen, daß auch die Männer ihr alltägliches Verhalten aufgeben und ›umkehren‹. Cf. M. Gluckman: »The Role of Sexes in Wiko Circumcision Ceremonies«, in *Social Structure*, London 1949, S. 153 und V. W. Turner: »*The Ritual Process*, Harmondsworth 1974, S. 173 f., 177. Doch in einer ausgesprochen patriarchalischen Gesellschaft ist die *formal* identische Aufgabe der normalen Rollen für die Frauen *inhaltlich* doch etwas völlig anderes: sie *herrschen* kurzfristig und bestimmen die Szenerie, während die Männer sich verstecken. In vielen Mythen der Naturvölker zeigt sich, daß die Männer oft das Bewußtsein haben, die Frauen um den Status, den sie einstmals (angeblich) innehatten und der ihnen eigentlich auch heute zusteht, betrogen zu haben und daß sie ihnen deshalb das Wissen um diese Dinge vorenthalten. Cf. F. E. Williams: *Drama of Orokolo*, Oxford 1940, S. 392 f., B. Blackwood: *Both Sides of the Buka Passage*, Oxford 1935, S. 216 f., C. H. Wedgwood: »Report of Research in Manam Island«, *Oceania* 1934, S. 399 f., F. Speiser: »Die Frau als Erfinderin von Kultgeräten in Melanesien«, *Schweizerische Zeitschrift für Psychologie* 1944, S. 51, F. Huxley: *Affable Savages*, London 1956, S. 152, H. I. Hogbin: »Pagan Religion in an New Guinea Village«, in *Gods and Ritual*, Garden City 1967, S. 56, E. Krämer-Bannow: *Bei kunstsinnigen Kannibalen der Südsee*, Berlin 1916, S. 269. Im Kurangara-Kult der Unambal spielt die Angst davor, daß eines Tages die Sozialordnung über den Haufen geworfen

werden könnte, und die Frauen die Herrschaft an sich rissen, während die Männer im Busch Wurzeln sammeln müßten, eine beherrschende Rolle. Cf. M. Eliade: *Australian Religions*, Ithaca 1973, S. 178. Dies erinnert ein wenig an die Befürchtungen, die einem Aristophanes anläßlich des athenischen Frauenfestes der Skira einfielen, daß nämlich die Weiber sich der Staatsmacht bemächtigen könnten. Es mag sein, daß die Sünde des Betrugs an den Frauen durch die ›Ventilsitte‹ solcher Frauenfeste ein bißchen abgebüßt wird. Zu den Angriffen der Asmat-Frauen auf die Männer, die den *bis*-Pfahl schnitzen wollen cf. A. Kuruwaip: »The Asmat *bis*-pole«, *Irian* 1974, S. 51 ff. (Diesen Hinweis verdanke ich Walter Böhning.) Ähnliche Beispiele finden sich auch in Malinowskis Buch über das Geschlechtsleben der Wilden, das mir im Augenblick nicht zur Hand ist, da es aus mir nicht begreiflichen Gründen immer wieder aus den Bibliotheken geklaut wird.

12 Cf. M. Gluckman: *Order and Rebellion in Tribal Africa*, London 1963, S. 113, 117. Cf. auch E. E. Evans-Pritchard: »Some Collective Expressions of Obscenity in Africa«, *The Position of Women in Primitive Societies*, London 1965, S. 78 fl, 82, ferner R. P. Werbner: »Atonement Ritual and Guardian-Spirit Possession Among Kalanda«, *Africa* 1964, S. 216.

13 Cf. M. J. Herskovits: *Dahomey*, Bd. II, New York 1938. Bei Männerinitiationen findet oft das Entsprechende statt. Man bringt sich in derselben Weise eine ›Vagina‹ an wie die Frauen einen ›Penis‹. Im australischen Pubertätsritus *ngallunga* wird der incisierte Penis »Vagina« genannt. Cf. G. Róheim: »Psychoanalyse und Anthropologie«, *Psyche* 1974, S. 1103, W. E. Roth: *Ethnological Studies Among the Northwest-Central Queensland Aborigines*, Brisbane 1897, S. 180. In der *karwadi* genannten Zeremonie der Murinbata kriechen die Initianden durch die Beine der erwachsenen Männer – sie werden gewissermaßen von Männern *als* Männer geboren –, und auch im Kunapipi-Ritual werden die jungen Männer aus einer »männlichen Gebärmutter« entlassen. Cf. L. R. Hiatt: »Secret Pseudo-Procreation Rites Among the Australian Aborigines«, in *Anthropology in Oceania*, Sydney 1971, S. 85 f. J. Winthuis (*Das Zweigeschlechterwesen*, Leipzig 1928, S. 39 ff.) interpretiert dies so, daß auf diese Weise ein ›Doppelwesen‹ entstehe, wie ja auch Mann und Frau in vielen Mythen der verschiedensten Völker im Ur-

sprung, vor aller Differenzierung *ein* Wesen sind. Ein solcher Mythos als endzeitliche Erwartung kehrt nicht nur bei modernen amerikanischen Feministinnen wieder, er findet sich auch beispielsweise bei E. Cleaver (*Seele auf Eis*, München 1969, S. 194), einem Mann, der seiner als beherrschend erfahrenen Sexualität durch den Wunschtraum einer »Urmitose« entfliehen will: »Die Menschen innerhalb dieser Gesellschaft werden von der ewigen Suche nach der *Apokalyptischen Fusion* getrieben und getragen, diese höchste Identität zu erreichen oder der Vervollkommnung des *Einheitlichen Sexuellen Images* so nah als möglich zu kommen. Alle Hindernisse bei der Verwirklichung dieses Images werden zu Ursachen der Verfremdung, zu Barrieren auf dem Weg des *Ichs*, das seine äußerste Identität zu verwirklichen sucht. Da jede Gesellschaft ihr eigenes sexuelles Image projiziert, wird die *Einheitliche Gesellschaft* ein *Einheitliches Sexuelles Image* projizieren.« Man fühlt sich unwillkürlich zurückerinnert an das Gruselfigurenkabinett biologisch vereinheitlichter Menschen, wie es russische Revolutionäre des 19. Jahrhunderts als Ideal vorgeschwebt hatte und wie es von Samjatin im Hinblick auf deren Nachfahren kritisiert worden ist.

14 Cf. Hoffmann-Krayer, a.a.O., s. 25, 27 f.

15 Cf. W. Grosse: »Der Blocksberg«, in *Harzland-Sagen*, Jena 1928, S. 266 ff. Man denkt auch an das bekannte »Hexenbrennen«, während der Walpurgisnacht in Böhmen und anderen Gegenden. Cf. J. G. Frazer: *Balder the Beautiful*, Bd. II, London 1913, S. 159 f., W. Mannhardt: *Der Baumkultus der Germanen und ihrer Nachbarstämme*, Berlin 1875, S. 502. Im thüringischen Schmalkalden verfolgten die Walpernmännchen als ›Hexen‹ verkleidete Mädchen. Cf. Fehrle, a.a.O., S. 137 und M. König: »Bäuerliche Burschenschaften«, *Niederdeutsche Zeitschrift für Volkskunde* 1938, S. 208. Im Nordharz erzählte man, die Hexen hätten am 1. Mai und in den kommenden zwölf Tagen die Aufgabe, den Schnee wegzutanzen. Cf. J. Grimm: *Deutsche Mythologie*, a.a.O., Bd. III, S. 307. Die Walpurgisnacht, eine »der hehrsten des ganzen heidenthums«, wie Grimm sagt, und bei den Kelten Bealtaine, bedeuteten den Beginn des Wachstums: die Erde sandte ihre Neugeburten ›nach oben‹, und die Dienerinnen der ›Erdmutter‹ tanzten dazu. Cf. A. Mayer: *Erdmutter und Hexe,* München 1936, S. 45. ›Blocksberg‹ ist im übrigen kein individueller Eigenname: jeder Berg kann so heißen, wenn die Hexen ihn aus-

erkoren haben. Cf. W.-E. Peuckert: »Der Blocksberg«, *Zeitschrift für deutsche Philologie* 1956, S. 350.

16 Den Dezember nannten die lettischen Bauern »Wolfsmonat«, und sie brachten den Wölfen unter Tänzen und dem Absingen von Liedern Ziegenopfer dar. Da die Jagd zu den Privilegien des deutsch-baltischen Adels gehörte und es deshalb den Bauern untersagt war, Feuerwaffen und Jagdhunde zu besitzen, konnten die Wölfe nicht wirksam bekämpft werden. Sie überfielen insbesondere im Winter das Vieh in Rudeln und brachen selbst in Stallungen ein. Dabei wird es mitunter wohl nicht leicht gewesen sein, Werwölfe und wirkliche Wölfe voneinander zu unterscheiden. Cf. H. Strods: »Die Einschränkung der Wolfsplage und die Viehzucht Lettlands«, *Ethnologia Europaea* 1970, S. 126 f., 129 f. Cf. auch O. Clemen: »Zum Werwolfglauben in Nordwestrussland«, *Zeitschrift des Vereins für Volkskunde* 1922, S. 142.

17 Die lettischen Ekstase-Zauberer hießen *burwis* oder *burtneeks*. Im Jahre 1640 jammerte der Pfarrer von Behrsauna darüber, daß fast der vierte Teil der Bauern Zauberer seien und daß bereits die kleinen Buben sich deren Kunst für zwei Reichstaler beibringen ließen. Cf. E. Kurtz: *Heilzauber der Letten in Wort und Tat*, Riga 1937, S. 20, 22.

18 Im Jahre 1647 erklärte eine Frau, der Teufel habe sie »in ein gebröckte oder morast geführet«, von dem sie genauer sagte, er »sey als eine helle gewesen« (A. Johansons: *Der Wassergeist und der Sumpfgeist* Stockholm 1968, S. 72.) Ich habe Lemburg auf zeitgenössischen Landkarten Lettlands vergeblich gesucht.

19 Der estnische Werwolf *(libahunt)* schmierte sich vor der Verwandlung mit einer Salbe ein. Zur Johannisnacht, in der ›Mitte des Jahres‹, brachten die Zauberer in den Häusern und Ställen der Bauern allerhand durcheinander, schmierten »Hexenbutter« an Brunnen und Tore, banden das Getreide auf dem Felde in Garben zusammen und verursachten Mißernten. Auch hier versammelte sie der Teufel zu einem Gelage und bewirtete sie mit Speis und Trank. Cf. M. J. Eisen: *Estnische Mythologie*, Leipzig 1925, S. 15 ff., 33. Von den Wölfen, den »Hunden des heiligen Georg« (*püha Jüri Kutiskad*) hieß es, daß sie im Winter einmal monatlich auf dem Bauche lägen, ein seltsames Geheul gen Himmel richteten und von diesem herab gespeist würden. Cf. J. Wiedemann: *Aus dem inneren und äußeren*

Leben der Ehsten, St. Petersburg 1876, S. 449. Auch in späteren Zeiten zogen im Kurland vermummte Gestalten, die *miežvilki* oder »Gerstenwölfe« (?) mit ihrem Anführer, dem »Gerstenwolfsvater« und der »Gerstenwolfsmutter« dämonenvertreibend und fruchtbarkeitsbringend umher. In Lettland waren dies die *spalvainie mārtini*, die »behaarten Martinier«. Cf. J. A. Janson: *Die lettischen Maskenumzüge*, Riga 1933, S. 16, 19, 30, 38 und J. Balys / H. Biezais: »Baltische Mythologie«, in *Götter und Mythen im alten Europa*, Stuttgart 1973, S. 427 f. Das Tittenwîf, eine Roggenmuhme mit langen Brüsten und Brustwarzen aus glühenden Eisenspitzen, an denen sie Verirrte saugen läßt, ist die Herrin der »Roggenwölfe«, die durch das Kornfeld jagen. Cf. W. Mannhardt: *Die Korndämonen*, Berlin 1868, S. 20. Es gibt Hinweise darauf, daß es Wolfsverwandlungen auch in Griechenland zur Zeit der Anthesterien gab, also genau zu der Zeit, in der das Leben wieder aus den Sümpfen zurückkehrte. Cf. W. H. Roscher: *Das von der ›Kynanthropie‹ handelnde Fragment des Marcellus von Side*, Leipzig 1896, S. 63 f.

20 Cf. H. v.Bruiningk: »Der Werwolf in Livland und das letzte im Wendenschen Landgericht und Dörptschen Hofgericht 1692 deshalb stattgehabte Strafverfahren«, *Mitteilungen aus der livländischen Geschichte* 1924, S. 163 ff. Aus anderen Quellen wird ersichtlich, daß die Werwölfe sich zumeist im Wald, aber auch auf kleinen Inseln, etwa einer solchen in dem lettischen Fluß Brasla, trafen und daß sie einem »Häuptling« folgten, der unter anderem *Meža tēvs* (»Waldvater«) genannt wurde. Ihre Zeit war vor allem die Jahreswende, und sie trafen sich vornehmlich bei Vollmond. Cf. A. Johansons: »Kultverbände und Verwandlungskulte«, *Tidskrift för Nordisk Folkminnesforskning* 1974, S. 155 f. Reste ähnlicher Riten haben sich bis heute im nördlichen Frankreich gehalten, etwa im Fest des »Grünen Wolfes« von Jumièges am Seineufer oder in Montreuil-sur-Mer, bei denen es recht orgiastisch zuging. Cf. C. Gaignebet: *Le folklore obscène des enfants*, Paris 1974, S. 41 ff., 61 ff., ferner F. Herrmann: »Zu einem verbreiteten Verwandlungsrequisit europäischer Kultbünde«, *Tribus* 1951, S. 112. Im 16. Jahrhundert wurde in Masuren ein Werwolf *(wilkolek)* von den Bauern gegriffen und an den Hof Herzog Albrechts nach Königsberg gebracht. Dieser spärlich bedeckte und verwilderte Mann, der offenbar einem Wolf ähnlicher sah als einem Menschen, bekannte unverblümt, er ver-

wandle sich zweimal im Jahr in dieses Tier, »erstlich kurtz vor dem H. Christtage, darnach um den Tag Johannis des Täuffers (cf. in diesem §, Anm. 19). Um dieselbe Zeit treibe ihn die Natur, das er wilde werde, und sich zu den Wölfen in dem Walde halte; er werde aber sehr matt, und erschrecke hefftig, ehe ihm die Wolfs-Haare wüchsen, und sich seine Gestalt verändere.« Cf. M. Toeppen: *Aberglauben aus Masuren*, Danzig 1867, S. 31. Während man mit diesem Werwolf noch verhältnismäßig mild verfuhr, erging es einem anderen, der im Jahre 1541 bei Patauium ebenfalls von Bauern gefangen wurde, übler: »Entdlich da er mit grosser Mühe von den Leuten ist gefangen / hat er sich noch bereden wollen / er sey ein Wolff / allein dass die Haut vmmgekehret / vnd innwendig Rauch sey. Darüber sind jr etliche noch närrischer denn der arme Mensch / hawen jm Arm vnd Beyn ab / zu erfaren / obs sey wie er saget. Da sie aber anders funden / haben sie jn den Erzten widerzu heylen vberantwortet / aber vber wenig tag gestorben.« (Zit. n. A. Beurmann: *Der Aberglaube der Jäger*, Hamburg 1961, S. 123.) Philipp Melanchthon berichtet im Jahre 1557, ein *vir dignissimus* aus Livland habe ihm brieflich mitgeteilt, daß ein Mann, der wegen Zauberei hingerichtet worden sei, bekannt habe, daß er jedes Jahr im Anschluß an Weihnachten, also während der Rauhnächte, mit anderen Werwölfen zwölf Tage lang durch die Wälder gelaufen und Vieh zerrissen hätte. Cf. O. Höfler: *Verwandlungskulte, Volkssagen und Mythen*, Wien 1973, S. 146. Ein bekannter polnischer Spruch lautet: »Er läuft herum wie mit der Wolfshaut an Weihnachten.« Cf. G. Bilfinger: *Untersuchungen über die Zeitrechnung der alten Germanen*, Bd. II, Stuttgart 1901, S. 71.

21 Zit. n. J. Klapper: *Schlesische Volkskunde*, Stuttgart 1952, S. 111. Daß die Hexen Kühen und stillenden Müttern die Milch entzogen, ist ein gängiger Vorwurf, der immer wieder in Hexenprozessen vorgebracht wurde. Cf. z. B. E. Hermann: *Die Hexen von Baden-Baden*, Karlsruhe o. J., S. 11. Solche Hexen und Zauberer bezeichnete man gerne als Lachsner (von *lachsnen* = »zaubern«, ursprünglich »heilen«).

22 Ginzburg (a.a.O., S. 4) erläutert das Wort »sbilfoni« mit »folletti«. Nach dem Langenscheidtschen Wörterbuch reicht dessen Bedeutungsspielraum von »Narren« bis zu »Kobolde«, »Wichtelmännchen« und dergleichen.

22a Cf. J. Grimm, a.a.O., S. 898, 905. Wenn die serbische Hexe *(vjeschtitza)* in Schlaf fällt, flattert ihre »Seele« in Gestalt eines Schmetterlings davon (a.a.O., S. 901).

23 Später, nach 1600, heißt es bisweilen »in anima et corpo«. Cf. Ginzburg, a.a.O., S. 101. Im Laufe des 17. Jahrhunderts wurden die Benendanti von der Heiligen Inquisition zunehmend ›diabolisiert‹. Ähnlich erging es auch den »Springern« oder »Werfern«, einer religiösen Bewegung, die sich um 1590 von Krain her in der Untersteiermark verbreitete und deren Anhänger »in den späten Abendstunden zur Zeit des Neumondes auf hohen Bergen, in Wäldern oder in den Tälern zwischen Gebüsch bei brennenden Lichtern oder auch beim blassen Scheine phosphereszierenden Holzes« ekstatische Tänze aufführten, sich wie später die berühmten Camisards auf dem Boden in konvulsivischen Zuckungen wälzten und Visionen hatten. Gerade in ihrem Verbreitungsgebiet flammten später die Hexenprozesse auf. Cf. Byloff, a.a.O., S. 16 f.

24 Vielleicht geht die geläufige Unterteilung der Perchten in »schöne« und »schiache« (cf. I. v. Zingerle: *Sitten, Bräuche und Meinungen des Tiroler Volkes*, Innsbruck 1857, S. 88) auch auf zwei derartige sich bekämpfende Gruppen zurück. Letztere, die oft in Fesseln herumsprangen, wurden im Verlauf des vorigen Jahrhunderts weitgehend von der Obrigkeit verboten. In einem Verhörsprotokoll aus dem Amt Kolber im Pfleggericht Rosenheim heißt es im Jahre 1791, zwei Männer hätten sich erkühnt, »den 5. Jänner nachtszeit als sogenannte Perchtl in Teufelskleidern umzulaufen, dazu der Mesner dorten die Kleider hergeben«. Einer der Täter konnte arretiert werden, der Meßner wurde eine Stunde lang in den Stock gesteckt und seine opferbereite Frau stellvertretend in die Halsgeige. Cf. F. W. Zipperer: *Das Haberfeldtreiben*, Weimar 1938, S. 147. Es hat also den Anschein, daß sowohl die livländischen »zäuberer« als auch die »malandanti« und die »schiachten Perchten« jene Wesen darstellten, die ›zwischen den Zeiten‹ das Leben und die Fruchtbarkeit bedrohten und deshalb bekämpft und schließlich vertrieben werden mußten. So berichtet bereits Agobard, der Erzbischof von Lyon im 9. Jahrhundert in seiner Schrift *Contra insulam vulgi opinionem de grandine et tonitruis*, das Volk glaube an eine dämonische Gesellschaft, »welche das Getreide in großen Massen fort-

stehle und auf Schiffen durch die Luft nach einem fabelhaften Lande Magonia fortführe«. Cf. G. Roskoff: *Geschichte des Teufels*, Bd. I, Leipzig 1869, S. 299 f. und P. Riché: *La vie quotidienne dans l'empire carolingien*, Paris 1973, S. 217 f. Oft jedoch handelt es sich insbesondere in neuerer Zeit nur um *ein* dämonisches Wesen. Im südlichen Mähren etwa stellten die jungen Mädchen am Totensonntag aus einem Strohschaub die Morana her, die auf einer Stange durchs Dorf getragen, später ins Wasser gestürzt und so lange mit Steinen beworfen wurde, bis sie unterging. Traf man sie nicht, so fischte man sie wieder aus dem Fluß und verbrannte sie auf der Weide. Cf. W. Liungman: *Traditionswanderungen Rhein-Jenissei*, Bd. II, Helsinki 1945, S. 273, 288 f. Im Namen dieser Morana steckt die Wurzel *mer*, »drücken«, »zerstoßen«, später »töten«. Cf. F. Ranke: »Mahr und Mahrt«, in *Handwörterbuch des deutschen Aberglaubens*, Bd. V., Berlin 1933, Sp. 1508. Die Fee Morgain aus der Artussage läßt sich auf die altirische Morrigane oder Morrigu zurückführen, eine wilde und furienartige Kriegsgöttin, die durch die Lüfte flog und den Tod brachte. Später taucht sie als Führerin der *Tuatha De Danann* auf. Cf. Markale, a.a.O., S. 149 ff. und O. Löhmann: »Die Entstehung der Tannhäusersage«, *Fabula* 1960, S. 238. Es hat überdies den Anschein, daß diese holleartigen Wesen im Ursprung auch für Mädcheninitiationen zuständig waren. In vielen Sagen ist die Rede davon, daß elternlose Mädchen und Frauen in eine Höhle oder einen Berg geführt werden, wo sie für einige Jahre allerlei Dienste verrichten müssen, etwa das Feuer unter den Töpfen schüren und andere typische Hausfrauentätigkeiten. Cf. z. B. J. A. Heyl: *Volkssagen, Bräuche und Meinungen aus Tirol*, Brixen 1897, S. 35. Das Märchen von der Frau Holle ist bekannt, doch auch in späteren Hexenprozessen tauchen derartige Züge wieder auf. So berichtet etwa J. C. Frommann (a.a.O., S. 756 f.) über zwei junge schlesische Mädchen: »Accedente mali Diabolici paroxysmo, tempore, quod ipsae praesciunt, definito, epilepticarum instar in lectum ad hoc stratum concidunt, in eoque velut ecstaticae sine sensu & motu aliquandiu jacent: ocularis tamen inspectio & animae & corporis praesentiam advertit. Sed ad se postmodum reversae in amoenissimo vireto apud patibulam circa lacum magnum in conventu multarum strygum, sibi, exceptis duabus, ignotarum, asseclarum decem vel duodecim mensarum, quarum nonnullae etiam ex Candia advenissent, se hactenus fuisse dicunt. Praesidem Conventûs Dominum esse holoserica veste indutum ajunt, ibique jam exequias felis aut canis se celebrare & adstantibus pro praesentia actui funebri commodata gratias agere; sicut & Pistoris filia formalia parentationis verba aliquando recitavit: jam se comoedias adornare: jam magna hilaritate comessationibus & compotationibus, itemque choreis inter saltantes tibiarum & fistularum sonos se indulgere: jam graves sibi à Sagis imponi labores, cogique ut fila trahant, pinsent, triturent, lavent &c. atque gestus eosdem, quos sic laborantes edere solent, puellae istae cum adstantium admiratione apprimè expresserunt.« Während also der Leib dieser Mädchen empfindungslos im Starrkrampf lag, nahmen sie selber an einem fröhlichen Gelage von Strigen auf einer schönen Wiese teil, allerdings in der Rolle von Dienstmädchen, denn sie mußten spinnen, stoßen, waschen und scheuern. Unterdessen vollzogen ihre Leiber, die zu Hause im Bette lagen, die entsprechenden Bewegungen.

25 Cf. Ginzburg, a.a.O., S. 44 ff., 36. In der Harzgegend wurde in früheren Zeiten ein Kampf ausgefochten, in dem schließlich ein bepelzter Teufel unterlag, gebunden und als ein kraftloser Alter weggeschleppt wurde. Am Sonntag Lätare kämpften zwei Burschen, der »Sommer« und der »Winter« miteinander, die sich bisweilen gegenseitig so lange unter das kalte Wasser des Baches hielten, daß es zu Todesfällen kam. Cf. W. Liungman: *Der Kampf zwischen Sommer und Winter*, Helsinki 1941, S. 69, 18. Im alten Rom wurde am 14. März ein alter befellter Mann, Mamurius Veturius aus der Stadt gepeitscht. Cf. T. C. Worsfold: *The History of the Vestal Virgins of Rome*, London 1934, S. 41. In Pisa schlugen sich im späten Mittelalter die Vertreter des Südteils und des Nordteils der Stadt auf einer Brücke über den Arno, und im Barockzeitalter noch die Weber und die Färber (cf. Liungman, a.a.O., S. 151). Noch archaischer mutet jener Brauch an, der während der Rauhnächte des Jahres 1515 bei einem Fest Heinrichs VIII. zur Aufführung gelangte. »Eight wyldemen, all apparayled in green mosse with sleved sylke, with ugly weapons and terrible visages there foughte with eight knyghtes.« (Zit. n. R. Bernheimer: *Wild Men in the Middle Ages*, Cambridge 1952, S. 71.)

26 Die Bezeichnung *larvae* für Hexen geht vielleicht auf die römischen Totengeister zurück, die auch *nocturnae* genannt wurden. Cf.

E. Jobbé-Duval: *Les morts malfaisants*, Paris 1924, S. 28 f. Der Maskenträger *(larvatus)* galt den Römern als ein von diesen *larvae* Besessener (cf. K. Meuli: »Altrömischer Maskenbrauch«, *Museum Helveticum* 1955, S. 220), und die Büttel, denen die Aufgabe zufiel, die kampfesunwilligen Gladiatoren aus dem Verkehr zu ziehen und die Unterweltswesen repräsentierten, waren vermummt und hießen gleichfalls *larvae*. Cf. Altheim, a.a.O., S. 57. Wenn allerdings ›Hexen‹ im 16. Jahrhundert vom Sabbat berichten, sie hätten dort »alle zeit Laruen für« (Remigius, a.a.O., S. 122, 139), dann bezieht sich das Wort möglicherweise auf Survivals jener Larven, die der altnordische Zauberer überzog, um auf seinen Flügen unsichtbar zu bleiben, und die *grîma* oder *trollsham* genannt wurden. Cf. J. Grimm, a.a.O., Bd. II, S. 873. *Laruaria* war eine allgemeine Bezeichnung für vermummte Teufelstänzer und dergleichen. Im Jahre 643 wird im *Edictum Rothari* der Langobarden unter Strafe gestellt, ein Weib zu töten »quasi strigam quam dicunt mascam«. *Masca* scheint ursprünglich ein Wort für verhüllte Wiedergänger gewesen zu sein, die sich an der ›Lebenssubstanz‹ von Menschen gütlich taten. In frühangelsächsischen Glossen wurde *masca* mit *grîma* und *egesgrîma* gleichgesetzt. Cf. K. Meuli: »Maske und Maskereien«, in *Handwörterbuch des deutschen Aberglaubens*, Bd. V, Berlin 1933, Sp. 1759 f.

27 Genauer gesagt waren die Entrückten nicht eigentlich tot. Sie führten vielmehr ein ›Halbdasein‹. So sagte man beispielsweise nicht, daß Kaiser Friedrich im Kyffhäuser gestorben, sondern daß er *verloren* war. Das »at deyja i fjell«, das »in den Berg sterben« (cf. E. Hartmann: »Der Ahnenberg«, *Archiv für Religionswissenschaft* 1937, S. 203) ist also in solchen Fällen nicht wörtlich zu nehmen. Cf. G. Neckel: *Walhall*, Dortmund 1913, S. 65 f., ferner auch J. Kroll: *Himmel und Hölle*, Leipzig 1932, S. 448 f.

28 Brandstetter, a.a.O., S. 40. Von jenen »fliegenden Seelen« berichtet der Luzerner Stadtschreiber Renwardt Cysat weiter, sie »wärend ouch dem Menschen gar fründtlich vnd anmuottig, käment Nachts jn die Hüser deren, die Guotts von jnen redtend vnd vff jnen hielltend, sy füwretend, kochetend, ässent vnd fuorend dann wider darvon one Schaden; man spurte ouch nüt an der spys, dass ettwas davon kommen wäre.« Offensichtlich gab es einen deutlichen Unterschied zwischen jenen, welche freiwillig an solchen Fahrten

teilnahmen. »Vnd wo man solches vff einen Menschen zwyfflet, hiellt mans jme für ein grosse Eer, schatzt jnne ouch für andre Menschen vss vil frömmer, andächtiger vnd schier alls heilig. Wie dann noch by minem Gedencken ein allt Par Eevolck allhie jn diser Statt gewesen, die disern Ruoff gehept vnd von dem Einfälltigen darumb hochgehalten wurden, das sy jn einer so säligen Gemeinschafft wären.« (A.a.O., S. 41.) Von den ›unfreiwillig Reisenden‹ heißt es zumeist, sie seien hinterher ganz »tämisch» im Sinn gewesen, es hätte ihnen geschwindelt, sobald sie sich an jenes Ereignis erinnerten, oder gar, sie hätten fürderhin weder Freud noch Leid mehr erleben können. Cf. K. v. Leoprechting: *Aus dem Lechrain*, München 1855, S. 36. Als »pale and awestricken« wird auch der geschildert, welcher auf den schottischen Inseln von der *Falbh air an-t-Sluagh* mitgerissen worden war und danach wiederkehrte. Cf. J. L. Campbell / T. H. Hall: *Strange Things*, London 1968, S. 267. Von den Frauen, die von einer *bergtagning*, einer Feen-Entrückung in den Berg, zurückkehrten, heißt es oft: »Sie kam zurück, aber seither war sie wunderlich.« Cf. E. Hartmann: *Die Trollvorstellungen in den Sagen und Märchen der skandinavischen Völker*, Stuttgart 1936, S. 100.

29 Cf. A. Lutz: *Jünglings- und Gesellenverbände im alten Zürich und im alten Winterthur*, Affoltern 1957, S. 87.

30 Während der Renaissancezeit warf man solche Burschen, wenn sie es zu wild trieben, nicht selten ins Gefängnis, oder man verurteilte sie zu gesalzenen Geldbußen, wie etwa jene fünfzehn jungen Bürger, die »zu vassnacht ziten« des Jahres 1532 »nackendig« auf den Gassen »hin und her getanzet und ein ungefüg leben glich einem uffrur getriben haben«. Cf. H. G. Wackernagel: »Vom Totentanze in Basel«, *Schweizer Archiv für Volkskunde* 1936, S. 204. Scheinen dies lediglich die Ahnen der modernen »Flitzer« gewesen zu sein, so vermummten sich andere auf archaische Weise: »Etwan legend mutwillige Gesellen Tüfelskleider an oder schlahend sonst Lylacken um sich«, schreibt im Jahre 1586 der empörte Zürcher Ludwig Lavater, »und erschreckend die lüt, do vil einfalter lüt nit anders wüssend, dann der bös Geist oder sunst ein Unghür seie inen in Lybsgestalt erschienen.« (Zit. n. Schacher v. Inwil, a.a.O., S. 8 f.) Es ist anzunehmen, daß auch die spätmittelalterlichen Totentänze während der »Zwölften«, bei denen der Tod mit Fiedel oder Pfeife um Mitternacht den Reigen der Toten anführte, und der »überwin-

det mit sînem gesieht / daz geistlîch vnd daz weltlîch reht«, wie es in einem Würzburger Totentanztext des 14. Jahrhunderts heißt, eine Aktualisierung der wilden Jagd der Toten anläßlich der Pest darstellten. Cf. H. Rosenfeld: *Der mittelalterliche Totentanz*, Köln 1968, S. 49 f., 313.

31 Im Jahre 1459 gestand zu Andermatt am St. Gotthard eine als Hexe angeklagte Frau: »Item aber het sy vergigen / das sy sich zu einem wolf heig gemachet / und erbeiss Jost Bennet ein ku.« (Zit. n. Hansen, a.a.O., S. 573 f.).

32 Cf. L. Zehnder: *Volkskundliches in der älteren schweizerischen Chronik*, Basel 1976, S. 313. Wackernagel (a.a.O., S. 258) erwähnt, daß im Bauernkrieg im Frühling des Jahres 1525 im Breisgau ein fastnächtlicher Wagen, der sogenannte »Zierwagen«, mitgeführt worden sei. Er betont auch, daß der Überfall der Schwyzer auf Einsiedeln, wie auch der Ausbruch des bekannten Trinkelstierkrieges, in dem die Walliser Krieger mit Rindermasken stürmten, auf den 6. Januar fielen. (A.a.O., S. 240.) Auch der »Saupannerzug«, ein Rügefeldzug im Jahre 1477 ins Welschland, ging von einer Fastnacht aus. Cf. Meuli, a.a.O., Sp. 1819. Im Oberbayrischen Bauernaufstand 1705 sollen die Haberer eine führende Rolle gespielt haben, und von dem durch das Gemälde Defreggers bekannt gewordenen »Schmied von Kochel« sagt man, er sei Haberermeister gewesen.

33 Cf. Hansen, a.a.O., S. 405. Bereits im 7. Jahrhundert wurde den langobardischen »Walapauzen«, Vermummten, die wahrscheinlich als die Geister gefallener Krieger auftraten, das »Butzenrecht« genommen, das ihnen erlaubt hatte, die Bevölkerung auszurauben und durchzuprügeln. Cf. Meuli, a.a.O., Sp. 1757 f.

34 Zit. n. E. Hoffmann-Krayer: *Kleine Schriften zur Volkskunde*, Basel 1946, S. 153. Cf. auch J. R. Dieterich: »Eselritt und Dachabdecken«, *Hessische Blätter für Volkskunde* 1902, S. 103, L. Feichtenbeiner: *Altbayrischer Bauernbrauch im Jahreslauf*, München 1938, S. 11 f., K. Meuli: »Hauswüstung in Irland«, *Schweizer Volkskunde* 1951, S. 17, E. Buß: »Volksjustiz der Nachtbuben im Kanton Bern«, *Schweizer Archiv für Volkskunde* 1906, S. 162 ff. und H. E. Cromberg: *Die Knabenschaftsstatuten der Schweiz*, Winterthur 1970, S. 122 f. Im Jahre 1395 haben im Frauenkloster Oetenbach in Zürich die »Schemen« Gericht gehalten und »hant do den frouwen ir tür und ir tach gebrochen«. Cf. Meuli, a.a.O., Sp. 1768.

35 G. Queri: *Bauernerotik und Bauernfehme in Oberbayern,* München 1911, S. 74 f., zit. n. R. Wolfram: *Schwerttanz und Männerbund,* Kassel 1936, S. 227. Wenn im Jahre 1886 noch die Haberer nachts riefen:

»Mir san zwar heut sehiba nit z'nein,
Und that'n viel liaba a ganz dahoam bleim.
Aba wenn hoit da Kaisa Karl sogt:
Jatz machts Enk am Weg,
So müassma glei auf und außi
Über Berg und Thoi,
Und Wassa und Steg,
A Nieada bewaffn't
Ois wiea beinara Schlacht,
Und a so müassama durchwandan
Dö finstere Nacht . . .«,

und wenn sie ihr Treiben mit den Worten beendeten:

»So Leit', für heunt is jatzt gor,
Jatz gebt enk in d'Ruah,
Mir Hobera müassn jetz
Schnöi wieda an Untaschberg zua«,

dann erkennt man in ihnen unschwer die Wilde Jagd und in ihrem Führer Kaiser Karl im Untersberg den Wilden Jäger und Herrn der Toten. Ja, einige Haberer sagten von sich selber, sie seien das »Nachtgejaid«. Cf. Wolfram, a. a. O., S. 230. Dem Haberfeldtreiben entsprach der französische »Charivari« des wilden Jägers Hellequin. Hier die Schilderung eines ›Polterabends‹ aus dem frühen 14. Jahrhundert:

»Puis faisoient une crierie
Onques telle ne fut oï
Li uns montret son cul au vent
Li autre rompet un auvent
L'un cassoit fenestres et huis
L'autre getoit le sel ou puis
L'un getoit le bren au visage
Trop estoient lès et sauvaige
Es tetes orent barboères
Avec eus portoient deux bières

Ou il avoit gent trop avables
Pour chanter la chanson au diable.«

Auch hier also wieder Dachabdecken, Fenster- und Türenzertrümmern, ›haarige und bärtige Masken‹ usw. Da es mitunter, wie es in einem Konzilsbeschluß des 15. Jahrhunderts heißt, »sub noctis umbraculo« zu Mord und Totschlag kam, wurde gegen die Charivaris meist eingeschritten. Cf. O. Driesen: *Der Ursprung des Harlekin*, Berlin 1904, S. 106, 121. Der Ausdruck »wütendes Heer« läßt sich im übrigen nicht direkt von Wotan herleiten, aber sowohl in dem südgermanischen Götternamen als auch in *wuotigez* stecken das altnordische *odr* im Sinne von »heftige, stürmische Bewegung«, aber auch von »Leidenschaft«, »Poesie«, urverwandt mit lateinisch *vātēs*, »gottbegeisterter Sänger«, altirisch *fáith*, »Dichter«. Der älteste Beleg für das Wort *wuotigez her* scheint das »Rolandslied« des Pfaffen Konrad aus dem 12. Jahrhundert zu sein, wo die Gefangenschaft Jesu durch die Kriegsknechte mit den Worten geschildert wird:

»Er lie sich vinden ane wer,
do daz wütende her
also dort chom mit schalle her.«

Cf. J. Vonbun / R. Beitl: *Die Sagen Vorarlbergs*, Feldkirch 1950, s. 230 f. Nach Kluge (a.a.O., S. 870) hat man einen althochdeutschen Begriff *Wuotanes heri* festgestellt.

36 Cf. W. Liungman: *Traditionswanderungen Euphrat-Rhein*, Bd. II, Helsinki 1938, S. 801. Wer früher als Percht mit der Teufelsmaske erschlagen wurde, durfte nicht auf dem Friedhof begraben werden. Cf. M. Andree-Eysn: *Volkskundliches aus dem bayrisch-österreichischen Alpengebiet*, Braunschweig 1910, S. 163 f. und A. Tille: *Die Geschichte der deutschen Weihnacht*, Leipzig 1893, S. 14 f. Auch um viele Teufelsdarsteller mittelalterlicher geistlicher Spiele rankten sich Legenden, nach denen diesen später irgendein Mißgeschick widerfuhr, etwa daß sie am Galgen endeten oder Selbstmord begingen. Cf. R. Warning: *Funktion und Struktur*, München 1974, s. 76.

37 Auch im Hannoverschen hieß es einst, daß zu gewissen Zeiten, wenn »Rôds oder Herodis met sîne hünne« durch die Gegend jage, alles fest verschlossen und verrammelt werden müsse, da sonst die

Wilde Jagd durchs Haus rase. Cf. A. Kuhn: »Hackelberg-Rôds und sein Hund Alke«, *Zeitschrift für deutsche Mythologie und Sittenkunde* 1853, S. 100. Manche Odenwälder Scheunen hatten deshalb »wider allen Brauch« doppelte Tore, damit die Wilde Jagd wieder hinaus konnte. Cf. O. Huth: »Der Durchzug des Wilden Heeres«, *Archiv für Religionswissenschaft* 1935, S. 205 f.

38 Cf. L. Rütimeyer: *Ur-Ethnographie der Schweiz*, Basel 1924, S. 365 f., ders.: »Über Masken und Maskengebräuche im Lötschental, Kanton Wallis«, *Globus* 1907, S. 204, K. Meuli: »Bettelumzüge im Totenkultus, Opferritual und Volksbrauch«, *Schweizer Archiv für Volkskunde* 1927, S. 6 f., O. Höfler: »Der germanische Totenkult und die Sagen vom Wilden Heer«, *Oberdeutsche Zeitschrift für Volkskunde* 1936, S. 36. Cf. auch G. Widengren: *Hochgottglaube im alten Iran*, Uppsala 1938, S. 329 ff. Es hat den Anschein, daß auch die Narrengesellschaften auf solche Wurzeln zurückgehen. Die politisch einflußreiche St. Lievens-Gilde in Gent veranstaltete im hohen Mittelalter nächtliche Umzüge, bei denen die *woestards*, wie sich ihre Mitglieder nannten, raubten und plünderten. Cf. Stumpfl, a.a.O., S. 343, 394. Während der Mysterienspiele, in denen im 17. Jahrhundert das Leben Johannes des Täufers dargestellt wurde, plünderten die »Teufel«, welche die Seele des Herodes martern mußten, sowie die schwarzen »Sarrasins«, die zum Gefolge des Herodes gehörten, auf ihren »promenades« durch Höfe und Märkte die Bevölkerung aus, bis schließlich im Jahre 1663 dieses gefürchtete und verhaßte Treiben verboten wurde. Cf. L. Petit de Julleville: *Les mystères*, Bd. II, Paris 1880, S. 77 ff. Derartige Vermummte waren im dämonisierten Zustand zu außergewöhnlichen Leistungen imstande. Im Jahre 1538 schreibt Gilg Tschudi aus Glarus über die »Stupfer« im Bündner Oberland, diese »thuond hoch sprüng / vnd seltzam abenthür / als sy by warheyt veriehend / das sy soellich sprüng / nach hinthueung jrer harnisch / vnd endung jrs fürnemens / sollicher hoehe vn wyte niendert gethuon moegend«. Cf. K. Meuli: *Schweizer Masken*, Zürich 1943, S. 17 und R. Wolfram: *Die Volkstänze in Österreich*, Salzburg 1951, S. 45 f. Im Tiroler Igls beobachteten die zwölf Teufelmaskenträger, wie plötzlich ein Dreizehnter unter ihnen tanzte und wie rasend über die Dorfbrunnensäule hinwegsprang, was kein Sterblicher jemals hätte schaffen können. Cf. Heyl, a.a.O., S. 107. Auch von den mittelalterlichen

Mirakelspielen wird berichtet, daß manchmal urplötzlich der Leibhaftige selbst auf der Bühne gestanden habe. Bekannt sind die Erzählungen, in denen die Vermummten bei ihren Läufen auf einmal wie festgebannt stehenblieben, weil ihnen ein Zug von wirklichen Teufeln entgegengebraust kam. Cf. W.-E. Peuckert: »Der Schodüvelstein«, in *Von fremden Völkern und Kulturen*, Düsseldorf 1955, S. 129, G. Dumézil: *Le problème des centaures*, Paris 1929, S. 49 f. In den Dörfern am Nordfuß der Westkarawanken heißt es noch heute, die Zahl elf dürfe bei den Maskenträgern nie überschritten werden, denn der zwölfte würde »in die Luft gehen«. Cf. L. Kretzenbacher: »Freveltanz und ›Überzähliger‹«, *Carinthia* 1954, S. 859. Vielleicht ist dies als ein Hinweis darauf zu verstehen, daß die wirklichen Dämonen nicht nur laufen, sondern auch fliegen können. In Tirol stellte man der Percht in der Tat ihre Mahlzeit aufs Dach. (cf. A. Schipflinger: »Die Percht im Brixental«, *Wiener Zeitschrift für Volkskunde* 1939, S. 28), und eine alte Frau aus Gastein erzählte von einem Perchtenläufer, der sich vom Brunnen aus auf ein Hausdach und von dort in die Luft geschwungen habe, wo er mit großer Lust schweben geblieben sei, bis der herbeizitierte Geistliche mit seinem Segen diesem Schweben ein jähes Ende bereitete. Cf. Waschnitius, a.a.O., S. 58. Aus diesem ›Fliegen‹ zu folgern, daß es sich bei den Sagen vom Wilden Heer nicht um ein einstiges Brauchtum gehandelt haben könne, wie es etwa F. Ranke (»Das Wilde Heer und die Kultbünde der Germanen«, *Niederdeutsche Zeitschrift für Volkskunde* 1940, S. 6) tut, scheint mir unter anderem schon auf Grund solcher ›Zeugenberichte‹ verfehlt zu sein.

39 Cf. L. Radermacher: »Aus altchristlicher Predigt«, in *Beiträge zur Volkskunde aus dem Gebiet der Antike*, Wien 1918, S. 114. Der Autor entnimmt dies den »Akten des Timotheus«. Otto (a.a.O., S. 109) schreibt, daß die Frauen, die bei den bötischen Agrionien den sie verfolgenden Dionysospriestern nicht entwischen konnten, von diesen erschlagen wurden.

40 Cf. Weniger, a.a.O., S. 64 f. Es ist möglich, daß der Name der Titanen auf *títanos*, »Gips« zurückzuführen ist.

41 Cf. S. Azombo: *Séquence et signification des cérémonies d'initiation So*, Lille 1971, S. 284 f., 295 f., ferner F. B. Welbourn / D. K. Kiprono: »Keyo Initiation«, *Journal of Religion in Africa* 1968, S. 223 f. Die

Initianden der Monumbo-Papua kriechen durch eine Tür – die Vagina der Stammesmutter – in eine Hütte – deren Leib – und sind von nun an unter anderem verpflichtet zu stehlen oder heimlich den Frauen beim Baden zuzuschauen. Cf. H. Reschke: *Linguistische Untersuchung der Mythologie und Initiation in Neuguinea*, München 1935, S. 90, 129. Die Initianden der Bushong vergewaltigen während ihres Aufenthaltes als »Geistkinder« in der Wildnis jede Frau, die sich ihnen nähert, und früher wurde sogar jede Frau, welche die Initianden sah, nachdem diese zur Wiedergeburt in einem unterirdischen Tunnel verschwunden waren, getötet. Cf. J. Vansina: »Initiation Rituals of the Bushong«, *Africa* 1955, S. 142, 147. Meist geht es allerdings etwas sanfter zu. Cf. z. B. J. C. Buxton: »Initiation and Bead-sets in Western Mandari«, in *Studies in Social Anthropology*, Oxford 1975, S. 319 f. Um den Kindern eine völlig neue Persönlichkeit zu geben, wurden sie in Dahomey bereits in zartem Alter von ihren Müttern getrennt (»Weib, was habe ich mit dir zu tun?«) und weitab von ihren Heimatdörfern erzogen, so daß sie später kaum mehr von ihren Eltern erkannt wurden. Cf. S. Diamond: »Plato and the Definition of the Primitive«, in *Primitive Views of the World*, New York 1964, S. 173.

42 Cf. Alföldi, a.a.O., S. 122 f. Ähnlich wird von den Initianden der Lukaner (»Wolfsmänner«), einem Zweig der Samniten, berichtet. Nach Justin lebten sie *ab initio pubertatis* in den Wäldern und machten durch ihre Streifzüge die Gegenden unsicher (a.a.O., S. 130). Die »wilden Menschen« der Shona, die gleichermaßen in der Wildnis leben und bisweilen Leute aus den Siedlungen überfallen und töten, sind von anderer Art. Es sind Geisteskranke, die für immer aus dem Bereich der Kultur vertrieben wurden. Cf. M. Gelfand: »Psychiatric Disorders as Recognized by the Shona«, in *Magic, Faith and Healing*, Glencoe 1964, S. 165.

43 Zit. n. Wackernagel, a.a.O., S. 235. Der schwedische Erzbischof Olaus Magnus schreibt im Jahre 1555 über die preußischen und baltischen Werwölfe, diese rotteten sich im Winter bei Einbruch der Nacht zusammen, drängten mit großer Wildheit in Bierkeller ein und söffen »dort etliche Tonnen Bier und Met aus«. Cf. O. Höfler: *Kultische Geheimbünde der Germanen*, Frankfurt/M. 1934, S. 23. Einbrüche in Wein- und Bierkeller legte man aber auch immer wieder sowohl den Hexen als auch den Burschenbünden zur Last. Daß zur

Zeit der Renaissance recht deutlich zwischen der Werwolf-*Krankheit* (Lykanthropie) und dem Werwolf-*Wesen* unterschieden wurde, geht etwa aus einer Stelle bei de Lancre (a.a.O., S. 79) hervor: »Es ist auch ein Kranckheit dauon die Menschen Wärwölf genant werden *(insania lupina)* aber diese scheinen jhnen selbsten allein Wärwölf zu seyn / da die Zäuberer auch wärwölf seindt in anderer Leuth Augen.« Auch die Naga trennen streng zwischen ›Lykanthropie‹ und den wirklichen Werleoparden. Cf. J. H. Hutton: »Leopard-Men in the Naga Hills«, *Journal of the Royal Anthropological Institute* 1920, S. 50. Der Glaube an Tierverwandlungen hat sich im Gegensatz zu dem an den Sabbatflug in unseren Gegenden bis heute vereinzelt gehalten. Cf. A. Bach: *Deutsche Volkskunde*, Heidelberg 1960, S. 293. Herr Pintschovius vom Helms-Museum in Harburg, der seit Jahren den Zauberglauben in der Lüneburger Heide untersucht, teilt mir freundlicherweise mit, daß er in diesem Landstrich mitunter noch auf derartige Überzeugungen gestoßen ist. Nach einer sogenannten repräsentativen Umfrage bei Studenten aus zehn westafrikanischen Ländern ergab es sich, daß 72% der Befragten an Wertierverwandlungen glaubten. Cf. G. Lischke: »Bericht über den XI. Kongreß der Parapsychological Association«, *Zeitschrift für Parapsychologie* 1968, S. 93, ferner W.Brüggemann / H. P. Duerr: »Sunt homines nostri oder Wie 30 akademische Seelen vor der Auferstehung und dem ewigen Leben gerettet wurden, wohingegen 70 andere denselben wohl anheimfallen müssen«, *Forum Academicum*, Mai 1967, S. 16 ff. »We had a werewolf scare in the winter of 1930 through the disappearance of a farmer named Richard«, schreibt P. van Paassen (*Days of Our Years*, London 1939, S. 235, zit. n. R. Eisler: *Man into Wolf*, London 1951, S. 147), »who had a bad reputation as a sorcer, blighting the corn through his evil eye. He prepared love-philtres. Upon his death there were found in his cabin bottles, various herbs, magic stones, amulets with ›druidic‹ inscriptions, the head of a calf, assorted powders, waxen manikins labelled with the names of various persons in the neighbourhood long deceased, dried salamanders, a pair of leather gloves. There was one statuette with the name of a prominent landowner with a pin traversing its throat from end to end. The landowner died of cancer of the larynx. Other manikins had pins stuck in the stomach, backs, heads. He had been paid for these magic practices by estranged relatives of the prospective victims. The man was believed to walk by night in the shape of a wolf.«

44 F. v. Zimmern: *Zimmerische Chronik*, Bd. IV, Freiburg 1882, S. 122 f. Der da so rief war ein Krieger, dessen »haupt in zwai thail biss an hals gespalten«, was ihm einst »in aim krieg« zugestoßen war. Er erzählte dem Nachtwächter, daß er »iezo in der rais mit dem wueteshere« ginge. »Der wächter gieng heim, wardt krank und legt sich nider. Desselbigen legers lag er sechzehen ganzer wochen zu bet.«

45 Manchmal ist es sehr schwierig, nach den Texten zu entscheiden, ob es sich um Berichte über die Läufe dämonisierter Menschen oder um Ausgestaltungen des Glaubens an Dämonenheere handelt. Ein solch kontroverser Bericht findet sich etwa bei Praetorius: »In unserm Thueringen«, schreibt er, »werden zum oefftern / doch zwar sonderlich uemb die heiligen Weynaechten und Fastnachten / nicht allein auffm Felde / welches gemeiniglich geschehen pfleget / sondern auch in den Staedten und Doerffern selbsten / eine ziemliche Menge Gespaenster / Betruegsnuessen und Teuffels Gauckeleyen gesehen; unter welchen so wohl lebendiger als todter Leute Gesichter in grosser Anzahl offte erkandt werden; welche bißweilen wie eine Schwatrone Reuter / bißweilen wie ein Trop Mußquetirer sich erzeigen / in dem sie also hin und wieder streiffen und marchiren ... Es soll aber vor dieses Teuffels Heer ein ansehnlicher alter und grauer Mann / welchen sie den getreuen Eckhard nennen / herziehen / und mit einem Stecken / welchen er hin und her bewegt / forne an marchiren / und das heran nahende Volck / welches sich nach unsere angebohrne Ahrt allezeit luestern und begierig erzeiget / vermahnen / daß sie moechten etwas auß dem Wege welchen / oder abseits treten / oder gar nach Hause gehen / damit sie ihm nicht durch Kuenheit oder Vnbesonnenheit ein unnoehtiges Unglueck uebern Hals zoegen.« (M. J. Praetorius: *Blockes-Berges Verrichtung*, a.a.O., S. 15 f.) Er fügt noch hinzu, daß dieser »Gespoenster Auffenthalt« der Hörselberg sein solle und daß der Eckhard – wir erinnern uns an den Zwerg der Frau Venus – »ein Thuerhueter oder Schliesser des Venus-Berges sey«. Ist man wohl nach dem eben Zitierten geneigt, ein reines Dämonenheer zu vermuten, so zögert man doch, wenn der Autor kurz darauf vom »Fastnachs-Heer (so der gemeine Mann das wuetende Heer zu

nennen pfleget)« spricht, »welches vorzeiten aller Jahr auff den Fastnachts-Donnerstag hat pflegen zu ziehen durch Eißleben und andere Oerter derselben Graffschafft«. (a.a.O., S. 24, 27). Ein solcher Eckhard taucht auch in den hochmittelalterlichen »Frühlingsspielen« im Zusammenhang mit Morgain la Fée auf. In dem 1262 von dem Trouvèr Adam de la Halle verfaßten *Jeu de la feuillée* (»Spiel von der Blätterlaube«), das in der Dämmerung begann, ist für die Fee Morgue und ihre Begleiterinnen ein Tisch gedeckt. Nun tritt Croquesos, der Diener Hielekins, des Anführers des Wilden Heeres auf, welcher der Fee eine Liebesbotschaft seines Herrn überbringen soll. Cf. H. Kindermann: *Theatergeschichte Europas*, Bd. I, Salzburg 1957, S. 403. Dieses Wilde Heer, das er »familia Herlechini« nannte, begegnete nach dem normannischen Historiker Ordericus Vitalis am 1. Januar des Jahres 1091 einem Geistlichen. Cf. Driesen, a.a.O., S. 27. Noch heute heißt die Wilde Jagd in der Normandie »chasse Hennequin« (a.a.O., S. 30), und in der Champagne nennt man die Irrlichter »arlequins«.

Anmerkungen zu § 5

1 Daß die christliche Ideologie allem ›Dionysischen‹ und ›Rauschhaften‹ von vornherein mit Ablehnung gegenüberstand – »nüchterne Analyse« ist noch heute eine Lieblingsvokabel positivistischer und marxistischer Ideologiekritiker – zeigt etwa die Aufforderung des Clemens von Alexandrien (*Le Protreptique*, Paris 1949, S. 188 f.): »Viens donc, insensé«, so ruft er dem Dionysos zu, »mais non plus t'appuyant sur le thyrse, ni couronné de lierre; rejette ton turban, rejette ta peau de faon, deviens sain d'esprit; je te montrerai le Logos et les mystères du Logos, pour parler selon tes images. Voici la montagne aimée de Dieu; elle ne sert point de théatre aux tragédies comme le Cithéron, mais elle est consacré aux drames de la vérité; c'est une montagne de sobriété, qu'ombragent les forêts de la pureté; on n'y voit pas les transports bachiques de sœurs de Sémèle ›lé foudroyée‹, des Ménades qui reçoivent l'initiation impure dans le partage des chairs; mais les filles de Dieu, les pures

agnelles qui révèlent les vénérables mystères du Logos, y forment un chœur plein de sagesse.« Eine Kultur, in der Spannungen und Konflikte in starkem Maße auf einen Sündenbock abgewälzt werden, oder die aus welchen Gründen immer ein hohes Maß an Triebverzicht fordert, wird zu ›bewußtseinsverändernden‹ Drogen kaum ein freundliches Verhältnis haben, da diese dazu geeignet sind, wie die Indianer sagen, unsere kulturellen Selbstverständlichkeiten zu »schütteln«. L. B. Boyer / R. M. Boyer / H. W. Basehart (a.a.O., S. 56, 61) belegen dies am Beispiel der Mescalero Apachen, die den Peyote-Kaktus deshalb als »böse« betrachten, weil er auf eine ihnen unerträgliche Weise ›antisoziale Impulse‹ aufdeckte. Viele Leute, mit denen ich gesprochen habe, lehnen aus eben diesen Gründen die Einnahme von Drogen ab. Sie befürchten – mit einem gewissen Recht – daß die Droge den Panzer ihrer Identität aufknacken könnte, so daß ihr ›Inneres‹ unkontrolliert nach außen fluten würde.

2 Cf. Caesarius von Heisterbach, a.a.O., § 271.

3 Cf. hierzu auch N. O. Brown: *Love's Body*, New York 1966, S. 47.

4 »Der Gegenwart«, schreibt A. Gehlen (*Urmensch und Spätkultur*, Frankfurt/M. 1964, S. 119), »ist sehr weitgehend das Gefühl dafür verlorengegangen, daß es Erfahrungen geben könnte, die nicht in der Vorstellung vorwegzunehmen sind.« Norbert Elias hat bekanntlich den Prozeß der Verinnerlichung der Erfahrungen nachgezeichnet. Das, was heutzutage gerne »kritische Selbstreflexion« genannt wird – nach R. Spaemann (»Philosophie als institutionalisierte Naivität«, in *Philosophie, Gesellschaft, Planung*, München 1974, S. 97 f.) *noch* eine Krankheit, die sich für die Therapie hält – hat durch seine Folgenlosigkeit für unser Leben und für unsere Erfahrung zu einem solchen Überdruß geführt, daß die neuerliche Hinwendung zu einer verhältnismäßig ›theoriefreien‹ Wissenschaft verständlich wird. Cf. A. Naess: »Warum Wissenschaft nicht auch für Anarchisten?«, *Unter dem Pflaster liegt der Strand* 1976, S. 40. Ein Produkt derartiger ›Verinnerlichung‹ scheint auch die typische Akademikerperspektive zu sein, die Weise der Austragung wissenschaftlicher Konflikte – seien es nun die der Starnberger Tafelrunde oder die des Popperianer-Karussels – zum Modell der Austragung gesellschaftlicher Interessenkonflikte hochzustilisieren. Cf. hierzu H. Spinner: »Thesen zum Thema Reichweite und Relevanz der

Wissenschaftstheorie für die Einzelwissenschaften«, in *Bericht über den I. Kongreß Kritische Psychologie in Marburg*, Bd. II, Köln 1977, S. 568. Cf. auch ferner K. Aram: *Magie und Zauberei in der alten Welt*, Berlin 1927, S. 311.

5 Cf. F. Bardon: *Diane de Poitiers*, Paris 1963, S. 7.

6 Cf. A. Becker: *Pfälzer Volkskunde*, Bonn 1925, S. 122. »Glenni Elwedridsch« sagt man heute noch in Mannheim und Umgebung zu kleinen vorwitzigen Kindern.

7 Eine Vorstellung, zu der sich insbesondere Marxisten hingezogen fühlen (cf. etwa J. D. Bernal: *Science in History*, Bd. I, New York 1954, S. 46 oder G. Thomson, a.a.O., S. 16), die sich die Renaissance-Idee vom Menschen als *homo faber* dermaßen zu eigen gemacht haben, daß sie große Mühe haben, sich einen anderen Menschen auch nur vorzustellen. »Der Mensch«, schreiben beispielsweise zwei Marxisten, »kann nur von dem sinnvoll reden, was er ergreifen kann. Er verhält sich zu ihr (der Natur), indem er sie sich aneignet und sie zu seinen eigenen Zwecken bearbeitet.« (E. Romøren/T. I. Romøren: »Marx und die Ökologie«, *Kursbuch* 33, Oktober 1973, S. 176). Diese Perspektive ist nur die ›materialistische‹ Variante jenes idealistischen Erkenntnismodells, das sich in Kants berühmtem Satz »Der Welt erkennen will, muß sie zuvor zimmern, und zwar in ihm selbst« zusammenfassen läßt. Cf. hierzu K. Löwith: »Vicos Grundsatz: verum et factum convertuntur«, in *Aufsätze und Vorträge*, Stuttgart 1971, ferner G. de Santillana: *Reflections on Men and Ideas*, Cambridge 1968, S. 210. »You say«, entgegnet hierauf ein Kiowa-Indianer, »that I *use* the land, and I reply, yes it is true; but it is not the first truth. The first truth is that I *love* the land; I see that it is beautiful; I delight in it; I am alive in it.« (N. S. Momaday: »A First American Views His Land«, *National Geographic*, July 1976, S. 18.) Daß die Indianer ihr Land, oder genauer gesagt, das Land, von dem sie ein Teil waren, nicht im europäischen Sinne verwerteten (sprich: plünderten), wurde von den weißen Eindringlingen geradezu als Rechtfertigung dafür verstanden, dieses Land an sich zu reißen: »Diese Welt gehört uns, fügten sie hinzu; Gott, der den Ureinwohnern die Gabe, Gesittung anzunehmen, versagt hat, bestimmte sie damit im vornherein zu unvermeidlicher Vernichtung. Die wahren Besitzer dieses Erdteils sind die, welche dessen Reichtümer zu verwerten verstehen.« (A. de Tocqueville: *In*

der nordamerikanischen Wildnis, Stuttgart 1969, S. 34). Der Indianer erfuhr sich als ein Geschöpf der Natur unter vielen anderen und nicht als ihr Herr und Verwerter. W. Müller (»Sprache und Naturauffassung bei den Sioux«, *Unter dem Pflaster liegt der Strand* 1977, S. 162 f.) hat die Spiegelung der »hinnehmenden« Einstellung der Indianer zur Welt bis zu deren Sprache verfolgt, die er »pathozentrisch« genannt hat: »Das Überwiegen der neutralen Formen prägt dem Dakota eine *deutlich passive Struktur* auf. Sobald die Masse der Stämme aus Zustandswörtern besteht, gewinnt das Idiom einen erleidenden Charakter.« Im Gegensatz zu Whorf hat Müller die Analogien zu den Struktureigentümlichkeiten der Dakotasprache in anderen Kulturbereichen deutlich gemacht. Zur verhängnisvollen Überbetonung des »schaffenden« und »bearbeitenden« Menschentyps in unserer Zivilisation cf. auch L. Mumford: *Mythos der Maschine*, Wien 1974, S. 124 f., J. B. Cobb: *Der Preis des Fortschritts*, München 1972, S. 62, 122 ff., H. Cox: *The Feast of Fools*, Cambridge 1969, S. 11 f., G. Leval: »Marxisme et anarchisme«, in *Anarchici e Anarchia nel mondo contemporaneo*, Torino 1971, S. 489, Cf. hierzu auch § 3, Anm. 26.

8 M. Horkheimer / T. W. Adorno: *Dialektik der Aufklärung*, Frankfurt/M. 1969, S. 22.

9 Einem Berner Mandat aus dem Jahre 1480 zufolge wurde verordnet, »dass fürohin sölte abgestelt sin das werfen der junkfrowen in die bäch« (Zehnder, a.a.O., S. 311). In diesen Bächen scheinen die Jungfrauen in Verbindung mit der jenseitigen Welt und den Kinderseelen gekommen zu sein. Cf. auch § 3, Anm. 46.

10 In einer betont ›maskulinen‹ Gesellschaft wie jener der Aranda, in welcher das reifende Mädchen von den Männern vergewaltigt wird, nachdem man ihr in einer *atnaaraltakama* genannten Zeremonie mit einem Steinmesser die Vagina vergrößert hat, unterscheidet man zwei Arten von Frauen: *nguanga*, »stille«, also Frauen, die sich umstandslos den Wünschen und Begierden der Männer fügen, und *alknarintja*, »wilde«, also Frauen, die das nicht tun. In gewissem Sinne ist vor der Heirat jede Frau »wild«, d. h. noch nicht »still gemacht«. In dieser Zeit befriedigen sich die »wilden Frauen«, für gewöhnlich Kreuz-Cousinen, mit einem künstlichen Penis *(iminta)*, mit rübenähnlichen Wurzeln, oder sie legen sich so aufeinander, daß sie sich die Klitoris aneinander reiben können. Cf. G.

Róheim: »Women and their Life in Central Australia«, *Journal of the Royal Anthropological Institute* 1933, S. 234 f.

11 Die Nyakyusa werden in ähnlicher Weise gewissermaßen prophylaktisch ›wahnsinnig‹ um nicht, wie sie sagen, wirklich wahnsinnig zu werden: »There ist much idiocy *(ubulema)* if you do not perform the ritual, and madness *(ikigili)*.« Cf. M. Wilson: *Rituals of Kinship among the Nyakyusa*, London 1971, S. 59., ferner V. W. Turner: »Aspects of Saora Ritual and Shamanism«, in *The Craft of Social Anthropology*, London 1967, S. 203. Cf. auch E. R. Dodds: *Die Griechen und das Irrationale*, Darmstadt 1970, S. 48. Die Lugbara halten auch »witchcraft sentiments« für natürlich, und diese müssen lediglich so kanalisiert werden, daß sie erträglich sind. Cf. J. Middleton: »The Concept of ›Bewitching‹ in Lugbara«, in *Magic, Witchcraft, and Curing*, Garden City 1967, S. 65.

12 Cf. E. Ardener: »Belief and the Problem of Women«, in *The Interpretation of Ritual*, London 1972, S. 143 ff.

13 Wenn es wahr ist, wie E. Massonneau (*La magie dans l'antiquité romaine*, Paris 1934, S. 61) schreibt, daß der Lauf der Luperci unter anderem die Gefahr der Lykanthropie bannen sollte, dann kann man auch hier etwas ähnliches beobachten: stellvertretend für die Gemeinde werden einige Männer zu Werwölfen.

14 Cf. O. Lauffer: »Die Hexe als Zaunreiterin«, in *Volkskundliche Ernte*, Gießen 1938, S. 119 f., K. Helm: *Altgermanische Religionsgeschichte*, Bd. II, Heidelberg 1953, S. 157, J. A. MacCulloch: *Eddic Mythology*, New York 1930, S. 300 f., ferner auch S. C. Blaffer: *The Black-man of Zinacantan*, Austin 1972, S. 99. »A witch is born on the boundary«, sagen die Dinka. Cf. G. Lienhardt: »Some Notions of Witchcraft Among the Dinka«, *Africa* 1951, S. 315. Zu *hagazussa* paßt das im Hochmittelalter übliche Wort *zûnrite*, das an die altnordischen *tûnridur* und auch an die niederdeutschen *walrîderske* erinnert. Solche Hexen bezeichnete man vielfach mit dem Begriff *stria*. *Stria* und *malefica* sind zunächst voneinander geschieden. In den alemannischen Gesetzen ist die Rede von einer *stria aut herbaria*. Cf. H. Vordemfelde: *Die germanische Religion in den deutschen Volksrechten*, Bd. I, Gießen 1923, S. 146 f. Auch das Gesetz des ungarischen Königs Koloman im hohen Mittelalter unterschied streng zwischen *strigae* und *malefici*. Über die Bedeutung des Satzes »De strigis vero

quae non sunt, nulla quaestio fiat« ist viel debattiert worden. Da Kolomans Vorgänger Ladislaus und Stefan I. überführten Strigen als Buße Fasten und eine Unterweisung im christlichen Glauben verordneten und ihnen im Wiederholungsfalle mit einem glühenden Kirchenschlüssel ein Zeichen auf die Stirn, zwischen die Brüste und die Schulterblätter einbrennen ließen, zeigt es sich zumindest, daß in deren Zeiten die Strigen als Menschen angesehen wurden. Vielleicht handelte es sich um Nachtfahrende, Wahrsagerinnen und Zauberinnen. Cf. A. Szendrey: »Hexe – Hexendruck«, *Acta Ethnographica* 1955, S. 130 f., F. Müller: *Beiträge zur Geschichte des Hexenglaubens und der Hexenprocesse in Siebenbürgen*, Braunschweig 1854, S. 9. Koloman scheint also – wie die modernen Ethnologen – diejenigen, die von sich sagten, sie seien eine Hexe, für Menschen gehalten zu haben, die glaubten, etwas zu sein, was es nicht gab. Cf. A. Graf: *Naturgeschichte der Teufels*, Jena 1890, S. 272 f. Wenn es in einem alemannischen Bîhtebuoch aus dem frühen 14. Jahrhundert heißt: »unn ob du ie geloubetost an hecse? unn an lâchenerin? unn an segenerin? unn ob du tete das si dir rieten?« (zit. n. Franck, a.a.O., S. 633), dann wird auch hier offenbar, daß man nicht die Existenz solcher Frauen in Frage stellte, sondern lediglich herausbekommen wollte, ob die Betreffenden solchen Frauen glaubten und vertrauten. Diese »hecsen« waren also Menschen, und es wird nicht selten vorgekommen sein, daß diese Frauen überführt wurden, was sich wohl auch dem salischen Gesetz entnehmen läßt: »Si quis (uero) muliere (ingenuam) striam clamauerit [a]aut meretricem[a] et non potuerit adprobare, mallobergo faras, [b](MMD) denarios qui faciunt (in triplum) solidos (c) LXXXVII et semis culpabilis iudicetur.« »Si quis alterum herburgium clamauerit, hoc est striportium, aut illum, qui inium portare dicitur, ubi strias coccinant, et non potuerit adprobare, mallobergo humnisfith hoc est, MMD denarios qui faciunt solidos LXII semis culpabilis iudicetur.« »Si stria hominem commederit et ei fuerit adprobatum, mallobergo granderba, sunt denarii VIII M qui faciunt solidos CC culpabilis iudicetur.« (*Pactus Legis Salicae*, Hannover 1962, LXIV, §§ 1, cf. auch *Lex Salica*, Hannover 1969, XCV, 96). Seit Grimm hat man unter einem *herburgius* einen Mann verstanden, der den Hexen den Kessel trug (altfränkisch *chver* = Kessel, *burjo* = Träger). Später wurde *chereburgios* als *hēraburgio* = *hár* (»Hexe«) und *burgio* (»Gewährsmann«),

also »Hexendiener« gelesen. Cf. V. v. Geramb: »Kessel und Kesselhaken«, *Handwörterbuch des deutschen Aberglaubens*, Bd. IV, Berlin 1932, Sp. 1264, Vordemfelde, a.a.O., S. 137. Von den Bestimmungen dieses Salischen Rechts heißt es, daß sie bis ins 5. Jahrhundert zurückreichten. Cf. R. Buchner: *Deutschlands Geschichtsquellen im Mittelalter*, Weimar 1953, S. 17 f. Im Norden waren *qvelrida* (»Nachtreiterin«) oder *myrkrida* (»Dunkelreiterin«) nicht eben schmeichelhafte Bezeichnungen für eine Frau. Noch weniger liebenswürdig war es, wenn man – wie es das ältere Gesetz von Västgötaland (um 1170) formulierte – sagte: »Kono, iak sa, at thu reet a quigrindu ok i trolsham, tha alt var iamrift nak ok dagher.« (»Frau, ich saß dich auf einer Zaungerte reiten, die Haare und den Gürtel gelöst, in einer Trollin Gewand, als es gleich war zwischen Tag und Nacht.«) Der nordische Text ist zit. n. J. Grimm: *Deutsche Rechtsaltertümer*, Bd. II, Leipzig 1899, S. 209 f. Diese Zaungerte läßt sich wohl mit dem altnordischen *gand* oder *gandr* in Verbindung bringen (cf. L. Weiser-Aall: »Hexe«, *Handwörterbuch des deutschen Aberglaubens*, Bd. III, Berlin 1931, Sp. 1850), ein Wort, das vermutlich ein Zaubertier (cf. dies.: »Zum Hexenritt auf dem Stabe«, in *Festschrift für Marie Andree-Eysn*, München 1928, S. 64 f.), ein ›alter ego‹ bezeichnete, bevor es einen Stab bedeutete. Cf. Å. Ohlmarks: *Studien zum Problem des Schamanismus*, Lund 1939, S. 312. Noch in einem Hexenprozeß in Valcamonica im Jahre 1518 sagte die Hexe Benvegnuda Pincinella, der ein unziemliches Treiben auf dem Berge Tonal zur Last gelegt wurde, aus, ihr »Separatteufel« Juliano habe ihr beigebracht, wie man mit Salben Stöcke in Tiere verwandeln könne, auf denen sie im Anschluß durch die Lüfte flog (cf. J. Burckhardt: *Die Kultur der Renaissance in Italien*, Bd. II, Leipzig 1908, S. 374), und noch häufiger wird derartiges aus den keltischen Ländern berichtet. Cf. G. Lehmacher: »Die irischen Elfen«, *Zeitschrift für Ethnologie* 1951, S. 127. Bereits in chaldäischen Texten, die man in Niniveh ausgrub, ist die Rede von einem *gusur*, was mit *rakabu sa kasipti* erläutert wird, »ein Stück Holz, auf dem die Hexen reiten«. Cf. E. Kiessling: *Zauberei in den germanischen Volksrechten*, Jena 1941, S. 22.
15 Cf. W.-E. Peuckert: »Traufe und Flurgrenze«, *Zeitschrift für Volkskunde* 1953, S. 80, 83, G. Duby: *Krieger und Bauern*, Frankfurt/M. 1977, S. 29. Peuckert weist darauf hin, daß die »Flurgrenze« als die Scheidelinie, die von den Dämonen nicht überschritten

werden kann, dem die slawischen Straßendörfer umgebenden Heckenwerk, die »Dachtraufgrenze« hingegen eher dem germanischen Hof, dem Lebensraum der Großfamilie, entspricht. Im Mittelmeergebiet zog man als Dämonengrenze oft eine Furche um die Ansiedlung. Cf. L. Deubner: »Mundus«, *Hermes* 1933, S. 284 f. Die ewenkischen Schamanen zogen einen »mythischen Zaun« *(marylja)* um das Territorium ihres Stammes, den die Geister Mühe hatten zu übersteigen und der mit dem Tode des Schamanen verschwand. Cf. Z. Rudy: *Ethnosoziologie sowjetischer Völker*, Bern 1962, S. 124 f., 128. Im germanischen Hag wuchs übrigens ein Großteil der ›kulturbegleitenden‹ Heilkräuter. Cf. A. Helbok / H. Marzell: *Haus und Siedlung im Wandel der Jahrtausende*, Berlin 1937, S. 127. Auch in späteren Zeiten, als die Zäune aus totem Holz bestanden, flocht man hexenabwehrende Kräuter in sie, insbesondere den Wacholder, *Juniperus sabina* (cf. Leoprechting, a.a.O., S. 97, I. v. Zingerle: »Wald, Kräuter, Bäume«, *Zeitschrift für deutsche Mythologie und Sittenkunde* 1853, S. 326), mit dem man früher im Böhmischen in der Walpurgisnacht die Hexen ausräucherte. »Eichenlaub und Kranewitt, dös mag der Teufl nit!« Ursprünglich scheinen jedoch die dämonischen Wesen *im* Wacholder gesessen zu haben. Im Waldeckschen legte man einst Opfergaben in einen Wacholderbusch und sprach dabei:

»Ihr Hollen und Hollinnen,
Hier bring ich euch etwas zu spinnen
Und was zu essen;
Ihr sollt spinnen und essen
Und meines Kindes vergessen.«

Es geht die Sage, daß im schweizerischen Obersimmental einmal einige Burschen sich aus einer Gruppe von Zwerglein eines gegriffen hätten. Da riefen diesem seine fliehenden Freunde noch schnell zu:

»Si möge mit dir fürnäh
Was sie wei,
Verrat nit,
Was d'Reckholderstude
Z'behüete hei.«

In vielen Sagen bezeichnet der Wacholder die Stelle, an der sich der Zugang zur anderen Welt befindet, und in einer Legende der Esten heißt es auch, Jesus sei von einem Wacholderbusch aus in den Himmel aufgefahren. Cf. Marzell, a.a.O., S. 48 ff. Die Pharmakologen sagen, daß der Wacholder »tetanieähnliche Zustände mit Bewußtlosigkeit« erzeugen könne und die Sehkraft herabsetze. Cf. Gessner / Orzechowski, a.a.O., S. 250. *Juniperus communis*, der ätherische Öle enthält, war früher Bestandteil vieler Theriakmischungen. Bei den Kafiren fallen Geisterseher durch das Einatmen von Wacholderrauch in Trance und sehen die tanzenden Feen (cf. E. Friedl: *Träger medialer Begabung im Hindukusch und Karakorum*, Wien 1966, S. 13, 33, 49, cf. auch U. Harva, a.a.O., S. 433), die bisweilen auf dem *Juniperus macroarpa* sitzen und dessen Blätter essen. Cf. G. Muhammed: »Festivals and Folklore of Gilgit«, *Memoirs of the Asiatic Society of Bengal* 1905, S. 104. Bei den Nakhi in Yünnan schließlich gilt der Wacholder geradezu als die Verbindung zwischen den Welten, als *axis mundi*. Cf. G. Prunner: »Die Religionen der Minderheiten im südlichen China«, in *Die Religionen Südostasiens*, Stuttgart 1975, S. 149 f.

16 Daß der *sejdr* offenbar überwiegend von Frauen betrieben wurde, geht auch aus jener *Lokasenna*-Stelle hervor, an welcher Loki spöttisch zu Odin sagt: »Man sagt aber, daß du auf Samsey *sejdr* getrieben hast und daß du auf Holzdeckel schlugst, wie es die *volur* zu tun pflegen; in Gestalt eines Zauberer fuhrst du um die Welt. Das ist, meine ich, ein wirklich unmännliches Benehmen.« (Zit. n. Ohlmarks, a.a.O., S. 339 f., cf. auch § 3, Anm. 110) *Sedjr*-Männer (im Gegensatz zu *sejdr*-Frauen) »wurden wie passiv homosexuelle Verbrecher bestraft und ums Leben gebracht«, ihr Treiben wurde als *orgi*, Schamlosigkeit, angesehen (a.a.O., S. 316). Cf. auch L. C. Faron: »Shamanism and Sorcery Among the Mapuche in Chile«, in *Progress and Pattern in Culture*, Chicago 1964, S. 130. Sehr radikal ging das ältere Gulathing-Recht in Norwegen gegen die ekstatischen Seher vor. Cf. J. Simpson: »Olaf Tryggvason Versus the Powers of Darkness«, in *The Witch Figure*, London 1973, S. 177.

17 Diese Ambivalenz der Hexen findet man auch bei den Pueblo-Indianern in Neu Mexiko. Die Zuñi etwa verdanken ihnen zweierlei – den Tod und den Mais. Coyote, der Erztrickster, ist ihr Lehrmeister. Cf. E. C. Parsons: »Witchcraft Among the Pueblos«, *Man* 1927, S. 106, 127. Die Strafen selbst für ›übeltuende‹ Hexen

waren im frühen Mittelalter noch verhältnismäßig mild. Zu Beginn des 9. Jahrhunderts wurden nach einer Verordnung des Churer Bischofs Remedius der *malefica* die Haare abgeschnitten, und ihr Kopf wurde mit Pech übergossen, worauf man sie mit einem Esel durch die Ortschaft schleifte. Im Wiederholungsfalle allerdings schnitt man ihr Zunge und Nase ab, und beim dritten Male durfte der Richter mit ihr nach Gutdünken verfahren. Cf. I. Müller: »Zum heidnischen Brauchtum im rätischen Mittelalter«, *Schweizer Volkskunde* 1971, S. 18. Nach dem Gesetz der spanischen Visigoten wurden diejenigen, »die Maleficia üben, Bindemittel oder Geschriebenes brauchen zum Nachteil eines anderen, um Menschen, Tiere, bewegliche Habe, Äcker, Weinberge zu beschädigen; allen, die als Wettermacher durch ihren Sang Hagel herbeiziehen; die durch Anrufung böser Geister den Sinn der Menschen verwirren und diesen Geistern nächtlich Opfer feiern« mit »200 Stockschlägen, Haarabscheren und schimpflichem Herumführen« bestraft. In einem Capitular Karls des Großen heißt es, daß dort, wo *maleficae*, Auguren und dergleichen »ergriffen werden, der Erzpriester der Diöcese darauf zu sehen habe, daß sie verhaftet, verhört und belehrt werden. Wenn sie hartnäckig bleiben, sollen sie verdammt und im Kerker unter Verschluß bleiben, bis sie Besserung angeloben.« (Zit. n. Roskoff, a.a.O., Bd. I, S. 288, 298). Auf dem Konzil zu Anham im Jahre 1009 beschloß man, derartige Hexen lediglich des Landes zu verweisen. Man darf freilich nicht vergessen, daß in ›Schamkulturen‹ derartige Strafen viel schlimmer gewesen sein müssen als heute, und daß die Landesverweisung nicht mit einer Exilierung aus einer ›Schuldkultur‹ verglichen werden kann.

18 Cf. P. Herrman: *Das altgermanische Priesterwesen*, Jena 1929, S. 17, 44, 46. R. Bruder (*Die germanische Frau im Lichte der Runeninschriften und der antiken Historiographie*, Berlin 1974, S. 161) hat darauf hingewiesen, daß aus den zugänglichen Dokumenten kein einziger Fall bekannt ist, in dem eine germanische Frau eine Priesterrolle eingenommen hätte, die der vergleichbar ist, die den Männern vorbehalten war. Die Seherinnen usw. waren zwielichtige Gestalten außerhalb der offiziellen Hierarchie. Auch die Kelten kannten keine ›Druidinnen‹. Cf. F. Le Roux: *Introduction générale à l'étude de la tradition celtique*, Bd. I, Rennes 1967, S. 57.

19 Beim *sejdhjallar* handelte es sich wohl weniger um einen Stuhl als

um ein übermannshohes Gerüst. Dreifüße als Zauberstühle haben sich noch lange gehalten, und in vielen Sagen beschwören die Hexen auf ihnen ihre Kräuter. In einem Codex aus St. Florian in Österreich, der vermutlich aus dem 14. Jahrhundert stammt, heißt es: »ee das sy zu dem tancz get, so sicz sy auf ain drifues . . . so tancz man mit ir var für die andern. item so man ain taczs (= Abgabe) gen kirchen trait für ain haws, so lauft aine in dem haus und seczt auf ainm drifüz so wirt ir derselb man.« Cf. V. v. Geramb: »Dreifuß«, in *Handwörterbuch des deutschen Aberglaubens*, Bd. II, Berlin 1929, Sp. 446. Zum Dreifuß der Pythia cf. § 3, Anm. 84.

20 Die rein dämonische Hexe mit kannibalischen Gelüsten hat sich noch in unseren Märchen erhalten. Cf. L. Röhrich: »Die deutsche Volkssage«, in *Vergleichende Sagenforschung*, Darmstadt 1969, S. 232.

21 Noch in heutiger Zeit taucht dieses Motiv hie und da auf. Die andalusische Hexe *(hechicera)* legte sich eine Haspel auf den Kopf, stülpte ihren Rock über denselben und flog auf »sehr lustvolle Weise« auf einem verzauberten Mann durch die Nacht. Cf. G. Brenan: *South From Grenada*, Harmondworth 1963, S. 120 f.

22 Cf. H. R. Ellis: »Hostile Magic in the Icelandic Sagas«, in *The Witch Figure*, London 1973, S. 25.

23 Cf. H. Debrunner: *Witchcraft in Ghana*, Kumasi 1959, S. 20. Cf. auch E. H. Winter: »The Enemy Within: Amba Witchcraft«, in *Witchcraft and Sorcery in East Africa*, London 1963, S. 292 f., L. Makarius: »The Magic of Transgression«, *Anthropos* 1974, S. 549 f.

24 Cf. K. Schlosser: *Zauberei im Zululand*, Kiel 1972, Tafel 39 und A.-I. Berglund: *Zulu Thought-Patterns and Symbolism*, London 1975, S. 276. Oft wird dieses ›Verkehrtsitzen‹ in neueren Sagen nicht mehr richtig verstanden: »Der alte Krautenkaspar vom Arzbach, der ist auch einmal mit der Durlhechs von Hohenwies auf der Nudlmolten mitgefahren, aber arschlings ist draufgsessn, sonst wär er erstickt, so schnell ists gegangen.« (M. Höfler: *Volksmedizin und Aberglaube in Oberbayerns Gegenwart und Vergangenheit*, München 1888, S. 22). Von einem Mann, »de ole Deharr«, heißt es, er sei »eenmal upstahn nachts klocke twelw, do is de ole Fischersche oewer de Brügge kamen un hett verkährt uppen kalf säten un den Stärt in de Hand hadd un is so in'n Klabaster de Drifft nupp räen. 'n anneren Morgen is he in är Hus gahn, do hett se noch uppen Bedde lägen und oewer Koppkäld klagt. Do hett de ole Deharr

seggt: ›Myn Därn, uppen anner Mal lat du de Näs vant Kalf aff!‹« (Strackerjan, a.a.O., Bd. I, S. 389 f.). Cf. auch J. N. Sepp: *Orient und Occident*, Berlin 1902, S. 158.

25 Cf. H. Findeisen: *Dokumente urtümlicher Weltanschauung der Völker Nordeurasiens*, Oosterhout 1970, S. 33. Cf. auch H. Berger: »Bericht über sprachliche und volkskundliche Forschungen im Hunzatal«, *Anthropos* 1960, S. 661, L. Honko: »Finnische Mythologie«, in *Götter und Mythen im alten Europa*, Stuttgart 1973, S. 328, R. Needham: »Introduction«, in E. Durkheim / M. Mauss: *Primitive Classification*, Chicago 1963, S. XXXIX.

26 Cf. R. Tonkinson: »Aboriginal Dream-Spirit Beliefs in a Contact Situation«, in *Australian Aboriginal Anthropology*, Nedlands 1970, S. 280. Zur ›upside-down‹-Sprache im Kankalu-Ritual cf. K. Hale: »A Note on a Walbiri Tradition of Antonymy«, in *Semantics*, London 1971, S. 472 ff. Zur Verkehrung gewöhnlicher Verhaltensweisen cf. auch D. F. Thomson: »The Joking Relationship and Organized Obscenity in North Queensland«, *American Anthropologist* 1935, S. 460 ff. und A. R. Radcliffe-Brown: »On Joking Relationships«, *Africa* 1940, S. 197 f.

27 Cf. Petronius: *Satyricon*, München 1961, 63, 9 ff.

28 Cf. O. Kurtz: *Beiträge zur Erklärung des volkstümlichen Hexenglaubens in Schlesien*, Anklam 1916, S. 44. »Suspicor«, schreibt Ovid (*Die Liebeselegien*, Darmstadt 1965, S. 42), »et fama est; oculis quoque popula duplex fulminat et gemino lumen ab orbe venit.« In derselben Weise charakterisiert man auch in anderen Weltgegenden die Hexen. Cf. M. E. Spiro: *Burmese Supernaturalism*, Englewood Cliffs 1967, S. 25. Cf. auch S. Seligmann: *Die Zauberkraft des Auges und das Berufen*, Hamburg 1922, S. 249.

29 Zit. n. J. P. Cutts: »Le rôle de la musique dans les masques de Ben Jonson«, in *Les fêtes de la Renaissance*, Paris 1956, S. 285. Ähnliche Beispiele finden sich vor allem in den zitierten Werken von Remigius und de Lancre. Cf. auch G. Correa: »El espíritu del mal en Guatemala«, in *Publications of the Middle American Research Institute*, New Orleans 1955, S. 83.

30 »El Demonio la tratò carnalmente por ambas partes, y la desflorò y padecia mucho dolor.« (Zit. n. Zacharias, a.a.O., S. 61.) Kaum nötig, zu erwähnen, daß der Analverkehr zu den Todsünden gerechnet wurde. Lustvoll ist der Beischlaf mit den Teufeln in den

allerseltensten Fällen, für den Teufel selber mitunter nicht einmal dann, wenn man ihm die Fähigkeit zur Lustempfindung konzedierte. Nachdem er etwa im Jahre 1607 bei der Moellerschen, einer Frau »ziemblich von Alter« gelegen hatte, meinte er hernach recht uncharmant, »wehre ihm auch nicht viel daranne gelegen, wollte sich nach einer Jungen umbsehen«. Cf. W. Hartmann, a.a.O., S. 32.

31 Deshalb scheint es mir ein wenig unfair zu sein, wenn moderne Autorinnen etwa an Pierre de Lancre »die Unfähigkeit« bemängeln, sich den Sabbat anders denn als eine Umkehrung gewöhnlichen Zusammenseins vorzustellen« (I. Brenner / G. Morgenthal: »Sinnlicher Widerstand während der Ketzer- und Hexenverfolgungen«, in *Aus der Zeit der Verzweiflung*, Frankfurt/M. 1977, S. 215). Denn derartige Bilder der ›verkehrten‹ Welt finden sich gleichermaßen in grauer Vorzeit, bei heutigen Naturvölkern und bei den Ethnologen der Neuzeit. Sie dienen meist zur Beschreibung dessen, was V. W. Turner (»Witchcraft and Sorcery«, *Africa* 1964, S. 323) »›anti‹-structure« genannt hat. Cf. auch J. Z. Smith: »Birth Upside Down or Right Side Up?«, *History of Religions* 1969, S. 290 f. Während auf der ostindonesischen Insel Lembata die ›Seele‹ den gewöhnlichen Menschen durch den Mund verläßt, so tut sie dies bei der Hexe *(maq-molan)* durch den After. Cf. R. H. Barnes: *Kédang*, Oxford 1974, S. 210. R. Bastide (*Le rêve, la transe et la folie*, Paris 1972, S. 117) berichtet, daß ähnliche Wahrnehmungen und Vorstellungen bei gewissen Formen des Wahns auftauchen. Bekannt ist, daß man sich vielerorts das ›Goldene Zeitalter‹ als eine Umkehrung des gegenwärtigen vorstellte. Auf der Neuguinea vorgelagerten Insel Biak glaubten die Eingeborenen nicht nur, daß es dann keine *kompeni*, keine holländische Verwaltung mehr geben würde, sondern daß die Knollengewächse wie Yams und Kartoffeln auf den Bäumen und die Baumfrüchte auf der Erde wüchsen. Die Fische liefen auf dem Land herum und die Landtiere schwömmen im Meer, die Papuas herrschten und die weißen Kolonialherren jäteten den Garten. Man begann dieses Zeitalter, indem man die Farben der niederländischen Trikolore umkehrte, doch der erste Rückschlag stellte sich ein, als die während des Zweiten Weltkrieges einmarschierenden Japaner diese ›Flagge der verkehrten Welt‹ nicht anerkennen wollten. Cf. P. Worsley: *Die Posaune wird erschallen*, Frankfurt/M. 1973, S. 183 f., 189, 192, 198.

32 Es ist zwar richtig, wie M. E. Spiro (»Virgin Birth«, *Man* 1968, S. 249 f.) sagt, daß die Christen im Gegensatz zu den australischen Ureinwohnern die ›Jungfrauengeburt‹ für etwas ganz Ungewöhnliches, für ein Wunder halten, aber es mag trotzdem durchaus sein, daß dieses Wunder gewissermaßen die Spätvariante der archaischen Auffassung ist, daß die Seele des Kindes mit dem männlichen Samen nichts zu tun hat und durch eine ›Urmutter‹ oder welches übernatürliche Wesen auch immer in die Gebärmutter der Frau gelangt. Cf. § 3, Anm. 36. Noch im Jahre 1517 erklärte übrigens das Parlament von Grenoble auf Grund eines Gutachtens der Universität Montpellier das Kind einer Mme. Montléon für legitim, das diese vier Jahre nach dem Tod ihres Mannes von ihm in einem Traum empfangen hatte. Cf. R. Needham: »Virgin Birth«, *Man* 1969, S. 458.

33 Cf. hierzu P. Piehler: *The Visionary Landscape*, London 1971, S. 59, 61. J. P. Peristiany (»Honour and Shame in a Cypriot Highland Village«, in *Honour and Shame*, London 1965, S. 182) beschreibt die ideale mediterrane Frau als »married mother virginal in sensations and mind«. Cf. auch A. Parsons: »Besitzt der Ödipuskomplex universelle Gültigkeit?« in *Der Mensch und seine Kultur*, München 1974, S. 218, 223.

34 Deshalb ist es verfehlt, wie N. Luhmann (*Funktion der Religion*, Frankfurt/M. 1977, S. 259) von »*regressiven* Tendenzen« und einem »*Wiederaufleben* des Hexenglaubens« zu jener Zeit zu reden. Als ob man im späten Mittelalter oder zu Beginn der Neuzeit auf eine frühere Stufe der Entwicklung zurückgefallen sei.

35 Da eine derartige Argumentation manche unbefriedigt ließ, haben einige Zeitgenossen, wie beispielsweise Binsfeld, die Authentizität des Konzilsbeschlusses über die Nachtfahrten in Abrede gestellt, ohne damit durchzudringen.

36 Seit alters scheint das Verbrennen der Leichen bei den germanischen Stämmen auch ein »Infam-Erklären des Verstorbenen« gewesen zu sein. Cf. H. Dörries: *Germanische Religion und Sachsenbekehrung*, Göttingen 1935, S. 3.

37 Cf. hierzu H. Jacoby: *Die Bürokratisierung der Welt*, Neuwied 1969, S. 65 ff., A. v. Martin: *Soziologie der Renaissance*, Stuttgart 1932, 26 ff. »Unsß ist nit not nach kaina dinga, den alain nauch dem nuitz«, verlautete gegen Ende des 15. Jahrhunderts die Große

Ravensburger Handelsgesellschaft. (Zit. n. E. Maschke: »Das Berufsbewußtsein des mittelalterlichen Fernkaufmanns«, in *Die Stadt im Mittelalter*, Bd. III, Darmstadt 1976, S. 181.) Verpulverte die frühe Handelsbourgeoisie noch gerne ihren Profit für allerlei Vergnügungen und Sinnengenüsse, so wird der spätere Manufakturbürger denselben eher in seine Güterproduktion investieren. Cf. L. Kofler: *Zur Geschichte der bürgerlichen Gesellschaft*, Neuwied 1966, S. 299.

38 So vor allem von N. Elias: *Über den Prozeß der Zivilisation*, Köln 1969.

39 Cf. F. Siebert: *Der Mensch um Dreizehnhundert im Spiegel deutscher Quellen*, Berlin 1931, S. 105.

40 Elias (a.a.O., Bd. I, S. 223) führt als Beispiel für die Ungeziertheit und Natürlichkeit der früheren Zeiten den Bericht eines Tiroler Arztes an, in dem es heißt: »Wie vil mal sihe ich die Mägdlein von 10. 12. 14. 16 vnd 18. Jaren gantz entblößt, vnnd allein mit einem kurtzen leinen offt schleussig vnd zerrißnen Badmantel, oder wie mans hier zu Land nennt mit einer Badehr allein vornen bedeckt, vnd hinden vmb den Rucken, Dieher vnnd Füssen offen, vnd die ein Hand mit gebür in dem Hindern haltend, von jhrem Hauß auß, vber die lang Gassen, bey mitten tag, biß zum Bad lauffen?« Elias, der diese Stelle aus der Sekundärliteratur zitiert und vermutlich deshalb den Zusammenhang nicht kennt, läßt dabei unter den Tisch fallen, daß der Mediziner, wohl nicht gerade ein Anhänger der Lehre vom ›kulturellen Relativismus‹, sich zuvor empört an die Stadtrichter und den Bürgermeister Halls gewandt hatte, und zwar mit den Worten: »Besinn dich, ob du nicht bißher gesehen hat, vnd alle Wochen noch sihest, daß deine wol erzogne Burger vnd Burgerinen, sich in jhren Häusern entblößen, vnd also nackend vber die offentliche Gassen, biß zum Bad – oder Schandhauß vor aller fürgehenden Augen gehen dörffen?« Zudem ist der Text nicht aus dem späten Mittelalter, wie Elias offenkundig meint, sondern aus jener Zeit, in der nach Elias eine solche Ungezwungenheit schon sehr eingeengt sein mußte. Er stammt nämlich aus dem 1610 in Ingolstadt erschienenen Buch *Die Grewel der Verwüstung menschlichen Geschlechts* (S. 948) von H. Guarinonius. Es steht zu vermuten, daß die Badhausbesucher deshalb halbnackt über die Gassen liefen, weil ihnen im Badhaus oft die abgelegten Kleider gestohlen wurden,

was übrigens schon im *Sachsenspiegel* angeprangert wird. Der Jesuitenschüler Guarinonius scheint ein rechter Spießer gewesen zu sein, denn er erregte sich gar über das Hochschürzen der Waschweiber am Brunnen: »Ist auch die noch öffentlicher wasch Unzucht viler bübischen Weiber, welche wann sie ihre grawsame Hausswäschen anstellen, sich vmb die Brust, Armben und Schencklen biss vber die Knie ganz entblössen vnd vil unverschämbter als die gemeinen Hurn auff offner Gassen und Plätzen, bey den Brunnen vnd Bächen sich von jedermann sich ansehen lassen, ja so gar keine Hembder anhaben.« (A.a.O., S. 950) Elias hätte eher jenen Brief des päpstlichen Sekretärs Giovanni Francesco Poggio aus dem Jahre 1417 zitieren können, der über die Bäder von Baden im Aargau mit großem Wohlwollen schreibt: »Lustig ist es anzusehen, wie da zugleich alte abgelebte Mütterchen und junge Mächen nackend vor aller Augen hinabsteigen, und das, was sonst jedermann sorgfältig verbirgt, den Mannsblicken preisgeben. Mehr als einmal hat mich dieses köstliche Spektakel belustigt. Die floralischen Spiele sind mir dabei eingefallen, und ich habe bei mir selbst die Einfalt dieser Leute bewundert, die ebensowenig ihr Auge darauf richten, als sie dabei das mindeste Arge denken und reden. (Zit. n. W. A. Luz: *Das Büchlein vom Bad*, Berlin 1958, S. 53 f.). An einer anderen Stelle des Briefes schreibt Poggio indessen, daß die Frauen Badhemden trugen, so daß sich das »nackend« wohl nur auf die Jungfrauen bezieht, denen es im späten Mittelalter ja auch bisweilen gestattet war, »oben ohne« zu tragen. Im 16. Jahrhundert findet man solche Sitten nur noch selten. In der Badeordnung für das Glotterbad aus dem Jahre 1550 heißt es beispielsweise: »Viertens sollen alle Benutzer des Bades, es seyen Manns- oder Weybspersonen, jre Heimlichkeiten zudecken, und wo einer oder eine dasselbig unzüchtiger Weiß uberginge oder vor dem Gericht deßhalben anklagt würde, der oder die sollen ebenmäßig straffwürdig sein.« (Zit. n. E. W. Zeeden: *Deutsche Kultur in der frühen Neuzeit*, Frankfurt/M. 1968, S. 304).

41 Cf. G. L. Kriegk: *Deutsches Bürgerthum im Mittelalter*, Bd. II, Frankfurt/M. 1871, S. 28, S. Harksen: *Die Frau im Mittelalter*, Leipzig 1974, S. 27. Im Verlaufe des hohen Mittelalters bürgerte es sich langsam, zuerst in Frankreich, ein, daß Männer und Frauen gemeinsam aßen. Cf. Marianne Weber: *Ehefrau und Mutter in der Rechtsentwicklung*, Tübingen 1907, S. 266.

42 Cf. J. Nohl: *Der schwarze Tod*, Potsdam 1924, S. 277. Die Brunhilde der Nibelungensage liegt noch »in sabenwizem hemede« im Bett. Cf. J. Scherr: *Geschichte der deutschen Frauenwelt*, Bd. I, Leipzig 1879, S. 190. Gegen Ende des 15. Jahrhunderts scheinen die Nachthemden aus Linnen wieder in Gebrauch gekommen zu sein. Cf. J. Evans: *Dress in Medieval France*, Oxford 1952, S. 66.

43 Cf. Harksen, a.a.O., S. 15. Manche Darstellungen sind allerdings eindeutig pornographischer Natur. Cf. etwa Abb. 94 B in L. MacKinney: *Medical Illustrations in Medieval Manuscripts*, London 1965, S. 252.

44 Ähnlich war es auch im alten Rom. Cf. S. Schall: *Eine Kulturgeschichte vom Bad und vom Baden*, Berlin 1977, S. 24 f. Die Badeanweisung für die Stadtknechte zu Baden im Aargau befiehlt diesen, Priester nur dann abzuweisen, wenn sie mit einer Jungfrau in die Wanne steigen wollen; bei einer Metze solle man sie gewähren lassen. (A.a.O., S. 41 f.)

45 Cf. Martin, a.a.O., S. 86, 90. »Der bader vnd sin gesind«, heißt es etwa im 15. Jahrhundert, »Gern huoren vnd buoben sind / Das sich wol dik enphind.« (A.a.O., S. 87.) Man darf allerdings auch nicht vergessen, daß sich im späten Mittelalter im Gegensatz zu früheren und zu späteren Zeiten »umb vermeydung willen merers übels in der christenhait«, wie es eine Nürnberger Polizeiordnung ausdrückte, eine lässigere Haltung gegenüber der Prostitution entwickelt hatte. Cf. G. K. Schmelzeisen: *Die Rechtsstellung der Frau in der deutschen Stadtwirtschaft*, Stuttgart 1935, S. 25 f. In Paris und in Genf organisierten sich die Hüpscherinnen sogar zunftmäßig. Die besondere Stellung, welche die Badhäuser weithin einnahmen, hängt auch damit zusammen, daß sie ursprünglich Freistätten waren. Noch im Mittelalter durfte man Schuldner nicht verhaften, solange sie sich dort aufhielten. Cf. W. Danckert: *Unehrliche Leute*, Bern 1963, S. 86. Die Tatsache, daß Karl V. bei seinem Einzug in Antwerpen nackte oder leicht bekleidete Frauen entgegeneilten, um ihn mit Blumen zu bewerfen, sollte man vielleicht nicht überbewerten. Es waren Dirnen, die ohnehin weitgehend außerhalb der Ordnung standen und mit denen zu schlafen kein Ehebruch war. Cf. L. Bassermann: *Das älteste Gewerbe*, Wien 1965, S. 120. Nacktheit war wohl auch verhältnismäßig unproblematisch, wenn die Betreffenden heidnische Wesen zur Darstellung brachten, wie etwa

jene Sirenen, auf die Philipp der Gute im Jahre 1457 bei seinem Einzug in Gent traf, und über die ein Beobachter, Jean de Roye, schreibt: »Et si y avoit encores trois bien belles filles, faisans personnages de seraines toutes nues, et leur veoit on le beau tetin troit, separé, rond et dur, qui estoit chose bien plaisant.« (Zit. n. Huizinga, a.a.O., S. 339.) Bereits an den hochmittelalterlichen Königshöfen waren Bacchuszüge aufgeführt worden, in denen christliche Frauen als Venus, Semele oder Diana auftraten, was indessen großen Anstoß erregte. Cf. H. Reuter: *Geschichte der religiösen Aufklärung im Mittelalter*, Bd. I, Berlin 1875, S. 74. Lucrezia Borgia als Flora oder Diane de Poitiers, die Maitresse Heinrichs II. von Frankreich, als Neros Frau Sabina Poppaea zeigten ihre offene Brust. Von Agnes Sorel, der Geliebten des französischen Königs Karl VII., heißt es in einem zeitgenössischen Bericht, daß sie »se descouvroit les épaules et le sein par devant jusqu'au milieu de la poitrine«, (Evans, a.a.O., S. 53). Sie ließ sich auch als Jungfrau Maria mit aufgeknöpftem Mieder malen, wie sie sich soeben anschickt, das Jesuskind zu säugen. Cf. H. Norris: *Costume and Fashion*, Bd. II, London 1927, S. XI.

46 Cf. H. Licht: *Sittengeschichte Griechenlands*, Bd. I, Dresden 1925, S. 103, ders.: *Lebenskultur im alten Griechenland*, Wien 1925, S. 93 f. Plutarch verzeichnete etwa mißbilligend, daß der dorische Peplos der Spartanerinnen unter der Taille nicht zugenäht war, so daß er beim Gehen flatterte und die Oberschenkel den Blicken freigab. Cf. C. Seltman: *Geliebte der Götter*, Stuttgart 1958, S. 65 f. Die Ionier beschränkten ihre Prüderie freilich auf die Nacktheit der Frau, obgleich Mänaden bisweilen mit durchsichtigem Chiton dargestellt wurden. Cf. V. Zinserling: *Die Frau in Hellas und Rom*, Stuttgart 1972, S. 40. Nackte Frauenskulpturen gibt es erst seit dem sechsten Jahrhundert, und die nackte Aphrodite ist wohl unter orientalischem Einfluß entstanden. Cf. hierzu auch R. Carpenter: »Die Formung der archaischen griechischen Plastik«, in *Archaische Plastik der Griechen*, Darmstadt 1976, S. 194. Es heißt beispielsweise, daß gegen die Hetäre Phryne, die Geliebte des Praxiteles, ein Prozeß angestrengt wurde, in welchem man ihr vorwarf, sie sei beim Fest der Aphrodite entblößt ins Meer gestiegen, ein Vergehen, auf das die Todesstrafe stand! Weiter heißt es allerdings, ihr gewitzter Rechtsanwalt habe ihr während seines Plädoyers das Gewand

vom Leib gerissen, so daß die Richter sie aus Furcht vor ihren Blößen freisprachen. Cf. E. Burck: *Die Frau in der griechisch-römischen Antike*, München 1969, S. 77. Die Reaktion der griechischen Richter erinnert ein wenig an die Professor Adornos, den während der Studentenbewegung der späten sechziger Jahre einige nackte SDS-lerinnenbrüste zur Flucht aus seiner Vorlesung nötigten. Die aufbegehrende Frau mit entblößter Brust ist keine Erfindung von Delacroix. Im Jahre 1793 schritt ähnlich wie in Paris auch in Saarlouis eine nackte Frau als »Göttin der Vernunft« durch die Straßen. Cf. N. Fox: *Saarländische Volkskunde*, Bonn 1927, S. 247. R. König (»Erotik und Mode«, in *Soziologische Orientierungen*, Köln 1965, S. 555 f., ders.: *Macht und Reiz der Mode*, Düsseldorf 1971, S. 143) hat darauf aufmerksam gemacht, daß die Entblößung des Busens im tiefen Dekolleté nur von den Männern und so gut wie nie von den Frauen als schamlos empfunden wurde, was sicherlich *auch* damit zusammenhängt, daß die Frauen im allgemeinen insbesondere in den indoeuropäischen Kulturen eher daran gewöhnt sind, ihren mehr oder weniger reizvollen Körper zu präsentieren. Es ist ganz aufschlußreich, daß etwa I. Eibl-Eibesfeld (*Menschenforschung auf neuen Wegen*, Wien 1976, S. 166 f.), einer der Alpha-Männer der modernen Verhaltensforschung, die Sitte der Eipo-Männer in den Bergen West-Irians, gegen die Peniskalebasse zu schnippen, als ein »phallisches Drohen« sieht, jedoch andererseits das Brustweisen der dortigen Frauen als eine »beschwichtigende Geste« interpretiert. Er begründet dies damit, daß nach H. Basedow eine nordaustralische Ureinwohnerin, »als sie von einer weißen Patrouille überrascht wurde« und »in ihrem Entsetzen« die Brüste hob und Milch spritzte, der Polizei hinterher erklärt habe, sie hätte lediglich zeigen wollen, »daß sie Mutter sei, damit man ihr kein Leid zufüge«. Eine solche Aussage, noch dazu gegenüber der weißen Polizei gemacht, ›at face value‹ zu nehmen, scheint mir doch ein bißchen naiv zu sein. Eibl-Eibesfeldt scheint als ganz selbstverständlich vorauszusetzen, daß Frauen in sehr ›maskulinen‹ Gesellschaften nicht drohen könnten. Andererseits kann man immer wieder beobachten, daß gerade die ›wilden‹ und aggressiven Frauen des Artemis-Typs ihre nackten Brüste präsentieren. Daß in solchen Fällen die Demonstration der Brust keine Lockwirkung auf die Männer ausüben soll oder gar eine »Beschwichtigungsgebärde« darstellt, zeigt auch die Tatsache, daß die Befreiung der Brüste von Büstenhalter und Korsett, das offene Hängenlassen der Brüste und das Zeigen der Brustwarzen, wie G. Greer (*Der weibliche Eunuch*, Hamburg 1974, S. 32) bemerkt, in der landesüblichen populären Pornographie meist unberücksichtigt bleiben. Ich habe immer wieder beobachtet, daß die Männer in unserer Gesellschaft auf einen uneingeengt und selbstbewußt getragenen Busen zumindest ambivalent reagieren, da er vermutlich als ein Zeichen wenn nicht einer fast aggressiven Herausforderung, so doch eines Lösens von der Weibchenrolle empfunden wird. So mancher verklemmte Linke kann in solchen Dingen freilich nicht viel mehr sehen als das, was ihm die kapitalistische Reklame aufzuschwätzen versucht: »Wenn also die wildesten Freaks«, schreibt etwa J. Hermand (*Pop International*, Frankfurt/M. 1971, S. 123), »die schwarze Fahne schwingen und die Freiheit als ein nacktes vollbusiges Weib umarmen, so ist das durchaus systemimmanent. Der bisherige Kapitalismus hat nur noch nicht den Mut zu seinem eigenen Wesen gehabt.« Als wir vor etwa zehn Jahren in unserem Studentenwohnheim eine »gemischte Dusche« einrichteten, wurde dies von vielen Berufsmarxisten als ein »anarchistischer« und daher »konterrevolutionärer« Akt interpretiert.

47 Die römische Literatur äußert sich über Nacktheit durchweg abfällig. Cf. O. Kiefer: *Kulturgeschichte Roms*, Berlin 1933, S. 145 f. Bei Faustkämpfern, Ringern, Athleten und gewissen Schauspielern, deren Nacktheit sich nicht vermeiden ließ, wurde vor allem Sorge getragen, daß deren Eichel nicht sichtbar war. Deshalb schnürte man oft die Vorhaut vor der Eichel mit einem Bändchen zu, oder man zog einen Metallring durch die Vorhaut, der dann verlötet wurde. Auch abnehmbare Metallhülsen waren im Gebrauch. Cf. O. Stoll: *Das Geschlechtsleben in der Völkerpsychologie*, Leipzig 1908, S. 496 f.

48 Cf. J. Z. Smith: »The Garments of Shame«, *History of Religions* 1965, S. 219 f. Bereits die Essener forderten, daß man nur bekleidet baden dürfe. Es gab freilich die Nacktheit des Anachoreten, der in die Wüste, ins Reich der Dämonen vordrang, ein »Heimatloser«, der aus der Ordnung heraustrat. Cf. P. Nagel: *Die Motivierung der Askese in der alten Kirche*, Berlin 1966, S. 91. Gleichermaßen opfert der nackte indische *sadhu* nicht, wie der gewöhnliche Hindu, sein Haupthaar. Wie die Götter steht er außerhalb der Ordnung und läßt

sein Haar lang wachsen und verfilzen. Cf. P. Hershman: »Hair, Sex and Dirt«, *Man* 1974, S. 287, ferner V. W. Turner: »Betwixt and Between«, in *Proceedings of the Annual Spring Meeting of the American Ethnological Society*, Seattle 1964, S. 6 f. Ansonsten kannte die christliche Kultur nur die (meist durch Blätterwerk eingeschränkte) Nacktheit Adams und Evas vor dem Sündenfall sowie die Nacktheit des ›Neugeborenen‹, etwa des Jonas. In der lebensfeindlichen christlichen Ideologie entfalteten sich Blüten, die man kaum noch mit dem Euphemismus ›Prüderie‹ umschreiben kann. Es hieß, die heilige Agnes sei zur Demütigung öffentlich entkleidet worden, und als der Blick eines jungen Mannes auf ihre Reize fiel, sei er augenblicklich blind geworden. Die Schwester des heiligen Gregorius von Nyssa, die an Brustkrebs litt, weigerte sich, dem Wundarzt ihre Brüste zu zeigen. Zur Belohnung für diese Schicklichkeit soll sie vom lieben Gott geheilt worden sein. Cf. W. E. H. Lecky: *Sittengeschichte Europas von Augustus bis auf Karl den Großen*, Leipzig 1904, S. 670 f.

49 Cf. J. Ledit: *Marie dans la liturgie de Byzance*, Paris 1976, S. 280. Die gnostische Frau stand vor einer noch extremeren Alternative. Doch man kann nicht selten beobachten, daß allzu lebensferne Ideale insofern wieder lebensfreundlich sind, als man sie überhaupt nicht mehr beachtet. Die Gnostikerin sollte entweder *völlig* vergeistigt sein – und als eine solche Sophia konnte sie auch Priesterin werden. Oder aber es galt: »If the Gnostic woman was not one of the perfected ones she would be better employed, it seems, in infertile or perverse sexual behaviour than in the normal sexual functions which replenish the material world.« (Piehler, a.a.O., S. 61.)

50 Cf. Riezler, a.a.O., S. 78. Entblößte Brüste galten offenbar als ein allgemeines Zeichen von ›Kulturlosigkeit‹, von ›Wildheit‹. Aus der Fellbekleidung der Darstellerinnen von »Wildweibern« hingen auch dementsprechend die Brüste heraus. Cf. Bernheimer, a.a.O., S. 82. Bei Tacitus heißt es über die germanische Ehebrecherin: »Abscisis crinibus nudatam coram propinquis expellit domo maritus ac per omnem vicum verbere agit.« (P. C. Tacitus: *Germania*, München 1935, S. 25, 89). Nacktheit *(ijayi âaryan)* gilt auch heute noch bei den Kabylen als ein extremer Ausdruck von Ehrlosigkeit. Cf. Bourdieu, a.a.O., S. 224.

Abb. 25 Kalifornischer »Hippiehexenkult«

51 C. D. DuCange: *Glossarium mediae et infimae latinitatis*, Bd. I, Niort 1883, zit. n. Stoll, a.a.O., S. 698.

52 Cf. K. Clark: *The Nude*, London 1956, S. 303, G. Bäumer: *Die Frauengestalt der deutschen Frühe*, Berlin 1940, S. 83. A. Zacharias (*Kleine Kunstgeschichte abendländischer Stile*, München 1957, S. 38) ist der Meinung, daß trotzdem die Darstellung einer nackten Eva »an diesem Ort«, also an einer Kirche, ein Wagnis gewesen sei. Diese Schamhaftigkeit hat in der Volkskunst überlebt, in der Adam und Eva häufig mit Blätterbüscheln, Lendenschurzen, Miniröcken oder gar unter Biedermaiertrachten ihre Blöße verbergen mußten. Cf. L. Röhrich: *Adam und Eva*, Stuttgart 1968, S. 9.

53 Erst im Verlaufe des 15. Jahrhunderts sollte sich dies – etwa bei Künstlern wie Jan Van Eyck oder Hugo Van der Goes – langsam verändern. Aber noch bei Van Eyck und bei Lukas Cranach sitzt der Nabel eine Handbreit zu hoch: die Frau trägt gewissermaßen die Mode der Zeit, auch wenn sie nackt ist, vor allem das harte Schnürleib.

54 Cf. Clark, a.a.O., S. 314.

55 W. Bargmann: *Anatomie und bildende Kunst*, Freiburg 1947, S. 10 f., G. Bammes: *Der Akt in der Kunst*, Leipzig 1975, S. 8 f., B. Schweitzer: »Die spätantiken Grundlagen der mittelalterlichen Kunst«, in *Kulturbruch oder Kulturkontinuität im Übergang von der Antike zum Mittelalter*, Darmstadt 1968, S. 271 ff. So werden etwa in den Illustrationen des *Sachsenspiegels*, die um 1330 angefertigt wurden, nackte Personen nur äußerst dezent dargestellt; sie halten stets einen Büschel Blätter vor den Unterleib, und selbst die Auferstandenen des Jüngsten Gerichts tragen knielange Lendenschurze. Cf. W. Koschorreck: *Der Sachsenspiegel in Bildern*, Frankfurt/M. 1976, Nr. 23, 28, 30, 49. Mondino gab im Jahre 1316 sein berühmtes Handbuch der Anatomie ohne jegliche Abbildungen heraus. Cf. B. Haendcke: *Der unbekleidete Mensch in der christlichen Kunst*, Straßburg 1910, S. 39. Auch aus den chirurgischen Bilderhandschriften der spätromanischen Zeit geht hervor, daß die Patienten stets nur die Stelle entblößten, an der sie gerade untersucht wurden. Elias (a.a.O., S. 223) führt die angebliche Ungezwungenheit der mittelalterlichen Ritter an, mit der sich diese im Bade von Frauen bedienen ließen, doch auch hier scheint die Wirklichkeit etwas anders auszusehen. In der damaligen Literatur wird die

Beschreibung unbedeckter Körperteile meist vermieden, und in die Badewanne streute man unter anderem auch deshalb Rosenblüten, damit man den nackten Leib im Wasser nicht sehen konnte. Parzival geniert sich denn auch, den Zuber zu verlassen, solange sich noch Jungfrauen im Raum aufhalten:

»man bôt ein badelachen dar:
des nam er vil kleine war.
sus kunder sich bî frouwen schemn,
die juncfrouwen muosen gên.«

Cf. R. Gelse: *Über die Nacktheit des Menschen in der mittelhochdeutschen Literatur*, Heidelberg 1977, S. 13 f., 29. Diesen Hinweis verdanke ich Dietrich Harth. Cf. auch G. Grupp: *Kulturgeschichte des Mittelalters*, Bd. III, Paderborn 1924, S. 374. Wenn man bedenkt, welches Aufsehen zu Beginn des 14. Jahrhunderts die Adamiten erregten, die in den Stand vor dem Sündenfall zurückkehren wollten, oder die Turlupins, die ihre Nacktheit damit begründeten, daß man über etwas Natürliches nicht erröten dürfe (cf. N. Cohn: *Das Ringen um das Tausendjährige Reich*, Bern 1961, S. 170 f.), dann sieht man, daß es mit der von Elias behaupteten Natürlichkeit jener Zeiten nicht allzu weit her ist. So wurde auch das Haupt der *Homines intelligentiae*, der Karmeliterfrater Willem von Hildernissen, wegen Nacktgottesdienstes vor das bischöfliche Gericht in Kameryk gestellt – ähnliche Ideale vertrat auch die Liebfrauenbruderschaft zum Schwan, Ideale, die deren Mitglied Bosch im »Garten der Lüste« festhielt (cf. W. Fraenger: *Hieronymus Bosch: Das Tausendjährige Reich*, Amsterdam 1969, S. 17, B. Brehm: *Das Ebenbild*, München 1954, S. 171 f.) – und nach Huizinga (a.a.O., S. 339) empörte sich zu jener Zeit die Pariser Bürgerschaft über nichts mehr, als daß bei einem Raubmord den Opfern weder Hemd noch Hose gelassen wurde, so daß sie nackt in der Gosse lagen.

56 Cf. J. C. Flugel: *The Psychology of Clothing*, London 1930, S. 106.

57 Cf. E. Grimme: *Europäische Malerei im Mittelalter*, Frankfurt/M. 1963, S. 40 f.

58 G. Krahmer (*Figur und Raum in der ägyptischen und griechisch-archaischen Kunst*, Halle 1931, S. 7 ff.) hat die »parataktische« Kunst, in der die Teile eines Ganzen zusammengefügt werden, »ohne

Bewußtsein des einheitlich bewegenden Zentrums«, von jener unterschieden, in der die Teile »gleichsam von einem Punkt aus regiert« werden. In der Parataxe ist jeder Teil dem anderen »äußerlich angefügt«, und Krahmer spricht von »parataktischen *Vorstellungs*bildern additiver Natur« (a.a.O., S. 74, ferner R. Hamann: *Griechische Kunst*, München 1949, S. 95 f.). Die Menschendarstellung ist also eher ein ›Aggregat‹ denn eine ›Gestalt‹, sie wird eher *gelesen* als *geschaut*. Feyerabend hat diese Erkenntnis mit jener Snells zusammengebracht, nach welcher der archaische Grieche *thymós, nóos* und *psyché* noch nicht als Modalitäten *einer* Seele oder *eines* Bewußtseins auffaßte, sondern als voneinander getrennte ›Organe‹. Cf. B. Snell: *Die Entdeckung des Geistes*, Hamburg 1946, S. 22 ff., ferner ders.: »Göttliche und menschliche Motivation im homerischen Epos«, in *Argumentationen*, Göttingen 1964, S. 254 f., ders.: *Die alten Griechen und wir*, Göttingen 1962, S. 46 f., K. H. Niebyl: »Scientific Concepts and Social Structure in Ancient Greece«, in *Philosophical Foundations of Science*, Dordrecht 1974, S. 371, C. Warnke: »Das Problem der Seele und die Anfänge der Psychologie«, in *Wissenschaft und Weltanschauung in der Antike*, Berlin 1966, S. 289 ff., H. Rahn: »Tier und Mensch in der homerischen Auffassung der Wirklichkeit«, *Paideuma* 1954, S. 433 f. Hieraus und auch aus anderen Analogien hat Feyerabend den Schluß gezogen, daß den archaischen Griechen vermutlich die Vorstellung und Wahrnehmung einer »zugrundeliegenden Substanz« oder einer »höheren Einheit« abgegangen sei und daß derartiges sich erst bei den Vorsokratikern herausgebildet habe. »Die archaische Welt«, so schreibt er (a.a.O., S. 336), »ist viel weniger festgefügt als die uns umgebende, und sie wird auch so erfahren. Dem archaischen Menschen fehlt die ›körperliche‹ Einheit, sein Körper besteht aus einer Vielfalt von Teilen, Gliedern, Flächen, Verbindungen; und es fehlt ihm die Einheit des ›Bewußtseins‹, sein ›Bewußtsein‹ ist zusammengesetzt aus einer Vielzahl von Vorgängen, von denen einige nicht einmal ›bewußt‹ in unserem Sinne sind, sondern entweder der Körperpuppe als zusätzliche Bestandteile innewohnen oder von außen in sie hineingebracht werden.« Gegen diese These läßt sich freilich einwenden, daß die ›Einheit‹, die Feyerabend (mit Genugtuung) vermißt, eine gedachte, oder genauer gesagt: eine mit den »Augen der Seele« geschaute Einheit gewesen sein mag. Die Tatsache etwa, daß in vielen Indianersprachen die Welt äußerst differenziert gesehen wird, daß aber weitgehend die uns vertrauten Allgemeinbegriffe fehlen, hat die Indianer nicht daran gehindert, die Einheit, *wakan* oder *orenda* in allen Dingen zu sehen, also eine Einheit, die wir Heutigen im hohen Maße vergessen haben. Zum zweiten verhindert beispielsweise die Tatsache, daß die ›Seele‹ oder das ›alter ego‹ des Schamanen ›wegfliegen‹ kann, während etwa andere ›Seelen‹ in seinem Körper verbleiben, oder daß die »Feuerplatzseele« der Sedang Moi unter den Herdsteinen der Familie sitzt, während der Betreffende durch die Wildnis schweift (cf. Devereux, a.a.O., S. 59 f.), nicht die ›Einheit‹ der Person. Im Gegenteil hat es viel eher den Anschein, daß solche Völker, wie offenbar auch die archaischen Griechen, Teile oder Aspekte der eigenen Person kannten, deren Vertrautheit unserer Zivilisation zum Opfer gefallen ist. *Sie* haben bzw. hatten noch die Kenntnis von ›Tiefenschichten‹ der Persönlichkeit, die *wir* längst von uns abgetrennt haben. Und zum dritten müssen ›parataktische‹ Darstellungen eben deshalb nicht ›uneinheitlich‹ gesehen worden sein, *weil* sie weniger gesehen als ›gewußt‹ wurden. Wenn wir ein Wort sehen, dann sehen wir zudem weniger aneinandergereihte *Buchstaben*, als daß wir ein *Wort* sehen.

59 Cf. J. B. Deregowski: »Illusion and Culture«, in *Illusion in Nature and Art*, London 1973, S. 187 f., ders.: »Difficulties in Pictorial Depth Perception in Africa«, *British Journal of Psychology* 1968, S. 195 ff., B. M. Du Toit: »Pictorial Depth Perception and Linguistic Relativity«, *Psychologia Africana* 1966, S. 1 ff., P. L. Kilbridge / M. C. Robbins: »Pictorial Depth Perception and Acculturation Among the Baganda«, *American Anthropologist* 1969, S. 293 ff., C. G. Liungman: *Der Intelligenzkult*, Hamburg 1975, S. 135 f.

60 Noch auf der Alsfelder Bühnenfläche des Jahres 1501 stehen auf der linken Seite die Häuser von Herodes und Pilatus, auf der rechten die von Annas und Kaiphas sowie die Stadt Jerusalem und die Synagoge. In der Mitte befinden sich der Thron Gottes, die drei Kreuze Golgathas und der Garten Gethsemane. Cf. H. Knudsen: *Deutsche Theatergeschichte*, Stuttgart 1959, S. 10 f., 41. Cf. auch F. Stählin: »Der geometrische Stil in der Ilias«, *Philologus* 1923, S. 296 f. E. S. Carpenter (*Eskimo*, Toronto 1959, S. 31) schreibt, daß für den Schnitzer der Aivilik der Gegenstand, an dem er

arbeitet, »its own space« habe und in keiner räumlichen Beziehung zu anderen Dingen stehe. »They aren't intended to be set in place and viewed.« (A.a.O., S. 46.) Vielleicht liegt hier der Schlüssel zur Verständlichmachung der Überblendungen der Tierdarstellungen in der franko-kantabrischen Eiszeitmalerei. Überhaupt scheinen in dieser Kunst ja Kompositionen äußerst selten zu sein. Eine Art ›Simultanprinzip‹ bestimmte wohl auch die Vorstellung jenes Hopi-Indianers, der einmal eine Ethnologin aufforderte, die Augen zu schließen und zu beschreiben, was sie im Grand Canyon sehe. »With enthusiasm I described the brilliantly colored walls of the canyon, the trail that winds over the edge of it reappearing and crossing a lower mesa and so on.« Der Indianer lächelte und sagte: »I see the colored walls too, and I know what you mean all right, but your words are wrong. The trail does not cross, nor disappear, nor do anything. It is only where the mesa has been changed by feet. The trail is still there even when you do not see it, because *I can see all of it.* My feet have walked on the trail all the way down.« Cf. D. Eggan: »Hopi Dreams in Cultural Perspective«, in *The Dream and Human Societies*, Berkeley 1966, S. 253.

61 Zit. n. E. Thiel: *Geschichte des Kostüms*, Berlin 1963, S. 206 f., in modernisiertem Deutsch in *Die Limburger Chronik*, Jena 1922, S. 17.

62 Cf. K. Weinhold: *Die deutschen Frauen in dem Mittelalter*, Bd. II, Wien 1882, S. 276 f.

63 Cf. M. Garland: *The Changing Face of Beauty*, London 1957, S. 71.

64 Cf. E. Fuchs: *Die Frau in der Karikatur*, München 1928, S. 284.

65 Cf. M. v. Boehn: *Menschen und Moden im Mittelalter*, München 1925, S. 179.

66 Cf. L. C. Eisenbart: *Kleiderordnungen der deutschen Städte zwischen 1350 und 1700*, Göttingen 1962, S. 94. Einige Zeit zuvor hatte Robert de Blois gereimt:

> »Aucune lesse differmée la poitrine
> Une autre lesse tout degré
> La chair apparoir au costé,
> Une ses jambes trop descouvre
> Prud homme ne loue pas ceste œuvre.«

(Zit. n. A. v. Gleichen-Russwurm: *Die gotische Welt*, Stuttgart 1922, S. 241). Im Zuge des allgemeinen wirtschaftlichen Aufschwungs während des späteren Mittelalters blieben diese Veränderungen der Mode nicht auf Adel und Bürgertum beschränkt. Cf. J. Schwendimann: *Der Bauernstand*, Einsiedeln 1945, S. 92. Daß man dies nicht allzu gerne sah, geht etwa aus der Äußerung des Zürcher Chorherrn Felix Hemmerlin hervor, der meinte, »es wäre gut, wenn etwa alle 50 Jahre den Bauern Haus und Hof zerstört werde, damit die üppigen Zweige des Übermutes zerschnitten würden.« (Zit. n. A. Waas: *Die Bauern im Kampf um Gerechtigkeit*, München 1964, S. 24.) Im ganzen späten Mittelalter bis hin zum Ausbruch des Bauernkrieges waren derartige Stimmen zu vernehmen. Cf. W. Andreas: *Deutschland vor der Reformation*, Stuttgart 1932, S. 428 ff.

67 Zit. n. Zeeden, a.a.O., S. 347 f. »So geschiehet nun«, schreibt Florian von Fürstenberg in seinem *Tantzteuffel* (Frankfurt/M. 1567, S. 38 f.), »solch schendtlich, unverschämt schwingen, werffen, verdrehen und verködern von den Tantzteuffeln, so geschwinde, auch in aller Höhe, wie der Bawer den flegel schwinget, daß bißweilen den Jungfrauwen, Dirnen und Mägden die kleider biß über den Gärtel, ja bis über den Kopff fliegen.« (Zit. n. Scherr, a.a.O., Bd. II, S. 40 f.). Daß dies nicht nur die Meinung verkorkster Theologen war, bestätigen im 16. Jahrhundert die Tanzordnungen, die allerorten üppig ins Kraut wucherten. In einer Nürnberger Polizeiordnung heißt es »von schaendlichen tänzen: nachdem viel ungewohnlicher schentlicher unzymlicher und newer tentze teglichen einprechen und getrieben werden ... so ist verboten zu den tänzen aufzuspielen ... auch nymant wer der say fraw oder man dieselben nit tantzen, an den täntzen einander nit halsen oder umbvahen sollen.« (Zit. n. A. Hagelstange: *Süddeutsches Bauernleben im Mittelalter*, Leipzig 1898, S. 262.) »Du hest din brúst und din sitten offen durch úppiger ere willen«, heißt es zu dieser Zeit, »und der gespons Jhesus het sin sitten also dot durch dinen willen Lon durchstechen und begert nit me von dir den das du dich wider umb kerest zue im.« (Zit. n. P. Strauch: »Von der Sünde des Tanzens«, *Archiv für Religionswissenschaft* 1925, S. 356.) Bei solchen Dorffesten scheint es nicht gerade prüde zugegangen zu sein. Heinrich von Wittenweiler etwa berichtet: »Hilden Hauptloch was sic weyt / darumb ir an derselben Zeit / das tüttel aus dem pousen sprang / tanczens gyr sey

dar zu twang / Hüddelein ir ward so hayss / daz sey den Kittel von sich rayss / des sach man ir die iren do / vnd macht vil mängen (= Männer) herczen fro.« (Zit. n. S. Epperlein: *Der Bauer im Bild des Mittelalters*, Leipzig 1975, S. 103.) Die »Landfeste von Hattnegge« hielt den impotenten Bauer gar dazu an, seine Frau doch alsbald zur nächsten Kirmes zu schicken, »und daß sie sich seuberlich zumache und verziehre und hange ihr einen beudel vol mit gelde bespickt auf die seide ... kompt sie dannoch wieder ungeholfen, so helfe ihr dan der teufel.« (A.a.O., S. 93.) Dem spätmittelalterlichen Rittertum wurde der Bauerntanz immer mehr zum Ausdruck ungezügelter Sinnlichkeit und Ursprünglichkeit, und es stilisierte diese Natürlichkeit zum Gegenpol ritterlicher *mâze*, höfischer Geschliffenheit und Geziertheit. Cf. O. Brunner: »Die ritterlich-höfische Kultur«, in *Das Rittertum im Mittelalter*, Darmstadt 1976, S. 160 f.

68 Cf. V. J. Willi: »Kulturgeschichte der Mode«, in *Die Mode in der menschlichen Gesellschaft*, Zürich 1958, S. 57. Als »jungfräuliche Königin« trug auch noch Elisabeth von England in ihren letzten Regierungsjahren ein tiefes Dekolleté. Cf. G. Reynolds: »England zur Zeit Elisabeths und Jacobs I.«, in *Das Kostüm*, München 1951, S. 134.

69 Bei den Nuern im südlichen Sudan gerät eine Frau erst nach der Geburt ihres ersten Kindes unter die Fuchtel ihres Mannes. Dann verläßt sie die Wohnstätte ihrer Eltern, und von nun an darf sie sich nicht mehr nackt in der Öffentlichkeit zeigen. Lediglich ihr Mann darf fortan ihre Blöße sehen. Cf. T. O. Beidelman: »Some Nuer Notions of Nakedness, Nudity and Sexuality«, *Africa* 1968, S. 118 f., cf. auch E. J. Krige: »Puberty Songs and their Relation to Fertility, Health, Morality and Religion Among the Zulu«, Africa 1968, S. 174. Wenn bei den Zulu die Jungfrauen nach europäischer Art ihre Brüste bedecken, so gilt dies als anstößig. In anderen Gegenden Afrikas entfernte die Witwe nach dem Tode ihres Mannes wieder ihren Rock und ging nackt. Cf. R. Briffault: *The Mothers*, London 1959, S. 394. Weder die Jungfrau noch die Witwe sind einem Manne untertan, der das exklusive Recht besäße, ihre Reize zu betrachten.

70 Zit. n. H. Heckendorn: *Wandel des Anstands im französischen und deutschen Sprachgebiet*, Bern 1970, S. 39. Eine Straßburger Kleider-

ordnung schreibt insbesondere vor, daß »daz houptloch sol sin daz man ir die brüste nit gesehen müge«. (Zit. n. Scherr, a.a.O., Bd. I, S. 290.)

71 Cf. R. Rocker: *Die Entscheidung des Abendlandes*, Bd. I, Hamburg 1949, S. 140 f.

72 Cf. C. Piton: *Le costume civil en France du XIIe au XIXe siècle*, Paris o. J., S. 122. ff. »Newlich entblössten sich die Venediger weiber an armen und brust gar / yetz decken sy sich mit weiter waat und grossen ermeln«, berichtet Sebastian Franck. (Zit. n. A. Schultz: *Das häusliche Leben der europäischen Kulturvölker*, München 1903, S. 247.) Es ist bekannt, daß sich viele Zeitgenossen Michelangelos über dessen »Jüngstes Gericht« außerordentlich erregten. Pietro Aretino etwa gab dem Papst zu bedenken, die Sixtinische Kapelle sei schließlich kein Puff, und dem Meister selber schrieb er in einem offenen Brief: »Wenn die heidnischen Bildhauer, ich sage nicht, eine bekleidete Diana, auch wenn sie eine nackte Venus schufen, ließen sie durch die Hand die Schamteile bedecken, die sich niemals enthüllen. Ein Christ, der die Kunst dem Glauben vorzieht, erachtet jedoch die dekorative Nachlässigkeit bei den Märtyrern und Jungfrauen ebenso wie die Geste der Entführung durch einen Griff an die Geschlechtsteile als ein verbotenes Schauspiel. Es geht so weit, daß selbst in einem Bordell sich die Augen schließen würden, um dieses nicht zu sehen. Eure Art würde einem unzüchtigen Badehaus zukommen und nicht einem erhabenen Chor.« (Zit. n. R. Lewinsohn: *Der ewige Zeus*, Hamburg 1955, S. 339.) Am 21. Januar 1564 entschied die Kongregation des Konzils, daß die Blößen und Handgriffe übermalt werden sollten, und da Michelangelo sich weigerte, dies zu tun, übertrug man die Arbeit einem Daniello da Volterra, fortan »Braghettone«, »der Hosenmacher« genannt. Cf. G. Papini: *Michelangelo und sein Lebenskreis*, Düsseldorf 1952, S. 433. Zwei Jahrhunderte später erhielten selbst die antiken Götterstatuen Lendenschurze aus Blech, oder man klebte den männlichen unter ihnen zumindest marmorne Weinblätter auf den Pimmel. Zu tiefe Ausschnitte und zu üppige Prachtentfaltung wurden übrigens zu Beginn der Neuzeit nicht nur von den Stadtverwaltungen mit hohen Geldstrafen und zeitweiliger Verbannung, sondern auch von der Kirche mit der Verweigerung der Kommunion für die Frauen und mit Exkommunikation für deren Ehe-

männer, die nicht gegen solche Unzucht einschritten, geahndet. Cf. G. Hampl-Kallbrunner: *Beiträge zur Geschichte der Kleiderordnungen*, Wien 1962, S. 31.

73 Cf. B. Reade: »Die Vorherrschaft Spaniens 1550-1660«, in *Das Kostüm*, München 1951, S. 194 f. und R.Scholz: *Das ewig Weibliche: Eine Kulturgeschichte des Schönheitsideals*, Hamburg 1968, S. 45 ff.

74 Comtesse d'Aulnoy: *Relation du voyage d'Espagne*, Bd. II, La Haye 1715, S. 128, zit. n. Stoll, a.a.O., S. 567. »La dernière faveur« bestand darin, daß eine Frau dem Manne ihren Fuß zeigte. Nach Weinhold (a.a.O., S. 145) galt es der frühmittelalterlichen Dame als große Schmach, wenn ein fremder Mann sie barfuß sah.

75 Cf. F. Braudel: *Die Geschichte der Zivilisation*, München 1971, S. 355. Im 17. Jahrhundert klagte man auf einer Zürcher Synode mit Erbitterung, »daß das Junge Volck ungschücht by einanderen bade in seen und flüssen, und zu Erndszeit im tänn by einanderen zusammen liggind«. (Zit. n. H. Métraux: *Schweizer Jugendleben in fünf Jahrhunderten*, Zürich 1942, S. 36.) Etwas später gibt es zwar noch gemischte Gesellschaftsbäder, doch nunmehr heißt es: »Es badet beyderley Geschlecht ohne Unterschied zu gleicher Zeit und an einem Ort, weil man besondere Badkleidung hat, die alles bedeckt. Das Frauenzimmer ist wohl coiffiret und hat die Röcke unten her mit Bley eingefasset, damit die Schwere sie niederhalte.« (Zit. n. W. Hofstaetter / H. Reichmann / J. Schneider: *Ein Jahrtausend deutscher Kultur im Bilde*, Leipzig 1929, S. 29.) Man kann mit einem gewissen Recht im alten Rom eine analoge Entwicklung nachverfolgen. Waren in der republikanischen Zeit die Sitten dermaßen streng, daß ein Senator zurechtgewiesen wurde, weil er seiner Frau in Gegenwart ihrer Töchter einen Kuß gegeben hatte, so rannten unter den Caesaren bei den Floralien »nackte Buhlerinnen« um die Wette, und man erfreute sich in gemischten Badhäusern. Das gemeinsame Baden wurde jedoch bald, zunächst unter Hadrian und Alexander Severus, mit Entschiedenheit aber von Konstantin unterdrückt, und zwar just zu einer Zeit, in der auch das ›Dämonenwesen‹ aufflammte. Cf. Lecky, a.a.O., S. 653, 656, 664.

76 Cf. G. Freytag: *Bilder aus der deutschen Vergangenheit*, Bd. II, Leipzig o. J., S. 388 f.

77 Cf. P. Ziegler: *The Black Death*, London 1969, S. 271 f., H. Reincke: »Bevölkerungsprobleme der Hansestädte«, in *Die*

Stadt des Mittelalters, Bd. III, Darmstadt 1976, S. 267 ff. Wie wohl der ›Tanz auf dem Vulkan‹ ein sinnesfreudiges Leben in der Gegenwart bedeutete – »Nach uns die Sintflut« –, so wird auch die beträchtlich sinkende Bevölkerungszahl dazu beigetragen haben, daß die Frau zu einer Bedeutung kam, die sie weder vorher noch nachher kannte.

78 Cf. A. Borst: *Lebensformen im Mittelalter*, Frankfurt/M. 1973, S. 202. Auch die Japaner, für welche das gemeinsame hüllenlose Bad eine Selbstverständlichkeit war, empörten sich gerade über die ›Aggressivität‹ des Dekolletés. Cf. M. Scheler: »Über Scham und Schamgefühl«, in *Schriften aus dem Nachlaß*, Bd. I, Bern 1957, S. 92.

79 Die Sexualmoral der vorangehenden Zeit war ausgesprochen patriarchalisch und restriktiv. Zwar wurde die Prostitution allenthalben leidlich geduldet, doch Selbstbefriedigung wurde geahndet, und »Sünden wider die Natur« wie Homosexualität, Sodomie usw. wurden strenger bestraft als die Verführung junger Mädchen oder die Vergewaltigung von Nonnen. Der Beischlaf war nur Verheirateten gestattet, aber auch bei ihnen lediglich zum Zwecke der Fortpflanzung und nicht um der Lust willen. War eine Frau schwanger, so waren ihr deshalb diese Freuden untersagt. Cf. R. Delort: *Life in the Middle Ages*, London 1974, S. 116 f. Darstellungen von Nacktheit und Obszönität waren streng verpönt, solange es sich um Menschen ›innerhalb der Kultur‹ handelte. Anders stand es um dämonische Schreckgestalten in oder an den romanischen Kirchen. Sie fassen oft an die Brüste oder an die Schamteile, und an der Kirche St. Martin in Isle-Adam kann man sogar einen gelockten Teufel beim Cunnilingus bewundern. Auch andere unmittelbare Gefühlsäußerungen waren bei der Kirche unbeliebt. Bereits Johannes Chrysostomus meinte, Jesus habe nie gelacht, und wenn im 12. Jahrhundert Petrus Cantor diese Möglichkeit nicht ausschließen wollte, dann nur deshalb, weil er meinte, daß Jesus mit der Schuld der Menschen auch all deren *defectus* auf sich genommen habe. Cf. Warning, a.a.O., S. 109.

80 Selbst die Heilige Jungfrau fiel zu dieser Zeit bisweilen aus der Rolle. In einem französischen Mysterienspiel hilft sie beispielsweise »einer von ihrem Beichtvater schwangeren Äbtissin aus der Patsche, beraubt dann ein vorwitziges Weibsbild ihrer Hände, welche sich überzeugen wollte, ob die Mutter Gottes wirklich eine Jung-

frau sei, und reicht ferner einem Bischof Milch aus ihren eigenen Brüsten«. (Scherr, a.a.O., Bd. I, S. 245.) In einem anderen Spiel hängte man die heilige Barbara in einer Stellung mit den Beinen nach oben und ließ sie so lange hängen, bis auch dem ganzen Publikum tiefe Einblicke gewährt worden waren. Auch der liebe Gott selber war nicht zimperlich. Als ihn ein Engel darauf aufmerksam machte, daß drunten sein Sohn am Kreuz sterbe, antwortete er mürrisch: »Diable m'emporte, qui en savais rien!« (A.a.O., S. 246.)

81 K. Bücher: *Die Frauenfrage im Mittelalter*, Tübingen 1910, S. 45.

82 Cf. Bücher, a.a.O., S. 5 ff., 15 ff., 79 f. »Zwischen 1389 und 1497 konnten in Frankfurt nicht weniger als 15 Ärztinnen mit Namen nachgewiesen werden, unter diesen 4 Judenärztinnen und 3 Augenärztinnen.« (A.a.O., S. 23). Nach Schmelzeisen (a.a.O., S. 73) gab es freilich auf *deutschem* Boden nur in Köln Berufsgenossenschaften, deren Mitglieder ausschließlich Frauen waren (Garnmacherinnen, Goldspinnerinnen, Seidweberinnen). Cf. D. Schuster, *Die Stellung der Frau in der Zunftverfassung*, Berlin 1927, S. 6 ff. Die Vertretung der Zunft nach außen, sowie die Führung des Amtsiegels und die Ausübung der Gewerbepolizei blieb jedoch in Männerhand. Cf. Schmelzeisen, a.a.O., S. 6 ff. Bereits im Hochmittelalter zeigten sich Tendenzen der Verselbständigung und der ›Statuserhöhung‹ der Frau. Cf. R. Manselli: *La religion populaire au moyen âge*, Montréal 1975, S. 118 f. Wie aus spätmittelalterlichen Steuerlisten hervorgeht, gab es in den Städten dieser Zeit wesentlich mehr Frauen als Männer, und in Paris war eine beträchtliche Anzahl von Handwerken Frauenmonopol. Cf. K. Bosl: *Die Grundlagen der modernen Gesellschaft im Mittelalter*, Bd. II, Stuttgart 1972, S. 340 f., F. Rörig: *Die europäische Stadt und die Kultur des Bürgertums im Mittelalter*, Göttingen 1955, S. 78 f. Die Beginenhäuser und Frauenklöster hatten sich zuvor schon, wie mittlerweile allgemein bekannt ist, teilweise zu Stätten des Geistes herausgebildet, die zwar bald von der Kirche mit einigem Mißtrauen beobachtet wurden, in denen jedoch meist adelige Frauen erzogen wurden, die hernach durchweg weit gebildeter waren als ihre Männer, die frühzeitig Knappen wurden und auch als höfische Pagen andere Dinge im Kopf hatten als Bücher zu lesen. Cf. K. Biedermann: *Deutsche Volks- und Kulturgeschichte*, Bd. II, Wiesbaden 1885, S. 98. Die klassische Beschreibung der Geistlosigkeit des mittelalterlichen

Ritters hat Mark Twain in seinem Roman »Ein Yankee am Hofe König Artus'« gegeben. Bücherlesen war danach nur »Weiber- und Pfaffenkram«.

83 E. de la Boëtie: *Über die freiwillige Knechtschaft des Menschen*, Frankfurt/M. 1968, S. 43.

84 Cf. hierzu auch M. Erdheim: *Ethnologie und Psychoanalyse*, Manuskript, S. 254 f.

85 Cf. J.-P. Desaive: »Le nu hurluberlu«, *Ethnologie française* 1976, S. 219. Während oder kurz nach dem Dreißigjährigen Krieg wurde die Mode zeitweise wieder ›angriffslustiger‹. So heißt es um 1650 in Niederdeutschland, die »Börgers-Döchter« fragten:

> »Worum scholde wi den unse schmucke Titten
> Verbergen und laten im düstern sitten?
> Wi hebben se even so wenig gestahlen,
> Ick kan dém Schnider dat Makelohn betahlen,
> Dat he my dat Wams so deep scheret uth,
> Dat men my sehn kan de Titten und blote Huet.«

(Zit. n. Heckendorn, a.a.O., S. 38.) Zum ›Auf-und-Ab‹ der Mode cf. J. Richardson / A. L. Kroeber: »Three Centuries of Women's Dress Fashions«, in *The Nature of Culture*, Chicago 1952, S. 358 ff. M. Foucault hat in seinem enttäuschenden Buch *Sexualität und Wahrheit* (Bd. I, Frankfurt/M. 1977, S. 40 ff.) in geschraubter Weise beschrieben, wie in der Folgezeit die Lüste zwar verfolgt, aber dadurch immer mehr gesucht und begehrt worden seien. »Zahllose bohrende Fragen artikulieren und profilieren erst die Lustempfindungen bei dem, der antworten soll, der Blick fixiert sie, die Aufmerksamkeit isoliert und beseelt sie. Die Macht funktioniert als eine Sirene, die die Fremdheiten, über denen sie wacht, heranlockt und zum Appell ruft.« (a.a.O., S. 60). Man sollte dies nicht dahin mißverstehen, daß Einschnürung, Verklemmtheit, Angst usw. unabdingbar für die Lust seien. Dies mögen sie sein für jene Lust, wie sie der Sadist, der Voyeur, der Masochist usw. empfinden. Doch die Lust des Voyeurs ist schließlich eine andere als die Lust desjenigen oder derjenigen, die sich auf unbefangene Weise an einem nackten Körper erfreuen. Der Schritt von einem Illustrierten-Hedonismus à la ›Lust ist Lust‹ (am Stammtisch: ›Frau ist Frau‹) bis zur ›Lust in Auschwitz‹ ist vielleicht gar nicht so groß, wie man denken mag.

86 F. Agricola: *Gründtlicher Bericht, Ob Zauberey die argste vnd grewlichste sünd auf Erden sey*, Köln 1597, S. 70. »Der romantische Mann«, meint Klimowsky (a.a.O., S. 192), »in dessen Sexualtyp männliche Züge fast ausschließlich dominant waren, brauchte noch keinen Kampf gegen das weibliche Element in ihm selbst zu führen. Der Mann der Gotik hingegen fand in dem Zerrbild der Hexe die Verkörperung alles dessen, was in ihm selbst als neu, fremd, unheimlich aufkeimte.« Tristan etwa, ein ausgesprochener Softy, hatte Hände so »weich und linde, kleine, lanc«, und sein Leib wird wie der einer Frau beschrieben: rosenroter Mund, bartloses Kinn und lange auf die Schultern fallende Locken, eine Beschreibung, wie wir sie wohl sonst nur von den keltischen Männern her kennen. Cf. Weisweiler, a.a.O., S. 243. Im späten Mittelalter schreibt Thomas Ebendorffer, die adeligen Männer hätten nichts im Kopf, als in Kleidung, Stimme und Gang die Weiber nachzuäffen, sie trügen lange blondierte Locken, schminkten sich und rissen die Barthaare aus. Cf. V. v. Bezold: »Die ›armen Leute‹ und die deutsche Literatur des Mittelalters«, in *Aus Mittelalter und Renaissance*, München 1918, S. 54. »Der abenteuerliche Ulrich von Lichtenstein«, schreibt G. Steinhausen (*Geschichte der deutschen Kultur*, Bd. I, Leipzig 1913, S. 188 f.), der bisweilen als Frau Venus herumturnierte, »heult wie ein Knabe, als seine Herrin ihm den Abschied gibt; und sein Freund, Domvogt von Wien, also zweifellos ein streitgewohnter Mann, heult mit, obschon er noch gar nicht weiß, worum es sich handelt.« Cf. auch J. Hashagen: *Kulturgeschichte des Mittelalters*, Hamburg 1950, S. 444. Bruno von Köln weinte bitterlich, wenn er harte Strafen verhängen mußte, und Adalbert von Bremen flossen die Tränen, sobald er das Sakrament austeilte. Die Grundstimmung war ›himmelhoch jauchzend – zu Tode betrübt‹, und das in schneller Aufeinanderfolge. Die fortschreitende Zivilisation hat, wenn nicht zu einer »Verkümmerung der seelischen Funktionen« (F. Herrmann: *Symbolik in den Religionen der Naturvölker*, Stuttgart 1961, S. 11, G. Simmel: *Philosophie des Geldes*, Berlin 1930, S. 484), so doch offensichtlich zu einem Nachlassen der Gefühlsäußerungen geführt, wobei die Frauen wohl in etwas geringerem Maße betroffen wurden als die Männer. So ist es auch oft das ›mänadische Weib‹, das dem Zivilisationsverfall entgegenarbeitet: »Jede erotisch-sinnliche Zivilisation«, meint etwa J. J. Bachofen (*Der Mythus von*

Orient und Occident, München 1956, S. 380), »wird zu demselben Resultat führen, das Weib über den Mann erheben und diesen zum Werkzeug der Lust erniedrigen, jenes mit allen Reizen eines verfeinerten Daseins ausstatten, diesen dem Wesen seiner Mannesnatur entfremden.« Auch die Männermode wurde im Verlauf des späteren Mittelalters immer lasziver und greller, die Rüstungen aufwendig und bombastisch, die Ritterturniere ungefährlicher, die Tischsitten gezierter (cf. A. Borst: »Das Rittertum im Hochmittelalter«, in *Das Rittertum im Mittelalter*, Darmstadt 1976, S. 245), und die Lyrik wurde raffinierter, gemachter, überspannter. »Süß« entwickelte sich zu einem Lieblingsworte jener Zeit, die ihre Abenteuer immer mehr in der phantastischen Traumwelt der Literatur erlebte. Cf. O. Brunner: »Die ritterlich-höfische Kultur«, a.a.O., S. 158. Die Beherrschung der Triebe sollte nicht viel später die Vernunft leisten. Petrarca sah ihre Aufgabe in der Regulierung der »rebellantis motus animi«, und auch die Humanisten des späten 15. Jahrhunderts strebten nach einer »neuen Gebundenheit«. Da man jedoch der »freiwilligen Beschränkung« (zit. n. G. Weise: »Der Humanismus und das Prinzip der klassischen Geisteshaltung«, in *Zu Begriff und Problem der Renaissance*, Darmstadt 1969, S. 294 f., 297) nicht allzuviel zutraute, half man mit Verordnungen und Drohungen kräftig nach. Nicht nur ungebührliches Tanzen, Fluchen, Saufen und »leichtfertige Beiwohnung«, auch das »Sich-Zutrinken« wurde in der niederösterreichischen Polizeiordnung des Jahres 1542 unter Strafe gestellt. Cf. Hampl-Kallbrunner, a.a.O., S. 45 f.

87 Zit. n. J. Michelet: *Die Hexe*, München 1974, S. 133 f.; das Zitat scheint mir freilich ein wenig frisiert zu sein. Si non è vero, è ben trovato!

88 Cf. J. Berger: *Sehen*, Hamburg 1974, S. 47 ff.

89 Auch bei fremden Völkern wird oft Nacktheit mit Wildheit und den Dämonen in Verbindung gebracht. Während beispielsweise bei den Raji die Frauen stets bekleidet sind und niemals tanzen, tun dies die nackten Hexen mit losen Haaren in den Vollmondnächten mit besonderer Vorliebe. Cf. J. G. Reinhard: *Deskriptive Analyse von Schamanismus und Hexerei bei den Purbia Raji Südwest-Nepals*, Wien 1973, S. 68 f., 81 f. Cf. auch J. Thaliath: »Witchcraft and Witches in Central India«, *Anthropos* 1949, S. 892 f., B. Malinowski: *Argonauts of the Western Pacific*, London 1922, S. 242.

90 J. G. Dalyell: *The Darker Superstitions of Scotland*, Glasgow 1835, S. 451, zit. n. Stoll, a.a.O., S. 168. Angeblich wurde den Hexen vom Scharfrichter deshalb oft das Haar abgeschnitten, weil man darin Amulette vermutete, welche die Hexe gegen die Folter gefühllos machten. Dies wird indessen – wenn überhaupt – von zweitrangiger Bedeutung gewesen sein.

91 Die sich teilweise bis weit ins Hochmittelalter hinein hielten. Cf. G. Demay: *Le costume au moyen âge*, Paris 1880, S. 100.

92 Cf. G. Girke: *Die Tracht der Germanen*, Bd. II, Leipzig 1922, S. 103.

93 Cf. V. Kellermann: *Germanische Altertumskunde*, Berlin 1966, S. 101.

94 Cf. D. W. H. Schwarz: *Sachgüter und Lebensformen*, Berlin 1970, S. 103, J. Dieffenbacher: *Deutsches Leben im 12. Jahrhundert*, Leipzig 1901, S. 129 f.

95 Cf. *Lex Baiuvariorum*, München 1926, VIII, 5. Bei den alten Hebräern galt es als große Schande *für den Ehemann*, wenn seine Frau sich in der Öffentlichkeit – also vor anderen Männern – die Haare löste. Cf. J. D. M. Derrett: »Religious Hair«, *Man* 1973, S. 101.

96 Cf. Grupp, a.a.O., S. 188.

97 Cf. W. Krämer, a.a.O., S. 51. Der Vorwurf der Buhlerei wurde bereits den Mitgliedern der mittelalterlichen Ketzersekten gemacht. Bisweilen scheinen unter ihnen tatsächlich Neigungen zur Libertinage geherrscht zu haben, und in der Lombardei schliefen Männer und Frauen in einem Bett. Cf. G. Koch: »Waldensertum und Frauenfrage«, *Forschungen und Fortschritte* 1962, S. 23 f., 26. Immer wieder hatte es während des Mittelalters Tendenzen zur Aufwertung der Frau gegeben, die sich meist auf urchristliche Überlieferung stützten (cf. z. B. E. Werner: »Zur Frauenfrage und zum Frauenkult im Mittelalter: Robert von Arbrissel und Fontevrault«, *Forschungen und Fortschritte* 1955, S. 269 ff.), doch wie so oft in der Geschichte wurde auch bei den Ketzern die Gleichberechtigung der Frau mit der Verkirchlichung der Bewegung wieder eingedämmt.

98 Nicht erst in christlicher Zeit hat die Hexe ungekämmtes, wehendes Haar. Cf. A. Ross: »The Divine Hag of the Pagan Celts«, in *The Witch Figure*, London 1973, S. 161. Aufgelöste Haare waren

geradezu das Zeichen der Percht. »Du bist eine rechte Perchte«, sagte man früher zu ungekämmten Mädchen in Tirol. Cf. I. v. Zingerle: »Perahta in Tirol«, *Zeitschrift für deutsche Mythologie und Sittenkunde* 1855, S. 204. In der Antike lösten im allgemeinen die Zauberinnen ihr Haar, wenn sie mit den Jenseitigen in Verbindung treten wollten, und auch in unseren Gegenden hieß es mitunter, daß die Dämonen über Frauen mit offenem Haar die Herrschaft gewinnen könnten.

99 »Cutting the hair equals social control. Dressing the hair may also be ceremonially equivalent to cutting it.« (C. R. Hallpike: »Social Hair«, *Man* 1969, S. 260 f.). Erst wenn die Jünglinge der Chatten einen Feind erschlagen hatten, war es ihnen erlaubt, das wallende Haar abzuschneiden. Cf. Tacitus, a.a.O., § 31. Vorher waren sie dem Totengott Odin geweiht und standen ›außerhalb‹, ganz im Gegensatz zum modernen kurzgeschorenen Soldaten, der in noch stärkerem Maße ›innerhalb‹ der Ordnung steht als der normale Bürger. Auch die Masai ließen ihr Haar frei wachsen, solange sie Krieger waren. Cf. Stoll, a.a.O., S. 166. Im hohen Mittelalter galt weithin: »Wer Haupt- und Barthaar wild wachsen ließ, zeigte die tiefste Trauer oder verriet Barbarenart.« Cf. Grupp, a.a.O., Bd. II, S. 300.

100 Gegen Ende der sechziger Jahre machten in Hamburg Marinesoldaten – also Männer, die unter vergleichsweise harter Zucht standen – mit Vorliebe Jagd auf Hippies oder Leute, die sie für solche hielten, um ihnen gewaltsam die Haare abzuschneiden. »Lang ja, aber gepflegt«, ist auch heute noch eine beliebte Spießermaxime. K. Theweleit (*Männerphantasien*, Bd. I, Frankfurt/M. 1977, S. 98) zitiert soldatische Angstträume von »Spartakidenweibern, die auf kleinen struppigen Pferden ritten, mit fliegenden Haaren und in jeder Hand zwei Pistolen«. Das Haarabschneiden galt vielerorts als ein Zeichen der Unterwerfung. Als Karl Martell seinen Sohn Pippin zu dem Langobardenkönig Luitprand sandte, damit dieser ihn adoptiere, bat er ihn, dem jungen Mann als Zeichen der Adoption die Haare abzuschneiden. Im allgemeinen trugen die Jungfrauen im Gegensatz zu den ›gebundenen‹ Frauen ihr Haar lang und ohne Haube. Cf. A. v. Heyden: *Trachtenkunde*, Leipzig 1889, S. 99, W. Arens: »Der Baum als Symbol der Frau«, *Volkswerk* 1943, S. 260 f., K. v. Potkanski: »Die Ceremonie der Haarschur bei

den Slaven und Germanen«, *Anzeiger der Akademie der Wissenschaften in Krakau* 1896, S. 245. In Siebenbürgen fielen die Haare der Jungfrau vor der Haubung. Cf. H. Bächtold-Stäubli: »Haar«, in *Handwörterbuch des deutschen Aberglaubens*, Bd. III, Berlin 1930, Sp. 1264, 1267. Das kurze Haar der Jungfrauen bei den Bergvölkern Assams und Burmas scheint zu den wenigen Ausnahmen zu gehören. Nach E. R. Leach (»Magical Hair«, *Journal of the Royal Anthropological Institute* 1958, S. 154) soll es zum Ausdruck bringen, daß ihre Sexualität Einschränkungen unterliegt. Um ihre Unterwerfung gegenüber der attraktiven Gräfin Guida von Rodes zu demonstrieren, ließen sich im Hochmittelalter mehr als hundert Ritter das Haar abscheren (cf. K. Weinhold, a.a.O., Bd. I, S. 271), und bei den Merowingern zog der Verlust der langen Haare den Verlust des Thronanspruches nach sich. Cf. E. Zöllner: *Geschichte der Franken bis zur Mitte des 6. Jahrhunderts*, München 1970, S. 242.

Anmerkungen zu § 6

1 Cf. E. Welsford: *The Fool*, London 1935, S. 201.

2 Cf. M. Bachtin: *Literatur und Karneval*, München 1969, S. 37 f., ferner L. Kretzenbacher: »Kulturbedingungen und Funktionen der mittelalterlichen Legende«, *Ethnologia Europaea* 1976, S. 61. Auf diese Weise weitgehend neutralisiert zu werden, scheint auch das Schicksal moderner Narren (ich meine das Wort nicht in dem abschätzigen Sinne, wie es etwa Agassi gebraucht) zu sein, etwa des wissenschaftstheoretischen Oberdadas Feyerabend. Cf. H. P. Duerr: »In Defense of Paul Feyerabend«, *Inquiry* 1974. Auch in anderen Zügen gleicht mitunter das Treiben auf den Narrenfesten dem der Burschenbünde. Nach Meuli (a.a.O., Sp. 1831) wurden die meisten Narrenbräuche »aus bäuerlichen und kleinbürgerlichen Kreisen übernommen«. Das Nachäffen und Verkehren kirchlicher Riten scheint nicht im Vordergrund gestanden zu haben, wurde jedoch zum Hauptstein des Anstoßes, den die Autoritäten nahmen. Die Heischegänge der Narren nahmen bisweilen bedrohliche Züge an. An Weihnachten 1249 brach eine Schar von ihnen die Tore eines

Klosters auf, verprügelte das Gesinde und trieb das Vieh aus den Ställen, so daß sogar Papst Innocenz IV. intervenieren mußte. Cf. Meuli, a.a.O., Sp. 1833.

3 Cf. E. Hoffmann-Krayer: »Die Fastnachtsgebräuche in der Schweiz«, *Schweizer Archiv für Volkskunde* 1897, S. 184. Cf. auch F. Behrend: »Das Erler Passionsspiel«, *Zeitschrift des Vereins für Volkskunde* 1931, S. 66.

4 Hoffmann-Krayer, a.a.O., S. 185. Gerhoh von Reichersperg meinte, daß niemand den Teufel spielen könne, der nicht innerlich mit ihm verwandt sei. Cf. L. Röhrich: »Teufelsmärchen und Teufelssagen«, in *Sagen und ihre Deutung*, Göttingen 1965, S. 35. Insbesondere die Verstöße gegen die Sittlichkeit wurden jetzt geahndet. So heißt es von einem »Teufel« bei einer Fronleichnamsprozession, er habe »sich gegen die frowenbildern unwesenlich gehalten, ist an si gefallen und an in genollet wie ain hund«. Cf. K. S. Kramer: »Volksglauben in Nördlinger Urfehdebüchern«, *Bayerisches Jahrbuch für Volkskunde* 1957, S. 43. Von den sächsischen »Christlarven«, die im Jahre 1722 abgeschafft wurden, werden »libidinosae et impudicae contrectationes, securrilitates aliaque delicta« berichtet. Cf. Stumpfl, a.a.O., S. 361.

5 Zit. n. E. Mudrak: »Herr und Herrin der Tiere«, *Fabula* 1961, S. 169.

6 Cf. E. H. Meyer: *Mythologie der Germanen*, Straßburg 1903, S. 88.

7 Cf. W.-E. Peuckert: »Germanische Eschatologien«, *Archiv für Religionswissenschaft* 1935, S. 4.

8 Cf. L. Weiser-Aall: »Zur Geschichte der altgermanischen Todesstrafe«, a.a.O., S. 255, ferner L. Schmidt: »Niemandsland«, in *Volksglaube und Volksbrauch*, Berlin 1966, S. 56 f.

9 Cf. M. Rowling: *Everyday Life of Medieval Travellers*, London 1971, S. 76. Im alten Island wurde die schwere Acht *skóggangr*, »Waldgang« genannt. Cf. H. Kuhn: *Das alte Island*, Düseldorf 1971, S. 137. Wer jemandem an die Ehre ging, wurde *vargr* genannt. Der Viehräuber, der oft schlimmer bestraft wurde als der Totschläger, hieß auf Island *gorvargr*, »Viehwolf«. Cf. V. Grønbech: *Kultur und Religion der Germanen*, Bd. II, Hamburg 1939, S. 20 f. In den Hexenprozessen der Alpenländer tauchen immer wieder »Wolfsbanner« auf, die auf Wölfen reiten und das Vieh des Nachbarn zerreißen. Cf. F. Byloff: *Das Verbrechen der Zauberei*, Graz 1902, S. 75, 369 f.

10 Odin wurde auch *Herjann* genannt. Cf. E. Boehlich: »Feralis exercitus«, *Mitteilungen der Schlesischen Gesellschaft für Volkskunde* 1925, S. 57. Schwarz gefärbt waren auch die männerbündischen Krieger, die im *Bahman Yašt* erwähnt werden. Cf. G. Widengren: *Der Feudalismus im alten Iran*, Köln 1969, S. 35. Auch von einigen Berserkern ist überliefert, sie seien schwarz im Gesicht gewesen. Mitunter werden sie in den Sagas sogar als *blá-menn*, als ›Mohren‹, vorgestellt.

11 Cf. F. Schwenn: »Der Krieg in der griechischen Religion«, *Archiv für Religionswissenschaft* 1922, S. 61.

12 Cf. Weniger, a.a.O., S. 222. Man denke auch an die schwarz gekleidete »Schutz-Staffel«.

13 Cf. H. Kuhn: »Kämpen und Berserker«, *Frühmittelalterliche Studien* 1968, S. 222. In der *Heimskringla* heißt es, daß Odins Mannen *brynju lausir*, »ohne Brünnen« in den Kampf gegangen seien. Kluge (a.a.O., S. 68) lehnt die neuere Ableitung des Wortes ab. Der älteren Ableitung entsprechen auch die Odinsnamen *Bjorn, Bjarki* und vermutlich auch *Hrammi, Hrjótr* und *Jólfr*, die nach Höfler (*Verwandlungskulte*, a.a.O., S. 248) alle »Bär« bedeuten. Der indogermanische Stamm dieses Wortes lautet *bhero-*, »braun«. Cf. Kluge, a.a.O., S. 50. Auch die *jungen* Krieger der Heruler kämpften wie die *ardāni* des assyrischen Königs Tukulti-Ninurta nackt, d. h. ohne Brünne und nur mit einem knappen Mantel bekleidet. Cf. Widengren, a.a.O., S. 10, 35, 50.

14 In den *Havamal* sagt Odin: »Das kann ich zum dritten, wenn ich gerne meine Feinde in Bande schlagen will: die Schneide mache ich stumpf meiner Gegner, es beißen sie nicht Waffen noch Stäbe.«

15 Ähnliches wird auch von den arischen Männerbünden überliefert. Cf. G. Widengren: *Die Religionen Irans*, Stuttgart 1965, S. 25 f.

16 Cf. W. Hertz: *Der Werwolf*, Stuttgart 1862, S. 58. In der *Völsungasaga* führen Sinfjötli und Sigmund im Wald ein Wolfsleben in *úlfshamir*, »Wolfshemden«, und überfallen und fressen Wanderer.

17 Cf. H. Güntert: »Über altisländische Berserkergeschichten«, *Jahresberichte des Heidelberger Gymnasiums* 1912, S. 13. Man sollte freilich bei allen diesen Erzählungen beachten, daß sie zu einer Zeit abgefaßt wurden, als das Berserkerwesen bereits der Vergangenheit angehörte.

18 Cf. L. Weiser-Aall: *Altgermanische Jünglingsweihen und Männer-*

bünde, Bühl 1927, S. 44. Derartige Symptome lassen sich ganz allgemein bei denen beobachten, die das Gesicht der *fylgja* hatten. Cf. K. Schmëing: *Zur Geschichte des Zweiten Gesichts*, Oldenburg 1943, S. 69.

19 Der wohl zum erstenmal von dem Schweden Samuel Ödman (*Försök at utur Naturens Historia förklara de nordiska gamla kämpars Berserka-gang*, Stockholm 1784, S. 244 ff., cf. Wasson, a.a.O., S. 343 f.) vertretenen These, die Berserker hätten den Fliegenpilz zur Erzeugung des *berserksgangr*, der »Berserkerwut«, verwendet – bereits Saxo Grammaticus hatte ›Zaubertränke‹ im Verdacht – stehen heute wohl die meisten Wissenschaftler, die sich etwas intensiver mit diesem Problem beschäftigt haben, ablehnend oder zumindest mit Skepsis (cf. z. B. G. W. Dimbleby: *Plants and Archaeology*, London 1967, S. 73) gegenüber, und zwar vor allem deshalb, weil der Fliegenpilz in der *Edda* und in den Sagas keine Rolle zu spielen scheint. Cf. Wasson, a.a.O., S. 177. Dennoch ist sie nicht ganz abwegig. Zum einen verwendeten die arischen *saká haumavarká* zu ihren Wolfsverwandlungen offenbar *haoma*, in dem bekanntlich nach der These Wassons *Amanita muscaria* zu sehen ist (cf. S. Wikander: *Der arische Männerbund*, Lund 1938, S. 64), und der wohl aus dem Hochland von Kaschmir stammte. Cf. S. M. Gupta: *Plant Myths and Traditions in India*, Leiden 1971, S. 28 f. und W. Caland: *Altindische Zauberei*, Amsterdam 1908, S. 25. Die Luperci sollen sich mit einer Salbe eingeschmiert haben, deren Zusammensetzung allerdings unbekannt ist. Die Kentauren, die mit dem Dionysos in Verbindung standen, die als rauhhaarig, zottig und tierartig geschildert werden, »mit lose fliegendem, frei herabwallendem, schwarzen Haupthaar«, und die sich am Wein berauschten, besaßen große Körperkräfte, waren kräuterkundig und heilten Kranke – der Kentaur Chiron war Lehrer des Achilles und des Asklepios zumal. Cf. W. Mannhardt: *Wald- und Feldkulte*, a.a.O., Bd. II, S. 41 ff., 98. Diese Wesen, deren Spuren bis in die heutige Zeit zu verfolgen sind (cf. Lawson, a.a.O., S. 211, 221 f., 228 f., S. Zečevič: »*Lesnik* – the Forest Spirit of Leskovac in South Serbia«, *Ethnologia Slavica* 1969, S. 172 f., ferner J. A. MacCulloch: »Lycanthropy«, in *Encyclopedia of Religion and Ethics*, Edinburgh 1915, S. 206 f.), und die während der Rauhnächte als Kallikantzaren ihr Unwesen treiben, sollen nach Ranke-Graves den Fliegenpilz zu

sich genommen haben, und sie entsprechen auch in vielen Zügen den indischen *gandharvas*, die bekanntlich in den Veden das *soma* bewachen. Zum anderen gibt es gewisse Anzeichen, nämlich Felsdarstellungen, daß im skandinavischen Raum während der jüngeren Stein- und der Bronzezeit ein Pilzkult verbreitet war (cf. R. W. Kaplan: »The Sacred Mushroom in Scandinavia«, *Man* 1975, S. 76 f.), obgleich einige der mutmaßlichen Pilze eher Tannen zu sein scheinen, wie etwa auf der Felszeichnung von Lökeberg. Cf. V. Kellermann: »Schiff und Baum als Sinnbild«, *Germanien* 1938, S. 322 f. Wasson (a.a.O., S. 178) meint weiterhin, man könne Ödmans Theorie auch deshalb von der Hand weisen, weil die Symptome der Fliegenpilzwirkungen »the opposite of berserk-raging« seien. Cf. bereits W. Müller-Bergström: »Zur Berserkerfrage«, *Niederdeutsche Zeitschrift für Volkskunde* 1934, S. 242, ferner W. La Barre: »Review of Wasson's ›Soma‹«, *American Anthropologist* 1970, S. 372. Dieser Einwand ist als Verallgemeinerung unzutreffend. »Bei den bis zur vollendeten Tobsucht und Raserei sich steigernden psychomotorischen Erregungszuständen«, schreibt etwa O. Geßner (a.a.O., S. 478), »kommt es zu unglaublichen Kraftäußerungen; so mußte ein Vergifteter, der mit der linken Hand eine Bettstelle zerbrach, von vier starken Männern festgehalten werden.« (Den Hinweis auf diese Stelle verdanke ich Wolfgang Bauer, der nach Selbstversuchen mit dem Fliegenpilz ebenfalls die ›Berserker-Theorie‹ nicht ausschließen will.) Genauso wie in dem Bericht des Pharmakologen heißt es in einer Saga über den Berserker Skallagrímr: »ok munu nú ekki meira hefja fjórir menn«, »und es könnten ihn jetzt nicht mehr vier Mann halten«. Cf. Güntert, a.a.O., S. 11. Unsagbare Kräfte werden auch den abessinischen Wertieren nachgesagt. Cf. H. Findeisen: *Das Tier als Gott, Dämon und Ahne*, Stuttgart 1956, S. 76. Auch von Tobsuchtsanfällen der Korjaken-Schamanen, die Fliegenpilz zu sich nahmen, wird berichtet. Cf. Ohlmarks, a.a.O., S. 101. Cf. hingegen K. F. Karjalainen: *Die Religion der Jugra-Völker*, Bd. III, Helsinki 1927, S. 307, 315 f. und W. Bogoras, a.a.O., S. 205 ff. In einem wogulischen Lied wird von einem Mann erzählt, der sich später in einen Bären verwandelte, und welcher mit Hilfe dreier in der Sonne getrockneter Fliegenpilze in eine derartige Wut geriet, daß er eine stattliche Anzahl von Leuten hinmetzelte. Cf. B. Munkácsi: »Pilz und Rausch«, *Keleti szemle* 1907, S. 344. Nach Puharich (a.a.O., S. 94) stimuliert das im Fliegenpilz enthaltene und als ›Verwandlungsalkaloid‹ bekannte Atropin zunächst das zentrale Nervensystem, während das Muskarin – ein Antidotum zum Atropin (cf. O. Schmiedeberg / R. Koppe: *Das Muscarin*, Leipzig 1869, S. 2, 38 f.) – dem entgegenwirkt und dämpft. So ließe sich *vielleicht* die bekannte Ermattung des Berserkers oder Werwolfs nach ihrem Furor erklären. Wirksam sind zudem wohl auch das Muskimol, die Ibotensäure und das Muskazon, doch habe ich in der pharmakologischen Literatur hierzu die widersprüchlichsten Meinungen gefunden. Nach H. Bastian (*Lexikon der Pflanzenwelt*, Frankfurt/M. 1973, S. 232) befinden sich das Cholin sowie die Alkaloide Muskarin und Muskaridin vornehmlich in der Oberhaut, so daß nach dem Abziehen dieser Haut die Giftigkeit des Pilzes sehr reduziert sei (cf. auch E. Dunn: »Russian Use of *Amanita muscaria*«, *Current Anthropology* 1973, S. 490), doch auch dies ist bestritten worden. Die offenbar sehr verschiedenartige Wirkung des Fliegenpilzes auf die menschliche Seele läßt sich unter anderem auch dadurch verständlich machen, daß dessen Wirkungen je nachdem, wo und mit wem vergesellschaftet er wächst, variieren. Bereits J. F. Gmelin (*Abhandlungen von den giftigen Gewächsen, welche in Teutschland und vornehmlich in Schwaben wild wachsen*, Ulm 1775, S. 41) schreibt: »Wann einigen Nachrichten zu trauen ist, so speist man ihn in Rußland und hin und wieder in Frankreich.« Ähnliches hat mir Hopi von der Kommune Schönegg in Wädenswil erzählt, und zwar über Schweizer Bauern. Wenn die Lappenschamanen einst Fliegenpilze gegessen haben (cf. T. I. Itkonen: *Heidnische Religion und späterer Aberglaube bei den finnischen Lappen*, Helsinki 1946, S. 149), was allerdings angezweifelt wird (cf. R. Grambo: »Sleep as a Means of Ecstasy and Divination«, *Acta Ethnographica* 1973, S. 418) – sicher bezeugt ist wohl nur, daß sie einen Trank aus Birkenasche zu sich nahmen (cf. R. Karsten: *The Religion of the Samek*, Leiden 1955, S. 59 f.) –, dann hätte zumindest ein direktes Nachbarvolk der Nordleute, das zudem die Worte *gandr* und *dirri* als Bezeichnungen des schamanischen ›magischen Bogens‹ aus dem Altnordischen entlehnte (cf. P. Hajdú: »Von der Klassifikation der samojedischen Schamanen«, in *Glaubenswelt und Folklore der sibirischen Völker*, Budapest 1963, S. 186), den Fliegenpilz religiös genutzt, was dieser sicherlich nicht unbekannt geblieben wäre.

J. Balázs (»Über die Ekstase der ungarischen Schamanen«, a.a.O., S. 62) vermutet, daß auch die finnischen Schamanen einst den Fliegenpilz einnahmen, zumal alle finno-ugrischen Wörter für Ekstase auf ein Nomen zurückgehen, das »Fliegenpilz« bedeutet. Daß gerade Werwölfe der Wirkung von Drogen sehr zugänglich zu sein scheinen, sieht man an der Aussage der Voodoo-Priesterin Dieudonne, die F. Huxley (*The Invisibles*, London 1966, S. 119), der ihr 50 Mikrogramm LSD gegeben hatte, anvertraute, sie müsse mit dem ›Stoff‹ sehr vorsichtig sein, denn die Gefahr sei sehr groß, daß sie sich mit seiner Hilfe in einen »loupgarou« verwandle. »Her warning was somewhat late, she already was one, she sucked blood. Later she told me that she had generally managed to stop sucking human blood, and was drinking that of chickens.«

20 Cf. H. v. Beit: *Symbolik des Märchens*, Bern 1975, S. 191 f. Der vermummte Teufelsdarsteller der steirischen Nikolausspiele durfte sich ählich wie der Bärenhäuter neun Tage lang weder waschen, kämmen, noch durfte er sich die Nägel schneiden. Es war ihm auch untersagt, in die Kirche zu gehen oder auch nur das Kreuzzeichen zu schlagen. Cf. L. Kretzenbacher: *Kynokephale Dämonen*, München 1968, S. 87. Gleiches galt für die Vermummten der Nikolausspiele in Lassing, die nicht unter die Dachtraufe – die ›Dämonengrenze‹ – gehen durften. Cf. Wolfram, a.a.O., S. 289.

21 Auch von Berserkern wird berichtet, daß sie wild heulten; etwa in der *Egils-Saga*: »Pá kom á hann berserksgangr; tók hann pá at grenja illiliga ok beit í skjold sinn.« (Zit. n. Güntert, a.a.O., S. 10.) Im frühen 15. Jahrhundert nannte sich eine wallisische Kriegergesellschaft »vom Hunde«. Cf. Wackernagel, a.a.O., S. 14. »Hund« und »Wolf« bedeuteten in alten Zeiten oft dasselbe.

22 G. W. Elderkin (*Kantharos*, Princeton 1924, S. 167 f.) hat dieses *lykos* auf das Wort für »Sichel« zurückgeführt und die Meinung vertreten, daß der Wolf erst sekundär wegen seiner ›niedermähenden‹ Zähne mit dem Zeus Lykaios assoziiert wurde. Ich bin nicht kompetent, mich zu dieser Etymologie zu äußern und kann nur feststellen, daß sie anscheinend nicht aufgenommen wurde. Auch M. P. Nilsson (»Vater Zeus«, *Archiv für Religionswissenschaft* 1938, S. 158 ff.) meint, daß dieser Zeus im Ursprung kein Wolfsgott gewesen sei und daß die Wölfe lediglich wegen der Menschenopfer mit ihm verbunden worden seien.

23 Cf. H. Jeanmaire: *Couroi et courètes*, Lille 1939, S. 559 f., ferner P. Borgeaud: »The Open Entrance to the Closed Palace of the King«, *History of Religions* 1974, S. 12. Der lakedemonische Kuros lebte ein Jahr lang als Wolf in den Wäldern. Cf. M. Eliade: »Les Daces et les loups«, *Numen* 1959, S. 17 f.

24 Daß ein solcher Mensch bisweilen auch »Hirsch« genannt wurde, deutet vielleicht darauf hin, daß er gehetzt wurde und einen ›Initiationstod‹ erlitt. Die Saga von Aktaion, der, von der Artemis in einen Hirsch verwandelt, von seinen eigenen Jagdhunden zerrissen wurde, oder das Zerreißen des Dionysos Zagreus scheinen ebenfalls auf derartige Initiationen hinzuweisen. Cf. F. Brein: *Der Hirsch in der griechischen Frühzeit*, Wien 1969, S. 46 f.

25 Cf. F. Kretschmar: *Hundestammvater und Kerberos*, Bd. II, Stuttgrt 1938, S. 215; K. Kerényi: »Wolf und Ziege am Fest der Lupercalia«, in *Mélanges offerts à J. Marouzeau*, Paris 1948, S. 314.

26 Cf. A. P. de Mandiargues: *Die Monstren von Bomarzo*, Hamburg 1969, S. 82, und J. Theurillat: *Les mystères de Bomarzo et des jardins symboliques de la Renaissance*, Paris 1973, S. 6, 16, 110. Es kann sein, daß der Architekt, der im Auftrag des Grafen Vicino Orsini den Park von Bomarzo anlegte und unter anderem diesen ›Eingang zur Hölle‹ baute, durch das von Bernardo Tasso im Jahre 1560 veröffentlichte Versepos *Amadigi* angeregt worden war, in welchem der Held einen Zauberwald voller Schrecknisse und Gefahren durchwandern muß, ein Thema, das auch Bernardos Sohn Torquato Tasso weiterbearbeitete. Cf. G. R. Hocke: *Die Welt als Labyrinth*, Hamburg 1957, S. 87. In den Passionsspielen des 13. Jahrhunderts bestand der Hölleneingang aus einem riesigen Bestien- oder Teufelsgesicht, der »Struwelfratze« des Herlekin Narrenbeißer, mit weit aufgerissenem Rachen und großen funkelnden Augen. Über den Hölleneingang der Metzer Passion im Jahre 1437 heißt es: »La bouche et entrée de l'enfer de icelluy jeu estoit très bien faicte; car par ung engin, elle se ouvroit et reclooit seule, quant les diables y vouilloient entrer ou issir.« (Cf. Driesen, a.a.O., S. 72 f., ferner auch G. Cohen: *Histoire de la mise en scène dans le théatre religieux français du moyen âge*, Paris 1926, S. 95). Heidnische Nachklänge sieht Warning (a.a.O., S. 137 ff.) auch noch im »Freihalten« der Spielfläche, wenn es etwa im Alsfelder Passionsspiel über denjenigen, der »da betredden wirt in dissem kreyß« heißt: »Mit den tufeln muß er yn die helle gan!«

27 Cf. G. Dumézil: *Archaic Roman Religion*, Chicago 1970, S. 347. Der Monatsname leitet sich von *februa*, »Ziegenbockriemen« ab. Februus war ein archaischer Totengott. Cf. W. Liungman, a.a.O., S. 401 f. Marcellus von Side berichtet, daß in dieser Zeit manche Leute von Kynanthropie befallen wurden und sich wie Hunde gebärdeten. Cf. Roscher, a.a.O., S. 64.

28 Cf. A. W. J. Holleman: *Pope Gelasius I. and the Lupercalia*, Amsterdam 1974, S. 32. Während dieses Festes wurden zwei Jünglinge mit einem Messer an der Stirn geritzt – einstmals wohl ›getötet‹ – worauf sie auflachen mußten, also ›wiedergeboren‹ wurden. In dieser Tradition steht auch das »Osterlachen« neuerer Zeiten. Warning (a.a.O., S. 120) sieht auch die in den geistlichen Osterspielen aufbrechende Sinnlichkeit und Grobheit in diesem Zusammenhang, etwa wenn Lukas und Cleophas sich nach dem Verschwinden des Herrn vollaufen lassen, den Wirt verprügeln und die Wirtin mit den wenig charmanten Worten bedenken:

»Ich geb dir eins an die rotzen
Und tanz dir um auf der votzen.«

29 Cf. G. Binder: *Die Aussetzung des Königskindes*, Meisenheim 1964, S. 83, 111. Die Höhle hieß ursprünglich *spelunca Martis*. Faunus und Mars, denen beiden der Wolf heilig war, gehören eng zusammen. Cf. W. F. Otto: »Die Luperci und die Feier der Lupercalien«, *Philologus* 1913, S. 195.

30 Das »Fitzeln« der Frauen am »Tag der unschuldigen Kindlein« ist ein Analogon zu dieser Sitte. Cf. Guarinonius, a.a.O., S. 1257, und Bilfinger, a.a.O., S. 85.

31 Daß die Luperici die Toten waren, die das Recht hatten zu strafen, zeigt auch die Tatsache, daß das Fest des Faunus und das Totenfest, die *dies paternales*, eng beieinander lagen. Cf. W. Barr: »Horace, *Odes* I, 4«, *The Classical Review* 1962, S. 9. Auf etruskischen Reliefs sieht man, wie der wolfsgestaltige oder mit einer Wolfskappe versehene Totengott im Begriff ist, den *mundus* zu verlassen, und wie er bereits einen Krieger niedergestreckt hat, der ihn daran hindern will. Cf. W. Fauth: »Der Schlund des Orcus«, *Numen* 1974, S. 106. Der *mundus* war einerseits eine eingefaßte und mit einem Stein, dem *lapis manalis* verschlossene Opfergrube (cf. M. Riem-

schneider: »Rad und Ring als Symbol der Unterwelt«, *Symbolon* 1962, S. 46), die sich im Schnittpunkt von *kardo* und *decumanus*, dem ›Nabel der Welt‹ befand (cf. W. Müller: *Die heilige Stadt*, Stuttgart 1961, S. 21 f., 25), und andererseits als *mundus* der Ceres – nach Macrobius der Proserpina geweiht (cf. S. Weinstock: »Mundus patet«, *Mitteilungen des Deutschen Archäologischen Instituts, Römische Abteilung* 1930, S. 113) – ein Unterweltseingang, der sich dreimal im Jahr öffnete. Cf. H. Le Bonniec: *Le culte de Cérès à Rome*, Paris 1958, S. 178 ff., 413 f. Zu diesen Zeiten stieg ein Medium zu den *Di inferi* hinab, um Aufschluß über die Zukunft zu erhalten. Cf. V. Basanoff: *Les dieux des Romains*, Paris 1942, S. 6 f.

Abb. 26 Beischlaf mit Pan

32 Cf. Hollemann, a.a.O., S. 96, ferner J. Gagé: *Matronalia*, Bruxelles 1963, S. 138. *Eine* der historischen Wurzeln der Incubus-Vorstellungen mag wohl in solchen nächtlichen Besuchen der ›Toten‹ oder ›Ahnen‹ liegen. In Griechenland gab es allem Anschein nach einst Rituale, in denen Frauen von Panen beschlafen wurden. Auf Abb. 26 führt eine bocksfüßige Jungfrau von hinten den steinernen Phallus einer Panherme in ihre Vagina ein, wobei sie sich

an einem der Panshörner festhält. In der Tür eines kleinen Tempels ist nach R. Herbig (*Pan*, Frankfurt/M. 1949, S. 47 f.) »die Gestalt des Inhabers in wildfröhlicher Liebeserregung«, oder sagen wir bescheidener, mit erigiertem Glied, sichtbar. Nach Achilleus Tatios lag noch in römischer Zeit im heiligen Wald hinter dem Diana-Tempel von Ephesos eine Pansgrotte, die nur von Jungfrauen betreten werden durfte, die dort zwei Tage lang verweilten. Sollte eine der Frauen keine Jungfrau mehr sein, so ertönte aus dem Inneren der Höhle die Syrinx des Pan, und die Betreffende verschwand auf Nimmerwiedersehen. Cf. C. Picard: *Ephèse et Claros*, Paris 1922, S. 370.

33 Oft ist der Vater des ungarischen *táltos* ein Wolf, der die Mutter des Schamanen im Wald überfiel und besprang. Cf. Gunda, a.a.O., S. 47, 50, 54.

34 Psychoanalytisch liest sich das so: »Only when animal nature has been befriended, recognized as important, and brought into accord with ego and superego does it lend its power to the total personality. After we have thus achieved an integrated personality, we can accomplish what seem like miracles.« (B. Bettelheim: *The Uses of Enchantment*, London 1976, S. 78) Cf. auch A. Gutter: *Märchen und Märe*, Solothurn 1968, S. 297 ff.

35 Cf. H. R. Ellis: *The Road to Hel*, New York 1968, S. 127. Das Wort *fylgja* scheint nichts mit »folgen« zu tun zu haben, sondern mit *fulga*, »Haut«, »Decke«, also »Tierkleid«. Cf. Zenker, a.a.O., S. 34 f.

36 Zit. n. Grimm, a.a.O., S. 906. Wenn wir von einer »anderen Seele« (cf. z. B. H. Baumann: »Die Sektion der Zauberkraft«, *Zeitschrift für Ethnologie* 1928, S. 75) oder von einem »anderen Leib« (cf. z. B. W. E. Peuckert: »Der zweite Leib«, in *Verborgenes Niedersachsen*, Göttingen 1960, S. 20 f.) reden, dann ist damit natürlich noch nichts gesagt – oder viel zuviel, wenn wir die Begriffe im ›cartesianischen‹ Sinne verstehen. Cf. hierzu §§ 8 f.

37 Cf. Ohlmarks, a.a.O., S. 343, sowie § 5, Anm. 19.

38 Cf. J. Littlejohn: »The Temne House«, in *Myth and Cosmos*, Garden City 1967, S. 336, 338. Die Banyang nennen diese ›Dimension‹ *ebd babu*, »Busch der Wertiere«. Cf. M. Ruel: »Were-Animals and the Introverted Witch«, in *Witchcraft, Confessions and Accusations*, London 1970, S. 335 f.

39 Cf. J. Pitt-Rivers: »Spiritual Power in Central America«, in

Witchcraft, Confessions and Accusations, London 1970, S. 190. Auch der giljakische Schamane *verwandelt* sich deshalb nicht in ein Tier, vielmehr ist er Mensch und Tier *zumal*. Cf. E. Lot-Falck: *Les rites de chasse chez les peuples sibériens*, Paris 1953, S. 21. Die spanischen Eroberer – wie auch die meisten Ethnologen (cf. z. B. G. Foster: »Nagualism in Mexico and Guatemala«, *Acta Americana* 1944, S. 89; R. L. Roys: *Ritual of the Bacabs*, Norman 1965, S. 167) – meinten bzw. meinen, das *nagual* seien ursprünglich aztekische Priester und wohl auch Krieger gewesen, später ›Hexen‹, die sich insbesondere mit Hilfe von *ololiuhqui* in Tiere verwandeln konnten. Cf. W. Krickeberg: *Altmexikanische Kulturen*, Berlin 1956, S. 184, 252, und D. Dütting: »Sorcery in Maya Hieroglyphic Writing«, *Zeitschrift für Ethnologie* 1974, S. 5, 7. Nicht ganz zu Unrecht, denn die Alltagsperson und das *nagual* sind ja zwei ›Aspekte‹ desselben Menschen, was auch die Rede von einer ›Schicksalsgemeinschaft‹ der beiden (cf. C. Wisdom: »The Supernatural World and Curing«, in *Heritage of Conquest*, Chicago 1952, S. 122) verständlich macht. Nach unveröffentlichten Feldnotizen H. Bergers unterscheiden die Bewohner Punyals zwischen »inneren« (d. h. menschlichen) und »äußeren« (d. h. dämonischen) *rui*, also Hexen, deren Füße nach rückwärts gekehrt sind. Es bliebe nachzuforschen, ob damit in gleicher Weise gewissermaßen die ›Tages- und die Nachtseite‹ menschlicher Wesen gemeint ist, oder ob die »äußeren *rui*« von den Menschen ›abgetrennt‹ sind wie die dämonischen Perchten der Alpentäler.

40 Cf. Bernheimer, a.a.O., S. 13 f., 18 ff. Der Autor bemerkt, daß die Ritter in der Zeit, als die Ideale und die Wirklichkeit des Rittertums bereits angeknackst sind, vielfach keinen Sieg mehr über den »Wilden Mann« in sich selber davontragen. (A.a.O., S. 122.)

41 Die Tamburinriemen sind aus dem Laub des Weltenbaumes angefertigt. Bei anderen Völkern bittet der Schamane beispielsweise eine Zeder mit den Worten: »Der Schamane Ynazyq erbittet von dir ein Reitpferd«, worauf der Baum gefällt und einige seiner Äste mit Elchfell bezogen werden. Während der Zeremonie, in der dieses »Reitpferd« ›eingeritten‹ wird, heißt es: »Dein Pferd, deine bunten Kleider *bičä-bora syryylyy*, ist nun ein lebendes Wesen geworden, fand einen Herrn, und ist mit Fleisch überwachsen.« Cf. S. I. Weinstein: »Die Schamanentrommel der Tuwa und die Zeremonie

ihrer Belebung«, in *Glaubenswelt und Folklore der sibirischen Völker*, Budapest 1963, S. 361, 364. Die Tofa-Schamanen nennen ihre Trommel »weißes Pferd« oder »Rentierbulle«; sie besitzt Ohren, Lunge, Herz, Arterien, Brustblatt, Hinterzeug und Zügel. »Wenn sie ohne die Trommel schamanisierten«, erzählten die Tofa dem ungarischen Ethnologen über ihre früheren Schamanen, »waren sie zu Fuß, mit der Trommel dagegen beritten. Wenn sie die Trommel mit dem Schlegel schlugen, peitschten sie ihr Tier, auf dem sie sehr weit reisen konnten.« Zerriß das Fell der Schamanentrommel, dann bestand für ihren Herrn, insbesondere wenn er sehr »hoch« ritt (wenn er sehr high war) akute Lebensgefahr. Cf. V. Diószegi: »Zum Problem der ethnischen Homogenität des tofischen (karagassischen) Schamanismus«, a.a.O., S. 339 f., 353; cf. auch S. M. Schirokogorov: *Psychomental Complex of the Tungus*, London 1935, S. 303 ff., W. Jochelson: *The Yukaghir and the Yukaghirized Tungus*, Bd. II, Leiden 1926, S. 195, 197. Ein bißchen kann ich dies nachempfinden, denn als ich mich einmal vor Jahren auf einem ›Horror-Trip‹ befand und Gefahr lief, ›abzustürzen‹, kam ich durch ein Trommeln auf Bongos wieder ins Gleichgewicht. Auch die Kleidung des Schamanen ist oft die eines Tieres, etwa eines Mutterrentieres wie an der Steinigen Tunguska (cf. H. Findeisen: *Schamanentum*, Stuttgart 1957, S. 81), oder, wie im Falle des Munster-Druiden Mogh Ruith, ein »whitespeckled bird headpiece with its fluttering wings«, mit dem er vom Boden abhob. Cf. S. Piggott: *The Druids*, Harmondsworth 1974, S. 163, der dies aus dem irischen Text *Siege of Drom Damhghaire* zitiert. *Puitsi érange*, »Federn anlegen«, ist das Wort für ›verwandeln‹ bei den Kaschibo in den Urwäldern des peruanischen Tieflandes. Cf. G. Tessmann: *Die Indianer Nordost-Perus*, Hamburg 1930, S. 147.

42 Nach Z. Rudy (a.a.O., S. 100) gibt es auch eine Version, nach welcher der Schamane nicht auf dem Fluß rudert, sondern den Stamm entlangklettert. In der Flußversion wohnen die Lebenden am Mittellauf des Sippenflusses, die Verstorbenen am Unterlauf und die *omi*-Seelen derjenigen, die eines Tages wiedergeboren werden, am Oberlauf. Jeder Mensch besitzt eine »Schicksalsseele« *(main)*, die an der Quelle des Sippenflusses inmitten schöner Wälder, Weiden und fischreicher Gewässer lebt, und mit der ihn ein für gewöhnlich unsichtbarer Faden verbindet. Aufgabe des Schamanen

ist es, *bëen*, die »Körperseele« des Verstorbenen, auf einem Floß den Sippenfluß entlang, vorbei an allen Wächtern zu *mangi*, dem »Bären-Ahnen«, zu geleiten. Dieser »Bären-Ahne« bemerkt jedoch alsbald, daß die »Schattenseele« *(chanjan)* fehlt, die inzwischen ihrerseits zur Quelle des Sippenflusses hinaufgewandert und zu einer *omi*-Seele geworden ist. Der »Bären-Ahne« wird nun zum Wiedergeburtshelfer wider Willen, denn er folgt der *chanjan* nach, und es gelingt ihm auch, die Seele zu fangen. Doch während des gemeinsamen Rückwegs entflieht sie ihm und fliegt zum Mittellauf des Flusses, wo sie durch das Rauchloch eines Zeltes in die Herdstelle fällt, in der sich *togo muschun*, der weibliche Sippen-Herdgeist, aufhält. Von hier aus dringt sie schließlich in den Schoß der Zeltbewohnerin ein und wird auf diese Weise wiedergeboren. *Chanjan* ist also unsterblich, denn dieser Seele gelingt es immer wieder, dem Tod von der Schippe zu springen. Cf. A. Friedrich: »Das Bewußtsein eines Naturvolkes vom Haushalt und Ursprung des Lebens«, in *Kulturanthropologie*, Köln 1966, S. 187 f.

43 Cf. A. Friedrich / G. Buddruss: *Schamanengeschichten aus Sibirien*, München 1955, S. 46. Die Autoren stützen sich auf die Forschungen Anisimovs, dessen gesamter Text bisher leider nur auf russisch vorliegt.

44 Cf. Rudy, a.a.O., S. 93. die hölzernen *ongone* sind Darstellungen solcher »Doppelwesen«. Cf. D. Zelenin: *Le culte des idoles en Sibérie*, Paris 1952, S. 84, 94; M. Buch: *Die Wotjäken*, Helsingfors 1882, S. 133, A. Friedrich: »Die Forschung über das frühzeitliche Jägertum«, *Paideuma* 1941, S. 37 ff. »Gefiederter Weiser« war eine Bezeichnung für taoistische Einsiedler. Cf. M. Eliade: »Der magische Flug«, *Antaios* 1959, S. 2. Auch die Doppel- oder Stülpmasken der Eskimos zeigen das gewöhnliche menschliche Gesicht und das Gesicht der *inua*, des ›Tierteils‹. Cf. E. M. Weyer: *The Eskimos*, Hamden 1962, S. 299 f., D. Waite: »Kwakiutl Transformation Masks«, in *The Many Faces of Primitive Art*, Englewood Cliffs 1966, S. 266 ff., H. Himmelheber: *Eskimokünstler*, Eisenach 1953, S. 52, 58, W. Müller: *Weltbild und Kult der Kwakiutl-Indianer*, Wiesbaden 1955, S. 355 f., F. Krause: »Maske und Ahnenfigur«, *Ethnologische Studien* 1931, S. 355 f., E. W. Nelson: »The Eskimo About Bering Strait«, in *18th Annual Report of the Bureau of American Ethnology*, Washington 1899, S. 448.

45 Beim Zusammenfügen des Leibes wird oft ein Teil entfernt und durch irgendeinen leibfremden Teil – das künftige ›Bindeglied‹ zur anderen Welt – ersetzt. Nach T. Lehtisalo (»Der Tod und die Wiedergeburt des künftigen Schamanen«, *Suomalais-Ugrilaisen Seuran Aikakauskirja* 1937, S. 11) sagt der Schamane Djuhadie der tawgyschen Avam-Samojeden: »Da ich drei überzählige Körperteile habe, lebe ich im Schlaf gleichzeitig in drei Zuständen. Auch pflege ich gleichzeitig an drei Orten zu sein, und während des Schamanisierens habe ich gewissermaßen drei Paar Augen, drei Paar Ohren usw.« Diese anderen Organe hatte ihm während des ›Initiationstodes‹ ein Schmied eingesetzt: »Indem er darauf sagte: ›Ich werde dir andere Augen einsetzen‹ nahm er meine Augen heraus und setzte mir andere ein. Ich weiß selbst nicht, wo sich diese eingesetzten Augen befinden, ich glaube unter der Haut. Wenn ich schamanisiere, sehe ich nichts mit meinen wirklichen Augen, ich sehe mit jenen, den eingesetzten. Darauf durchbohrte mir der Schmied mit seinem Eisenbohrerzeigefinger die Ohren, indem er sagte: ›Du wirst die Gespräche der Pflanzen verstehen und hören‹ . . . Und ich bekam wirklich die Fähigkeit, die Gespräche der Pflanzen zu verstehen.«

46 Das Gesicht des *alter ego* gilt in vielen Teilen der Welt als die Todesbotschaft. Cf. G. Parrinder: *West African Psychology*, London 1951, S. 135.

47 Auch der kühnste Schamane vermochte es nur, bis zur achten Stromschnelle des Sippenflusses vorzudringen. Wer sich weiter vorwagte, mußte sterben. Cf. G. M. Wassiljewitsch: »Schamanengesänge der Ewenken (Tungusen)«, in *Glaubenswelt und Folklore der sibirischen Völker*, Budapest 1963, S. 384. Die Burjaten erzählen sich von einem Schamanen, der es wagte, dem Totengott Erlen Khan in die Nase zu beißen. Das mußten er und seine Nachfolger teuer bezahlen. Cf. L. Krader: »Buryat Religion and Society«, in *Gods and Rituals*, Garden City 1967, S. 115 f. Auch die Saulteaux-Schamanen sahen auf ihren Reisen oft die bleichenden Knochen ihrer abgestürzten Vorgänger. Cf. A. I. Hallowell: »The Spirits of the Dead in Saulteaux Life and Thought«, *Journal of the Royal Anthropological Institute* 1940, S. 34.

48 Cf. C. Castañeda: *Tales of Power*, New York 1974, S. 126. In gewisser Weise scheint das Wort *nagual* dem nordamerikanischen

Wort *wakan* zu entsprechen. *Wakan* war alles das, was jenseits der Ordnung der Dinge lang. Für die Oglala waren die ersten Pferde, die sie sahen, *sunka wakan*, was die Ethnologen mit »geheimnisvolle Hunde« übersetzen. Cf. C. Lévi-Strauss: »Introduction à l'œuvre de Marcel Mauss«, in *Sociologie et anthropologie*, Paris 1950, S. XLIV. Ähnliches gilt wohl auch für das *nánde* der südamerikanischen Nambikwara. Cf. ders.: *La vie familiale et sociale des Indiens Nambikwara*, Paris 1948, S. 97 f.

49 Cf. Castañeda, a.a.O., S. 128, 133.

50 Cf. C. H. Merriam: »Totemism in California«, *American Anthropologist* 1908, S. 559.

51 Cf. Castañeda, a.a.O., S. 266, ferner S. Wilk: »Coming of Age in Sonora«, *American Anthropologist* 1977, S. 87.

52 Cf. Castañeda, a.a.O., S. 176, ferner auch O. Pettersson: *Jabmek and Jabmeaimo*, Lund 1957, S. 166, Ø. Vorren / E. Manker: *Lapp Life and Customs*, London 1962, S. 124, S. M. Schirokogorov: »Versuch einer Erforschung der Grundlagen des Schamanentums bei den Tungusen«, *Bäßler-Archiv* 1935, S. 76 f., T. I. Itkonen: »Der ›Zweikampf‹ der lappischen Zauberer um eine Wildrentierherde«, *Suomalais-Ugrilaisen Seuran Aikakauskirja* 1960, S. 4, R. J. Beck: »Some Proto-Psychotherapeutic Elements in the Practice of the Shaman«, *History of Religions* 1966, S. 324.

53 Cf. R. F. Murphy: *Mundurucú Religion*, Berkeley 1958, S. 26 f. Nehmen die Waika eine Mischung aus den »Blättern der Totengeister«, einer Acanthacee (*Justicia sp.*) und *epéna* (cf. § 3, Anm. 27) zu sich, dann erscheint ein wildes Tier, auf das sich die Indianer unwiderstehlich setzen müssen und welches sie dann in die Wildnis hinaus entführt. Cf. O. Zerries: »Besessenheit und Geisterbesuch: Parapsychologische Erscheinungen unter den Mahekodotedi«, in *Atti del XL Congresso Internazionale degli Americanisti*, Bd. II, Genova 1974, S. 390.

54 Die künftigen *pujai*, die Schamanen der Karaiben, gelangen auf ihrer Reise an den »Kreuzpunkt von Leben und Tod«, an dem es sich entscheidet, ob sie zu Schamanen werden oder ob sie sterben. Cf. F. Andres: »Die Himmelsreise der caraïbischen Medizinmänner«, *Zeitschrift für Ethnologie* 1938, S. 339.

55 Zit. n. K. H. E. de Jong: *Das antike Mysterienwesen*, Leiden 1919, S. 54.

56 Cf. Griaule, a.a.O., S. 39. Die Selbstüberschätzungen moderner europäischer Philosophen sind bestaunenswert. M. Horkheimer (»Vernunft und Selbsterhaltung«, in *Subjektivität und Selbsterhaltung*, Frankfurt/M. 1976, S. 41) meint beispielsweise, es gebe keine andere Philosophie als die bürgerliche, »denn das Denken kommt in den Städten auf« (!), oder H. Maurier (*Philosophie del l'Afrique noire*, St. Augustin 1976, S. 24) weigert sich »d'appeler philosophe n'importe quelle manifestation culturelle africaine«. So hält er etwa »les spéculations d'un Ogotemmêli« nicht für wert, »philosophisch« genannt zu werden. Philosophie heißt ›Liebe zur Weisheit‹. Ich weiß zwar nicht, ob Maurier die Weisheit liebt, aber sie liebt *ihn* ganz bestimmt nicht. Die abendländischen Philosophen scheinen zwar bisweilen das zu lesen, was die Ethnologen *über* Naturvölker schreiben, aber *von* diesen Völkern haben sie bisher noch nichts gelernt. »Der Fachmann«, meint G. Böhme (»Die Ausdifferenzierung wissenschaftlicher Diskurse«, in *Wissenschaftssoziologie*, Opladen 1975, S. 249), »nimmt im allgemeinen Probleme nicht als für seinen Diskurs relevant wahr, wenn sie nicht in der zugehörigen Fachsprache formuliert sind«. Das ist noch sehr höflich ausgedrückt.

57 Cf. Castañeda, a.a.O., S. 128 f. Ethnologen benehmen sich in ›philosophischen Unterhaltungen‹ mit Indianern und anderen ›Wilden‹ meist ausgesprochen tölpelhaft. Auf die Frage K. H. Bassos (*Western Apache Witchcraft*, Tucson 1969, S. 30), was denn »power« sei, antwortete ihm sein indianischer Gesprächspartner: »You can't talk about *diyi'* like other things. You can't hold it down with words. Don't try on it any more.« Statt diesem Wink zu folgen, unternimmt der Ethnologe im Folgenden eine blasse und abstrakte Definition. Beispiele dieser Art sind in der ethnologischen Literatur so zahlreich, daß man nur froh sein kann, wenn diese Bücher von den ›Wilden‹ nicht gelesen werden.

58 Cf. P. Radin: *The Winnebago Tribe*, Washington 1923, S. 436 f.

59 Cf. R. Bureau: *La religion d'Eboga*, Lille 1972, S. 145. Ein Fang formulierte dies auch so: »There is a fundamental unity of things . . . Many things which seem different are really the same. There is much diversity and conflict, all of which gives rise to *ebiran* and *nsem* (social and ritual sin) because of the action of witchcraft *(mbwol)*.« Die Hexen *(beyin)* verwirren die Sinne der Menschen uud

zerstören die Sicht der Einheit der Dinge: sie sind die Schöpfer des Scheins. Cf. J. W. Fernandez: »Symbolic Consensus in a Fang Reformative Cult«, *American Anthropologist* 1965, S. 911. Der Bwiti-Initiationstempel der Fang hat die Gestalt einer auf dem Rücken liegenden Gottheit, die »Maria« genannt wird. Tritt man durch ihren Schoß in ihren Leib (cf. hierzu auch § 3), trifft man alsbald auf eine Nabelschnur, die *axis mundi*, welche die Welten miteinander verbindet. »C'est la femme qui nous a donné notre peau«, sagen die Mitglieder des Bwiti-Bundes, »image de notre condition ici-bas, et c'est en remontant à travers le vagin, en sens inverse, que nous la perdrons: ce sera la première étape de la route vers le ciel. C'est pourquoi tout commence, dans le Bwiti, à la porte de la naissance, au poteau d'entrée, par une re-naissance, la mort devenant ainsi la vraie naissance.« (Bureau, a.a.O., S. 44 f., 50.) Die Beschreibungen dieser ›Reise‹ in den ›Schoß der Mutter‹, die ich kenne, stammen sämtlich von Ethnologen, die sich allen Aufforderungen der Initiierten zum Trotz geweigert haben, sie selber zu unternehmen. »As, in the end, an agent of science«, schreibt etwa J. W. Fernandez (»Tabernanthe Iboga: Narcotic Ecstasis and the Work of the Ancestors«, in *Flesh of the Gods*, London 1972, S. 258), »I felt no such needs.« Ich verzeihe ihm als Ethnologe (d. h. ich verzeihe ihm nicht). Allerdings mag zu solchen Weigerungen beitragen, wie mir Irene Löffler mitteilt, daß die Einnahme von Iboga manchmal auch für die Fang-Initianden selber nicht ganz ungefährlich ist.

60 Cf. P. Bourdieu: »The Attitude of the Algerian Peasant Toward Time«, in *Mediterranean Countrymen*, Paris 1963, S. 55.

61 Cf. C. Castañeda: *Journey to Ixtlan*, New York 1972.

62 Cf. L. Wittgenstein: *Tractatus logico-philosophicus*, London 1922, 6.4311.

63 »Ich will sterben, um zu wissen, wer ich bin«, sagt ein siebzehnjähriges Mädchen, deren Ärzte »mentale Anorexie« diagnostizieren. Cf. M. Mannoni: *Der Psychiater, sein Patient und die Psychoanalyse*, Olten 1973, S. 156. Es mag sein, daß das Schneewittchen-Märchen Erinnerungen an einen einstigen ›Initiationstod‹ aufbewahrt, woran zumindest die Variante des Märchens denken läßt, in der die Mutter das Mädchen in eine Höhle führt, in welcher die Zwerge hausen, dämonische Wesen, von denen die Mutter weiß, daß sie

alle jungen Mädchen töten. Cf. J. F. Grant Duff: »Schneewittchen«, in *Märchenforschung und Tiefenpsychologie*, Darmstadt 1969, S. 93. Die »sieben Berge« sind wohl eine Abwandlung des siebenstufigen Weltenberges (cf. O. Huth: »Der Glasberg«, *Symbolon* 1961, S. 25), der in einem norwegischen Märchen »südlicher als Süden und nördlicher als Norden« liegt. Vielleicht spiegeln sich solche Initiationen auch noch in den mittelhochdeutschen Epen, in denen Zwerge wie Laurin Jungfrauen entführen, die von jugendlichen Helden befreit werden müssen. Cf. Bernheimer, a.a.O., S. 127 f.

64 Cf. R. Katz: »Heilung durch Ekstase«, *Psychologie heute*, August 1977, S. 57. Cf. auch A. R. Radcliffe-Brown: *The Andaman Islanders*, Chicago 1933, S. 176 f.

65 Cf. K. Rasmussen: »Intellectual Culture of the Iglulik Eskimo«, *Report of the 5th Thule Expedition*, København 1929, S. 114.

66 Cf. Castañeda, a.a.O.

67 Cf. Castañeda: *Tales of Power*, a.a.O., S. 265.

68 Cf. L. Wittgenstein: *Briefe an Ludwig von Ficker*, Salzburg 1969, S. 35. »›Dieu‹, disent les traditions sacerdotales Tarahumaras, disparaît tout de suite quand on y touche trop et à sa place c'est le Mauvais Esprit qui vient.‹« (A. Artaud: *Les Tarahumaras*, Décines 1963, S. 21 f.)

69 Cf. J. Margolis: »Don Juan as Philosopher«, in *Seeing Castañeda*, New York 1976, S. 235 f., ferner Wei Hsiung: *Über das Unaussprechliche*, Bonn 1939, S. 38. Oder wie es ein Philosoph gegenüber Adorno stellvertretend für alle ›Rationalisten‹ ausgedrückt hat: Wie sollen wir das »Nichtidentische« begreifen, wenn nicht *als* etwas? Cf. W. Beierswaltes: »Adornos Nichtidentisches«, in *Weltaspekte der Philosophie*, Amsterdam 1972, S. 11.

70 Cf. M. K. Munitz: »The Concept of the World«, in *Language, Belief, and Metaphysics*, Albany 1970, S. 229.

71 Cf. Castañeda, a.a.O., S. 241, ferner auch H. L. Edge: »The Place of Paradigms in Parapsychology«, in *The Philosophy of Parapsychology*, New York 1977, S. 118. (Den Hinweis auf diesen Artikel verdanke ich Eberhard Bauer vom Institut für Parapsychologie in Freiburg.) Eine solche Erschütterung unserer ›Insel‹ mit Hilfe des Stechapfels läßt sich kaum mehr rückgängig machen, oder wie es ein Diegueño-Schamane ausdrückte: »It stays with you the rest of

your life.« Cf. G. Toffelmier / K. Luomala: »Dreams and Dream Interpretation of the Diegueño Indians«, *Psychoanalytic Quarterly* 1936, S. 201. A. Weil (*Das erweiterte Bewußtsein*, Stuttgart 1974, S. 84) meint: »(Die Indianer) sind aber weit davon entfernt zu erkennen, daß diese Erfahrungen auch ohne Drogen gemacht werden können.« Das ist völlig falsch. Gerade die Indianer wissen das viel besser als so mancher Bürger der ›Altered States of America‹. Sowohl ihre eigenen Aussagen als auch die Vielfalt ihrer Wege, Dampfbäder, Aufenthalt in der Einsamkeit, Fasten, Tanzen (cf. z. B. C. U. Nimuendajú: »Die Sagen von der Erschaffung und Vernichtung der Welt als Grundlagen der Religion der Apapocúva-Guaraní«, *Zeitschrift für Ehtnologie* 1914, S. 354), Torturen (cf. R. Benedict: »The Vision in Plains Culture«, *American Anthropologist* 1922, S. 8 f.) belegen dies. Die Prärie-Indianer waren der Auffassung, daß Drogen die Visionssuche lediglich erleichterten (cf. R. Shonle: »Peyote: the Giver of Visions«, *American Anthropologist* 1925, S. 59), und gerade das war ein Grund, warum manche Indianer den Drogengebrauch ablehnten. Welche Droge übrigens eine *bewußtseinserweiternde* Droge ist, wird bis zu einem gewissen Grade nicht nur von den jeweiligen Menschen, sondern vor allem von der kulturellen ›Konditionierung‹ abhängig sein. Wenn etwa N. Alger (»Pharmacology, Ethnopharmacology, and the Use of Drugs in Curanderismo«, in *Actas del XLI Congreso Internacional de Americanistas*, Bd. III, México 1976, S. 264, 266) Naranjo zum Vorwurf macht, daß dieser seinen Versuchspersonen Harmalin injizierte, anstatt daß er ihnen einen Absud von der ganzen *Banisteriopsis*-Pflanze zu trinken gab, dann hat er recht. Wenn er allerdings feststellt, daß im Gegensatz zu dem, was Curanderos über die therapeutischen Effekte von *Ruta gravoolens* sagten, keine dieser Aussagen »stood up to rigid pharmacological testing«, dann sagt er vielleicht nicht viel mehr, als daß die Geister der Curanderos nicht unbedingt pharmakologische Labors lieben. Alger ist im Grunde ein ›Positivist‹ wie Naranjo. Wer oft gekifft hat, der weiß, daß man bisweilen allein durch ein intensives Gespräch über Pot oder Shit high werden kann oder daß man mitunter Leute mit auf einen Trip nehmen kann, die gar kein LSD geworfen haben. Bei den von den Geistern besessenen oberägyptischen Fellachen genügt manchmal ein flüchtiger Duft des Benzoëharzes *(gâwī)*, um den Geist herbeizuholen (cf. H. A. Winkler: *Die reitenden Geister der Toten*, Stuttgart 1936, S. 65), und in § 3, Anm. 84, haben wir gesehen, daß es Seherinnen gab, die lediglich eine Gartenmohnkapsel *zu berühren* brauchten, um einzuschlafen.

72 Nach der Ekstase und der Jenseitsreise mit Hilfe dieser Pflanze fallen die Initianden in einen tiefen Schlaf, der bis zu einer Woche dauern kann. Cf. S. Swiderski: »Le Bwiti, société d'initiation chez les Apindji au Gabon«, *Anthropos* 1965, S. 556.

73 Allerdings in der Weise, daß alle Frauen rituell vergewaltigt werden. Cf. I. Goldman: »The Structure of Ritual in the Northwest Amazon«, in *Process and Pattern in Culture*, Chicago 1964, S. 119 f. In dem Augenblick, in welchem im Zentrum des Hauses vom Dach aus ein Vogel herabgelassen wird, steigen die Seelen der Indianer auf. Cf. ders.: *The Cubeo*, Urbana 1963, S. 210 f.

74 Vergewaltigungen von Männern durch Männer sind oft bei der Überschreitung von Reviergrenzen beobachtet worden, etwa bei Hirtenburschen in Polen und Ungarn. 1962 demütigten auch die siegreichen Truppen in Algier den französischen Konsul auf diese Weise in aller Öffentlichkeit. Cf. Fehling, a.a.O., S. 191 f. und I. Eibl-Eibesfeldt: »Männliche und weibliche Schutzamulette im modernen Japan«, *Homo* 1970, S. 178. Nach dem Bericht des Ephoros scheinen derartige ›Initiationsdemütigungen‹ auch im alten Kreta üblich gewesen zu sein. Cf. Burkert, a.a.O., S. 391 f. Auch von nordamerikanischen Straßengangs ist ähnliches berichtet worden.

75 Cf. F. K. Errington: *Karavar*, Ithaca 1974, S. 84. In § 3, Anm. 72 haben wir gesehen, daß man zu Beginn der Neuzeit weithin der festen Überzeugung war, auf dem Hexensabbat würde unter anderem Inzest betrieben, was man in der Geschichte oft den verschiedensten Sekten zutraute. So glaubten etwa die Muslims in der südwestlichen Türkei, die Sekte der Tachtadschi betete den Teufel an, feierte nächtliche Orgien und verstieße dabei willentlich gegen das Inzesttabu. Solchen Mutmaßungen liegen vielleicht manchmal kultische Tatsachen zugrunde. Wenn ›zwischen den Zeiten‹ die Ordnung sich auflöste, dann schwanden auch alle Tabuisierungen. Während des indoiranischen Neujahrsfestes fand vermutlich ein inzestuöser Geschlechtsverkehr statt, und bei den Netsilik-Eskimos hieß es, daß ein Schamane durch den Beischlaf mit seiner

Mutter große Kraft erhielt. Cf. N. Sidler: *Zur Universalität des Inzesttabu*, Stuttgart 1971, S. 9, 48, 137 f., und H. Baumann: *Das doppelte Geschlecht*, Berlin 1955, S. 75 f. Diese Hinweise verdanke ich Annette Primm.

76 Der Pilz ist botanisch nicht identifiziert. Ich habe in der ethnographischen Südseeliteratur nur noch einmal den Gebrauch bewußtseinsverändernder Pilze erwähnt gefunden. J. Layard (*Stone Men of Malekula*, London 1942, S. 633 f.) berichtet, wie eine Frau nach der Einnahme von *na-mbor*-Pilzen (?) mit den Geistern in Berührung kommt, die sie sodann darin unterweisen, wie man Regen und Wind herbeizaubert. Die transkulturelle Assoziation von Pilz und Blitz ist bekannt.

77 Cf. M. Reay: »›Mushroom Madness‹ in the New Guinea Highlands«, *Oceania* 1960, S. 139. Berichte darüber, daß auch in normalen Zeiten die Frauen die ›sexuelle Initiative‹ ergriffen, gibt es insbesondere von den Kelten, und sie dienten gerade nationalsozialistischen Forschern, die überdies großen Wert auf das ›kameradschaftliche‹ (= »a-sexuelle«) Verhältnis der nordischen Geschlechter zueinander legten (cf. W. Emmerich: »Der Mythos der germanischen Kontinuität«, in *Zur Kritik der Volkstumsideologie*, Frankfurt/M. 1971, S. 147 f.), dazu, in der keltischen Frau ein Gegenbild zur »hehren« germanischen aufzubauen. Nachdem sich etwa W. Philipp (*Weibwertung oder Mutterrecht*, Königsberg 1942, S. 93) über die »vortreibende Betätigung der Frau in der Liebesbeziehung« erregt hat, zitiert er befriedigt eine Äußerung Cúchulainns, der das Weib »schlechthin mit einem Boot vergleicht, dem es gleichgültig ist, wer es besteigt«, und ein Gesinnungsgenosse Philipps schreibt über die Frau, die ›den ersten Schritt tut‹: »Man kann in einem solchen Falle, falls nicht offensichtlich ungermanisches Blut der Grund ist, sagen, daß es mit der Drüsentätigkeit der betreffenden Frau irgendwie hapert.« (Zit. n. H. Glaser: *Spießer-Ideologie*, Freiburg 1964, S. 184). In der Tat scheint die keltische Frau größere Freiheiten als die germanische besessen zu haben, und Markale (a.a.O., S. 377) spricht allgemein von einer »sorte d'amoralité tranquille et souriante«. Nach dem *Cáin lánamna*, der inselkeltischen »Regelung der Paare«, durfte eine Frau beispielsweise ihren Mann verlassen, wenn er impotent, waffenlos oder einfach zu fett war, wenn er Ehegeheimnisse ausplauderte oder an einer Dauererektion

litt, wenn er die Gastfreundschaft mißachtete oder seine Frau verleumdete, und in Wales hieß es sogar, daß sie dies tun konnte »entweder wegen bestimmter Gründe oder auch ohne Grund«. Cf. Weisweiler, a.a.O., S. 325 f.

Anmerkungen zu § 7

1 Eine ältere Variante dieser Sakäen scheint jenes Fest, vermutlich ein Neujahrsfest, gewesen zu sein, dessen Darstellung man auf einer wohl fünftausend Jahre alten eingelegten Muschelplatte, die von einer Harfe aus Ur stammt, sehen kann. Hier feiern Menschen und Tiere gemeinsam, da sich die Grenze zwischen ihnen aufgelöst hat. Cf. H. Kenner: *Das Phänomen der verkehrten Welt in der griechisch-römischen Antike*, Klagenfurt 1970, S. 34, 37, 82 f., und Liungman, a.a.O., S. 371. In dieser Tradition stehen auch die römischen Saturnalien, die nach Justin an die goldene Zeit eines allgemeinen Kommunismus unter dem legendären König Saturnus erinnerten, ein Zeitalter, in dem noch »alles für alle gemeinsam und ungeteilt« gewesen sein soll, weshalb auch während des Festes Herren und Sklaven gemeinsam zu Tisch saßen. (Zit. n. H. Strasburger: *Zum antiken Gesellschaftsideal*, Heidelberg 1976, S. 98). Saturnalienartig war auch das *odwira*-Fest der Aschanti, bei welchem sich Frauen und Kinder, Freie und Sklaven bis zur Besinnungslosigkeit betranken. »Neither theft, intrigue, or assault are punishable during the continuance, but the grossest liberty prevails, and each sex abandons itself to its passions.« Wenige Tage später wurden etwa hundert Personen, allerdings meist Verbrecher, hingerichtet. »I never felt so grateful«, fügt der Ethnograph Bowdich hinzu, »for being born in a civilized country.« Cf. R. S. Rattray: *Religion and Art in Ashanti*, London 1927, S. 122 f., 125. Das besonders von den Schudras und den Frauen geliebte Holifest in dem nordindischen Dorf Kishan Garhi begann für den Ethnographen damit, daß die Frauen ihn mit Mist bewarfen und mit Urin vollspritzten, worauf sie ihn mit den Worten lockten: »Saheb will play Holī with us?« Danach trank man *bhāng* (Haschisch) und ein zügelloses Treiben mit vertauschten

Rollen brach los. Cf. M. Marriot: »The Feast of Love«, in *Krishna*, Honolulu 1966, S. 200 f., 203 f., 210 f., ferner E. Hardy: »›Narrenfest‹ in Altindien«, *Archiv für Religionswissenschaft* 1902, S. 132 ff. An die Sakäen erinnert auch jenes Fest, an dem die römischen Legionäre als Frauen kostümiert, mit Fistelstimmen singend und Spinnbewegungen imitierend durch die Straßen zogen, in ihrer Mitte auf einem Wagen ein als Kaiser herausstaffierter Soldat. Cf. A. Müller: »Die Neujahrsfeier im römischen Kaiserreiche«, *Philologus* 1909, S. 483 f.

2 Dieser sehr wichtige Sinn der ›Umkehrung‹ wird nicht beachtet von W. E. Mühlmann (»Das Mythologem der verkehrten Welt«, *Kölner Zeitschrift für Soziologie und Sozialpsychologie* 1961, S. 614 ff.).

3 Cf. C. Hentze: *Das Haus als Weltort der Seele*, Stuttgart 1961, S. 55.

4 Cf. A. E. Jensen: *Die drei Ströme*, Leipzig 1948, S. 103, bzw. A. I. Richards: *Chisungu*, London 1956, S. 64.

5 Cf. P. Buchholz: *Schamanistische Züge in der altisländischen Überlieferung*, Münster 1968, S. 55 f. Die »Innenhölzer« dieses germanischen Weltenbaumes entsprechen den »Innenblättern« jenes Baumes, auf den nach dem *Scriptum Alberti super arborem Aristotelis* Alexander der Große auf seiner wundersamen Orientreise gestoßen sein soll und in dessen Wipfel ein Storch saß. Auch die Alchemisten des 16. Jahrhunderts sprachen noch von »umgekehrten Bäumen«, die im Herbst, »am Anfang des Endes« blühten. Cf. C. G. Jung: *Von den Wurzeln des Bewußtseins*, Zürich 1954, S. 437, 441 f. In gleicher Weise kannten die sibirischen Udehé Schamanenbäume, die vom Himmel zur Erde wuchsen, und auf denen *Sedum palustre* verbrannt wurde. Cf. E. Kagarow: »Der umgekehrte Schamanenbaum«, *Archiv für Religionswissenschaft* 1929, S. 183 f. Der indische Lebensbaum *aśvattha* wird bisweilen *ūrdhvamūlam* (»mit Wurzeln nach oben«) oder, wie in der Chandogya Upanischad, *nyagrodha* (»nach unten wachsend«) genannt. Cf. J. G. Arapura: »The Upside Down Tree of the Bhagavadgītā«, *Numen* 1975, S. 136, 141; cf. auch M. Bringaud: »Les Birmans Karins«, *Missions Catholiques* 1896, S. 537 f., nach A. Höfer: »Die Religionen der asiatischen Negrito und der Stammesgruppen Hinterindiens«, in *Die Religionen Südostasiens*, Stuttgart 1975, S. 85. Deshalb hat man vorgeschlagen, den *aśvattha* weniger mit dem *Ficus religiosa*, sondern eher mit dem *banyan (Ficus indica)*

zu identifizieren, der auf riesigen Urwaldbäumen schmarotzt und lange Luftwurzeln ins Dickicht herabhängen läßt, so daß es aussieht, als wüchsen diese Wurzeln vom Dschungelboden in den Himmel. Cf. R. Cook: *The Tree of Life*, London 1974, S. 18.

6 Zit. n. U. v. Mangoldt: *Der Teufel*, München 1957, S. 18. In frühgeschichtlichen Gräbern hängte man dem Toten das Schwert an die rechte Seite, damit es im Jenseits an der linken hing. Cf. E. Weinkopf: »Die Umkehrung in Glaube und Brauch«, *Oberdeutsche Zeitschrift für Volkskunde* 1928, S. 43. Auch die zerbrochenen Gegenstände in vielen Gräbern werden so zu erklären sein. Die Beltiren legten dem Toten die Schnapsflasche in die Linke, weil, wie sie sagten, »die linke Hand in der anderen Welt die rechte ist«. Cf. Harva, a.a.O., S. 347.

7 Cf. R. Thurneysen: »Der mystische Baum«, *Zeitschrift für celtische Philologie* 1923, S. 17.

8 Zit. n. C.-M. Edsman: »Arbor inversa«, in *Festschrift Walter Baetke*, Weimar 1966, S. 85. Cf. auch W. Müller: *Die Jupitergigantensäulen und ihre Verwandten*, Meisenheim 1975. Dieser umgekehrte *arbor vitae* der Mystikerin ist kein anderer als der Herr selber.

9 Cf. G. B. Grinnell: *The Cheyenne Indians*, Bd. II, New Haven 1923, S. 79f., 204ff., R. H. Lowie: *Societies of the Crow, Hidatsa and Mandan Indians*, New York 1913, S. 285, 288 ff.

10 Cf. V. F. Ray: »The Contrary Behavior Pattern in American Indian Ceremonialism«, *Southwestern Journal of Anthropology* 1945, S. 78 f., H. Turney-High: »The Bluejay Dance«, *American Anthropologist* 1933, S. 104 f. Bei den Salish gibt es einen Mythos, nach dem die Urzeit weder Menschen noch tierische Schutzgeister kennt. Die Wesen dieser ›Traumzeit‹ sind vielmehr beides. Im Winter bricht jedesmal wieder diese ›Zeit zwischen den Zeiten‹ an. Dann werden die Menschen mit Eichelhäher-power *wild*, wie die Salish sagen, reißen sich die Kleider vom Leib und entfalten telepathische und hellseherische Kräfte. Cf. V. F. Ray: »The Bluejay, Character in the Plateau Spirit Dance«, *American Anthropologist* 1937, S. 594 f., 599, 601. Auch von mittelalterlichen Mystikerinnen wie etwa Christina von St. Trond wird berichtet, daß es sie unwiderstehlich in die Höhe trieb, auf Bäume, Türme und ins Klostergebälk. Cf. L. v. Strauß und Torney: *Deutsches Frauenleben in der Zeit der Sachsenkaiser und Hohenstaufen*, Jena 1927, S. 78.

11 Cf. W. Müller: »Der Rankesche Irrtum«, *Scheidewege* 1973, S. 443. Auch der Riese Heyoka bei den Sioux ging im Winter nackt, im Sommer bekleidet. Heißes Wasser war für ihn kalt, kaltes Wasser heiß. Beschimpfte man ihn, dann reagierte er freundlich. Cf. ders.: »Zum Mythologem des halben Menschen in Nordamerika«, in *Festschrift für Ad. E. Jensen*, Bd. II, München 1964, S. 400.

12 Cf. B. G. Myerhoff: »Peyote and Huichol Worldview«, in *Cannabis and Culture*, The Hague 1975, S. 421. Cf. auch ferner S. P. Edelman: »Ascension Motifs and Reversals in Tewa Narratives«, *Journal of Anthropological Research* 1974, S. 39, und S. H. Wassén: »Einige Daten zum Gebrauch indianischer Schnupfdrogen«, *Ethnologische Zeitschrift Zürich* 1971, S. 59. Während des bereits erwähnten Holi-Festes fängt der jugendliche Mob irgendeinen alten Mann und setzt ihn verkehrtherum auf einen Esel. Cf. Marriott, a.a.O., S. 202.

13 Cf. M. Münzel: *Medizinmannwesen und Geistervorstellungen bei den Kamayurá*, Wiesbaden 1971, S. 205 ff., ferner H. K. Haeberlin: »SBeTeTDA'Q: A Shamanistic Performance of the Coast Salish«, *American Anthropologist* 1918, S. 252, 254 f. Die heutigen *payés* der Kamayurá sind zu Jenseitsreisen nicht mehr imstande, genausowenig wie die Cuna-Indianer heute noch Schamanen haben, die in die Unterwelt hinabsteigen können. Diese sind längst durch »simples rezadores« ersetzt worden, die nur noch Epen von solchen Reisen singen. Cf. F. Kramer: *Literature Among the Cuna Indians*, Göteborg 1970, S. 79 f., ferner auch J. T. Hitchcock: »A Nepalese Shamanism and the Classic Inner Asian Tradition«, *History of Religions* 1967, S. 158. Der Cuna-Sänger vermag es bstenfalls noch, *purpa*, »Bilder«, in die Unterwelt zu schicken, die dort mit den Dämonen kämpfen. Die Bella Coola erzählten noch Franz Boas: »Die Welt unter uns ist Asiutanem, das Land der Geister. Kunde von dieser Welt bekommen wir hauptsächlich durch Schamanen, die sie während einer Verzückung besucht haben. Der Weg zum Geisterland führt durch eine Öffnung, die sich in jedem Hause zwischen der Tür und der Feuerstelle befindet. Das Geisterland dehnt sich längs den Sandufern eines großen Flusses aus; hinter dem Dorf der Geister liegt ein Hügel, dessen Fuß mit scharfkantigen Steinen bedeckt ist. Wenn auf der Erde Sommer ist, ist es im Geisterland Winter, und wenn wir Nacht haben, haben die Geister Tag. Die Geister laufen nicht

aufrecht auf ihren Füßen, sondern auf den Köpfen; sie haben eine eigene Sprache, die verschieden von jeder irdischen ist. Sobald die Totenseelen die Unterwelt erreichen, erhalten sie neue Namen. Das Dorf der Geister umgibt ein Gatter; die Geister haben auch Tanzhäuser, in denen sie ihr Kusiut feiern, die direkt unter den Begräbnisplätzen jedes irdischen Dorfes liegen. Wer einmal das Tanzhaus der Geister betreten hat, für den gibt es keine unmittelbare Rückkehr zur Erde mehr. Doch steht es den Seelen frei, mit Hilfe der Strickleiter zum unteren Himmel hinaufzusteigen. Dann können sie von den Gottheiten auf die Erde zurückgesandt werden, um als Kind in derselben Familie, der sie einst angehörten, wiedergeboren zu werden.« (Zit. n. Beit, a.a.O., S. 74.)

14 Cf. M. Granet: *The Religion of the Chinese People*, Oxford 1975, S. 48 f.

15 Das vorpubertäre Mädchen lebt noch zwischen Tod und Leben – es ist nicht mehr ganz Geist und noch nicht ganz Mensch. Cf. Rattray, a.a.O., S. 72, 74, 103.

16 Die These V. W. Turners (*The Forest of Symbols*, Ithaca 1967, S. 105), daß etwa die Ndembu- oder die Luvale-Masken mit kombinierten Tier- und Menschenzügen, die den Initianden gezeigt werden, dazu dienten, dem Neophyten beizubringen, »to distinguish clearly between the different factors of reality, as it is conceived in their culture«, scheint mir völlig verfehlt.

17 Cf. L. Boglár: »Beitrag zur Erforschung des ›wilden‹ Denkens«, *Abhandlungen des Staatlichen Museums für Völkerkunde Dresden* 1975, S. 315.

18 Cf. D. Livingstone: *Missionsreisen und Forschungen in Südafrika*, Bd. I, Leipzig 1858, S. 190.

19 Cf. J. P. Lebeuf: *L'habitation des Fali*, Paris 1961, S. 388 f., und J. G. Frazer: *Totemism and Exogamy*, Bd. II, a.a.O., S. 10.

20 Cf. J. E. Cawte: »Why We Slit the Penis«, in *The Psychology of Aboriginal Australians*, Sydney 1973, S. 387 f., J. E. Cawte / N. Djagamara / M. J. Barrett: »The Meaning of Subincision of the Urethra to Aboriginal Australians«, *British Journal of Medical Psychology* 1966, S. 245 ff., P. Singer / D. DeSole: »The Australian Subincision Ceremony: Vaginal Envy or Kangaroo Bifid Penis Envy?«, *American Anthropologist* 1967, S. 355 ff.

21 Cf. B. Spencer / F. J. Gillen: *The Arunta*, Bd. I, London 1927,

S. 80, dies.: *The Native Tribes of Central Australia*, London 1899, S. 202.

22 P. M. Kaberry: »Totemism in East and South Kimberley«, *Oceania* 1938, S. 273. Diese Urwesen werden oft als »unausgewickelt«, als »larvenartig« beschrieben. Cf. E. Vatter: *Der australische Totemismus*, Hamburg 1925, S. 79, A. A. Goldenweiser: »Totemism: An Analytical Study«, *Journal of American Folklore* 1910, S 191 ff., F. G. Speck: »Penobscot Tales and Religious Beliefs«, *Journal of American Folklore* 1935, S. 12, Abb. 8 bei H. E. Petri / A. S. Schulz: »Felsgravierungen aus Nordwestaustralien«, *Zeitschrift für Ethnologie* 1951, S. 75, 88. A. R. Radcliffe-Brown (*Method in Social Anthropology*, Chicago 1958, S. 110 ff.) hat darauf aufmerksam gemacht, daß die australischen Ureinwohner sich offenbar aufgrund einer Analogie zwischen gewissen Verhältnissen, die Tiere zueinander haben, und Verhältnissen, die sie selber zueinander unterhalten, mit diesen Tieren identifizieren. So teilen sich etwa einige Stämme im Inneren von Neusüdwales in zwei exogame matrilineare Hälften, die sich »Adlerfalke« *(kilpara)* und »Krähe« *(makwara)* nennen. Die Eingeborenen betrachten sich selber als »Fleischfresser«, wie auch das Hauptnahrungsmittel der genannten Vögel Fleisch ist. Während der Jagd entfachen die Männer oft ein Feuer, das vom Wind weitergetragen wird, und verfolgen mit dem Speer oder dem Wurfholz die fliehenden Tiere, während die Frauen zurückgebliebene kleinere Tiere wie die Malabarratte ausgraben. Eine Analogie hierzu findet sich auch auf seiten der Raubvögel. Während der Adlerfalke der Hauptjäger ist, wartet die Krähe in der Nähe, bis ein Brocken Fleisch für sie abfällt. Bisweilen scheint die Analogie sogar noch erstaunlicher zu sein, denn Waipuldanya vom Stamme der Alawa am Roper River berichtet von einem Adlerfalken: »I have seen a hawk pick up a smouldering stick in its claws and drop it in a fresh patch of dry grass half a mile away, then wait with its mates for the mad exodus of scorched and frightened rodents and reptiles. When that area was burnt out the process was repeated elsewhere. We call these fires *jaluran*.« (Zit. n. A. Montagu: »A Remarkable Case of Tool-Using in a Bird«, *American Anthropologist* 1970, S. 610.) C. Lévi-Strauss (*Le totémisme aujourd'hui*, Paris 1962) hat dies, wie es seine Art ist, zu der Quintessenz verkompliziert: »Ce ne sont pas les ressemblances, mais les différences, qui se ressem-

blent ... La ressemblance que supposent les représentations dites totémiques, est entre ces systèmes de différences.« (A.a.O., S. 111 f.) Die Ausdrucksweise stammt wohl aus der Trubetzkojschen Phonologie, in der die Phoneme nicht mehr so sehr »substantiell« definiert, also als *akustische* Phänomene definiert werden, als daß sie durch ihre Zugehörigkeit zu bestimmten »Oppositionsklassen«, als *Werte* innerhalb eines Systems bestimmt sind, oder wie es L. Dumont (*Homo hierarchicus*, Paris 1966, S. 61) formuliert: »Il n'est pas quelque chose, mais seulement l'autre des autres.« Für unser Beispiel heißt das: der »totemistische Wert« des Adlerfalken oder der Krähe bestimmt sich aus der »Differenz« zwischen den beiden Vögeln (dem einen »System«), die analog ist der »Differenz« zwischen den Menschen (dem anderen »System«). Wenn man will, daß man nur von Fachleuten verstanden wird, dann kann man sich natürlich so ausdrücken. Sollte man freilich beabsichtigen, auch von anderen Sterblichen verstanden zu werden, dann könnte man sagen: die Eingeborenen haben gesehen, daß die Vögel sich auf der Jagd so zueinander verhalten wie die jagenden Männer und Frauen. Annette Primm hat mich allerdings darauf aufmerksam gemacht, daß diese Analogie indessen insofern nicht zutrifft, als es ja in jeder Moiety Männer und Frauen gibt, also Menschen, die sich adlerfalken- und krähenartig zueinander verhalten, so daß durch das Jagdverhalten eine Zuordnung der Vogelnamen zu den *Stammeshälften* nicht verständlich wird. So spricht auch Radcliffe-Brown (a.a.O., S. 116 f., 125) von einem ganz allgemeinen Spannungsverhältnis zwischen den Moieties, das sein Äquivalent in einem Spannungsverhältnis zwischen Tierpaaren wie Adlerfalke–Krähe, Adler–Rabe oder Coyote–Wildkatze (»friendly opponents«) habe. Cf. auch A. R. Radcliffe-Brown: »A Further Note on Joking Relationships«, *Africa* 1949, S. 136, C. McClellan: »The Interrelations of Social Structure With Northern Tlingit Ceremonialism«, *Southwestern Journal of Anthropology* 1954, S. 84 f., R. Thurnwald: *Des Menschengeistes Erwachen, Wachsen und Irren*, Berlin 1951, S. 94. Lévi-Strauss veranschaulicht seine Betrachtungsweise an einem weiteren Beispiel, nämlich dem der Nuer, die sagen, daß Zwillinge Vögel seien. Er meint nun, daß die Nuer dies nicht etwa deshalb sagten, weil sie irgendeine Ähnlichkeit zwischen den Zwillingen und den Vögeln entdeckt hätten, sondern weil die Zwillinge im Vergleich zu den anderen Menschen wie »Personen von oben« im Vergleich zu »Personen von unten« und im Vergleich zu den Vögeln wie »Vögel von unten« im Vergleich zu »Vögeln von oben« seien. (A.a.O., S. 116, ferner I. R. Buchler: »Sémantique descriptive des catégories religieuses nuer«, *L'Homme* 1966, S. 39.) Nun erklärt Lévi-Strauss auf diese Weise nicht, warum die Zwillinge Vögel *(dit)* sind, sondern warum man ihnen die Namen von »niederen« Vögeln gibt. Diese Erklärung stammt bereits vom Ethnographen selber. Cf. E. E. Evans-Pritchard: *Nuer Religion*, London 1956, S. 129. Lévi-Strauss (a.a.O., S. 117) schreibt: »Ces classifications théoriques sont à la base des représentations totémiques« und zitiert Evans-Pritchard: »Par conséquent, la relation totémique ne peut être cherchée dans la nature propre du totem, mais dans les associations qu'il évoque pour l'esprit.« Damit meint Lévi-Strauss, daß die »espèces naturelles« eben nicht auf Grund gewisser wahrnehmbarer Ähnlichkeiten oder weil man sie fürchtete, bewunderte usw., ausgewählt würden, sondern weil sie ›Systemwerte‹, weil sie »bonnes à penser« seien. (A.a.O., S. 128, ders.: *La pensée sauvage*, Paris 1962, S. 15.) Schaut man sich freilich die eben zitierte Stelle etwas genauer an, dann sieht man, daß Lévi-Strauss das Zitat an der Stelle abbricht, an der Evans-Pritchard fortfährt: »Similarly those who respect bees respect them not because they are bees but because their colour resembles to Nuer eyes the Python, and it is probably the same with the soldier ants and the tree cobra.« (A.a.O., S. 82.) Noch deutlicher wird, was Evans-Pritchard im Gegensatz zu dem, was Lévi-Strauss daraus gemacht hat, mit »association« meint, im Satz zuvor, in dem es heißt, daß der *nyuot*-Baum, der, »when planted in the rains the sapling generally takes root« (a.a.O., S. 57), aus diesem Grund mit dem Gaanwor-Clan verbunden sei, der in einem besonderen Verhältnis zum Regen stehe. Aus den nämlichen Gründen sind der Wasserbock und verschiedene Fisch-Spezies als sekundäre Totems mit dem genannten Baum verbunden. Warum aber werden nun – die Frage, die Lévi-Strauss klären wollte – die Zwillinge als Vögel bezeichnet? Einen der Gründe nennt Evans-Pritchard selber: nach Auffassung der Nuer legen die Vögel – wie nach ihnen die Schildkröten und Krokodile – meist *zwei* Eier. So berichtet auch J. H. M. Beattie (»Twin Ceremonies in Bunyoro«, *Jornal of the Royal Anthropological Institute* 1962, S. 11), daß die Nyoro deshalb ihre Zwillinge mit Pythons assoziierten, weil man von diesen Riesenschlangen sage, sie legten stets zwei Eier auf einmal. Deshalb heißt der Python auch *nyinabarongo*, »Mutter von Zwillingen«. Cf. auch C. G. Seligman / B. Z. Seligman: *Pagan Tribes of the Nilotic Sudan*, London 1932, S. 168. Wenn ein Zwillingskind stirbt, dann heißt es für gewöhnlich, es sei weggeflogen *(ce par)*, wobei man das Wort verwendet, das den Flug der Vögel bezeichnet. Zuvor legt man das Kind in einen Korb aus Riedgras, den man in eine Astgabel klemmt. (A.a.O., S. 129 f., ferner H. C. Jackson: »The Nuer of the Upper Nile Province«, *Sudan Notes and Records* 1923, S. 157, E. E. Evans-Pritchard: »Birds, Twins, and Vegetables«, *Man* 1966, S. 398, A. Kitching: *On the Backwaters of the Nile*, London 1912, S. 265, F. S. C. Crazzolara: *Zur Gesellschaft und Religion der Nueer*, Mödling 1953, S. 200.) Ein zweiter Grund wird wohl der sein, daß Zwillingsgeburten recht selten sind und auf »himmlische Einflüsse« zurückgeführt werden. Die »hochfliegenden« Vögel wie etwa der rote Milan, der Marabu, der Pelikan, der Kronenkranich, der Storch oder der Kapuzengeier sind Wandervögel. Sie verschwinden periodisch und man nimmt an, daß sie während ihrer Abwesenheit beim »Großen Geist« verweilen. In vielen Gegenden Afrikas nennt man deswegen die Zwillinge »Kinder des Himmels« (cf. J. R. Harris: *The Cult of the Heavenly Twins*, Cambridge 1906, S. 19, 26 f.), und man setzt sie nicht selten mit Vögeln gleich. Cf. J. Driberg: *The Lango*, London 1923, S. 143. Auch die Aśvins, die göttlichen Zwillinge des *Rigvedas* wurden als himmlische Vögel gesehen und galten als Söhne des Himmelsgottes Dyaus, wie Kastor und Polydeukes, die griechischen Diòs Kuroi als Söhne des himmlischen Zeus bezeichnet wurden. In lettischen Volksliedern heißt es, daß die Zwillinge sich wie Falken in den Himmel erheben und daß sie wie schwarze Krähen auf die Kornfelder niederstoßen. Cf. D. Ward: *The Divine Twins*, Berkeley 1968, S. 10, 24. S. Lagercrantz (»Über willkommene und unwillkommene Zwillinge in Afrika«, *Etnologiska Studier* 1942, S. 220 f.) bringt übrigens im Anschluß an Baumann die Baumbestattung der Nuer-Zwillinge mit der Rückkehr zu den Ahnen in Zusammenhang. Aus dem heiligen Baum trat einstmals die Urfrau Alyett, zu der die toten Zwillinge zurückkehren, um wiedergeboren zu werden. Wie dem auch sein mag, auf alle Fälle zeigt es sich, daß die Lévi-Strausschen Konstruktionen nicht das erklären, was sie erklären sollen. Sie mögen zwar »bonnes à penser« sein, aber deshalb sind sie noch lange nicht »bonnes à manger«.

23 »We know what it is like to be us«, meint T. Nagel (»What Is it Like to Be a Bat?«, *Philosophical Review* 1974, S. 440). Und er meint weiter, wir könnten etwa den »Gesichtspunkt« einer Fledermaus niemals haben, weil wir eben keine Fledermäuse seien. Hier könnte man (etwas überspitzt) sagen: Wir werden nur dann wissen, wie es ist, wir zu sein, wenn wir irgendwann einmal mit Fledermausflügeln ›geflogen‹ sind. Ansätze zu solchen Flügeln hat natürlich jeder Mensch, sonst könnte er – strenggenommen – überhaupt niemand anderen verstehen und damit nicht einmal sich selbst, was Nagel eigentlich von Wittgenstein gelernt haben müßte. Cf. M. B. Wiseman: »Empathetic Identification«, *American Philosophical Quarterly* 1978, S. 109 f., 113, ferner R. Macksey: »Lions and Squares«, in *The Language of Criticism and the Sciences of Man*, Baltimore 1970, S. 14, und Z. Vendler: »A Note to the Paralogisms«, in *Contemporary Aspects of Philosophy*, Stocksfield 1977, S. 120 f.

24 Deshalb ist es auch nicht richtig, wie es etwa H. J. Heringer (*Praktische Semantik*, Stuttgart 1974, S. 14, ähnlich A. Leeds: »›Subjective‹ and ›Objective‹ in Social Anthropological Epistemology«, in *Philosophical Foundations of Science*, Dordrecht 1974, S. 351) tut, zu sagen, man habe »keinen direkten Zugang zu den subjektiven Vorstellungen eines anderen«. Einen solchen Zugang hat man dauernd. Was jedoch Heringer *meint*, ist vermutlich etwas anderes, nämlich daß ich ich und nicht ein anderer bin. Aber ein solcher Satz ist noch nicht einmal eine Begriffsexplikation, geschweige denn der Ausdruck einer Erfahrung. Oder machen wir etwa die Erfahrung, daß der ›Satz der Identität‹ gültig ist, d. h. daß er sich auf die Wirklichkeit ›anwenden‹ läßt? »In der Logik gibt es kein ›Anwendungsproblem‹«, sagte einmal Wittgenstein.

25 Cf. W. S. Simmons: *Eyes of the Night*, Boston 1971, S. 75, 78 f., und J. D. Viccars: »Witchcraft in Bolobo«, *Africa* 1949, S. 222.

26 Cf. hierzu auch H. Philsooph: »Primitive Magic and Mana«, *Man* 1971, S. 198 ff. und vor allem die einschlägigen Arbeiten Werner Müllers.

27 Wenn N. Elias (»The Sciences: Towards a Theory«, in *Social Processes of Scientific Development*, London 1974, S. 30), meint, daß

das Wort »Chaos« keinen möglichen Gegenstand der Erfahrung bezeichnen könne, dann verkennt er, daß dieser Begriff in der Umgangssprache die Auflösung einer *jeweiligen* Ordnung bedeutet. Die Philosophen würden sagen, daß es sich um einen »Grenzbegriff« handelt.

28 Cf. G. Spindler / L. Spindler: *Dreamers Without Power*, New York 1971, S. 99 f.

29 T. Schneebaum: *Ich war ein Kannibale*, Stuttgart 1971, S. 82.

Anmerkungen zu § 8

1 Zit. n. D. v. Uslar: *Der Traum als Welt*, Pfullingen 1964, S. 191.

2 Über die Herkunft des Stechapfels besteht keine einhellige Meinung. Einerseits heißt es, er stamme aus Südrußland oder Zentralasien (cf. P. Graebner: *Lehrbuch der allgemeinen Pflanzengeographie*, Leipzig 1929, S. 133), neuerdings eher, er sei aus Mexiko importiert worden. Cf. H. Menzel-Tettenborn / H.-H. Hermann: »Heilpflanzen, Gifte, Drogen und Gewürze«, in *Das Reich der Pflanzen*, Gütersloh 1974, S. 79. Ich glaube, daß beide Thesen richtig sind. Die Zigeuner werden die Pflanze kaum von den Renaissance-Botanikern oder von Forschungsreisenden erhalten haben, die aus Neuspanien zurückkehrten; sie werden sie vielmehr gegen Ende des Mittelalters aus ihrer Heimat mitgebracht haben. Schon im 16. Jahrhundert scheinen sie den Stechapfel bis nach Norddeutschland gebracht zu haben (cf. J. van Dieken: *Pflanzen im ostfriesischen Volksglauben und Brauchtum*, Aurich 1971, SS. 73), doch anscheinend wurde er erst während des 30jährigen Krieges allgemein verschleppt. Cf. H. v. Wlislocki: *Vom wandernden Zigeunervolke*, Hamburg 1890, S. 7, und E. M. Kronfeld: *Sagenpflanzen und Pflanzensagen*, Leipzig 1919, S. 22.

3 Cf. R. Liebich: *Die Zigeuner in ihrem Wesen und in ihrer Sprache*, Leipzig 1863, S. 3. Erst im 16. Jahrhundert jedoch bildeten sie die Masse der »Fahrenden« in Deutschland. Cf. A. Waas: *Der Mensch im deutschen Mittelalter*, Graz 1964, S. 217.

4 Ob die *čovali*, die Zauberfrauen der siebenbürgischen Zigeuner,

mit Hilfe des Stechapfels ins Zittern gerieten (cf. H. v. Wlislocki: »Wesen und Wirkungskreis der Zauberfrauen bei den siebenbürgischen Zigeunern«, *Ethnologische Mittheilungen aus Ungarn* 1892, S. 34) ist zweifelhaft. Es wird zwar immer wieder behauptet, daß die Zigeuner diese Pflanze als »Rauschdroge« verwendet hätten (cf. H. Arnold: *Die Zigeuner*, Olten 1965, S. 196, S. Golowin: *Zigeuner-Magie im Alpenland*, Frauenfeld 1973, S. 105); sicher belegt scheint indessen nur zu sein, daß ihre Samen *(peshosheskro)* zur Prophezeiung und zur Dämonenabwehr *verwendet*, aber nicht mehr, wie wohl noch in Indien, dabei eingenommen oder eingerieben wurden. Cf. H. v. Wlislocki: *Volksglaube und religiöser Brauch der Zigeuner*, Münster 1891, S. 86, 120 f., ferner C. G. Leland: *Gypsy Sorcery and Fortune Telling*, New York 1962, S. 79. Nach Marzell (a.a.O., S. 230) rieben die Zauberfrauen der Zeltzigeuner den Körper von Kranken mit Stechapfelsaft ein. In Indien war *sada dhutura* die Lieblingspflanze des tanzenden Schiwa (cf. P. Mahapatra: »Tree-Symbol Worship in Bengal«, in *Tree Symbol Worship in India*, Calcutta 1965, S. 135), und Nachtschattendrogen werden wohl auch heute noch bei religiösen Riten in den Tälern des Himalaya eingenommen. Cf. A. Daraul: *Secret Societies*, London 1961, S. 159 ff. Die Zigeuner scheinen zudem den Stechapfel zur Abwehr des Blitzschlags – wie hierzulande das *Sempervivum tectorum* – verwendet zu haben. Deshalb wurde er auch mancherorts »Donnerbeere« genannt. Cf. O. Fergg: »Sinnzeichen aus der Natur«, *Mitteilungen der Pollichia* 1940, S. 246.

5 Wenn B. Berlin / D. E. Breedlove / P. H. Raven (*Principles of Tzeltal Plant Classification*, New York 1974, S. 489) sich wundern, daß der Stechapfel in Chiapas mit »a perfectly good Tzeltal expression« benannt wird, dann liegt dies daran, daß sie glauben, die Pflanze sei »of Eurasian origin, definitely post-Conquest«. Dem ist freilich nicht so.

6 Die These, die Hexen des späten Mittelalters hätten den Stechapfel verwendet, scheint auf Reuss und Mejer zurückzugehen.

7 Ob die Pflanze, die in Keilschrifttexten *mûsu kitridutu*, »eilende Nacht«, heißt, Stechapfel ist, scheint nicht ganz sicher zu sein. Cf. A. Tschirch: *Handbuch der Pharmakognosie*, Bd. III, Leipzig 1932, S. 1258. Gleichermaßen unsicher ist es, ob das *strychnon manikon*, der »rasendmachende Stryhnos« des lesbischen Botanikers Theophrast

ein Stechapfel war, der durch die Feldzüge Alexanders des Großen in das Indusgebiet nach Griechenland gelangt war (cf. Gerhard, a.a.O., S. 90, kritisch G. Hegi: *Illustrierte Flora von Mitteleuropa*, Bd. V, München 1964, S. 2615), und gleiches gilt für die entsprechenden Strychnosbeschreibungen von Dioskurides und Plinius. Cf. Marzell, a.a.O., S. 228. Deshalb ist es ganz unwahrscheinlich, daß er, wie immer behauptet wird (cf. z. B. E. Stemplinger: *Antiker Volksglaube*, Stuttgart 1948, S. 31), bei den alten Griechen als Rauschmittel verwendet wurde. Mit Sicherheit haben ihn jedoch, wie aus Texten Abu Mansurs und Ibn Sinas hervorgeht, der eine *jouzmathel* beschrieb, die arabischen Ärzte des Mittelalters gekannt, und möglicherweise ist während des Hochmittelalters der eine oder der andere Stechapfel nach Italien gelangt. In den spätmittelalterlichen Kräutermanuskripten, die ich durchgesehen habe, konnte ich nirgends eine Abbildung oder eine Beschreibung finden, die auf diese Pflanze zutreffen könnte, und Marzell (a.a.O.) bezweifelt auch, daß die *stramonia* der heiligen Hildegard von Bingen ein Stechapfel war. Erst in den Kräuterbüchern des 16. Jahrhunderts – und auch nicht in allen – taucht er als Fremdling auf. Bock erwähnt *Datura metel* als »ein fremder oepffel«, und L. Fuchs (*Kreüterbuoch*, Basel 1543, c. CCLXV, zit. n. Holzinger, a.a.O., S. 20) schreibt: »Die Stechenden öpffel muessen von den samen auffgezogen werden in den gärten / sonst komen sie von sich selbst nit in vnsern landen; dann sie ein frembd gewechß seind ... newlich in vnser land gebracht.« Noch im 17. Jahrhundert heißt es bei Lonicerus (a.a.O., S. 197): »Und sonsten ist seine krafft in der Artzney nicht sonderlich bekannt.« So warnt auch um dieselbe Zeit J. J. Becher (*Kreuterbuch*, Ulm 1662, S. 518, nach Marzell, a.a.O.): »Stechapffel seynd sehr kalt / man nimmt sie nicht in Leib / wer nicht gerne sterben will / von diesen Aepffeln bleib.« Ob das bei Porta (a.a.O., S. 178) im Rezept einer ›Hexensalbe‹ erwähnte »stramonium« Stechapfel ist, bleibt unsicher. Es wäre die einzige Erwähnung dieser Pflanze in einem solchen Zusammenhang. Ansonsten finden sich nur Vergleiche, wie etwa bei Gmelin (a.a.O., S. 102), der schreibt: »Öftes erregt diese Pflanze Träumereien, die den erloschenen Begeisterungen der Hexen gleichkommen.« Es wird ihr nachgesagt, was auch moderne Beobachter bestätigen, daß sie »eine schamlose Geilheit« (J. S. Halle: *Die Deutsche Giftplanzen zur Ver-*

hütung der tragischen Vorfälle, Berlin 1784, S. 51) hervorrufe, die an die Stimmung auf den Sabbat-Orgien erinnere. »Aus dem zerstoßenen, und in Wein geworfnen Samen entsteht eine künstliche, magische, und phantastische Tinktur, die einem Dichter den höchsten Flug in Oden, durch einen Trunk von unsrer botanischen Hypocreme verschaffen würde; indem sie die Bilder der Einbildungskraft, auf das Leibhafteste anfeuret, und den natürlichen Musenantrieb über alle Weinbegeisterung biß zur Parnaßspitze hinauf wirbelt. Einige der Vergifteten bezeigen sich lustig, andre schlafen als Stoiker ein. Ein Viertheil Quentgen vom zerstoßnen unter Essig gemengten Saamen begeistert; hingegen tödtet ein halbes Loth ohnfehlbar.« Die früheste dämonologische Schrift, in der ich einen eindeutigen Hinweis auf den Stechapfel fand, ist J. Brunnenmannus: *Discours Von betrüglichen Kennzeichen der Zauberey*, Halle 1727, S. 37. Dort heißt es: »Was der Gebrauch der Daturae, so in Malabar häuffig wächst, vermöge vor angenehme Sachen Wachenden und Schlaffenden zu praesentiren, und den Menschen gleichsam wachend seiner Sinne beraube, daß er vor Lachen, Lust und Freude weder höret noch siehet; solches ist nun eine so bekannte Sache, daß auch Spitzbuben und Diebes-Banden dergleichen zu Ausübung ihrer Boßheit sich bedienen.« Brunnemann weiß von »starcken narcotischen Kräutern« als Bestandteilen der Hexensalbe nur aus der Literatur. Aus Reiseberichten hat er von dem »Orientalischen Bangoue«, also von *Cannabis* gehört, und er mutmaßt, daß »man dahero nicht ungegründet auf die Gedancken fallen solte, daß der Safft aus Hanff auch etwa ein ingrediens der kurtz vorhero gedachten Hexen-Salbe seyn möge«.

8 Auch die Tollkirsche war bei uns ursprünglich nicht heimisch. Hildegard von Bingens *dolo* (= »toll«) bezieht sich wohl auf diese Pflanze. In der ersten Hälfte des 15. Jahrhunderts erwähnt sie Benedetto Rinio unter dem Namen *faba inversa*, und im 1485 erschienenen »Gart der Gesundheit« wird die »dolwortz« in einem Holzschnitt abgebildet. Cf. Marzell, a.a.O., S. 216. Noch D. J. T. Tabernaemontanus (*Neü vollkommen Kraeuter-Buch*, Basel 1731, S. 978) schreibt über den »Wald-Nachtschatt«: »Es ist ein fremdes Sommergewächs / so erstlich auß den Orientalischen Landen zu uns komen / da zielt mans jetztund in etlichen Gaerten / mehr zum Lust / dann zum Gebrauch.« Allerdings wuchs die Tollkirsche

schon lange vorher in der Wildnis, und bereits Bock erzählt, daß das Landvolk der Ardennen das Kraut im Gebirge suchte.

9 Es ist nicht ganz klar, was unter den »frondes populneas« zu verstehen ist, die Porta (a.a.O., S. 180) als Hexensalbenbestandteil erwähnt. Man wird zunächst an den Pappel*baum* denken, aber es können vielleicht auch Kräuter damit gemeint sein. »Pappel«, schreibt H. Bock (*Kreütterbuch*, Straßburg 1577, S. 132) »ist im westerich ein gemeiner Nam / dann es werden alle breitte kreutter / sonderlich die man nit wol kennt / mit dem namen Pappel genennet.« In Siebenbürgen hieß man den Stechapfel *Papeln*, seine Blätter *Puppelnbledder* (cf. Marzell, a.a.O., 1951, S. 52), die Stockrose *(Althaea rosea)* heißt nach Bock *gartē Pappel*, und K. v. Megenberg (*Das Buch der Natur*, Stuttgart 1861, S. 407) schreibt im späten Mittelalter: »Malva haizt papel.« Gemeint ist die Roßpappel *(Malva silvestris)*.

10 Nach R. Karsten (*Das altperuanische Inkareich*, Leipzig 1949, S. 197) verwendeten die Wahrsager *(huatuc)* der Inka *Datura stramonium*, nach J. J. v. Tschudi (*Peru: Reiseskizzen aus den Jahren 1838-42*, St. Gallen 1846, S. 21 ff.) *Datura sanguinea*. Bereits der spanische Arzt F. Hernandez (*De historia plantarum Novae Hispaniae*, Bd. III, Madrid 1790, S. 19) schreibt im Jahre 1577 über *tlapatl Huexotzincensis* oder *toloatzin*, von Sahagún *tzitzintlápatl* genannt und laut A. v. Gall (»Medizinische Bücher *(tici-amatl)* der alten Azteken aus der ersten Zeit der Conquista«, *Quellen und Studien zur Geschichte der Naturwissenschaften und Medizin* 1940, S. 657) wohl *Datura stramonium*: »Cervicali imposita somnum conciliant pervigilibus, et si paulò liberaliùs devorentur, insaniam.« Bei den Jívaro wird *maikoa (Datura arborea)* für weit stärker als *natéma (Banisteriopsis caapi)* gehalten und vorzüglich bei Initiationen und von Kriegern benutzt. Cf. R. Karsten: *Blood Revenge, War, and Victory Feasts Among the Jibaro Indians*, Washington 1923, S. 2 f. Die Pflanze gilt als äußerst gefährlich, und es heißt, daß man nach ihrem Genuß in ein zwei bis drei Tage dauerndes Koma fallen kann. Cf. M. Harner: *The Jívaro*, London 1973, S. 153, bzw. P. Reinburg: »Contribution à l'étude des boissons toxiques des Indiens du nord-ouest de l'Amazonie«, *Journal de la Société des Amerricanistes* 1921, S. 213. Für ausgesprochen lebensgefährlich hielten meist die kalifornischen Stämme den Stechapfel. Cf. T. T. Waterman: »The Religious Practices of the Diegueño Indians«, *University of California Publications in*

American Archaeology and Anthropology, Berkeley 1910, S. 296. Auch bei den Zuñis, Tewas und benachbarten Völkern wird die Datura gefürchtet und von den Göttern verachtet. Cf. L. S. M. Curtin: *Healing Herbs of the Upper Rio Grande*, Santa Fé 1947, S. 185 f., nach M. Simmons: *Witchcraft in the Southwest*, Flagstaff 1974, S. 153, ferner I. Kelly: *Folk Practices in North Mexico*, Austin 1965, S. 85. Die Regenpriester der Zuñi verwendeten indessen früher *Datura meteloides* zur Erlangung hellseherischer Visionen. Cf. D. Tedlock: »In Search of the Miraculous at Zuni«, in *The Realm of the Extra-Human*, The Hague 1976, S. 280.

11 Nach W. C. Bennett / R. M. Zingg (*The Tarahumara*, Chicago 1935, S. 138) glauben die den Huicholes benachbarten Tarahumara, der Stechapfel errege den Wahnsinn. C. W. Pennington (*The Tarahumar of Mexico*, Salt Lake City 1963, S. 167) hält dies für eine Übertreibung. Einige Ethnologen sind der Auffassung, daß es einst bei diesen Völkern einen Stechapfelkult gegeben habe, der durch den Kult des Peyotekaktus verdrängt und diskreditiert wurde. Auch die Yuma benutzten zur Zeit ihrer ethnographischen Erforschung die ihnen bekannte *Datura discolor* nicht. Cf. C. D. Forde: *Ethnography of the Yuma Indians*, Berkeley 1931, S. 202. Bei den Navaho galt der Stechapfel zwar als eine besonders üble Pflanze, wurde jedoch von Hellsehern verwendet. Cf. C. Kluckhohn: »Navaho Categories«, in *Primitive Views of the World*, New York 1964, S. 98, 104. Auch bei vielen kalifornischen Stämmen spielte er eine bedeutsame Rolle. Cf. A. L. Kroeber: »Elements of Culture in Native California«, *University of California Publications in American Archaeology and Anthropology*, Berkeley 1922, S. 304 ff., ders.: »A Mission Record of the California Indians«, a.a.O., 1908, S. 8, M. C. Stevenson: »Ethnobotany of the Zuñi Indians«, *30th Annual Report of the Bureau of American Ethnology*, Washington 1915, S. 90 f., H. E. Driver / W. C. Massey: »Comparative Studies of North American Indians«, *Transactions of the American Philosophical Society* 1957, S. 273. Bei den mexikanischen Bauern ist *toloache* dafür berüchtigt, daß mit seiner Hilfe die Frauen die Halsstarrigkeit ihrer Männer brechen und sie *tonto*, »dumm«, machen. Sie müssen dabei allerdings vorsichtig sein, weil sie ansonsten statt eines einfältigen Gatten einen Idioten zu Hause herumsitzen haben. Cf. O. Lewis: *Life in a Mexican Village*, Urbana 1963, S. 324. Die gemeingefährlichen *thugs*

der Göttin Kali in den Dschungeln der Sunderbunds sollen den Stechapfel ebenfalls dazu verwendet haben, den Willen ihrer Opfer zu brechen. Cf. W. E. Safford: »Daturas of the Old World and New«, *Annual Report of the Smithsonian Institute*, Washington 1922, S. 548.

12 Für Ethnologen, die Definitionen mehr lieben als Probleme, mag die Benennung »Schamane« im Hinblick auf ihre heimgearbeitete Definition unstatthaft sein. Sie mögen den Begriff durch ein Wort ihrer Wahl ersetzen.

13 Die Bewohner des Sandia Pueblos glauben, daß die *brujos* den Stechapfel in die Leute, die sie verhexen wollen, »schießen«. Cf. F. H. Ellis: »Pueblo Witchcraft and Medicine«, in *Systems of North American Witchcraft and Sorcery*, Moscow 1970, S. 51. In unseren Gegenden ist insbesondere der Bilwis, der meist in Bäumen oder im Gebirge lebt, für seine Krankheitsgeschosse berüchtigt:

»dâ kom ich an bulwechsperg gangen,
dâ schôz mich der bulwechs,
dâ schôz mich die bulwechsin,
dâ schôz mich als ir ingesind.«

(Zit. n. Mackensen, a.a.O., Sp. 1313.) Der »pilwizzschos« wurde auch »Pfeil der Diana« genannt. Cf. § 2, Anm. 29.

14 Cf. P. T. Furst / B. G. Myerhoff: »The Jimson Weed Cycle of the Huichols of Mexico«, *Antropologica*, Juni 1966, S. 9.

15 Cf. C. DuBois: »The Religion of the Luiseño Indians of Southern California«, *University of California Publications in American Archaeology and Anthropology*, Berkeley 1908, S. 77 ff., 176, J. Culley: »The Californian Indians: Their Medical Practice and Drugs«, *Journal of the American Pharmacological Association* 1936, S. 332 ff.

16 »Großvater« bezieht sich auf Tatewarí, den ersten *mara'akáme*.

17 Cf. Furst / Myerhoff, a.a.O., S. 21.

18 Cf. P. T. Furst: »Myth in Art: A Huichol Depicts His Reality«, *Los Angeles County Museum of Natural History Quarterly* 1968, S. 24.

19 B. Myerhoff (a.a.O., S. 45 f., cf. Abb. 17 im vorliegenden Buch) beschreibt, wie der heutige ›Peyote-Schamane‹ in ähnlicher Weise, wie es von den ›Stechapfel-Hexen‹ erzählt wird, hohe Felsen erklimmt: »We watched in astonishment as he proceeded to leap

across the waterfall, from rock to rock, pausing frequently, his body bent forward, his arms spread out, his head thrown back, entirely birdlike, poised motionlessly on one foot. He disappeared, reemerged, leaped about, and finally achieved the other side. We outsiders were terrified and puzzled but none of the Huichols seemed at all worried.« Diese Sprünge über den Abgrund entsprechen den gefährlichen Taten der sibirischen Schamanen, aber auch der Jason und Odysseus während ihrer Jenseitsreisen. »The *mara'akáme* must have superb equilibrium«, erklärte Ramón, »and demonstrated the point by using his fingers to march up his violin bow. ›Otherwise he will not reach his destination, and will fall this way or that‹, and his fingers plunged into an imaginary abyss. ›One crosses over; it is very narrow and without balance, one is eaten by those animals waiting below!‹« Cf. ferner C. Castañeda: *The Second Ring of Power*, London 1978, S. 46 f.

20 Auf ihrer fünftägigen Reise zum Land der Toten gelangt die Seele in gleicher Weise zum wilden Feigenbaum *xápa*. Cf. Furst, a.a.O., S. 20, und § 3, Anm. 37 im vorliegenden Buch.

21 Cf. Myerhoff, a.a.O., S. 42.

22 Cf. E. H. Spicer: »Yaqui« in *Perspectives in American Indian Culture Change*, Chicago 1961, S. 17. Nach R. J. Giddings (*Yaqui Myths and Legends*, Tucson 1959, S. 12) gibt es noch heute alte Yaquis oder Mitglieder konservativer Familien, die »still hold to many pre-Christian beliefs about the supernatural«, obgleich die ›offizielle‹ Yaqui-Kultur seit langem in dramatischer Weise den Sieg des Katholizismus über das Heidentum der Vorväter feiert. Cf. J. Cazeneuve: »Les Indiens de la région de Tucson«, *L'Ethnographie* 1956, S. 39 ff.

23 Im Gegensatz zu belanglosen bis törichten Castañeda-Kritiken, wie sie von verschiedenen Autoren, die durch keinerlei Sachwissen vorbelastet sind (cf. etwa *Frankfurter Allgemeine Zeitung* 20. Juni 1975, 16. November 1976, und am 18. Juni 1977 wird er argumentationslos der ›Ethnopoesie‹ zugerechnet; ferner *Psychologie heute*, Januar 1976) veröffentlicht wurden, aber auch im Gegensatz zu ebenso unbedachten Artikeln jener Begeisterten, die in ›Don Juan‹ endlich, nach so vielen Gewaltmärschen durch die Wüste, einen todsicheren Guru gefunden zu haben glauben, hat die Aussage eines Yaqui-Curanderos, eines Mannes, der selber mehrere ›Him-

melsreisen‹ hinter sich hat, einiges Gewicht, der den ersten Band Castañedas folgendermaßen beurteilte: »He was totally unfamiliar with this aspect of drug culture. When I said that Don Juan had been deported and thus spent a great deal of time away from the Yaqui villages, Rosalio was decisive in his opinion that this knowledge had been acquired from Mexican sources.« Cf. R. Moisés / J. H. Kelley / W. C. Holden: *The Tall Candle*, Lincoln 1971, S. XXXIV, cf. auch E. H. Spicer: »Review of Castañeda«, in *Seeing Castañeda*, New York 1976, S. 32 f. Nach Spicer (»Yaqui«, a.a.O., S. 17) kannten allerdings die Yaqui früher eine »intoxication on maguey or other forms of fermented drink«, vornehmlich im Zusammenhang mit Kriegszügen. Von heutigen Yaqui-›Schamanen‹ heißt es auch, sie rauchten die Blüten des sogenannten »Canary Island Broom« *(Genista canariensis)*, das offenbar *cannabis*artig wirkt. Cf. J. Fadiman: »Psychedelic Properties of *Genista Canariensis*«, *Economic Botany* 1965, S. 383. Daß einige Yaquis noch in jüngerer Zeit Stechapfel zu sich nahmen, geht aus einem Passus eines freilich nicht immer zuverlässigen Buches hervor, in dem es über einige Indianer, die *toloache* wohl im Übermaß gegessen oder geraucht hatten, heißt: »Die Yaqui nennen solche Leute *hiepsa mucuchim*, d. h. lebendige Leichname« (V. A. Reko: *Magische Gifte*, Stuttgart 1938, S. 122), wobei es sich offenbar um Menschen handelt, die man mit den *zombies* des Voodoo oder entsprechenden Ausgeflippten der australischen Wüste (cf. R. M. Berndt / C. H. Berndt: »The Concept of Abnormality in an Australian Aboriginal Society«, in *Psychoanalysis and Culture*, New York 1951, S. 82) vergleichen kann. J. Perez de Barrados (a.a.O., S. 312) schreibt über das *toluachí* bei den Yaquis: »Las mujeres hacen una pomada con varias grasas mezcladas con semillas de estramonio y belladonna y con ellas se frotan, al igual que las brujas europeas de la Edad Media, el pecho y el vientro.« Genaueres über diese Frauen ist zwar nicht zu erfahren, aber es hat den Anschein, daß es sich um Yaqui-*brujas* handelt, welche diese Nachtschattensalbe zur Tierverwandlung oder zum ›Fliegen‹ benutz(t)en. Andererseits gibt es eine Reihe von Details in den Castañeda-Texten – wie beispielsweise das angebliche Rauchen (!) des Psilocybe-Pilzes (cf. W. LaBarre: »Review of Castañeda«, in *Seeing Castañeda*, New York 1976, S. 41) –, die einen Ethnopharmakologen mit Recht mißtrauisch werden lassen. Ich selber neige dazu, die Bücher Casteñedas für ›halb-authentisch‹ zu halten, d. h. für frisierte Berichte wahrer Begebenheiten. Offen lassen möchte ich die Frage, ob es sich bei Don Juan um einen Yaqui handelt oder nicht, und ich kann mir auch nicht vorstellen, wie selbst ›Yaqui-Experten‹, etwa Spicer oder Giddings – von anderen Kommentatoren wie Leach, LaBarre oder Douglas ganz zu schweigen –, diese Frage entscheiden könnten. Auf alle Fälle bieten sich die Yaqui geradezu an, einem Indianer, dessen Anonymität man wahren will, eine ethnische Identität zu geben. Denn nach ihrer entscheidenden militärischen Niederlage gegen die Mexikaner (»Spanier«) in den Achtzigern des vorigen Jahrhunderts wurden sehr viele Yaquis in Gegenden von Yucatán bis hinauf nach Arizona zerstreut. Dabei kamen sie natürlich mit den verschiedensten kulturellen Traditionen in Berührung, so daß heute »a Yaqui way of knowledge« sehr vieles bedeuten kann. Wenn es um die Frage der Authentizität der Texte geht, dann überwiegen im allgemeinen weltanschauliche Gründe, die pro und contra angeführt werden. Da die Bücher Castañedas, gelinde ausgedrückt, die herkömmlichen Methoden der Feldforschung in Frage stellen und darüber hinaus geeignet sind, so manche Feder aus dem Kopfschmuck der klassischen Ethnologen zu rupfen, wird man sich nicht wundern, wenn die Ethnologen ›im grauen Flanell‹ auf sie gereizt oder mit gespieltem Desinteresse reagieren. Daß man etwa bei den Dogon »themes of the main stream of Greek and Christian thought« gefunden hatte, konnte beispielsweise M. Douglas (»If the Dogon . . .«, *Cahiers d'Etudes Africaines* 1967, S. 659) nicht dazu bewegen, die Echtheit der Forschungsergebnisse Griaules und seiner Schülerinnen in Frage zu stellen. Im Falle der Texte Castañedas jedoch meint sie (cf. dies.: *Implicit Meanings*, London 1975, S. 197), der wir immerhin eine der vorsichtigsten und wohlwollendsten Rezensionen von Fachgelehrten verdanken, daß die Probleme, die anscheinend den Yaqui mit den modernen Phänomenologen verbänden, den Rezensenten das fiktive Element in den Büchern wittern ließen. Daß die »naiveties of expression« hingegen ein Indiz der Authentizität seien, erscheint mir kaum überzeugend. Mir selber ging es angesichts der Naivität Castañedas immer wieder so, daß ich dachte: *So* einfältig kann auch ein amerikanischer College-Student nicht sein! Gerade solche Passagen, die bis zum Überdruß alle Bände des ›Pentamerons‹ beherrschen – ein sechster Band wurde bislang noch nicht angedroht –, scheinen mir unter anderem aus didaktischen Gründen stilisiert zu sein. Viele Ethnologen sind der Auffassung, daß die Bücher Castañedas zu jener Gattung von Literatur über fremde Völker gehören, in der diese Gesellschaften aus zivilisationskritischen Motiven heraus idealisiert werden, daß sie also in die Reihe des »Nachtrags zur Reise Bougainvilles« oder der »Reden des Tuiavii aus Tiavea« einzugliedern seien. Ich glaube, daß dieser Vorwurf in dem Sinne berechtigt ist, daß Castañeda den indianischen Zauberer auf allzu durchsichtige Weise zu einem Guru trimmt, der alle jene antörnen mag, die ihre Suche nach einem großväterlichen Über-Ich immer noch nicht aufgegeben haben. Andererseits hat man bei einigen dieser Kritiker den Eindruck, daß sie zu einer solchen Einschätzung deshalb neigen, weil es ihnen an Bereitschaft mangeln mag, über die Beschreibung und Erklärung fremder Kulturen hinaus auch von diesen zu *lernen*. Mario Erdheim etwa unterscheidet zunächst drei Grundtypen von Ethnologie: 1. den verfremdenden Typ (Beispiel: Fernando de Oviedo). 2. den idealisierenden (Beispiel: Bartolomé de Las Casas). Und schließlich 3. den richtigen (Beispiele: Bernardino de Sahagún und Mario Erdheim). Castañeda subsumiert er unter den idealisierenden Typ. Wenn man indessen sieht, daß er *Verstehen* mit *Übersetzen* identifiziert – ein Fehler, den bereits Erasmus von Rotterdam bemängelte (cf. D. Harth: *Philologie und praktische Philosophie*, München 1970, S. 146, R. W. Langacker: »Semantic Representations and the Linguistic Relativity Hypothesis«, *Foundations of Language* 1976, S. 337 f.) –, dann kommt der Verdacht auf, daß Erdheim glaubt, man könne nur das begreifen, zu dem es ein Äquivalent in der eigenen Vorstellungswelt gebe. Als Psychoanalytiker scheint er zudem, wie auch Marx, weniger an dem interessiert zu sein, was die Menschen *sagen*, als daran, was *es sagt*, daß sie sagen, was sie sagen. So zitiert er auch als ein Beispiel der richtigen ethnologischen Methode aus einem Text Sahagúns: »Auch wenn schon viele über die Eroberung von Neu-Spanien berichtet und vom Standpunkt der Eroberer aus geschrieben haben, so möchte ich sie in der mexikanischen Sprache aufzeichnen, *und zwar nicht, um einige Wahrheiten von den Indianern selbst zu erfahren*, sondern um die Sprache der Angelegenheit des Kriegers und der Waffen, die von den Einheimischen gebraucht wurde, kennen zu lernen, da man daraus Wörter und Sprechweisen entnehmen kann, die der mexikanischen Sprache eigen sind.« (Hervorh. v. mir.) Cf. Erdheim, a.a.O., S. 17, 50, 210 f. Genau das jedoch, »einige Wahrheiten von den Indianern selbst zu erfahren«, hat Castañeda unternommen, und in dieser *Haltung* liegt seine Bedeutung. Doch gleichzeitig ist dies der Grund, warum seine Texte den meisten Ethnologen ein Ärgernis sind, auch ausgesprochenen Kennern der indianischen Kultur wie etwa C. Feest (*Das rote Amerika*, Wien 1976, S. 391 f.), die anscheinend befürchten, ansonsten für einen Subkultur-Freak gehalten zu werden. [Anm. bei d. Korr.: R. de Mille (*Castañeda's Journey*, Santa Barbara 1977, S. 37 ff., 42 ff., 66 ff., 99) hält Castañedas Erlebnisberichte für fiktiv. Er weist darauf hin, daß die Reihenfolge der ›Erlebnisse‹ unstimmig ist, daß der Text wahrscheinlich nie aus dem Spanischen übersetzt worden sei, und daß Castañeda vermutlich ›field notes‹ von Harner, Furst und der mit ihm befreundeten Barbara Myerhoff verarbeitet habe. Wie mir de Mille in einem Brief vom 25. Juli 1978 mitteilt, wird er seine Argumentation in *The Don Juan Papers* weiterführen.]

24 »A Yaqui Way of Knowledge« war zwar der Untertitel des ersten Bandes Castañedas, doch in den späteren Bänden spielt die Zugehörigkeit Don Juans zur Yaquikultur überhaupt keine Rolle mehr. Man wird vielleicht sagen, daß die kulturelle Identität des Indianers gleichgültig sei. Ich glaube indessen, daß eine Antwort auf *diese* Frage auch eine Einschätzung der Frage erleichtern würde, ob die Erzählungen Castañedas wahr sind oder nicht.

25 C. Castañeda: *The Teachings of Don Juan*, Harmondsworth 1970, S. 125 f. Cf. auch C. Naranjo: »Psychological Aspects of the Yagé Experience«, in *Hallucinogens and Shamanism*, New York 1973, S. 180, 185. Eine Frau berichtet über das »peinliche Gefühl des Austritts aus dem Leibe und dann die unbeschreiblich angenehme Empfindung rascher Fortbewegung durch den Raum bis zu irgendeiner entfernten Stadt, von wo sie wahres Wissen zurückbringt.« Ihr Flug wird meist »als besondere Freiheit und Leichtigkeit« erlebt. »Das Vorstellen und Denken ist ungehemmt, ungebunden . . .« Cf. K. Schmeing: »Flugträume und ›Exkursion des Ich‹«, *Archiv für die gesamte Psychologie* 1938, S. 544 ff. Reinhard Greve schreibt mir in einem Brief vom 13. Juni 1977 über seine Erlebnisse

nach der Einnahme von 20 Stechapfelsamen: »Beim Gehen hatte ich ein Leichtigkeitsgefühl, etwa so, als würde ich zwanzig Zentimeter überm Boden schweben ... Meine einzelnen Körperteile versteiften sich, erstarrten, starben ab, ich spürte meinen Körper als ›Block‹ und etwas in mir wollte meinen Körper verlassen ...« Im November 1976 nahm ich selber etwa 25 Stechapfelsamen ein, die zum Teil von dem Strauch stammten, von welchem auch R. Greve seine Samen hatte, zum Teil von einem anderen Strauch. Von den Erfahrungen mit einer Tollkirschensalbe her, die ich zusammen mit Dr. Petros Kalfelis im Sommer 1975 eingerieben hatte, wartete ich zunächst auf eine Vergrößerung der Pupillen. Als sich etwa eine Stunde nach dem Zerkauen der Samen nichts Derartiges ereignete, ging ich ins Bett. Plötzlich kam Mumusch, die schwarze Katze, zu mir und legte sich auf meine Brust, zwischen mein Gesicht und ein Buch, ausdem ich eben die Bestandteile einer Hexensalbe exzerpieren wollte. Dann biß sie in meinen Bleistift, zog ihn mir aus der Hand und schleuderte ihn weg. Sie schaute mir tief in die Augen, mit einer Intensität, wie sie es nie zuvor getan hatte. Im selben Augenblick spürte ich, wie ich langsam aufwärtsschwebte. Ich schloß die Augen, und die Geschwindigkeit wurde immer größer. Wenn ich die Augen öffnete, sah ich nur einen weißen Nebel um mich herum, und mir wurde klar, daß ich meinen Körper ›verlassen‹ hatte, der weit unter mir lag. Wenn ich die Augen schloß, dann ging die rasende Fahrt weiter, doch im Gegensatz zu einigen LSD-Trips hatte ich keinerlei Angstgefühle. Zu derartigen Flugerfahrungen scheint insbesondere das Alkaloid Hyoscyamin beizutragen (cf. W. v. Siebenthal: *Die Wissenschaft vom Traum*, Berlin 1953, S. 191, 384), das wohl im Stechapfel in noch stärkerem Maße vorhanden ist als im Bilsenkraut oder in der Tollkirsche. Scopolamin oder Hyoscin, wie die ältere Bezeichnung lautet, wirkt dagegen der Erregung des zentralen Nervensystems entgegen. Cf. E. Leete: »The Alkaloids of Datura«, in *Blakeslee: The Genus Datura*, New York 1959, S. 51, H. P. Hofmann / H. Kleinsorge: *Kleine Pharmakologie*, Stuttgart 1976, S. 107. Sehr scopolaminhaltig scheint auch die aus der Pflanze *Duboisia hopwoodii* gewonnene Droge *pituri* zu sein (cf. D. F. Thomson: »A Narcotic From *Nicotiana Ingulba*, Used by the Desert Bindibu«, *Man* 1961, S. 5), während *Duboisia myoporides* vor allem ein dem Hyoscyamin ähnliches

Alkaloid, Duboisin, enthält. Cf. Hegi, a.a.O., S. 258. Diese Drogen wurden von den Aranda einerseits bei der Jagd auf den Emu verwendet, indem man sie in die Wasserlöcher des Vogels warf, um ihn zu narkotisieren, andererseits wurden sie vermutlich – ähnlich wie das südamerikanische Coca – von den Eingeborenen gekaut. Cf. Spencer / Gillen, a.a.O., S. 16, 20. Anscheinend hatte *pituri*, vermischt mit der Asche von *Acacia salinicia* auch eine religiöse Bedeutung, obgleich ich von den Autoritäten der Aborigines-Forschung, die ich diesbezüglich anschrieb, nichts erfahren konnte. Es kann sein, daß der »native tobacco«, der in manchen Gegenden auch für die Wondschinas verbrannt wird (cf. I. M. Crawford: *The Art of the Wandjina*, Melbourne 1968, S. 37), den künftigen Medizinmännern bei der Initiation gegeben wurde. Cf. B. Spencer / F. J. Gillen: *The Northern Tribes of Central Australia*, London 1904, S. 528. Es scheint allerdings nicht klar zu sein, ob es sich dabei um *Duboisia* oder um *Nicotianum suaveolens* handelte. Im Jahre 1890 schrieb ein gewisser Vogan, daß »pitchurie« die alten Männer instand setze, »to act as seers and thus (to) obtain power«. (Zit. n. T. H. Johnston / J. B. Cleland: »The History of the Aboriginal Narcotic Pituri«, *Oceania* 1933, S. 213.) Ob die australischen Medizinmänner *pituri* auch für ihre ›Himmelsflüge‹ verwendeten, konnte ich nicht erfahren.

26 W. Mrsich: »Erfahrungen mit Hexen und Hexensalbe«, *Mensch und Schicksal*, Juni 1957, S. 11 f. Ähnliche Erfahrungen machte der Volkskundler Peuckert, der sich mit der Portaschen Hexensalbe eingerieben hatte. Cf. W.-E. Peuckert: »Hexensalben«, *Medizinischer Monatsspiegel* 1960, S. 169, ders.: »Über das deutsche Hexenwesen«, in *Die Hexen und ihre Welt*, Stuttgart 1967, S. 316 f., und S. Ferckel: »Hexensalbe und ihre Wirkung«, *Kosmos* 1954, S. 415. Ich habe die Erlebnisse Peuckerts und Ferckels ausführlich zitiert in H. P. Duerr: »Können Hexen fliegen?«, *Unter dem Pflaster liegt der Strand* 1976, S. 59, erweitert in *Zeitschrift für Parapsychologie* 1978, S. 77. Cf. auch ferner G. Schenck: *Schatten der Nacht*, Ulm 1964, S. 167 f., und R. E. L. Masters: *Eros and Evil*, New York 1962, S. 151. Die Wirksamkeit solcher Hexensalben wird mitunter bestritten, etwa von K. Baschwitz (*Hexen und Hexenprozesse*, München 1963, S. 113), der meint, Wissenschaftler wie Peuckert hätten eben *erwartet*, Dämonisches unter dem Einfluß der Salbe zu sehen. Doch mit

gleichem Recht ließe sich sagen, daß Baschwitz vermutlich deshalb nichts sehen würde, weil er *nichts* erwartete! Wo manche Leute nur Kleckse sehen, sehen andere ein Kunstwerk, oder mit Lichtenberg ausgedrückt: Wenn ein Kopf und ein Buch zusammenstoßen und es klingt hohl, dann muß dies nicht an dem Buch liegen. Steht nach der Einnahme einer Droge plötzlich ein Männchen in einem purpurroten Mantel vor uns (cf. H. Fichte: »Anmerkungen zu einer Lorchelvergiftung und zu ›Ein Männlein steht im Walde‹«, *Ethnomedizin* 1972, S. 159), dann läßt sich natürlich die Frage stellen, ob die Droge uns die Augen ›geklärt‹ hat, so daß wir nun Dinge sehen können, die wir normalerweise nicht sehen, oder ob die Droge lediglich unsere Sinne verwirrt hat. Natürlich wird die Tatsache, daß wir einen Zwerg sehen und keinen australischen Buschgeist, damit zusammenhängen, daß wir in der abendländischen Kultur und nicht in der Aranda-Gesellschaft aufgewachsen sind. Und es mag auch sein, daß wir nach einer langfristigen Erziehung zu einer Hexe oder einem Zauberer gar keine menschenähnlichen Wesen mehr sehen werden. Dies geht etwa aus einem Gespräch Castañedas mit einer indianischen ›Hexe‹ hervor:
»›Why do I see them as monsters?‹ I asked.
›That's no mystery‹, she said. ›You haven't lost your human form yet. The same thing happened to me. I used to see the allies as people; all of them were Indian men with horrible faces and mean looks. They used to wait for me in deserted places. I thought they were after me as a woman. The Nagual used to laugh his head off at my fears. But still I was half dead with fright. One of them used to come and sit on my bed and shake it until I would wake up. The fright that that ally used to give me was something that I don't want repeated, even now that I'm changed. Tonight I think I was as afraid of the allies as I used to be.‹
›You mean that you don't see them as human beings anymore?‹
›No. Not anymore. The Nagual told you that an ally is formless. He is right. An ally is only a presence, a helper that is nothing and yet it is as real as you and me.‹« (Castañeda: *The Second Ring of Power*, a.a.O., S. 152.) »Hallucinogenic properties«, meint J. Bowker (*The Sense of God*, Oxford 1973, S. 153), »are likely to act, not as innovatory of concepts in abstraction but as reinforcement or confirmation of concepts already formed, or in the process of formation.« In

diesem Satz steckt so viel Wahres wie Falsches, und zwar genausoviel wie in jeder Transzendentalphilosophie: er suggeriert die *Aktivität* der Kategorien und die *Passivität* der Erfahrung. Vergessen wird dabei, daß Kategorien an der Erfahrung scheitern können und daß die Erfahrung uns zwingen mag, die Kategorien zu verändern oder andere Kategorien zu benutzen. In anderen Worten: eine ›Drogenkultur‹ wird mit der Zeit andere Weisen der Beschreibung, einen anderen ›kategorialen Rahmen‹ entwickeln als etwa die ›nüchterne‹ Kultur unserer Stuyvesant-Generation. Über die Wahrheit, die in Bowkers Ansicht steckt, wird allerdings kaum der diskutieren, der sich die langweiligen ›Tripstories‹ aus der ›Scene‹ anhören mußte. Ich glaube, daß eine logische *Trennung* von Droge-Bewußtsein, Mensch-Gesellschaft, Leib-Seele, Kategorien-Erfahrung ebenso verhängnisvoll und falsch ist wie deren logische *Identifikation*. Beide Anschauungen sind nur die zwei Seiten derselben gezinkten Münze.

27 Cf. auch A. Closs: »Die Ekstase des Schamanen«, *Ethnos* 1969, S. 79. F. Dirlmeier: *Die Vogelgestalt homerischer Götter*, Heidelberg 1967, S. 15. Im Jahre 1589 gab ein Bauer, der später verbrannt wurde, zu Protokoll, »er hett einen gurtel gehat, wan er den umbgetan, so were er zum werwolf worden, deß art an sich gehat, doch darneben menschenverstant behalten . . .« (Wrede, a.a.O., S. 134.)

28 Zit. n. R. E. L. Masters / J. Houston: *The Varieties of Psychedelic Experience*, New York 1966, S. 76 ff. Cf. auch M. Hollingshead: *The Man Who Turned On the World*, London 1973, S. 125 f.

29 Cf. etwa R. Heywood: *The Infinite Hive*, London 1964, S. 201 f., R. Gelpke: »Von Fahrten in den Weltraum der Seele«, *Antaios* 1962, S. 403.

30 »There can *be* no difference that doesn't *make* a difference.« (W. James: *Pragmatism and the Meaning of Truth*, New York 1943, S. 49 f.) Dieser Satz beendet auf der Stelle die müßige »God's Truth or Hocus Pocus«-Kontroverse, über der sich die amerikanischen »Ethnoscientists« den Kopf zerbrechen.

31 Ein Beispiel für solche Erwachsenen: R. Keat / J. Urry (*Social Theory as Science*, London 1975, S. 217) in ihrer Kritik an Winch.

32 Die Tendenz, »mit geschlossenen Gardinen« zu antworten, die H. Berger (*Untersuchungsmethode und soziale Wirklichkeit*, Frankfurt/M. 1974, S. 49) bei den Opfern der »standardisierten Daten-

ermittlung« beobachtet hat, findet man bei »Befragten« in fremden Kulturen noch in weitaus höherem Maße. Cf. hierzu F. Jay: »Personal and Extrapersonal Vision in Anthropology«, in *Reinventing Anthropology*, New York 1974, S. 372, 377.

33 J. Wilbert: »Tobacco and Shamanistic Ecstasy Among the Warao Indians of Venezuela«, in *Flesh of the Gods*, London 1972, S. 71, ders.: *Indios de la región Orinoco-Ventuari*, Caracas 1963, S. 222. Cf. auch E. J. Dingwall: »The End of a Legend: A Note on the Magical Flight«, in *Parapsychology and Anthropology*, New York 1974, dagegen D. Sharon: »The San Pedro Cactus in Peruvian Folk Healing«, in *Flesh of the Gods*, London 1972, S. 131, 134. Ein anderer Ethnologe fragte einen Australier, der behauptete, er habe gesehen, wie die *clever men* seines Stammes geflogen seien, ob dies denn wirklich wahr sei:
»Ja, ich sah sie vollkommen. Dort oben in den Wolken waren sie, und sie brachten Feinden den Sturm.«
Darauf der ungläubige Ethnologe:
»Konntest du ihre Körper sehen?«
»Oh ja, sie waren im Sturm und flogen darin herum. Ich sah sie mit den eigenen Augen. Sie taten es mit ihren magischen Schnüren.«
Die Ethnologen ließen sich alsbald von einem *clever man* vorführen, wie dieser eine ›magische Schnur‹ aus dem Mund zog, doch sie sahen nur Spucke. Über einen Eingeborenen, der dabei wie hypnotisiert zuschaute, schreiben sie: »Wahrscheinlich war er in der Lage, einen authentischen Bericht darüber abzugeben, daß er etwas gesehen hatte, und dieses Etwas, das er sah, und von dem man ihm gesagt hatte, daß er es sehen würde, war seine eigene *Vorstellung* von einer magischen Schnur.« (R. Rose: *Living Magic*, New York 1956, S. 72, 112 f., ferner auch M. Eliade: »Remarques sur le ›rope trick‹«, in *Culture in History*, New York 1960, S. 548, G. J. Seitz: »Die Waikas und ihre Drogen«, *Zeitschrift für Ethnologie* 1969, S. 281, L. Chwistek: *The Limits of Science*, London 1949, S. 276.) Alle diese Wissenschaftler wissen natürlich Bescheid. *Sie* wissen, daß es da nichts zu sehen gibt außer dem Speichel des alten Mannes. »Der, der gescheechig ist«, schreibt W.-E. Peuckert (*Sagen*, Berlin 1965, S. 53), »der, der Gescheeche oder Gescheuche, Spuke sieht, der sieht das Männdel, wo der andere einen Baumstumpf sieht.«

34 Cf. D. Handelman: »The Development of a Washo Shaman«,

Ethnology 1967, S. 457. An einer anderen Stelle schreibt der Autor, es sei frappierend, wie wenig die Ethnologen, die über derartige Themen schrieben, für gewöhnlich vom Weltbild und von der Seele des Schamanen wüßten. Cf. ders.: »Shamanizing on an Empty Stomach«, *American Anthropologist* 1968, S. 354, sowie Vajda, a.a.O., S. 772 f. und N. K. Chadwick: »Shamanism Among the Tatars of Central Asia«, *Journal of the Royal Anthropological Institute* 1936, S. 76.

35 Castañeda: *The Teachings of Don Juan*, a.a.O.

36 Es gibt moderne Forscher, die es tatsächlich für möglich halten, daß die Hexen *como los pájaros* durch die Luft geschwirrt seien. Meist sind es katholische Theologen oder Anhänger des Okkultismus. Cf. z. B. M. Summers: *The History of Witchcraft and Demonology*, London 1926, S. 6, 124 ff. bzw. C. Lancelin: *La sorcellerie des campagnes*, Paris 1911, S. 263. Sie nehmen meist angebliche Zeugenberichte über solche Flüge (cf. etwa J. J. Wick: *Die Wickiana*, Küsnacht 1975, S. 79, J. Hansen, a.a.O., S. 502 f., A. Jacoby: »Zum Zerstückelungs- und Wiederbelebungswunder der indischen Fakire«, *Archiv für Religionswissenschaft* 1914, S. 469 f.) für bare Münze. ›Zeugenaussagen‹ gibt es auch zur Genüge über ›Levitationen‹ und ›Elevationen‹ von Heiligen und Mystikern. Von Joseph Copertino heißt es etwa, seine ständigen Elevationen hätten dermaßen häufig den Gottesdienst gestört, daß man ihm Bleistiefel angezogen habe; freilich ohne Erfolg, denn kurze Zeit später mußte man Joseph mit diesen Stiefeln und einem daranhängenden Meßdiener auf umständliche Weise vom Gesims der Kirche herunterholen. Cf. E. Benz: *Die Vision*, Stuttgrt 1969, S. 218. Cf. hierzu C. J. Ducasse: *Paranormal Phenomena, Science, and Life After Death*, New York 1969, S. 35. Im allgemeinen machen jedoch die Wissenschaftler über derartiges eher Witze. »Even the most optimistic fieldworker«, schreibt P. Mayer (»Witches«, in *Witchcraft and Sorcery*, Harmondsworth 1970, S. 46), »does not expect to see anyone flying on those well-known broomsticks.«

37 Wie man durch eine Textmanipulation den Dialog Castañedas noch einfältiger aussehen lassen kann, hat M. Harris (*Cows, Pigs, Wars and Witches*, London 1975, S. 247 f.) vorgeführt, dem wir einen der gehässigsten Castañeda-Kommentare verdanken. Zunächst paraphrasiert Harris Castañeda: »Castañeda asked his tea-

cher: ›Did I really fly, Don Juan?‹ and the Shaman replied: ›That's what you told me. Didn't you?‹« Sodann läßt Harris die Stelle aus, an welcher der Indianer sagt, Castañeda sei nicht wie ein Vogel, sondern wie ein *enyerbado* geflogen. Deshalb wird es ganz unverständlich, wenn Harris weiterzitiert: »›Then I didn't fly, Don Juan. I flew in my imagination, in my mind alone. Where was my body?‹« Und während Don Juan im Originaltext antwortet: »In the bushes«, überspringt Harris wiederum diese entscheidende Passage, so daß der Leser, der den Harrisschen Zitaten vertraut, überhaupt nicht bemerken kann, daß es dem Indianer darauf ankommt, den Ethnologen von der Alternative ›wie die Vögel fliegen‹ – ›im Geiste fliegen‹ *abzubringen*! Harris – unbelastet von genaueren Kenntnissen über die Dinge, die er beschreibt und erklärt, so meint er etwa, daß Harner im Jahre 1972 entdeckt habe, daß die Hexen mit Hilfe von Nachtschattendrogen ›geflogen‹ seien (»recent discoveries«) – will durch seine Manipulationen suggerieren, daß Castañeda gewissermaßen den Standpunkt des *Canon Episcopi*, der Indianer hingegen den des »Hexenhammers« einnehme. Doch abgesehen davon, daß Harris entweder die Pointe Don Juans nicht verstanden hat oder mutwillig verfälscht, wäre ein solcher Vergleich schon deshalb schief, da der *Canon* den Flug der Dämonen ja niemals in Zweifel gezogen hatte. Cf. § 2. Harris selber vertritt natürlich das, was er für die Meinung des *Canon* hält. Cf. auch ders.: *Culture, People, Nature*, New York 1975, S. 533.

38 Nach der Einnahme von *natemä* während seines Aufenthaltes bei den Jívaro erlebte M. J. Harner (»The Sound of Rushing Water«, in *Hallucinogens and Shamanism*, New York 1973, S. 16) folgendes: »I met bird-headed people, as well as dragon-like creatures who explained that they were the true gods of this world.« Und: »I enlisted the services of other spirit helpers in attempting to fly through the far reaches of the galaxy.« Ders.: »The Supernatural World of the Jívaro Shaman«, in *Peoples and Cultures of Native South America*, Garden City 1973, S. 348.

39 Cf. R. Needham: *Belief, Language, and Experience*, Oxford 1972, S. 117.

40 »Experiences occur in the cortex«, meint etwa M. Polanyi (*Knowing and Being*, London 1969, S. 162). Doch nicht mein Gehirn macht Erfahrungen, ich mache Erfahrungen. Nicht mein Zahn hat

Schmerzen, ich habe Zahnschmerzen. »Ob ich hungrig bin, oder ob mich Sorgen bedrücken, so ist es nie nur ein Teil von mir, der leidet; ich leide als ganzer Mensch.« Dies hat nicht Wittgenstein gesagt, sondern ein Karanga in Rhodesien. Cf. H. Aschwanden: *Symbole des Lebens*, Zürich 1976, S. 16. Cf. auch P. K. Manning / H. Fabrega: »The Experience of Self and Body: Health and Illness in the Chiapas Highlands«, in *Phenomenological Sociology*, New York 1973, S. 266, 287. Man darf freilich nicht den Fehler machen, der leicht von Ryle oder Wittgenstein beeinflußten Philosophen unterläuft, die Seele in der Weise als ›beseelten Körper‹ zu sehen, daß es *logisch* unmöglich wird, sich dieselbe Person in einem anderen Körper vorzustellen. Cf. A. Quinton: »The Soul«, in *Personal Identity*, Berkeley 1975, S. 60.

41 Cf. etwa die Ansicht des heiligen Augustinus: »Non itaque solum animum, sed nec corpus quidem ulla ratione crediderim daemonum arte vel potestate in membra & lineamenta bestialia veraciter posse converti: sed phantasticum hominis, quod etiam cogitando sive somniando per rerum innumerabilia genera variatur, & cum corpus non sit, corporum tamen similes mira celeritate formas capit, sopitis aut oppressis corporeis hominis sensibus, ad aliorum sensum nescio quo ineffabili modo figurâ corporeâ posse perduci: ita ut corporea ipsa hominum alicubi jaceant, vi ventia quidem, sed multo gravius atque vehementius quam somno suis sensibus obseratis; phantasticum autem illud veluti corporatum in alicujus animalis effigie appareat sensibus alienis.« (A. Augustinus: *Hipponensis Episcopi Operum*, Bd. IX, Rom 1797, S. 659.) Darüber ist auch die heutige Parapsychologie kaum hinausgekommen.

42 Cf. W. Shibles: »A Philosophical Commentary on Alice's Adventures in Wonderland«, in *Wittgenstein: Philosophy and Language*, Dubuque 1969, S. 23.

43 L. Wittgenstein: *Zettel*, Oxford 1967, 127.

44 Cf. A. Métraux: *Religions et magies indiennes d'Amérique du Sud*, Paris 1967, S. 87, O. Zerries: »Die Indianer der Wälder und Savannen«, in *Die Erben des Inkareiches und die Indianer der Wälder*, Berlin 1974, S. 132.

45 Richten wir unser Augenmerk zu sehr darauf, dann müssen wir allerdings, wie etwa K. Nielsen (*Scepticism*, London 1973, S. 34) oder P. Sherry (»Fairies, Witches and the Passing Away of Lan-

guage Games«, in *Religion, Truth and Language Games*, London 1977, S. 31 f.) zur Auffassung gelangen, daß es Hexen und Werwölfe einfach nicht gibt. Sherry beherzigt Wittgensteins Aufforderung nicht, darauf zu achten, wie der Begriff »Werwolf« »in seiner Heimat« verwendet wird. »According to them«, so schreibt etwa G. Reichel-Dolmatoff (*The Shaman and the Jaguar*, a.a.O., S. 125 f.) über die Desana, »the jaguar skin was no skin at all, but an essence, a state of mind which made a person act like a jaguar.« Das Wort *suriró* bedeutet im allgemeinen zwar »Kleidung« oder »Umhüllung«, doch insbesondere die älteren Gewährsleute des Ethnographen betonten, daß sich der Begriff im Falle der Werjaguare nicht auf eine ›stoffliche Kleidung‹ beziehe. »What turns into a jaguar, then, is that other part of man's personality that resists and rejects cultural conventions. The jaguar of the hallucinatory sphere, the jaguar-monster of Tukano tales, is a man's alter ego, now roaming free and untrammeled, and acting out his deepest desires and fears.« (A.a.O., S. 132.)

46 Vielleicht hatte J. v. Görres (*Die christliche Mystik*, Bd. III, Regensburg 1840, S. 271) etwas Ähnliches im Sinn, als er über die Wertierverwandlung schrieb: »Der Mensch, nach Unten in eine Thierpflanze ausgehend, und in ihr mit dem gesammten Pflanzenreiche verknüpft, wird, wenn er durch Ansteckung in den überwältigenden Wirkungskreis dieses Reiches eingetreten, von ihr niedergezogen; und die Stufenfolge der Entwicklung, die er zuvor ansteigend im Mutterleibe durchlaufen, jetzt in umgekehrter Richtung durchschreitend, zuletzt vegetabilisirt, und kann selbst zum gifthauchenden Zoophyten werden. Derselbe Mensch aber, der also Pflanze ist unter Pflanzen, ist auch unter Thieren Thier; und zwar ursprünglich das Centralthier, das zwar aller Thiere Art und Kraft in sich hat, also jedoch, daß es, was diese in der Sonderung und Getheiltheit in sich aussprechen, in der Einheit in sich beschließt.« Ich meine hiermit natürlich weniger Görres' phylogenetisch-ontogenetische Spekulationen, sondern seine Betrachtungsweise (wenn man unbedingt will: sein ›Paradigma‹): daß nämlich in der Wertier- oder Werpflanzenverwandlung eine ›Regression‹ stattfindet. Offenbar werden Bewußtseinsstufen, die uns für gewöhnlich über Tiere und Pflanzen erheben, zugunsten einer ›archaischeren‹ Bewußtseinshaltung verlassen. Cf. hierzu auch H. Ey: »Grundlagen

einer organo-dynamischen Auffassung der Psychiatrie«, in *Die Wahnwelten*, Frankfurt/M. 1963, S. 85, 89 f. In den letzten Jahren scheint es sich anzudeuten, daß man im Gegensatz zu den fortschrittsgläubigen Freudianern der Vergangenheit mit dem Begriff ›Regression‹ nicht mehr lediglich pejorative Gedankengänge verbindet. Cf. etwa K. Dörner: »Gesellschaftliche Perspektiven der Regression«, in *Diagnosen der Psychiatrie*, Frankfurt/M. 1975, S. 112 ff., ferner R. zur Lippe: *Am eigenen Leibe*, Frankfurt/M. 1978, S. 151 f.

47 J. Z. Smith (»I am a Parrot [Red]«, *History of Religions* 1972, S. 398) meint bezüglich des in der wissenschaftlichen Literatur geradezu berühmt gewordenen Falles des Bororó, die Karl von den Steinen sagten, sie seien Araras, eine derartige Aussage sei offensichtlich »contrary to fact«. Nun werden jedoch die Indianer kaum behauptet haben, sie seien im Alltag Papageien (cf. C. Geertz: »Religion as a Cultural System«, in *Anthropological Approaches to the Study of Religion*, London 1966, S. 37), was auch durch andere Feldforschungsergebnisse bestätigt wird. Cf. A. Colbacchini / C. Albisetti: *Os Boróros Orientais*, São Paulo 1942, S. 87, 440, R. Karsten: »Forschungen unter den Jibaro-Indianern in Ecuador und Peru«, *Zeitschrift für Ethnologie* 1930, S. 352. F. Tolksdorf: »Ethnographische Beobachtungen in Zentral-Brasilien«, *Zeitschrift für Ethnologie* 1956, S. 285. Sie meinen vielmehr eine andere Art von Identität, die man vielleicht eher mit jener vergleichen sollte, die in der katholischen Eucharistie eine Rolle spielt. Um dies zu verstehen, muß man nicht, wie Smith (a.a.O., S. 407 f.) es tut, auf eine »plurality of truths« schließen, oder gar, wie D. E. Cooper (»Alternative Logic in ›Primitive Thought‹«, *Man* 1975, S. 253 f.) es unternimmt, eine dreiwertige Logik aufwärmen. Man muß lediglich verstehen, daß die Indianer darum wissen, viel *mehr* zu sein, als die Ethnologen es je für möglich halten. Die Analogie zur Eucharistie hinkt allerdings an einer Stelle. Wie in den ›Tieridentitäten‹ der Indianer und anderer Völker enthalten ist, daß die Erscheinungsform eines Menschen bis zu einem gewissen Grade ›äußerlich‹ bleibt, so glauben auch zumindest die katholischen *Experten*, daß die sinnlich wahrnehmbaren Qualitäten des Jesus-Brots und des Jesus-Weins zwar die des Brotes bzw. des Weines seien, daß deren ›Substanz‹ jedoch die des Herrn sei. Cf. S. Bullough: *Roman Catholi-*

cism, Harmondsworth 1963, S. 96, R. Firth: *Symbols*, London 1973, S. 421 ff. Hierin ähnelt Jesus etwa der Kartoffel, von der es in den keltischen Ländern hieß, daß sie über Nacht von der Fee gegessen würde. Auch die Fee ißt nur die ›Substanz‹ der Knolle; die ›Akzidenzien‹, auf die *wir* beim Mittagessen größeren Wert legen, läßt sie in der Schüssel liegen, so daß sich kein Bauer zu wundern braucht, wenn die Kartoffel am anderen Morgen scheinbar unberührt ist. Cf. Evans Wentz, a.a.O., S. 43. Während indessen solche Identitäten der archaischen Mentalität *einsehbar* sind, wird von dem Katholiken geradezu gefordert, daß er an etwas glaubt, was er gar nicht verstehen *kann*. Cf. J. Skorupski: »Science and Traditional Religious Thought«, *Philosophy of the Social Sciences* 1973, S. 108 f. Streng genommen glaubt also der Katholik nicht daran, daß aus Wein Blut wird, sondern er glaubt an ein *x ignotum*. Daß dies ein *semantischer* Widersinn ist, wird freilich denjenigen kaum stören, für welchen ein solches Glaubensbekenntnis ohnehin nichts anderes darstellt als ein Akt der Opferung der eigenen Vernunft. So war diese Lehre auch, geschichtlich gesehen, weniger eine Verteidigung des Glaubens gegen eine ›Entmythologisierung‹. Sie entsprang im Gegenteil eher dem Motiv, die Ansprüche jener zurückzuweisen, die behaupteten, eine Wahrheit einsehen zu können, deren Erkenntnis allein Gott vorbehalten sein sollte. Eine solche Einstellung teilt der Katholizismus mit anderen verkirchlichten Offenbarungsreligionen. Auch im Islam wurden bisweilen Mystiker verfolgt, weil sie mit der Behauptung, Derartiges verstehen zu können, den Abgrund überbrückten, der nach dem Dogma der Orthodoxie zwischen Mensch und Allah klaffen mußte. Cf. W. Marschall: »Mystik in Indonesien«, in *Rausch – Ekstase – Mystik*, Düsseldorf 1978, S. 150. Der heidnischen Mentalität erscheint ein solcher Keil zwischen Vernunft und religiöser Erfahrung als eine Ungeheuerlichkeit, und im noch einigermaßen heidnischen Hochmittelalter wurde nach den Worten »Hoc est corpus meum« und »Hic est calix sanguinis mei« auch bisweilen der leibliche Jesus sichtbar. Cf. V. L. Kennedy: »The Moment of Consecration and the Elevation of the Host«, *Medieval Studies* 1944, S. 121 f. Ohne Feingefühl gegenüber solchen Fällen erweisen sich wieder einmal sehr viele Ethnologen. J. E. Lips (*The Savage Hits Back*, New Hyde Park 1966, S. 44) präsentiert etwa als ein Beispiel der »anderen Logik« der Naturvölker, was eher an eine Geschichte des braven Soldaten Schwejk erinnert. Ein Missionar hatte seine australischen Schäflein in die Mysterien des Katholizismus eingeweiht und hielt diese schließlich für reif genug, getauft zu werden. An einem Freitag sah er plötzlich einen Eingeborenen, der an einem Känguruh-Steak kaute. Als er den Mann ermahnte, freitags esse man kein Fleisch, entgegnete der Australier, dies sei kein Fleisch, sondern Fisch. Der Priester fühlte sich gefoppt und meinte ärgerlich, seine Sünde werde durch Lügen nur noch größer. Darauf der Eingeborene: »Sieh her, du nahmst mich mit zum Fluß und spritztest Wasser auf mich. Dann sagtest du mir, ich sei nicht länger Charly Wooloomool, sondern ein völlig neues Wesen. Nun, ich ging auch zu dem Fluß, spritzte Wasser auf mein Steak und nannte es ›Fisch‹.«

48 Zu einem solchen ›leer‹ werden eignet sich besonders die Dämmerung. Psychologen sprechen hier von »reduced perceptual input«. Cf. M. Zuckerman: »Hallucinations, Reported Sensations, and Images«, in *Sensory Deprivation*, New York 1969, S. 122. »Du bist«, sagt Don Juan zu Castañeda, »über einige Wesen gestolpert, die sich in der Welt aufhalten und auf Menschen einwirken. Du weißt nichts über sie, weil du ihnen nie begegnet bist. Vielleicht wäre es richtiger, sie Wesen der Berge zu nennen. Sie gehören nicht wirklich der Nacht an. Ich nenne sie Wesen der Nacht, weil man sie bei Dunkelheit leichter wahrnehmen kann. Sie sind die ganze Zeit hier, um uns herum. Bei Tageslicht ist es jedoch einfach deshalb schwieriger, sie wahrzunehmen, weil dann die Welt uns vertraut erscheint und das, was uns vertraut ist, drängt sich vor.« Cf. auch K. Schmeing: *Das ›Zweite Gesicht‹ in Niederdeutschland*, Leipzig 1937, S. 5.

49 Cf. hierzu auch H. Krauch: *Die organisierte Forschung*, Neuwied 1970, S. 61 ff. Die Geister kommen seit alters insbesondere im Halbschlaf oder kurz vor dem Aufwachen oder Einschlafen (cf. R. de Becker: *The Understanding of Dreams and the Machinations of the Night*, London 1968, S. 152 f., 211, P. Sartori: »Hexen und Werwölfe in der Umgegend von Dortmund«, *Zeitschrift des Vereins für rheinische und westfälische Volkskunde* 1905, S. 83), also wenn wir noch nicht ganz oder nicht mehr ganz ›bei uns selber‹, unserem ›Alltagsselbst‹ sind. Cf. D. Henrich: »Selbstbewußtsein«, in *Hermeneutik und Dialektik*, Bd. I, Tübingen 1970, S. 260 f.

50 Wer annimmt, daß es solche Fähigkeiten überhaupt gibt, erregt sogar die Heiterkeit von Ideologiekritikern, die es eigentlich auf Grund ihrer ethnographischen Erfahrung besser wissen müßten. Cf. etwa E. Gellner: »Beyond Truth and Falsehood«, *British Journal for the Philosophy of Science* 1975, S. 342, ferner F. Hampl: *Geschichte als kritische Wissenschaft*, Bd. II, Darmstadt 1975, S. 40, die als ›kritische Geister‹ über Feyerabend bzw. Pausanias den Kopf schütteln.

51 Wissenschaftler sprechen hier gerne von »Störungen im Körperbewußtsein« (N. Matussek: »Drogen und Bewußtsein«, in *Bewußtsein*, Baden-Baden 1975, S. 223) oder von einem »change of the body image« und »loosening of the ego boundaries« (B. Wells: *Psychedelic Drugs*, Harmondsworth 1973, S. 44, R. Prince / C. Savage: »Mystical States and the Concept of Regression«, in *The Highest State of Consciousness*, Garden City 1972, S. 131).

52 Entgegen der Meinung D. N. Robinsons (»What Sort of Persons Are Hemispheres?«, *British Journal for the Philosophy of Science* 1976, S. 75) *gibt* es derartige Fälle. Cf. M. Prince: »B. C. A.: My Life as a Dissociated Personality«, *The Journal of Abnormal Psychology* 1908, S. 240 ff., ders.: »The Theory of the Psychogenesis of Multiple Personality«, a.a.O., S. 67 ff., ferner M. Dessoir: *Vom Jenseits der Seele*, Stuttgart 1919, S. 100 ff., L. Staudenmaier: *Die Magie als experimentelle Naturwissenschaft*, Leipzig 1922, S. 157 ff. Freilich wird es auch hier Grenzfälle geben, in denen es schwierig sein wird, zu entscheiden, ob man nun sagen soll, daß es sich um *eine* gespaltene Person oder um *drei* Personen ›in‹ einem Leib handelt. Wenn also etwa L. Krüger (»Überlegungen zum Verhältnis wissenschaftlicher Erkenntnis und gesellschaftlichen Interessen«, in *Materialien zu Habermas' ›Erkenntnis und Interesse‹*, Frankfurt/M. 1974, S. 211) meint, »daß man nur das zu wissen meinen kann, bezüglich dessen man sich der Freiheit, es für so oder anders beschaffen zu halten, beraubt sieht«, dann scheint es nicht genügend zu berücksichtigen, daß in solchen Grenzfällen durchaus beispielsweise moralische Gesichtspunkte einen Einfluß darauf ausüben können, was als Erkenntnis gelten soll.

53 Manche Psychopathologen sagen hier: Aber unser »evidential self undergoes no change whatsoever!« (A. J. Deikman: »Deautomatization and the Mystic Experience«, in *The Nature of Human*

Consciousness, New York 1973, S. 225.) Doch was ist das, »the evidential self«? Ist es für diese Wissenschaftler nicht einfach nur jenes, welches im Labor sitzt und über ›Depersonalisation‹ forscht?

54 Å. Hultkrantz: »Spirit Lodge: A North American Shamanistic Séance«, in *Studies in Shamanism*, Stockholm 1967, S. 43.

55 Weshalb es auf alle Fälle nicht richtig ist, in solchen Fällen von einer »spirituellen« *im Gegensatz* zu einer »leiblichen« Reise zu reden, wie es etwa R. Ridington / T. Ridington (»The Inner Eye of Shamanism and Totemism«, *History of Religions* 1970, S. 51, 58) tun.

56 Cf. hierzu C. T. Tart: »A Psychophysiological Study of the Out-of-the-Body Experiences in a Selected Subject«, *Journal of the American Society for Psychical Research* 1968, S. 3 ff., J. Eisenbud: *Gedankenfotografie*, Freiburg 1975, S. 220, 223, N. R. Hanson: »On Being in Two Places at Once«, in *What I Do Not Believe*, Dordrecht 1971, S. 145 f., K. Osis: »Raum, Zeit und Bewußtsein in parapsychologischer Sicht«, in *PSI und Psyche*, Stuttgart 1974, S. 166. Es ist deshalb auch gar nicht nötig, in derartigen Fällen von einer »Paradoxie« zu reden, wie es etwa D. Sperber (*Über Symbolik*, Frankfurt/M. 1975, S. 183) tut, denn in *logische* Schwierigkeiten wird derjenige, der eine Bilokation für möglich hält, kaum kommen. Viele Parapsychologen glauben, auf Grund ihres empirischen Materials auf dualistische Leib-Seele-Vorstellungen zurückgreifen zu müssen. Cf. z. B. W. P. Mulacz: »Der sogenannte wissenschaftliche Spiritismus als parapsychologisches Problem«, in *Parapsychologie*, Graz 1976, S. 199 f. Dies ist, wenn die Perspektive meiner Argumentation richtig ist, völlig unnötig. Es bedeutete aber zugleich, daß sich Phänomene wie die sogenannte »Seelenexkursion« kaum zu einer empirischen Widerlegung jener Form des »central state materialism« verwenden ließen, in der eine (»extensionale«) Identität von Bewußtseinsvorgängen und elektrochemischen Prozessen im zentralen Nervensystem behauptet wird.

57 In einem solchen Sinne konnte vielleicht auch Abaris – entgegen der Vermutung W. Burkerts (*Weisheit und Wissenschaft*, Nürnberg 1962, S. 127) – *wirklich* fliegen. Es gibt Völker, die weniger von ›fliegen‹ reden, als daß sie andere Begriffe benutzen. Die Hexen der Effutu sausen beispielsweise wie die Spinnen an einem Gewebe entlang, das die Priester andauernd zu zerschneiden suchen. Cf. R. W. Wyllie: »Introspective Witchcraft Among the Effutu of

Southern Ghana«, *Man* 1973, S. 76. Eine ähnliche Begrifflichkeit haben auch die australischen *clever men*.

58 Cf. z. B. E. L. Erde: *Philosophy and Psycholinguistics*, The Hague 1973, S. 173. Der Meister selber schreibt: »Wenn ich sagte: ›Ich bin auf dem Mond gewesen – aber ich kann mich irren‹, so wäre das blödsinnig. Denn selbst der Gedanke, ich hätte ja, durch unbekannte Mittel, im Schlaf dorthin transportiert worden sein können, *gäbe mir kein Recht*, hier von einem möglichen Irrtum zu reden. Ich spiele das Spiel *falsch*, wenn ich es tue.« (L. Wittgenstein: *Über Gewißheit*, Frankfurt/M. 1970, S. 662.) Wittgenstein meint, daß die Aussage »Ich war noch nie auf dem Mond« zwar falsch sein könne, aber daß sich deshalb trotzdem nicht sagen ließe, daß ich mich *geirrt* habe. So berichtet etwa K. Oesterreich (*Die Phänomenologie des Ich*, Leipzig 1910, S. 312) von einem Mann, der in Australien eine Stelle angenommen hatte und der dort plötzlich in einen »Dämmerzustand« verfiel. In diesem Zustand reiste er in eine Hafenstadt, löste sich ein Billet nach Europa, fuhr mit dem Schiff nach Neapel und von dort nach Zürich. In Zürich las er zufällig zwei Notizen in der Zeitung, in denen er als vermißt bezeichnet wurde, was ihm erst zu Bewußtsein brachte, was mit ihm geschehen war. Wenn dieser Mann zuvor auf die Frage eines Zürcher Zeitungsverkäufers, ob er schon einmal in Australien gewesen sei, mit »nein« geantwortet hätte, so wäre dies nach Wittgenstein kein Fall eines *Irrtums* gewesen.

59 Cf. T. E. Burke: »Can Philosophy Be Original?«, *Inquiry* 1974, S. 209 f. und R. Rorty: »Die glücklich abhandengekommene Welt«, in *Moderne Sprachphilosophie*, Hamburg 1976, S. 183 f. S. Wilson (*Truth*, Bletchley 1973, S. 39) meint, daß Don Juan auf die Entgegnung Castañedas, er sei deshalb nicht geflogen, weil sein Körper nicht geflogen sei, hätte antworten können: »I suppose you would say that when you go in a plane your *body* flies, and therefore you fly. But your going up in a plane is no more flying than your going in a boat is swimming.« (Den Hinweis auf diese Stelle verdanke ich Rudi Keller.) Vermutlich redeten wir im letzteren Falle deshalb nicht von ›schwimmen‹, weil wir ja eher wie die Fische schwimmen als wie die Vögel fliegen können. Vögel würden wohl kaum sagen, daß sie flögen, wenn sie in einem Flugzeug säßen. Eher verwendeten ausgesprochene Luft- und Landvögel den Begriff »schwimmen«, wenn sie auf einem Boot einen Teich überquerten.

60 Castañeda: *Tales of Power*, a.a.O., S. 98. Oder: »›Would Don Genaro feel like he's walking up the trunk of a tree?‹ Don Juan looked at me for a moment, then he turned his head away. ›No‹, he said in a forceful whisper. ›Not in the way you mean it.‹« (A.a.O., S. 177. Cf. auch E. Ehnmark: *Anthropomorphism and Miracle*, Uppsala 1939, S. 204.) *Wie* dies freilich zu verstehen ist, darüber gibt es bei vielen Naturvölkern wie bei uns die verschiedensten Auffassungen, die zum Teil sehr kontrovers sind. Cf. M. D. W. Jeffreys: »Witchcraft in the Calabar Province«, *African Studies* 1966, S. 961 f., G. Baer: »A Particular Aspect of Matsigenka Shamanism: Male-Female Ambivalence«, in *Actas del XLI Congreso Internacional de Americanistas*, Bd. III, México 1976, S. 115. Cf. auch A. Bharati: »The Ontological Status of Psychic Phenomena in Hinduism and Buddhism«, in *Parapsychology and Anthropology*, New York 1974.

61 Zit. n. G. Parrinder: *Avatar and Incarnation*, London 1970, S. 214. Cf. auch B. M. Metzger: »The Ascension of Jesus Christ«, in *Historical and Literary Studies*, Grand Rapids 1968, S. 84 f. und R. Nieda: »›Nothing‹ in Zen«, *Numen* 1962, S. 43. »Es ist denkbar und doch nicht denkbar«, heißt es in den *Upanischaden* über das *brahman*. »Wie gesagt, denk nicht, sondern schau!«, fordert Wittgenstein auf.

Anmerkungen zu § 9

1 »Psychiatric texts and institutions are rich with persons who are ingenious and dedicated in their preservation of a particular version of reality.« (M. Pollner: »›The Very Coinage of Your Brain‹: The Anatomy of Reality Disjunctures«, *Philosophy of the Social Sciences* 1975, S. 417.) Dies wird ganz gut veranschaulicht durch ein Zitat von C. Kulenkampff (»Entbergung, Entgrenzung, Überwältigung als Weisen des Standortverlustes«, in *Die Wahnwelten*, Frankfurt/M. 1973, S. 214), der schreibt: »Das Subjekt gerät in den kritischen Grenzbereich der Ordnungen, wenn es das Wagnis solcher Annäherung auf sich nimmt und scheitert, wenn sein freier Entschluß,

sein Übermut, sein Kampfgeist, seine kurzsichtige Torheit den Menschen aus der Mitte der Geborgenheit in die gefahrvolle Randzone einer je geordneten Welt werfen.« Hier wird in existenzialistischem Jargon jedem Schuster klargemacht, er solle bei seinem Leisten bleiben.

2 Cf. z. B. J. Siskind: *To Hunt in the Morning*, New York 1973, S. 137, F. A. Wilford: »*Daimon* in Homer«, *Numen* 1965, S. 223, J. van Baal: *Symbols for Communication*, Assen 1971, S. 225 f., 228.

3 S. Arieti: *The Intrapsychic Self*, New York 1967, S. 80. Manche Wissenschaftler gehen sogar so weit, den Mystikern, die sich weigern, den angeblichen Scheincharakter ihrer Visionen ›einzugestehen‹, einfach Starrsinn zu diagnostizieren: »Oft wird der Trugcharakter erkannt und eingestanden. Wo das nicht der Fall ist, erhebt sich in manchen Fällen die Frage, ob der Betreffende sich einer Einsicht verschließt.« (J. Finke: »Halluzinationen«, in *Lexikon der Psychiatrie*, Berlin 1973, S. 229.) J. Silverman (»Shamans and Acute Schizophrenia«, *American Anthropologist* 1967, S. 24, 28 f.) ist offenbar der Meinung, daß sowohl der Schamane als auch der Geisteskranke Schwierigkeiten hätten mit »the differentiation between phantasy and nonphantasy«; nur müsse letzterer an diesem Mangel an Unterscheidungsfähigkeit *leiden*, da seine Kultur ihm keine »valid concepts« zur Verfügung stelle, mit deren Hilfe er diese Phantastereien in einen sinnvollen Zusammenhang mit seinen Alltagserfahrungen bringen könne. Deshalb habe der Geisteskranke im Gegensatz zu dem Schamanen keine »cultural significance«. Um solche ungewöhnlichen Erfahrungen zu charakterisieren, verwenden viele Wissenschaftler typischerweise Begriffe wie »pseudoperceptions« (E. Bourguignon: »Psychological Anthropology«, in *Handbook of Social and Cultural Anthropology*, Chicago 1973, S. 1093), »Trugbilder« (G. Baer: »Auskünfte eines Srahuanbo über schamanistische Vorstellungen seiner Gruppe«, *Anthropos* 1971, S. 225), »kompensatorische Phantasien« und »Illusionen« (E. Topitsch: *Mythos, Philosophie, Politik*, Freiburg 1969, S. 10, 72, ders.: »Die Widersprüche in Kants Philosophie«, *Information Philosophie*, September 1975, S. 3); ein Mensch, der solche Erfahrungen macht, zeigt »Stand*schwäche*«, »Stand*einbuße*«, »Stand*verlust*« usw. (J. Zutt: »Das Schizophrenieproblem: Nosologische Hypothesen«, in *Die Wahnwelten*, Frankfurt/M. 1963, S. 249). Daß der Betreffende an

einer anderen Stelle *stehen* könnte, ziehen diese Wissenschaftler kaum ernsthaft in Erwägung. Cf. auch E. Parow / F. Hegi / H. H. Niemeyer / R. Strömer: *Über die Schwierigkeit erwachsen zu werden*, Frankfurt/M. 1976, S. 58 f. Oder anders ausgedrückt: That there might be things between heaven and earth that are not dreamt of in their philosophies, wird den Topitsch et al. kaum in den Sinn kommen.

4 In vulgärmaterialistischer Weise hat Leslie White dies so ausgedrückt: »Intellectually, culture is beginning to outgrow spirits, demons, and free will, and to learn something about the nature of the real world.« (L. White: »A Materialist Interpretation of Culture«, *Critique of Anthropology* 1976, S. 43.)

5 G. Devereux: *Angst und Methode*, a.a.O., S. 55 f. W. La Barre (»Hallucinogens and the Shamanistic Origins of Religion«, in *Flesh of the Gods*, London 1972, S. 262) meint ähnlich: »Sacred culture is mere psychological adaptation to inner anxieties«, und weiter, daß einer, dessen »reality testing« noch intakt sei, diesen faulen Zauber leicht durchschauen könne. (A.a.O., S. 266.) Genauso leicht wird man sich vorstellen können, was die Schamanen, mit denen La Barre zu tun hatte, über diesen Kirchturmsethnologen gedacht haben werden.

6 J. Tennekes: *Anthropology, Relativism, and Method*, Assen 1971, S. 201. So einfach ist das! Handfester argumentiert Gellner: »If a doctrine conflicts with the acceptance of the superiority of scientific-industrial societies over others, then it really is out.« (E. Gellner: »The New Idealism«, in *Problems in the Philosophy of Science*, Amsterdam 1968, S. 405, ähnlich W. G. Runciman: »Relativism: Cognitive and Moral«, *The Aristotelian Society, Suppl. Vol.* 1974, S. 192.) Wenn Gellner damit meint, daß unsere Zivilisation es bislang verstanden hat, fremde Kulturen zum Schweigen zu bringen, dann hat er natürlich recht. Er selbst betont freilich, er sei kein Rassist, man dürfe ihn nicht mißverstehen. Ohne Ironie schreibt I. Hamnett (»Sociology of Religion and Sociology of Error«, *Religion* 1973, S. 3), man könne doch nicht im Ernst das Weltbild der Zande mit unserer Wissenschaft vergleichen, »if only because ›science‹ incorporates within itself a method (not a content) that cannibalizes Zande ideology, while the reverse is not the case«. Wenn das wahr ist, so ist es wohl kaum etwas, auf das Hamnett auch noch stolz sein

sollte. Die Ironie bei der Sache ist indessen, daß gerade eine solche Einstellung die Entwicklung der Ethnologie als Wissenschaft erst möglich gemacht hat. Wie C. Lévi-Strauss (*Anthropologie structurale deux*, Paris 1973) bemerkt, war natürlich die distanzierte Einstellung der Forscher zu den Wilden eine Voraussetzung dafür, Gebräuche und Verhaltensweisen unter die Lupe nehmen zu können, deren Untersuchung in der eigenen Kultur auf weitaus größere emotionale Schranken gestoßen wäre.

7 Cf. C. Hamilton: *Ruf des Donnervogels*, Zürich 1960, S. 46.

8 Cf. G. Devereux: *Normal und anormal*, Frankfurt/M. 1974, S. 38 f., 43, 47 f. (Hervorh. v. mir.) Noch deutlicher heißt es in einem älteren Artikel: »Primitive religion and in general ›quaint‹ primitive areas are organized schizophrenia.« Ders.: »A Sociological Theory of Schizophrenia«, *Psychoanalytical Review* 1939, S. 338, zit. n. E. H. Ackerknecht: *Medicine and Ethnology*, Bern 1971, S. 61. Devereux, einer der eitelsten, lebhaftesten und interessantesten unter den Ethnozentrikern, dessen Schriften dazu geeignet wären, etwas Pfeffer in die fade Kohlsuppe der deutschen Ethnologie zu bringen, läßt sich in seinen zahlreichen Publikationen kaum eine Gelegenheit entgehen, die »Irrationalität« alles dessen anzuprangern, was mit Schamanismus, Ekstase und dergleichen zusammenhängt. »Ich empfinde einen fast irrationalen Ekel vor dem Zustand der Betrunkenheit«, schreibt er einmal (*Angst und Methode*, a.a.O., S. 238), und der Orgasmus, der für viele Menschen ein Zustand höchster Klarheit sein kann, ist für ihn bezeichnenderweise nur eine »Vernebelung des Bewußtseins«, Cf. ders., »Trance and Orgasm in Euripides: *Bakchai*«, in *Parapsychology and Anthropology*, New York 1974, S. 54 f. Es ist zwar richtig, daß sich insbesondere Vertreter des »kulturellen Relativismus« gegen eine »Pathologisierung« des Schamanismus ausgesprochen haben (cf. M. J. Herskovits: *Cultural Relativism*, New York 1973, S. 19 f., ders.: »Possession«, in *Standard Dictionary of Folklore*, Bd. II, New York 1950, S. 831 f.), und man mag überdies sogar bereit sein, P. Feyerabend (»Logic, Literacy, and Professor Gellner«, *British Journal for the Philosophy of Science* 1976, S. 385) zuzugestehen, »that the path to relativism has not yet been closed by reason«, aber man muß deshalb noch lange nicht ein Anhänger dieser etwas überzogenen philosophischen Doktrin sein, um die Beschreibung solcher Phänomene mit psychopathologi-

schen Begriffen abzulehnen. Cf. etwa E. H. Ackerknecht: »Psychopathology, Primitive Medicine and Primitive Culture«, *Bulletin of the History of Medicine* 1943, S. 33, ferner W. M. Pfeiffer: »Die Stellung des psychisch Kranken in außereuropäischen Kulturen«, in *Perspektiven der heutigen Psychiatrie*, Frankfurt/M. 1972, S. 331, A. M. Greeley / W. C. McCready: »Some Notes on the Sociological Study of Mysticism«, in *On the Margin of the Visible*, New York 1974, S. 303 f. Man hat bisweilen den Eindruck, daß manche Leute mit dem Begriff »krank« alles das bezeichnen, was ihnen als sehr fremdartig, schädlich, unerwünscht usw. erscheint. Cf. G. Canguilhem: *Das Normale und das Pathologische*, München 1974, S. 80, ferner R. L. Van de Castle: »An Investigation of PSI-Abilities Among the Cuna Indians of Panama«, in *Parapsychology and Anthropology*, London 1974, S. 80.

9 Cf. etwa M. E. Spiro: »Religion and the Irrational«, in *Proceedings of the Annual Spring Meeting of the American Ethnological Society*, Seattle 1964, S. 107.

10 K. Kornwachs: »›Parascience‹ und Wissenschaftstheorie«, *Zeitschrift für Parapsychologie* 1975, S. 126.

11 Von Leuten, die man früher in Verdacht hatte, daß sie den Bereich der Wissenschaft verließen, hat man allemal behauptet, daß sie fliegen konnten, etwa von Albertus Magnus oder Roger Bacon. Solche Forscher müssen sich auch heute noch von D. Bidney (»Myth, Symbolism, and Truth«, in *Myth*, Bloomington 1965, S. 13) sagen lassen, daß sie »are undermining faith in their own disciplines and are contributing unwittingly to the very degradation of man and culture which they otherwise seriously deplore«. Sehr viel undogmatischer werden sie von W. Stegmüller (*Hauptströmungen der Gegenwartsphilosophie*, Bd. II, Stuttgart 1975, S. 532) beurteilt, der meint, das Normalverhalten der ›scientific community‹ gegenüber solchen ›Grenzgängern‹ zeige weniger, daß diese ›irrational‹ seien, sondern eher, »daß die Gefahr, für einen Spinner gehalten zu werden ... eines der typischen Berufsrisiken der außerordentlichen Forschung ist«.

12 Cf. H. P. Duerr: *Ni Dieu – ni mètre*, a.a.O., S. 36. L. S. Feuer (»Lawless Sensations and Categorial Defenses: The Unconscious Sources of Kant's Philosophy«, in *Psychoanalysis and Philosophy*, New York 1970, S. 84, 86) hat die Metaphorik der *Kritik der reinen*

Vernunft analysiert, in der die »Polizei« der Vernunft den nomadisierenden und gesetzlosen Skeptikern den Einlaß in die Siedlung verwehrt. Heute sind die meisten Philosophen ein bißchen weniger furchtsam, vermutlich weil sie Beamte auf Lebenszeit sind. Cf. z. B. R. Chisholm: *Person and Object*, London 1976, S. 105 f. Aber immer noch spielen Angst und Unsicherheit eine große Rolle. E. Rosch (»Universals and Cultural Specifics in Human Categorization«, in *Cross-Cultural Perspectives on Learning*, New York 1975, S. 197) hält etwa das Weltbild für das beste, »which enables the organism to reduce uncertainty as much as possible«. Das ›Draußen‹ wird vor allem als *feindlich* gesehen, und Rosch scheint zu verkennen, daß das Fremde und Unsichere *auch* reizvoll und befreiend sein kann.

13 Cf. P. L. Berger / B. Berger / H. Kellner: *Das Unbehagen in der Moderne*, Frankfurt/M. 1975, S. 71. Der Prozeß dieser Isolierung ist auch als »Molekülisierung« beschrieben worden. Moleküle können zwar »unzählige Verbindungen miteinander eingehen« (D. Obernhöfer: *Von der Einsamkeit des Menschen in der modernen amerikanischen Gesellschaft*, Freiburg 1961, S. 57), aber menschliche Beziehungen lassen sich eben nicht *herstellen*, gerade dann nicht, wenn man dies mit verzweifelter Hektik und aufgepfropften ›emanzipatorischen‹ Ideologien versucht. Cf. auch die Voraussicht von A. de Tocqueville: *Über die Demokratie in Amerika*, Bd. II, Stuttgart 1962, S. 342 f.

14 Cf. H. Blumenberg: »Wirklichkeitsbegriff und Wirkungspotential des Mythos«, in *Terror und Spiel*, München 1971, S. 41.

15 Natürlich gibt es noch andere Gründe für die Verhaltens- und Denkunsicherheit der Menschen in den modernen Industriegesellschaften. P. L. Berger (*Auf den Spuren der Engel*, Frankfurt/M. 1970, S. 68 ff., cf. auch D. Riesman: *Die einsame Masse*, Hamburg 1958, S. 31 ff.) hat beispielsweise darauf aufmerksam gemacht, daß diese Menschen in »mehrstufigen Sozialisationsprozessen« so viele verschiedenartige Rollen *spielen* müssen, daß keine einzelne Rolle und die mit ihr verbundenen Anschauungen mehr *plausibel* sein können. So sieht er auch die Ursache des Todes der Religionen weniger in dem kritischen Einfluß der Wissenschaft als in der Tatsache, daß es zu jeder Anschauung zahllose Alternativen gibt, deren Wahrheitsansprüche nicht mehr so wie früher einfach vom Tisch gewischt werden können. So kann man sich auch fragen, welche psychischen

Konsequenzen eine Weltgesellschaftt à la Feyerabend mit einer extrem pluralistischen Gesinnung nach sich ziehen würde. Ein extremer Synkretismus, der dazu anleitet, die verschiedenartigsten Weltanschauungen in einem Mixbecher durcheinanderzuschütteln (wie es sich neben Feyerabend beispielsweise auch Dieter Duhm vorzustellen scheint), würde wahrscheinlich jeder einzelnen Weltanschauung die Würze rauben und einen geschmacklosen Einheitsbrei produzieren, der nicht einmal den Mixern schmecken dürfte. Als der liebe Gott einst die Farben unter die Tiere verteilte, konnte der Spatz den Hals nicht voll kriegen und hüpfte in jeden Farbtopf. Deshalb wurde er so grau, wie er heute ist, und nur manchmal, wenn die Sonne auf ihn scheint, sieht man die verschiedensten Farben auf seinem Gefieder glitzern.

16 Cf. z. B. L. S. Feuer: *Ideology and the Ideologists*, Oxford 1975, S. 7. Die Wahrheit zeigt sich nur noch *nüchternen* Augen – »nüchtern« ist eine der Lieblingsvokabeln der Ideologiekritik – und Marx glaubt etwa, daß die Bourgeoisie den Menschen endlich dazu gebracht habe, sich als das zu erkennen, was er wirklich sei: »Alles Ständische und Stehende verdampft«, heißt es im *Kommunistischen Manifest*, »und die Menschen sind endlich gezwungen, ihre Lebensstellung, ihre gegenseitigen Beziehungen mit nüchternen Augen anzusehen.«

17 »Wir befinden uns in einem Universum unmittelbarer Bedürfnisbefriedigung und regulärer Arbeit, in der das Interesse an Kontinuität zu einer Reduzierung aller Unfälle und Überraschungen führt. Wir gehen in Richtung auf eine Welt, in der alles reibungslos funktionieren soll. Der heutige Mensch ist immer bereit, sich aufzuregen, wenn etwas nicht funktioniert und wenn es Störungen gibt. Es darf keine Exzesse, nichts Unvorhergesehenes geben.« (J. Ellul: *Von der Revolution zur Revolte*, Hamburg 1974, S. 253.)

18 William Golding: *Lord of the Flies*.

19 Cf. N. Elias: *Die höfische Gesellschaft*, Neuwied 1969, S. 374 ff. Zur ›Verinnerlichung‹ cf. auch K. Löwith: »Can There Be a Christian Gentleman?«, *Theology Today* 1948, S. 59.

20 E. Bloch: *Vorlesungen zur Philosophie der Renaissance*, Frankfurt/M. 1972, S. 8.

21 Cf. M. Bockchin: »Umweltschutz versus Ökologie«, *Schwarze Protokolle*, April 1974, S. 14 f.

22 Als im 19. Jahrhundert in Galizien Eisenpflüge eingeführt wurden, befürchteten die Bauern mit Recht die Rache der verletzten Natur. Cf. K. Dobrowolski: »Peasant Traditional Culture«, in *Peasants and Peasant Societies*, Harmondsworth 1971, S. 289. Ein weißer Landwirt, der den Taos-Indianern in Neu Mexiko vorschlug, doch eiserne Pflüge zu verwenden, um ihre Erträge zu steigern, stieß auf eisige Ablehnung. Im Frühling ist die Mutter Erde schwanger; die Indianer ziehen selbst ihre besohlten Schuhe aus und nehmen den beschlagenen Pferden die Hufeisen ab. Cf. P. T. Furst: »Shamanistic Survivals in Mesoamerican Religion«, in *Actas del XLI Congreso Internacional de Americanistas*, Bd. III, México 1976, S. 154.

23 K. Marx / F. Engels: »Die deutsche Ideologie«, in *Werke*, Bd. 3, Berlin 1962, S. 31. Anscheinend haben Marx und Engels in diesen Menschen doch nicht nur *reines* Vieh gesehen, denn sie »arbeiteten« ja bereits, wie sie einige Sätze weiter schreiben: »Damit entwickelt sich die Teilung der Arbeit, die ursprünglich nichts war als die Teilung der Arbeit im Geschlechtsakt.« (!) Die männlichen »Mitarbeiter«, und nur von denen ist bei diesen Autoren die Rede, nennen sie »Hämmel mit Bewußtsein«. Wenn also etwa F. Kramer (*Verkehrte Welten*, Frankfurt/M. 1977, S. 57) meint, die Verachtung und die Brutalität in der Beurteilung fremder Lebensformen sei nirgends zynischer ausgefallen als bei Hegel, so scheint er dessen Schülern zu wenig Beachtung zu schenken. Hier werden vielleicht einige Marxisten, die bereit sind, Engels den Wölfen zu überlassen, einwenden, daß doch auch Marx, von einigen ›Entgleisungen‹ abgesehen, von der »Versöhnung von Mensch und Natur« redete. (So etwa H. M. Enzensberger: »Zur Kritik der politischen Ökologie«, *Kursbuch* 33, Oktober 1973, S. 41.) Doch schauen wir uns an, was Marx sich unter einer solchen »Versöhnung« vorstellt. Ironischerweise ist sie für ihn dann erreicht, wenn der Mensch sich die Natur vollkommen »unterworfen«, wenn er sie völlig »bearbeitet« hat. Cf. K. Marx: »Ökonomisch-philosophische Manuskripte«, in *Werke*, Erg.-Bd. I, Berlin 1968, S. 515 ff. In anderen Worten: die Natur ist dann »versöhnt«, wenn der Mensch nur noch sich selber in ihr erkennt. Ein Plastikrasen wäre vermutlich eine Annäherung an dieses Ideal, das lediglich eine materialistische Variante jenes Idealismus ist, der von Vico über Kant zu Hegel führt. Die Natur

ist bloßer Stoff, Materie, die darauf wartet, vom Menschen ausgebeutet zu werden. »Die *wahrhafte* Auflösung des Widerstreites zwischen den Menschen und der Natur«, »das aufgelöste Rätsel der Geschichte« (a.a.O., S. 536) liegt wohl dann vor, wenn der Mensch die Natur dermaßen vertilgt hat, daß er in ihr nur noch die Produkte seiner Arbeit vorfindet. Marx nennt dies das »Werden der Natur zum Menschen« (a.a.O., S. 544), die Sioux hätten es wohl eher eine ›Entweihung der Natur‹ genannt, und sie hätten vermutlich kaum begreifen können, wie Menschen solch ehrfurchtslose Gedanken hegen können. Auch Freud scheint die Natur in erster Linie als etwas gesehen zu haben, dessen Gefahren der Mensch eindämmen muß, denn er ist der Meinung, die »Hauptaufgabe der Kultur, ihr eigentlicher Daseinsgrund« bestehe darin, »uns gegen die Natur zu verteidigen«. Cf. S. Freud: »Die Zukunft einer Illusion«, in *Gesammelte Werke*, Bd. XIV, London 1948, S. 336. Und er schreibt: »Kein Mensch gibt sich der Täuschung hin zu glauben, daß die Natur jetzt schon bezwungen ist, wenige wagen zu hoffen, daß sie dem Menschen ganz unterworfen sein wird.« Erkenntnis schließlich ist für ihn ein Sieg über die Natur, »wodurch wir unsere Macht steigern« (a.a.O.,S. 379), oder zumindest ein »Angriff auf die Natur« (ders.: »Das Unbehagen in der Kultur«, a.a.O., S. 435.) Im Gegensatz zu Marx ist Freud allerdings nicht zynisch genug, einen solchen »Angriff« auch noch als einen Willen zur »Versöhnung« auszugeben.

24 . Allerdings gibt es bereits in der ersten Hälfte des 16. Jahrhunderts vereinzelt zivilisationskritische Reisende, die zwar nicht zur Ehre der Wahrheit, doch zur Ehre der Moral – darauf hinweisen, daß die Wilden der Neuen Welt, die im Goldenen Zeitalter lebten, Gärten ohne Zäune hätten. Cf. R. Gonnard: *La légende du bon sauvage*, Paris 1946, S. 33, H. Hauser: *La modernité du XVIe siècle*, Paris 1930, S. 52 f.

25 Cf. K. T. Preuß: *Die geistige Kultur der Naturvölker*, Leipzig 1914, S. 15.

26 A. Bastian: *Beiträge zur vergleichenden Psychologie*, Berlin 1868, S. 118 f. Bastian hat auch in konsequenter Weise solche Brücken niemals betreten: »Bastian hat sich offensichtlich nicht für die Menschen interessiert, deren Gedanken er sammelte. Er hielt sich an Priester und Häuptlinge, stellte seine Fragen, notierte die Antworten und verschwand wieder. Nirgends hat er menschliche Be-

ziehungen geknüpft, und seine Biographen sind sich darin einig, daß er vollkommen einsam war. Zum überwiegenden Teil sammelte er sein Material nicht bei den ›Eingeborenen‹, sondern bei ansässigen Europäern.« (Kramer, a.a.O., S. 77.)

27 »The use of narcotics is always in some way connected with escape from reality«, meint R. E. Schultes (»Hallucinogenic Plants of the New World«, *The Harvard Review* 1963, S. 18). Ähnlich auch W. Schmidbauer: »Hexensalben«, in *Handbuch der Rauschdrogen*, Frankfurt/M. 1976, S. 61. Auch aufgeschlossenere Theologen machen hier keine Ausnahme. Für »intensiv erlebt, aber im Grunde nur geträumt« hält W. Keilbach (*Religiöses Erleben*, München 1973, S. 110) derartige Erfahrungen, und W. Pannenberg (*Wissenschaftstheorie und Theologie*, Frankfurt/M. 1973, S. 123 f.) scheint sich nur deshalb dagegen zu wehren, den Ursprung der Auffassungen von der »Selbständigkeit der Seele« in Drogenerfahrungen zu suchen, weil er wohl glaubt, daß damit solche Vorstellungen – wie die positivistischen Ideologiekritiker meinen – diskreditiert seien. Auch M. Eliade (*Schamanismus und archaische Ekstasetechnik*, Zürich 1956, S. 456), der ohne irgendeine Begründung vom Drogengebrauch der Schamanen als einer »abirrenden Technik« spricht, stellt sich die Frage, ob nicht diese »abwegige Seite der schamanistischen Trance darauf zurückgeht, daß der Schamane in *concreto* mit einem Symbolismus und einer Mythologie experimentieren will, die von Natur auf ›konkreter‹ Ebene nicht ›experimentabel‹ sind; mit einem Wort, ob nicht der Wunsch, um jeden Preis und mit jedem Mittel eine Auffahrt in *concreto*, eine mystische, aber zugleich *reale* Himmelsreise zu erreichen, zu den behandelten abwegigen Trancen führte, ob diese Erscheinungen nicht die unvermeidliche Konsequenz eines so erbitterten Strebens sind, das zu ›leben‹, d. h. im Fleische zu vollziehen, was der menschlichen Verfassung nur ›im Geiste‹ zugänglich ist.« Eliade scheint hier die Schamanen mit Otto von Lilienthal zu verwechseln.

28 Manche Autoren lassen solche Leute nicht einmal erleben, sondern nur »erleben«. Cf. z. B. J. Dahl: *Nachtfrauen und Geisterweiber*, Ebenhausen 1960, S. 26, und W. Ziegeler: *Möglichkeiten der Kritik am Hexen- und Zauberwesen im ausgehenden Mittelalter*, Köln 1973, S. 19.

29 J. A. Rush (*Witchcraft and Sorcery*, Springfield 1974, S. 115)

meint, daß sich aus derartigen Dialogen in den Schriften Castañedas folgern ließe, daß »reality is in the mind of the beholder«. Davon kann freilich keine Rede sein.

30 »Was noch entdeckt werden wird«, meint in diesem Sinne Mühlmann, »wird irgendwo und irgendwie eingeordnet werden; die Rubriken selbst aber sind annähernd vollständig. Unbekannte Randvölker, Lotophagen, Fußschattner, Kopffüßler, Gog und Magog werden sicher nicht auftreten ... Der ethnographische Kosmos ist entzaubert, alles hat seinen Platz gefunden oder ist im Begriff, ihn zu finden.« (W. E. Mühlmann: *Rassen, Ethnien, Kulturen*, Neuwied 1964, S. 48.) Um Wittgensteins berühmten ›Löwen-Satz‹ zu variieren: ›Und wenn Mühlmann zu den Lotophagen gelangte, er würde sie nicht sehen.‹

31 P. H. Nowell-Smith: »Cultural Relativism«, *Philosophy of the Social Sciences* 1971, S. 8.

32 B. Scholte (»Toward a Reflexive and Critical Anthropology«, in *Reinventing Anthropology*, New York 1974, S. 445) meint, in solchen Fällen müsse man einfach »choose intelligently without dogmatic reification«. Das ist zwar sicher lieb gemeint, dürfte uns aber genausowenig weiterhelfen wie das mittlerweile bekannte Patentrezept K. R. Poppers (»The Rationality of Scientific Revolutions«, in *Problems of Scientific Revolution*, Oxford 1975, S. 97), die »critical attitude« des Forsches werde ihm bei der Lösung des Problems schon auf die Sprünge helfen.

33 D. Silverman: *Reading Castañeda*, London 1975, S. 19 ff., L. Foss: »Does Don Juan Really Fly?«, *Philosophy of Science* 1973, S. 312 ff., M. Pollner, a.a.O., S. 419, 426, J. J. Rose: *The Appeal to the Given*, London 1970, S. 177. D. Price-Williams (»Primitive Mentality – Civilized Style«, in *Cross Cultural Perspectives on Learning*, New York 1975, S. 295) glaubt, Don Juan und der Ethnologe »do not share the same universe of discourse«, und H. Mehan / H. Wood (*The Reality of Ethnomethodology*, New York 1976, S. 19, 30 f.) meinen noch akzentuierter, daß es sich in unserem Falle um zwei »coherent system(s) of knowledge« handle und deshalb um zwei verschieden Wirklichkeiten. Ein Problem ergebe sich nur dann, wenn wir von der in der westlichen Wissenschaft gültigen Voraussetzung ausgingen, daß etwas nicht zumal eine Halluzination und Wirklichkeit sein könne. (A.a.O., S. 11 f.) Auf die Paradoxien, die

sich allerdings aus einer solchen Konzeption ergeben, gehen die Autoren nicht ein. Auch L. LeShan (*Alternate Realities*, New York 1976, S. 24 et passim) vertritt einen ähnlichen Relativismus der einander widersprechenden, aber »equally valid definitions of reality«: in der einen sei beispielsweise das »fire-walking« möglich und in der anderen eben nicht. Auch er überdenkt die Konsequenzen einer solchen Auffassung nicht. Cf. auch H. Leisegang: *Denkformen*, Berlin 1928, S. 6. Beeinflußt von Whorf, Kuhn, Castañeda und anderen haben seit etwa einem Jahrzehnt eine ganze Reihe von Wissenschaftlern und Philosophen solche Thesen vorgebracht, so daß C. C. Lemert (»Sociological Theory and the Relativistic Paradigm«, *Sociological Inquiry* 1974, S. 94) gar meint, heute herrsche die Ideologie des Relativismus, was freilich maßlos übertrieben ist.

34 Cf. J. W. Bennet: »Die Interpretation der Pueblo-Kultur«, in *Kulturanthropologie*, Köln 1966, S. 148 f., A. Schütz: *Gesammelte Aufsätze*, Bd. I, Den Haag 1971, S. 267 (und ihm nach ein Schwarm von Ethnomethodologen Californian Style), T. S. Kuhn: »Theory-Change as Structure-Change: Comments on the Sneed-Formalism«, in *Historical and Philosophical Dimensions of Logic, Methodology and Philosophy of Science*, Dordrecht 1977, S. 308, D. Bohm: »Science as Perception-Communication«, in *The Structure of Scientific Theories*, Urbana 1974, S. 375 f. (Gegenüber Bohm hat Kuhn allerdings Wasser in seinen Wein gegossen. Cf. T. S. Kuhn: »Comment on Bohm«, a.a.O., S. 410.) Ähnlich auch N. Grossman: »Consciousness Expansion: A New Paradigm for Philosophy«, *Metaphilosophy* 1974, S. 342, A. Fine: »How to Compare Theories«, *Noûs* 1975, S. 27 f., und K. Hübner: »Erfahrung und Wirklichkeit im griechischen Mythos«, in *Objektivität in den Natur- und Geisteswissenschaften*, Hamburg 1976, S. 83.

35 Cf. R. M. Hare: »Theology and Falsification«, in *New Essays in Philosophical Theology*, London 1963, S. 101. C.-R. Brakenhielm (*How Philosophy Shapes Theories of Religion*, Nyköping 1975, S. 150) meint, eine Erfahrung wie die des ›Fluges‹ könne man doch dann als eine Erfahrung der Wirklichkeit bezeichnen, wenn sie sich als kompatibel »with well established knowledge« erweise. Hierauf könnte man jedoch sehr leicht erwidern, daß sich das, was als ›gesicherte Erkenntnis‹ anerkannt wird, ja auch in einer bestimmten Lebensform zeigt. Damit soll natürlich nicht bestritten werden, daß

die Wissenschaft *faktisch* meist nach solchen Kohärenzgesichtspunkten urteilt. Cf. E. E. Harris: »Empiricism in Science and Philosophy«, in *Impressions of Empiricism*, London 1976, S. 163. Wollte der Wissenschaftler derartig widerspenstige und damit ›isolierte‹ Tatbestände *hinnehmen*, ohne sie zu erklären, d. h. in einen kohärenten Zusammenhang mit anderen Tatsachen zu bringen, dann liefe er, wie William James es ausdrückte, Gefahr »to undo the uniformity of Nature and all sorts of other things without which scientists cannot carry on their pursuits«. (Zit. n. B. H. Zedler: »Royce and James on Psychical Research«, *Transactions of the Charles S. Peirce Society* 1974, S. 242.) Daß ein solches ›Kohärenzdenken‹ leicht dazu führen kann, alles das abzutöten, was nicht in den wissenschaftlichen Kram der Zeit paßt, veranschaulicht etwa jener berühmte Ausspruch Helmholtz', daß ihn »weder das Zeugnis sämtlicher Mitglieder der Royal Society, noch das Zeugnis seiner eigenen Sinne« jemals von der Existenz telepathischer Phänomene überzeugen könnten. Widersprechen also solche Tatsachen allgemein anerkannten Gesetzmäßigkeiten, dann steht es »um so schlimmer für die Tatsachen«. Ein überzogenes ›Kohärenzdenken‹ liegt auch dem extremen wissenschaftlichen *Reduktionismus* zugrunde, also der Tendenz, gewissermaßen ohne Rücksicht auf *Verluste* Verschiedenes auf eines zurückzuführen – als ob die Wahrheit *immer* in der Tiefe liegen müsse. Ein solches Denken bestimmt etwa den Strukturalismus von Lévi-Strauss, der die ›Einfachheit‹ zum einzigen Wahrheitskriterium aufwertet, was natürlich zu einer ›Kohärenztheorie der Wahrheit‹ führt, in der sich die Wirklichkeit wegkürzt. Cf. A. Akoun / F. Morin / J. Mousseau: »A Conversation With Claude Lévi-Strauss«, *Psychology Today*, May 1972, S. 79. Man kann hiergegen nicht einwenden, daß doch schließlich *alle* Theorien Reduktionen seien, wie es z. B. H. H. Penner (»The Poverty of Functionalism«, *History of Religions* 1971, S. 92) tut. Denn ›Reduktion‹ darf nicht bedeuten, daß man gewisse Bereiche der Wirklichkeit kurzerhand aus der Wirklichkeit hinauswirft, nur weil sie sich unter einer ganz speziellen Sichtweise, etwa der Perspektive der Physik, nicht beobachten lassen. Ein Beispiel dafür ist die neurophysiologische ›Eliminationsthese‹, nach der die ›Bewußtseinssprache‹ nur deshalb durch eine physikalisch-chemikalische Sprache *ersetzt* werden soll, weil sich die beiden nicht ineinander *über*setzen lassen. Es ist übrigens ganz interessant zu sehen, daß ausgesprochene ›Antireduktionisten‹ und Pluralisten wie Feyerabend gerade für einen *solchen* Reduktionismus eingetreten sind, was vermutlich damit zusammenhängt, daß sie meist Naturwissenschaftler sind, die unsere Commonsense-Perspektive für so etwas Ähnliches wie eine Neanderthaler-Metaphysik halten. Gegen ein forciertes ›Kohärenzdenken‹ spricht schließlich auch, daß durch drastische Veränderungen in unserem ›Wissenshintergrund‹ bislang ›isolierte‹ und sperrige Fakten plötzlich eine Bedeutung erlangen können. Cf. M. Wertheimer: *Produktives Denken*, Frankfurt/M. 1957, S. 191, 193, 216 f., H. Edge: »Paradigmata und Parapsychologie«, *Zeitschrift für Parapsychologie* 1974, S. 101 f., ferner E. Erwin: »The Confirmation Machine«, in *Boston Studies in the Philosophy of Science*, Dordrecht 1971, S. 316. Die Wissenschaftsgeschichte bietet hierfür genügend Beispiele.

36 Cf. S. Maimon: *Versuch über die Transcendentalphilosophie*, Berlin 1790.

37 Cf. K. Ajdukiewicz: »Das Weltbild und die Begriffsapparatur«, *Erkenntnis* 1934, S. 259, hierzu W. Diederich: *Konventionalität in der Physik*, Berlin 1974, S. 131 ff. Cf. auch ferner L. Foss: »Art as Cognitive: Beyond Scientific Realism«, *Philosophy of Science* 1971, S. 235. Der ›Konventionalismus‹ Ajdukiewicz' feiert heute in der Philosophie Quines und Feyerabends Urständ, im Falle Feyerabends sogar fröhliche Urständ. Dieser vertritt mittlerweile eine neue »Philosophie des als ob«: »Ein Relativist mag sich sogar dem Objektivismus anschließen, er mag anfangen, in Kategorien von Wahrheit und Unwahrheit zu reden, aber er wird immer hinzufügen, daß er so redet, weil es ihm beliebt und nicht, weil es so richtig wäre.« (P. Feyerabend: »Unterwegs zu einer dadaistischen Erkenntnistheorie«, *Unter dem Pflaster liegt der Strand* 1977, S. 21.) Ein Feyerabendscher Relativist mag sich also *praktisch* so verhalten wie jeder Nichtrelativist, von dem er sich lediglich in der theoretischen Rechtfertigung unterscheidet, und man wird an A. Arnauld und P. Nicole denken, die im Jahre 1724 schrieben, daß die Skeptiker nicht zu jenen Menschen gehören, die an das glauben, was sie sagen. Cf. I. Lakatos: *Proofs and Refutations*, Cambridge 1976, S. 102. Zugleich scheint man hier zu sehen, daß Feyerabend *Zwang* wohl in erster Linie ›intellektuell‹ erfahren hat, etwa durch einflußreiche

Wissenschaftstheoretiker, die mit weltfremden Abstraktionen die Erkenntnis und ihre Studenten gängeln wollen. Wenn im übrigen Feyerabend so oft von »Geschmack«, »Belieben« usw. spricht, dann erweckt er allzuleicht den Eindruck, als ob man zwischen verschiedenen Weltanschauungen mit derselben Nonchalance wählen könne wie zwischen Lucky Strike und Camel. R. G. Collingwood (*An Essay on Metaphysics*, Oxford 1940, S. 48, ferner M. Polanyi: *Personal Knowledge*, London 1958, S. 59 f.) hat dies realistischer gesehen: »An absolute presupposition is not a ›dodge‹, and people who ›start‹ a new one do not start it because they ›like‹ too start it. People are not ordinarily aware of their absolute presuppositions, and are not, therefore, thus aware of changes in them; such a change, therefore, cannot be a matter of choice. Nor is there anything superficial or frivolous about it. It is the most radical change a man can undergo, and entails the abandonment of all his most firmly established habits and standards for thought and action.« Cf. ferner W. A. Beardslee: »Truth in the Study of Religion«, in *Truth, Myth, and Symbol*, Englewood Cliffs 1962, S. 70, J. H. Gill: »Saying and Showing«, *Religious Studies* 1974, S. 283 f., und D. Shapere: *Galileo*, Chicago 1974, S. 152. Daß allerdings solche »presuppositions« wirklich »absolute« seien und durch »no happening whatsoever« erschüttert werden könnten, wie etwa M. Pollner (»Mundane Reasoning«, *Philosophy of the Social Sciences* 1974, S. 43) meint, der als Beispiel die Auffassung der Zande anführt, daß sich ihr Giftorakel nie ›irren‹ könne, ist, wenn ich mich auch einmal modisch ausdrücken darf, ›schlechte Transzendentalphilosophie‹. Cf. hierzu auch P. Sherry: »Is Religion a ›Form of Life‹?«, *American Philosophical Quarterly* 1972, S. 163.

38 Cf. A. Wlosok: *Rom und die Christen*, Stuttgart 1970, S. 69.

39 Klassisches Beispiel hierfür ist das Bestreben Osianders, die Kopernikanische Theorie als eine reine Hypothese auszugeben, mit der sich »die Peripatetiker und Theologen würden leicht besänftigen lassen«. (H. Blumenberg: *Die Genesis der Kopernikanischen Welt*, Frankfurt/M. 1975, S. 342.) Denn zeigen, daß eine Hypothese die »Phänomene rettet«, und zeigen, daß sie wahr ist, das waren, wie Kardinal Bellarmino sagte, verschiedene Paar Stiefel (cf. J. Giedymin: »Instrumentalism and Its Critique«, in *Essays in Memory of Imre Lakatos*, Dordrecht 1976, S. 187), und als eine derartige Hypothese

wurde die Kopernikanische Theorie ja auch im Jahre 1616 von der Generalkongregation der Heiligen Inquisition anerkannt. *Mehr* zu wollen wie Galilei, der bekanntlich – unter zweifelhafter Berufung auf Plato – die mathematisch darstellbaren Idealitäten in der Welt der Erscheinungen aufdecken wollte (cf. H. Blumenberg: *Pseudoplatonismen in der Naturwissenschaft der frühen Neuzeit*, Mainz 1971, S. 33) und der glaubte, daß er in mathematischer Sprache lediglich das beschreibe, wozu die Bibel Bilder benutzte (cf. R. Hooykaas: *Religion and the Rise of Modern Science*, Edinburgh 1972, S. 124 ff., G. Spini: »The Rationale of Galileo's Religiousness«, in *Galileo Reappraised*, Berkeley 1966, S. 61), das hieß, eine geringe Demut vor Gott zu haben. Cf. G. de Santillana: »Galileo in the Present«, in *Homage to Galileo*, Cambridge 1965, S. 21 f. Während also etwa die Averroïsten so weit gingen zu sagen, daß etwas theologisch wahr und wissenschaftlich falsch sein könne (cf. R. H. Popkin: »Scepticism, Theology and the Scientific Revolution in the 17th Century«, in *Problems in the Philosophy of Science*, Amsterdam 1968, S. 8 f.), wollte die Orthodoxie ihre ›Zwei-Welten-Lehre‹ nicht im *relativistischen* Sinne verstanden wissen. Erst Leibniz sollte später diese Anschauung zugleich radikalisieren und mildern, indem er auch der Offenbarung lediglich zubilligte, eine »Hypothese« unter vielen formulieren zu können. Cf. Blumenberg, a.a.O., S. 361, ferner R. M. Blake: »The Theory of Hypothesis Among Renaissance Astronomers«, in *Theories of Scientific Method*, Seattle 1960, S. 22 ff., und K. R. Popper: »A Note on Berkeley as Precursor of Mach and Einstein«, in *Conjectures and Refutations*, New York 1965, S. 168 ff.

40 Cf. L. Wittgenstein: *Vorlesungen und Gespräche über Ästhetik, Psychologie und Religion*, Göttingen 1968, S. 90. Solche Fälle tauchen in ungewöhnlichen Situationen immer wieder auf. Cf. z. B. O. Nordland: »Shamanism as an Experiencing of ›the Unreal‹«, in *Studies in Shamanism*, Stockholm 1967, S. 170, G. W. Arendsen Hein: »Selbsterfahrung und Stellungnahme eines Psychotherapeuten«, in *Religion und die Droge*, Stuttgart 1972, S. 100. »Doch wenn der Teil von mir, welcher spricht, für diesen Sinn nach Worten suchte, dann war er wie Nebel, der sich mir entzog.« (Schwarzer Hirsch: *Ich rufe mein Volk*, München 1962, S. 40.)

41 Also Situationen, in denen wir uns nicht »weigern«, Stellung zu beziehen, wie etwa J. Stagl (*Kulturanthropologie und Gesellschaft*,

München 1974, S. 111) meint, sondern in denen wir nicht *wissen*, wie wir Stellung beziehen sollen.

42 Solche Erfahrungen sind *tapu*: »Taboo marks off those experiences which defy classification.« (M. Douglas: »Self-Evidence«, *Proceedings of the Royal Anthropological Institute* 1972, S. 31.) Die Dakota-Stämme würden sie *wakan* nennen. Transzendentalphilosophen begehen oft den Fehler, zu glauben, daß ein »transzendentaler Rahmen« *im strengen Sinne* ein Rahmen sei; daß also kein ›empirisches‹ Wissen über die Welt in seine Formulierung und Ausgestaltung einginge, ein Wissen zumal, das trügerisch sein kann. In diesem Sinne hat bekanntlich Bertrand Russell eine moderne Transzendentalphilosophie, nämlich die »ordinary language philosophy«, kritisiert. Cf. auch J. Kekes: »Metaphysics and Rationality«, *Idealistic Studies* 1972, S. 146 f., L. Krüger: »Über das Verhältnis der hermeneutischen Philosophie zu den Wissenschaften«, in *Hermeneutik und Dialektik*, Bd. I, Tübingen 1970, S. 22, A. Ryan: *The Philosophy of the Social Sciences*, London 1970, S. 167. Allerdings sollte man diese berechtigte Kritik nicht in der Weise überstrapazieren, wie es etwa M. White oder Quine und deren Schüler (cf. neuerdings G. Harman: *Thought*, Princeton 1973, S. 103 ff.) tun, die beispielsweise aus der Tatsache, daß eine Definition von »analytisch« empirisches Wissen voraussetzt, was natürlich, gemessen an einem logischen *Ideal*, eine ›Unschärfe‹ bedeutet, folgern zu können glauben, daß die ganze ›Analytisch-synthetisch‹-Distinktion hinfällig oder daß zumindest der Begriff ›analytisch‹ (oder der der Synonymität) »obscure« sei. Cf. W. V. O. Quine: »Carnap and Logical Truth«, in *Logic and Language*, Dordrecht 1962, S. 60, und M. White: »The Analytic and the Synthetic: An Untenable Dualism«, in *Pragmatism and the American Mind*, New York 1973, S. 126 f. Wenn man zunächst mit irrealen Abstraktionen an die Welt herangeht und dann irgendwann feststellen muß, daß die Welt dabei nicht mitspielt, dann sollte man nicht der *Wirklichkeit* den schwarzen Peter zuspielen. Cf. auch R. M. Martin: »On ›Analytic‹«, *Philosophical Studies* 1952, S. 42 ff., und B. Aune: »On an Analytic-Synthetic Distinction«, *American Philosophical Quarterly* 1972, S. 242.

43 Cf. I. Berlin: »Austin and the Early Beginnings of Oxford Philosophy«, in *Essays on J. L. Austin*, London 1973, S. 11, J. L. Pollock: *Knowledge and Justification*, Princeton 1974, S. 293, R. G.

Swinburne: »Review of Vesey's ›Personal Identity‹«, *Mind* 1976, S. 144 f., J. F. M. Hunter: *Essays After Wittgenstein*, Toronto 1973, S. 42, D. Wiggins: »The Stream of Consciousness«, *Philosophy* 1976, S. 151, D. M. Taylor: *Explanation and Meaning*, London 1970, S. 157 f. »Nur in normalen Fällen ist der Gebrauch der Worte uns klar vorgezeichnet; wir wissen, haben keinen Zweifel, was wir in diesem oder jenem Fall zu sagen haben. Je abnormaler der Fall, desto zweifelhafter wird es, was wir hier nun sagen sollen.« (L. Wittgenstein: *Philosophische Untersuchungen*, Frankfurt/M. 1960, § 142.) Man sieht hier, daß Wittgenstein durchaus nicht *immer* – wie es ihm die Standardkritik unterstellt (cf. z. B. A. Wellmer: *Kritische Gesellschaftstheorie und Positivismus*, Frankfurt/M. 1969, S. 29) – nur dasjenige als gegeben akzeptiert, was durch eine »von Regeln begrenzte Lebenspraxis immer schon voll gedeckt ist«.

44 Cf. C. Coope: »Wittgenstein's Theory of Knowledge«, in *Understanding Wittgenstein*, London 1974, S. 264 f.

45 Cf. H.-G. Gadamer: *Wahrheit und Methode*, Tübingen 1960, S. 287 f. Wenn etwa D. Van de Vate (»The Problem of Robot Consciousness«, *Philosophy and Phenomenological Research* 1971, S. 164) allzusehr betont, daß wohl ›Fleisch und Blut‹ zu den notwendigen Bedingungen zählen, die ›erfüllt‹ sein müssen, damit wir einem Wesen ›Personen-Status‹ zusprechen können, weil »personification is fundamentally a pitiless social discipline«, dann sollte er sich vielleicht fragen, ob nicht *er selbst* etwas zu ›gnadenlos‹ ist. Cf. hierzu auch R. Puccetti: *Außerirdische Intelligenz*, Düsseldorf 1970, S. 26 f. Wenn etwa auf der Insel Nias Sklaven wie die Schweine gehalten und nicht als Personen betrachtet wurden oder wenn Albertus Magnus den Pygmäen das Menschsein absprach (cf. W. Marschall: *Der Berg des Herrn der Erde*, München 1976, S. 60, bzw. J. Koch: »Sind die Pygmäen Menschen?«, *Archiv für die Geschichte der Philosophie* 1931, S. 194 ff.), dann ist *damit* noch nicht gesagt, daß eine Infragestellung dieser Einstellung »out of place« gewesen sein *muß*. Manchmal zeigt eine Lebensform erst ihre Möglichkeiten, wenn sie durch ungewöhnliche Umstände dazu gezwungen wird, und kein Semantiker wird solche Möglichkeiten von vornherein durch Bedeutungsanalysen *ausschließen* können.

46 Cf. K. Menninger: *Zahlwort und Ziffer*, Bd. I, Göttingen 1958, S. 41 f., A. I. Hallowell: »Some Psychological Aspects of Measure-

ment Among the Saulteaux«, *American Anthropologist* 1942, S. 64 f., 69, D. L. Oliver: *A Solomon Island Society*, Cambridge 1955, S. 62 f. In Europa trat hier mit der Machtergreifung des Bürgertums langsam ein Umschwung ein. Im *Journal du Lycée des Arts* des Jahres 1793 heißt es, die Reste der feudalen Herrschaft würden mit Stumpf und Stiel ausgerottet, wenn man vereinheitlichte Maße und Gewichte einführte. Etwas später meint der Geometer Louis-François Arbogast, die Gleichheit der Maße sei »ein Emblem der politischen Gleichheit und Unterpfand jener Brüderlichkeit, die alle Menschen einen soll«. Cf. W. Lepenies: *Das Ende der Naturgeschichte*, München 1976, S. 14 f.

47 Das besagt natürlich wiederum nicht, daß gewisse Abstraktionen und Idealisierungen als vernünftig empfunden werden *müssen* – so als wäre uns, wie Wittgenstein sagt, *ein* Ideal vorgegeben. Wenn in Marx' Exzerpten aus einem Buch von John Budd Phear steht: »Der modern Bengali wenig Begriff of neatness, ist *absolut unfähig*, unassisted, of drawing *a straight line* or an *evenly curved line*; the traces left by his plough, the edges of his little fields, the rows of his planted paddy etc. like *inked spider legs* across a sheet of paper« (K. Marx: *The Ethnological Notebooks*, Assen 1972, S. 246), dann muß diese sogenannte »absolute Unfähigkeit« dem bengalischen Bauern auch dann nicht notwendigerweise als Mangel erscheinen, wenn Marx ihm eine straighte Alternative vorgeführt hat.

48 Das heißt aber auch, daß eine säuberliche Einstellung von »innerkulturellen« und »außerkulturellen« Kriterien (cf. A. MacIntyre: »The Idea of a Social Science«, *Aristotelian Society, Suppl. Vol.* 1976, S. 113), oder von »emisch« und »etisch«, wie ein alter Wein in neuen Schläuchen heißt, eine Reißbrettkonstruktion ist.

49 Daß ein Philosoph nicht in die Rolle eines solchen Teufelchens schlüpfen sollte, ist die Meinung von M. Thompson: »When Is Ordinary Language Reformed?«, in *The Linguistic Turn*, Chicago 1967, S. 204. Man wird sich fragen: Warum zum Teufel eigentlich nicht?

50 Cf. A. E. Jensen: »Wettkampf-Parteien, Zweiklassen-Systeme und geographische Orientierung«, in *Kulturanthropologie*, Köln 1966, S. 176 f. Man könnte vielleicht sagen: Wie in der Einsteinschen Relativitätstheorie ein ›universelles Jetzt‹ keinen Platz hat, so gibt es in der alfurischen Kosmologie keine ›universell feststehende

Sonne‹, wobei das Universum in diesem Falle mit der Insel Ceram zusammenfällt. Man wird sich auch erinnern, daß Whorf beschrieben hat, wie in der »impliziten Metaphysik« der Hopi die Frage nach der Gleichzeitigkeit zweier in verschiedenen Pueblos stattfindenden Ereignisse ausgeschlossen ist, weil man von einem entfernten Ereignis ja immer nur wissen kann, daß es *war*. Wissenschaftstheoretiker würden eine solche Anschauung »operationalistisch« nennen.

51 Es ließe sich also mit A. MacIntyre (»Rationality and the Explanation of Action«, in *Against the Self-Images of the Age*, London 1971, S. 248 f.) und F. Reddiford (»Rationality and Understanding«, *Philosophy* 1975, S. 23 f.) sagen, daß diese Meinung dann zwar nicht wahr, aber rational wäre, da sie innerhalb des derzeitigen Weltbildes der Alfuren die natürlichste darstellte. Wenn man eine solche Argumentationsweise freilich überstrapaziert, dann gelangt man dorthin, wo es am rationalsten ist, morgens erst gar nicht aufzustehen.

52 Wie etwa T. Abel (*The Foundations of Sociological Theory*, New York 1970, S. 70, ders.: »Verstehen I and Verstehen II«, *Theory and Decision* 1975, S. 101) zu meinen scheint, wenn er sagt, Verstehen sei keine »empathy«, also kein »sharing one's experiences«, sondern die Subsumption des Fremden unter »generalized personal experiences«, oder wenn er schreibt: »Verstehen does not add to our knowledge, because it consists of the application of knowledge already validated by personal experience«. Ders.: »The Operation Called ›Verstehen‹«, in *The Structure of Scientific Thought*, Boston 1960, S. 166.

53 Auch die Gadamersche Hermeneutik hat eine (meines Erachtens unnötige) Schlagseite zu einer solchen transzendentalphilosophisch argumentierenden Dogmatik hin, insbesondere dort, wo sie sich zu sehr auf die platonische ›Wiedererinnerungsthese‹ beruft. Cf. etwa H.-G. Gadamer: »Rhetorik, Hermeneutik und Ideologiekritik«, in *Kleine Schriften*, Bd. I, Tübingen 1967, S. 115, 118. Natürlich weiß ich, daß die Eule der Minerva ein Nachtvogel ist. Aber warum sollte man sie nicht manchmal auch tagsüber wachrütteln?

54 Zit. n. E. Hunger: *Von Demokrit bis Heisenberg*, Braunschweig 1958, S. 71.

55 Cf. J. Klowski: »Der unaufhebbare Primat der Logik, die Dia-

lektik des Ganzen und die Grenze der Logik«, *Zeitschrift für allgemeine Wissenschaftstheorie* 1973, S. 50.

56 Cf. T. Kuhn: »Reflections on My Critics«, in *Criticism and the Growth of Knowledge*, London 1970, S. 266, und W. V. O. Quine: »Reply to Davidson«, *Synthese* 1968, S. 304. »For what Truth is nobody really knows«, meint P. Feyerabend (»Science, Freedom, and the Good Life«, *The Philosophical Forum* 1968, S. 130). Da er das Wort »truth« groß schreibt, darf man wohl annehmen, daß er dasselbe meint wie Kuhn und Quine. Wenn A. Hannay (»Giving the Sceptic a Good Name«, *Inquiry* 1975, S. 412) über den Skeptiker schreibt: »A first step towards understanding his scruples is to grasp the purely epistemological point that a decision absolutely in favour of a judgment constitutes a refusal to allow that its negation might be true ... In this light we can perhaps understand why the sceptic sees such ›decisions‹ on truth and falsity as threats to his peace of mind«, dann schlage ich vor, einfach das »absolutely« zu streichen, und die Entspannung wird auch ohne Skeptizismus eintreten. Oder anders ausgedrückt: Der Skeptizismus ist mit der Dogmatik verschwistert, ihr Streit ist eine Familienangelegenheit. Der Skeptiker wird deshalb immer nur so stark sein, wie es der Dogmatiker zuläßt. Wenn etwa O. A. Johnson (»Die gemäßigte Skepsis«, *Ratio* 1976, S. 78) meint, es gebe »keinen gangbaren Mittelweg zwischen der totalen Skepsis und dem ›Rationalismus‹« (noch christlicher ausgedrückt: Zwischentöne sind Krampf im Klassenkampf), so glaubt er anscheinend, daß ein oder zwei ins Paradies eingeschleuste Teufelchen bereits alles auf den Kopf stellen. Der italienische Volksmund weiß es indessen besser: »Un demonio non fa l'inferno!«

57 K. Nielsen (»Rationality and Relativism«, *Philosophy of the Social Sciences* 1974, S. 325) ist der Auffassung, daß Begriffe wie »really real« in keinem Sprachspiel einen Sinn hätten. »We do not know what we are saying when we use them.« Das ist nicht sehr einleuchtend, denn wie oft fragt man nicht: »Ist das auch *wirklich* wahr?« Gar von der »*einen* Wahrheit« als einem »messianistischen Vorurteil« (W. Bühl: »Funktionalismus und Strukturalismus«, in *Funktion und Struktur*, München 1975, S. 39) zu reden, ist wohl weniger heidnisch als ein bißchen vorlaut.

58 Cf. C. Wellman: »The Ethical Implications of Cultural Relativism«, *The Journal of Philosophy* 1963, S. 171. Schon vor längerer

Zeit haben insbesondere Shapere und Achinstein darauf hingewiesen, daß miteinander »inkommensurable« Theorien oder »Paradigmen« sich natürlich nicht widersprechen können, und daß eine völlige »Determiniertheit« der Erfahrung durch ihren »framework« alle wahren Sätze zu analytischen Sätzen machen würde. Cf. C. R. Kordig: *The Justification of Scientific Change*, Dordrecht 1971, S. 62. Eine solche Auffassung entspräche genau dem, was Adorno »Identitätsphilosophie« genannt hat. Cf. auch ferner J. G. McEvoy: »A ›Revolutionary‹ Philosophy of Science«, *Philosophy of Science* 1975, S. 57 f., H. Pilot: »Skeptischer und kritischer Theorienpluralismus«, *Neue Hefte für Philosophie* 1974, S. 77 f., 89, M. Martin: »Referential Variance and Scientific Objectivity«, *British Journal for the Philosophy of Science* 1971, S. 20, D. F. Aberle: »The Influence of Linguistics on Early Culture and Culture and Personality Theory«, in *Essays in the Science of Culture*, New York 1960, S. 9, C. G. Hempel: »Reduction: Ontological and Linguistic Facets«, in *Philosophy, Science, and Method*, New York 1969, S. 191 f., E. Nagel: »Issues in the Logic of Reductive Explanations«, in *Mind, Science, and History*, Albany 1970, S. 130.

59 Dieses Argument, *ad nauseam* gegen Durkheim und insbesondere gegen Wittgenstein und seine Nachhut vorgebracht (cf. etwa R. Trigg: *Reason and Commitment*, Cambridge 1973, S. 15, S. Lukes: *Emile Durkheim*, Harmondsworth 1973, S. 485, I. C. Jarvie: *Die Logik der Gesellschaft*, München 1974, S. 93), ist ein typischer ›Idealismusvorwurf‹ oder ein solcher des ›Soziologismus‹. Cf. z. B. J. Agassi: »Sociologism in Philosophy of Science«, *Metaphilosophy* 1972, S. 120 f. Diese Kritiker haben kaum bemerkt, daß Wittgenstein einer der ersten Philosophen war, die gezeigt haben, daß sowohl der Idealismus als auch der Realismus (dem sich seine Kritiker meist verschrieben haben) Formen der Metaphysik sind, in denen über das geredet wird, »worüber sich nicht sprechen läßt«, oder genauer gesagt, worüber man dann nicht sprechen kann, wenn man den ›Blick auf den Zaun‹ vermeidet.

60 Eine Variante jener realistischen Philosophie, die eigentlich eine idealistische ist, haben jene formuliert, die glauben, die ›Existenz der Wirklichkeit‹ sei eine Hypothese, die der Vereinheitlichung unserer Erfahrung diene. Cf. z. B. V. Kraft: »Konstruktiver Empirismus«, *Zeitschrift für Wissenschaftstheorie* 1973, S. 320, ferner

H. Margenau: »ESP in the Framework of Modern Science«, in *Science and ESP*, London 1967, S. 215, und I. C. Jarvie: »Cultural Relativism Again«, *Philosophy of the Social Sciences* 1975, S. 347. Ein Wittgensteinianer würde sagen, daß er mit einem Satz wie »Die Wirklichkeit existiert« überhaupt keinen *Sinn* verbinden könne.

61 Cf. etwa K. O. Apel: »Zur Idee einer transzendentalen Sprach-Pragmatik«, in *Aspekte und Probleme der Sprachphilosophie*, Freiburg 1974, S. 291.

62 Cf. A. Ambrose: »Philosophy, Language and Illusion«, in *Psychoanalysis and Philosophy*, New York 1970, S. 16.

63 Cf. S. Körner: »On the Subject Matter of Philosophy«, in *Contemporary British Philosophy*, London 1976, S. 190, P. Zinkernagel: »Scepticism and Conditions for Description«, *Inquiry* 1968, S. 202. Eine solche Erkenntnistheorie, wie sie beispielsweise der in Popperschen Spuren wandelnde G. Vollmer (*Evolutionäre Erkenntnistheorie*, Stuttgart 1975, S. 137) vertritt, führt schließlich bis zu dem Punkt, an dem man sich überhaupt wundern müßte, daß es so etwas wie Erkenntnis gibt. Und gibt es keine Erkenntnis, dann gibt es auch keine Vermutungen, keine »conjectures« und keine »refutations«. Wenn H. Göhring (»Generative Grammatik und Kulturanthropologie«, *Anthropos* 1967, S. 807, ähnlich L. Weisgerber: *Die geistige Seite der Sprache*, Düsseldorf 1971, S. 59, und J. Stachel: »The ›Logic‹ of ›Quantum Logic‹«, in *Boston Studies in the Philosophy of Science*, Dordrecht 1976, S. 516) sich der »uralten Erkenntnis« anschließt, »daß der Mensch mit seiner Umwelt nicht direkt in Berührung steht, sondern durch das Medium eines künstlichen ›symbolischen Systems‹«, dann wird auch hier – wie im Idealismus überhaupt – der Eindruck erweckt, als ob die Sprache ein *Mittel* oder ein *Instrument* wäre, die den Menschen allererst mit der Welt *verbände*.

64 Solche Vorstellungen legt auch M. Heidegger (*Holzwege*, Frankfurt/M. 1950, S. 41) nahe, wenn er beispielsweise schreibt: »Das Seiende steht im Sein.« Zur visuellen Metaphorik unserer geistigen Tradition cf. W. J. Ong: »World als View and World as Event«, *American Anthropologist* 1969, S. 637 f.

65 Wenn ich mich nicht täusche, habe ich dies in meinem Buch *Ni Dieu – ni mètre* nicht richtig erkannt. Dort ist das Teufelchen anscheinend nur bis in die Fußnoten vorgedrungen.

66 Cf. R. Narroll / F. Narroll: »On Bias of Exotic Data«, *Man* 1963,

S. 24, und H. Miner: »Das Körperritual der Renakirema«, in *Anthropofiction*, Frankfurt/M. 1974, S. 205 ff. Eine solche Verfremdung erreichten Relativisten wie Whorf auch mit einer Wort-für-Wort-Übersetzung, in der von vornherein weitgehend auf die Suche nach »funktionalen Äquivalenzen« verzichtet wird. Cf. J. W. Berry: »On Cross-Cultural Comparability«, *International Journal of Psychology* 1969, S. 122 f., I. D. Curry: »The Sapir-Whorf Hypothesis«, *Berkeley Journal of Sociology* 1966, S. 20, J. A. Fishman: *Soziologie der Sprache*, München 1975, S. 159.

67 Cf. J. B. Maund: »Rationality of Belief – Intercultural Comparisons«, in *Rationality in the Social Sciences*, London 1976, S. 47 f., und W. Jaide: *Das Wesen des Zaubers in den primitiven Kulturen und in den Islandsagas*, Borna 1937, S. 90 f. (Ein vergessenes Buch, das zur falschen Zeit geschrieben wurde.)

68 Cf. auch R. Tuomela: *Theoretical Concepts*, New York 1973, S. 198. Wirft Foss (a.a.O., S. 308) Wittgenstein einen »species solipsism« vor, so kann man seine eigene Anschauung als einen »standard-« oder »framework-solipsism« bezeichnen. Das ist gehüpft wie gesprungen. Weniger bei Wittgenstein selber als bei seinen Nachfolgern wird die ›Inkommensurabilität‹ verschiedener Sprachspiele, etwa religiöser und wissenschaftlicher, meist überzogen. Cf. J. Agassi: »On the Limits of Scientific Explanation: Hempel and Evans-Pritchard«, *The Philosophical Forum* 1968, S. 176, ders.: »Can Religion Go Beyond Reason«, in *Science in Flux*, Dordrecht 1975, S. 483, K. Nielsen: »Religious Discourse and Arguing From Ordinary Language«, *Metaphilosophy* 1974, S. 109, F. B. Dilley: »The Status of Religious Beliefs«, *American Philosophical Quarterly* 1976, S. 45 f. Wenn T. Kuhn (*Die Entstehung des Neuen*, Frankfurt/M. 1977, S. 45) von »verschiedenen Welten« spricht, die sich durch die verschiedenen »Paradigmen« öffnen, dann kommt es natürlich darauf an, was er unter dem Begriff »Welt« versteht. Wenn er damit lediglich meint, was wir meinen, wenn wir von der »Welt des Theaters« oder von der »Welt des Gartenrotschwanzes« reden, dann ist dies philosophisch harmlos, denn es besagt lediglich, daß sich die Welt einem Regisseur auf eine andere Weise zeigt als einem Gartenrotschwanz. Cf. auch L. Krüger: »Die systematische Bedeutung wissenschaftlicher Revolutionen«, in *Theorien der Wissenschaftsgeschichte*, Frankfurt/M. 1974, S. 223, 233.

69 Cf. z. B. G. Spindler / L. Spindler: »Fieldwork Among the Menomini«, in *Being an Anthropologist*, New York 1970, S. 279, R. Pettazzoni: »The Truth of Myth«, in *Essays on the History of Religions*, Leiden 1954, S. 21, oder L. Kolakowski: *Die Gegenwärtigkeit des Mythos*, München 1973, S. 58. Solche Anschauungen münden oft in explizite ›Kohärenztheorien‹ der Wahrheit. Cf. z. B. N. Goodman: *Languages of Art*, London 1969, S. 264. Wenn P. Winch (»Understanding a Primitive Society«, in *Religion and Understanding*, Oxford 1967, S. 13, ferner D. Z. Phillips: »Faith, Scepticism and Religious Understanding«, a.a.O., S. 68) schreibt: »What is real and what is unreal shows itself *in* the sense that language has. Further, both the distinction between the real and the unreal and the concept of agreement with reality themselves belong to our language«, dann suggeriert diese Ausdrucksweise die Vorstellung von der Sprache als einer Art Käfig. Doch, wie Wittgenstein einmal sagte, »die Sprache ist ja kein Käfig!«

70 Cf. R. Bambrough: »The Shape of Ignorance«, in *Contemporary British Philosophy*, London 1976, S. 33, 38 f., H. F. Pitkin: *Wittgenstein and Justice*, Berkeley 1972, S. 112, N. Rescher: *Conceptual Idealism*, Oxford 1973, S. 8, P. Achinstein: *Concepts of Science*, Baltimore 1968, S. 92 f., R. M. Burian: »Conceptual Change, Cross-Theoretical Explanation, and the Unity of Science«, *Synthese* 1975, S. 3, M. Bloch: »The Past and the Present in the Present«, *Man* 1977, S. 283, R. C. Hoy: »Cognitive Aspects of Art and Science«, *Philosophy of Science* 1973, S. 296, J. P. McKinney: *The Structure of Modern Thought*, London 1971, S. 189.

71 »Where it makes sense to apply ›true‹ is to a sentence couched in the terms of a given theory and seen from within this theory, complete with its posited reality.« (W. V. O. Quine: *Word and Object*, Cambridge 1960, S. 24.) Etwas gemäßigter: »The relevance of factual evidence is dictated by theory. For you cannot test a theory by evidence which that theory dismisses as irrelevant.« (A. N. Whitehead: *Adventures of Ideas*, New York 1933, S. 284.)

72 In dieser Weise kritisierte M. J. Charlesworth (*Philosophy of Religion*, London 1972, S. 172) Peter Winch. Cf. auch P. A. Ostien: »Observationality and the Comparability of Theories«, in *Boston Studies in the Philosophy of Science*, Dordrecht 1976, S. 283.

73 »If my map of Treasure Island is literally *all* wrong it is not a map

of Treasure Island.« R. Bambrough: »Ideology and the Modes of Explanation«, in *Explanation*, Oxford 1975, S. 199, cf. auch D. T. Campbell: »Distinguishing Differences of Perception From Failures of Communication in Cross-Cultural Studies«, in *Cross-Cultural Understanding*, New York 1964, S. 325.

74 Dies meinen etwa D. Kolb: »Ontological Priorities«, *Metaphilosophy* 1975, S. 253, und D. Davidson: »On the Very Idea of a Conceptual Scheme«, *Proceedings of the American Philosophical Association* 1974, S. 18. Sie gehen von einem zu starren ›transzendentalen Rahmen‹ aus: als ob wir immer ganz genau wüßten, was wir meinen. (A bit of Quine would here be fine.)

75 Cf. P. Feyerabend: »Professor Bohm's Philosophy of Nature«, in *Physical Reality*, New York 1970, S. 190. An einer anderen Stelle meint er, daß unsere Weltsicht ja »von Grund auf falsch sein« und das Auftreten von »Illusionen« den Normalfall darstellen könne. Cf. ders.: *Wider den Methodenzwang*, a.a.O., S. 139. Cf. hierzu in diesem § Anm. 73.

76 Cf. auch A. J. Ayer: »Are All Our Common Sense Judgements False?«, in *Problems in the Philosophy of Science*, Amsterdam 1968, S. 164 f. Ich glaube, daß mich W. Diederich in seinem liebenswürdigen Artikel »Anarchistische Erkenntnistheorie?«, *Politikon*, November 1976, S. 28, in diesem Punkte etwas mißversteht. Ich bin nicht – wie Feyerabend – für die Auflösung des Wahrheitsbegriffs; ich versuchte lediglich zu zeigen, daß eine logische Trennung von Wahrheit und Verifikation bei Popper und den -ianern zwangsläufig zu einem Wahrheitsbegriff führt, der nicht einmal als ein Ideal der Annäherung in unserer Sprache *irgendeine Rolle spielen kann*, und daß folglich diese Philosophen nicht mehr erklären können, wieso man darauf vertrauen kann, daß »corroborierte« Theorien auf die Wahrheit *zu* und nicht etwa von ihr *weg* führen. Cf. auch H. Feigl: »Empiricism at Bay?«, in *Methodological and Historical Essays in the Natural and Social Sciences*, Dordrecht 1974, S. 11, 17, A. Grünbaum: »Is Falsifiability the Touchstone of Scientific Rationality?«, in *Essays in Memory of Imre Lakatos*, Dordrecht 1976, S. 236, H. Putnam: »The ›Corroboration‹ of Theories«, in *The Philosophy of Karl Popper*, Bd. I, La Salle 1974, S. 222 f., G. Maxwell: »Corroboration Without Demarcation«, a.a.O., S. 302, A. J. Ayer: »Truth, Verification and Similitude«, a.a.O., Bd. II, S. 686. Popper selber hat mittlerweile

etwas eingelenkt. Cf. ders.: »Replies to My Critics«, a.a.O., S. 994. »Where did I ever suggest«, fragt er allerdings mit unschuldiger Miene, »that there is no truth?« (Ders.: *Unended Quest*, Glasgow 1976, S. 223.) Natürlich hat Popper dies nie *gesagt*. Aber sein Wahrheitsbegriff ist »idle«, er »dreht nichts mehr«, wie Wittgenstein sagen würde. H. Albert (»Der Kritizismus und seine Kritiker«, in *Traktat über kritische Vernunft*, Tübingen 1975, S. 190) argumentiert in dieser Frage schon gar nicht mehr, sondern führt das Standrecht ein: »Auf die Diskussion der als Einwände gegen den ›Szientismus‹ gemeinten Thesen, ein Urteil sei dann »begründet«, wenn man es gelten lasse, und eine Auffassung sei wahr, wenn sich nichts mehr gegen sie geltend mache, möchte ich verzichten. Ich begnüge mich damit, sie nicht gelten zu lassen, was ihrem Verfechter offenbar ausreichen muß.« Ich muß gestehen, daß mir diese Exekution doch etwas zu holterdipolter geht. Auf die Gefahr hin, von den Popperianern ins Kästchen ›Ordinary-language-Philosoph‹ gesteckt zu werden, will ich meine Argumentation noch einmal kurz wiederholen. Ich habe in den Textstellen, auf die sich Albert in seiner Abfertigung bezieht, dahingehend argumentiert, daß ein Wort wie »wahr«, wenn es einen *Sinn* haben soll, *verwendbar* sein muß. In anderen Worten heißt dies, daß die Kriterien des »Wahrmachens« in einem *logischen* Zusammenhang mit dem Sinn von »wahr« stehen müssen. Im Gegensatz zur idealistischen Wahrheitstheorie Habermas' glaube ich zwar nicht, daß Wahrheit »das Versprechen (meint), einen vernünftigen Konsensus zu erzielen«, daß aber letzten Endes irgendein »Konsensus« (ich liebe dieses Wort nicht) das *Kriterium* des Gelten-Lassens bestimmt. Damit ist natürlich nicht gesagt, daß eine solche ›Übereinkunft‹ »sakrosankt« oder *absolut* sei. Was »letzten Endes« bedeutet, zeigt sich *faktisch* in unserer jeweiligen Lebensform, nämlich dort, wo wir etwas *bis auf weiteres* gelten *lassen*. Das Gespenst des »unendlichen Regresses« scheint mir ein typisches Schreibtischgespenst der Kritischen Rationalisten zu sein. Je länger man an diesem Tisch sitzt, um so größer wird es.

77 Cf. S. H. Bergman: *The Philosophy of Salomon Maimon*, Jerusalem 1967, S. 86.

78 Cf. P. Feyerabend: »Über einen neueren Versuch, die Vernunft zu retten«, in *Wissenschaftssoziologie*, Opladen 1975, S. 507.

79 Wie etwa S. Lukes (»Relativism: Cognitive and Moral«, *The Aristotelian Society, Suppl. Vol* 1974, S. 169 f.) meint.
80 Cf. die ausgezeichnete Kritik von R. Rhees: *Without Answers*, London 1969, S. 25.
81 Cf. R. Zimmermann: »Sprache und Praxis«, in *Ansätze zur materialistischen Sprachtheorie*, Kronberg 1975, S. 313.
82 L. Wittgenstein: *Philosophische Untersuchungen*, a.a.O., § 251.
83 Cf. I. Kohler: »Gedanken zur Analytizität der Farbsätze«, in *Deskription, Analytizität und Existenz*, Salzburg 1966, S. 383, cf. auch H. Feigl: »Postscript After Ten Years«, in *The ›Mental‹ and the ›Physical‹*, Minneapolis 1967, S. 154. Vielleicht noch erstaunlicher ist die These Feyerabends (*Wider den Methodenzwang*, a.a.O., S. 354 f.), daß bisweilen nur widersprüchliche Aussagen gewisse Sachverhalte angemessen beschreiben: »Man fixiere ein bewegtes Muster, das gerade zum Stillstand gekommen ist, und man sieht es sich in der entgegengesetzten Richtung bewegen, aber ohne daß es seine Lage ändert. Die einzige phänomenologisch richtige Beschreibung lautet: ›Es bewegt sich im Raum, aber es ändert seinen Ort nicht‹, und diese Beschreibung ist widersprüchlich.«
84 E. Stenius: »The Problem of Color Incompatibility«, in *The Ontological Turn*, Iowa City 1974, S. 260.
85 Cf. P. Unger: *Ignorance*, Oxford 1975, S. 105, 123.
86 Cf. W. E. Abraham: »Complete Concepts and Leibniz's Distinction Between Necessary and Contingent Propositions«, *Studia Leibnitiana* 1969, S. 270 f. Cf. auch M. Andic: »Inquiry and Virtue in the *Meno*«, in *Plato's Meno*, Indianapolis 1971, S. 270, und J. Moravcsik: »Learning as Recollection«, in *Plato*, Bd. I, Garden City 1970, S. 56.
87 G. Landauer: »Gott und der Sozialismus«, in *Der werdende Mensch*, Potsdam 1921, S. 33.
88 Nicht alle Wittgensteinianer sind hier so dogmatisch. Cf. etwa R. Rhees: »Questions on Logical Inference«, in *Understanding Wittgenstein*, London 1974, S. 38. Cf. dagegen etwa R. Bambrough (»Fragments of a System«, *The Listener*, January 1970, S. 121, zit. n. P. G. Rivière: »Marriage: A Reassessment«, in *Rethinking Kinship and Marriage*, London 1971, S. 71): »Philosophy, unlike science, makes no discoveries, gives no information, but simply reminds us of what we have always known.«
89 L. Wittgenstein: *Über Gewißheit*, a.a.O., S. 494.

90 L. Laudan (»Two Dogmas of Methodology«, *Philosophy of Science* 1976, S. 596) meint sinngemäß, eine *reductio* der ›Inkommensurabilitätsthese‹ sei deshalb nicht fair, weil ihre Vertreter ja die Verbindlichkeit von ›paradigm case arguments‹ gerade in Frage stellten. Doch zeigt es sich meines Erachtens, daß diese Philosophen zum einen zur Formulierung ihrer These selber solche ›Standardbedeutungen‹ voraussetzen, und daß zum anderen solche Relativismen ihre Entstehung weniger empirischen als ›apriorischen‹ oder philosophischen ›Gründen‹ verdanken. Und solche ›philosophischen Gründe‹ verliert man in dem Moment auf ganz natürliche Weise aus dem Blick, in dem eben eine Kommunikation mit einer fremden Kultur *gelingt*. Oder, um dies an einem anderen Beispiel zu verdeutlichen: Wenn ich andere Menschen verstehe oder wenn ich von ihnen verstanden werde, wenn ich ihre Gedanken und Gefühle nachvollziehen kann, dann wird das philosophische ›other minds‹-Problem ganz irrelevant werden. Die skeptische ›Pointe‹ wird nicht mehr ›greifen‹.

91 »The indeterminacy of translation holds also at home.« (W. V. O. Quine: *The Roots of Reference*, La Salle 1974, S. 83.) Ich habe manchmal den Eindruck, daß Quine – genauso wie die pyrrhonischen Skeptiker – glaubt, daß das *Aussprechen* eines Problems allein dieses Problem schon bannt.

92 In gewisser Weise ähnlich wie die ›Unbestimmtheit‹ in der modernen Physik als »objective property of the physical world, without referencee to an observer« (H. Reichenbach: *The Direction of Time*, Berkeley 1956, S. 220 f., ferner P. Bieri: *Zeit und Zeiterfahrung*, Frankfurt/M. 1972, S. 164 f.) beschrieben wird, so ist auch Quines semantische ›Unbestimmtheit‹ im Sinne des Erfinders ›objektiv‹: »There is no fact of the matter.« (W. V. O. Quine: *Ontological Relativity*, New York 1969, S. 38, 47, ferner D. Føllesdal: »Indeterminacy of Translation and Under-determination of the Theory of Nature«, *Dialectica* 1973, S. 295.) Was Quine freilich nicht zu sehen scheint, das ist, that there is no fact of the matter ›there is no fact of the matter‹! Quine weiß danach nicht, was er sagt, und er kann es auch niemals wissen, denn er zieht sich den Teppich unter den eigenen Füßen weg. Cf. auch D. P. Graybeal: »The In- and Underdeterminacy of Translation«, *Dialectica* 1976, S. 14, D. Hockney: »The Bifurcation of Scientific Theories and Indeterminacy of

Translation«, *Philosophy of Science* 1975, S. 422, J. F. Rosenberg: »Synonymy and the Epistemology of Linguistics«, *Inquiry* 1967, S. 416, ders.: *Linguistic Representation*, Dordrecht 1974, S. 55 f., R. Geuss: »Quine und die Unbestimmtheit der Ontologie«, *Neue Hefte für Philosophie* 1975, S. 47, N. Chomsky: »Problems and Mysteries in the Study of Human Language«, in *Language in Focus*, Dordrecht 1976, S. 317, J. Bennett: *Linguistic Behaviour*, London 1976, S. 261, 264, S. Blackburn: »The Identity of Propositions«, in *Meaning, Reference and Necessity*, Cambridge 1975, S. 195 f., und die analoge Kritik bei C. R. Kordig: »Objectivity, Scientific Change, and Self-Reference«, in *Boston Studies in the Philosophy of Science*, Dordrecht 1971, S. 520. Wie der Quineschen Erkenntnistheorie ein Solipsismus zugrunde liegt, so auch seiner Ontologie ein Phänomenalismus, der ihn von physischen Gegenständen als »ontologischen Mythen« reden läßt. Es nimmt daher nicht wunder, daß die Thesen Quines nie ein Interesse der britischen ›Common-sense-Philosophen‹ erweckt haben. Austin wird der Spruch zugeschrieben: »Everything done by Quine / Is Just fine / All we want is to be left alone / To potter about on our own.« (Zit. n. R. Rorty: »Metaphilosophical Difficulties of Linguistic Philosophy«, in *The Linguistic Turn*, Chicago 1967, S. 15.) Austin hätte vielleicht bezüglich seiner eigenen Philosophie von Quine die Antwort erhalten: »That's fine in practice, but don't you see / It doesn't work out in theory!« (Ross Saggins)

93 Wollte ein Skeptiker sagen, genau das *meine* er ja, aber auch diese seine Meinung *scheine* ihm nur richtig zu sein (cf. R. Richter: *Der Skeptizismus in der Philosophie*, Bd. I, Leipzig 1904, S. 100), dann sieht man hier sehr deutlich, daß der Skeptiker um so unangreifbarer wird, je mehr er seine Auffassungen zurücknimmt. Ein guter Skeptiker ist demnach ein toter Skeptiker.

94 Cf. auch W. Stegmüller: »Accidental (›Non-Substantial‹) Theory Change and Theory Dislodgement«, *Erkenntnis* 1976, S. 172 f., ferner M. Hesse: »Is There an Independent Observation Language?«, in *The Nature and Function of Scientific Theories*, Pittsburgh 1970, S. 63 f.

95 Wie etwa M. Bunge (*Treatise on Basic Philosophy*, Bd. II, Dordrecht 1974, S. 64, cf. auch T. Cunihan: »Epistemology and Science«, *Economy and Society* 1976, S. 82) meint. P. Strawson (*In-*

dividuals, London 1959, S. 10) spricht von »a massive central core of human thinking which has no history«. Wer an einen solchen »Kern« nicht so recht glauben mag, dem wird von dem Marxisten F. Rossi-Landi (*Ideologies of Linguistic Relativity*, The Hague 1973, S. 71) großsprecherisch vorgeworfen, er sei ein »bourgeoiser Ideologe«.

96 Cf. hierzu P. Heintz: *Anarchismus und Gegenwart*, Berlin 1972, S. 86 ff., 106 ff. Wie die Welt *wirklich* ist, zeigt sich nach manchen Philosophen »am hypothetischen Ende des unendlichen Forschungsprozesses«, in dem, was Peirce die »ultimate opinion« genannt hat. Cf. J. Klüver: *Operationalismus*, Stuttgart 1971, S. 213 f. Bertrand Russell hätte hier angemerkt, er hoffe nur, daß die Träger jener »ultimate opinion« genügend Zeit fänden, sie auch zu formulieren, und nicht zu lange damit beschäftigt wären, das Brennholz fürs nächste Lagerfeuer zusammenzusuchen. In anderen Worten: viele Philosophen tun so, als ob ihre Idealisierungen (»herrschaftsfreier Dialog« etc.) immer schon virtuell vorhanden seien, lediglich von den Schlingpflanzen der Irrationalität zugewuchert. Cf. auch Y. Bar-Hillel: »On Habermas' Hermeneutic Philosophy of Language«, *Synthese* 1973, S. 7 f. Wie jedoch Gödel (gewissermaßen gegen Laplace) gezeigt hat, wird bei der Formulierung der »ultimate opinion« auch der Teufel noch ein Wörtchen mitzureden haben. Das bedeutet zwar nicht, wie P. W. Bridgman (»Quo Vadis?«, in *Science and Ideas*, Englewood Cliffs 1964, S. 175) meint, daß aus dem Gödelschen Theorem die Illegitimität des Begriffes »Gewißheit« folgt, sondern lediglich, daß wir mit unseren Ansprüchen etwas mehr haushalten sollten. Cf. auch S. Amsterdamski: *Between Experience and Metaphysics*, Dordrecht 1975, S. 176.

97 Wittgenstein, a.a.O., § 325, ferner A. Lyon: »Family Resemblance, Vagueness, and Change of Meaning«, *Theoria* 1968, S. 71.

98 K. Hübner: »Zur Frage des Relativismus und des Fortschritts in den Wissenschaften«, *Zeitschrift für allgemeine Wissenschaftstheorie* 1974, S. 302. Wenn Goldenweiser (a.a.O., S. 269 f., cf. auch F. Boas: »The Origin of Totemism«, *American Anthropologist* 1916, S. 326) feststellt, daß »no particular set of features can be taken as characteristic of totemism, for the composition of the totemic complex is variable, nor can any single feature be regarded as fundamental, for not one of the features does invariably occur in

conjunction with others«, dann läßt sich hieraus nicht schließen, wie es Lévi-Strauss tut, daß es keinen Totemismus *gebe*! Oder daß es aus solchen Gründen keine Verwandtschaft gibt, wie R. Needham (»Remarks on the Analysis of Kinship and Marriage«, in *Rethinking Kinship and Marriage*, London 1971, S. 5, ferner M. Southwold: »Meanings of Kinship«, a.a.O., S. 40) meint. Es bedeutet nur, daß Totemismus oder Verwandtschaft sich von Dingen unterscheiden wie einem Stuhl oder einem Küchenschrank. Cf. auch L. Löffler: »Rezension von Needham's ›Sceptical Essays About Kinship‹«, *Tribus* 1975, S. 181.

99 Ich will nicht vergessen zu bemerken, daß mir beispielsweise die Skepsis (oder der Relativismus) Feyerabends wesentlich sympathischer ist als die philosophischen Positionen der meisten seiner Gegner und Kritiker. Diese sind der Auffassung, Feyerabends Flamme verbreitete mehr Hitze als Licht. Sie hätten jedoch möglicherweise besser daran getan, sich an dieser Flamme – in einem gewissen Abstand – zu wärmen. (Diese Anmerkung widme ich Feyerabend zum Nichtgeburtstag.)

100 Statt einer Definition des ›Wissenschaftsgläubigen‹ ein Beispiel. Ich meine damit Menschen, die etwa über den »seelischen Zustand« der Jungfrau aus Domremy schreiben: »Er läßt sich hinreichend erklären mit den Erkenntnissen heutiger Psychologie und Psychiatrie über das Phänomen der Halluzination.« (H. Nette: *Jeanne d'Arc*, Reinbek 1977, S. 16 f.) Dahinter steht die Auffassung, daß man Begriffe wie »Vision« *salva veritate* durch psychiatrische Begriffe *ersetzen* könne. Cf. z. B. T. E. Wilkerson: *Minds, Brains and People*, Oxford 1974, S. 180.

101 Cf. M. Hesse: *The Structure of Scientific Inference*, London 1974, S. 289 f. Daß etwa zwischen den Vertretern der Phlogiston- und denen der Sauerstofftheorie ein »breakdown of communication« stattgefunden habe, der eine »Konversion« im Sinne Kuhns notwendig gemacht hätte, wird vielfach bestritten. Diese Kritiker meinen, daß Kuhn und Feyerabend die »switches« der Wahrnehmung bei ›Paradigmenwechseln‹ dramatisierten. Cf. z. B. N. Koertge: »Inter-Theoretic Criticism and the Growth of Science«, in *Boston Studies in the Philosophy of Science*, Dordrecht 1971, S. 171 f., P. K. Machamer: »Observation«, a.a.O., S. 198, L. Laudan: *Progress and Its Problems*, Berkeley 1977, S. 144 f., D. L. Phillips: »Paradigms

and Incommensurability«, in *Wittgenstein and Scientific Knowledge*, London 1977, S. 106 f., 110, T. E. Hansen: »Confrontation and Objectivity«, *Danish Yearbook of Philosophy* 1970, S. 42 f., W. Sellars: »Conceptual Change«, in *Essays in Philosophy and Its History*, Dordrecht 1974, S. 187, H. Field: »Theory Change and the Indeterminacy of Reference«, *The Journal of Philosophy* 1973, S. 470, 474, J. Leplin: »Meaning Variance and the Comparability of Theories«, *British Journal for the Philosophy of Science* 1969, S. 73 f., W. Büchel: *Gesellschaftliche Bedingungen der Naturwissenschaft*, München 1975, S. 98. Oft scheint auch nicht genügend berücksichtigt zu werden, daß die Umgangssprache als ›Metasprache‹ durch derartige »switches« weitgehend unberührt bleibt. Cf. J. Giedymin: »Consolations for the Irrationalist?«, *British Journal for the Philosophy of Science* 1971, S. 47, E. L. Holman: »Sensory Experience, Perceptual Evidence and Conceptual Frameworks«, *American Philosophical Quarterly* 1977, S. 107, G. Gale / E. Walter: »Kordig and the Theory-Ladenness of Observation«, *Philosophy of Science* 1973, S. 422 f., S. Toulmin: »Conceptual Change and the Problem of Relativity«, in *Critical Essays on the Philosophy of Collingwood*, Oxford 1972, S. 215. Es *mag* vielleicht so sein, daß ein ›Ptolomäer‹ eine aufgehende Sonne und ein Kopernikaner einen sich senkenden Erdhorizont sahen, und dementsprechend wird natürlich auch die Intension einiger wesentlicher Begriffe verschieden sein. Aber so etwas zieht nicht *notwendigerweise* einen Unterschied in der Extension der betreffenden Begriffe nach sich. Cf. G. Thrane: »The Proper Object of Vision«, *Studies in History and Philosophy of Science* 1975, S. 30 f., W. Kneale: »An Analysis of Perceiving in Terms of the Causation of Beliefs«, in *Perception*, London 1971, S. 65 f., H. Putnam: *Mathematics, Matter and Method*, Bd. II, Cambridge 1975, S. 121 f., R. A. Putnam: »On Empirical Knowledge«, in *Boston Studies in the Philosophy of Science*, Dordrecht 1969, S. 408. Wenn es richtig wäre, wie M. Frank (*Das individuelle Allgemeine*, Frankfurt/M. 1977, S. 309) im Anschluß an Todorov meint, daß zwei Ansichten ein und derselben Tatsache aus ihr zwei verschiedene Tatsachen machten, dann wäre nicht nur dieser Satz Franks, sondern *jede* Erkenntnis unmöglich. Eine vernünftige Reduktionismus-Kritik darf niemals so weit gehen, daß sie mit der Verwerfung jeder Reduktion zu einem leeren Skeptizismus wird.

102 Cf. T. W. Adorno: *Negative Dialektik*, Frankfurt/M. 1966, S. 45 f.

103 Cf. beispielsweise J. O. Wisdom: »The Sceptic at Bay«, *British Journal for the Philosophy of Science* 1958, S. 163.

104 »Wir haben Alle verborgene Gärten und Pflanzungen in uns ...« (F. Nietzsche: *Werke*, Bd. V, 2, Berlin 1973, S. 55.)

105 Man vergleiche etwa die Horrorvisionen, die Kuhn und Feyerabend in der Seele von I. Lakatos (»History of Science and Its Rational Reconstructions«, in *The Interaction Between Science and Philosophy*, Atlantic Highlands 1974, S. 235 f.) wieder wach werden ließen.

106 S. Diamond (*In Search of the Primitive*, New Brunswick 1974, S. 109 f.) meint, der Kulturelle Relativismus sei nur eine intellektuelle Attitüde und koste deshalb nicht viel. »Relativism is the bad faith of the conqueror, who has become secure enough to become a tourist.« Cf. auch ferner C. Moreux: »Remarques sur les fondements épistémologiques de l'antipsychiatrie«, *Cahiers Internationaux de Sociologie* 1974, S. 19. Dies kommt darauf an, *wie* ernst ein Relativist seine Auffassungen nimmt. Cf. D. M. Armstrong: »Epistemological Foundations for a Materialist Theory of the Mind«, *Philosophy of Science* 1973, S. 185. *Nimmt* er sie ernst, dann kosten sie ihn im Gegenteil viel zu viel. K. Dixon (»Is Cultural Relativism Self-Refuting?«, *British Journal of Sociology* 1977, S. 81) vertritt die Meinung, der Relativist würde seine These ja nicht »in absolute terms« vortragen, vielmehr lediglich relativ zu seiner eigenen Kultur. Damit ist aber nicht viel gewonnen. Denn was wird er tun, wenn seine eigene Kultur sich nicht auf sich selbst beschränkt? Und wie kann er sich überhaupt einen *Begriff* von einer *anderen* Kultur machen, ohne gegen seinen Relativismus zu verstoßen? Cf. J. Kekes: »Towards a Theory of Rationality«, *Philosophy of the Social Sciences* 1973, S. 278. Kulturelle Relativisten haben wohl meist das Motiv, den westlichen Überlegenheitsanspruch einzudämmen und unseren Blick dafür zu öffnen, daß es jenseits des Zauns Dinge gibt, von denen wir keine blasse Ahnung haben. Doch sie tun dies auf falsche Weise. Um eine Formulierung Derridas zu variieren: Es liegt eine gewisse Tragik in der Tatsache, daß die radikalsten Verteidiger der Wildnis jene sind, die sie am meisten verraten.

1 Cf. R. B. Hassrick: *The Sioux*, Norman 1967, S. 230.
2 Cf. L. Sternberg: »Der Adlerkult bei den Völkern Sibiriens«, *Archiv für Religionswissenschaft* 1930, S. 143. Cf. auch M. A. Czaplicka: *Aboriginal Siberia*, Oxford 1914, S. 169.
3 Cf. Giddings, a.a.O., S. 27 f. Noch heute erzählen sich die Yaqui, daß derartige Verwandlungen von Hexen vorgenommen werden, etwa von einer *bruja* namens Yoem Wo'i, »Coyote Woman«, die sich zu diesem Zwecke über einen Ameisenhügel rollt (a.a.O., S. 58), eine Sitte, die übrigens auch von afrikanischen Hyänenmenschen berichtet wird.
4 C. Lévi-Strauss (»Diogène couché«, *Les Temps Modernes* 1955, S. 1217 f.) schreibt über den Ethnographen: »Il est véritablement mort à son monde; et s'il parvient à revenir, après avoir réorganisé les membres disjoints de sa tradition culturelle, il restera tout de même un ressuscité.« (Den Hinweis auf diese Stelle verdanke ich K.-H. Kohl.) An einer anderen Stelle heißt es: »Wenn es nämlich wahr ist, daß die Natur den Menschen ausgestoßen hat und die Gesellschaft fortfährt, ihn zu unterdrücken, so kann der Mensch die Pole des Dilemmas zumindest zu seinen Gunsten umkehren und die Gesellschaft der Natur wieder aufsuchen, um in ihr über die Natur der Gesellschaft nachzudenken.« (Ders.: »Jean-Jacques Rousseau fondateur des sciences de l'homme«, in *J. J. Rousseau*, Neuchâtel 1962, S. 245, zit. n. H. H. Ritter: »Claude Lévi-Strauss als Leser Rousseaus«, in *Orte des wilden Denkens*, Frankfurt/M. 1970, S. 129.
5 A. K. Boshier: »African Appenticeship«, in *Parapsychology and Anthropology*, New York 1974, S. 274. Der Autor verweist auch auf seinen Artikel »What Makes a Witchdoctor?«, *Scientific South Africa* 1965, S. 317 ff., der mir leider nicht zugänglich war.
6 Cf. W. James: *The Varieties of Religious Experience*, New York 1902, S. 73.
7 Cf. M. Lüthi: *Das europäische Volksmärchen*, Bern 1968, S. 10 f., ferner G. Sannwald: »Parapsychologische Phänomene im Volksmärchen«, *Zeitschrift für Parapsychologie* 1965, S. 35. Während in der Sage eine *fremde* Welt in die vertraute einbricht und über dieser stets die Schatten von jener liegen, kennt das Märchen nur *eine*, und zwar

eine ›numenlose‹ Welt. In ihr sind redende Tiere ganz selbstverständlich, und der Held verwundert sich auch kein bißchen über sie. Cf. auch M. Lüthi: »Gehalt und Erzählweise der Volkssage«, in *Sagen und ihre Deutung*, Göttingen 1965, S. 17.

8 Cf. A. Schütz / T. Luckmann: *Strukturen der Lebenswelt*, Neuwied 1975, S. 43, 137.

9 Cf. M. Merleau-Ponty: *Phénoménologie de la perception*, Paris 1945, S. 385.

10 Cf. E. Straus: *Psychologie der menschlichen Welt*, Berlin 1960, S. 266, ferner L. Narens: »Vorstellungssysteme der Geisteskranken«, in *Ethnomethodologie*, Frankfurt/M. 1977, S. 276. In der Schizophrenie scheinen auditive Halluzinationen zu überwiegen. Cf. T. Freeman / J. L. Cameron / A. McGhie: *Studie zur chronischen Schizophrenie*, Frankfurt/M. 1969, S. 75.

11 Cf. H. Bender: *Verborgene Wirklichkeit*, Olten 1973, S. 125, E. Minkowski: *Die gelebte Zeit*, Bd. II, Salzburg 1972, S. 255 f.

12 M. S. Moore (»Some Myths About ›Mental Illness‹«, *Inquiry* 1975, S. 241) wendet gegen Laing ein: »The woman who avoids crowds may be rational in so doing *given* her belief that ›when she was in a crowd she felt the ground would open up under her feet‹ . . . But the beliefs themselves are irrational.« Aber was heißt das, sie seien »irrational«? Das wäre höchstens dann der Fall, wenn diese Frau glaubte, daß sich im physikalischen Sinne der Boden unter ihren Füßen öffnete. Und glaubt sie so etwas? Es scheint viel eher so zu sein, daß sie in der Menge Erfahrungen macht, die der normale Massenmensch als ›idiosynkratische‹, als für das gewöhnliche Zusammenleben hinderliche Erfahrungen ausscheidet.

13 So etwa G. Huber: *Psychiatrie*, Stuttgart 1974, S. 155, und G. E. Swanson: »The Search for a Guardian Spirit«, *Ethnology* 1973, S. 360.

14 »Die Halluzinationen sind keine Fremdkörper innerhalb der normalen Sinnessphäre.« (E. Straus: *Vom Sinn der Sinne*, Berlin 1956, S. 382 f.) Vielmehr ist die gesamte Erlebnisweise verändert. Wenn in Sagen etwa davon die Rede ist, daß jemand, der auf einen Hexensabbat geraten ist, aus Versehen das Kreuz schlägt oder den Namen Christi erwähnt und darauf urplötzlich die ganze Hexengesellschaft verschwunden ist, oder wenn beim ersten Hahnenschrei das Gesichte des Sehers sich auflöst (cf. K. Schmëing: »Das ›Zweite

Gesicht‹ in Schottland und Niederdeutschland«, *Niederdeutsche Zeitschrift für Volkskunde* 1938, S. 33), dann würden die Psychiater wohl von »Pseudohalluzinationen« sprechen,die bisweilen durch eine intensive Konzentration auf andere Dinge und dergleichen verschwinden können. Cf. K. Jaspers: »Die Trugwahrnehmungen«, in *Gesammelte Schriften zur Psychopathologie*, Berlin 1963, S. 281. Solche »Pseudohalluzinationen« treten sehr häufig unter dem Einfluß von LSD auf. So sah ich einmal einen riesigen grünen Saurier mit roten, müden Augen die Große Mantelgasse in Heidelberg hinaufkriechen. Da es sich offenbar um ein pflanzenfressendes Exemplar handelte, stellte ich mich lediglich in eine Toreinfahrt und ließ das Tier in allernächster Nähe vorbeikeuchen. Als ich es jedoch ganz scharf fixierte, ›verwandelte‹ es sich in einen Traktor, der langsam den Buckel zur Hauptstraße erklomm. Ließ ich meine Wahrnehmung wieder ›gehen‹, dann sah ich erneut das Urzeittier.

15 In den Hexenprozeßakten trifft man immer wieder auf Aussagen, aus denen hervorgeht, daß den ›Hexen‹ sowohl Speise und Trank auf dem Sabbat als auch der Beischlaf mit dem Teufel »nicht recht« vorgekommen seien. Cf. Byloff, a.a.O., S. 12. »Es nützt nichts«, schreibt E. Bleuler (*Lehrbuch der Psychiatrie*, Berlin 1972, S. 31), »einem Kranken, der aus dem Nebenzimmer Stimmen hört, durch Augenschein zu beweisen, daß niemand darin ist.« Warum das so ist, scheint sich Bleuler nicht zu fragen. Ein gutes Beispiel für wissenschaftliche Naivität bietet M. Rokeach (*The Three Christs of Ypsilanti*, New York 1964, S. 75), der sich mit dem Patienten einer amerikanischen Irrenanstalt unterhielt: »›I am born genius among geniuses and I want to be a leader among men«, Leon said. Through bilocation he could be in two places at once and through translocation he had the power to go instantaneously from one place to another. Leon also claimed to be able to perform miracles. He had once commanded a table to lift itself off the floor – and it had obeyed. When I expressed disbelief, he volunteered to repeat the miracle for me. He went into the recreation room and picked out a massive table. He then turned his back to it and, in a loud affirmative tone, commanded it to lift itself. – *I don't see the table lifting.* – ›Sir, that is because you do not see cosmic reality.‹« Rokeach nahm die Aussage des Patienten wörtlich, d. h. im Alltagssinn, und deshalb *sah* er nichts. Auch mit dem Hinweis, er könne eben die

»kosmische Wirklichkeit« nicht sehen, wußte er nichts anzufangen. »Ist die wissenschaftliche Methode«, fragt P. Feyerabend (»Ein Diskurs«, *Neues Lotes Folum* 1975, S. 252) mit Recht, »nicht so gebaut, daß Dämonen, wenn sie existieren, ihr für immer entgehen müssen?« Dazu kommt noch ein weiteres: »Ich weiß«, sagte beispielsweise ein Psychokinetiker zu den ihn beobachtenden Parapsychologen, »es klappt heute wieder nicht, wenn alles auf mich schaut . . . mit diesem Licht und allem . . . ich werde wieder nervös und habe Angst . . .« (H. Bender / R. Vandrey: »Psychokinetische Experimente mit dem Berner Graphiker Silvio«, *Zeitschrift für Parapsychologie* 1976, S. 221, und H. Kreitler / S. Kreitler: »The Implications of ESP Experiments for Anthropological ESP Research«, in *Parapsychology and Anthropology*, New York 1974, S. 19.) Cf. auch § 12.

16 B. Juhos (»Formen des Positivismus«, *Zeitschrift für allgemeine Wissenschaftstheorie* 1971, S. 53) etwa meint, daß Wittgenstein »die Existenz einer natürlichen, allgemein verständlichen Sprache« *angenommen* hätte. Juhos zweifelt daran, daß es so etwas gibt – ein durchaus schizophrener Zweifel, wenn er wirklich ernst gemeint wäre.

17 Bekanntlich wurde Wittgenstein zeitlebens von dem Gedanken verfolgt, wahnsinnig zu werden, und das metaphysische Denken scheint für ihn eine Gestalt dieses Wahnsinns gewesen zu sein. Seine Philosophie war vermutlich eine gewaltige Anstrengung, die drohende Gefahr zu bannen, und deshalb unterscheidet sie sich auch so sehr von der Philosophie der selbstzufriedenen Wissenschaftsspießer, die einst und jetzt die Universitäten bevölkern. Cf. L. Wittgenstein: *Letters to Russell, Keynes and Moore*, Oxford 1974, S. 15, 28, 41. Am 20. Dezember 1919 schrieb Russell an Lady Ottoline: »I think (though he wouldn't agree) that what he likes best in mysticism is its power to make him stop thinking.« Wittgenstein hätte dem jedoch wohl zugestimmt.

18 So etwa H. D. Lewis: »Ultimates and a Way of Looking in Philosophy«, in *Contemporary Aspects of Philosophy*, Stocksfield 1977, S. 288. »Alles, überhaupt alles ist so fraglich. Ich begreife irgendwie alles gar nicht . . .«, sagt ein Patient. Und: »Da gibt es ja gar keine Antworten. Die Antworten, die es gibt, die kann ich mir ja selber geben . . . Ich brauche ja nicht nach 'was Bestimmten

fragen . . . Das sind keine Fragen: was ist das und das? . . .« (Zit. n. W. Blankenburg: *Der Verlust der natürlichen Selbstverständlichkeit*, Stuttgart 1971, S. 75.)

19 Cf. R. Chisholm: »Fallibilism and Belief«, in *Studies in the Philosophy of Charles Sanders Peirce*, Cambridge 1952, S. 102, 110.

20 Ein Philosoph, der den Gedanken hegt, daß ein Zweifel an der Existenz fremden Bewußtseins ja »logisch möglich« sei (cf. etwa H. Putnam: »Other Minds«, in *Logic and Art*, Indianapolis 1972, S. 94, oder Lewis, a.a.O., S. 293), wird dies kaum wirklich *glauben* und gleichzeitig Professor bleiben. Denn einem solchen Zweifel läßt unsere Lebensform *praktisch* keinen Raum. Unsre Augen sind vor ihm geschlossen, wie Wittgenstein einmal irgendwo geschrieben hat. Allerdings wird die Funktion eines solchen ›theoretischen‹ Zweifels daran liegen, daß er Licht darauf wirft, wie gewisse Sprachspiele ›arbeiten‹. Natürlich läßt es sich denken, daß sich unsere Lebensform so weit verändern könnte, daß der Behaviourismus eine immer plausiblere Philosophie würde. Ein Brite, der am »American Way of Life« wohl nicht gerade einen Narren gefressen hat, veranschaulicht dies: »Friends could be changed as rapidly as jobs and dwelling places, and one behaved to him privately. Could it then be that there was actually very little extra going on behind those smiling faces? Is Behaviourism more or less an appropriate philosophy of mind in this type of culture?« (R. S. Peters: »Personal Understanding and Personal Relationships«, in *Understanding Other Persons*, Oxford 1974, S. 59.) Man kann sich auch kaum vorstellen, daß die Ideen B. F. Skinners in Europa einen solchen Einfluß auf die Subkultur und insbesondere auf manche Landkommunen ausüben könnten, wie sie es anscheinend in den USA tun.

21 Zu den vielen guten Eigenschaften Alberts scheint nicht die Haltung zu gehören, eine Kritik am Kritischen Rationalismus (im Volksmund »Positivismus« genannt) dort zu treffen, wo sie am stärksten ist; er scharmützelt vielmehr an Nebenschauplätzen, so daß der Leser leicht die gegnerische Hauptargumentation aus dem Auge verliert. In meinem Buch *Ni Dieu – ni mètre* (§ 1) hatte ich den Versuch unternommen zu zeigen, daß es sich bei der Philosophie Poppers und seiner Nachfolger um das handelt, was W. Stegmüller (*Theorie und Erfahrung*, Bd. II, Heidelberg 1973, S. 199) einen »überspannten Rationalismus« genannt hat. Jeder Versuch der Begrün-

dung einer Aussage, so meinen diese Philosophen, führe zu dem von Albert so genannten »Münchhausentrilemma«: zu einem Zirkel, einem unendlichen Regreß oder zu einem willkürlichen (»dogmatischen«) Abbruch des ›Begründungsverfahrens‹. »Every attempt to justify any claim«, meint beispielsweise der Popperianer I. C. Jarvie (»Toulmin and the Rationality of Science«, in *Essays in Memory of Imre Lakatos*, Dordrecht 1976, S. 329), »simply leads to the further necessity of justifiying the justification.« Ich habe versucht zu zeigen, daß dem nicht so ist. Wir hören nämlich irgendwann einfach auf, weiter zu begründen. Und *wo* wir aufhören, *wo* wir uns zufriedengeben, das hängt von unserer Lebensform ab, von der Art und Weise, wie wir denken und handeln. Am Ende der Begründung steht also keine »Evidenz«, wie etwa Y. Reenpää (»Über das Problem der Begründung und Letztbegründung«, *Zeitschrift für philosophische Forschung* 1974, S. 525) meint, kein »archimedischer Punkt« (cf. hierzu F. Kröner: *Die Anarchie der philosophischen Systeme*, Leipzig 1929, S. 224, 273); wir hören vielmehr schlicht auf, die Begründung weiter fortzutreiben. Cf. auch R. Haller: »Über das sogenannte Münchhausentrilemma«, *Ratio* 1974, S. 116, J. H. Gill: »On Reaching Bedrock«, *Metaphilosophy* 1974, S. 283 f., 289, K. Ajdukiewicz: *Problems and Theories of Philosophy*, Cambridge 1973, S. 20 f. Aber ist dies nicht doch ein »Rekurs auf ein Dogma« oder ein »appeal to authority«, wie etwa M. Hollis (»Witchcraft and Winchcraft«, *Philosophy of the Social Sciences* 1972, S. 85) meint, nämlich ein Rekurs auf die Dogmatik unserer Lebensform? Dies wäre es nur dann, wenn wir die Stelle, an der wir darauf verzichten, weiter zu begründen, als ein für allemal feststehend betrachten würden. Wenn etwa Wittgenstein in diesem Zusammenhang von den »festen Schienen« oder vom »harten Granit« unserer Lebensform spricht, dann hat man *bei ihm* den Eindruck, daß er die Stabilität und die Unveränderbarkeit unserer jeweiligen Lebensform etwas überschätzt. Doch wie dem auch sei, wir stoßen faktisch immer auf irgendeinen »Grund«. Und »wir haben keinen Grund dafür, daß *das* unser Grund ist.« (L. Wittgenstein: *Über Gewißheit*, a.a.O., S. 130.) Daß die jeweiligen »Voraussetzungen« »der Diskussion entzogen sind«, ist kein *Mangel*, wie etwa P. J. Etges (*Kritik der analytischen Theologie*, Hamburg 1973, S. 88) zu glauben scheint – denn wie *könnte* es anders sein? Natürlich kann und wird sich unsere jeweilige Lebensform stets dahingehend ändern, daß wir *das* nicht mehr als zureichende Begründung akzeptieren. Aber wo auch immer wir mit der Begründung innehalten werden, irgendwo halten wir eben inne. Und das ist ja auch die natürlichste Sache der Welt. Von »Abbruch«, Willkür«, »Dogma« usw. werden wir doch wohl immer nur dann reden, wenn wir uns *unbefriedigt* fühlen, wenn sich noch weitere *ernsthafte* Zweifel (und keine »paper doubts«!) einstellen. Daß auch gegenüber der jeweils sichersten Begründung Zweifel »denkbar« oder »logisch möglich« sind (cf. hierzu H. Schnädelbach: *Reflexion und Diskurs*, Frankfurt/M. 1977, S. 263 f.), das liegt daran, daß keiner von uns der liebe Gott ist. Wir sind eben Sterbliche und haben eine sterbliche Wissenschaft. Ein *Mangel* wird das nur für denjenigen sein, der Mühe hat, seine christlichen Gelüste zu zügeln und dessen geheime Maxime ›Alles oder nichts‹ ist. Natürlich kann jeder Begriffe wie »Begründung« oder »Gewißheit« zunächst *überidealisieren*, dann feststellen, daß solche Abstraktionen im Leben und in der Wissenschaft unanwendbar sind, und sie schließlich zum Teufel jagen. So etwas ist ja sehr vernünftig. Die Kritischen Rationalisten (wie auch die Skeptiker) scheinen freilich folgendermaßen vorzugehen. Sie greifen sich gewisse *philosophische* Begriffe (etwa den der zureichenden Begründung), verweisen mit Recht darauf, daß *diese* Begriffe »keine Arbeit verrichten können«, wie Wittgenstein sagen würde (daß etwa die *philosophische* zureichende Begründung zu dem erwähnten Trilemma führt), und schließen dann aber daraus, daß diese Begriffe auch in ihrer ›harmlosen‹ (etwa in ihrer Alltags- oder Wissenschafts-)Bedeutung zu den genannten Schwierigkeiten führten. Dies ist genau die Strategie der alten (pyrrhonischen wie akademischen) und der neuen Skeptiker (cf. z. B. P. Unger: »A Defense of Skepticism«, *Philosophical Review* 1971, S. 213, K. Lehrer: »Skepticism and Conceptual Change«, in *Empirical Knowledge*, Englewood Cliffs 1973, S. 120, ders.: *Knowledge*, Oxford 1974, S. 229): sie zeigen die ›Weltfremdheit‹ gewisser metaphysischer Konstrukte und identifizieren diese mehr oder weniger unter der Hand mit den entsprechenden Begriffen außerhalb philosophischer Kontexte. Eine solche Tendenz findet sich etwa bei Popper (cf. hierzu P. Achinstein: »Review of Popper's ›Conjectures and Refutations‹«, *British Journal for the Philosophy of Science* 1968, S. 167) und vor allem auch bei Quine. So fragt beispielsweise der Quine-Anhänger P. L. Peterson (*Concepts and Language*, The Hague 1973, S. 141) nach den Kriterien der Kriterien der Umgangssprache, findet natürlich keine und schließt daraus, daß es *überhaupt keine* Kriterien gebe. Oder G. Radnitzky (»Popperian Philosophy of Science as an Antidote Against Relativism«, in *Essays in Memory of Imre Lakatos*, Dordrecht 1976, S. 520): Er sieht, nach Vorarbeit Alberts, daß ein Leibnizsches Begründungsprogramm erst beim lieben Gott endet, glaubt nicht an denselben und folgert, daß jeder ›Abbruch‹ einer Begründung zwischen Erde und Himmel eine »Willkür« bedeutete. Ähnlich auch L. Nelson: *Die Unmöglichkeit der Erkenntnistheorie*, Göttingen 1911, S. 23. Auf diese Kritik am Kritischen Rationalismus geht Albert überhaupt nicht erst ein. Dafür kritisiert er einige andere Punkte in meiner Ausführung. William Bartley der Dritte, der Posaunenengel des »pankritischen Rationalismus«, dessen Auffassungen ich nach Meinung Alberts (bis zur Kenntlichkeit?) verzerrt habe, schrieb: »If rationality lies in criticism, and if we can subject everything to criticism and continued test, including the rationalist way of life itself, then rationality is unlimited.« Ich habe dies so verstanden, daß der Kritische Rationalismus nicht einfach nur kritisch sein will, sondern sogar so kritisch ist, daß er bereit ist, »to be argued out of arguing«. Ich hatte dagegen eingewendet, daß ein Satz wie »Dieser Satz ist kritisierbar« zweifellos kein selbstbezüglicher Satz sei. Er erwecke nur deshalb den Anschein des Selbstbezuges, weil ein Bezugssatz *fehlt*, und wir *deshalb* lediglich *glaubten*, er beziehe sich auf sich selbst. Denn wie können wir sagen, daß sich das »dieses« auf den Satz »Dieser Satz ist kritisierbar« bezieht? Würden wir einen derartigen Satz in einer normalen *Sprech*situation äußern, dann würde jeder philosophisch Unvorbelastete fragen: »Ja, welchen Satz meinst du eigentlich?« Aus diesem Grunde, so glaube ich, werden auch die angeblich selbstreferentiellen Sätze meist aufge*schrieben.* Auf einer Seite eines Logikbuches findet man dann meistens ein Kästchen. In dem Kästchen steht: »Der einzige Satz, der auf dieser Seite in einem Kästchen steht, ist falsch.« Da man gerade die betreffende Seite liest, schließt man ganz unwillkürlich, daß *diese* Seite gemeint sein muß, aber in Wirklichkeit deutet nichts an dem Wort »dieses« darauf hin. Albert *argumentiert* nicht gegen diese Ausführung, er findet sie nur »höchst dubios«. Das bleibt ihm natürlich unbenommen. Überdies stößt er sich daran, daß ich das Wort »zweifellos« in diesem Zusammenhang verwendet habe. Doch dieses Wort ist viel harmloser als Albert zu glauben scheint. Wenn ich etwa sage: »Ohne Zweifel wird Albert verstehen, was ich meine«, dann meine ich natürlich nicht, daß ich *felsenfest* davon überzeugt bin, daß Albert mich verstehen wird. Ähnlich verhält es sich mit Worten wie »sicher« oder »bestimmt«, bei denen nur eine philosophische Goldwaage weit ausschlägt. Daß übrigens der Kritische Rationalismus, falls meine Argumentation richtig ist, nicht in der genannten Weise »selbstkritisch« ist – was etwa N. C. Stefansen (»Rationality and Argument«, *Danish Yearbook of Philosophy* 1972, S. 54) als »limitation« sieht – halte ich nicht für einen *Mangel*, wie Albert zu glauben scheint. Ich habe im Gegenteil nur zu zeigen versucht, daß Bartley in seiner Suche nach dem strahlendsten Weiß seines Lebens ein bißchen zu weit gegangen ist. An vielen Stellen meines Buches habe ich (etwa gegen Hegelianer wie Habermas) dahingehend argumentiert, daß ich mir unter einer »Selbstrechtfertigung der Vernunft« (einer wahrhaften Münchhausensituation) nichts vorstellen kann. So schreibt auch neuerdings E. Tugendhat (*Vorlesungen zur Einführung in die sprachanalytische Philosophie*, Frankfurt/M. 1976, S. 120, ähnlich J. Habermas: »Die Rolle der Philosophie im Marxismus«, in *Die Zukunft der Philosophie*, München 1975, S. 201 f.), daß eine »Erziehung zur Vernunft« »die einzige im absoluten Sinn richtige ist, die einzige, die sich als absolut vernünftig rechtfertigen läßt«. Dies ist *zumindest* eine sehr unglückliche Ausdrucksweise, die man eher in theologischen als in philosophischen Büchern erwarten wird. Denn die Vernunft *rechtfertigt* sich nicht, und sie bedarf auch keiner Rechtfertigung. So sind es auch meist eher die Philosophen, die sich rechtfertigen, warum sie so viel über die ›Rechtfertigung‹ nachdenken und schreiben. Aber das ist wieder eine andere Sache.

22 Cf. P. Feyerabend: »Die Wissenschaftstheorie – eine bisher unbekannte Form des Irrsinns?«, in *Natur und Geschichte*, Hamburg 1973, S. 103, ferner K. Nott: »Is Rationalism Sterile?«, in *Objections to Humanism*, Harmondsworth 1963, S. 59.

23 Manchmal scheinen Philosophen doch nicht ganz abzuschalten, wenn sie ihr Institut verlassen. Wie C. G. Jung (»Zugang zum Unbewußten« in *Der Mensch und seine Symbole*, Olten 1968, S. 47)

berichtet, suchte ihn einmal ein Philosophieprofessor wegen seiner Krebsangst auf. »Er litt unter der Zwangsvorstellung, einen bösartigen Tumor zu haben, obschon Dutzende von Röntgenaufnahmen nichts dergleichen ergeben hatten. ›Ich weiß, da ist nichts‹, sagte er, ›aber es *könnte* ja etwas da sein!‹« Wittgenstein sagte einmal, daß man jemandem, der zufällig zwei Metaphysikern zuhörte, wie diese sich über die Existenz von Bäumen stritten (»Ich weiß, daß dies ein Baum ist«), sagen könnte: »Sie sind nicht verrückt, sie philosophieren bloß!« Zur »doppelten Buchführung«, einem Begriff, der anscheinend auf Bleuler zurückgeht, cf. auch Rokeach, a.a.O., S. 207 ff. Vermutlich leugneten die antiken Pyrrhoniker ebenfalls nicht *in der Praxis*, daß es Erkenntnis gebe, sondern nur, daß eine solche Erkenntnis philosophisch *legitimierbar* sei, und in dieser Frage hätten etwa Sextus Empiricus und Quine sicher gute Freunde werden können. In ähnlicher Weise bestritten ja auch die Eleaten nicht, daß es Bewegung gebe, sondern lediglich, daß diese durch ein widerspruchsfreies Denken zu begreifen sei. Cf. A. Szabo: *Anfänge der griechischen Mathematik*, Budapest 1969, S. 420.

24 So berichtet etwa eine mittelalterliche Mystikerin: »Da däuchte mich, ich ward mit dem ganzen Leibe aufgenommen und ward schnell weggeführt, wie ein Pfeil von der Armbrust nicht tun kann: wie ich nachdem auch sonderlich fragte, ob mein Leib weggewesen wäre. Aber sie haben mir hernach gesagt, mein Leib wäre nicht weggewesen.« Und auf die Frage, auf welche Weise sie weggeführt worden sei, antwortet sie: »Es erscheint in Wahrheit als ein Flug; ich weiß kein anderes mehr geeignetes *Gleichnis*.« (Zit. n. K. Girgensohn: *Der seelische Aufbau des religiösen Erlebens*, Gütersloh 1930, S. 602, Hervorh. v. mir; cf. auch ferner H. Weinel: *Die Wirkungen des Geistes und der Geister im nachapostolischen Zeitalter bis auf Irenäus*, Freiburg 1899, S. 204.) Die Karmeliternonne Teresa von Avila schreibt: »Wir haben auch von einigen Fällen gelesen, daß der Körper mit ihr, der Seele, fortgerissen wurde.« Wenn nun T. Baumann (»Die psychischen Vorgänge bei den Ekstasen und die sogenannte ›intellektuelle‹ Vision«, *Archiv für Religionspsychologie* 1976, S. 125) die Frage stellt, warum die Heilige hier auf ihre Lektüre und nicht auf eigene Erlebnisse verweise, dann kann man vielleicht antworten, daß sie selber sehr genau wußte, daß während der Ekstase ihr Leib nicht davongeflogen war.

25 In einem Interview sagt Castañeda im Gegensatz zu seinem Erlebnisbericht selber: »Now I didn't hear these words in the normal way.« Cf. C. Castañeda: »Sorcerer's Apprentice«, *Psychology Today*, December 1972, S. 96. Cf. auch A. E. Jensen (*Mythos und Kult bei Naturvölkern*, Wiesbaden 1960, S. 33) über die ›Stimme‹ eines Baumes, die einen Ibo ruft. Wenn bisweilen derartige Erfahrungen mit Träumen verglichen werden, dann darf man das nicht allzu wörtlich nehmen. Sehr oft greifen auch Leute, die sogenannte ›Derealisationserlebnisse‹ haben, zu Traummetaphern, und nach längerem Befragen stellt sich dann meist heraus, daß die Erfahrungen keinen ›traumhaften‹ Charakter haben. Cf. W. Mayer-Gross: »Zur Depersonalisation«, in *Depersonalisation*, Darmstadt 1968, S. 192, L. Honko: *Geisterglaube in Ingermanland*, Helsinki 1962, S. 104, C. T. Tart: »Psychedelic Experiences Associated With a Novel Hypnotic Procedure: Mutual Hypnosis«, in *Altered States of Consciousness*, New York 1969, S. 305.

26 Ermüdend für den Leser und nicht gerade förderlich für ein Vertrauen in die Authentizität der Texte Castañedas ist schließlich das Hexen-Karussell im fünften Band wieder an der Stelle des ersten Bandes angelangt: »But, did we jump with our bodies?« I asked ... »Could it have been an illusion?« I asked ... »I want to know what really happened,« I said. (*The Second Ring of Power*, a.a.O., S. 201.) Dem gähnenden Leser interpretiert Castañeda schließlich noch einmal seine einstige Flugerfahrung, und er vergleicht sie mit der neuen Erfahrung einer ›Translokation‹. Über die frühere Erfahrung schreibt er: »At the time, I had tried to explain the event in rational terms, but there was no ground for rational explanations ...« Und über die jetzige Erfahrung heißt es: »This time I had no other recourse but to brace myself for accepting, on its face value, that I had flown.« (A.a.O., S. 251.) Man ist versucht zu sagen, daß offenbar Castañedas Lehrzeit umsonst war und daß er bestenfalls zu dem geworden ist, was der indianische Lehrmeister eine »gewöhnliche Hexe« genannt hat, die den Flug »at face value« nimmt. Statt sein Herz und seinen Verstand ›in Gleichklang‹ zu bringen, beginnt Castañeda gewissermaßen, seine »Insel des *tonal*« zu beschädigen. So glaubt er – sozusagen als Quintessenz seiner Erfahrungen –, daß sein Grundfehler lediglich darin bestanden hätte, seine Vernunft, »(which) struggled to find suitable rationales«, nicht zum Schwei-

gen bringen zu können. (A.a.O.) Auch ein für gewöhnlich so tiefblickender Gelehrter wie Peuckert setzt einen grundlegenden *Widerspruch* zwischen den beiden Wahrnehmungsweisen voraus, denn sonst hätte er kaum schreiben können: »Es ist naturgesetzlich, daß ein Faß Bier nicht fliegen kann; in Leobschütz bewirkten das die Hexen, fuhren auf Fässern durch die Luft und auf die Kirchturmspitze, wo sie dann aus ihnen zechten. Mit anderen Worten: die naturgesetzlichen Wahrheiten gelten auf der aufgeklärten, sie gelten aber auf der mythischen oder zaubrischen Bewußtseinsebene nicht.« W.-E. Peuckert: *Sagen*, a.a.O., S. 127. Der Grundirrtum Peuckerts wie Castañedas besteht also meines Erachtens darin, daß sie von ihrem Schwarz-Weiß-Denken nicht ablassen können: Sie sehen, daß sie mit ihrer derzeitigen Alltags- oder Wissenschaftsvernunft gewisse Phänomene nicht verständlich machen können, und sind deshalb schon bereit, ihre Vernunft überhaupt über Bord zu werfen. Die Frage, ob nicht vielleicht ihre Vernunft eine zu *eingeschränkte* sein könnte, und daß sie *deshalb* vieles nicht verstehen können, stellt sich ihnen erst gar nicht. So landen sie schließlich beide in einem Relativismus (cf. Peuckert, a.a.O., S. 126, 129 f., 81), mit dem allein sie die Wirklichkeit der ›zauberischen‹ Pespektive retten zu können vermeinen, und Castañeda (a.a.O.) ist sogar bereit, einfach zu akzeptieren, daß er wie ein Vogel geflogen sei. In diesem, *aber nur in diesem Sinne*, sind meiner Meinung nach die Texte Castañedas geeignet, einem gläubigen Irrationalismus Vorschub zu leisten, in dem man einem charismatischen Guru glauben darf, daß in der Wüste von Sonora mitunter die Naturgesetze ins Wanken geraten. Castañeda mißachtet die Warnung des Indianers, daß man das »Flüstern des *nagual*« niemals richtig verstehen wird, solange man bereit ist, das *tonal* ernsthaft zu verletzen. Dies hat auch Peter Winch zunächst sehr deutlich gesehen (und diese Einsicht verdankt er letzten Endes Wittgenstein), aber auch er hat schließlich die verschiedenen ›Perspektiven‹ so weit auseinandergerissen, daß man ihn als Relativisten brandmarken konnte. Cf. z. B. H. Meynell: »Truth, Witchcraft, and Professor Winch«, *The Heythrop Journal* 1972, S. 162 ff.

27 Cf. W. Bogoras: »Ideas of Space and Time in the Conception of Primitive Religion«, *American Anthropologist* 1925, S. 234 f. J. J. Smith (»The Occult and the Intellectual«, in *Parapsychology and*

Anthropology, New York 1974, S. 316) meint vorsichtig: »There seems no doubt that in some real sense Castañeda became a crow, though what the nature of that reality may have been is hard to say.«
28 Cf. G. Bateson: *Naven*, Stanford 1958, S. 229 f.
29 Dies sieht auch J. C. Pearce (*The Crack in the Cosmic Egg*, New York 1973, S. 138) nicht, der bezüglich des Vorworts W. Goldschmidts zum ersten Band Castañedas meint: »Goldschmidt realizes the intriguing riddle to lie in Don Juan's *twilight* – that crack between the worlds. Goldschmidt concludes, however, that through this crack we can see, fleetingly, what the ›*real world*, the one between our own cultural constructs and those other worlds, must in fact be like.‹ Here, I do believe, we have an example of the perpetual error at one remove. The ›crack between the worlds‹ is neither a ›real world‹ nor an opening into such – for there is no such thing as a ›real world‹ other than that one from which one makes such a statement.« Weil Pearce von »geschlossenen Welten« ausgeht, muß er, wie die meisten anderen ›sympathetischen‹ Castañeda-Interpreten, zwangsläufig zu einem Relativismus kommen. Daß die ›Welten‹ jedoch Sprünge haben, scheint er trotz des Titels seines lesenswerten Buches nicht zu erkennen. Derartige Auffassungen sind charakteristisch für jene zur Zeit in den USA modische Forschungsrichtung, die sich »Ethnomethodologie« nennt. Die Ethnomethodologen, allen voran ihr Meister Garfinkel, versuchen durch gezielte Provokationen die unbefragten und unbewußten Voraussetzungen des Alltagshandelns und der Alltagsüberzeugungen aufzudecken oder, wie es A. W. Gouldner (»Ethnomethodologie: Soziologie als Happening«, in *Die westliche Soziologie in der Krise*, Bd. II, Reinbek 1974, S. 470) ausdrückt, das »›als gegeben Hinnehmen‹ zu zerstören und dem kulturellen Fundament seine Tarnkappe zu entreißen . . . Garfinkel zielt in erster Linie darauf ab, die unsichtbaren Gemeinplätze zu enthüllen und zu demaskieren, indem er sie so lange auf irgendeine Weise verletzt, bis sie ihre Existenz verraten«. Wie Garfinkel seine Studenten anweist, die Menschen in alltäglichen Situationen zu irritieren und zu brüskieren, Gouldner nennt sie treffend »Opfer«, »die Routine zu stoppen und die Welt und die Zeit anzuhalten« – man erinnere sich an das »die Welt anhalten« Don Juans –, so versucht auch der Ethnomethodologe Castañeda, der seinen dritten Band bei Garfinkel als Dissertation

eingereicht hatte, den Leser seiner Schriften in den Selbstverständlichkeiten von dessen Weltsicht zu treffen und deren Relativität zu entschleiern. Doch wie für Garfinkel die verschiedenen »latenten Strukturen« im Grunde »austauschbar« sind, wie Gouldner (a.a.O., S. 468 f.) sagt, so stehen auch bei Castañeda verschiedene »Wirklichkeiten« *unvermittelt* nebeneinander. Während es eigentlich die Aufgabe des Schamanen ist, diese Vermittlung zwischen Wildnis und Zivilisation zu übernehmen, reißt Castañeda die beiden ›Welten‹ vollkommen auseinander. So ist wohl auch der Zug weitgehender Amoralität, der für alle Bände Castañedas charakteristisch ist, zu verstehen. Was Castañeda letzten Endes zu bieten hat, ist die Aufforderung zum völlig ungedeckten *Sprung*: Laßt alles Wissen fahren und akzeptiert, daß Menschen wie die Vögel fliegen können oder daß Coyoten wie die Menschen reden! Und während der wirkliche Schamane als Wissender oder als Heiler seine Erfahrungen anderen Menschen nutzbar macht, geht es dem »Krieger« Castañedas nur um sich selbst und die Rettung seiner ›verunsicherten‹ Seele.

30 Cf. G. Widengren: »Some Reflections on the Rites of Initiation«, in *Initiation*, Leiden 1965, S. 300. Dieses ›visionäre Schauen‹ erlangte man durch den Genuß von mit Hanf vermischtem Haoma. Cf. ders.: *Die Religionen Irans*, a.a.O., S. 70. Cf. auch A. I. Hallowell: »Some Empirical Aspects of Northern Saulteaux Religion«, *American Anthropologist* 1934, S. 399, ferner H. Bousset: *Himmelsreise der Seele*, Darmstadt 1960, S. 36. Auch die berüchtigten Autoren des *Malleus maleficarum* sprachen davon, daß es ein »doppeltes Sehen« gebe: ein »geistiges und ein körperliches«, und ihrer Meinung nach verfügten die Incubi über das erstere. Cf. J. Sprenger / H. Institoris: *Der Hexenhammer*, Bd. II, Berlin 1906, S. 57.

31 Cf. A. Neuhäusler: »Einige Hypothesen zur Erklärung parapsychischer Phänomene«, in *PSI und Psyche*, Stuttgart 1974, S. 150, LeShan, a.a.O., S. 128, ferner F. Huxley: »Anthropology and ESP«, in *Science and ESP*, London 1967, S. 283. A. Koestler (*Die Wurzeln des Zufalls*, Berlin 1972, S. 12) hat darauf hingewiesen, daß es gerade die Rede von einem »biologischen Radio« war, welche die Ideologen des »dialektischen Materialismus« dazu bewegen konnte, die Telepathieforschung in der Sowjetunion zu dulden.

32 Cf. etwa L. F. Werth: »Normalizing the Paranormal«, *American Philosophical Quarterly* 1978, S. 48.

33 L. L. Wassiliev (*Experimentelle Untersuchungen zur Mentalsuggestion*, Bern 1965, S. 155) meint auch, daß die Fähigkeit der Telepathie »keine im Evolutionsprozeß progressive Erscheinung ist, sondern eher eine rudimentäre Eigenschaft, die sich beim Menschen von seinen zoologischen Vorfahren erhalten hat«, daß sie also eher ein Atavismus sei.

34 Cf. auch A. Schopenhauer: *Parerga und Paralipomena*, Bd. I, Leipzig 1891, S. 322 f., und vor allem W. James (*On Psychical Research*, New York 1960, S. 324): »We with our lives are like islands in the sea, or like trees in the forest. The maple and the pine may whisper to each other with their leaves, and Conanicut and Newport hear each other's foghorns. But the trees also commingle their roots in the darkness underground, and the islands also hang together through the ocean's bottom.« Bei eineiigen Zwillingen sollen telepathische ›Kontakte‹ untereinander besonders häufig vorkommen. Cf. N. Marshall: »ESP and Memory: A Physical Theory«, *British Journal for the Philosophy of Science* 1960, S. 280.

35 E. Holm: *Tier und Gott: Mythik, Mantik und Magie der südafrikanischen Urjäger*, Basel 1965, S. 37, ferner H. Findeisen: »Karelische Hirtenzauberer und ihre Praktiken«, *Zeitschrift für Ethnologie* 1953, S. 104 f.

36 Cf. A. Friedrich: »Erkenntnis und Religion«, *Paideuma* 1951, S. 106.

37 Cf. W. Müller: *Geliebte Erde*, Bonn 1976, S. 12. Im Ursprung gibt es auch keine Unterschiede der Gestalt, weshalb der Schamane der Winnebago, der zu den Ursprüngen zurückkehrt, auch nicht länger an seine menschliche Gestalt gebunden ist. Cf. P. Radin: *Primitive Man as Philosopher*, New York 1957, S. 250.

38 Cf. L. Röhrich: »Mensch und Tier im Märchen«, in *Wege der Märchenforschung*, Darmstadt 1973, S. 229, O. Zerries: *Waika*, München 1964, S. 239.

39 Cf. W. Müller: *Die Religionen der Waldlandindianer Nordamerikas*, Berlin 1956, S. 248, ferner M. Dobkin de Rios: *Visionary Vine*, San Francisco 1972, S. 118. Cf. auch P. Tompkins / C. Bird: *The Secret Life of Plants*, Harmondsworth 1974, S. 44 ff., und G. G. Globus: »Mind, Structure, and Contradiction«, in *Consciousness and the Brain*, New York 1976, S. 250 f.

40 Cf. auch M. Benzi: *Les derniers adorateurs du peyotl*, Paris 1972, S. 369, und A. Delatte, a.a.O., S. 98 ff. Das Töten eines Tieres wird bei Jägervölkern vielfach als ein unvermeidbarer Frevel angesehen, und bisweilen versucht man sogar, das betreffende Tier zu täuschen und ihm einen Unfall vorzugaukeln: »Nicht ich habe dich getötet«, sagte einst der finnische Bärenjäger, »auch kein andrer meiner Brüder, selbst im Holz bist du gestrauchelt, selbst bist du vom Zweig geglitten, ist dein goldner Leib geborsten, riß dein Magen voller Beeren!« (U. Holmberg: »Über die Jagdriten der nördlichen Völker Asiens und Europas«, *Suomalais-Ugrilaisen Seuran Aikakauskirja* 1926, S. 21, ferner B. Kálmán: »Zwei Reinigungsriten im Bärenkult der Obugrier«, in *Glaubenswelt und Folklore der sibirischen Völker*, Budapest 1963, S. 97, J. A. Alexejenko: »Der Bärenkult der Keten (Jenissei-Ostjaken)«, a.a.O., S. 197, H.-J. Paproth: *Studien über das Bärenzeremoniell*, Uppsala 1976, S. 105, 109, 114). Die Jakuten und Tungusen sprachen auf der Jagd russisch, um die Tiergeister glauben zu machen, daß die Russen sie hetzten und töteten. Cf. Lot-Falck, a.a.O., S. 112. Cf. hierzu auch K. Birket-Smith / F. de Laguna: *The Eyak Indians of the Copper River Delta, Alaska*, København 1938, S. 200, A. Métraux: »Tribes of the Eastern Slopes of the Bolivian Andes«, in *Handbook of South American Indians*, Bd. III, Washington 1946, S. 501, R. Jaulin: *La mort sara*, Paris 1971, S. 236, A. Chapman: »Mythologie et éthique chez les Jicaques«, *L'Homme* 1961, S. 97 f. Für den Ethnologen, der in diesen Jägervölkern in erster Linie leidgeprüfte und angstvolle Menschen sieht, sind solche Gebräuche natürlich vorwiegend Ausdruck der Furcht vor der Rache der Tiergeister.

41 J. G. Kohl: *Reisen in Canada und durch die Staaten von New York und Pennsylvanien*, Stuttgart 1856, S. 497, zit. n. W. Müller: *Glauben und Denken der Sioux*, Berlin 1970, S. 121. Cf. auch M. R. Gilmore: *Prairie Smoke*, New York 1929, S. 34 f. Früher durfte man auch bei uns die Bäume und Felder nicht allzusehr ihrer Kraft berauben. »Nich tau happig sîn, süs kricht'n nist wäer«, sagten die Bauern im Braunschweigischen. (G. Gesemann: *Regenzauber in Deutschland*, Braunschweig 1913, S. 46.) Noch im vorigen Jahrhundert baten die oberpfälzischen Holzarbeiter jeden Baum um Verzeihung, bevor sie ihm »das Leben abtaten«. Cf. W. Mannhardt, a.a.O., Bd. I, S. 10, 35; cf. auch A. Brosow: »Über Baumverehrung, Wald- und Feldkulte

bei der littauischen Völkergruppe«, *Berichte über das Altstädtische Gymnasium zu Königsberg* 1887, S. 12 f., H. Lorenzen: *Der Baum im deutschen Volkstum*, Leipzig o. J., S. 10 f., A. Hauser: *Wald und Feld in der alten Schweiz*, Zürich 1972, S. 79 f.

42 C. M. Wieland: »Agathodämon«, in *Sämmtliche Werke*, Bd. 18, Leipzig 1856, S. 20 f. Nicht nur bei den alten Griechen, sondern auch bei anderen Völkern findet man manchmal den Glauben, daß der Anblick der Geister zur Blindheit führt. Cf. M. Douglas: »The Lele of Kasai«, in *African Worlds*, London 1954, S. 9.

43 Eine *weitgehende*, aber keine *völlige* ›Entrümpelung‹, wie sie Denkern, die in der Tradition des Neopositivismus stehen (etwa Craig oder Goodman) vorgeschwebt hat. »If ›this is a table‹ is the conclusion of an inductive inference«, meint mit Recht L. W. Forguson (»Has Ayer Vindicated the Sense-Datum Theory?«, in *Symposium on J. L. Austin*, London 1969, S. 324), »so is ›this looks red to me‹ or ›I am sensibly presented with something red‹«, denn auch der, welcher ›Sinnesdaten‹ beschreibt, benutzt schließlich Begriffe, bezieht sich auf vergangene Erfahrungen usw. Entgegen A. J. Ayer (»Rejoinder to Professor Forguson«, a.a.O., S. 345) sollte man vielleicht realistischer sagen, daß es ein Kontinuum von theoretischer ›Vermitteltheit‹ gibt, oder anders ausgedrückt: All descriptions are ›conceptual‹, but some are more ›conceptual‹ than all the others.

44 In diesem Sinne sind vielleicht Aussagen über Sinnesdaten »gewisser« (wie A. J. Ayer: »Wittgenstein on Certainty«, in *Understanding Wittgenstein*, London 1974, S. 233, meint), aber natürlich auch uninteressanter, da sie normalerweise keine *Erfahrungen* wiedergeben. Cf. E. H. Gombrich: »The Evidence of Images«, in *Interpretation*, Baltimoore 1969, S. 43 f. Freilich wird in manchen Fällen den Menschen in fremden Kulturen nur so etwas wie ›Sinnesdaten‹ gegeben sein, wo wir selber Gestalten sehen: »Michii kam an die Tür und kaute auf einem Magazin herum. Ich öffnete das Heft und zeigte ihm die Illustrationen, aber er und die anderen schüttelten den Kopf, als ich sagte, daß die Bilder Menschen oder Landschaften zeigten. Ohne irgendeine erinnernde Verangenheit war es ihnen unmöglich, diese Bilder mit Lebewesen, mit Bäumen oder Hügeln in Verbindung zu bringen.« (Schneebaum, a.a.O., S. 135 f., cf. auch M. H. Segall / D. T. Campbell / M. J. Herskovits:

The Influence of Culture on Visual Perception, Indianapolis 1966, S. 32.) Deshalb scheint es mir ein bißchen naiv zu sein, mit P. J. Pelto (»Psychological Anthropology«, in *Biennial Review of Anthropology*, Stanford 1967, S. 147) zu glauben, daß Filme uns im Gegensatz zu »field notes« mit »raw data« versorgten. Noch ein Stückchen naiver ist S. Worth (»Toward an Anthropological Politics of Symbolic Forms«, in *Reinventing Anthropology*, New York 1974, S. 347), der meint, Filme zeigten endlich »the native's culture from the native's own point of view«, und zwar »literally and not metaphorically«!

45 Wenn M. Singleton (»Theology, ›Zande Theology‹ and Secular Theology«, in *Zande Themes*, Oxford 1972, S. 133, ähnlich A. Montagu: *Coming Into Being Among the Australian Aborigines*, London 1974, S. 10, und G. Bateson: *Steps to an Ecology of Mind*, St. Albans 1973, S. 454) meint, daß – sagen wir – sowohl den Nachtfahrenden als auch einem mit Hexensalbe eingeriebenen Devereux »the same sense data« gegeben seien, aus denen sie lediglich unterschiedliche »conclusions« zögen, dann scheint er eine sinnespsychologische *Analyse* mit dem entsprechenden *Erlebnis* zu verwechseln. »Concepts«, so schreibt D. J. O'Connor (»The Status of Sense Data«, in *Impressions of Empiricism*, London 1976, S. 90), »not only give structure to our sense data. By endowing them with publicly recognised meanings they translate them from the sensible to the observable level.« Auch dieser Philosoph orientiert sich offenbar an einem Bild, nach dem die Erfahrung selber gewissermaßen eine ›chaotische Mannigfaltigkeit‹ ist, die eine Bedeutung erst dann erlangt, nachdem sie ›konzeptuell gestanzt‹ wurde!

46 Eine analoge ›Deformation‹ wäre etwa auch die Reduktion sozialer Tatbestände, auf individuelle Verhaltensweisen. Cf. S. Lukes: »Methodological Individualism Reconsidered«, in *Sociological Theory and Philosophical Analysis*, London 1970, S. 80. Oder auch die angebliche ›Übersetzung‹ von Handlungen in naturwissenschaftlich beschreibbare Verhaltensweisen.

47 Cf. N. R. Hanson: *Perception and Discovery*, San Francisco 1969, S. 102, und B. R. Tilghman: *The Expression of Emotions in the Visual Arts*, The Hague 1970, S. 59 f.

48 Cf. I. Robinson: *The New Grammarians' Funeral*, Cambridge 1975, S. 74 ff. und G. Kurz: »Warnung vor dem Wörtchen ›Kode‹«,

Linguistik und Didaktik 1976, S. 154 ff., sowie R. Keller: »Handlungen verstehen«, *Zeitschrift für Germanistische Linguistik* 1976, S. 1 ff.

49 »My body knew the coyote was saying something and I translated it into dialogue . . .« (C. Castañeda: »Sorcerer's Apprentice«, a.a.O., S. 96.) In *Journey to Ixtlan* gibt Castañeda eine ganz andere Beschreibung dieses Ereignisses, denn dort gibt er ja vor, daß der Koyote in derselben Weise zu ihm gesprochen habe wie Don Juan oder irgendein anderer Mensch. Ich will natürlich nicht abstreiten, daß bisweilen ungewöhnliche Erfahrungen gemacht werden, die erst hinterher *interpretiert* werden. Cf. L. Honko: »Memorate und Volksglaubenforschung«, in *Vergleichende Sagenforschung*, Darmstadt 1969, S. 301 f. So wird man sagen können, daß die Initiation darin besteht, den Wahrnehmenden *sehen* zu *lehren*, so wie der Physiker gelehrt wird, gewisse Dinge zu sehen, die ein Laie nicht sehen kann. Doch aus Castañedas Beschreibung seiner Erfahrung mit dem ›magischen Hund‹ scheint ganz deutlich hervorzugehen, daß er einen *magischen* Hund erlebte und nicht einen allererst auf ungewöhnliche Weise *zu interpretierenden* Hund.

50 »Die Vernunft hat Gegenstände der Treue«, schreibt G. Bachelard (*Epistemologie*, Frankfurt/M. 1974, S. 214), und er denkt dabei an einen Eid, den er geleistet hat, nämlich den »rationalistischen Schwur, den eine Kultur an unzerstörbaren Begriffen festmacht«. Ich möchte damit nicht den Dogmatismus völlig entwerten. Viele neue Erkenntnisse verdanken wir sicherlich der Tatsache, daß ihre Vertreter sehr halsstarrig und dogmatisch an ihnen festgehalten haben. Cf. M. L. Schagrin: »On Being Unreasonable«, *Philosophy of Science* 1973, S. 4. Da ich kein Freund von allzu extremen Meinungen bin, würde ich weder für eine unverbrüchliche Ehe mit Trauring noch für eine ständige Promiskuität à la Feyerabend plädieren, sondern eher für so etwas wie eine ›offene Zweierbeziehung mit der Vernunft. Ein Seitensprung dann und wann muß ja nicht gleich Trennung auf Lebenszeit bedeuten.

51 Cf. A. I. Hallowell: »The Role of Dreams in Ojibwa Culture«, in *The Dream and Human Societies*, Berkeley 1966, S. 277. Die Donnervögel gehören zur ›Personenklasse‹ zu den *ätisokának*, zu der beispielsweise auch die ›Herren der Tiere‹ gezählt werden. Cf. ders.: »Objibwa World View and Disease«, in *Man's Image in Medicine and Anthropology*, New York 1963, S. 272.

52 Wie etwa G. Jahoda (*The Psychology of Superstition*, London 1969, S. 42) sagen würde.

53 Cf. G. Simmel: *Die Religion*, Frankfurt/M. 1912, S. 17 f., 38 f., und M. Grene: *The Understanding of Nature*, Dordrecht 1974, S. 31. Sehr deutlich wird das Unvermögen, dies zu begreifen, an der These Hortons, die Geister seien den »theoretischen Entitäten« der modernen Physik, also »unobservables«, vergleichbar, hypothetischen Konstrukten, deren Aufgabe darin besteht, eine Kohärenz in empirische Fakten zu bringen. (Ähnlich auch E. Bourguignon: »Ritual Dissociation and Possession Belief in Caribbean Negro Religion«, in *Afro-American Anthropology*, New York 1970, S. 88.) Horton hätte die Fragwürdigkeit dieses Vorschlags eigentlich selber einsehen können, denn er berichtet ja über »rituelle Experten«, die nach einer »Reinigung der Augen« die Geister *sehen* und *hören* können, während es keine vergleichbare ›Reinigungszeremonie‹ für die Augen und Ohren der Physiker zu geben scheint. Cf. R. Horton: »A Definition of Religion, and Its Uses«, *Journal of the Royal Anthropological Institute* 1960, S. 205, ders.: »The Kalabari World View«, *Africa* 1962, S. 199, ders.: »Ritual Man in Africa«, *Africa* 1964, S. 86. Was freilich Horton zu diesem Vergleich angeregt hat, oder genauer gesagt, was dessen Voraussetzung ist, das ist natürlich, daß er nicht glaubt, *Geister gebe es wirklich*. Der einzige Philosoph, der meines Wissens ernsthaft die These vertreten hat, daß derjenige, der ›Augen hat, zu sehen‹, wirklich Geister und Vergleichbares sehen kann, ist Feyerabend gewesen. Cf. P. Feyerabend: »Problems of Empiricism«, in *Beyond the Edge of Certainty*, Pittsburgh 1965. Heute hat es allerdings *bisweilen* den Anschein, daß er lediglich meint, es könne zwar derartige ›Wahrnehmungen‹ geben, daß diese sich jedoch in Wirklichkeit als Scheinwahrnehmungen entpuppten. So schreibt er in einem seiner neuesten Artikel, daß das, was die Hexen gesehen hätten, »illusory« und daß »another object« »actually present« gewesen sei. Cf. ders.: »Marxist Fairytales from Australia«, *Inquiry* 1977, S. 380. Danach ist er wohl der Auffassung, daß die moderne Psychologie im Gegensatz zur Dämonologie doch recht habe, und er stimmt folglich mit E. E. Evans-Pritchard (*Essays in Social Anthropology*, London 1962, S. 53) überein, wenn dieser schreibt: »No Greek, except on the stage, ever saw cloud-gathering Zeus.« L. Krüger (»Wissenschaftliche Revolutio-

nen und Kontinuität der Erfahrung«, *Neue Hefte für Philosophie* 1974, S. 6 f.) meint, der Hexenglaube sei »doch wohl gerade deshalb gekommen und gegangen, weil Hexen *nicht* zu den stabilen Phänomenen der Wahrnehmung (wie, sagen wir, die Sterne am Himmel oder die Schwere eines Apfels) gehören, sondern Gebilde wenn nicht des Wahns, so doch der ›Theorie‹ sind.« Auch W. Schmidbauer (»Zur Psychologie des Orakels«, *Psychologische Rundschau* 1970, S. 95) setzt auf noch deutlichere Weise als geradezu selbstverständlich voraus, daß sich der schamanische Schutzgeist nicht »beobachten« ließe. Mir scheinen solche Auffassungen – philosophisch und historisch gesehen – etwas naiv zu sein. Wenn kulturelle Traditionen *abgebrochen* werden, dann darf man sich nicht wundern, wenn gewisse Dinge nicht mehr *gesehen* werden können. Natürlich kann man Äpfel *leichter* sehen als, sagen wir, Incubi. Aber die Schwierigkeit der Wahrnehmung wird doch wohl kein Argument gegen deren Wirklichkeit sein. Man kann von Bielefeld aus leichter nach Erlangen reisen als nach Timbuktu, aber es wird deshalb niemandem einfallen zu sagen, daß deswegen Timbuktu ›weniger wirklich‹ ist. Daß Schutzgeister usw. nicht »beobachtbar« seien, ist schlicht falsch. Cf. etwa A. P. Elkin: »Belief, Language and Experience«, *Oceania* 1974, S. 82, M. Augé: *Théorie des pouvoirs et idéologie*, Paris 1975, S. 116 f., J. Goody: *Death, Property and the Ancestors*, Stanford 1962, S. 366, 371, H. H. J. Coate: »The Rai and the Third Eye«, *Oceania* 1966, S. 93. Natürlich ist dies im Normalfall keine ›Alltagsbeobachtung‹. So wurde etwa die Ethnologin Esther Goody von den Gonja um ihre Brille gebeten, weil diese vermuteten, sie könne durch die Gläser besser die Hexen sehen (cf. E. Goody: »Legitimate and Illegitimate Aggression in a West African State«, in *Witchcraft, Confessions and Accusations*, London 1970, S. 243), und das ›zweite Gesicht‹ wird oft – wie bei den Kwakiutl – durch protuberante Augen dargestellt (cf. C. Lévi-Strauss: *La voie des masques*, Bd. I, Genève 1975, S. 30 ff.), was bedeutet, daß man der Geister auf eine andere Weise inne wird als der Gegenwart von Äpfeln oder Ethnologen. Auch mag es sein, daß *wir* manchen ›mythischen Wahrnehmungen‹ mit größerer Skepsis als die Eingeborenen gegenüberstehen, weil wir um alternative Erklärungen für gewisse beobachtbare Analogien wissen. So heißt es etwa bei einigen nordwestaustralischen Stämmen, daß die Profilierung der Erde und insbesondere der Gebirgsketten auf den Schwarzkopf-Traumzeit-Python Kunukban zurückzuführen ist, der einst von einer fernen Insel im Timormeer geschwommen kam. »How come«, fragen die Initianden die Alten, »that soft fella with no arms and legs can make big ranges?« Nun scheint es so zu sein, daß der genannte Python im losen Sand durch seine Vorwärtsbewegungen Sandhügel anhäuft. »For relatively light snakes and relatively firm surfaces they are inclined at about 45° to the direction of travel. For heavy snakes on deep loose surfaces their inclination to the direction of travel approaches 90°. At any one instant the soil surface ahead of the snake is flat and the heigth of the ridges increases with repeated thrusting from the head and to tail end. The greatest development of micro-relief is at the tail and behind the snake ... According to Aboriginal logic the ranges in the Ord-Victoria region that are inclined at right angles to the course of the river ›must‹ have been made by the snake and since the ranges in the Kimberleys are ›rougher‹ than those approaching the Barkly Tableland the snake ›must‹ have travelled from north-west to south-east. Furthermore, the sea is the ›roughest place of the lot‹ and the Barkly Tableland is ›properly flat, no tracks‹. Therefore the snake ›must‹ have come from the sea and ›must‹ have gone underground at the western edge of the Barkly Tableland plain country because no further tracks are apparent.« (W. Arndt: »The Dreaming of Kunukban«, *Oceania* 1965, S. 255.) In *solchen* Fällen wird man also gewisse Wahrnehmungen (etwa die der Gebirgsketten), die von ›Theorien‹ (etwa der Profilierung durch den Python) imprägniert sind, in Frage stellen können (cf. auch M. D. King: »Reason, Tradition, and the Progressiveness of Science«, *History and Theory* 1971, S. 14), weil die ›theoretischen Annahmen‹ fragwürdig sein mögen. Allerdings handelt es sich hier um explizite ›Theorien‹ und deswegen eher um *Interpretationen* von Wahrnehmungen, zudem um Interpretationen, die mit unseren naturwissenschaftlichen Deutungen *kollidieren.* In den für uns interessanteren Fällen werden jedoch die ›mythischen Wahrnehmungen‹ auf einer anderen *›Ebene‹* liegen, und bezeichnenderweise werden solche Wahrnehmungen (cf. etwa G. Weiss: »Campa Cosmology«, *Ethnology* 1972, S. 160, K. Schmëing: *Zur Geschichte des Zweiten Gesichts*, Oldenburg 1943, S. 39, U. v. Wilamowitz-Möllendorf: *Der Glaube der Hellenen*, Bd. I,

Darmstadt 1959, S. 22) ja von vielen Wissenschaftlern einfach deshalb von der Hand gewiesen, *weil* sie auf einer ›Ebene‹ liegen, die zu betreten dem ›Erkenntnisinteresse‹ dieser Menschen zuwiderläuft. Wenn es richtig ist, daß in unserer heutigen Kultur der religiöse Begriff »glauben« große Ähnlichkeit mit Begriffen wie »vertrauen auf« oder »sich verlassen auf« hat – ich vertraue hier den Profis, z. B. W.-D. Just: *Religiöse Sprache und analytische Philosophie*, Stuttgart 1975, S. 146 – dann beschreiben überdies die meisten Ethnologen das Verhalten der Naturvölker in vielen Fällen falsch, wenn sie sagen, diese *glaubten* an ›übernatürliche‹ Wesen. Die Missionare, die beispielsweise den Mazateken erzählten, sie glaubten zwar an Gott, hätten ihn jedoch noch nicht *gesehen*, machten auf die Indianer, die mit Gottes*erfahrungen* von ganz anderem Kaliber aufwarten konnten, wenig Eindruck. Cf. E. Pike / F. Cowan: »Mushroom Ritual Versus Christianity«, *Practical Anthropology* 1959, S. 147 f. Cf. auch J. S. Slotkin: »The Peyote Way«, in *The North American Indians*, New York 1967, S. 651, ferner D. F. Aberle: *The Peyote Religion Among the Navaho*, New York 1966, S. 7.

54 Cf. W. Z. Park: *Shamanism in Western North America*, Evanston 1938, S. 19. Auch bei den Tewa ist der Koyote der ›Erz-Trickster‹. Cf. E. C. Parsons, a.a.O., S. 127. Cf. auch J. de Angulo: »La psychologie religieuse des Achumavi«, *Anthropos* 1928, S. 160, und A. L. Kroeber: »Seven Mohave Myths«, *Anthropological Records*, Berkeley 1948. Bei nichtamerikanischen Völkern ist dies meist der Fuchs. Cf. etwa W. Kremp: *Beiträge zur Religion der Ainu*, Freiburg 1928, S. 51, und C. Blacker: »Animal Witchcraft in Japan«, in *The Witch Figure*, London 1973, S. 1.

Anmerkungen zu § 11

1 Bereits für Descartes und Malebranche hatten die Tiere keine Gefühle und man konnte getrost ›grausam‹ zu ihnen sein, denn dies war keine Grausamkeit: ihr Schreien war nicht mehr als das Quietschen einer Maschine. Die Begründung für diese absurde Auffassung war jedoch eine philosophisch-theologische. Schmerz und

Leid konnten nur sündhafte Wesen empfinden, und es hatte ja keine Eva der Tierwelt gegeben. Cf. J. Passmore: »The Treatment of Animals«, *Journal of the History of Ideas* 1975, S. 204.

2 Zit. n. H. H. Balmer: *Die Archetypentheorie von C. G. Jung*, Heidelberg 1972, S. 5. »Angeblich«, schreibt Devereux (a.a.O., S. 159), »entließ eine wissenschaftliche Institution mehrere Wissenschaftler, weil sie die Physiologie des Koitus untersucht hatten. Meiner Ansicht nach wurden sie aus dem falschen Grund entlassen. Sie hätten gefeuert werden sollen, weil sie glaubten, daß die Reaktionen von beobachteten, gefilmten und mit Instrumenten gespickten Versuchsobjekten Licht auf den Liebesakt werfen könnten.« In den unfrisierten Gedanken Malinowskis zeigt sich eine solche distanzierte Haltung bei einem Ethnographen: »I see the life of the natives as utterly devoid of interest or importance, something as remote from me as the life of a dog.« (B. Malinowski: *A Diary in the Strict Sense of the Term*, New York 1967, S. 167.) Vielleicht hängt mit solchen Erfahrungen zusammen, daß Malinowski später den Behaviourismus als geeignete wissenschaftliche Beschreibungsweise empfohlen hat, denn die »Einfühlung« in eine fremde Kultur sei »immer gefahrvoll«, da sie »darauf hinausläuft, zu vermuten, wie die andere Person gedacht oder gefühlt haben mag«. Cf. ders.: *Eine wissenschaftliche Theorie der Kultur*, Zürich 1949, S. 63. Wer einmal den einen oder den anderen Schüler Malinowskis im Zustand der Volltrunkenheit über »seine Wilden« hat reden hören, der wird verstehen, daß Malinowski hier wohl keine einsame Ausnahme war und daß er, der »unbändige Schurke«, wie Greenway (a.a.O., S. 9) sagt, lediglich »die elementarste Regel eines jeden« verletzte, »der den Wunsch hat, daß die Nachwelt vorteilhaft von ihm denkt: Führe keine genauen Tagebücher, und wenn du es doch mußt, laß sie nicht in die Hände deiner zweiten Frau fallen.«

3 J. A. Barnes: »Some Ethical Problems in Modern Fieldwork«, in *Anthropologists in the Field*, Assen 1967, S. 209. G. P. Murdock (»Tenino Shamanism«, *Ethnology* 1965, S. 168) meint, daß wir so etwas zumindest »als Wissenschaftler« annehmen müssen. Was mich an die Mahnung erinnert: Was Sie in Ihrer Privatzeit tun, ist uns Wurst. Aber hier im Büro haben Sie korrekt gekleidet zu sein!

4 Cf. z. B. J. Middleton: »Secrecy in Lugbara Religion«, *History of Religions* 1973, S. 306 f., M. Gusinde: *Urmenschen im Feuerland*, Wien

1946, S. 333, J. Wilbert: »Zur Kenntnis der Yabarana«, *Antropologica* 1957, S. 55 f.

5 J. Mepham (»The Structuralist Sciences and Philosophy«, in *Structuralism*, Oxford 1973, S. 131) hält die ›Weltanschauung der Naturvölker‹ deshalb für *falsch*, weil diese »(is) built around relationships discovered at the level of the sensible and it is not, as it happens, at this level that the truths at which science aims are to be found«. Der Strukturalist glaubt, *er* ginge in die Tiefe, »zum Felsen«, wie Lévi-Strauss sich ausdrückt, und die Wilden schwömmen an der Oberfläche, ›in der Empirie‹ herum – es gehört wohl sehr viel Oberflächlichkeit zu einer solchen Meinung. Natürlich ist auch der Strukturalismus als »a way of looking at things« (E. Leach: »Structuralism in Social Anthropology«, a.a.O., S. 37), *eine unter vielen* Perspektiven (und wohl nicht gerade die tiefste), unter denen man die Welt betrachten kann, und man sollte vielleicht auch einem Auto nicht vorwerfen, daß es nicht fliegen kann, wie M. Oppitz (*Notwendige Beziehungen*, Frankfurt/M. 1975, S. 21) sagt. Aber man wird wohl auch von einem Strukturalisten erwarten dürfen, daß er seinen Alfa Romeo dort stehen läßt und zu Fuß weitergeht, wo der Urwald anfängt.

6 Cf. E. H. Ackerknecht: »Problems of Primitive Medicine«, in *Reader in Comparative Religion*, New York 1965, S. 398, L. Sebag: »Le chamanisme ayoréo«, *L'Homme* 1965, S. 114. A. MacIntyre (»Is Understanding Religion Compatible With Believing?«, in *Faith and the Philosophers*, London 1964, S. 122 f.) meint, daß »we confront a black wall here, so far as meaning is concerned«, wenn wir so etwas verstehen wollen. Daß dies vielleicht nur der Fall ist, solange er in seiner Studierstube bleibt, zieht der Philosoph nicht in Betracht. Und wenn man sich die Sache gar so einfach macht wie I. C. Jarvie (»Understanding and Explanation in Sociology and Social Anthropology«, in *Explanation in the Behavioural Sciences*, Cambridge 1970, S. 231), der schreibt: »Understanding a human being and understanding an atom are not different processes«, dann wird man in der Tat nichts anderes sehen als Steine oder Holzstücke, an denen die Schamanen herumhantieren. Feyerabend hat einmal beschrieben, mit welcher Arroganz manchmal Logiker zu sagen pflegen: »Das verstehe ich nicht.« Mit derselben Überheblichkeit schreiben manche Ethnologen bisweilen: »*Ich* habe nichts gesehen.« Als gäbe es eine Sache bloß deshalb nicht, weil *sie* »nichts gesehen haben«.

7 Ich will damit natürlich nicht bestreiten, daß in vielen Fällen auch bei den Naturvölkern selber mittlerweile diese Perspektive verlorengegangen ist, so daß etwa die Mitglieder der Männerbünde lediglich Angst davor haben, die Frauen könnten erfahren, daß nicht die Ahnen, sondern sie selber die heiligen Flöten blasen. Cf. z. B. K. E. Read: »Nama Cult of the Central Highlands«, *Oceania* 1952, S. 5 f. Diese Männer haben wohl kein Wissen mehr über ihre ›mythische Identität‹.

8 Cf. A. M. di Nola: »Demythicization in Certain Primitive Cultures«, *History of Religions* 1972, S. 18, 20. Um wieviel sensibler für solche Dinge als beispielsweise Topitsch war noch ein Simmel, wenn er schrieb: »Allein der Gedankengang des Metaphysikers verläuft nicht so: ich sehe soundso aus, also ist dies auch das Aussehen der Welt; sondern: welches ist der tiefste, einheitliche Grund, auf dem die Welt, und ich mit ihr und in ihr ruhen kann?« (G. Simmel: *Hauptprobleme der Philosophie*, Leipzig 1911, S. 32, cf. auch R. Otto: *Das Gefühl des Überweltlichen*, München 1932, S. 21.)

9 Cf. P. Wirtz: *Die Marind-anim von Holländisch Süd-Neuguinea*, Bd. I, Hamburg 1922, S. 16. Cf. auch F. J. Dockstader: *The Kachina and the White Man*, Bloomfield Hills 1954, S. 27, E. C. Parsons: *Pueblo Indian Religion*, Bd. I, Chicago 1939, S. 170. Das ist heute natürlich nicht mehr durchgängig der Fall. Cf. z. B. L. A. White: »The World of the Keresan Pueblo Indians«, in *Primitive Views of the World*, New York 1964, S. 89, J. W. Hauer: *Die Religionen*, Bd. I, Berlin 1923, S. 162, E. Nordenskiöld / R. P. Kantule: *A Historical and Ethnological Survey of the Cuna Indians*, Göteborg 1938, S. XVIII, J. H. M. Beattie: »The Ghost Cult in Bunyoro«, in *Gods and Rituals*, Garden City 1967, S. 284.

10 Cf. P. H. Meyer: »Das Parakwesen in Glauben und Kult bei den Eingeborenen an der Nordostküste Neuguineas«, *Annali Lateranensi* 1943, S. 149. Wenn der Schamane der Tamang zu Beginn der Séance erklärt: »Ich bin kein Schamane, der auf der Erde geboren wurde, vielmehr wurde mein Leib von meiner geistigen Mutter und meine Seele von meinem Guru geboren« (A. Höfer: »Is the *bombo* an Ecstatic?«, in *Contributions to the Anthropology of Nepal*, London 1973, S. 173), oder wenn es im *Atharva-Veda* heißt: »Der Guru, der den Brahmacārin einführt, macht ihn zu einem Embryo in seinem Innern; er trägt ihn drei Nächte in seinem Bauch«, dann wird man

dem Schamanen wie dem Intianden wohl kaum die Einsicht absprechen können, daß ihr ›Alltagsleib‹ auf eine ganz gewöhnliche Weise geboren wurde.

11 Cf. H. P. Duerr: *Ni Dieu – ni mètre*, a.a.O., S. 133 ff.

12 Cf. W. E. Mühlmann: *Homo Creator*, Wiesbaden 1962, S. 172, hierzu die treffende Kritik von W. Müller: »Ethnologie und Soziologie«, *Anthropos* 1964, auf die einzugehen Mühlmann nie für nötig erachtet hat. Es hat im übrigen den Anschein, als ob sehr viele Ethnographen nur derartige Antworten von Nicht-Initiierten vernahmen, oder aber von Initiierten, die wohl Besseres zu tun hatten, als dem erstbesten Wissenschaftler Geheimnisse zu eröffnen, die dieser vermutlich doch nicht verstanden hätte. Cf. z. B. M. Mead: *Geschlecht und Temperament in primitiven Gesellschaften*, Hamburg 1959, S. 45 f., 116, J. M. Cooper: »The Ona«, in *Handbook of South American Indians*, Bd. I, Washington 1946, S. 121, C. H. Wedgwood: »Report on Research in Manam Island«, *Oceania* 1934, S. 399 f.

13 Cf. E. Gellner: *Thought and Change*, Chicago 1965, S. 1 f., ähnlich auch F. Waters, a.a.O., S. 71. Für Gellner, der nicht nur notorische Schwierigkeiten hat, Wittgenstein zu verstehen, sondern der auch mit der archaischen Mentalität nicht allzuviel anzufangen weiß, ist das natürlich alles nur Larifari. Cf. E. Gellner: »Our Current Sense of History«, *Archives Européennes de Sociologie* 1971, S. 161.

14 A. W. Watts: *Kosmologie der Freude*, Darmstadt 1972, S. 64 f., ferner N. Drury: *Don Juan, Mescalito and Modern Magic*, London 1978, S. 27 f.

15 Cf. J. Gebser: *Ursprung und Gegenwart*, München 1973, S. 83 f.

16 Cf. E. E. Evans-Pritchard: »Nuer Time Reckoning«, *Africa* 1939, S. 212 f., und ders.: *The Nuer*, Oxford 1940, S. 107 f. Cf. auch L. Radermacher: *Mythos und Sage bei den Griechen*, Brünn 1943, S. 70.

17 Cf. E. E. Harris: »Time and Eternity«, *The Review of Metaphysics* 1976, S. 473. »Ihr Sterblichen«, heißt es im *Rig Veda* (X, 136), »seht nur unsere Körper.« »The child who eats the inheritance«, sagen die Edo, »does not weep for the dead.« Cf. R. E. Bradbury: »Fathers, Elders, and Ghosts in Edo Religion«, in *Anthropological Approaches to the Study of Religion*, London 1966, S. 134.

18 Schwarzer Hirsch: *Die heilige Pfeife*, Olten 1956, S. 34. So »repräsentieren« die konzentrischen Kreise auf dem Boden nicht die

Wasserlöcher der Walbiri-Urzeitheroen, wie N. Peterson (»Totemism Yesterday«, *Man* 1972, S. 23 f.) meint, sie *sind* »für den, der versteht«, die Wasserlöcher.

19 Nach Lips (a.a.O., S. 44) porträtierte einmal ein Maler einen alten Maori-Häuptling. Als dieser sich das fertige Bild anschaute, sagte er: »That's not what I am.« Dann begann er selber, sich zu malen, aber er malte nur seine Tatauierung und sagte: »That's what I am.«

20 Cf. L. Hellmuth: *Die germanische Blutsbrüderschaft*, Wien 1975, S. 203, bzw. J. Assmann: *Zeit und Ewigkeit im alten Ägypten*, Heidelberg 1975, S. 12 f.

21 Cf. W. Benjamin: *Schriften*, Bd. I, Frankfurt/M. 1955, S. 503 f. Cf. auch M. Puder: »Marx und Engels als konservative Denker«, *Unter dem Pflaster liegt der Strand* 1976, S. 174. Solche Uhrtürme waren im 14. Jahrhundert in den italienischen Handelsstädten aufgekommen und waren im Besitz der bürgerlichen Gemeinde. Sie symbolisieren sehr gut das neue Zeitbewußtsein, das aus der »Notwendigkeit, die Konjunktur an Orten, die weit entfernt waren, für den Einkauf wie den Absatz der Waren genau zu kennen«, entstand. Cf. Maschke, a.a.O., S. 189 f. K. Mannheim (*Ideologie und Utopie*, Meisenheim 1952, S. 186 ff.) hat den Anarchisten als den letzten Typus des mythischen, des ›chiliastischen‹ Revolutionärs gekennzeichnet, der historisch von dem marxistischen ›Endzeitrevolutionär‹ abgelöst wurde: »Was der Chiliast erwartet, ist diese Vereinigung mit dem Jetzt; deshalb füllen nicht optimistische Zukunftshoffnung und romantische Erinnerung seine alltägliche Zeit aus, sondern es handelt sich hier um ein *Harren*, um ein Auf-dem-Sprung-Sein, weshalb sich auch die sonstige Zeit für ihn nicht differenziert. Das tausendjährige Reich ist von ihm nicht eigentlich gemeint, das Wichtige für ihn ist, daß es hier sei und jetzt sei und aus dem irdischen entstehe als ein hier sich vollziehender Umschwung in ein andersartiges Sein.« (A.a.O., S. 189, cf. auch G. Brenan: *The Spanish Labyrinth*, Cambridge 1960, S. 157.) So werfen auch die Anarchisten den Marxisten immer wieder vor, diese versprächen zwar den Himmel auf Erden, »mais toujours au-delà – *au delà du présent.*« (M. Fayolle: *Réflexions sur l'anarchisme*, Paris 1965, S. 69.) Während die normale Zeit der kapitalistischen Gesellschaft als »driving fury« (G. Woodcock: *Anarchy or Chaos*, London 1944,

S. 91, cf. auch S. G. F. Brandon: »The Significance of Time in Some Ancient Initiatory Rituals«, in *Initiation*, Leiden 1965, S. 40) erlebt wird – und wem fiele es schwer, dies nachzuvollziehen? – erscheint eine plötzlich ausbrechende Revolte wie der Pariser Mai 68 als ein Fest. Cf. etwa M. Ragon: »Der Künstler und die Gesellschaft«, in *Kunst ist Revolution*, Köln 1969, S. 27, und H. Lefèbvre: *La proclamation de la Commune*, Paris 1965, S. 389. Diesen anarchistischen Sinn für die Zeitlosigkeit veranschaulicht auch sehr schön eine kleine Begebenheit während der spanischen Revolution des Jahres 1936, die I. Ehrenburg (*Memoiren*, Bd. II, München 1962, S. 240) berichtet. In einem kleinen andalusischen Dorf wurde er Zeuge eines hitzigen Gesprächs zwischen dem Bürgermeister und dem Lehrer des Ortes. Der Bürgermeister war für die Zweite Internationale, der Lehrer für die Dritte, bis schließlich ein Taglöhner sich in die Diskussion einmischte und dazwischenrief: »Und ich bin für die Erste Internationale – für den Genossen Miguel Bakunin!« »Während überall«, schrieb zu jener Zeit E. Conze (*Spain Today*, London 1936, S. 62, zit. n. A. v. Borries: »Der spanische Anarchismus«, *Neues Hochland* 1973, S. 341), »die ›Arbeiter-Bewegung darauf aus ist, Wohlstand und Sicherheit zu erlangen, lebt der spanische Anarchist für Freiheit, Tugend und Würde. Vielleicht ist der Anarchist bloß, wie Don Quichote, das einsame Überbleibsel einer ausgestorbenen Spezies.« So ist es auch sicher kein Zufall, daß Männer wie Bakunin, Vanzetti oder Henry mit Begeisterung Don Quichote lasen, die beiden letzteren kurz vor ihrer Hinrichtung. Als ein junger Genosse einmal einen alten spanischen Anarchisten fragte, ob die Ideale des Anarchismus nicht zwar schön, aber unrealisierbar seien, antwortete dieser: »Natürlich ist seine Verwirklichung unmöglich. Aber siehst du denn nicht, daß alles, was heute möglich ist, nichts wert ist?« (Zit. n. E. Oberländer: »Die Theorie der herrschaftsfreien Gesellschaft«, in *Der Anarchismus*, Olten 1972, S. 33 f.).

22 A. Coomaraswamy: *Time and Eternity*, Ascona 1947, S. 29. Von den niederdeutschen Sehern, den »Wicker«, heißt es, sie hätten die Fähigkeiten besessen, »die Uhren anzuhalten«. Cf. G. Grober-Glück: »Second Sight in Northern Germany«, in *Parapsychology and Anthropology*, New York 1974, S. 193.

23 Foucault kann so etwas nur sagen, weil er nicht weiß, was eine

›mythische Perspektive‹ ist. Er meint, die »Suche nach dem Urspung« sei eine Suche nach dem, »was schon war«. Cf. M. Foucault: *Von der Subversion des Wissens*, München 1974, S. 85.

24 Cf. A. Lommel: *Fortschritt ins Nichts*, Zürich 1969, S. 110, T. G. H. Strehlow: *Aranda Traditions*, Melbourne 1947, S. 11, 133, N. D. Munn: »The Transformation of Subjects into Objects in Walbiri and Pitjantjatjara Myth«, in *Australian Aboriginal Anthropology*, Nedlands 1970, S. 146. Einem Ethnologen sagten australische Eingeborene, daß es keine Menschen gewesen seien, welche die Felsbilder gemalt hätten. Mit unangebrachter Ironie schreibt er dazu: »That my ignorance was such that I, an adult, did not recognize the mythical character of the artists was unexplainable to the natives.« D. S. Davidson: *Aboriginal Australian and Tasmanian Rock Carvings and Paintings*, Philadelphia 1936, S. 112.

25 »Eine Person«, schreibt J. S. Kafka (»Zum Problem der Realität«, *Psyche 1977, S. 718)*, »die ein Déjà-vu-Erlebnis hat, hat den Eindruck, daß die tatsächliche manifeste Situation schon einmal stattgefunden hat, während es sein kann, daß nicht die Situation bekannt ist, sondern die der Situation zugrunde liegende latente Bedeutung.« Genau das liegt der platonischen Anamnesis-Theorie zugrunde. Im Augenblick der Wahrnehmung erinnert sich die Seele an dasjenige, *was* das Wahrgenommene *ist*.

26 Cf. V. E. v. Gebsattel: *Prolegomena einer medizinischen Anthropologie*, Berlin 1954, S. 135 f., ders.: »Die Störungen des Werdens und des Zeiterlebens im Rahmen psychiatrischer Erkrankungen«, in *Die Wahnwelten*, Frankfurt/M. 1963, S. 363 f. Vermutlich steht hiermit auch die Veränderung des Zeiterlebens nach der Einnahme ›halluzinogener‹ Drogen in Zusammenhang. Cf. H. Aronson / A. B. Silverstein / G. D. Klee: »Influence of Lysergic Acid Diethylamide on Subjective Time«, *Archives for Genetical Psychiatry* 1959, S. 469 ff., ferner J. R. Smythies: »The Mescaline Phenomena«, *British Journal for the Philosophy of Science* 1953, S. 345, E. Jünger: »Drugs and Ecstasy«, in *Myths and Symbols*, Chicago 1969, S. 340.

27 Cf. A. W. Watts: *Zen-Buddhismus*, Hamburg 1961, S. 153 f.

28 Cf. F. Kersten: »Phenomenology, History, Myth«, in *Phenomenology and Social Reality*, The Hague 1970, S. 247, B. Snell: »Wie die Griechen lernten, was geistige Tätigkeit ist«, *The Journal of Hellenic Studies* 1973, S. 176. Man könnte auch sagen, daß in unserem zen-

buddhistischen Beispiel der Meister bei seinem Schüler die Perspektive der ›genetischen Identität‹ ausschalten will, eine Perspektive, die in der archaischen Erfahrung ohnehin eine geringere Rolle spielt als in unserem in viel stärkerem Maße auf Verfügbarmachung ausgerichteten Denken. Cf. R. E. Ornstein: *The Psychology of Consciousness*, San Francisco 1972, S. 91, ferner T. Bomann: *Das hebräische Denken im Vergleich mit dem griechischen*, Göttingen 1968, S. 61, 123 ff. Wo wir verschiedene Stufen in der Entwicklung *eines* Gegenstandes sehen, scheinen in dieser Perspektive eher *verschiedene* Gegenstände aufeinanderzufolgen. Bei den Trobriandern *bleibt* die reife Yam *(taytu)* eine reife Yam, gefolgt von der überreifen Yam *(yowana)*. Von den Tupi heißt es, sie hätten in den verschiedenen Mondphasen verschiedene Wesenheiten gesehen. Cf. C. Lévi-Strauss: *L'origine des manières de table*, Paris 1968, S. 67, J. Falkenberg: *Kin and Totem*, Oslo 1962, S. 83.

29 L. van der Post: *Die verlorene Welt der Kalahari*, Bern 1966, S. 263.

30 Ich halte es auch nicht für besonders glücklich, die ›mythische Zeit‹ eine »Schablone« zu nennen, die über das betreffende »natürliche Ereignis« gelegt werde. (Cf. P. Munz: *When the Golden Bough Breaks*, London 1973, S. 50 f.) Dahinter steht wohl das Bild, daß das Alltagserlebnis das wirkliche ist, das nur mythisch *interpretiert* wird, indem man gewissermaßen die Umrisse des »stencils« in das Geschehnis hineinzeichnet.

31 Cf. M. Eliade: *Der Mythos der Ewigen Wiederkehr*, Düsseldorf 1953, S. 5, 14, 21 f., 36 ff., ähnlich auch B. Malinowski: *The Foundations of Faith and Morals*, London 1936, S. 41, G. Devereux: »Pathogenic Dreams in Non-Western Societies«, in *The Dream and Human Societies*, Berkeley 1966, S. 220; W. E. Mühlmann (»Die charismatische Verführung«, in *Castro – Nkrumah – Sukarno*, Berlin 1977, S. XVII)meint, jener vermeintliche »Rückgang« sei ein »kulturpsychologisches Selbstmißverständnis« (gemeint ist wohl ein Selbstmißverständnis, mit dem sich Kulturpsychologen beschäftigen): Man könne nicht zu den »Ursprüngen« zurück, denn die »Ursprünge« seien nach der »Anaklisis« doch etwas anderes als sie es einst waren, nämlich beispielsweise »Symbole des Widerstandes gegen Kulturverlust«, also »ideologische Requisiten«. Das ist zwar richtig, aber ›beside the point‹, denn der ›mythisch Denkende‹ geht nicht *zurück*. Mühlmann kann (und will) nicht mythisch *denken*, und

deshalb versteht er nicht, was es bedeutet, etwa »Orphée et Eurydice« *zu sein*.

32 Cf. H. G. Wells: *Die Zeitmaschine*, Hamburg 1951, S. 10. Allein ein solcher Begriff ergäbe überhaupt keinen *Sinn*. Cf. J. J. C. Smart: »Is Time Travel Possible?«, *The Journal of Philosophy* 1963, S. 238 f.

33 Cf. P. Bohannan: »Concepts of Time Among the Tiv of Nigeria«, *Southwestern Journal of Anthropology* 1953, S. 261.

34 So etwa M. Eliade: »Initiation Rites and Secret Cults«, *History of Religions* 1967, S. 63, ders.: »Recent Works on Shamanism«, a.a.O., S. 165, A. P. Elkin: *Aboriginal Men of High Degree*, Sydney 1946, S. 13, J. Parratt: »Time in Traditional African Thought«, *Religion* 1977, S. 120, A. Rapoport: »Australian Aborigines and the Definition of Place«, in *Shelter, Sign and Symbol*, London 1975, S. 46.

35 Wie man etwa am Starnberger See glaubt. Cf. R. Döbert: *Systemtheorie und die Entwicklung religiöser Deutungssysteme*, Frankfurt/M. 1973, S. 100, 105 oder K. Eder: *Die Entstehung staatlich organisierter Gesellschaften*, Frankfurt/M. 1976, S. 29. Ähnlich auch Psychoanalytiker, die es eigentlich besser wissen müßten. Cf. z. B. G. Róheim: »The Origin and Function of Magic«, in *Magic and Schizophrenia*, Bloomington 1962, S. 35.

36 So etwa A. Capell (»Language and World View in the Northern Kimberley«, *Southwestern Journal of Anthropology* 1960, S. 2) über das *lalan* der Ngarinyin. Ebenso R. M. Berndt: »Two in One, and More in Two«, in *Échanges et communications*, Bd. II, The Hague 1970, S. 1041.

37 Cf. etwa L. Lévy-Bruhl: *Les carnets*, Paris 1949, S. 81, oder M. J. Meggitt: *Desert People*, Chicago 1962, S. 60. Natürlich sind solche parallelen Zeiten denkbar oder logisch möglich (cf. R. G. Swinburne: »Times«, *Analysis* 1965, S. 185 ff., M. Hollis: »Times and Spaces«, *Mind* 1967, S. 524 ff.), aber sie sind etwas ganz anderes als die ›mythische Zeit‹. Sie entsprechen eher jener jenseitigen Zeit, von der in unseren Sagen die Rede ist und aus der das Bauernmädchen zurückkehrt, um festzustellen, daß mittlerweile in ihrem Dorf hundert Jahre vergangen sind.

38 Cf. G. van der Leeuw: *Phänomenologie der Religion*, Tübingen 1956, S. 435 f., W. E. H. Stanner: »The Dreaming«, in *Comparative Religion*, New York 1965, S. 159, A. P. Elkin: »Review of Lévy-Bruhl's ›Le temps et l'espace du monde mythique‹«, *Oceania* 1936,

S. 489 f., ders.: »Elements of Australian Aboriginal Philosophy«, *Oceania* 1969, S. 87 f., E. S. Carpenter: »The Timeless Present in the Mythology of the Aivilik Eskimos«, *Anthropologica* 1956, S. 1 ff., T. J. J. Altizer: »The Religious Meaning of Myth and Symbol«, in *Truth, Myth, and Symbol*, Englewood Cliffs 1962, S. 93 f., C. G. Jung: »Über Wiedergeburt«, in *Die Archetypen und das Kollektive Unbewußte*, Olten 1976, S. 132, W. Gent: *Das Problem der Zeit*, Frankfurt/M. 1934, S. 160, N. S. Booth: »Time and Change in African Traditional Thought«, *Journal of Religion in Africa* 1975, S. 88. Deshalb ist es möglich, die Geburt des Buddha am gleichen Tag unter einem Baum in Lumbini, seine Erleuchtung unter einem Baum in Gaya und seinen Eingang ins Nirvana unter einem Baum in Kusinagara zu feiern. Cf. H. Nakamura: »Time in Indian and Japanese Thought«, in *The Voices of Time*, London 1968, S. 81. Und deshalb kann auch derselbe ›Traumzeitheroe‹ mit ganz verschiedenartigen Felsen identisch sein, was nur vordergründig an jenen Witz erinnert, in dem die Rede ist von drei verschiedenen Mumien der Hatschepsut: von ihr als jungem Mädchen, als reifer und als alter Frau.

39 Cf. J. Bolte: *Name und Merkmale des Märchens*, Helsinki 1920, S. 18.

40 Cf. G. Jacob: *Märchen und Traum*, Hannover 1923, S. 69 f. Über ein Märchen heißt es: »Disse Geschicht is lögenhaft to vertellen, aver wahr is se doch ...« Cf. Beit, a.a.O., S. 65.

41 Cf. A. I. Hallowell: *Culture and Experience*, Pittsburgh 1955, S. 229 f., V. D. Malan / R. C. McCone: »The Time Concept, Perspective, and Premise in the Socio-Cultural Order of the Dakota Indians«, *Plains Anthropologist* 1960, S. 12 f., ferner E. R. Leach: *Rethinking Anthropology*, London 1961, S. 126 f.

42 Dieses ›Zeitloch‹ kehrt nicht zyklisch wieder (cf. etwa O. Rammstedt: »Alltagsbewußtsein von Zeit«, *Kölner Zeitschrift für Soziologie und Sozialpsychologie* 1975, S. 52), es ist vielmehr *einunddasselbe* ›Zeitloch‹. Cf. P. J. Zwart: *About Time*, Amsterdam 1976, S. 244. Deshalb ist es irreführend, hier von einer ›ewigen Wiederkehr des Gleichen‹ zu reden.

43 Cf. V. W. Turner: »Pilgrimages as Social Processes«, in *Dramas, Fields, and Metaphors*, Ithaca 1974, S. 202 f. In der modernen Literatur haben sich solche geographischen Reisen als Metaphern für

›geistige‹ erhalten, etwa in Bergmans »Wilde Erdbeeren«. Cf. J. H. Gill: »On Knowing the Dancer From the Dance«, *The Journal of Aesthetics and Art Criticism* 1976, S. 127.

44 Cf. P. T. Furst: *The Parching of the Maize*, Wien 1968, S. 14. Noch im Hochmittelalter hießen manche Wege und Straßen nach Himmelsphänomenen. So gab es im Soest des 13. Jahrhunderts den »Irings Weg«, was ein geläufiger altsächsischer Ausdruck für die Milchstraße war. Cf. W. Müller: *Kreis und Kreuz*, Berlin 1938, S. 91.

45 Cf. K. Meuli: »Scythica«, *Hermes* 1935, S. 166, ders.: *Odyssee und Argonautika*, Basel 1920, S. 16 f., E. Uehli: »Der Argonautenzug: eine Mysterienfahrt«, in *Mythos und Kunst der Griechen*, Dornach 1958, S. 204 ff.

46 Cf. T. P. Howe: »The Primitive Presence in Pre-Classical Greece«, in *Primitive Views of the World*, New York 1964, S. 167. A. Seidensticker (*Waldgeschichte des Alterthums*, Bd. I, Frankfurt/O. 1886, S. 143) meint, der Balken stamme nicht aus Dodona in Epirus, sondern vom Orakel von Dodona am Olymp.

47 Vor dem Zeusorakel befand sich in Dodona (Epirus) ein Inkubationsorakel der Gaia. Cf. J. Friedrich: *Dodoniaca*, Fribourg 1932, S. 43.

48 Das griechische Wort für »Schiff« und »Tempel« geht auf die gleiche Wurzel zurück. Cf. O. Kern: *Über die Anfänge der hellenischen Religion*, Berlin 1902, S. 13.

49 Cf. E. Schwartz: *Die Odyssee*, München 1924, S. 52, und Butterworth, a.a.O., S. 29. Kirke entspricht der Medea Jasons. Cf. W. Kranz: »Die Irrfahrten des Odysseus«, *Hermes* 1915, S. 105.

50 Auch die Ka'aba in Mekka ist das irdische ›Gegenstück‹ zum Polarstern. Cf. A. J. Wensinck: *The Ideas of the Western Semites Concerning the Navel of the Earth*, Amsterdam 1916, S. 47.

51 Cf. § 3, Anm. 38.

52 Odysseus vermied die zusammenschlagenden Felsen der Planktai, die keine Felsen des gewöhnlichen Meeres waren, denn durch sie hindurch flogen die *ambrosia* bringenden Tauben des Zeus. Cf. Butterworth, a.a.O., S. 180 f., und G. de Santillana / H. v. Dechend: *Hamlet's Mill*, Boston 1969, S. 198 f., 273. Vergleichbares gibt es auch bei ganz anderen Völkern. Cf. z. B. A. Métraux: *The Native Tribes of Eastern Bolivia*, Washington 1942, S. 106. So berichtet etwa ein australischer Ureinwohner über eine Himmelsreise mit

seinem Vater: »We went through the place where the Doctors go through, and it kept opening and shutting very quickly. My father said that, if it touched a Doctor when he was going through, it would hurt his spirit, and when he returned home he would sicken and die.« (A. W. Howitt: *The Native Tribes of South-East Australia*, London 1904, S. 408.) Auch bei den Huicholes in Nayarit heißt diese Stelle »Gateway of the Clouds« oder »Where the Clouds Open and Close«. Cf. P. T. Furst: »To Find Our Life«, a.a.O., S. 150, 162.

53 Cf. T. Roszak: »Uncaging Skylarks«, in *Seeing Castañeda*, New York 1976, S. 155.

54 Cf. J. D. P. Bolton: *Aristeas of Proconnessus*, Oxford 1962, S. 132 ff. Die *psyche* des Aithalides vermochte es, mit Unterstützung des Hermes in die Unterwelt zu reisen. Cf. W. K. C. Guthrie: *A History of Greek Philosophy*, Bd. II, Cambridge 1969, S. 11.

55 Deshalb geht es wohl nicht an, bei Parmenides von einer »schamanistischen Entrückung« (H. Diels: *Parmenides' Lehrgedicht*, Berlin 1897, S. 14 f., und J. S. Morrison: »Parmenides and Er«, *The Journal of Hellenic Studies* 1955, S. 59 f.) zu reden. Cf. G. Vlastos: »Review of Cornford's ›Principium sapientiae‹«, *Gnomon* 1955, S. 70, R. Tarán: *Parmenides*, Princeton 1965, S. 28, C. J. de Vogel: *Philosophia*, Bd. I, Assen 1969, S. 79, 103, C. Colpe: »Die ›Himmelsreise‹ der Seele«, in *Festschrift für Joseph Klein*, Göttingen 1967, S. 92. Er war vermutlich von den orphischen Mysterien in Unteritalien beeinflußt (cf. W. Jaeger: *Die Theologie der frühen griechischen Denker*, Stuttgart 1953, S. 114, R. S. Bluck: *Plato's Meno*, London 1964, S. 72 f., 75), und nach Diogenes Laertius verehrte er weniger seinen Lehrer Xenophanes als einen Pythagoräer namens Ameinias als seinen Guru. Cf. C. Hanly: »On Being and Dreaming«, in *Psychoanalysis and Philosophy*, New York 1970, S. 168. Pythagoras und Empedokles waren zwar, wie es heißt, der Bilokation fähig, aber bei ihnen fehlt der eigentliche Flug. Cf. J. A. Philip: *Pythagoras and Early Pythagoreanism*, Toronto 1966, S. 161. Daß allerdings Parmenides von der Göttin mit Handschlag begrüßt wird, daß sie zu ihm sagt, sie schulde ihm »alles«, und daß sie ihn sogar auffordert, die ›Offenbarung‹ kritisch zu beurteilen, daß sie beiden also, wie H. F. Spinner (*Begründung, Kritik und Rationalität*, Bd. I, Braunschweig 1978, S. 98 ff.) sagt, sich gewissermaßen »von Mensch zu Mensch« unterhalten, *dies* scheint mir nicht, wie Spinner meint, gegen eine

schamanenartige Auffahrt zu sprechen. Schließlich hat es Schamanen gegeben, die den Göttern in die Nase bissen oder Göttinnen die Haare kämmten, um von den anderen Dingen erst gar nicht zu erzählen, die sie mit ihnen trieben. Damit will ich der Spinnerschen Argumentation im ganzen nicht widersprechen, sondern lediglich zu Bedenken geben, was Spinner ohnehin selber sagt, daß es nämlich lässigere Gott-Mensch-Verhältnisse gibt, als wir es von den Nomadenreligionen her gewohnt sind, in denen man sich bei der Offenbarung gewöhnlich in den Wüstenstaub wirft.

56 E. Leisi: »Aufschlußreiche altenglische Wortinhalte«, in *Sprache – Schlüssel zur Welt*, Düsseldorf 1959, S. 310. In den Türkdialekten gibt es noch viele ›gegenstandsgebundene‹ Farbwörter, während die ›nichtgegenstandsgebundenen‹ häufig Fremdwörter sind. Cf. I. Laude-Cirtautas: *Der Gebrauch der Farbbezeichnungen in den Türkdialekten*, Wiesbaden 1961, S. 88 f., 127 f., nach H. Bayer: *Sprache als praktisches Bewußtsein*, Düsseldorf 1975, S. 70.

57 Cf. N. Clarke: »It is Compatible!«, in *Faith and the Philosophers*, London 1964, S. 138.

58 Zit. n. O. M. Hinze: »Studien zum Verständnis der archaischen Astronomie«, *Symbolon* 1966, S. 177.

59 »Die Fähigkeit, verschiedene Informationen voneinander zu unterscheiden, nimmt ab«, meint etwa H. Leuner (»Halluzinogene«, in *Lexikon der Psychiatrie*, Berlin 1973, S. 233) über die Erlebnisweise nach der Einnahme bewußtseinsverändernder Drogen. Wenn R. Layton (»Myth als Language in Aboriginal Arnhem Land«, *Man* 1970, S. 497) die Traumzeit als die Zeit beschreibt, »when those similarities« zwischen den Dingen »were established«, dann setzt auch er die *Trennung* der Dinge voneinander als natürlich und wirklich voraus.

60 Cf. M. Black: *Caveats and Critiques*, Ithaca 1975, S. 30.

61 Cf. Lüthi, a.a.O., S. 66, Bolte, a.a.O., S. 21, ferner H. v. Beit: *Das Märchen*, Bern 1965, S. 107 f. In einem orientalischen Märchen heißt es: »Dschinnistan ist ein weit von uns entferntes Reich, gleichwohl umgibt es uns und berührt uns von allen Seiten.« Cf. Golowin, a.a.O., S. 192. Hier treffen wir auch wieder bisweilen auf das Bild der Verkehrung. Das »Wolkenkuckucksheim« hängt verkehrt herum in der Luft. Cf. Spieß, a.a.O., S. 219.

62 Ein Eulenspiegel von der Insel Ösel wurde gefragt, wo denn

der Mittelpunkt der Erde liege, worauf dieser den Fragenden auf ein Feld führte, mit seinem Stock auf die Erde schlug und sagte: »Hier, und wenn du es nicht glaubst, so miß selbst nach!« (W. Anderson: *Kaiser und Abt*, Helsinki 1923, S. 157.)

63 Deshalb ist es auch nicht richtig, wenn G. Vesey (*Personal Identity*, London 1974, S. 36) sagt: »In a more basic sense I have no doubt where I am – I am *here*.« Wittgenstein würde sagen, daß Vesey hiermit genausowenig eine Ortsangabe macht wie Alice eine Größenangabe, wenn sie die Hand auf ihren Scheitel legt. Und wenn Popper schreibt: »I wish to state clearly and unambiguously that I am convinced that *selves exist*« (K. Popper / J. C. Eccles: *The Self and Its Brain*, Heidelberg 1977, S. 101, und H. Jonas: »On the Power or Impotence of Subjectivity«, in *Philosophical Dimensions of the Neuro-Medical Sciences*, Dordrecht 1976, S. 143), dann ist das etwa so, wie wenn man sagte: »Ich bin ganz fest davon überzeugt, daß es ›hiers‹ gibt.« Man kann auch das, was ich mit »ich« meine, nicht, wie es K. Gundersen (»Asymmetries and Mind-Body Perplexities«, in *Philosophical Aspects of the Mind-Body Problem*, Honolulu 1975, S. 124) tut, mit dem Periskop eines U-Bootes vergleichen, das nur von den eigenen Torpedos nicht getroffen werden kann. Denn die ›Meinigkeit‹ meiner Erfahrungen ist kein Gegenstand der Erfahrung, der etwa den anderen Menschen erfahrungsmäßig entginge, und es nimmt nicht wunder, daß sie von christlichen Philosophen als Beispiel eines Mysteriums angeführt wurde. Cf. I. Ramsey: *Christian Empiricism*, London 1974, S. 118 f. »Ich bin ich« ist keine »Kenntnis« oder Erfahrung, wie etwa D. Henrich (»Die Grundstruktur der modernen Philosophie«, in *Subjektivität und Selbsterhaltung*, Frankfurt/M. 1976, S. 106, 118, 136) weiterhin glaubt, etwa vergleichbar mit »Ich bin HPD«, was – im Gegensatz zur Auffassung Wittgensteins – zumindest eine Erkenntis sein *kann*. Oder würde es Henrich als eine »Kenntnis« über Stühle ansehen, daß Stühle Stühle und keine Buschwindröschen sind? Allerdings können auch solche Selbstverständlichkeiten verfremdet werden, ähnlich wie die ›Insel des *tonal*‹ von Dämonen ›überschattet‹ werden kann (cf. § 6). So berichtet etwa eine ›depersonalisierte‹ Frau: »Ich saß mit meiner Mutter im Taxi, als ich plötzlich merkte, mir plötzlich klar wurde, daß ich ich bin und sie sie.« (L. Spiegel: »Identity and Adolescence«, in *Adolescents*, New York 1961, S. 10, zit. n. D. J.

de Levita: *Der Begriff der Identität*, Frankfurt/M. 1971, S. 201, ferner R. Bilz: *Paläoanthropologie*, Bd. I, Frankfurt/M. 1971, S. 467 f.). Wie im Falle des ›Kritischen Rationalismus‹ scheint sich auch hier wieder zu zeigen – und ich meine dies nicht *abwertend*, wie es wohl ein Wittgensteinianer tun würde –, daß Philosophen oft Dinge *sagen*, die Schizophrene *meinen*.

64 Zit. n. O. Schroeder: »Hyperboreer«, *Archiv für Religionswissenschaft* 1905, S. 83.

65 Schwarzer Hirsch, a.a.O., S. 127 f.

66 Cf. W. Müller, a.a.O., S. 248, und H. Storm: *Seven Arrows*, New York 1973, S. 5.

67 Cf. K. Latte: »Die Sirenen«, in *Kleine Schriften*, München 1968, S. 109, O. Crusius: »Die Epiphanie der Sirene«, *Philologus* 1891, S. 96, 107. Aus Angst vor den Dämonen liebten die Elbschiffer es früher nicht, zu dieser Zeit abzulegen. Cf. M. Rosenthal: »Aberglaube der Elbschiffer«, *Zeitschrift für Volkskunde* 1933, S. 255. Für die Zigeuner blieb gleichermaßen am Mittag »die Zeit stehen«, und alle Dinge gehörten den vampirartigen *mulé*. Cf. J.-P. Clébert: *Das Volk der Zigeuner*, Wien 1964, S. 184 f., P. Derlon: *Unter Hexen und Zauberern*, Basel 1976, S. 181 f. Auch Nietzsche hat bekanntlich immer wieder von der »Stunde des Mittags« geredet.

68 Cf. W. H. Roscher: »Über den gegenwärtigen Stand der Forschung auf dem Gebiete der griechischen Mythologie«, *Archiv für Religionswissenschaft* 1898, S. 69 f., 77 f., W. Drexler: »Die Epiphanie des Pan«, *Philologus* 1894, S. 732, C. Meillier: »L'épiphanie du dieu Pan«, *Revue des études grecques* 1975, S. 125.

69 Cf. H. Herter: »Böse Dämonen im frühgriechischen Volksglauben«, *Rheinisches Jahrbuch für Volkskunde* 1950, S. 120. Die Erde tut sich dann bisweilen auf, die Unterweltgötter erscheinen (cf. H. Diels: »Himmels- und Höllenfahrten von Homer bis Dante«, *Neue Jahrbücher für das Klassische Altertum* 1922, S. 242), und auch die Engel der Bibel bevorzugten diese Zeit für ihre Epiphanien. Cf. A. Rosenberg: *Engel und Dämonen*, München 1967, S. 75. Daß die Dämonen keinen Schatten werfen, liegt wohl daran, daß sie meist dann erscheinen, wenn die Sonne am höchsten steht. Cf. K. Haberland: »Die Mittagsstunde als Geisterstunde«, *Zeitschrift für Völkerpsychologie und Sprachwissenschaft* 1882, S. 315.

70 Cf. A. Fries: »Sagen aus Unterfranken«, *Zeitschrift für deutsche*

Mythologie und Sittenkunde 1853, S. 24, K. Haupt: »Zwergsagen aus der Ober- und Niederlausitz«, a.a.O., 1859, S. 223.

71 Cf. J. E. Schmaler: »Überreste der alten Mythologie in der Wendischen Lausitz«, *Zeitschrift für deutsche Mythologie und Sittenkunde* 1855, S. 113 f., und F. Sieber: *Wendische Sagen*, Jena 1925, S. 16 ff., 20 f.

72 Cf. L. Laistner: *Das Rätsel der Sphinx*, Bd. I, Berlin 1889, S. 35.

73 Cf. R. Andree: *Ethnographische Parallelen und Vergleiche*, Stuttgart 1878, S. 64 f.

74 Cf. L. V. Grinsell: »Witchcraft at Some Prehistoric Sites«, in *The Witch Figure*, London 1973, S. 73 f., O. Hovorka: »Aus dem Volksglauben von Sabbioncello«, *Zeitschrift für österreichische Volkskunde* 1897, S. 88, Veckenstedt, a.a.O., S. 110, H. Boguet: *Discours des sorciers*, Lyon 1608, S. 96 (nach Murray, a.a.O., S. 40, 101), P. de Lancre: *Tableau de l'Inconstance des mauvais Anges*, Paris 1613, S. 398.

75 J. Praetorius: *Daemonologia Rubinzalii Silesii*, Leipzig 1668, S. 118. Rübezahl blieb auch bei vielen Gelehrten noch lange Zeit lebendig. Noch im 18. Jahrhundert versuchte Valentin Völckerling in seiner Dissertation *De Spiritu in Monte Gigantaeo Silesiorum apparente, vulgo Rübe-Zahl* (Wittenberg 1740), die Existenz dieses Gebirgsgeistes nachzuweisen. Rübezahl galt bis in unsre Zeit als Herr der Kräutersammler, der diese als ›Herr Johannes‹ in die Geheimnisse der Heilpflanzen einweihte. Cf. A. Lincke: *Die neuesten Rübezahlforschungen*, Dresden 1896, S. 39. *Vielleicht* versetzte einen der Genuß der Tollkirsche, die insbesondere im Gebirge alkaloidreich ist (cf. Gessner / Orzechowski, a.a.O., S. 25), in die Lage, ihn zu sehen. Jedenfalls heißt es, in Rübezahls Garten habe ein Baum gestanden »mit seltsamen Äpfeln, nicht größer als Ebereschbeeren«, »die nur zu ungewöhnlichen Zeiten reiften«. In diesem Garten wuchsen auch »sonderliche Kräuter und Wurzeln«. Cf. W.-E. Peuckert: *Schlesische Sagen*, Jena 1924, S. 178, 200, und R. Loewe: »Rübezahl im heutigen Volksglauben«, *Zeitschrift des Vereins für Volkskunde* 1908, S. 9.

76 Cf. O. Huth: »Die Kulttore der Indogermanen«, *Archiv für Religionswissenschaft* 1937, S. 376, K. Vilkuna: *Finnisches Brauchtum im Jahreslauf*, Helsinki 1969, S. 43 f.

77 Cf. A. Kuhn: *Sagen, Gebräuche und Märchen aus Westfalen*, Bd. II, Leipzig 1859, S. 111 ff., Strackerjan, a.a.O., Bd. II, S. 36 f., A. Hag-

gerty Krappe: »Apollon Smintheus and the Teutonic Mysing«, *Archiv für Religionswissenschaft* 1936, S. 46. Das Feuer verlischt und muß für die neue Zeit neu gebohrt werden. Cf. K. v. Spieß: *Deutsche Volkskunde als Erschließerin deutscher Kultur*, Berlin 1934, S. 172. Während des berühmten Neujahrsfestes der Azteken am Berg Huixachtecatl entzündete man dieses Feuer über der Brust eines geopferten Menschen. Zu dieser Zeit zerstörte man auch allerlei Hausrat und Kleidung, die hernach erneuert werden mußten. Es heißt auch, daß im Augenblick der Geburt Jesu der ganze Weltlauf gestockt habe; die Vögel in der Luft, die Schafe auf der Weide, die Hand des Hirten und alle fließenden Gewässer standen stille. Cf. A. Meyer: *Das Weihnachtsfest*, Tübingen 1913, S. 55.

78 Cf. . O. James: *Seasonal Feasts and Festivals*, London 1961, S. 279. Wie die ›dämonischen Läufer‹ stand dann auch diesen Narren das Rügerecht zu. Cf. F. Ninck: *Die Hof- und Volks-Narren*, Bd. II, Stuttgart 1861, S. 399.

79 Zit. n. Van der Leeuw, a.a.O., S. 436. Cf. hierzu auch W. Müller: »Raum und Zeit in Sprachen und Kalendern Nordamerikas und Alteuropas«, *Anthropos* 1962, S. 569, sowie K. Lovell: »Die Entwicklung (natur-)wissenschaftlicher Begriffe«, in *Studien zur Entwicklung des Denkens im Kindesalter*, Darmstadt 1972, S. 273 f.

80 Cf. W. Müller: *Die heilige Stadt*, a.a.O., S. 112. Auch Gräber und Friedhöfe scheinen in alten Zeiten oft an Kreuzwegen gelegen zu haben. Cf. P. Geiger: »Begräbnis«, in *Handwörterbuch des deutschen Aberglaubens*, Bd. I, Berlin 1927, Sp. 991. Das »wilde Gejäg« geht dort mit Vorliebe um. Cf. Leoprechting, a.a.O., S. 35.

81 Cf. G. Simmel: »Der Fremde«, in *Das individuelle Gesetz*, Frankfurt/M. 1968, S. 65.

82 Cf. M. Ihm: *Der Mütter- oder Matronenkultus und seine Denkmäler*, Bonn 1887, S. 87 f.

83 Cf. Zwicker, a.a.O., S. 164, ferner C. D. G. Müller: »Von Teufel, Mittagsdämon und Amuletten«, *Jahrbuch für Antike und Christentum* 1974, S. 95 f., C. Clemen: »Die Religion der Kelten«, *Archiv für Religionswissenschaft* 1941, S. 124. Gleiches gilt für die mit der Diana identifizierte Hekate. Cf. Rohde, a.a.O., S. 81 ff., 411, E. Samter: *Familienfeste der Griechen und Römer*, Berlin 1901, S. 120 f., T. Kraus: *Hekate*, Heidelberg 1960, S. 88.

84 Cf. J. Lippert: *Christentum, Volksglaube und Volksbrauch*, Berlin

1882, S. 681, Wiedemann, a.a.O., S. 388, P. Zaunert: *Westfälische Sagen*, Jena 1927, S. 288.

85 Cf. O. A. Erich: »Dreifußtopf und Dreiknubbenkanne«, *Niederdeutsche Zeitschrift für Volkskunde* 1936, S. 23 f. Dort befand sich in den niederdeutschen Häusern oft noch ein großer Ständer, der den alten germanischen Hausbäumen entsprach, etwa jener mächtigen Eiche in der Halle König Volsungs. Cf. M. Helmers: »Der Kreuzbaum im niedersächsischen Bauernhaus«, *Germanen-Erbe* 1938, S. 48, 51 f., F. Saeftel: »Herd und Hochsäulen im altnordischen Haus«, *Germanien* 1935, S. 83 f. Cf. auch O. Lauffer: »Herd und Herdgeräte in den Nürnbergischen Küchen der Vorzeit«, *Mitteilungen aus dem germanischen Nationalmuseum* 1901, S. 119 f. Die heilige Hausmitte konnte auch an einer anderen Stelle wiedererrichtet werden. Großväterchen Hausgeist, *deduska domovoj*, zog dann etwa in einem mit glühenden Kohlen gefüllten Topf in die Herdstelle der neuen Wohnung. Cf. A. Johansons: *Der Schirmherr des Hofes im Volksglauben der Letten*, Stockholm 1964, S. 76 f. Einen Zugang zur Unterwelt gibt es auch in der Mitte der Hopi-Kivas. Dort befindet sich ein Nabel, *sipápuni*, der gewöhnlich mit einer Planke verschlossen ist, die während des Rituals beiseite geschoben wird. Cf. F. Waters: *Book of the Hopi*, New York 1963, S. 129.

86 Durch solche Rauchlöcher kletterten der tote Vater, der Großvater und der Urgroßvater, um sich an den für sie bereitgestellten Speisen zu laben. Cf. T. Volkov: »Seelenspeisung bei den Weißrussen«, *Am Urquell* 1888, S. 25 f., zit. n. L. Petzoldt: *Der Tote als Gast*, Helsinki 1968, S. 85. Cf. auch O. Schell: »Der Herd und das Herdfeuer im Glauben und Brauch des Bergischen Volkes«, *Zeitschrift des Vereins für rheinische und westfälische Volkskunde* 1907, S. 287 f. In alten Dorfkirchen gibt es mitunter noch in der Mitte des Gewölbes über dem Kirchenschiff das mit einem Holzdeckel verschlossene »Heiliggeistloch«, durch welches an Christi Himmelfahrt eine Christusstatue hindurchgezogen wurde. Auch in alten Bauernhäusern war ein solches Loch oft zumindest angedeutet. Cf. Mantl, a.a.O., S. 145 f. Cf. auch W. Krause: *Die Religion der Kelten*, Leipzig 1933, S. IV, und B. Schmidt: »Totengebräuche und Gräberkultus im heutigen Griechenland«, *Archiv für Religionswissenschaft* 1927, S. 75 f.

87 Cf. O. Schell: »Abwehrzauber am bergischen Haus«, *Globus* 1907, S. 337 f.

88 Cf. H. A. Junod: *The Life of a South African Tribe*, Bd. II, Neuchâtel 1913, S. 463.

89 Cf. J.-P. Roux: »Le chaman gengiskhanide«, *Anthropos* 1959, S. 410. Früher stellte man mancherorts das Bett eines Sterbenden unter den Hausfirst, wie in Glarus, oder man öffnete, wie im Schwarzwald, die Dachluke. Cf. T. Zachariae: »Das Haus über einem Sterbenden abdecken«, *Zeitschrift des Vereins für Volkskunde* 1908, S. 445 f. Die »Seelenfenster« der alten Schweizer Bauernhäuser befanden sich hingegen an den Hauswänden. Cf. A. L. Schnidrig: »Der ›Seelenbalken‹ im Wallis«, *Schweizer Volkskunde* 1953, S. 108, A. Büchli: »Der Seelebalgge«, a.a.O., 1947, S. 111.

Anmerkungen zu § 12

1 Mit großer Offenheit hat sich C. Lévi-Strauss (*Tristes Tropiques*, Paris 1955, S. 44f.) mit einem Brandroder verglichen, der hastig einige Ernten einsammelt, bevor er das verwüstete Territorium sich selber überläßt.

2 Cf. Heer, a.a.O., S. 22. Bis zum Ende der stalinistischen Ära wurden auf der Halbinsel Taimyr alle übriggebliebenen Schamanen, deren man habhaft werden konnte, erschossen. Cf. J. M. Stewart: »Nenzen«, in *Bild der Völker*, Wiesbaden 1974, S. 187.

3 G. A. Menowstschikow: »Wissen, religiöse Vorstellungen und Riten der asiatischen Eskimos«, in *Glaubenswelt und Folklore der sibirischen Völker*, Budapest 1963, S. 480.

4 Dies gilt natürlich nicht nur für *Bedeutungen*: »Leichte, verschiebbare Papierwände und Fußmatten geben dem (japanischen) Haus charakteristische akustische Eigenschaften, die den Bau und die Entwicklung der japanischen Musikinstrumente, ja sogar die melodische Struktur der japanischen Sprache, der Dichtung und des Dramas beeinflußt haben. Ein Klavier, das für die widerhallenden isolierten Wände und Fußböden westlicher Wohnungen und Konzertsäle entworfen worden ist, verwandelte, in eine japanische Wohnung gebracht, die Brillanz eines Konzerts von Rachmaninoff in eine schrille Kakophonie. Ebenso kommt der zarte Ton einer

japanischen Samisen-Gitarre in einem amerikanischen Haus, das wie eine widerhallende Schachtel wirkt, nicht völlig zur Geltung.« (V. Papanek: *Das Papanek-Konzept*, München 1972, S. 27 f.)

5 A. N. J. den Hollander: »Social Description«, in *Anthropologists in the Field*, Assen 1967, S. 15. Diese »coolness« ist für die Strukturalisten geradezu die Bedingung »struktureller« Erkenntnis. Daß wir die Wilden nicht (im Sinne der Empathie) *verstehen* können, eröffnet uns danach gerade die Möglichkeit eines anderen Verständnisses »without abandoning our Western rationalism«. Cf. C. R. Badcock: »The Ecumenical Anthropologist«, *British Journal of Sociology* 1975, S. 165.

6 »Must a psychiatrist be at least partially demented to study successfully the mentally ill?«, fragt E. Nagel (*Logic Without Metaphysics*, Glencoe 1956, S. 365, cf. auch H. Gomperz: *Über Sinn und Sinngebilde*, Tübingen 1929, S. 215) und glaubt, allein das *Stellen* dieser Frage bedeute gewissermaßen eine verneinende Antwort.

7 Cf. etwa H. Fichte: *Xangô*, Frankfurt/M. 1976, S. 338.

8 Cf. J. P. Spradley / D. W. McCurdy: *Anthropology*, New York 1975, S. 60.

9 Zu den ›Überläufern‹ cf. U. Bitterli: *Die ›Wilden‹ und die ›Zivilisierten‹*, München 1976, S. 87. Berühmt geworden ist der Fall des spanischen Schiffszimmermanns Francisco Guerrero, der in der ersten Hälfte des 16. Jahrhunderts zu Maya-Indianern verschlagen wurde, die Tochter eines Kaziquen heiratete und später als Kriegshäuptling seinen eindringenden Landsleuten großen Schaden zufügte. Cf. Chamberlain, a.a.O. Wie manche französischen Waldläufer, die später in Kanada zu den Indianern überwechselten, so sollte auch Gauguin davon träumen, in der Südsee ein Wilder zu werden. »Christentum und Zivilisation«, so schrieb er, »haben gemeinsam versucht, den Glauben des Menschen an sich selbst und an die Schönheit der primitiven Instinkte abzuschaffen, so daß jetzt eine Mythe daraus geworden ist, die aber als solche noch in jedem Menschen lebt. Ich will der Mythe wieder zur Wirklichkeit verhelfen.« Doch tragischerweise ist Gauguin dies weder auf Tahiti noch auf den Marquesas-Inseln gelungen. Und als er schließlich – von Krankheit, finanziellen Schwierigkeiten und Streitereien geplagt – verzweifelt versuchte, wieder nach Europa zurückzukehren, mußte er feststellen, daß er selber in seiner Heimat zu einem Mythos

geworden war, den er durch eine Heimreise nicht gefährden durfte. »Sie dürfen nicht wiederkommen!«, schrieb ihm kurz vor seinem Tod Georges Daniel de Monfreid, »Sie genießen die Immunität des großen Toten ...« Cf. P. Gauguin: *Briefe und Selbstzeugnisse*, München 1970, S. 8, 174.

10 Cf. J. Campbell: »Primitive Man as Metaphysician«, in *Primitive Views of the World*, New York 1964, S. 21.

11 Dies hat, wie kaum ein anderer, P. Winch (»Language, Belief and Relativism«, in *Contemporary British Philosophy*, London 1976, S. 328) gesehen.

12 Cf. R. A. Downie: *Frazer and the Golden Bough*, London 1970, S. 42, E. E. Evans-Pritchard: *Theories of Primitive Religion*, Oxford 1965, S. 43. Etwa zur selben Zeit wie Radcliffe-Brown und Evans-Pritchard schreibt Wittgenstein nach seiner Lektüre von Frazers »Golden Bough«: »Welche Enge des seelischen Lebens bei Frazer! Daher: Welche Unmöglichkeit, ein anderes Leben zu begreifen, als das englische seiner Zeit! Frazer kann sich keinen Priester vorstellen, der nicht im Grund ein englischer Parson unserer Zeit ist, mit seiner ganzen Dummheit und Flauheit.« (L. Wittgenstein, a.a.O., S. 42.) In ähnlicher Weise hatte bereits einige Jahrzehnte vorher Fürst Kropotkin konstatiert: »In der Tat kann man bei allen Beziehungen, welche die Engländer zu den von ihnen unterworfenen ›minderwertigen Rassen‹ unterhalten, feststellen, daß sie gänzlich unfähig sind, eine andere Zivilisation als die ihrige zu begreifen.« (P. Kropotkin: »Der philosophische Versuch Herbert Spencers«, *Die Aktion*, 31. Juli 1911, S. 750 f.) Man kann sich vorstellen, daß ein Ethnologe bezüglich der Frage, ob es etwa Werwölfe gebe oder nicht, sagen würde: »Aber das ist doch ein *Philosophisches* und kein *ethnologisches* Problem!« Dahinter steht die Auffassung, daß sich der Ethnologe gegenüber dem ›Wirklichkeitsstatus‹ des Werwolfs (oder was auch immer) *neutral* verhalten müsse (cf. z. B. I. M. Lewis: *Ecstatic Religion*, a.a.O., S. 28 f.); seine Aufgabe bestehe lediglich darin, zu beschreiben, daß gewisse Menschen daran *glaubten*, sich in Werwölfe verwandeln zu können, oder darin, einen solchen Glauben zu erklären. Aber wenn sich solche Menschen tatsächlich in Werwölfe verwandeln, dann glauben sie nicht nur, daß sie dies tun, und der Ethnologe beschriebe einen ganz wesentlichen Bestandteil der fremden Kultur *falsch*. Man sieht also, daß es dem Ethnologen

schwerfallen dürfte, neutral zu bleiben, *was immer er auch sagen wird*. Es ist auch nicht richtig, mit R. H. Wax (*Doing Fieldwork*, Chicago 1971, S. 13) den ›Positivisten‹ zuzugestehen, Verstehen sei nur eine »precondition of research« und nicht »capable of generating fresh knowledge«. Denn *indem* der Ethnologe beispielsweise eine fremde Sprache lernt, ›sozialisiert‹ er sich in einer anderen Lebensform, und er wird dadurch Dinge erkennen, die sich allererst in der fremden Perspektive zeigen.

13 Cf. F. M. Cornford: *Principium sapientiae*, Cambridge 1952, S. 56, 111, M. Eliade: »Mythologies of Memory and Forgetting«, *History of Religions* 1963, S. 333. Im Gegensatz zu den Menschen sind die Musen *Augen*zeuginnen dessen, was ist. Hesiod nennt sie die Töchter der Mnemosyne, der Erinnerung. Cf. G. Picht: »Die Epiphanie der ewigen Gegenwart«, in *Beiträge zur Philosophie und Wissenschaft*, München 1960, S. 204 f., ferner L. Oeing-Hanhoff: »Zur Wirkungsgeschichte der platonischen Anamnesislehre«, in *Collegium philosophicum*, Basel 1965, S. 244. Daß Plato diese Lehre während seiner Einweihung in Eleusis erhalten habe, wie R. G. Wasson (»The Divine Mushroom: Primitive Religion and Hallucinatory Agents«, *Proceedings of the American Philosophical Society* 1958, S. 222, ders.: »The Divine Mushroom of Immortality«, in *Flesh of the Gods*, London 1972, S. 197) meint, scheint mir etwas an den Haaren herbeigezogen zu sein, wenn man bedenkt, daß solche Vorstellungen zum Grundbestand griechischer Mythologie gehörten, die jedem Weisen geläufig waren. Vergleichbar dieser Ideenlehre, jedoch eher der aristotelischen Variante, ist die Auffassung von den *purpa* bei den Cuna-Indianern. Die *purpa* oder »secretos«, die den griechischen Ideen entsprechen, lösen sich bei Krankheit von den Menschen, entweichen in die Unterwelt und müssen von dort wiedergeholt werden. Cf. Kramer, *Verkehrte Welten*, a.a.O., S. 117 ff. Der kranke Mensch ist also gewissermaßen von seinem Ursprung entfremdet oder, aristotelisch ausgedrückt: in seiner Wahrnehmung ›leuchten‹ die Ideen nicht mehr ›auf‹.

14 J. Habermas: »Sprachspiel, Intention und Bedeutung«, in *Sprachanalyse und Soziologie*, Frankfurt/M. 1975, S. 321.

15 L. Löffler: *Grundlegung einer formalen Ethnologie der Verwandtschaft*, Manuskript S. 1, ebenso R. Jakobson: »On Linguistic Aspects of Translation«, in *On Translation*, New York 1966, S. 234.

Cf. auch M. Hollis: »Reason and Ritual«, *Philosophy of the Social Sciences* 1975, S. 311, E. Fales: »Truth, Tradition, and Rationality«, *Philosophy of the Social Sciences* 1976, S. 99 f. Immerhin ist die Löfflersche Variante etwas unprätentiöser als die Habermassche, denn Löffler gibt nicht vor, eine derartige *Erfahrung* gemacht zu haben. So ist es denn ja auch eine geläufige Erfahrung, daß bei Übersetzungen wie auch bei den von den Wissenschaftstheoretikern so genannten »rationalen Rekonstruktionen« wesentliche Bedeutungen *verlorengehen*. Cf. hierzu G. Doppelt: »Kuhn's Epistemological Relativism: An Interpretation and Defense«, *Inquiry* 1978, S. 61 f. Auch A. Naess (»A Plea for Pluralism in Philosophy and Physics«, in *Physics, Logic, and History*, New York 1970, S. 133) scheint das Verstehen von »extremely different views of man and the universe« nicht für möglich zu halten, weil er Verstehen und Übersetzen identifiziert.

16 U. v. Wilamowitz-Moellendorf: *Reden und Vorträge*, Bd. I, Berlin 1925, S. 8. Cf. auch W. Dilthey: *Der Aufbau der geschichtlichen Welt in den Geisteswissenschaften*, Frankfurt/M. 1970, S. 253, eine andere Position vertritt dagegen B. Malinowski: »The Problem of Meaning in Primitive Languages«, in C. K. Ogden / I. A. Richards: *The Meaning of Meaning*, London 1946, S. 307.

17 Wenn W. K. Essler (»Quines Empirismus auf pragmatischer Grundlage«, in *Grundprobleme der großen Philosophen*, Bd. III, Göttingen 1975, S. 113 f.) meint, daß wir etwa bei der Ermittlung der Bedeutung des chinesischen Begriffes für Herz nicht nur die Gesamttheorie der Akupunktur, sondern auch einen »Überblick über die *gesamte* Weltauffassung des Menschen der damaligen Zeit« benötigten, dann darf man wohl füglich fragen, ob denn Essler oder Quine die ›Gesamttheorie der abendländischen Medizin‹ und einen »Überblick über die *gesamte* Weltauffassung des bundesrepublikanischen bzw. des amerikanischen Bürgers« haben, um verstehen zu können, was sie selber unter »Herz« verstehen. »If the English sentences«, schreibt Quine (»Epistemology Naturalized«, in *Akten des XIV. Internationalen Kongresses für Philosophie*, Bd. VI, Wien 1971, S. 94 f.), »of a theory have their meaning only together as a body, then we can justifiy their translation into Arunta only together as a body. There will be no justification for pairing off the component English sentences with component Arunta sentences,

except as these translations make the translation of the theory as a whole right.« Quine überdehnt den ›Bedeutungsfunktionalismus‹ der Malinowski und Wittgenstein bis zu dem Punkt, an dem sich jeder nur noch *selbst* und damit *nicht* versteht. Dies versteht er jedoch nicht als *reductio* seiner *Theorie*, sondern von *Bedeutungen überhaupt*! (»Um so schlimmer für die Bedeutungen!«) Mit Recht nehmen deshalb manche Wissenschaftler die Quinesche Theorie nicht ernst. Cf. z. B. O. Werner / D. T. Campbell: »Translating, Working Through Interpreters, and the Problem of Decentering«, in *A Handbook in Cultural Anthropology*, Garden City 1970, S. 398.
18 Cf. T. Kuhn: »Postscript«, in *The Structure of Scientific Revolutions*, Chicago 1970, S. 204.
19 J. Grimm: »Über das Pedantische in der deutschen Sprache«, in *Kleine Schriften*, Bd. I, Berlin 1879, S. 332.
20 Dies meinen jedoch *sehr* viele Ethnologen. Cf. z. B. C. Hudson: »The Historical Approach in Anthropology«, in *Handbook of Social and Cultural Anthropology*, Chicago 1973, S. 135, R. Trigg: »Reason, Commitment and Social Anthropology«, *Philosophy* 1976, S. 219 f., K. D. Knorr: »Methodik der Völkerkunde«, in *Enzyklopädie der geisteswissenschaftlichen Arbeitsmethoden*, Bd. IX, München 1973, S. 306, R. A. Hahn: »Understanding Beliefs«, *Current Anthropology* 1973, S. 210, M.-B. Watson-Franke / L. C. Watson: »Understanding in Anthropology«, *Current Anthropology* 1975, S. 253 f., C. Lévi-Strauss: *The Scope of Anthropology*, London 1967, S. 18.
21 Denn auch eine Übersetzung wird oft eine Interpretation sein.
22 R. D. Baird (*Category Formation and the History of Religions*, The Hague 1971, S. 57 ff.) meint, ein solches Geheul dürfe freilich nicht *so* weit gehen, daß man zum Mowgli würde, oder wie er sich selber ausdrückt: man dürfe nicht meinen, daß man an die Götter einer fremden Religion *glauben* müsse, um sie *verstehen* zu können. Nun mag es allerdings manchmal sein, daß erst ein solcher Glaube uns eröffnet, *wie* es ist, in dieser Weise zu glauben. Wie es ist, zu glauben, ist natürlich ein Teil der Wirklichkeit, und wenn es die Aufgabe des Wissenschaftlers ist, diesen Bereich der Wirklichkeit zu erforschen, dann wird ihm nichts anderes übrigbleiben, als entweder so zu glauben oder eben diesen Glauben nicht zu verstehen. Dann kann es aber zugleich so sein, daß mit diesem Glauben die Fähigkeit schwindet, diesen Glauben denjenigen verständlich zu machen, die

ihn nicht haben. Manchmal kann man eben mit *einem* Hintern nicht auf *zwei* Hochzeiten tanzen.

23 Das heißt, in einem »subsidiären« Sinn (cf. M. Grene: *The Knower and the Known*, London 1966, S. 24, E. Heitsch: »Wahrheit als Erinnerung«, *Hermes* 1963, S. 48) haben wir ›immer schon‹ *ein wenig* von dem gewußt, was uns zu Bewußtsein kommt – die Hermeneutiker nennen dies »Vorverständnis«. Dies ist ein Stück Wahrheit, das in Platos *anamnesis*-Theorie steckt. Und gerade *weil* wir auf diese Weise immer schon einiges ›wissen‹, sträuben wir uns so gerne davor, auf dem Zaun zu reiten.

24 Wenn man, wie L. S. Feuer (»Sociological Aspects of the Relation Between Language and Philosophy«, *Philosophy of Science* 1953, S. 95) unter einem Relativismus »the Doctrine of untranslatability« versteht, dann glaube ich allerdings, daß ein gemäßigter Relativismus die realistischste ›Wissenschaftsphilosophie‹ ist. Die für einen Linguisten naive Meinung, daß prinzipiell alles übersetzbar sei, vertritt J. M. Penn (*Linguistic Relativity Versus Innate Ideas*, The Hague 1972, S. 36).

25 Deutlich sagt dies B. R. Wilson (»A Sociologist's Introduction«, in *Rationality*, Oxford 1970, S. XII): »Other cultures are made understandable by ordering their concepts, beliefs, activities according to the premises of the tradition of Western social science.«

26 Cf. P. Riesman: »A Comprehensive Anthropological Assessment«, in *Seeing Castañeda*, New York 1976, S. 46 f.

27 Dieses Beispiel verdanke ich Hermann Walter.

28 Cf. A. C. Danto: *Analytische Philosophie der Geschichte*, Frankfurt/M. 1974, S. 417. Daß der Begriff »inneres Verständnis« eine cartesianische »philosophy of mind« voraussetzte, wie F. A. Hanson / R. Martin (»The Problem of Other Cultures«, *Philosophy of the Social Sciences* 1973, S. 196) meinen, ist unzutreffend. Denn mit »innen« ist ja nicht gemeint, daß das fremde Bewußtsein verborgen ist wie Wittgensteins ›Käfer in der Schachtel‹, sondern daß wir erst an der fremden Lebensform teilnehmen müssen, wenn wir sie kennenlernen wollen. Cf. E. Stenius: *Critical Essays*, Helsinki 1972, S. 208. Vermutlich liegt der Grund für so manche Polemik gegen die Verwendung der Wörter »Verstehen« oder »Nachvollzug« darin, daß man glaubt, sie seien eher ›psychologische‹ als ›semantische‹ Kategorien. Cf. G. H. v. Wright: *Explanation and Understanding*,

Ithaca 1971, I, 10, und J. Coulter: »Transparency of Mind: The Availability of Subjective Phenomena«, *Philosophy of the Social Sciences* 1977, S. 325.

29 W. E. Mühlmann: *Homo Creator*, a.a.O., S. 178 f.

30 Cf. etwa E. A. Hoebel: *Anthropology*, New York 1972, S. 542.

31 Schneebaum, a.a.O., S. 80 f.

32 Eine solche Person »can no longer be counted within the fold of anthropologists«, meint R. Fink (»Techniques of Observation and Their Social and Cultural Limitations«, *Mankind* 1955, S. 62). H. Powdermaker (*Stranger and Friend*, New York 1966, S. 292) fühlte in Melanesien eine große Angst »of losing the role of observer, of a too-intense intimacy«. Umgekehrt schreibt P. Golde (»Odyssey of Encounter«, in *Women in the Field*, Chicago 1970, S. 91) über die Schuldgefühle, die sie empfand, wenn sie sich vorstellte, daß sie ihre Erfahrungen mit den Menschen der fremden Kultur »into dispassionately dry fieldnotes« verwandeln sollte.

33 Cf. C. Hentze: *Tod, Auferstehung, Weltordnung*, Zürich 1955, S. 140.

34 A. Weidner: *Aus den Tiefen der Berliner Arbeiterbewegung*, Leipzig 1905, S. 23.

35 Da oft, wie Max Gluckman einmal sagte, »der Tölpel der späteren Generation das Genie der früheren übertrifft«, verhalten sich Wissenschftler nicht selten recht unfair gegenüber den Gründervätern ihrer Disziplinen. So ist es beispielsweise unter Ethnologen Sitte, die Thesen Lévi-Bruhls mit leichter Hand abzutun und diesen Mann, der oft eine größere Klarsicht bewiesen hat als so mancher Spezialist seiner Zeit, als typischen »armchair anthropologist« zu belächeln. Man vergißt dabei gerne, daß sehr viele zeitgenössische Feldforscher nicht nur die Auffassungen Lévy-Bruhls teilten, sondern diese sogar noch teilweise in einer viel schärferen Form vertraten. Cf. H. P. Duerr: *Ni Dieu – ni mètre*, a.a.O., S. 108. Selbst Frazers Ideen waren Leitbilder vieler ›Praktiker‹. »It is astonishing«, schreibt etwa B. Spencer in einem Brief vom 20. September 1897 an Balfour, »how, when once you have spent any time amongst savages, you divide Anthropological writers up as you read them, into those who understand savages and those who don't. Tylor pre-eminently does, so does Frazer.« Vermutlich hängen manche der heutigen Verurteilungen auch damit zusammen, daß

das Spezialistentum immer üppiger ins Kraut schießt und daß man Haare in der Suppe von ›Fachfremden‹ wie dem Philosophen Lévy-Bruhl oder dem klassischen Philologen Frazer, die über Dinge schrieben, die gar nicht zu »ihrem Gebiet« gehörten, eher sieht als die in der theoretischen Soße der damaligen Feldforscher.

36 Cf. J. Beattie: *Other Cultures*, London 1964, S. 76 f.

37 D. Diderot: *Philosophische Schriften*, Bd. II, Berlin 1961, S. 236.

38 Die mittlerweile auch nach Europa importierte »Etic-emic«-Dichotomie (cf. K. L. Pike: *Language in Relation to a Unified Theory of the Structure of Human Behavior*, The Hague 1971, S. 37 ff., W. H. Goodenough: *Description and Comparison in Cultural Anthropology*, Chicago 1970, S. 110 ff.) der »Kognitiven Anthropologie« oder »ethnoscience« (einer der neueren Querschnittslähmungen der Völkerkunde) beruht auf dem Fehler, ein »äußeres« von einem »inneren« Verständnis scharf zu *trennen*.

39 Mühlmann, a.a.O., S. 179. Cf. auch C. Lévi-Strauss: »The Concept of Primitiveness«, in *Man the Hunter*, Chicago 1968, S. 351, F. A. Hanson: »Comment on ›Understanding in Anthropology‹«, *Current Anthropology* 1975, S. 254, P. Schlegel: »Do We Know the World Through Science«, in *Mind, Science, and History*, Albany 1970, S. 173 f. Siegessicher schreibt Mühlmann über den »Romantiker« Jensen: »Wir sind gewiß, daß er weder an die Federschlange glaubt noch an die Entstehung der Kokospalme aus den Körperteilen eines getöteten Mädchens.« In einem wird Mühlmann freilich recht gehabt haben: an das, was *er* sich unter einer Federschlange vorgestellt haben wird, hat Jensen wohl kaum »geglaubt«. Cf. K. Nielsen: »Rationality and Universality«, *The Monist* 1976, S. 446 f.

40 Dies ist keine Hypothese, die wir aus »publicly observed behaviour« gewinnen, wie etwa W. Bourgeois (»Verstehen in the Social Sciences«, *Zeitschrift für allgemeine Wissenschaftstheorie* 1976, S. 34) meint, sondern eine Bedingung des Selbstverständnisses und damit ein Wesensmerkmal menschlicher Lebensform überhaupt. Der Mensch ist keine »black box«, wie R. Burling (*Mans' Many Voices*, New York 1970, S. 43) glaubt. Beachtet man dies nicht, dann entstehen Pseudo-Probleme wie »God's Truth Versus Hocus Pocus«, mit denen sich die »ethnoscientists« die Zeit vertreiben. Cf. z. B. ders.: »Cognition and Componential Analysis«, *American Anthropologist* 1964, S. 26 f.

41 Cf. R. Keller: *Wahrheit und kollektives Wissen*, Düsseldorf 1975, S. 97f.

42 Cf. H. Skjervheim: *Objectivism and the Study of Man*, Oslo 1959, S. 31 ff. Eine solche Angst und gleichzeitig der Wille, das Fremde ›ordnen‹ und überschauen zu können, scheint zu den Motiven vieler Strukturalisten zu zählen. So bedeutet etwa für H. G. Nutini (Lévi-Strauss' Conception of Science«, in *Échanges et communications*, Bd. I, The Hague 1970, S. 564) der Strukturalismus die Überwindung einer »very noxious 19th-century idea«, »namely, that social phenomena are entirely different from physical phenomena«, und zwei andere, von den Musen ungeküßte Autoren, schreiben, Lévi-Strauss habe uns endlich von den Zwängen des Empirismus (richtiger müßte es heißen: von den Zwängen der Empirie) befreit. Cf. I. R. Buchler / H. A. Selby: »Animal, Vegetable or Mineral?«, a.a.O., S. 213. Die Strukturalisten machen bekanntlich viel davon her, daß die Strukturen, die sie beschreiben, »nichts mit der empirischen Realität zu tun« hätten (Lévi-Strauss), sondern »Modelle« seien, »die nur als logische Konstruktionen in (ihrem) eigenen Hirn« existierten (Leach). Sie meinen damit, daß diese Strukturen Idealisierungen seien, die in der Sinnenwelt nur unvollkommen »realisiert« sind. Da sie jedoch, was ihre »Intelligibilität« anbetrifft, »perfekter« sind als die »konkrete Realität«, handle es sich bei ihnen um die »*wirkliche* Realität«, wie etwa Oppitz (a.a.O., S. 48) glaubt. Wie für Plato liegt also auch für die Strukturalisten die *wahre Welt*, von der Nietzsche einmal sagte, sie sei unser bisher gefährlichstes Attentat auf das *Leben* gewesen, jenseits der Welt des bloßen Scheins, der bloßen Empirie. Um wieviel weiser ist im Vergleich hierzu das, was die *Lankavatara Sutra* sagt: »Diejenigen, welche aus Angst vor den Qualen, die aus der Unterscheidung von Geburt-und-Tod *(samsara)* entstehen, nach dem *nirvana* suchen, wissen nicht, daß *samsara* und *nirvana* nicht voneinander zu trennen sind. Und da sie denken, daß alle Dinge, die der Unterscheidung unterworfen sind, keine Wirklichkeit haben, hegen sie die Vorstellung, daß das *nirvana* die künftige Vernichtung der Sinne und ihrer Bereiche sei.«

43 Cf. G. Ezorsky: »Truth in Context«, in *Pragmatic Philosophy*, Garden City 1966, S. 520.

44 Cf. P. M. S. Hacker: »Locke and the Meaning of Colour Words«,

in *Impressions of Empiricism*, London 1976, S. 31, E. Tugendhat: »Phänomenologie und Sprachanalyse«, in *Hermeneutik und Dialektik*, Bd. II, Tübingen 1970, S. 15. »Does the congenitally blind person who has learned English know what green *is*?«, fragt Pitkin (a.a.O., S. 111) und gibt die Antwort: »Well, as most of us know what a trance is, or religious ecstasy.« Nun ist es freilich so, daß »most of us« dies eben nicht wissen. Vor meinem ersten LSD-Trip glaubte ich aufgrund von Haschisch-Erfahrungen zu wissen, welchen Charakter eine LSD-Erfahrung hat. Ich wußte es nicht. R. Trigg (a.a.O., S. 52 f.) konzediert, daß »perhaps someone who has never been in love can never fully appreciate what that involves«. Aber der Betreffende kann nicht nur nicht die Liebe »würdigen«, er *weiß* einfach nicht, was Liebe ist! »Both the scientist and the anti-vivisectionist understand what the other is saying.« (A.a.O., S. 67.) Dies darf man wohl in vielen Fällen bezweifeln, denn es wird sicher viele Vivisektierer geben, denen jedes Gefühl für das Seelenleben der Tiere abhanden gekommen ist, falls sie je eines besaßen. Cf. Hierzu R. Ryder: »Experiments on Animals«, in *Animal Rights and Human Obligations*, Englewood Cliffs 1976, S. 33 ff.

45 Cf. etwa K.-P. Koepping: »Das Wagnis des Feldforschers – zwischen Ethnozentrismus und Entfremdung«, in *Festschrift für Helmut Petri*, Köln 1973, S. 268.

46 So wird er vermutlich ein besonderes Gespür für das haben, was in seiner eigenen Kultur tabuisiert und verdrängt wurde. Cf. G. Kubik: »Zur inneren Kritik ethnographischer Feldberichte aus der kolonialen Periode«, *Wiener Ethnohistorische Blätter* 1971, S. 37. »Man wird«, schreibt E. E. Evans-Pritchard (»Some Reminiscences and Reflections on Fieldwork«, *Journal of the Anthropological Society of Oxford* 1973, S. 4, zit. n. F. Kramer: »Die *social anthropology* und das Problem der Darstellung anderer Gesellschaften«, in *Gesellschaften ohne Staat*, Bd. I, Frankfurt/M. 1978, S. 15), »wenigstens zeitweise eine Art doppelter Außenseiter, der beiden Welten entfremdet ist.« Diese »doppelte Entfremdung« – und damit der Verlust des Heils – ist der Preis, den sowohl die Hexe als auch der Wissenschaftler für die Erkenntnis zahlen. Aus dem Paradies sind beide ausgeschlossen, und zwar für alle Ewigkeit.

Literaturverzeichnis

Abel, T.: »The Operation Called ›Verstehen‹«, in *The Structure of Scientific Thought*, ed. E. H. Madden, Boston 1960.
–: *The Foundations of Sociological Theory*, New York 1970.
–: Verstehen I and Verstehen II«, *Theory and Decision* 1975.
Aberle, D. F.: »The Influence of Linguistics on Early Culture and Culture and Personality Theory« in *Essays in the Science of Culture*, ed. G. E. Dole/R. L. Carneiro, New York 1960.
–: *The Peyote Religion Among the Navaho*, New York 1966.
Abraham, W. E.: »Complete Concepts and Leibniz's Distinction Between Necessary and Contingent Propositions«, *Studia Leibnitiana* 1969.
Absolon, K.: »The Diluvial Anthropomorphic Statuettes and Drawings, Especially the So-Called Venus Statuettes, Discovered in Moravia«, *Artibus Asiae* 1949.
Achinstein, P.: *Concepts of Science*, Baltimore 1968.
–: »Review of Popper's ›Conjectures and Refutations‹«, *British Journal for the Philosophy of Science* 1968.
Ackerknecht, E. H.: »Psychopathology, Primitive Medicine and Primitive Culture«, *Bulletin of the History of Medicine* 1943.
–: »Problems of Primitive Medicine« in *Reader in Comparative Religion*, ed. W. A. Lessa/E. Z. Vogt, New York 1965.
–: *Medicine and Ethnology*, Bern 1971.
Adorno, T. W.: *Negative Dialektik*, Frankfurt/M. 1966.
Agassi, J.: »On the Limits of Scientific Explanation: Hempel and Evans-Pritchard«, *The Philosophical Forum* 1968.
–: »Sociologism in Philosophy of Science«, *Metaphilosophy* 1972.
–: »The Logic of Scientific Inquiry«, *Synthese* 1974.
–: »Can Religion Go Beyond Reason?« in *Science in Flux*, Dordrecht 1975.
Agricola, F.: *Gründtlicher Bericht, Ob Zauberey die argste vnd grewlichste sünd auf Erden sey*, Köln 1597.
Agrippa v. Nettesheim, H. C.: *Magische Werke*, Stuttgart 1855.
Aigremont, Dr.: *Volkserotik und Pflanzenwelt*, Leipzig 1910.
Ajdukiewicz, K.: »Das Weltbild und die Begriffsapparatur«, *Erkenntnis* 1934.
–: *Problems and Theories of Philosophy*, Cambridge 1973.
Akoun, A./F. Morin/J. Mousseau: »A Conversation With Claude Lévi-Strauss«, *Psychology Today*, May 1972.
Albert, H.: »Der Kritizismus und seine Kritiker« in *Traktat über kritische Vernunft*, Tübingen 1975.
Alexejenko, J. A.: »Der Bärenkult der Keten (Jenissei-Ostjaken)« in *Glaubenswelt und Folklore der sibirischen Völker*, ed. V. Diószegi, Budapest 1963.

Alexiou, S.: *Minoan Civilization*, Heraklion 1969.
Alföldi, A.: »Diana Nemorensis«, *American Journal of Archaeology* 1960.
–: *Die Struktur des voretruskischen Römerstaats*, Heidelberg 1974.
Alger, N.: »Comment on ›The Influence of Psychotropic Flora and Fauna on Maya Religion‹«, *Current Anthropology* 1974.
–: Pharmacology, Ethnopharmacology, and the Use of Drugs in Curanderismo« in *Actas del XLI Congreso Internacional de Americanistas*, Bd. III, México 1976.
Allegro, J. M.: *Der Geheimkult des heiligen Pilzes*, Wien 1971.
Almgren, O.: *Nordische Felszeichnungen als religiöse Urkunden*, Frankfurt/M. 1934.
Altheim, F.: *Griechische Götter im alten Rom*, Gießen 1930.
–: *Terra Mater*, Gießen 1931.
Altizer, T. J. J.: »The Religious Meaning of Myth and Symbol« in *Truth, Myth and Symbol*, ed. T. J. J. Altizer et al., Englewood Cliffs 1962.
d'Alviella, G.: *The Migration of Symbols*, New York 1894.
Amandry, P.: *La mantique apollinienne à Delphes*, Paris 1950.
Ambrose, A.: »Philosophy, Language and Illusion« in *Psychoanalysis and Philosophy*, ed. C. Hanly/M. Lazerowitz, New York 1970.
Amersbach, K.: »Zur Tannhäusersage«, *Alemannia* 1895.
Amsterdamski, S.: *Between Experience and Metaphysics*, Dordrecht 1975.
Anand, B. K./G. S. Chhina/B. Singh: »Some Aspects of Electroencephalographic Studies in Yogis« in *Altered States of Consciousness*, ed. C.T.Tart, New York 1969.
Ancona, E.: *Historia de Yucatán*, Barcelona 1889.
Anders, F.: *Das Pantheon der Maya*, Graz 1963.
Anderson, W.: *Kaiser und Abt*, Helsinki 1923.
Andic, M.: »Inquiry and Virtue in the *Meno*« in *Plato's Meno*, ed. M. Brown, Indianapolis 1971.
Andreas, W.: *Deutschland vor der Reformation*, Stuttgart 1932.
Andree, R.: *Ethnographische Parallelen und Vergleiche*, Stuttgart 1878.
–: *Braunschweiger Volkskunde*, Braunschweig 1901.
Andree-Eysn, M.: *Volkskundliches aus dem bayrisch-österreichischen Alpengebiet*, Braunschweig 1910.
Andres, F.: »Die Himmelsreise der caraïbischen Medizinmänner«, *Zeitschrift für Ethnologie* 1938.
Angulo, J. de: »La psychologie religieuse des Achumavi«, *Anthropos* 1928.
Anhorn v. Hartwiss, B.: *Magiologia*, Basel 1674.
Antoun, R. T.: »On the Modesty of Women in Arab Muslim Villages«, *American Anthropologist* 1968.
Apel, K.-O.: »Zur Idee einer transzendentalen Sprach-Pragmatik« in *Aspekte und Probleme der Sprachphilosophie*, ed. J. Simon, Freiburg 1974.
Appel, H.: *Die Wechselbalgsage*, Berlin 1937.

Aram, K.: *Magie und Zauberei in der alten Welt*, Berlin 1927.
Arapura, J. G.: »The Upside Down Tree of the Bhagavadgitã«, Numen 1975.
Arbman, E.: *Ecstasy or Religious Trance*, Bd. I, Uppsala 1963.
d'Arbois de Jubainville, H.: *Les druides et les dieux celtiques à forme d'animaux*, Paris 1906.
Ardener, E.: »Belief and the Problem of Women« in *The Interpretation of Ritual*, ed. J.S. LaFontaine, London 1972.
Ardener, S. G.: »Sexual Insult and Female Militancy«, *Man* 1973.
Arendsen Hein, G. W.: »Selbsterfahrung und Stellungnahme eines Psychotherapeuten« in *Religion und die Droge*, ed. M. Josuttis/H. Leuner, Stuttgart 1972.
Arens, W.: »Der Baum als Symbol der Frau«, *Volkswerk* 1943.
Ariès, P.: *Studien zur Geschichte des Todes im Abendland*, München 1976.
Arieti, S.: *The Intrapsychic Self*, New York 1967.
Armstrong, D. M.: »Epistemological Foundations for a Materialist Theory of the Mind«, *Philosophy of Science* 1973.
Arndt, W.: »The Dreaming of Kunukban«, *Oceania* 1965.
Arnold, H.: *Die Zigeuner*, Olten 1965.
Aronson, H./A. B. Silverstein/G. D. Klee: »Influence of Lysergic Acid Diethylamide on Subjective Time«, *Archives for Genetical Psychiatry* 1959.
Artaud, A.: *Les Tarahumaras*, Décines 1963.
Aschwanden, H.: *Symbole des Lebens*, Zürich 1976.
Ashley-Montagu, M.F.: »Ignorance of Physiological Paternity in Secular Knowledge and Orthodox Belief Among the Australian Aborigines«, *Oceania* 1940.
–: »A Remarkable Case of Tool-Using in a Bird«, *American Anthropologist* 1970.
–: *Coming into Being Among the Australian Aborigines*, London 1974.
Ashton, E. H.: *Medicine, Magic and Sorcery Among the Southern Sotho*, Cape Town 1943.
Assmann, J.: *Zeit und Ewigkeit im alten Ägypten*, Heidelberg 1975.
Astour, M.C.: *Hellenosemitica*, Leiden 1965.
Augé, M.: *Théorie des pouvoirs et idéologie*, Paris 1975.
Augustinus, A.: *Hipponensis Episcopi Operum*, Rom 1797.
Auld, R. L.: »The Psychological and Mythic Unity of the God Odinn«, *Numen* 1976.
d'Aulnoy, Comtesse: *Relation du voyage d'Espagne*, La Haye 1715.
Aune, B.: »On an Analytic-Synthetic Distinction«, *American Philosophical Quarterly* 1972.
Aust, E.: *Die Religion der Römer*, Münster 1899.
Austen, L.: »Procreation Among the Trobriand Islanders«, *Oceania* 1934.
Ayer, A. J.: »Are All Our Common Sense Judgements False?« in *Problems in the Philosophy of Science*, ed. I. Lakatos/A. Musgrave, Amsterdam 1968.
–: »Rejoinder to Professor Forguson« in *Symposium on J. L. Austin*, ed. K. T. Fann, London 1969.

–: »Truth, Verification and Verisimilitude« in *The Philosophy of Karl Popper*, Bd. II, ed. P.A. Schilpp, La Salle 1974.
–: Wittgenstein on Certainty« in *Understanding Wittgenstein*, London 1974.
Azombo, S.: *Séquence et signification des cérémonies d'initiation So*, Lille 1971.

van Baal, J.: *Dema*, The Hague 1966.
–: *Symbols For Communication*, Assen 1971.
Bach, A.: *Deutsche Volkskunde*, Heidelberg 1960.
Bachelard, G.: *Epistemologie*, Frankfurt/M. 1974.
Bachofen, J. J.: *Der Mythus von Orient und Occident*, München 1956.
Bachtin, M.: *Literatur und Karneval*, München 1969.
Bacon, F.: *The Works*, ed. J. Spedding et al., London 1876.
Badcock, C. R.: »The Ecumenical Anthropologist«, *British Journal of Sociology* 1975.
Bächtold-Stäubli, H.: »Haar« in *Handwörterbuch des deutschen Aberglaubens*, ed. H. Bächtold-Stäubli, Bd. III, Berlin 1930.
–: »Kröte« in *Handwörterbuch des deutschen Aberglaubens*, ed. H. Bächtold-Stäubli, Bd. V, Berlin 1933.
Baer, G.: »Auskünfte eines Srahuanbo über schamanistische Vorstellungen seiner Gruppe«, *Anthropos* 1971.
–: »A Particular Aspect of Matsigenka Shamanism: Male-Female Ambivalence« in *Actas del XLI Congreso de Americanistas*, Bd. III, México 1976.
Baer, G./W. W. Snell: »An Ayahuasca Ceremony Among the Matsigenka«, *Zeitschrift für Ethnologie* 1974.
Baesecke, G.: *Vorgeschichte des deutschen Schrifttums*, Halle 1940.
Baetke, W.: *Die Religion der Germanen in Quellenzeugnissen*, Frankfurt/M. 1937.
Bäumer, G.: *Die Frauengestalt der deutschen Frühe*, Berlin 1940.
Baird, R. D.: *Category Formation and the History of Religions*, The Hague 1971.
Balázs, J.: »Über die Ekstase des ungarischen Schamanen« in *Glaubenswelt und Folklore der sibirischen Völker*, ed. V. Diószegi, Budapest 1963.
Bally, R. O.: *Heil- und Giftpflanzen der Eingeborenen von Tanganyika*, Dahlem 1938.
Balmer, H. H.: *Die Archetypentheorie von C. G. Jung*, Heidelberg 1972.
Balys, J./H. Biezais: »Baltische Mythologie« in *Götter und Mythen im alten Europa*, ed. H. W. Haußig, Stuttgart 1973.
Balzer, E.: »Die Bräunlinger Hexenprozesse«, *Alemannia* 1910.
Bambrough, R.: »Fragments of a System«, *The Listener*, January 1970.
–: »Ideology and the Modes of Explanation« in *Explanation*, ed. S. Körner, Oxford 1975.
–: »The Shape of Ignorance« in *Contemporary British Philosophy*, ed. H. D. Lewis, London 1976.
Bammes, G.: *Der Akt in der Kunst*, Leipzig 1975.
Barandarián, J. M. de: »Die baskische Mythologie« in *Götter und Mythen im alten Europa*, ed. H. W. Haußig, Stuttgart 1973.

Bardon, F.: *Diane de Poitiers*, Paris 1963.
Barghon Fort-Rion, F. de: *Le druidisme au moyen âge*, Bruxelles 1874.
Bargmann, W.: *Anatomie und bildende Kunst*, Freiburg 1947.
Bar-Hillel, Y.: »On Habermas' Hermeneutic Philosophy of Language«, *Synthese* 1973.
Barnard, M.: *The Mythmakers*, Athens 1966.
Barnes, J. A.: »Some Ethical Problems in Modern Fieldwork« in *Anthropologists in the Field*, ed. D. G. Jongmans/P. C. W. Gutkind, Assen 1967.
Barnes, R. H.: *Kédang*, Oxford 1974.
Barnett, B.: »Witchcraft, Psychopathology and Hallucinations«, *British Journal of Psychiatry* 1965.
Baroja, J. C.: *Die Hexen und ihre Welt*, Stuttgart 1967.
–: *Vidas magicas e Inquisición*, Madrid 1967.
Barr, W.: »Horace, *Odes* I, 4«, *The Classical Review* 1962.
Bartels, W.: »Pflanzen in der englischen Folklore«, *Berichte der Realschule auf der Uhlenhorst* 1900.
Basanoff, V.: *Les dieux des Romains*, Paris 1942.
Baschwitz, K.: *Hexen und Hexenprozesse*, München 1963.
Bassermann, L.: *Das älteste Gewerbe*, Wien 1965.
Basso, K. H.: *Western Apache Witchcraft*, Tucson 1969.
Bastian, A.: *Beiträge zur vergleichenden Psychologie*, Berlin 1868.
Bastian, H.: *Lexikon der Pflanzenwelt*, Frankfurt/M. 1973.
Bastide, R.: *Le rêve, la transe et la folie*, Paris 1972
Bateson, G.: *Naven*, Stanford 1958.
–: *Steps to an Ecology of Mind*, St. Albans 1973.
Bauer, V. H.: *Das Antonius-Feuer in Kunst und Medizin*, Berlin 1973.
Bauerreiß, R.: *Arbor Vitae*, München 1938.
Baumann, H.: »Die Sektion der Zauberkraft«, *Zeitschrift für Ethnologie* 1928.
–: *Das doppelte Geschlecht*, Berlin 1955.
Baumann, T.: »Die psychischen Vorgänge bei den Ekstasen und die sogenannte ›intellektuelle‹ Vision«, *Archiv für Religionspsychologie* 1976.
Baur, P. V. C.: *Eileithyia*, Chicago 1902.
Bayard, L.: »Pytho-Delphes et la légende du serpent«, *Revue des études grecques* 1943.
Bayer, H.: *Sprache als praktisches Bewußtsein*, Düsseldorf 1975.
Bayle, P.: *Œuvres diverses*, La Haye 1727.
Bazzi, D.: *Kleinkindererziehung bei den Bahluli*, Zürich 1977.
Beardslee, W. A.: »Truth in the Study of Religion« in *Truth, Myth, and Symbol*, ed. T. J. J. Altizer et al., Englewood Cliffs 1962.
Beattie, J. H. M.: »Twin Ceremonies in Bunyoro«, *Journal of the Royal Anthropological Institute* 1962.
–: *Other Cultures*, London 1964.

–: »The Ghost Cult in Bunyoro« in *Gods and Rituals*, ed. J. Middleton, Garden City 1967.
Beauvoir, S. de: *Das andere Geschlecht*, Reinbek 1968.
Becher, H.: *Poré/Perimbó*, Hannover 1974.
Becher, J. J.: *Kreuterbuch*, Ulm 1662.
Beck, R. J.: »Some Proto-Psychotherapeutic Elements in the Practice of the Shaman«, *History of Religions* 1966.
Becker, A.: *Frauenrechtliches in Brauch und Sitte*, Kaiserslautern 1913.
–: *Pfälzer Volkskunde*, Bonn 1925.
Becker, G./H. Brackert/S. Brauner/A. Tümmler: »Zum kulturellen Bild und zur realen Situation der Frau im Mittelalter und in der frühen Neuzeit« in *Aus der Zeit der Verzweiflung*, Frankfurt/M. 1977.
de Becker, R.: *The Understanding of Dreams or the Machinations of the Night*, London 1968.
Beckmann, N. v.: *Idea juris statuarii et consuetudinarii stiriaci et austriaci*, Graz 1688.
Bégouën, H.: »The Magic Origin of Prehistoric Art«, *Antiquity* 1929.
Bégouën, H./H. Vallois: »Les empreintes de pieds préhistoriques« in *Les cavernes du Volp*, Paris 1958.
Behrend, F.: »Das Erler Passionsspiel«, *Zeitschrift des Vereins für Volkskunde* 1913.
Behrens, G.: *Germanische und gallische Götter in römischem Gewand*, Mainz 1944.
Beidelman, T. O.: »Kaguru Time Reckoning«, *Southwestern Journal of Anthropology* 1963.
–: »Witchcraft in Ukaguru« in *Witchcraft and Sorcery in East Africa*, ed. J. Middleton/E. H. Winter, London 1963.
–: »Notes on Boys' Initiation Among the Ngulu of East Africa«, *Man* 1965.
–: »Some Nuer Notions of Nakedness, Nudity, and Sexuality«, *Africa* 1968.
Beierwaltes, W.: »Adornos Nicht-Identisches« in *Weltaspekte der Philosophie*, ed. W. Beierwaltes/W. Schrader, Amsterdam 1972.
Beit, H. v.: *Das Märchen*, Bern 1965.
–: *Symbolik des Märchens*, Bern 1975.
Beitl, R.: *Der Kinderbaum*, Berlin 1942.
–: *Im Sagenwald*, Feldkirch 1953.
Bender, H.: *Verborgene Wirklichkeit*, Olten 1973.
Bender, H./R. Vandrey: »Psychokinetische Experimente mit dem Berner Graphiker Silvio«, *Zeitschrift für Parapsychologie* 1976.
Benedict, R. F.: »The Vision in Plains Culture«, *American Anthropologist* 1922.
Benjamin, W.: *Schriften*, Bd. I, Frankfurt/M. 1955.
Bennet, J. W.: »Die Interpretation der Pueblo-Kultur« in *Kulturanthropologie*, ed. W. E. Mühlmann/E. W. Müller, Köln 1966.
Bennett, A. K.: »La cruz parlante«, *Estudios de cultura Maya* 1970.
Bennett, J.: *Linguistic Behaviour*, London 1976.
Bennett, W. C./R. M. Zingg: *The Tarahumara*, Chicago 1935.

Benz, E.: *Die Vision*, Stuttgart 1969.
Benzi, M.: *Les derniers adorateurs du peyotl*, Paris 1972.
Berg, W.: »Hekate: Greek or ›Anatolian‹?« *Numen* 1974.
Bergema, H.: *De boom des levens in schrift en historie*, Hilversum 1938.
Berger, H.: *Untersuchungsmethode und soziale Wirklichkeit*, Frankfurt/M. 1974.
Berger, H.: »Bericht über sprachliche und volkskundliche Forschungen im Hunzatal«, *Anthropos* 1960.
Berger, J.: *Sehen*, Hamburg 1974.
Berger, P. L.: *Auf den Spuren der Engel*, Frankfurt/M. 1970.
Berger, P. L./B. Berger/H. Kellner: *Das Unbehagen in der Moderne*, Frankfurt/M. 1975.
Berglund, A.-I.: *Zulu Thought-Patterns and Symbolism*, London 1975.
Bergman, S. H.: *The Philosophy of Salomon Maimon*, Jerusalem 1967.
Bergson, H.: *Les deux sources de la morale et de la religion*, Paris 1932.
Berlin, B./D. E. Breedlove und P. H. Raven: *Principles of Tzeltal Plant Classification*, New York 1974.
Berlin, I.: »Austin and the Early Beginnings of Oxford Philosophy« in *Essays on J. L. Austin*, London 1973.
Bernal, J. D.: *Science in History*, New York 1954.
Berndt, R. M.: »Wuradjeri Magic and ›Clever Men‹«, *Oceania* 1947.
–: »Two in One, and More in Two« in *Echanges et communications*, Bd. II, ed. J. Pouillon/P. Maranda, The Hague 1970.
Berndt, R. M./C. H. Berndt: »A Preliminary Report of Fieldwork in the Ooldea Region«, *Oceania* 1943
–: »The Concept of Abnormality in an Australian Aboriginal Society« in *Psychoanalysis and Culture*, ed. G. B. Wilbur et al., New York 1951.
Bernheimer, R.: *Wild Men in the Middle Ages*, Cambridge 1952.
Berry, J. W.: »On Cross-Cultural Comparability«, *International Journal of Psychology* 1969.
Berthelot, M.: *Die Chemie im Altertum und im Mittelalter*, Leipzig 1909.
Berthold, L.: »Sprachliche Niederschläge absinkenden Hexenglaubens« in *Volkskundliche Ernte*, ed. A. Götze/G. Koch, Gießen 1938.
Bertholet, A.: »Weibliches Priestertum« in *Beiträge zur Gesellungs- und Völkerwissenschaft*, ed. I. Tönnies, Berlin 1950.
Bertrand, A.: *La religion des gaulois*, Paris 1897.
Beth, M.: »Kinderraub« in *Handwörterbuch des deutschen Aberglaubens*, Bd. IV, ed. H. Bächtold-Stäubli, Berlin 1932.
Bettelheim, B.: *The Uses of Enchantment*, London 1976.
Beurmann, A.: *Der Aberglaube der Jäger*, Hamburg 1961.
Beyerle, K.: *Lex Baiuvariorum*, München 1926.
Bezold, F. v.: »Jean Bodin als Okkultist und seine Démonomanie« in *Aus Mittelalter und Renaissance*, München 1918.

–: *Das Fortleben der antiken Götter im mittelalterlichen Humanismus*, Bonn 1922.
Bharati, A.: »The Ontological Status of Psychic Phenomena in Hinduism and Buddhism« in *Parapsychology and Anthropology*, ed. A. Angoff/D. Barth, New York 1974.
Bidney, D.: »Myth,Symbolism, and Truth« in *Myth*, ed. T. A. Sebeok, Bloomington 1965.
Biedermann, H.: *Hexen*, Graz 1974.
Biedermann, K.: *Deutsche Volks- und Kulturgeschichte*, Wiesbaden 1885.
Bieri, P.: *Zeit und Zeiterfahrung*, Frankfurt/M. 1972.
Biezais, H.: *Die Hauptgöttinnen der alten Letten*, Uppsala 1955.
Bilfinger, G.: *Untersuchungen über die Zeitrechnung der alten Germanen*, Stuttgart 1901.
Bilz, R.: *Paläoanthropologie*, Frankfurt/M. 1971.
Binder, G.: *Die Aussetzung des Königskindes*, Meisenheim 1964.
Binsfeld, P.: *Tractat Von Bekanntnuß der Zauberer vnd Hexen*, München 1591.
Birket-Smith, K./F. de Laguna: *The Eyak Indians of the Copper River Delta, Alaska*, København 1938.
Birot, P.: »Géomorphologie de la région de Delphes«, *Bulletin de Correspondance Hellénique* 1959.
Bitterli, U.: *Die ›Wilden‹ und die ›Zivilisierten‹*, München 1976.
Black, M.: *Caveats and Critiques*, Ithaca 1975.
Blackburn, S.: »The Identity of Propositions« in *Meaning, Reference and Necessity*, ed. S. Blackburn, Cambridge 1975.
Blacker, C.: »Initiation in the Shugendō« in *Initiation*, ed. C. J. Bleeker, Leiden 1965.
–: »Animal Witchcraft in Japan« in *The Witch Figure*, ed. V. Newall, London 1973.
Blackwood, B.: *Both Sides of the Buka Passage*, Oxford 1935.
Blaffer, S. C.: *The Black-man of Zinacantan*, Austin 1972.
Blake, R. M.: »The Theory of Hypothesis Among Renaissance Astronomers« in *Theories of Scientific Method*, ed. R. M. Blake et al., Seattle 1960.
Blankenburg, W.: *Der Verlust der natürlichen Selbstverständlichkeit*, Stuttgart 1971.
Blázquez, J.-M.: »Die Mythologie der Althispanier« in *Götter und Mythen im alten Europa*, ed. H. W. Haußig, Stuttgart 1973.
Bleichsteiner, R.: »Perchtengestalten in Mittelasien«, *Archiv für Völkerkunde* 1953.
Bleuler, E.: *Lehrbuch der Psychiatrie*, Berlin 1972.
Bloch, E.: *Vorlesungen zur Philosophie der Renaissance*, Frankfurt/M. 1972.
Bloch, M.: *La société féodale*, Paris 1966.
Bloch, M.: »The Past and the Present in the Present«, *Man* 1977.
Bluck, R. S.: *Plato's Meno*, London 1964.

Blumenberg, H.: *Pseudoplatonismen in der Naturwissenschaft der frühen Neuzeit*, Mainz 1971.
–: »Wirklichkeitsbegriff und Wirkungspotential des Mythos« in *Terror und Spiel*, ed. M. Fuhrmann, München 1971.
–: *Die Genesis der kopernikanischen Welt*, Frankfurt/M. 1975.
Blythin, I.: »Magic and Methodology«, *Numen* 1970.
Boas, F.: »The Origin of Totemism«, *American Anthropologist* 1916.
–: *The Central Eskimo*, Lincoln 1964.
Bock, H.: *Kreütterbuch*, Straßburg 1577.
Bodin, J.: *Vom aussgelasnen wütigen Teuffelsheer*, Straßburg 1591.
Böckel, O.: »Zur Sage vom Venusberg«, *Alemannia* 1885.
Boehlich, E.: »Feralis exercitus«, *Mitteilungen der Schlesischen Gesellschaft für Volkskunde* 1925.
Böhme, G.: »Die Ausdifferenzierung wissenschaftlicher Diskurse« in *Wissenschaftssoziologie*, ed. N. Stehr/R. König, Opladen 1975.
Boehn, M. v.: *Menschen und Moden im Mittelalter*, München 1925.
Böhner, K.: »Romanen und Franken im Trierer Land nach dem Zeugnis der archäologischen Quellen« in *Siedlung, Sprache und Bevölkerungsstruktur im Frankenreich*, ed. F. Petri, Darmstadt 1973.
Boesch, H.: *Kinderleben in der deutschen Vergangenheit*, Leipzig 1900.
de la Boëtie, E.: *Über die freiwillige Knechtschaft der Menschen*, Frankfurt/M. 1968.
Boetticher, K.: *Zur Kenntnis antiker Gottesverehrung*, Berlin 1898.
Boglár, L.: »Beitrag zur Erforschung des ›wilden‹ Denkens«, *Abhandlungen des Staatlichen Museums für Völkerkunde Dresden* 1975.
Bogoras, W.: »The Folklore of Northeastern Asia«, *American Anthropologist* 1902.
–: *The Chukchee*, New York 1904 ff.
–: »Ideas of Space and Time in the Conception of Primitive Religion«, *American Anthropologist* 1925.
Boguet, H.: *Discours des sorciers*, Lyon 1608.
Bohannan, P.: »Concepts of Time Among the Tiv of Nigeria«, *Southwestern Journal of Anthroplogy* 1953.
Bohm, D.: »Science as Perception-Communication« in *The Structure of Scientific Theories*, ed. F. Suppe, Urbana 1974.
Bolte, J.: *Name und Merkmale des Märchens*, Helsinki 1920.
Bolton, J. D. P.: *Aristeas of Proconnessus*, Oxford 1962.
Bomann, T.: *Das hebräische Denken im Vergleich mit dem griechischen*, Göttingen 1968.
Bonomo, G.: *Caccia alle streghe*, Palermo 1971.
Bookchin, M.: »Umweltschutz versus Ökologie«, *Schwarze Protokolle*, April 1974.
Booth, N. S.: »Time and Change in African Traditional Thought«, *Journal of Religion in Africa* 1975.

Bordes, F./P. Fitte/P. Laurent: »Gravure féminine du Magdalénien IV de la Gare de Couze«, *L'Anthropologie* 1963.
Borgeaud, P.: »The Open Entrance to the Closed Palace of the King«, *History of Religions* 1974.
Borhegyi, S. F. de: »Miniature Mushroom Stones From Guatemala«, *American Antiquity* 1961.
Bornemann, E.: *Das Patriarchat*, Frankfurt/M. 1975.
Bornstein, M. H.: »The Influence of Visual Perception on Culture«, *American Anthropologist* 1975.
Borries, A. v.: »Der spanische Anarchismus«, *Neues Hochland* 1973.
Borst, A.: *Lebensformen im Mittelalter*, Frankfurt/M. 1973.
–: »Das Rittertum im Hochmittelalter« in *Das Rittertum im Mittelalter*, ed. A. Borst, Darmstadt 1976.
Boshier, A. K.: »What Makes a Witchdoctor?« *Scientific South Africa* 1965
–: »African Apprenticeship« in *Parapsychology and Anthropology*, ed. A. Angoff/D. Barth, New York 1974.
Bosinski, G.: »Magdalenian Anthropomorphic Figures at Gönnersdorf«, *Bolletino del Centro Camuno di Studi Preistorici* 1970.
Bosl, K.: *Die Grundlagen der modernen Gesellschaft im Mittelalter*, Stuttgart 1972.
Bouché-Leclercq, A.: *Histoire de la divination dans l'antiquité*, Paris 1880.
Boudriot, W.: *Die altgermanische Religion in der amtlichen kirchlichen Literatur des Abendlandes vom 5. bis 11. Jahrhundert*, Bonn 1928.
Bouman, K. H.: »Little Brother« in *Forgotten Gods*, Leiden 1949.
Bourdieu, P.: »The Attitude of the Algerian Peasant Toward Time« in *Mediterranean Countrymen*, ed. J. Pitt-Rivers, Paris 1963.
–: »The Sentiment of Honour in Kabyle Society« in *Honour and Shame*, ed. J. G. Peristiany, London 1965.
Bourgeois, W.: »Verstehen in the Social Sciences«, *Zeitschrift für allgemeine Wissenschaftstheorie* 1976.
Bourgignon, E.: »Ritual Dissociation and Possession Belief in Caribbean Negro Religion« in *Afro-American Anthropology*, ed. N. E. Whitten/J. F. Szwed, New York 1970.
–: »Psychological Anthropology« in *Handbook of Social and Cultural Anthropology*, ed. J. J. Honigman, Chicago 1973.
Bousset, W.: *Himmelsreise der Seele*, Darmstadt 1960.
Bowker, J.: *The Sense of God*, Oxford 1973.
Boyer, L. B./R. M. Boyer/H. W. Basehart: »Shamanism and Peyote Use Among the Apaches of the Mescalero Indian Reservation« in *Hallucinogens and Shamanism*, ed. M. J. Harner, New York 1973.
Boyle, L.: *Kurzer Führer durch die St. Clemens-Basilika in Rom*, Rom 1973.
Bozzano, E.: *Übersinnliche Erscheinungen bei Naturvölkern*, Bern 1948.

Bradbury, R. E.: »Fathers, Elders, and Ghosts in Edo Religion« in *Anthropological Approaches to the Study of Religion*, ed. M. Banton, London 1966.

Brakenhielm, C.-R.: *How Philosophy Shapes Theories of Religion*, Nyköping 1975.

Brandon, S. G. F.: »The Significance of Time in Some Ancient Initiatory Rituals« in *Initiation*, ed. C. J. Bleeker, Leiden 1965.

Brandstetter, R.: *Renward Cysat*, Luzern 1909.

Brandt, O. H.: *Die Limburger Chronik*, Jena 1922.

Brau, J.-L.: *Geschichte der Droge*, Frankfurt/M. 1969.

Braudel, F.: *Die Geschichte der Zivilisation*, München 1971.

Brehm, B.: *Das Ebenbild*, München 1954.

Brein, F.: *Der Hirsch in der griechischen Frühzeit*, Wien 1969.

Brenan, G.: *The Spanish Labyrinth*, Cambridge 1960.

–: *South From Granada*, Harmondsworth 1963.

Brenner, I./G. Morgenthal: »Sinnlicher Widerstand während der Ketzer- und Hexenverfolgungen« in *Aus der Zeit der Verzweiflung*, Frankfurt/M. 1977.

Bridgman, P. W.: »Quo vadis?« in *Science and Ideas*, ed. A. B. Arons/A. M. Bork, Englewood Cliffs 1964.

Briffault, R.: *The Mothers*, London 1959.

Briggs, K. M.: *Pale Hecate's Team*, London 1962.

Bringaud, M.: »Les Birmans Karins«, *Missions Catholiques* 1896.

Brosow, A.: »Über Baumverehrung, Wald- und Feldkulte bei der littauischen Völkergruppe«, *Berichte über das Altstädtische Gymnasium zu Königsberg* 1887.

Brothwell, D./P. Brothwell: *Food in Antiquity*, London 1969.

Brown, N. O.: *Love's Body*, New York 1966.

Bruder, R.: *Die germanische Frau im Lichte der Runeninschriften und der antiken Historiographie*, Berlin 1974.

Brüggemann, W./H. P. Duerr: »Sunt homines nostri oder Wie 30 akademische Seelen vor der Auferstehung und dem ewigen Leben gerettet wurden, wohingegen 70 andere denselben wohl anheimfallen müssen«, *Forum Academicum*, Mai 1967.

Bruiningk, H. v.: »Der Werwolf in Livland und das letzte im Wendenschen Landgericht und Dörptschen Hofgericht 1692 deshalb stattgehabte Strafverfahren«, *Mitteilungen aus der livländischen Geschichte* 1924.

Brunneman, J.: *Discours Von betrüglichen Kennzeichen der Zauberey*, Halle 1727.

Brunner, O.: »Die ritterlich-höfische Kultur« in *Das Rittertum im Mittelalter*, ed. A. Borst, Darmstadt 1976.

Brunnfelsz, O.: *Contrafayt Kreüterbuoch*, Straßburg 1532.

Bryant, A. T.: *Zulu Medicine and Medicine-Men*, Cape Town 1966.

Buch, M.: *Die Wotjäken*, Helsingfors 1882.

Buchholz, P.: *Schamanistische Züge in der altisländischen Überlieferung*, Münster 1968.

Buchler, I. R.: »Sémantique descriptive des catégories religieuses nuer«, *L'Homme* 1966.

Buchler, I. R./H. A. Selby: »Animal, Vegetable or Mineral?« in *Echanges et communications*, Bd. I, ed. J. Pouillon/P. Maranda, The Hague 1970.
Buchner, R.: *Deutschlands Geschichtsquellen im Mittelalter*, Weimar 1953.
Buck, M. R.: »Hexenprocesse aus Oberschwaben«, *Alemannia* 1882.
Buddruss, G.: »Zur Mythologie der Prasun-Kafiren«, *Paideuma* 1960.
Büchel, W.: *Gesellschaftliche Bedingungen der Naturwissenschaft*, München 1975.
Bücher, K.: *Die Frauenfrage im Mittelalter*, Tübingen 1910.
Büchli, A.: »Der Seelebalgge«, *Schweizer Volkskunde* 1947.
Bühl, W.: »Funktionalismus und Strukturalismus« in *Funktion und Struktur*, ed. W. Bühl, München 1975.
Büscher, G.: *Buch der Geheimnisse*, Frankfurt/M. 1952.
Buffière, F.: *Les mythes d'Homère et la pensée grecque*, Paris 1956.
Bugge, J.: *Virginitas*, The Hague 1975.
Buhociu, O.: *Die rumänische Volkskultur und ihre Mythologie*, Wiesbaden 1974.
Bulk, W.: *St. Apollonia*, Bielefeld 1967.
Bullough, S.: *Roman Catholicism*, Harmondsworth 1963.
Bunge, M.: *Treatise on Basic Philosophy*, Bd. II, Dordrecht 1974.
Buonaiuti, E.: »Maria und die jungfräuliche Geburt Jesu«, *Eranos-Jahrbuch* 1938.
Burck, E.: *Die Frau in der griechisch-römischen Antike*, München 1969.
Burckhardt, J.: *Die Kultur der Renaissance in Italien*, Leipzig 1908.
Burdach, K.: *Der Gral*, Stuttgart 1938.
Bureau, R.: *La religion d'Eboga*, Lille 1972.
Burgstaller, E.: »Schamanistische Motive unter den Felsbildern in den österreichischen Alpenländern«, *Forschungen und Fortschritte* 1967.
–: »Felsgravierungen in den österreichischen Alpen«, *Ipek* 1968.
Burian, R. M.: »Conceptual Change, Cross-Theoretical Explanation, and the Unity of Science«, *Synthese* 1975.
Burke, T. E.: »Can Philosophy Be Original?« *Inquiry* 1974.
Burkert, W.: *Weisheit und Wissenschaft*, Nürnberg 1962.
–: *Homo Necans*, Berlin 1972.
–: *Griechische Religion der archaischen und klassischen Epoche*, Stuttgart 1977.
Burland, C. A.: *The Gods of Mexico*, London 1967.
Burling, R.: »Cognition and Componential Analysis«, *American Anthropologist* 1964.
–: *Man's Many Voices*, New York 1970.
Busch, M.: *Deutscher Volksglaube*, Leipzig 1877.
Buschan, G.: *Vorgeschichtliche Botanik*, Breslau 1895.
Buß, E.: »Volksjustiz der Nachtbuben im Kanton Bern«, *Schweizer Archiv für Volkskunde* 1906.
Butt, A.: »Réalité et idéal dans la pratique chamanique«, *L'Homme* 1962.
Butterworth, E. A. S.: *Some Traces of the Pre-Olympian World in Greek Literature and Myth*, Berlin 1966.

–: *The Tree at the Navel of the Earth*, Berlin 1970.
Buxton, J. C.: »Initiation and Bead-sets in Western Mandari« in *Studies in Social Anthropology*, ed. J. Beattie/R. G. Lienhardt, Oxford 1975.
Byloff, F.: *Das Verbrechen der Zauberei*, Graz 1902.
–: *Volkskundliches aus Strafprozessen der österreichischen Alpenländer*, Berlin 1929.
–: *Hexenglaube und Hexenverfolgung in den österreichischen Alpenländern*, Berlin 1934.

Caddy, J. H.: »Description of the Ruins of Palenque« in *The Walker-Caddy Expedition*, ed. D. M. Pendergast, Norman 1967.
Caesarius v. Heisterbach: *Dialogus miraculorum*, ed. A. Hilka, Bonn 1933.
Caland, W.: *Altindische Zauberei*, Amsterdam 1908.
Calmet, A.: *Von Erscheinungen der Geisteren, Und denen Vampiren in Ungarn, Mahren etc.*, Augsburg 1751.
Campbell, D. T.: »Distinguishing Differences of Perception From Failures of Communication in Cross-Cultural Studies« in *Cross-Cultural Understanding*, ed. F. S. C. Northrop/H. H. Livingston, New York 1964.
Campbell, J.: »Primitive Man as Metaphysician« in *Primitive Views of the World*, ed. S. Diamond, New York 1964.
–: *The Hero With a Thousand Faces*, New York 1968.
Campbell, J. K.: »Honour and the Devil« in *Honour and Shame*, ed. J. G. Peristiany, London 1965.
Campbell, J. L./T. H. Hall: *Strange Things*, London 1968.
Canguilhem, G.: *Das Normale und das Pathologische*, München 1974.
Capell, A.: »The Word ›Mana‹«, *Oceania* 1938.
–: Language and World View in the Northern Kimberley«, *Southwestern Journal of Anthropology* 1960.
Capitan, L./H. Breuil/D. Peyrony: *Les Combarelles aux Eyzies*, Paris 1924.
Cardanus, H.: *De subtilitate*, Basel 1554.
–: *Offenbarung der Natur*, Basel 1559.
Cárdenas, J. de: *Primera parte de los problemas y secretos maravillosos de las Indias*, México 1591.
Carpenter, E. S.: »The Timeless Present in the Mythology of the Aivilik Eskimos«, *Anthropologica* 1956.
–: *Eskimo*, Toronto 1959.
–: »Ohnainewk, Eskimo Hunter« in *In the Company of Man*, ed. J. B. Casagrande, New York 1960.
Carpenter, R.: »Die Formung der archaischen griechischen Plastik« in *Archaische Plastik der Griechen*, ed. W. Kraiker, Darmstadt 1976.
Casas, B. de Las: *Apologética historia de las Indias*, Madrid 1909.
Castañeda, C.: *The Teachings of Don Juan*, Harmondsworth 1970.
–: *A Separate Reality*, New York 1971.

–: *Journey to Ixtlan*, New York 1972.
–: »Sorcerer's Apprentice«, *Psychology Today*, December 1972.
–: *Tales of Power*, New York 1974.
–: *The Second Ring of Power*, London 1978.
Castiglioni, A.: *Incantesimo e magia*, Roma 1934.
Cawte, J. E./N. Djagamara/M. J.Barrett: »The Meaning of Subincision of the Urethra to Aboriginal Australians«, *British Journal of Medical Psychology* 1966.
Cawte, J. E.: »Why We Slit the Penis« in *The Psychology of Aboriginal Australians*, ed. G. E. Kearney et al., Sydney 1973.
Cazeneuve, J.: »Les Indiens de la région de Tucson«, *L'Ethnographie* 1956.
Chadwick, N. K.: »Shamanism Among the Tatars of Central Asia«, *Journal of the Royal Anthropological Institute* 1936.
Chagnon, N. A./P. Le Quesne/J. M. Cook: »Yanomamö Hallucinogens«, *Current Anthropology* 1971.
Chamberlain, R. S.: *The Conquest and Colonization of Yucatán*, Washington 1948.
Chapman, A.: »Mythologie et éthique chez les Jicaques«, *L'Homme* 1961.
Charlesworth, M. J.: *Philosophy of Religion*, London 1972.
Charnay, D.: *Ancient Cities of the New World*, London 1887.
Charrière, G.: *La signification des représentations érotiques dans les arts sauvages et préhistoriques*, Paris 1970.
Chaves, M.: »Mitica de los Siona del alto Putumayo« in *Miscellanea Paul Rivet*, Bd. II, México 1958.
Chen, A. L./K. K. Chen: »Harmine: The Alkaloid of Caapi«, *Quarterly Journal of Pharmacy and Pharmacology* 1939.
Chisholm, R. M.: »Fallibilism and Belief« in *Studies in the Philosophy of Charles Sanders Peirce*, ed. P. P. Wiener/F. H. Young, Cambridge 1952.
–: *Person and Object*, London 1976.
Chomsky, N.: »Problems and Mysteries in the Study of Human Language« in *Language in Focus*, ed. A. Kasher,Dordrecht 1976.
Christiansen, R. T.: *The Migratory Legends*, Helsinki 1958.
Christinger, R./W. Borgeaud: *Mythologie de la Suisse ancienne*, Genève 1963.
Christou, C.: *Potnia theron*, Thessaloniki 1968.
Chwistek, L.: *The Limits of Science*, London 1949.
Ciruelo, P.: *Reprobación de las supersticiones y hechicerías*, Salamanca 1556.
Ciszewski, S.: *Künstliche Verwandtschaft bei den Südslaven*, Leipzig 1897.
Claiborne, R.: *Entscheidungsfaktor Klima*, Wien 1973.
Clark, A. J.: »Flying Ointments« in *The Witch Cult in Western Europe*, London 1921.
Clark, K.: *The Nude*, London 1956.
Clarke, N.: »It is Compatible!« in *Faith and the Philosophers*, ed. J. Hick, London 1964.
Clastres, P.: *Staatsfeinde*, Frankfurt/M. 1976.

–: »Über die Entstehung von Herrschaft«, *Unter dem Pflaster liegt der Strand* 1977.
Clay, A.: »The Planktai and Moly: Divine Naming and Knowing in Homer«, *Hermes* 1972.
Cleaver, E.: *Seele auf Eis*, München 1969.
Clébert, J.-P.: *Das Volk der Zigeuner*, Wien 1964.
Clemen, C.: »Der Ursprung des Karnevals«, *Archiv für Religionswissenschaft* 1914.
–: *Fontes historiae religionis germanicae*, Berlin 1928.
–: »Die Religion der Kelten«, *Archiv für Religionswissenschaft* 1941.
Clemen, O.: »Zum Werwolfaberglauben in Nordwestrußland«, *Zeitschrift des Vereins für Volkskunde* 1922.
Clemens v. Alexandrien: *Le Protreptique*, ed. C. Mondésert, Paris 1949.
Closs, A.: »Die Ekstase des Schamanen«, *Ethnos* 1969.
Coate, H. H. J.: »The Rai and the Third Eye«, *Oceania* 1966.
Cobb, J. B.: *Der Preis des Fortschritts*, München 1972.
Cohen, G.: *Histoire de la mise en scène dans le théatre religieux français du moyen âge*, Paris 1926.
Cohn, N.: *Das Ringen um das Tausendjährige Reich*, Bern 1961.
–: »The Myth of Satan and His Human Servants« in *Witchcraft, Confessions and Accusations*, ed. M. Douglas, London 1970.
–: *Europe's Inner Demons*, London 1975.
Colbacchini, A./C. Albisetti: *Os Boróros Orientais*, São Paulo 1942.
Collinder, B.: »Pytho, der theriomorphe Apollo«, *Tidskrift för Nordisk Folkminnesforskning* 1967.
Collingwood, R. G.: *An Essay on Metaphysics*, Oxford 1940.
Collum, V. C. C.: »Die schöpferische Mutter-Göttin der Völker keltischer Sprache«, *Eranos-Jahrbuch* 1938.
Colpe, C.: »Die ›Himmelsreise der Seele‹« in *Festschrift für Joseph Klein*, ed. E. Fries, Göttingen 1967.
Condominas, G.: *Wir aßen den Wald des Geistersteins Gôo*, Frankfurt/M. 1969.
Conrads, U./H. G. Sperlich: *Phantastische Architektur*, Stuttgart 1960.
Conze, E.: *Spain To-Day*, London 1936.
Cook, A. B.: »The Bee in Greek Mythology«, *Journal of Hellenic Studies* 1895.
–: *Zeus*, Bd. II, Cambridge 1925.
Cook, R.: *The Tree of Life*, London 1974.
Coolidge, D./M. R. Coolidge: *The Last of the Seris*, New York 1939.
Coomaraswamy, A.: *Time and Eternity*, Ascona 1947.
Coope, C.: »Wittgenstein's Theory of Knowledge« in *Understanding Wittgenstein*, London 1974.
Cooper, D. E.: »Alternative Logic in ›Primitive Thought‹«, *Man* 1975.
Cooper, J. M.: »The Ona« in *Handbook of South American Indians*, ed. J. H. Steward, Bd. I, Washington 1946.

Cordan, W.: *Götter und Göttertiere der Maya*, Bern 1963.
Córdova-Rios, M./F. B. Lamb: *Wizard of the Upper Amazon*, Boston 1975.
Cornford, F. M.: *Principium sapientiae*, Cambridge 1952.
Correa, G.: »El espíritu del mal en Guatemala« in *Publications of the Middle American Research Institute*, New Orleans 1955.
Coulter, J.: »Transparency of Mind: The Availability of Subjective Phenomena«, *Philosophy of the Social Sciences* 1977.
Counihan, T.: »Epistemology and Science«, *Economy and Society* 1976.
Courby, M. F.: *Fouilles de Delphes*, Paris 1927.
Cox, H.: *The Feast of Fools*, Cambridge 1969.
Cranz, D.: *Historie von Grönland*, Leipzig 1765.
Crawford, I. M.: *The Art of the Wandjina*, Melbourne 1968.
Crawford, J. R.: *Witchcraft and Sorcery in Rhodesia*, London 1967.
Crazzolara, F. S. C.: *Zur Gesellschaft und Religion der Nueer*, Mödling 1953.
Crecelius, W.: »Frau Holda und der Venusberg«, *Zeitschrift für deutsche Mythologie und Sittenkunde* 1853.
–: »Auszug aus hessischen Hexenprocessacten«, *Zeitschrift für deutsche Mythologie und Sittenkunde* 1855.
Crocker, C.: »Les réflexions du soi« in *L'identité*, ed. C. Lévi-Strauss/J.-M. Benoist, Paris 1977.
Cromberg, H. E.: *Die Knabenschaftsstatuten der Schweiz*, Winterthur 1970.
Crusius, O.: »Die Epiphanie der Sirene«, *Philologus* 1891.
Cser, L.: »Der mythische Lebensbaum und die Ficus Ruminalis«, *Acta Antiqua* 1962.
Culley, J.: »The Californian Indians: Their Medical Practice and Drugs«, *Journal of the American Pharmacological Association* 1936.
Cumont, F.: *Die orientalischen Religionen im römischen Heidentum*, Leipzig 1931.
Currie, I. D.: »The Sapir-Whorf Hypothesis«, *Berkeley Journal of Sociology* 1966.
Curtin, L. S. M.: *Healing Herbs of the Upper Rio Grande*, Santa Fé 1947.
Curtius, E.: »Artemis Gygaia und die lydischen Fürstengräber«, *Archäologische Zeitung* 1853.
Cutts, J. P.: »Le rôle de la musique dans les masques de Ben Jonson« in *Les fêtes de la Renaissance*, ed. J. Jacquot, Paris 1956.
Czaplicka, M. A.: *Aboriginal Siberia*, Oxford 1914.

Dahl, J.: *Nachtfrauen und Geisterweiber*, Ebenhausen 1960.
Dalyell, J.G.: *The Darker Superstitions of Scotland*, Glasgow 1835.
Danckert, W.: *Unehrliche Leute*, Berlin 1963.
Danto, A. C.: *Analytische Philosophie der Geschichte*, Frankfurt/M. 1974.
Daraul, A.: *Secret Societies*, London 1961.
Davidson, D.: »On the Very Idea of a Conceptual Scheme«, *Proceedings of the American Philosophical Association* 1974.

Davidson, D. S.: *Aboriginal Australian and Tasmanian Rock Carvings and Paintings*, Philadelphia 1936.
Davidson, H. R. G.: »Scandinavien Mythology« in *Ancient Cosmologies*, ed. C. Blacker/M. Loewe, London 1975.
Davis, G. M. N.: *The Asiatic Dionysos*, London 1914.
Dawson, W. R.: »The Substance Called *Didi* by the Egyptians«, *Journal of the Royal Asiatic Society* 1927.
Debrunner, H.: *Witchcraft in Ghana*, Kumasi 1959.
Deikman, A. J.: »Deautomatization and the Mystic Experience« in *The Nature of Human Consciousness*, ed. R. E. Ornstein, New York 1973.
Delatte, A.: *Herbarius*, Liège 1938.
–: *Le cycéon*, Paris 1955.
Delbrück, H.: *Geschichte der Kriegskunst*, Bd. I, Berlin 1908.
Delcourt, M.: *L'oracle de Delphes*, Paris 1955.
Delort, R.: *Life in the Middle Ages*, London 1974.
Delporte, H.: »Problèmes d'interprétation de la Venus de Tursac«, *Quartär* 1960.
–: »La statuette féminine de Krasnii Iar (Sibérie)«, *Bulletin de la Société Préhistorique Française* 1965.
Demay, G.: *Le costume au moyen âge*, Paris 1880.
Deregowski, J. B.: »Difficulties in Pictorial Depth Perception in Africa«, *British Journal of Psychology* 1968.
–: »Illusion and Culture« in *Illusion in Nature and Art*, ed. R. L. Gregory/E. H. Gombrich, London 1973.
Derlon, P.: *Unter Hexen und Zauberern*, Basel 1976.
Derrett, J. D. M.: »Religious Hair«, *Man* 1973.
Desaive, J.-P.: »Le nu hurluberlu«, *Ethnologie française* 1976.
Dessoir, M.: *Vom Jenseits der Seele*, Stuttgart 1919.
Dettling, A.: *Die Hexenprozesse im Kanton Schwyz*, Schwyz 1907.
Deubner, L.: *Attische Feste*, Berlin 1932.
–: »Mundus«, *Hermes* 1933.
Devereux, G.: »A Sociological Theory of Schizophrenia«, *Psychoanalytical Review* 1939.
–: »Pathogenic Dreams in Non-Western Societies« in *The Dream and Human Societies*, ed. G. E. v. Grunebaum/R. Caillois, Berkeley 1966.
–: *Angst und Methode in den Verhaltenswissenschaften*, München 1973.
–: *Normal und anormal*, Frankfurt/M. 1974.
–: »Trance and Orgasm in Euripides: *Bakchai*« in *Parapsychology and Anthropology*, ed. A. Angoff/D. Barth, New York 1974.
De Vore, I.: »Die Evolution der menschlichen Gesellschaft« in *Evolutionstheorie und Verhaltensforschung*, ed. W. Schmidbauer, Hamburg 1974.
Diamond, S.: »Plato and the Definition of the Primitive« in *Primitive Views of the World*, ed. S. Diamond, New York 1964.

–: *In Search of the Primitive*, New Brunswick 1974.
Diaz del Castillo, B.: *Wahrhafte Geschichte der Entdeckung und Eroberung von Neuspanien*, Stuttgart 1965.
Dibelius, M.: »Die Isisweihe bei Apuleius und verwandte Initiationsriten« in *Botschaft und Geschichte*, Bd. II, Tübingen 1956.
Diderot, D.: *Philosophische Schriften*, Berlin 1961.
Diederich, W.: *Konventionalität in der Physik*, Berlin 1974.
–: »Anarchistische Erkenntnistheorie?« *Politikon*, November 1976.
Dieffenbacher, J.: *Deutsches Leben im 12. Jahrhundert*, Leipzig 1901.
van Dieken, J.: *Pflanzen im ostfriesischen Volksglauben und Brauchtum*, Aurich 1971.
Diels, H.: *Parmenides' Lehrgedicht*, Berlin 1897.
–: »Himmels- und Höllenfahrten von Homer bis Dante«, *Neue Jahrbücher für das klassische Altertum* 1922.
–: *Die Fragmente der Vorsokratiker*, Hamburg 1957.
Diepgen, P.: *Frau und Frauenheilkunde in der Kultur des Mittelalters*, Stuttgart 1963.
Dierbach, J. H.: *Flora mythologica*, Frankfurt/M. 1833.
Dieseldorff, E. P.: *Kunst und Religion der Mayavölker*, Hamburg 1933.
Diesner, H.-J.: »Zur Rolle der Religion unter besonderer Berücksichtigung des Christentums« in *Die Römer an Rhein und Donau*, ed. R. Günther/H. Köpstein, Wien 1975.
Diestel, E.: *Der Teufel als Sinnbild des Bösen*, Berlin 1921.
Dieterich, A.: »Mutter Erde«, *Archiv für Religionswissenschaft* 1905.
–: *Nekyia*, Leipzig 1913.
–: *Mutter Erde*, Leipzig 1925.
Dieterich, J. R.: »Eselritt und Dachabdecken«, *Hessische Blätter für Volkskunde* 1902.
Dieterlen, G.: *Essai sur la religion bambara*, Paris 1951.
Dietrich, B. C.: *The Origins of Greek Religion*, Berlin 1974.
Dietschy, H.: »Der Maibaum von Domremy«, *Schweizer Volkskunde* 1936.
Dilley, F. B.: »The Status of Religious Beliefs«, *American Philosophical Quarterly* 1976.
Dilthey, K.: »Archäologische Streifzüge«, *Rheinisches Museum für Philologie* 1870.
–: »Tod des Pentheus«, *Archäologische Zeitschrift* 1874.
Dilthey, W.: *Der Aufbau der geschichtlichen Welt in den Geisteswissenschaften*, Frankfurt/M. 1970.
Dimbleby, G. W.: *Plants and Archaeology*, London 1967.
Dingwall, E. J.: »The End of a Legend: A Note on the Magical Flight« in *Parapsychology and Anthropology*, ed. A. Angoff/D. Barth, New York 1974.
Diószegi, V.: »Die Überreste des Schamanismus in der ungarischen Volkskultur«, *Acta Ethnographica* 1958.
–: »Zum Problem der ethnischen Homogenität des tofischen Schamanismus« in

Glaubenswelt und Folklore der sibirischen Völker, ed. V. Diószegi, Budapest 1963.
–: *Tracing Shamans in Siberia*, Oosterhout 1968.
Dirlmeier, F.: *Die Vogelgestalt homerischer Götter*, Heidelberg 1967.
Dixon, K.: »Is Cultural Relativism Self-Refuting?«, *British Journal of Sociology* 1977.
Dixon, R. M. W.: »Virgin Birth«, *Man* 1968.
Dobkin de Rios, M.: *Visionary Vine*, San Francisco 1972.
–: »The Anthropology of Drug-Induced Altered States of Consciousness«, *Sociologus* 1972.
Dobrowolski, K.: »Peasant Traditional Culture« in *Peasants and Peasant Societies*, ed. T. Shanin, Harmondsworth 1971.
Dockstader, F. J.: *The Kachina and the White Man*, Bloomfield Hills 1954.
Dodds, E. R.: »Telepathie und Hellsehen in der klassischen Antike« in *Parapsychologie*, ed. H. Bender, Darmstadt 1966.
–: *Pagan and Christian in an Age of Anxiety*, Cambridge 1968.
–: *Die Griechen und das Irrationale*, Darmstadt 1970.
–: *The Ancient Concept of Progress*, Oxford 1973.
Döbert, R.: *Systemtheorie und die Entwicklung religiöser Deutungssysteme*, Frankfurt/M. 1973.
Dölger, F. J.: »Teufels Großmutter« in *Antike und Christentum*, Bd. III, Münster 1932.
–: »Beiträge zur Geschichte des Kreuzzeichens«, *Jahrbuch für Antike und Christentum* 1967
Dömötör, T.: »Whitsun Mummers in Hungary«, *Schweizer Archiv für Volkskunde* 1972.
Dörner, K.: *Bürger und Irre*, Frankfurt/M. 1969.
–: »Gesellschaftliche Perspektiven der Regression« in *Diagnosen der Psychiatrie*, Frankfurt/M. 1975.
Dörries, H.: *Germanische Religion und Sachsenbekehrung*, Göttingen 1935.
Domaszewski, A. v.: »Die Schutzgötter von Mainz« in *Abhandlungen zur römischen Religion*, Leipzig 1909.
Donovan, F.: *Never on a Broomstick*, London 1973.
Doppelt, G.: »Kuhn's Epistemological Relativism«, *Inquiry* 1978.
Douglas, M.: »The Lele of Kasai« in *African Worlds*, ed. D. Forde, London 1954.
–: *Purity and Danger*, London 1966.
–: »If the Dogon ...«, *Cahiers d'Etudes Africaines* 1967.
–: »Thirty Years After ›Witchcraft, Oracles and Magic‹« in *Witchcraft, Confessions and Accusations*, ed. M. Douglas, London 1970.
–: »Self-Evidence«, *Proceedings of the Royal Anthropological Institute* 1972.
–: *Implicit Meanings*, London 1975.

Downie, R. A.: *Frazer and the Golden Bough*, London 1970.
Drechsler, P.: *Sitte, Brauch und Volksglaube in Schlesien*, Leipzig 1906.
Drexler, W.: »Die Epiphanie des Pan«, *Philologus* 1894.
Driberg, J.: *The Lango*, London 1923.
Driesen, O.: *Der Ursprung des Harlekin*, Berlin 1904.
Driver, H. E./W. C. Massey: »Comparative Studies of North American Indians«, *Transactions of the American Philosophical Society* 1957.
Drögereit, R.: »Die schriftlichen Quellen zur Christianisierung der Sachsen und ihre Aussagefähigkeit«, *Jahrbuch der Gesellschaft für niedersächsische Kirchengeschichte* 1966.
Drury, N.: *Don Juan, Mescalito and Modern Magic*, London 1978.
DuBois, C.: »The Religion of the Luiseño Indians of Southern California«, *University of California Publications in American Archaeology and Anthropology*, Berkeley 1908.
Duby, G.: *Krieger und Bauern*, Frankfurt/M. 1977.
Du Cange, C. D.: *Glossarium mediae et infimae latinitatis*, Bd. I, Niort 1883.
Ducasse, C. J.: *Paranormal Phenomena, Science, and Life After Death*, New York 1969.
Dürnwirth, R.: »Deutsches Element in slovenischen Sagen des kärntischen Oberrosenthales«, *Zeitschrift für Volkskunde* 1891.
Duerr, H. P.: »In Defence of Paul Feyerabend«, *Inquiry* 1974.
–: *Ni Dieu – ni mètre*, Frankfurt/M. 1974.
–: »Fröhliche Wissenschaft«, *Unter dem Pflaster liegt der Strand* 1977.
–: »Können Hexen fliegen?«, *Zeitschrift für Parapsychologie* 1978.
Dütting, D.: »Sorcery in Maya Hieroglyphic Writing«, *Zeitschrift für Ethnologie* 1974.
Dufour, P.: *Geschichte der Prostitution*, Bd. IV, Berlin o. J.
Dumézil, G.: *Le problème des centaures*, Paris 1929.
–: *Archaic Roman Religion*, Chicago 1970.
Dumont, L.: *Homo hierarchicus*, Paris 1966.
Dunn, E.: »Russian Use of *Amanita muscaria*«, *Current Anthropology* 1973.
Dupont-Sommer, A./L.Robert: *La déesse de Hiérapolis Castabala*, Paris 1964.
Durán, D.: *Book of the Gods and Rites*, ed. F. Horcasitas/D. Heyden, Norman 1971.
Du Toit, B. M.: »Pictorial Depth Perception and Linguistic Relativity«, *Psychologia Africana* 1966.

Ebermann, O./M. Bartels: »Zur Aberglaubensliste in Vintlers ›Pluemen der Tugent‹«, *Zeitschrift des Vereins für Volkskunde* 1913.
Eckardt, A.: »Ginseng, die Wunderwurzel des Ostens« in *Festschrift für P. W. Schmidt*, ed. W. Koppers, Wien 1928.
Eckhardt, K. A.: *Pactus Legis Salicae*, Hannover 1962.

–: *Lex Salica*, Hannover 1969.
Eckstein, F.: »Honig« in *Handwörterbuch des deutschen Aberglaubens*, ed. H. Bächtold-Stäubli, Bd. IV, Berlin 1932.
Edelman, S. P.: »Ascension Motifs and Reversals in Tewa Narratives«, *Journal of Anthropological Research* 1974.
Edelstein, L.: *Ancient Medicine*, Baltimore 1967.
Eder, K.: *Die Entstehung staatlich organisierter Gesellschaften*, Frankfurt/M. 1976.
Edge, H. L.: »Paradigmata und Parapsychologie«, *Zeitschrift für Parapsychologie* 1974.
–: »The Place of Paradigms in Parapsychology« in *The Philosophy of Parapsychology*, ed. B. Shapin/L. Coly, New York 1977.
Edsman, C.-M.: »Arbor inversa« in *Festschrift Walter Baetke*, ed. K. Rudolph et al., Weimar 1966.
Eggan, D.: »Hopi Dreams in Cultural Perspective« in *The Dream and Human Societies*, ed. G. E. v. Grunebaum/R. Caillois, Berkeley 1966.
Ehnmark, E.: *Anthropomorphism and Miracle*, Uppsala 1939.
Ehrenburg, I: *Memoiren*, München 1962.
Eibl-Eibesfeldt, I.: »Männliche und weibliche Schutzamulette im modernen Japan«, *Homo* 1970.
–: *Menschenforschung auf neuen Wegen*, Wien 1976.
Eisen, M. J.: *Estnische Mythologie*, Leipzig 1925.
Eisenbart, L. C.: *Kleiderordnungen der deutschen Städte zwischen 1350 und 1700*, Göttingen 1962.
Eisenbud, J.: *Gedankenfotografie*, Freiburg 1975.
Eisler, R.: *Orphisch-dionysische Mysteriengedanken in der christlichen Antike*, Leipzig 1925.
–: »Nachleben dionysischer Mysterienriten?« *Archiv für Religionswissenschaft* 1929.
–: *Man into Wolf*, London 1951.
Elderkin, G. W.: *Kantharos*, Princeton 1924.
Eliade, M.: *Der Mythos der Ewigen Wiederkehr*, Düsseldorf 1953.
–: *Schamanismus und archaische Ekstasetechnik*, Zürich 1956.
–: »Der magische Flug«, *Antaios* 1959.
–: »Les Daces et les loups«, *Numen* 1959.
–: *Yoga*, Zürich 1960.
–: »Remarques sur le ›rope trick‹« in *Culture in History*, ed. S. Diamond, New York 1960.
–: »Recent Works on Shamanism«, *History of Religions* 1961.
–: »Mythologies of Memory and Forgetting«, *History of Religions* 1963.
–: »Initiation Rites and Secret Cults«, *History of Religions* 1967.
–: *Australian Religions*, Ithaca 1973.
–: »Some Observations on European Witchcraft«, *History of Religions* 1974.

–: *Occultism, Witchcraft and Cultural Fashions*, Chicago 1976.
Elias, N.: *Über den Prozeß der Zivilisation*, Köln 1969.
–: *Die höfische Gesellschaft*, Neuwied 1969.
–: »The Sciences: Towards a Theory« in *Social Processes of Scientific Development*, ed. R. Whitley, London 1974.
Elkin, A. P.: »Totemism in North Western Australia«, *Oceania* 1933.
–: »Review of Lévy-Bruhl's ›Le temps et l'espace du monde mythique‹«, *Oceania* 1936.
–: *Aboriginal Men of High Degree*, Sydney 1946.
–: »Elements of Australian Aboriginal Philosophy«, *Oceania* 1969.
–: »Belief, Language and Experience«, *Oceania* 1974.
Ellis, F. H.: »Pueblo Witchcraft and Medicine« in *Systems of North American Witchcraft and Sorcery*, ed. D. E. Walker,Moscow 1970.
Ellis, H. R.: *The Road to Hel*, New York 1968.
–: »Hostile Magic in the Icelandic Sagas« in *The Witch Figure*, ed. V. Newall, London 1973.
Ellul, J.: *Von der Revolution zur Revolte*, Hamburg 1974.
Elmberg, J.-E.: *The Popot Feast Cycle*, Lund 1966.
Emboden, W. A.: »Ritual Use of *Cannabis sativa* L.« in *Flesh of the Gods*, ed. P. T. Furst, London 1972.
Emmerich, W.: »Der Mythos der germanischen Kontinuität« in *Kritik der Volkstumsideologie*, Frankfurt/M. 1971.
Emsheimer, E.: »Schamanentrommel und Trommelbaum«, *Ethnos* 1946.
Engel, F.-M.: *Die Giftküche der Natur*, Hannover 1972.
Ennemoser, J.: *Geschichte der Magie*, Leipzig 1844.
Enzensberger, H. M.: »Zur Kritik der politischen Ökologie«, *Kursbuch* 33, Oktober 1973.
Epperlein, S.: *Der Bauer im Bild des Mittelalters*, Leipzig 1975.
Erde, E. L.: *Philosophy and Psycholinguistics*, The Hague 1973.
Erdheim, M.: *Ethnologie und Psychoanalyse*, Manuskript.
Erhardt-Siebold, E. v.: »Die lateinischen Rätsel der Angelsachsen«, *Anglistische Forschungen* 1925.
Erich, O. A.: »Dreifußtopf und Dreinubbenkanne«, *Niederdeutsche Zeitschrift für Volkskunde* 1936.
Ernst, G.: *Teufelsaustreibungen*, Bern 1972.
Errington, F. K.: *Karavar*, Ithaca 1974.
Erwin, E.: »The Confirmation Machine« in *Boston Studies in the Philosophy of Science*, ed. R. C. Buck/R. S.Cohen, Dordrecht 1971.
Escalante, R./A. López: »Hongos sagrados de los Matlatzincas« in *Atti del XL Congresso Internazionale degli Americanisti*, Bd. II, Genova 1974.
Essler, W. K.: »Quines Empirismus auf pragmatischer Grundlage« in *Grundprobleme der großen Philosophen*, Bd. III, ed. J. Speck, Göttingen 1975.

Etges, P. J.: *Kritik der analytischen Theologie*, Hamburg 1973.

Eugster, C. H.: »Über den Fliegenpilz« in *Neujahrsblatt der Naturforschenden Gesellschaft in Zürich*, Zürich 1967.

Evans, A. J.: »Mycenaean Tree and Pillar Cult«, *The Journal of Hellenic Studies* 1901.

Evans-Pritchard, E. E.: »Witchcraft«, *Africa* 1935.

–: *Witchcraft, Oracles and Magic Among the Azande*, Oxford 1937.

–: »Nuer Time Reckoning«, *Africa* 1939.

–: *The Nuer*, Oxford 1940.

–: *Nuer Religion*, London 1956.

–: *Essays in Social Anthropology*, London 1962.

–: *Theories of Primitive Religion*, Oxford 1965.

–: »Some Collective Expressions of Obscenity in Africa« in *The Position of Women in Primitive Society*, London 1965.

–: »Birds, Twins, and Vegetables«, *Man* 1966.

–: »Some Reminiscences and Reflections on Fieldwork«, *J. Anthrop. Society of Oxford* 1973.

–: *Man and Woman Among the Azande*, London 1974.

Evans Wentz, W. Y.: *The Fairy Faith in Celtic Countries*, Rennes 1909.

Ey, H.: »Grundlagen einer organo-dynamischen Auffassung der Psychiatrie« in *Die Wahnwelten*, ed. E. Straus et al., Frankfurt/M. 1963.

Ezorsky, G.: »Truth in Context« in *Pragmatic Philosophy*, ed. A. Rorty, Garden City 1966.

Fadiman, J.: »Psychedelic Properties of *Genista canariensis*«, *Economic Botany* 1965.

Fales, E.: »Truth, Tradition, and Rationality«, *Philosophy of the Social Sciences* 1976.

Falkenberg, J.: *Kin and Totem*, Oslo 1962.

Farnell, L. R.: *The Cults of the Greek States*, Oxford 1896.

–: »Sociological Hypotheses Concerning the Position of Women in Ancient Religion«, *Archiv für Religionswissenschaft* 1904.

–: *Greek Hero Cults and Ideas of Immortality*, Oxford 1921.

Faron, L. C.: »Shamanism and Sorcery Among the Mapuche in Chile« in *Process and Pattern in Culture*, ed. R. A. Manners, Chicago 1964.

Faure, P.: »Nouvelles recherches de spéléologie et de typographie«, *Bulletin de Correspondance Hellénique* 1960.

–: *Fonctions des cavernes crétoises*, Paris 1964.

–: *La vie quotidienne en Grèce au temps de la guerre de Troie*, Paris 1975.

Fauth, W.: »Der Schlund des Orcus«, *Numen* 1974.

Favret, J.: »Hexenwesen und Aufklärung« in *Die Hexen der Neuzeit*, ed. C. Honegger, Frankfurt/M. 1978.

Fayolle, M.: *Réflexions sur l'anarchisme*, Paris 1965.

Feest, C.: *Das rote Amerika*, Wien 1976.
Fehling, D.: *Ethologische Überlegungen auf dem Gebiet der Altertumskunde*, München 1974.
Fehrle, E.: *Die kultische Keuschheit im Altertum*, Gießen 1910.
–: »Die Keuschheit der Bienen im Volksglauben«, *Alemannia* 1911.
–: »Inwieweit können die Predigtanweisungen des hl. Pirmin als Quelle für alemannischen und fränkischen Volksglauben angesehen werden?«, *Oberdeutsche Zeitschrift für Volkskunde* 1927.
–: *Feste und Volksbräuche im Jahreslauf*, Kassel 1955.
Feichtenbeiner, L.: *Altbayrischer Bauernbrauch im Jahreslauf*, München 1938.
Feigl, H.: »Postscript After Ten Years« in *The ›Mental‹ and the ›Physical‹*, Minneapolis 1967.
–: »Empiricism at Bay?« in *Methodological and Historical Essays in the Natural and Social Sciences*, ed. R.S. Cohen/M. W. Wartofsky, Dordrecht 1974.
Ferckel, S.: »Hexensalbe und ihre Wirkung«, *Kosmos* 1954.
Ferdinandy, M. de: »Die Mythologie der Ungarn« in *Götter und Mythen im alten Europa*, ed. H. W. Haußig, Stuttgart 1973.
Fergg, O.: »Sinnzeichen aus der Natur«, *Mitteilungen der Pollichia* 1940.
Feriz, H.: »Sinn und Bedeutung der erotischen Grabbeigaben in alt-peruanischen Gräbern«, *Ethnos* 1966.
Fernandez, J. W.: »Symbolic Consensus in a Fang Reformative Cult«, *American Anthropologist* 1965.
–: »Tabernanthe Iboga: Narcotic Ecstasis and the Work of the Ancestors« in *Flesh of the Gods*, ed. P. T. Furst, London 1972.
Festugière, A. J.: *Etudes de religion grecque et hellénistique*, Paris 1972.
Feuer, L. S.: »Sociological Aspects of the Relation Between Language and Philosophy«, *Philosophy of Science* 1953.
–: »Lawless Sensations and Categorial Defenses: The Unconscious Sources of Kant's Philosophy« in *Psychoanalysis and Philosophy*, ed. C. Hanly/M. Lazerowitz, New York 1970.
–: *Ideology and the Ideologists*, Oxford 1975.
Feustel, R.: »Sexuologische Reflexionen über jungpaläolithische Objekte«, *Alt-Thüringen* 1970.
–: »Statuettes féminines paléolithiques de la République Démocratique Allemande«, *Bulletin de la Société Préhistorique Française* 1970.
Feyerabend, P.: »Problems of Empiricism« in *Beyond the Edge of Certainty*, ed. R. G. Colodny, Pittsburgh 1965.
–: »Science, Freedom, and the Good Life«, *The Philosophical Forum* 1968.
–: »Professor Bohm's Philosophy of Nature« in *Physical Reality*, ed. S. Toulmin, New York 1970.
–: »Die Wissenschaftstheorie – eine bisher unbekannte Form des Irrsinns?« in *Natur und Geschichte*, ed. K. Hübner/A. Menne, Hamburg 1973.

–: »Ein Diskurs«, *Neues Lotes Folum* 1975.
–: »Über einen neueren Versuch, die Vernunft zu retten« in *Wissenschaftssoziologie*, ed. N. Stehr/R. König, Opladen 1975.
–: *Wider den Methodenzwang*, Frankfurt/M. 1976.
–: »Logic, Literacy, and Professor Gellner«, *British for the Philosophy of Science* 1976.
–: »Unterwegs zu einer dadaistischen Erkenntnistheorie«, *Unter dem Pflaster liegt der Strand* 1977.
–: »Marxist Fairytales from Australia«, *Inquiry* 1977.
Fichte, H.: »Anmerkungen zu einer Lorchelvergiftung und zu ›Ein Männlein steht im Walde‹«, *Ethnomedizin* 1972.
–: *Xangó*, Frankfurt/M. 1976.
Field, H.: »Theory Change and the Indeterminacy of Reference«, *The Journal of Philosophy* 1973.
Field, M. J.: *Search for Security*, London 1960.
Filipović, M. S.: »Forms and Functions of Ritual Kinship Among South Slavs« in *VIe Congrès International des sciences anthropologiques et ethnologiques*, Bd. II, Paris 1963.
Findeisen, H.: »Karelische Hirtenzauberer und ihre Praktiken«, *Zeitschrift für Ethnologie* 1953.
–: *Das Tier als Gott, Dämon und Ahne*, Stuttgart 1956.
–: *Schamanentum*, Stuttgart 1957.
–: *Dokumente urtümlicher Weltanschauung der Völker Nordeurasiens*, Oosterhout 1970.
Fine, A.: »How to Compare Theories«, *Noûs* 1975.
Fink, H.: *Verzaubertes Land*, Innsbruck 1973.
Fink, R.: »Techniques of Observation and their Social and Cultural Limitations«, *Mankind* 1955.
Finke, J.: »Halluzinationen« in *Lexikon der Psychiatrie*, ed. C. Müller, Berlin 1973.
Firth, R.: *Symbols*, London 1973.
Fischer, L.: »Ein Hexenrauch«, *Bayerische Hefte für Volkskunde* 1917.
Fishman, J. A.: *Soziologie der Sprache*, München 1975.
Flugel, J. C.: *The Psychology of Clothing*, London 1930.
Fock, N.: *Waiwai*, Kopenhagen 1963.
Føllesdal, D.: »Indeterminacy of Translation and Under-determination of the Theory of Nature«, *Dialectica* 1973.
Fontenrose, J.: *Python*, Berkeley 1959.
Forbes, T. R.: »Midwifery and Witchcraft«, *Journal of the History of Medicine* 1962.
Forde, C. D.: *Ethnography of the Yuma Indians*, Berkeley 1931.
Forguson, L. W.: »Has Ayer Vindicated the Sense-Datum Theory?« in *Symposium on J. L. Austin*, ed. K. T. Fann, London 1969.

Forrer, R.: *L'Alsace romaine*, Paris 1935.
Fortune, R. F.: *Sorcerers of Dobu*, London 1932.
Foss, L.: »Art as Cognitive: Beyond Scientific Realism«, *Philosophy of Science* 1971.
–: »Does Don Juan Really Fly?«, *Philosophy of Science* 1973.
Foster, G.: »Nagualism in Mexico and Guatemala«, *Acta Americana* 1944.
Foucart, P.: *Les mystères d'Eleusis*, Paris 1914.
Foucault, M.: »Les déviations religieuses et le savoir médical« in *Hérésies et sociétés*, ed. J. Le Goff, Paris 1968.
–: *Wahnsinn und Gesellschaft*, Frankfurt/M. 1969.
–: *Von der Subversion des Wissens*, München 1974.
–: *Sexualität und Wahrheit*, Frankfurt/M. 1977.
Fox, N.: *Saarländische Volkskunde*, Bonn 1927.
Fraenger, W.: *Hieronymus Bosch: Das Tausendjährige Reich*, Amsterdam 1969.
Franck, J.: »Geschichte des Wortes ›Hexe‹« in *Quellen und Untersuchungen zur Geschichte des Hexenwahns*, ed. J. Hansen, Bonn 1901.
Frank, M.: *Das individuelle Allgemeine*, Frankfurt/M. 1977.
Frazer, J. G.: *The Magic Art and the Evolution of Kings*, London 1911.
–: *Balder the Beautiful*, London 1913.
–: *Totemism and Exogamy*, London 1935.
Freeman, T./J. L. Cameron/A. McGhie: *Studie zur chronischen Schizophrenie*, Frankfurt/M. 1969.
Freimark, H.: *Okkultismus und Sexualität*, Leipzig 1938.
Fresin, J.: *Geschichte der Stadt Weinheim*, Weinheim 1962.
Freud, S.: »Groß ist die Diana der Epheser« in *Gesammelte Werke*, Bd. VIII, London 1943.
–: »Die Zukunft einer Illusion« in *Gesammelte Werke*, Bd. XIV, London 1948.
–: »Das Unbehagen in der Kultur« in *Gesammelte Werke*, Bd. XIV, London 1948.
–: »Eine Teufelsneurose im siebzehnten Jahrhundert« in *Studienausgabe*, Bd. VII, Frankfurt/M. 1973.
Freytag, G.: *Bilder aus der deutschen Vergangenheit*, Leipzig o. J.
Friedl, E.: *Träger medialer Begabung im Hindukusch und Karakorum*, Wien 1966.
Friedrich, A.: *Afrikanische Priestertümer*, Stuttgart 1939.
–: »Die Forschung über das frühzeitliche Jägertum«, *Paideuma* 1941.
–: »Erkenntnis und Religion«, *Paideuma* 1951.
–: »Das Bewußtsein eines Naturvolkes vom Haushalt und Ursprung des Lebens« in *Kulturanthropologie*, ed. W. E. Mühlmann/E. W. Müller, Köln 1966.
Friedrich, A./G. Buddruss: *Schamanengeschichten aus Sibirien*, München 1955.
Friedrich, J.: *Dodoniaca*, Fribourg 1932.
Friedrich, J. B.: *Die Symbolik und Mythologie der Natur*, Würzburg 1859.
Fries, A.: »Sagen aus Unterfranken«, *Zeitschrift für deutsche Mythologie und Sittenkunde* 1853.

Frischbier, H.: *Hexenspruch und Zauberbann*, Berlin 1870.
Frommann, J. C.: *Tractatus de fascinatione*, Nürnberg 1675.
Fuchs, E.: *Die Frau in der Karikatur*, München 1928.
Fuchs, L.: *Kreüterbuoch*, Basel 1543.
Fühner, H.: »Solanazeen als Berauschungsmittel«, *Archiv für experimentelle Pathologie und Pharmakologie* 1926.
Fürstenberg, F. v.: *Tantzteuffel/Das ist wider den leichtfertigen unverschämten Welttantz*, Frankfurt/M. 1567.
Fuller, T.: *The Profane State*, London 1652.
Furst, P. T.: »Huichol Conceptions of the Soul«, *Folklore Americas* 1967.
–: »Myth in Art: A Huichol Depicts His Reality«, *Los Angeles County Museum of Natural History Quarterly* 1968.
–: *The Parching of the Maize*, Wien 1968.
–: »To Find Our Life« in *Flesh of the Gods*, ed. P. T. Furst, London 1972.
–: »Comment on ›The Influence of Psychotropic Flora and Fauna on Maya Religion‹«, *Current Anthropology* 1974.
–: »Shamanistic Survivals in Mesoamerican Religion« in *Actas del XLI Congreso Internacional de Americanistas*, Bd. III, México 1976.
Furst, P. T./B. G. Myerhoff: »The Jimson Weed Cycle of the Huichols of Mexico«, *Antropologica*, Juni 1966.

Gadamer, H.-G.: *Wahrheit und Methode*, Tübingen 1960.
–: »Rhetorik, Hermeneutik und Ideologiekritik« in *Kleine Schriften*, Bd. I, Tübingen 1967.
Gagé, J.: *Matronalia*, Bruxelles 1963.
Gage, T.: *Neue merckwürdige Reise-Beschreibung nach Neu Spanien*, Leipzig 1693.
Gaignebet, C.: *Le folklore obscène des enfants*, Paris 1974.
Gale, G./E. Walter: »Kordig and the Theory-Ladenness of Observation«, *Philosophy of Science* 1973.
Gall, A. v.: Medizinische Bücher *(tici-amatl)* der alten Azteken aus der ersten Zeit der Conquista«, *Quellen und Studien zur Geschichte der Naturwissenschaften und Medizin* 1940.
Gann, T. W. F.: *The Maya Indians of Southern Yucatán and Northern British Honduras*, Washington 1918.
Garçon, M./J. Vinchon: *Le diable*, Paris 1926.
Gardner, G. B.: *Ursprung und Wirklichkeit der Hexen*, Weilheim 1965.
Garland. M.: *The Changing Face of Beauty*, London 1957.
Gauguin, P.: *Briefe und Selbstzeugnisse*, ed. K. Mittelstädt, München 1970.
Gebsattel, V. E. v.: *Prolegomena einer medizinischen Anthropologie*, Berlin 1954.
–: »Die Störungen des Werdens und des Zeiterlebens im Rahmen psychiatrischer Erkrankungen« in *Die Wahnwelten*, ed. E. Straus et al., Frankfurt/M. 1963.

Gebser, J.: *Ursprung und Gegenwart*, München 1973.
Geertz, C.: »Religion as a Cultural System« in *Anthropological Approaches to Religion*, ed. M. Banton, London 1966.
Geffcken, J.: *Der Ausgang des griechisch-römischen Heidentums*, Heidelberg 1929.
Gehlen, A.: »Über die Verstehbarkeit der Magie« in *Studien zur Anthropologie und Soziologie*, Neuwied 1963.
–: *Urmensch und Spätkultur*, Frankfurt/M. 1964.
Geiger, P.: »Begräbnis« in *Handwörterbuch des deutschen Aberglaubens*, ed. H. Bächtold-Stäubli, Bd. I, Berlin 1927.
Gelfand, M.: *Witch Doctor*, London 1964.
–: »Psychiatric Disorders as Recognized By the Shona« in *Magic, Faith, and Healing*, ed. A. Kiev, Glencoe 1964.
–: *The African Witch*, Edinburgh 1967.
Gellner, E.: *Thought and Change*, Chicago 1965.
–: »The New Idealism« in *Problems in the Philosophy of Science*, ed. I. Lakatos/A. Musgrave, Amsterdam 1968.
–: »Our Current Sense of History«, *Archives Européennes de Sociologie* 1971.
–: »Beyond Truth and Falsehood«, *British Journal for the Philosophy of Science* 1975.
Gelpke, R.: »Von Fahrten in den Weltraum der Seele«, *Antaios* 1962.
Gelse, R.: *Über die Nacktheit des Menschen in der mittelhochdeutschen Literatur*, Heidelberg 1977.
van Gennep, A.: *The Rites of Passage*, London 1960.
Gent, W.: *Das Problem der Zeit*, Frankfurt/M. 1934.
Geramb, V. v.: »Kessel und Kesselhaken« in *Handwörterbuch des deutschen Aberglaubens*, ed. H. Bächtold-Stäubli, Bd. IV, Berlin 1932.
Gerhard, E.: *Beiträge zur Geschichte einiger Solaneen*, Colmar 1930.
Gerstner, P. A.: »Der Geisterglaube im Wewäk-Boikin-Gebiet Nordost-Neuguineas«, *Anthropos* 1952.
Gesemann, G.: *Regenzauber in Deutschland*, Braunschweig 1913.
Gessmann, G. W.: *Die Pflanze im Zauberglauben und in der spagyrischen Heilkunst*, Berlin 1922.
Gessner, O./G. Orzechowski: *Gift- und Arzneipflanzen von Mitteleuropa*, Heidelberg 1974.
Geudtner, O.: *Die Seelenlehre der chaldäischen Orakel*, Meisenheim 1971.
Geuss, R.: »Quine und die Unbestimmtheit der Ontologie«, *Neue Hefte für Philosophie* 1975.
Giddings, R. J.: *Yaqui Myths and Legends*, Tucson 1959.
Giedion, S.: *Die Entstehung der Kunst*, Köln 1964.
Giedymin, J.: »Consolations for the Irrationalist?«, *British Journal for the Philosophy of Science* 1971.
–: »Instrumentalism and Its Critique« in *Essays in Memory of Imre Lakatos*, ed. R. S. Cohen et al., Dordrecht 1976.

Gill, J. H.: »On Reaching Bedrock«, *Metaphilosophy* 1974.
–: »Saying and Showing«, *Religious Studies* 1974.
–: »On Knowing the Dancer from the Dance«, *The Journal of Aesthetics and Art Criticism* 1976.
Gilmore, M. R.: *Prairie Smoke*, New York 1929.
Gimbutas, M.: *The Gods and Goddesses of Old Europe*, Berkeley 1974.
Ginzburg, C.: *I benandanti*, Turin 1973.
Girgensohn, K.: *Der seelische Aufbau des religiösen Erlebens*, Gütersloh 1930.
Girke, G.: *Die Tracht der Germanen*, Leipzig 1922.
Glaser, H.: *Spießer-Ideologie*, Freiburg 1964.
Gleichen-Russwurm, A. v.: *Die gotische Welt*, Stuttgart 1922.
Globus, G. G.: »Mind, Structure, and Contradiction« in *Consciousness and the Brain*, ed. G. G. Globus et al., New York 1976.
Glorez, A.: *Eröffnetes Wunderbuch*, Regensburg 1700.
Gluckman, M.: »The Role of Sexes in Wiko Circumcision Ceremonies« in *Social Structure*, ed. M. Fortes, London 1949.
–: »Les rites de passage« in *Essays on the Ritual of Social Relations*, ed. M. Gluckman, Manchester 1962.
–: *Order and Rebellion in Tribal Africa*, London 1963.
Gmelin, J. F.: *Abhandlung von den giftigen Gewächsen, welche in Teutschland und vornemlich in Schwaben wild wachsen*, Ulm 1775.
Gmelin, J. G.: *Reise durch Sibirien*, Göttingen 1751.
Gobert, E.-G.: »Sur les Vénus aurignaciennes« in *La préhistoire*, ed. J. Piveteau, Paris 1968.
Göhring, H.: »Generative Grammatik und Kulturanthropologie«, *Anthropos* 1967.
Görres, J. v.: *Die christliche Mystik*, Bd. III, Regensburg 1840.
Görz, H.: *Großes Kräuter- und Gewürzbuch*, Wiesbaden 1974.
Goeßler, P.: »Statuetten der Diana und Victoria von Wannweil«, *Germania* 1932.
Goetz, H.: *Epochen der indischen Kultur*, Leipzig 1929.
Goetz, O.: *Der Feigenbaum in der religiösen Kunst des Abendlandes*, Berlin 1965.
Golde, P.: »Odyssey of Encounter« in *Women in the Field*, ed. P. Golde, Chicago 1970.
Goldenweiser, A. A.: »Totemism: An Analytical Study«, *Journal of American Folklore* 1910.
Goldman, I.: *The Cubeo*, Urbana 1963.
–: »The Structure of Ritual in the Northwest Amazon« in *Process and Pattern in Culture*, ed. R. A. Manners, Chicago 1964.
Golowin, S.: »Psychedelische Volkskunde«, *Antaios* 1971.
–: *Zigeuner-Magie im Alpenland*, Frauenfeld 1973.
–: *Die Magie der verbotenen Märchen*, Hamburg 1974.

Gombrich, E. H.: *Art and Illusion*, New York 1961.

–: »The Evidence of Images« in *Interpretation*, ed. C. S. Singleton, Baltimore 1969.

Gomperz, H.: *Über Sinn und Sinngebilde*, Tübingen 1929.

Gonnard, R.: *La légende du bon sauvage*, Paris 1946.

Goodale, J. C.: *Tiwi Wives*, Seattle 1974.

Goodenough, W. H.: *Description and Comparison in Cultural Anthropology*, Chicago 1970.

Goodman, N.: *Languages of Art*, London 1969.

Goody, E.: »Legitimate and Illegitimate Aggression in a West African State« in *Witchcraft, Confessions and Accusations*, ed. M. Douglas, London 1970.

Goody, J.: *Death, Property and the Ancestors*, Stanford 1962.

Gouldner, A. W.: »Ethnomethodologie: Soziologie als Happening« in *Die westliche Soziologie in der Krise*, Bd. II, Reinbek 1974.

Graber, G.: »Alte Gebräuche bei der Flachsernte in Kärnten«, *Zeitschrift für österreichische Volkskunde* 1911.

Graebner, P.: *Lehrbuch der allgemeinen Pflanzengeographie*, Leipzig 1929.

Gräff, C.: *Versuch einer Geschichte der Criminalgesetzgebung in der Steyermark*, Grätz 1817.

Graf, A.: *Naturgeschichte des Teufels*, Jena 1890.

Grambo, R.: »Sleep as a Means of Ecstasy and Divination«, *Acta Ethnographica* 1973.

Grandjot, W.: *Reiseführer durch das Pflanzenreich der Mittelmeerländer*, Bonn 1962.

Granet, M.: *The Religion of the Chinese People*, Oxford 1975.

Grant Duff, J. F.: »Schneewittchen« in *Märchenforschung und Tiefenpsychologie*, ed. W. Laiblin, Darmstadt 1969.

Graybeal, D. P.: »The In- and Under-determinacy of Translation«, *Dialectica* 1976.

Greeley, A. M./W. C. McCready: »Some Notes on the Sociological Study of Mysticism« in *On the Margin of the Visible*, ed. E. A. Tiryakian, New York 1974.

Greenway, J.: *Verfluchte Wüste*, Hamburg 1974.

Greer, G.: *Der weibliche Eunuch*, Hamburg 1974.

Gregor v. Tours: *Historiarum Libri decem*, ed. R. Buchner, Berlin 1956.

Grene, M.: *The Knower and the Known*, London 1966.

–: *The Understanding of Nature*, Dordrecht 1974.

Gressmann, H.: »Mythische Reste in der Paradieserzählung«, *Archiv für Religionswissenschaft* 1907.

–: *Die orientalischen Religionen im hellenistisch-römischen Zeitalter*, Berlin 1930.

Grether, R.: »Frauen an der Basler Fastnacht«, *Schweizer Volkskunde* 1972.

Greve, R.: Brief vom 13. Juni 1977.

Griaule, M.: *Schwarze Genesis*, Freiburg 1970.

Grimm, J.: *Deutsche Mythologie*, Berlin 1876 ff.
–: »Über das Pedantische in der deutschen Sprache« in *Kleinere Schriften*, Bd. I, Berlin 1879.
–: *Deutsche Rechtsaltertümer*, Leipzig 1899.
Grimm, J./W. Grimm: *Deutsches Wörterbuch*, Leipzig 1860.
–: *Irische Elfenmärchen*, Stuttgart 1962.
Grimme, E. G.: *Europäische Malerei im Mittelalter*, Frankfurt/M. 1963.
Grinnell, G. B.: *The Cheyenne Indians*, New Haven 1923.
Grinsell, L. V.: »Witchcraft at Some Prehistoric Sites« in *The Witch Figure*, ed. V. Newall, London 1973.
Grober-Glück, G.: »Second Sight in Northern Germany« in *Parapsychology and Anthropology*, ed. A. Angoff/D. Barth, New York 1974.
Grønbech, V.: *Kultur und Religion der Germanen*, Hamburg 1939.
Grosse, W.: »Der Blocksberg« in *Harzland-Sagen*, ed. F. Sieber, Jena 1928.
Grossman, N.: »Consciousness Expansion: A New Paradigm for Philosophy«, *Metaphilosophy* 1974.
Grünbaum, A.: »Is Falsifiability the Touchstone of Scientific Rationality?« in *Essays in Memory of Imre Lakatos*, ed. R. S. Cohen et al., Dordrecht 1976.
Grundmann, H.: *Religiöse Bewegungen im Mittelalter*, Hildesheim 1961.
Grupp, G.: *Kulturgeschichte des Mittelalters*, Paderborn 1921 ff.
Gruppe, O.: *Griechische Mythologie und Religionsgeschichte*, München 1906.
Guarinonius, H.: *Die Grewel der Verwüstung menschlichen Geschlechts*, Ingolstadt 1610.
Guénon, R.: *Le symbolisme de la croix*, Paris 1931.
Güntert, H.: »Über altisländische Berserkergeschichten«, *Jahresber. d. Heidelberger Gymnasiums* 1912.
–: *Kalypso*, Halle 1919.
–: *Von der Sprache der Götter und Geister*, Halle 1921.
–: *Altgermanischer Glaube*, Heidelberg 1937.
Guggenheimer, E. H.: »Magic Textiles«, *Dialectica* 1977.
Guiteras-Holmes, C.: *Perils of the Soul*, New York 1961
Gulian, C. I.: *Mythos und Kultur*, Wien 1971.
Gunda, B.: »Totemistische Spuren in der ungarischen *táltos*-Überlieferung« in *Glaubenswelt und Folklore der sibirischen Völker*, ed. V. Diószegi, Budapest 1963.
Gunderson, K.: »Asymmetries and Mind-Body Perplexities« in *Philosophical Aspects of the Mind-Body Problem*, ed. C.-Y. Cheng, Honolulu 1975.
Gupta, S. M.: *Plant Myths and Traditions in India*, Leiden 1971.
Gusinde, M.: »Der Peyote-Kult« in *Festschrift zum 50jährigen Bestandsjubiläum des Missionshauses St. Gabriel*, Wien 1939.
–: *Urmenschen im Feuerland*, Wien 1946.
Guthrie, W. K. C.: *A History of Greek Philosophy*, Bd. II, Cambridge 1969.

Gutter, A.: *Märchen und Märe*, Solothurn 1968.

Haas, J. U.: *Schamanentum und Psychiatrie*, München 1976.
Haas, V.: *Magie und Mythen im Reich der Hethiter*, Hamburg 1977.
Haberland, K.: »Die Mittagsstunde als Geisterstunde«, *Zeitschrift für Völkerpsychologie und Sprachwissenschaft* 1882.
Habermas, J.: »Die Rolle der Philosophie im Marxismus« in *Die Zukunft der Philosophie*, ed. M. Gerhardt, München 1975.
–: »Sprachspiel, Intention und Bedeutung« in *Sprachanalyse und Soziologie*, ed. R. Wiggershaus, Frankfurt/M. 1975.
Hacker, P. M. S.: »Locke and the Meaning of Colour Words« in *Impressions of Empiricism*, ed. G. Vesey, London 1976.
Haeberlin, H. K.: »SBeTeTDA'Q: A Shamanistic Performance of the Coast Salish«, *American Anthropologist* 1918.
Häger, A.: »Der Meißner und seine Frau Holle«, *Germanen-Erbe* 1940.
Haendcke, B.: *Der unbekleidete Mensch in der christlichen Kunst*, Straßburg 1910.
Haensch, W. G.: *Die paläolithischen Menschendarstellungen aus der Sicht der somatischen Anthropologie*, Bonn 1968.
Haerdi, F.: *Afrikanische Heilpflanzen*, Basel 1964.
Hagelstange, A.: *Süddeutsches Bauernleben im Mittelalter*, Leipzig 1898.
Haggerty Krappe, A.: *The Science of Folklore*, London 1930.
–: »Apollon Smintheus and the Teutonic Mysing«, *Archiv für Religionswissenschaft* 1936.
Hahn, R. A.: »Understanding Beliefs«, *Current Anthropology* 1973.
Haiding, K.: »Berchtenbräuche im steirischen Ennsbereich«, *Mitteilungen der Anthropologischen Gesellschaft in Wien* 1965.
Hain, M.: »Burchard von Worms und der Volksglaube seiner Zeit«, *Hessische Blätter für Volkskunde* 1956.
Haisch, E. O.: »Das Hexenwesen, eine Drogen-Subkultur?«, *Medizinische Welt* 1976.
Hajdú, P.: »Von der Klassifikation des samojedischen Schamanen« in *Glaubenswelt und Folklore der sibirischen Völker*, ed. V. Diószegi, Budapest 1963.
Hale, K.: »A Note on a Walbiri Tradition of Antonymy« in *Semantics*, ed. D. D. Steinberg/L. A. Jakobovits, London 1971.
Halle, J. S.: *Magie, oder, die Zauberkräfte der Natur*, Berlin 1784.
–: *Die Deutsche Giftpflanzen zur Verhütung der tragischen Vorfälle*, Berlin 1784.
Haller, R.: »Über das sogenannte Münchhausentrilemma«, *Ratio* 1974.
Hallowell, A. I.: »Some Empirical Aspects of Northern Saulteaux Religion«, *American Anthropologist* 1934.
–: »The Spirits of the Dead in Saulteaux Life and Thought«, *Journal of the Royal Anthropological Institute* 1940.

–: »Some Psychological Aspects of Measurement Among the Saulteaux«, *American Anthropologist* 1942.
–: *Culture and Experience*, Pittsburgh 1955.
–: »Ojibwa World View and Disease« in *Man's Image in Medicine and Anthropology*, ed. I. Galdston, New York 1963.
–: »The Role of Dreams in Ojibwa Culture« in *The Dream and Human Societies*, ed. G. E. v. Grunebaum/R. Caillois, Berkeley 1966.
Hallpike, C. R.: »Social Hair«, *Man* 1969.
Hamann, R.: *Griechische Kunst*, München 1949.
Hamilton, C.: *Ruf des Donnervogels*, Zürich 1960.
Hamilton, M.: *Incubation*, London 1906.
Hamkens, F. H.: »Heidnische Bilder im Dome zu Schleswig«, *Germanien* 1938.
Hamnett, I.: »Sociology of Religion and Sociology of Error«, *Religion* 1973.
Hampe, T.: *Die fahrenden Leute in der deutschen Vergangenheit*, Leipzig 1902.
Hampl, F.: *Geschichte als kritische Wissenschaft*, Darmstadt 1975.
Hampl-Kallbrunner, G.: *Beiträge zur Geschichte der Kleiderordnungen*, Wien 1962.
Hand, W. D.: »Hangmen, the Gallows, and the Dead Man's Hand« in *Medieval Literature and Folklore Studies*, ed. J. Mandel/B. A. Rosenberg, New Brunswick 1970.
Handelman, D.: »The Development of a Washo Shaman«, *Ethnology* 1967.
–: »Shamanizing on an Empty Stomach«, *American Anthropologist* 1968.
Hanika, J.: »Kultische Vorstufen des Pflanzenanbaues«, *Zeitschrift für Volkskunde* 1953.
Hanks, J. R.: »Reflections on the Ontology of Rice« in *Primitive Views of the World*, ed. S. Diamond, New York 1964.
Hanly, C.: »On Being and Dreaming« in *Psychoanalysis and Philosophy*, ed. C. Hanly/M. Lazerowitz, New York 1970.
Hannay, A.: »Giving the Sceptic a Good Name«, *Inquiry* 1975.
Hansen, C.: *Witchcraft at Salem*, New York 1969.
Hansen, J.: *Zauberwahn, Inquisition und Hexenprozeß im Mittelalter*, München 1900.
–: *Quellen und Untersuchungen zur Geschichte des Hexenwahns*, Bonn 1901.
Hansen, T. E.: »Confrontation and Objectivity«, *Danish Yearbook of Philosophy* 1970.
Hanson, F. A.: »Comment on ›Understanding in Anthropology‹«, *Current Anthropology* 1975.
Hanson, F. A./R. Martin: »The Problem of Other Cultures«, *Philosophy of the Social Sciences* 1973.
Hanson, N. R.: *Perception and Discovery*, San Francisco 1969.
–: »On Being in Two Places at Once« in *What I Do Not Believe*, Dordrecht 1971.
Harding, E.: *Frauenmysterien*, Zürich 1949.
Hardy, E.: »›Narrenfest‹ in Altindien«, *Archiv für Religionswissenschaft* 1902.

Hare, R. M.: »Theology and Falsification« in *New Essays in Philosophical Theology*, ed. A. MacIntyre, London 1963.
Harksen, S.: *Die Frau im Mittelalter*, Leipzig 1974.
Harman, G.: *Thought*, Princeton 1973.
Harner, M. J.: *The Jívaro*, London 1973.
–: »The Sound of Rushing Water« in *Hallucinogens and Shamanism*, ed. M. J. Harner, New York 1973.
–: »The Role of Hallucinogenic Plants in European Witchcraft« in *Hallucinogens and Shamanism*, ed. M. J. Harner, New York 1973.
–: »The Supernatural World of the Jívaro Shaman« in *Peoples and Cultures of Native South America*, ed. D. R. Gross, Garden City 1973.
Harris, E. E.: »Time and Eternity«, *The Review of Metaphysics* 1976.
–: »Empiricism in Science and Philosophy« in *Impressions of Empiricism*, ed. G. Vesey, London 1976.
Harris, J. R.: *The Cult of the Heavenly Twins*, Cambridge 1906.
Harris, M.: *Cows, Pigs, Wars and Witches*, London 1975.
–: *Culture, People, Nature*, New York 1975.
Harth, D.: *Philologie und praktische Philosophie*, München 1970.
Harth, H.: »Literatur im Dienste des Fortschritts?« in *Die Literatur und die Wissenschaften*, ed. N. Born/H. Schlaffer, Hamburg 1976.
Hartmann, E.: *Die Trollvorstellungen in den Sagen und Märchen der skandinavischen Völker*, Stuttgart 1936.
–: »Der Ahnenberg«, *Archiv für Religionswissenschaft* 1937.
Hartmann, W.: *Die Hexenprozesse in der Stadt Hildesheim*, Hildesheim 1927.
Harttliepp, J.: *Puch aller verpotten kunst*, ed. D. Ulm, Halle 1914.
Hartwich, C.: *Die menschlichen Genußmittel*, Leipzig 1911.
Harva, U.: *Die religiösen Vorstellungen der altaischen Völker*, Helsinki 1938.
–: *Die religiösen Vorstellungen der Mordwinen*, Helsinki 1952.
Hashagen, J.: *Kulturgeschichte des Mittelalters*, Hamburg 1950.
Hassrick, R. B.: *The Sioux*, Norman 1967.
Hauer, J. W.: *Die Religionen*, Bd. I, Berlin 1923.
Haug, F.: »Zu den römischen Altertümern von Baden-Baden«, *Germania* 1919.
Haupt, K.: »Zwergsagen aus der Ober- und Niederlausitz«, *Zeitschrift für deutsche Mythologie und Sittenkunde* 1859.
Hauser, A.: *Wald und Feld in der alten Schweiz*, Zürich 1972.
Hauser, H.: *La modernité du XVIe siècle*, Paris 1930.
Havelock, E. A.: »Parmenides and Odysseus«, *Harvard Studies in Classical Philology* 1958.
Hawkes, J.: *Geburt der Götter*, Bern 1972.
Hayter, A.: *Opium and the Romantic Imagination*, London 1968.
Heckendorn, H.: *Wandel des Anstands im französischen und deutschen Sprachgebiet*, Bern 1970.

Heckscher, K.: *Die Volkskunde des germanischen Kulturkreises*, Hamburg 1925.
Heeger, F.: »Frauenrechtliches im fränkischen Brauchtum«, *Bayerisches Jahrbuch für Volkskunde* 1963.
Heer, F.: *Abschied von Höllen und Himmeln*, München 1970.
Hegi, G.: *Illustrierte Flora von Mitteleuropa*, Bd. V, München 1964.
Hehn, V.: *Kulturpflanzen und Haustiere in ihrem Übergang aus Asien nach Griechenland*, Berlin 1911.
–: *Das Salz*, Leipzig o. J.
Heidegger, M.: *Holzwege*, Frankfurt/M. 1950.
Heilig, O.: »Zur Kenntnis des Hexenwesens am Kaiserstuhl«, *Zeitschrift des Vereins für Volkskunde* 1904.
Heiligendorff, W.: *Der keltische Matronenkultus*, Leipzig 1934.
Heim, R./R. G. Wasson: *Les champignons hallucinogènes du Méxique*, Paris 1958.
Heintz, P.: *Anarchismus und Gegenwart*, Berlin 1973.
Heitsch, E.: »Wahrheit als Erinnerung«, *Hermes* 1963.
Helbaek, H.: »Early Crops in Southern England«, *Proceedings of the Prehistoric Society* 1952.
Helbok, A./H. Marzell: *Haus und Siedlung im Wandel der Jahrtausende*, Berlin 1937.
Helfrich, K.: *Menschenopfer und Tötungsrituale im Kult der Maya*, Berlin 1973.
Heller, C. B.: *Reisen in Mexiko*, Leipzig 1853.
Hellmuth, L.: *Die germanische Blutsbrüderschaft*, Wien 1975.
Hellmuth, N. M.: »Comment on ›The Influence of Psychotropic Flora and Fauna on Maya Religion‹«, *Current Anthropology* 1974.
Helm, K.: *Altgermanische Religionsgeschichte*, Heidelberg 1953.
Helmers, M.: »Der Kreuzbaum im niedersächsischen Bauernhaus«, *Germanen-Erbe* 1938.
Hempel, C. G.: »Reduction: Ontological and Linguistic Facets« in *Philosophy, Science, and Method*, ed. S. Morgenbesser et al., New York 1969.
Henrich, D.: »Selbstbewußtsein« in *Hermeneutik und Dialektik*, Bd. I, ed. R. Bubner et al., Tübingen 1970.
–: »Die Grundstruktur der modernen Philosophie« in *Subjektivität und Selbsterhaltung*, ed. H. Ebeling, Frankfurt/M. 1976.
Henrichs, N.: »Scientia Magica« in *Der Wissenschaftsbegriff*, ed. A. Diemer, Meisenheim 1970.
Hentze, C.: *Tod, Auferstehung, Weltordnung*, Zürich 1955.
–: *Das Haus als Weltort der Seele*, Stuttgart 1961.
Hepding, H.: *Attis*, Gießen 1903.
Herbig, R.: *Pan*, Frankfurt/M. 1949.
Heringer, H. J.: *Praktische Semantik*, Stuttgart 1974.
Hermand, J.: *Pop International*, Frankfurt/M. 1971.
Hermann, E.: *Die Hexen von Baden-Baden*, Karlsruhe o. J.
Hermanns, M.: *Die Familie der A Mdo-Tibeter*, Freiburg 1959.

Hernandez, F.: *De historia plantarum Novae Hispaniae*, Madrid 1790.
Herolt, J.: *Sermones discipuli de tempore*, Hagenau 1518.
Herrmann, F.: *Beiträge zur italienischen Volkskunde*, Heidelberg 1938.
–: »Zu einem verbreiteten Verwandlungsrequisit europäischer Kultbünde«, *Tribus* 1951.
–: *Symbolik in den Religionen der Naturvölker*, Stuttgart 1961.
–: »Die Beschneidung« in *Beiträge zur Völkerforschung*, ed. D. Drost/W. König, Berlin 1961.
Hermann, H.-V.: *Olympia*, München 1972.
Herrmann, P.: *Das altgermanische Priesterwesen*, Jena 1929.
Hershman, P.: »Hair, Sex and Dirt«, *Man* 1974.
Herskovits, M. J.: *Dahomey*, New York 1938.
–: »Possession« in *Standard Dictionary of Folklore*, ed. M. Leach, Bd. II, New York 1950.
–: *Cultural Relativism*, New York 1973.
Herter, H.: »Böse Dämonen im frühgriechischen Volksglauben«, *Rheinisches Jahrbuch für Volkskunde* 1950.
–: »Hermes«, *Rheinisches Museum für Philologie* 1976.
Hertz, W.: *Der Werwolf*, Stuttgart 1862.
Hesse, M.: Is There an Independent Observation Language?« in *The Nature and Function of Scientific Theories*, ed. R. G. Colodny, Pittsburgh 1970.
–: *The Structure of Scientific Inference*, London 1974.
Heubach, D.: »Nachklänge aus dem Heidentum im Mittelalter«, *Archiv für Religionswissenschaft* 1925.
Heyden, A. v.: *Trachtenkunde*, Leipzig 1889.
Heyl, J. A.: *Volkssagen, Bräuche und Meinungen aus Tirol*, Brixen 1897.
Heywood, R.: *The Infinite Hive*, London 1964.
Hiatt, L. R.: »Secret Pseudo-Procreation Rites Among the Australian Aborigines« in *Anthropology in Oceania*, ed. L. R. Hiatt/C. Jayawardena, Sydney 1971.
Hill, W. W.: »The Status of the Hermaphrodite and Transvestite in Navaho Culture«, *American Anthropologist* 1935.
Himmelheber, H.: *Eskimokünstler*, Eisenach 1953.
Hinze, O. M.: »Studien zum Verständnis der archaischen Astronomie«, *Symbolon* 1966.
Hitchcock, J. T.: »A Nepalese Shamanism and the Classic Inner Asian Tradition«, *History of Religions* 1967.
Hobbes, T.: *The English Works*, ed. W. Moleworth, London 1839.
Hocart, A. M.: »Flying Through the Air«, *Indian Antiquary* 1923.
Hocke, G. R.: *Die Welt als Labyrinth*, Hamburg 1957.
Hockney, D.: »The Bifurcation of Scientific Theories and Indeterminacy of Translation«, *Philosophy of Science* 1975.
Hoebel, E. A.: *Anthropology*, New York 1972.

Höfer, A.: »Is the *bombo* an Ecstatic?« in *Contributions to the Anthropology of Nepal*, ed. C. v. Fürer-Haimendorf, London 1973.
–: »Die Religionen der asiatischen Negrito und der Stammesgruppen Hinterindiens« in *Die Religionen Südostasiens*, Stuttgart 1975.
Höfler, M.: *Volksmedizin und Aberglaube in Oberbayerns Gegenwart und Vergangenheit*, München 1888.
–: »Zum Sagenschatz des Isarwinkels«, *Zeitschrift des Vereins für Volkskunde* 1908.
Höfler, O.: *Kultische Geheimbünde der Germanen*, Frankfurt/M. 1934.
–: »Der germanische Totenkult und die Sagen vom Wilden Heer«, *Oberdeutsche Zeitschrift für Volkskunde* 1936.
–: *Verwandlungskulte, Volkssagen und Mythen*, Wien 1973.
Höltker, G.: »Die Knaben-Jugendweihe bei den Bosmun am unteren Ramu«, *Abhandlungen des Staatlichen Museums für Völkerunde Dresden* 1975.
Hoenn, K.: *Artemis*, Zürich 1946.
Hofbauer, J.: *Die Grafschaft Neuburg am Inn*, München 1969.
Hoffmann-Krayer, E.: »Die Fastnachtsgebräuche in der Schweiz«, *Schweizer Archiv für Volkskunde* 1897.
–: »Luzerner Akten zum Hexen- und Zauberwesen«, *Archives suisses des traditions populaires* 1899.
–: *Kleine Schriften zur Volkskunde*, Basel 1946.
Hofmann, H. P./H. Kleinsorge: *Kleine Pharmakologie*, Stuttgart 1976.
Hofstaetter, W./H. Reichmann/J. Schneider: *Ein Jahrtausend deutscher Kultur im Bilde*, Leipzig 1929.
Hogarth, D. G.: *Excavations at Ephesus*, London 1908.
Hogbin, H. I.: »Pagan Religion in a New Guinea Village« in *Gods and Rituals*, ed. J. Middleton, Garden City 1967.
Hole, C.: *Witchcraft in England*, London 1945.
Holinshed, R.: *Chronicles*, London 1587.
Holland, L. B.: »The Mantic Mechanism at Delphi«, *American Journal of Archaeology* 1933.
Holland, R.: »Zur Typik der Himmelfahrt«, *Archiv für Relgionswissenschaft* 1925.
den Hollander, A. N. J.: »Social Description« in *Anthropologists in the Field*, ed. D. G. Jongmans/P. C. W. Gutkind, Assen 1967.
Holleman, A. W. J.: *Pope Gelasius I. and the Lupercalia*, Amsterdam 1974.
Hollen, G.: *Opus sermonum dominicalium de epistolis*, Hagenau 1517.
Hollingshead, M.: *The Man Who Turned On the World*, London 1973.
Hollis, M.: »Times and Spaces«, *Mind* 1967.
–: »Reason and Ritual«, *Philosophy* 1968.
–: »Witchcraft and Winchcraft«, *Philosophy of the Social Sciences* 1972.
Holm, E.: *Tier und Gott. Mythik, Mantik und Magie der südafrikanischen Urjäger*, Basel 1965.

–: *Die Felsbilder Südafrikas*, Tübingen 1969.
Holman, E. L.: »Sensory Experience, Perceptual Evidence and Conceptual Frameworks«, *American Philosophical Quarterley* 1977.
Holmberg, U.: *Der Baum des Lebens*, Helsinki 1923.
–: »Über die Jagdriten der nördlichen Völker Asiens und Europas«, *Suomalais-Ugrilaisen Seuran Aikakauskirja* 1926.
Holzinger, J. B.: *Zur Naturgeschichte der Hexen*, Graz 1883.
Honko, L.: *Geisterglaube in Ingermanland*, Helsinki 1962.
–: »Memorate und Volksglaubenforschung« in *Vergleichende Sagenforschung*, ed. L. Petzold, Darmstadt 1969.
–: »Finnische Mythologie« in *Götter und Mythen im alten Europa*, ed. H. W. Haußig, Stuttgart 1973.
Hoogshagen, S.: »A Sketch of the Earth's Supernatural Functions in Coatlan Mixe« in *Summa anthropologica en homenaje a Roberto J. Weitlaner*, México 1966.
Hooykaas, R.: *Religion and the Rise of Modern Science*, Edinburgh 1972.
Hopfner, T.: *Griechisch-Ägyptischer Offenbarungszauber*, Bd. I, Leipzig 1921.
Hopp, W.: *Sterben – wenn nötig, töten – nie*, Berlin 1958.
Hori, I.: »Mountains and Their Importance For the Idea of the Other World in Japanese Folk Religion«, *History of Religions* 1966.
Horkheimer, M.: »Vernunft und Selbsterhaltung« in *Subjektivität und Selbsterhaltung*, ed. H. Ebeling, Frankfurt/M. 1976.
Horkheimer, M./T. W. Adorno: *Dialektik der Aufklärung*, Frankfurt/M. 1969.
Horst, G. C.: *Zauber-Bibliothek*, Mainz 1821 ff.
Horton, R.: »A Definition of Religion, and Its Uses«, *Journal of the Royal Anthropological Institute* 1960.
–: »The Kalabari World-View«, *Africa* 1962.
–: »Ritual Man in Africa«, *Africa* 1964.
Hovorka, O.: »Aus dem Volksglauben von Sabbioncello«, *Zeitschrift für österreichische Volkskunde* 1897.
Hovorka, O./A. Kronfeld: *Vergleichende Volksmedizin*, Stuttgart 1908.
Howe, T. P.: »The Primitive Presence in Pre-Classical Greece« in *Primitive Views of the World*, ed. S. Diamond, New York 1964.
Howitt, A. W.: *The Native Tribes of South-East Australia*, London 1904.
Hoy, R. C.: »Cognitive Aspects of Art and Science«, *Philosophy of Science* 1973.
Hoyle, P.: *Delphi und sein Orakel*, Wiesbaden 1968.
Huber, G.: *Psychiatrie*, Stuttgart 1974.
Hudson, C.: »The Historical Approach in Anthropology« in *Handbook of Social and Cultural Anthropology*, ed. J. J. Honigmann, Chicago 1973.
Hübner, K.: »Zur Frage des Relativismus und des Fortschritts in den Wissenschaften«, *Zeitschrift für allgemeine Wissenschaftstheorie* 1974.
–: »Erfahrung und Wirklichkeit im griechischen Mythos« in *Objektivität in den Natur- und Geisteswissenschaften*, ed. W. Becker/K. Hübner, Hamburg 1976.

Hughes, J. D.: »Ecology in Ancient Greece«, *Inquiry* 1975.
Hughes, P.: *Witchcraft*, Harmondsworth 1965.
Huizinga, J.: *Herbst des Mittelalters*, Stuttgart 1952.
Hultkrantz, Å.: »Bachofen and the Mother Goddess«, *Ethnos* 1961.
–: »Spirit Lodge: A North American Shamanistic Séance« in *Studies in Shamanism*, ed. C.-M. Edsman, Stockholm 1967.
Hunger, E.: *Von Demokrit bis Heisenberg*, Braunschweig 1958.
Hunter, J. F. M.: *Essays after Wittgenstein*, Toronto 1973.
Huth, O.: »Der Durchzug des Wilden Heeres«, *Archiv für Religionswissenschaft* 1935.
–: »Die Kulttore der Indogermanen«, *Archiv für Religionswissenschaft* 1937.
–: »Der Glasberg«, *Symbolon* 1961.
Hutton, J. H.: »Leopard-Men in the Naga Hills«, *Journal of the Royal Anthropological Institute* 1920.
Huxley, A.: *Heaven and Hell*, Harmondsworth 1959.
Huxley, F.: *Affable Savages*, London 1956.
–: *The Invisibles*, London 1966.
–: »Anthropology and ESP« in *Science and ESP*, ed. J. R. Smythies, London 1967.

Ihm, M.: *Der Mütter- oder Matronenkultus und seine Denkmäler*, Bonn 1887.
Itkonen, T. I.: *Heidnische Religion und späterer Aberglaube bei den finnischen Lappen*, Helsinki 1946.
–: »Der ›Zweikampf‹ der lappischen Zauberer um eine Wildrentierherde«, *Suomalais-Ugrilaisen Seuran Aikakauskirja* 1960.

Jackson, H. C.: »The Nuer of the Upper Nile Province«, *Sudan Notes and Records* 1923.
Jackson, M. D.: »Witchcraft Confessions Among the Kuranko«, *Man* 1975.
Jacob, G.: *Märchen und Traum*, Hannover 1923.
Jacoby, A.: »Zum Zerstückelungs- und Wiederbelebungswunder der indischen Fakire«, *Archiv für Religionswissenschaft* 1914.
Jacoby, H.: *Die Bürokratisierung der Welt*, Neuwied 1969.
Jäcklein, K.: *San Felipe Otlaltepec*, Göppingen 1970.
Jaeger, W.: *Die Theologie der frühen griechischen Denker*, Stuttgart 1953.
Jahoda, G.: *The Psychology of Superstition*, London 1969.
Jaide, W.: *Das Wesen des Zaubers in den primitiven Kulturen und in den Islandsagas*, Borna 1937.
Jakobson, R.: »On Linguistic Aspects of Translation« in *On Translation*, ed. R. A. Brower, New York 1966.
James, E. O.: »Religion and Reality«, *Journal of the Royal Anthropological Institute* 1950.
–: *Seasonal Feasts and Festivals*, London 1961.

James, W.: *The Varieties of Religious Experience*, New York 1902.
–: *Pragmatism and the Meaning of Truth*, New York 1943.
–: *On Psychical Research*, ed. G. Murphy/R. O. Ballou, New York 1960.
Jankuhn, H.: »Spuren von Anthropophagie in der Capitulatio de partibus Saxoniae?«, *Nachrichten der Akademie der Wissenschaften in Göttingen* 1968.
Janson, J. A.: *Die lettischen Maskenumzüge*, Riga 1933.
Janssen-Jurreit, M.: *Sexismus: Über die Abtreibung der Frauenfrage*, München 1976.
Jarvie, I. C.: »Understanding and Explanation in Sociology and Social Anthropology« in *Explanation in the Behavioural Sciences*, ed. R. Borger/F. Cioffi, Cambridge 1970.
–: *Die Logik der Gesellschaft*, München 1974.
–: »Cultural Relativism Again«, *Philosophy of the Social Sciences* 1975.
–: »Toulmin and the Rationality of Science« in *Essays in Memory of Imre Lakatos*, ed. R. S. Cohen et al., Dordrecht 1976.
–: »Comment on Rosengren on Malinowski's Magic«, *Current Anthropology* 1976.
Jaspers, K.: »Die Trugwahrnehmungen« in *Gesammelte Schriften zur Psychopathologie*, Berlin 1963.
Jaulin, R.: *La mort sara*, Paris 1971.
Jay, R.: »Personal and Extrapersonal Vision in Anthropology« in *Reinventing Anthropology*, ed. D. Hymes, New York 1974.
Jeanmaire, H.: *Couroi et Courètes*, Lille 1939.
–: *Dionysos: Histoire du culte de Bacchus*, Paris 1951.
Jeffreys, M. D. W.: »Witchcraft in the Calabar Province«, *African Studies* 1966.
Jensen, A. E.: *Die drei Ströme*, Leipzig 1948.
–: *Mythos und Kult bei Naturvölkern*, Wiesbaden 1960.
–: »Wettkampf-Parteien, Zweiklassensysteme und geographische Orientierung«, in *Kulturanthropologie*, ed. W. E. Mühlmann/E. W. Müller, Köln 1966.
Jettmar, K.: »Völkerkundliche Forschung im Haramoshgebiet«, *Zeitschrift für Ethnologie* 1958.
–: *Die Religionen des Hindukusch*, Stuttgart 1975.
Jiménez Rueda, J.: *Herechias y supersticiones en la Nueva España*, México 1946.
Jobbé-Duval, E.: *Les morts malfaisants*, Paris 1924.
Jochelson, W.: *The Yukaghir and the Yukaghirized Tungus*, Leiden 1926.
Johansons, A.: *Der Schirmherr des Hofes im Volksglauben der Letten*, Stockholm 1964.
–: *Der Wassergeist und der Sumpfgeist*, Stockholm 1968.
–: »Kultverbände und Verwandlungskulte«, *Tidskrift för Nordisk Folkminnesforskning* 1974.
John of Salibury: *Episcopi Carnotensis Policratici*, ed. C. C. J. Webb, Oxford 1909.
Johnson, J. B.: »The Elements of Mazatec Witchcraft«, *Ethnological Studies* 1939.

Johnson, O. A.: »Die gemäßigte Skepsis«, *Ratio* 1976.

Johnston, T. F.: »The Musical Expression of Witchcraft Accusations Among the Tsonga«, *Ethnologische Zeitschrift Zürich* 1975.

Johnston, T. H./J. B. Cleland: »The History of the Aboriginal Narcotic Pituri«, *Oceania* 1933.

Jonas, H.: »On the Power or Impotence of Subjectivity« in *Philosophical Dimensions of the Neuro-Medical Sciences*, ed. S. F. Spicker/H. T. Engelhardt, Dordrecht 1976.

Jones, E.: *Der Alptraum*, Leipzig 1912.

Jones, G.: *Kings, Beasts and Heroes*, London 1972.

Jones, G. D.: »Revolution and Continuity in Santa Cruz Maya Society«, *American Ethnologist* 1974.

de Jong, K. H. E.: *Das antike Mysterienwesen*, Leiden 1919.

Jordans, W.: *Der germanische Volksglaube von den Toten und Dämonen im Berg*, Bonn 1933.

Joset, P. E.: *Les sociétés secrètes des hommes-léopards en Afrique noire*, Paris 1955.

Jucker, I.: »Frauenfest in Korinth«, *Antike Kunst* 1963.

–: »Artemis Kindyas« in *Gestalt und Geschichte*, ed. M. Rohde-Liegle, Bern 1967.

Jünger, E.: »Drugs and Ecstasy« in *Myths and Symbols*, ed. J. M. Kitagawa/C. H. Long, Chicago 1969.

Jünger, F. G.: *Griechische Götter*, Frankfurt/M. 1943.

–: *Griechische Mythen*, Frankfurt/M. 1957.

Juhos, B.: »Formen des Positivismus«, *Zeitschrift für allgemeine Wissenschaftstheorie* 1971.

Jung, C. G.: *Von den Wurzeln des Bewußtseins*, Zürich 1954.

–: »Zugang zum Unbewußten« in *Der Mensch und seine Symbole*, ed. C. G. Jung et al., Olten 1968.

–: *Frühe Schriften*, Olten 1971.

–: »Über Wiedergeburt« in *Die Archetypen und das kollektive Unbewußte*, Olten 1976.

Junod, H. A.: *The Life of a South African Tribe*, Neuchâtel 1913.

Just, W.-D.: *Religiöse Sprache und analytische Philosophie*, Stuttgart 1975.

Kaberry, P. M.: »The Forrest River and Lyne River Tribes of Northwest Australia«, *Oceania* 1935.

–: »Totemism in East and South Kimberley«, *Oceania* 1938.

–: »Virgin Birth«, *Man* 1968.

Kafka, J. S.: »Zum Problem der Realität«, *Psyche* 1977.

Kagarow, E.: »Der umgekehrte Schamanenbaum«, *Archiv für Religionswissenschaft* 1929.

Kaisersperg, J. G. v.: *Die Emeis, Dis ist das Buch von der Omeissen*, Straßburg 1516.

Kálmán, B.: »Zwei Reinigungsriten im Bärenkult der Obugrier« in *Glaubenswelt und Folklore der sibirischen Völker*, ed. V. Diószegi, Budapest 1963.
Kaplan, R. W.: »The Sacred Mushroom in Scandinavia«, *Man* 1975.
Karjalainen, K. F.: *Die Religion der Jugra-Völker*, Helsinki 1927.
Karlin, A. M.: *The Death-Thorn*, London 1934.
Karsch, Dr.: *Naturgeschichte des Teufels*, Münster 1877.
Karsten, R.: *Blood Revenge, War, and Victory Feasts Among the Jibaro Indians*, Washington 1923.
–: »Forschungen unter den Jibaro-Indianern in Ecuador und Peru«, *Zeitschrift für Ethnologie* 1930.
–: *Das altperuanische Inkareich*, Leipzig 1949.
–: *The Religion of the Samek*, Leiden 1955.
Kasamatsu, A./T. Hirai: »An Electroencephalographic Study on the Zen Meditation (Zazen)« in *The Nature of Human Consciousness*, ed. R. E. Ornstein, New York 1973.
Katz, R.: »Heilung durch Ekstase«, *Psychologie heute*, August 1977.
Kaufmann, A.: »Holda im fränkischen Hexenwesen«, *Zeitschrift für Volkskunde* 1891.
Keat, R./J. Urry: *Social Theory as Science*, London 1975.
Keilbach, W.: *Religiöses Erleben*, München 1973.
Keiper, J.: *Die christlichen Jagdschutzpatrone und Reisebilder aus Oberbayern*, Speyer 1929.
Kekes, J.: »Metaphysics and Rationality«, *Idealistic Studies* 1972.
–: »Towards a Theory of Rationality«, *Philosophy of the Social Sciences* 1973.
Keller, R.: *Wahrheit und kollektives Wissen*, Düsseldorf 1975.
–: »Handlungen verstehen«, *Zeitschrift für Germanistische Linguistik* 1976.
Kellermann, V.: »Der Hirsch im germanischen Volksglauben der Vorzeit«, *Germanien* 1938.
–: »Schiff und Baum als Sinnbild«, *Germanien* 1938.
–: *Germanische Altertumskunde*, Berlin 1966.
Kelly, I.: *Folk Practices in North Mexico*, Austin 1965.
Kendrick, T. D.: *The Druids*, London 1927.
Kennedy, J. G.: »Circumcision and Excision in Egyptian Nubia«, *Man* 1970.
Kennedy, V. L.: »The Moment of Consecration and the Elevation of the Host«, *Medieval Studies* 1944.
Kenner, H.: *Das Phänomen der verkehrten Welt in der griechisch-römischen Antike*, Klagenfurt 1970.
Kensinger, K. M.: »Banisteriopsis Use Among the Peruvian Cashinahua« in *Hallucinogens and Shamanism*, ed. M. J. Harner, New York 1973.
Kerényi, K.: »Wolf und Ziege am Fest der Lupercalia« in *Mélanges offerts à J. Marouzeau*, Paris 1948.
–: *Die Mysterien von Eleusis*, Zürich 1962.

–: »Voraussetzungen der Einweihung in Eleusis« in *Initiation*, ed. C. J. Bleeker, Leiden 1965.
–: *Dionysos*, München 1976.
Kern, O.: *Über die Anfänge der hellenischen Religion*, Berlin 1902.
Kerner, J.: *Die Seherin von Prevorst*, Stuttgart 1958.
Kersten, F.: »Phenomenology, History, Myth« in *Phenomenology and Social Reality*, ed. M. Natanson, The Hague 1970.
Kiefer, O.: *Kulturgeschichte Roms*, Berlin 1933.
Kienle, R. v.: »Das Auftreten keltischer und germanischer Gottheiten zwischen Oberrhein und Limes«, *Archiv für Religionswissenschaft* 1938.
Kiesewetter, C.: *Geschichte des Occultismus*, Leipzig 1895.
Kiessling, E.: *Zauberei in den germanischen Volksrechten*, Jena 1941.
Kilbridge, P. L./M. C. Robbins: »Pictorial Depth Perception and Acculturation Among the Baganda«, *American Anthropologist* 1969.
Kindermann, H.: *Theatergeschichte Europas*, Salzburg 1957.
King, M. D.: »Reason, Tradition, and the Progressiveness of Science«, *History and Theory* 1971.
Kirchner, H.: »Ein archäologischer Beitrag zur Urgeschichte des Schamanismus«, *Anthropos* 1952.
Kitching, A.: *On the Backwaters of the Nile*, London 1912.
Kittredge, G. L.: »Sir Orfeo«, *American Journal of Philology* 1886.
–: *Witchcraft in Old and New England*, New York 1929.
Klages, L.: »Die Magna Mater« in *Materialien zu Bachofens »Das Mutterrecht«*, ed. H.-J. Heinrichs, Frankfurt/M. 1975.
Klapper, J.: *Schlesische Volkskunde*, Stuttgart 1952.
Klein, V.: »Der ungarische Hexenglaube«, *Zeitschrift für Ethnologie* 1934.
Kleinpaul, R.: *Die Lebendigen und die Toten*, Leipzig 1898.
Klélé, J.: *Hexenwahn und Hexenprozesse in der ehemaligen Reichsstadt und Landvogtei Hagenau*, Hagenau 1893.
Klimowsky, E. W.: *Das mann-weibliche Leitbild in der Antike*, München 1972.
Klingender, F. D.: »Palaeolithic Religion and the Principle of Social Evolution«, *British Journal of Sociology* 1954.
Kloepfer, R.: »Das trunkene Schiff«, *Romanistische Forschungen* 1968.
Klowski, J.: »Der unaufhebbare Primat der Logik, die Dialektik des Ganzen und die Grenze der Logik«, *Zeitschrift für allgemeine Wissenschaftstheorie* 1973.
Kluckhohn, C.: »Navaho Categories« in *Primitive Views of the World*, ed. S. Diamond, New York 1964.
Klüver, J.: *Operationalismus*, Stuttgart 1971.
Kluge, F.: *Etymologisches Wörterbuch der deutschen Sprache*, Berlin 1967.
Kneale, W.: »An Analysis of Perceiving in Terms of the Causation of Beliefs« in *Perception*, ed. F. N. Sibley, London 1971.
Knecht, S.: »Indianische Götterpilze«, *Zeitschrift für Ethnologie* 1967.

Kneubühler, H.-P.: *Die Überwindung von Hexenwahn und Hexenprozeß*, Diessenhofen 1977.
Knight, W. F. J.: *Elysion*, London 1970.
Knörzer, K.-H.: »Prähistorische Mohnsamen«, *Bonner Jahrbuch* 1971.
Knorr, K. D.: »Methodik der Völkerkunde« in *Enzyklopädie der geisteswissenschaftlichen Arbeitsmethoden*, Bd. IX, München 1973.
Knortz, K.: *Hexen, Teufel und Blocksbergspuk*, Annaberg 1913.
Knudsen, H.: *Deutsche Theatergeschichte*, Stuttgart 1959.
Koch, G.: Waldensertum und Frauenfrage«, *Forschungen und Fortschritte* 1962.
Koch, G.: »Farbenindifferenz bei pazifischen Völkern« in *Festschrift Alfred Bühler*, ed. C. A. Schmitz/R. Wildhaber, Basel 1965.
Koch, H.: *Hexenprozesse und Reste des Hexenglaubens in der Wetterau*, Gießen 1935.
Koch, J.: »Sind die Pygmäen Menschen?«, *Archiv für die Geschichte der Philosophie* 1931.
Koch-Grünberg, T.: *Vom Roroima zum Oriniko*, Stuttgart 1923.
Köhler, E.: »Die Rolle des niederen Rittertums bei der Entstehung der Trobadorlyrik« in *Das Rittertum im Mittelalter*, ed. A. Borst, Darmstadt 1976.
Köhler, U.: »Mushrooms, Drugs, and Potters«, *American Antiquity* 1976.
König, M.: »Bäuerliche Burschenschaften«, *Niederdeutsche Zeitschrift für Volkskunde* 1938.
König, M. E. P.: *Am Anfang der Kultur*, Berlin 1973.
König, R.: »Erotik und Mode« in *Soziologische Orientierungen*, Köln 1965.
–: *Macht und Reiz der Mode*, Düsseldorf 1971.
Koepping, K.-P.: »Das Wagnis des Feldforschers – Zwischen Ethnozentrismus und Entfremdung« in *Festschrift für Helmut Petri*, ed. K. Tauchmann, Köln 1973.
Körner, S.: »On the Subject Matter of Philosophy« in *Contemporary British Philosophy*, ed. H. D. Lewis, London 1976.
Körner, T.: »Die ungarischen Hexenorganisationen«, *Ethnographia* 1969.
Körte, A.: »Zu den eleusinischen Mysterien«, *Archiv für Religionswissenschaft* 1915.
Koertge, N.: »Inter-Theoretic Criticism and the Growth of Science« in *Boston Studies in the Philosophy of Science*, ed. R. C. Buck/R. S. Cohen, Dordrecht 1971.
Koestler, A.: *Ein Gott der keiner war*, Zürich 1950.
–: *Die Wurzeln des Zufalls*, Bern 1972.
Kohl, J. G.: *Reisen in Canada und durch die Staaten von New York und Pennsylvanien*, Stuttgart 1856.
Kohlbach, B.: »Der Mythos und Kult der alten Ungarn«, *Archiv für Religionswissenschaft* 1899.
Kohler, I.: »Gedanken zur Analytizität der Farbsätze« in *Deskription, Analytizität und Existenz*, ed. P. Weingartner, Salzburg 1966.
Kolakowski, L.: *Die Gegenwärtigkeit des Mythos*, München 1973.

Kolb, D.: »Ontological Priorities«, *Metaphilosophy* 1975.
Konrad, G.: »Von den Asmat« in *Unter Papuas*, ed. H. Harrer, Innsbruck 1976.
Kordig, C. R.: *The Justification of Scientific Change*, Dordrecht 1971.
–: »Objectivity, Scientific Change, and Self-Reference« in *Boston Studies in the Philosophy of Science*, ed. R. C. Buck/R. S. Cohen, Dordrecht 1971.
Kornemann, E.: »Zur Geschwisterehe im Altertum«, *Klio* 1925.
–: *Die Stellung der Frau in der vorgriechischen Mittelmeerkultur*, Heidelberg 1927.
Kornwachs, K.: »›Parascience‹ und Wissenschaftstheorie«, *Zeitschrift für Parapsychologie* 1975.
Koschorreck, W.: *Der Sachsenspiegel in Bildern*, Frankfurt/M. 1976.
Krader, L.: »Buryat Religion and Society« in *Gods and Rituals*, ed. J. Middleton, Garden City 1967.
Krämer, W.: *Kurtrierische Hexenprozesse im 16. und 17. Jahrhundert*, München 1959.
Krämer-Bannow, E.: *Bei kunstsinnigen Kannibalen der Südsee*, Berlin 1916.
Kraft, V.: »Konstruktiver Empirismus«, *Zeitschrift für allgemeine Wissenschaftstheorie* 1973.
Krahmer, G.: *Figur und Raum in der ägyptischen und griechisch-archaischen Kunst*, Halle 1931.
Kramer, F.: *Literature Among the Cuna Indians*, Göteborg 1970.
–: *Verkehrte Welten*, Frankfurt/M. 1977.
–: »Die *social anthropology* und das Problem der Darstellung fremder Gesellschaften« in *Gesellschaften ohne Staat*, Bd. I, ed. F. Kramer/C. Sigrist, Frankfurt/M. 1978.
Kramer, K. S.: »Volksglauben in Nördlinger Urfehdebüchern«, *Bayerisches Jahrbuch für Volkskunde* 1957.
Kramer, S. M./M. Levy: »First Pharmacopeia in Man's Recorded History«, *American Journal of Pharmacy* 1954.
Kranz, W.: »Die Irrfahrten des Odysseus«, *Hermes* 1915.
Krauch, H.: *Die organisierte Forschung*, Neuwied 1970.
Kraus, T.: *Hekate*, Heidelberg 1960.
Krause, F.: »Maske und Ahnenfigur«, *Ethnologische Studien* 1931.
Krause, W.: *Die Religion der Kelten*, Leipzig 1933.
Kreitler, H./S. Kreitler: »The Implications of ESP Experiments for Anthropological ESP Research« in *Parapsychology and Anthropology*, ed. A. Angoff/D. Barth, New York 1974.
Kremp, W.: *Beiträge zur Religion der Ainu*, Freiburg 1928.
Kretschmar, F.: *Hundestammvater und Kerberos*, Stuttgart 1938.
Kretzenbacher, L.: »Freveltanz und ›Überzähliger‹«, *Carinthia* 1954.
–: *Kynokephale Dämonen*, München 1968.
–: »Kulturbedingungen und Funktionen der mittelalterlichen Legende«, *Ethnologia Europaea* 1976.
Krickeberg, W.: *Altmexikanische Kulturen*, Berlin 1956.

Kriegk, G. L.: *Deutsches Bürgerthum im Mittelalter*, Frankfurt/M. 1871.
Krige, E. J.: »Girl's Puberty Songs and Their Relation to Fertility, Health, Morality and Religion Among the Zulu«, *Africa* 1968.
Krige, J. D.: »The Social Function of Witchcraft«, *Theoria* 1947.
Kritikos, G.: »Der Mohn, das Opium und ihr Gebrauch im Spätminoicum III«, *Praktika tēs Akadēmias Athēnon* 1960.
Kroeber, A. L.: »A Mission Record of the California Indians«, *University of California Publications of American Archaeology and Anthropology*, Berkeley 1908.
–: *The Seri*, Los Angeles 1931.
–: »Seven Mohave Myths«, *Anthropological Records*, Berkeley 1948.
Kröner, F.: *Die Anarchie der philosophischen Systeme*, Leipzig 1929.
Kroll, J.: *Himmel und Hölle*, Leipzig 1932.
Kronfeld, E. M.: *Sagenpflanzen und Pflanzensagen*, Leipzig 1919.
Kropotkin, P.: »Der philosophische Versuch Herbert Spencers«, *Die Aktion* 31, Juli 1911.
Krüger, E.: »Diana Arduinna«, *Germania* 1917.
–: »Das römische Quellheiligtum in Baden-Baden«, *Germania* 1918.
–: »Diana Tifatina am Limes«, *Germania* 1933.
–: »Ein neues Diana-Relief aus dem Neunhäuser Wald«, *Trierer Zeitschrift* 1934.
Krüger, L.: »Über das Verhältnis der hermeneutischen Philosophie zu den Wissenschaften« in *Hermeneutik und Dialektik*, Bd. I, ed. R. Bubner et al., Tübingen 1970.
–: »Überlegungen zum Verhältnis wissenschaftlicher Erkenntnis und gesellschaftlicher Interessen« in *Materialien zu Habermas' ›Erkenntnis und Interesse‹*, ed. W. Dallmayr, Frankfurt/M. 1974.
–: »Die systematische Bedeutung wissenschaftlicher Revolutionen« in *Theorien der Wissenschaftsgeschichte*, ed. W. Diederich, Frankfurt/M. 1974.
–: »Wissenschaftliche Revolutionen und Kontinuität der Erfahrung«, *Neue Hefte für Philosophie* 1974.
Kubik, G.: »Zur inneren Kritik ethnographischer Feldberichte aus der kolonialen Periode«, *Wiener Ethnohistorische Blätter* 1971.
Künssberg, E. v.: *Rechtsgeschichte und Volkskunde* Graz 1965.
Kuhn, A.: »Hackelberg-Rôds und sein Hund Alke«, *Zeitschrift für deutsche Mythologie und Sittenkunde* 1853.
–: *Sagen, Gebräuche und Märchen aus Westfalen*, Leipzig 1859.
–: *Die Herabkunft des Feuers und des Göttertranks*, Gütersloh 1886.
Kuhn, H.: »Kämpen und Berserker«, *Frühmittelalterliche Studien* 1968.
–: *Das alte Island*, Düsseldorf 1971.
Kuhn, T. S.: »Postscript« in *The Structure of Scientific Revolutions*, Chicago 1970.
–: »Reflections on My Critics« in *Criticism and the Growth of Knowledge*, ed. I. Lakatos/A. Musgrave, London 1970.

–: »Comment on Bohm« in *The Structure of Scientific Theories*, ed. F. Suppe, Urbana 1974.
–: *Die Entstehung des Neuen*, Frankfurt/M. 1977.
–: »Theory-Change as Structure-Change: Comments on the Sneed-Formalism« in *Historical and Philosophical Dimensions of Logic, Methodology and Philosophy of Science*, ed. R. E. Butts/J. Hintikka, Dordrecht 1977.
Kulenkampff, C.: »Entbergung, Entgrenzung, Überwältigung als Weisen des Standverlustes« in *Die Wahnwelten*, ed. E. Straus et al., Frankfurt/M. 1963.
Kuret, N.: »Frauenbünde und maskierte Frauen«, *Schweizer Archiv für Volkskunde* 1972.
Kurtz, E.: *Heilzauber der Letten in Wort und Tat*, Riga 1937.
Kurtz, O.: *Beiträge zur Erklärung des volkstümlichen Hexenglaubens in Schlesien*, Anklam 1916.
Kuruwaip, A.: »The Asmat *bis* Pole«, *Irian* 1974.
Kurz, G.: »Warnung vor dem Wörtchen ›Kode‹«, *Linguistik und Didaktik* 1976.

La Barre, W.: »Review of Wasson's ›Soma‹«, *American Anthropologist* 1970.
–: »Hallucinogens and the Shamanic Origins of Religion« in *Flesh of the Gods*, ed. P. T. Furst, London 1972.
–: *The Ghost Dance*, London 1972.
–: »Review of Castañeda« in *Seeing Castañeda*, ed. D. C. Noel, New York 1976.
Ladenbauer-Orel, H.: »Die kultische Hirschbestattung von Lang-Enzersdorf bei Wien«, *Mitteilungen der Anthropologischen Gesellschaft in Wien* 1965.
Ladner, G. B.: »Pflanzensymbolik und Renaissancebegriff« in *Zu Begriff und Problem der Renaissance*, ed. A. Buck, Darmstadt 1969.
La Farge, O./D. Byers: *The Year Bearer's People*, New Orleans 1931.
Lagercrantz, S.: »Über willkommene und unwillkommene Zwillinge in Afrika«, *Ethnologiska Studier* 1942.
Laistner, L.: *Das Rätsel der Sphinx*, Berlin 1889.
Lakatos, I.: »History of Science and Its Rational Reconstructions« in *The Interaction Between Science and Philosophy*, ed. Y. Elkana, Atlantic Highlands 1974.
–: *Proofs and Refutations*, Cambridge 1976.
Lambertz, M./K.-H. Schröder: »Die Mythologie der Albaner« in *Götter und Mythen im alten Europa*, ed. H. W. Haußig, Stuttgart 1973.
Lambrechts, P.: *Contributions à l'étude des divinités celtiques*, Brugge 1942.
Lancelin, C.: *La sorcellerie des campagnes*, Paris 1911.
de Lancre, P.: *Wunderbahrliche Geheimnissen der Zauberey*, o. O. 1630.
Landa, D. de: *Relación de las cosas de Yucatán*, ed. A. M. Tozzer, Cambridge 1941.
Landauer, G.: »Gott und der Sozialismus« in *Der werdende Mensch*, Potsdam 1921.
Lang, A.: »Moly and Mandragora« in *Custom and Myth*, London 1885.

–: *The Making of Religion*, London 1898.
Langacker, R. W.: »Semantic Representations and the Linguistic Relativity Hypothesis«, *Foundations of Language* 1976.
Lange, E.: *Botanische Beiträge zur mitteleuropäischen Siedlungsgeschichte*, Berlin 1971.
Langer, S. K.: *Philosophie auf neuem Wege*, Berlin 1965.
Langlotz, E.: »Dionysos«, Die Antike 1932.
Langness, L. L.: »Sexual Antagonism in the New Guinea Highlands«, *Oceania* 1966.
Lanzkranna, S.: *Die Hymelstrass*, Augsburg 1484.
Latte, K.: »Die Sirenen« in *Kleine Schriften*, München 1968.
Laudan, L.: »Two Dogmas of Methodology«, *Philosophy of Science* 1976.
–: *Progress and Its Problems*, Berkeley 1977.
Laude-Cirtautas, I.: *Der Gebrauch der Farbbezeichnungen in den Türkdialekten*, Wiesbaden 1961.
Lauffer, O.: »Herd und Herdgeräte in den Nürnbergischen Küchen der Vorzeit«, *Mitteilungen aus dem germanischen Nationalmuseum* 1901.
–: »Die Hexe als Zaunreiterin« in *Volkskundliche Ernte*, ed. A. Götze/G. Koch, Gießen 1938.
Lavater, J. K.: *Protokoll über den Spiritus Familiaris Gablidone*, Frankfurt/M. 1787.
Lawler, L. B.: *The Dance in Ancient Greece*, London 1964.
Lawson, J. C.: *Modern Greek Folklore and Ancient Greek Religion*, Cambridge 1910.
Layard, J.: *Stone Men of Malekula*, London 1942.
Layton, R.: »Myth as Language in Aboriginal Arnhem Land«, *Man* 1970.
Lea, H. C.: *Geschichte der Inquisition im Mittelalter*, Bonn 1913.
–: *Materials Toward a History of Witchcraft*, ed. A. C. Howland, New York 1957.
Leach, E. R.: »Magical Hair«, *Journal of the Royal Anthropological Institute* 1958.
–: *Rethinking Anthropology*, London 1961.
–: »Golden Bough of Gilded Twig?«, *Daedalus* 1961.
–: »Structuralism in Social Anthropology« in *Structuralism*, ed. D. Robey, Oxford 1973.
Lebeuf, J. P.: *L'habitation des Fali*, Paris 1961.
Le Blant, E.: »Les premiers chrétiens et les dieux«, *Mélanges d'archéologie et d'histoire* 1894.
Le Bonniec, H.: *Le culte de Cérès à Rome*, Paris 1958.
Leca, A.-P.: *La médecine égyptienne au temps des pharaons*, Paris 1971.
Lecky, W. E. H.: *Sittengeschichte Europas von Augustus bis auf Karl den Großen*, Leipzig 1904.
Ledit, J.: *Marie dans la liturgie de Byzance*, Paris 1976.
Leeds, A.: »›Subjective‹ and ›Objective‹ in Social Anthropological Epistemology« in *Philosophical Foundations of Science*, ed. R. J. Seeger/R. S. Cohen, Dordrecht 1974.

Leete, E.: »The Alkaloids of Datura« in *Blakeslee: The Genus Datura*, ed. E. W. Sinnott, New York 1959.
van der Leeuw, G.: *Phänomenologie der Religion*, Tübingen 1956.
Lefèbvre, H.: *La proclamation de la commune*, Paris 1965.
Le Goff, J.: *Kultur des europäischen Mittelalters*, München 1970.
Lehmacher,G.: »Die irischen Elfen«, *Zeitschrift für Ethnologie* 1951.
–: »Die Göttin Brigit«, *Anthropos* 1951.
Lehmann, F. R.: »Bemerkungen zu einer neuen Begründung der Beschneidung«, *Sociologus* 1957.
Lehrer, K.: »Skepticism and Conceptual Change« in *Empirical Knowledge*, ed. R. M. Chisholm/R. J. Swartz, Englewood Cliffs 1973.
–: *Knowledge*, Oxford 1974.
Lehtisalo, T.: »Der Tod und die Wiedergeburt des künftigen Schamanen«, *Suomalais-Ugrilaisen Seuran Aikakauskirja* 1937.
Leibbrand, A./W. Leibbrand: *Formen des Eros*, Freiburg 1972.
Leiris, M.: *Die eigene und die fremde Kultur*, ed. H.-J. Heinrichs, Frankfurt/M. 1977.
Leisegang, H.: *Der Heilige Geist*, Leipzig 1919.
–: *Denkformen*, Berlin 1928.
Leisi, E.: »Aufschlußreiche altenglische Wortinhalte« in *Sprache – Schlüssel zur Welt*, ed. H. Gipper, Düsseldorf 1959.
Leland, C. G.: *Gypsy Sorcery and Fortune Telling*, New York 1962.
Le Lasseur, D.: *Les déesses armées dans l'art classique grec*, Paris 1919.
Lemert, C. C.: »Sociological Theory and the Relativistic Paradigm«, *Sociological Inquiry* 1974.
Lemke, E.: »Die Eibe in der Volkskunde«, *Zeitschrift des Vereins für Volkskunde* 1902.
Lemozi, A.: »Fouilles dans l'abri sous Roche de Murat«, *Bulletin de la Société Préhistorique Française* 1924.
Lengyel, L.: *Das geheime Wissen der Kelten*, Freiburg 1976.
Leonard, I. A.: »Peyote and the Mexican Inquisition«, *American Anthropologist* 1942.
Leoprechting, K. v.: *Aus dem Lechrain*, München 1855.
Lepenies, W.: *Das Ende der Naturgeschichte*, München 1976.
Leplin, J.: »Meaning Variance and the Comparability of Theories«, *British Journal for the Philosophy of Science* 1969.
Lercheimer, A.: *Christlich bedencken vnd erinnerung von Zauberey*, Speyer 1597.
Leroi-Gourhan, A.: *Préhistoire de l'art occidental*, Paris 1965.
Le Roux, F.: *Introduction générale à l'étude de la tradition celtique*, Rennes 1967.
Le Roy Ladurie, E.: *Les paysans de Languedoc*, Paris 1969.
LeShan, L.: *Alternate Realities*, New York 1976.
Lesky, A.: »Zum Schiffskarren des Dionysos«, *Mitteilungen des Vereins für Klassische Philologie Wien* 1925.

Lesourd, D.: »Diane et les sorcières«, *Anagrom* 1972.
Leubuscher, R.: *Über die Wehrwölfe und Thierverwandlungen im Mittelalter*, Berlin 1850.
Leuner, H.: »Halluzinogene« in *Lexikon der Psychiatrie*, ed. C. Müller, Berlin 1973.
Leval, G.: »Marxisme et anarchisme« in *Anarchicie e Anarchia nel mondo contemporaneo*, Torino 1971.
LeVine, R. A.: »Witchcraft and Sorcery in a Gusii Community« in *Witchcraft and Sorcery in East Africa*, ed. J. Middleton/E. H. Winter, London 1963.
Lévi-Strauss, C.: *La vie familiale et sociale des Indiens Nambikwara*, Paris 1948.
–: »Introduction à l'œuvre de Marcel Mauss« in *Sociologie et anthropologie*, Paris 1950.
–: *Tristes Tropiques*, Paris 1955.
–: »Diogène couché«, *Les Temps Modernes* 1955.
–: *Le totémisme aujourd'hui*, Paris 1962.
–: *La pensée sauvage*, Paris 1962.
–: »Jean-Jacques Rousseau: fondateur des sciences de l'homme« in *J. J. Rousseau*, Neuchâtel 1962.
–: *The Scope of Anthropology*, London 1967.
–: *L'origine des manières de table*, Paris 1968.
–: »The Concept of Primitiveness« in *Man the Hunter*, ed. R. B. Lee/I. DeVore, Chicago 1968.
–: »Les champignons dans la culture«, *L'Homme* 1970.
–: *Anthropologie structurale deux*, Paris 1973.
–: *La voie des masques*, Genève 1975.
de Levita, D. J.: *Der Begriff der Identität*, Frankfurt/M. 1971.
Levy, G. R.: *The Gate of Horn*, London 1948.
Lévy-Bruhl, L.: *La mentalité primitive*, Paris 1947.
–: *Les carnets*, ed. M. Leenhardt, Paris 1949.
Lewin, L.: *Phantastica*, Berlin 1924.
Lewinsohn, R.: *Der ewige Zeus*, Hamburg 1955.
Lewis, H. D.: »Ultimates and a Way of Looking in Philosophy« in *Contemporary Aspects of Philosophy*, ed. G. Ryle, Stocksfield 1977.
Lewis, I. M.: »Spirit Possession and Deprivation Cults«, *Man* 1966.
–: »Spirits and Sex War«, *Man* 1967.
–: *Ecstatic Religion*, Harmondsworth 1971.
–: »The Anthropologist's Encounter With the Supernatural« in *Parapsychology and Anthropology*, ed. A. Angoff/D. Barth, New York 1974.
Lewis, O.: *Life in a Mexican Village*, Urbana 1963.
Lewy, H.: »Zur Zauberkraft der Erde«, *Archiv für Religionswissenschaft* 1933.
Lexer, M.: »Volksüberlieferungen aus Kärnten und Steiermark«, *Zeitschrift für deutsche Mythologie und Sittenkunde* 1855.

Licht, H.: *Sittengeschichte Griechenlands*, Dresden 1925.
–: *Lebenskultur im alten Griechenland*, Wien 1925.
Liebich, R.: *Die Zigeuner in ihren Wesen und in ihrer Sprache*, Leipzig 1863.
Lienhardt, G.: »Some Notions of Witchcraft Among the Dinka«, *Africa* 1951.
Lincke, A.: *Die neuesten Rübezahlforschungen*, Dresden 1896.
Lindskog, B.: *African Leopard Men*, Uppsala 1954.
Linnig, F.: »Volksüberlieferungen aus der Rheinprovinz«, *Zeitschrift für deutsche Mythologie und Sittenkunde* 1855.
zur Lippe, R.: *Am eigenen Leibe*, Frankfurt/M. 1978.
Lippert, J.: *Christentum, Volksglaube und Volksbrauch*, Berlin 1882.
Lips, J. E.: *The Savage Hits Back*, New Hyde Park 1966.
Lischke, G.: »Bericht über den XI. Kongreß der Parapsychological Association«, *Zeitschrift für Parapsychologie* 1968.
Littlejohn, J.: »The Temne House« in *Myth and Cosmos*, ed. J. Middleton, Garden City 1967.
Liungman, C. G.: *Der Intelligenzkult*, Hamburg 1975.
Liungman, W.: *Traditionswanderungen Euphrat-Rhein*, Helsinki 1937 f.
–: *Der Kampf zwischen Sommer und Winter*, Helsinki 1941.
–: *Traditionswanderungen Rhein-Jenissei*, Helsinki 1945.
Livingstone, D.: *Missionsreisen und Forschungen in Südafrika*, Leipzig 1858.
Lodge, O.: »*Babin Den*: Midwives' Day in Bulgaria«, *Man* 1947.
Löber, K.: »Kräuterholen und Bergzusammenkünfte an Christi Himmelfahrt im Kreis Eschwege«, *Hessische Blätter für Volkskunde* 1969.
Löffler, L.: *Grundlegung einer formalen Ethnologie der Verwandtschaft*, Manuskript.
–: »Rezension von Needham's ›Sceptical Essays About Kinship‹«, *Tribus* 1975.
Löhmann, O.: »Die Entstehung der Tannhäusersage«, *Fabula* 1960.
Löw, I.: *Die Flora der Juden*, Bd. III, Leipzig 1924.
Loewe, R.: »Rübezahl im heutigen Volksglauben«, *Zeitschrift des Vereins für Volkskunde* 1908.
Löwith, K.: »Can There Be a Christian Gentleman?«, *Theology Today* 1948.
–: »Vicos Grundsatz: verum et factum convertuntur« in *Aufsätze und Vorträge*, Stuttgart 1971.
Lommel, A.: *Die Unambal*, Hamburg 1952.
–: *Fortschritt ins Nichts*, Zürich 1969.
Lommel, H.: »König Soma«, *Numen* 1955.
Long, J. B.: »Śiva und Dionysos – Visions of Terror and Bliss«, *Numen* 1971.
López de Cogolludo, F. D.: *Los tres siglos de la dominación española en Yucatán*, Campeche 1842.
Lorenzen, H.: *Der Baum im deutschen Volkstum*, Leipzig o. J.
Lot-Falck, E.: *Les rites de chasse chez les peuples sibériens*, Paris 1953.
Loth, J.: »L'omphalos chez les celtes«, *Revue des études anciennes* 1915.

Lovell, K.: »Die Entwicklung (natur-)wissenschaftlicher Begriffe« in *Studien zur Entwicklung des Denkens im Kindesalter*, ed. H. Bonn/K.Rohsmanith, Darmstadt 1972.
Lowie, R. H.: *Societies of the Crow, Hidatsa and Mandan Indians*, New York 1913.
Luck, G.: *Hexen und Zauberei in der römischen Dichtung*, Zürich 1962.
Ludewig, R./K. Lohs: *Akute Vergiftungen*, Stuttgart 1971.
Lüthi, M.: »Gehalt und Erzählweise der Volkssage« in *Sagen und ihre Deutung*, ed. P. Rieger, Göttingen 1965.
–: *Das europäische Volksmärchen*, Bern 1968.
–: *Das Volksmärchen als Dichtung*, Düsseldorf 1975.
Luhmann, N.: *Funktion der Religion*, Frankfurt/M. 1977.
Lukes, S.: »Methodological Individualism Reconsidered« in *Sociological Theory and Philosophical Analysis*, ed. D.Emmet/A. MacIntyre, London 1970.
–: *Emile Durkheim*, Harmondsworth 1973.
–: »Relativism: Cognitive and Moral«, *The Aristotelian Society, Suppl. Vol.* 1974.
Lukian: *Works*, ed. M. D. MacLeod, London 1967.
Luria, S.: »Die Ersten werden die Letzten sein«, *Klio* 1929.
Lurker, M.: »Zur Symbolbedeutung von Horn und Geweih«, *Symbolon* 1974.
Luther, M.: *Werke*, ed. O. Clemen, Berlin 1930.
Lutz, A.: *Jünglings- und Gesellenverbände im alten Zürich und im alten Winterthur*, Affoltern 1957.
Luz, W. A.: *Das Büchlein vom Bad*, Berlin 1958.
Lyon, A.: »Family Resemblance, Vagueness, and Change of Meaning«, *Theoria* 1968.

MacCulloch, J. A.: »Lycanthropy« in *Encyclopedia of Religion and Ethics*, ed. J. Hastings, Edinburgh 1915.
–: *Celtic Mythology*, New York 1918.
–: *Eddic Mythology*, New York 1930.
Macfarlane, A.: *Witchcraft in Tudor and Stuart England*, London 1970.
Machamer, P. K.: »Observation« in *Boston Studies in the Philosophy of Science*, ed. R. C. Buck/R. S. Cohen, Dordrecht 1971.
MacIntyre, A.: »Is Understanding Religion Compatible With Believing?« in *Faith and the Philosophers*, ed. J. Hick, London 1964.
–: »The Idea of a Social Science«, *The Aristotelian Society, Suppl. Vol.* 1967.
–: »Rationality and the Explanation of Action« in *Against the Self-Images of the Age*, London 1971.
Mackensen, L.: »Bilwis« in *Handwörterbuch des deutschen Aberglaubens*, Bd. I, ed. H. Bächtold-Stäubli, Berlin 1927.
Mackenzie, N.: *Dreams and Dreaming*, London 1965.
MacKinney, L.: *Medical Illustrations in Medieval Manuscripts*, London 1965.
Macksey, R.: »Lions and Squares« in *The Languages of Criticism and the Sciences of Man*, ed. R. Macksey/E. Donato, Baltimore 1970.

Madsen, W.: »Shamanism in Mexico«, *Southwestern Journal of Anthropology* 1955.
Magnússon, E.: *Odin's Horse Yggdrasil*, London 1895.
Mahapatra, P.: »Tree-Symbol Worship in Bengal« in *Tree Symbol Worship in India*, ed. S. S. Gupta, Calcutta 1965.
Mahieu, W. de: »Cosmologie et structuration de l'espace chez les Komo«, *Africa* 1975.
Maimon, S.: *Versuch über die Transcendentalphilosophie*, Berlin 1790.
Makarius, L.: »The Magic of Transgression«, *Anthropos* 1974.
Malan, V. D./R. C. McCone: »The Time Concept, Perspective, and Premise in the Socio-Cultural Order of the Dakota Indians«, *Plains Anthropologist* 1960.
Malebranche, N.: *Œuvres complètes*, ed. E. de Genoude/H. de Lourdoueix, Bd. I, Paris 1837.
Malinowski, B.: *Argonauts of the Western Pacific*, London 1922.
–: *Sex and Repression in Savage Society*, London 1927.
–: *The Foundations of Faith and Morals*, London 1936.
–: »The Problem of Meaning in Primitive Languages« in C. K. Ogden/I. A. Richards: *The Meaning of Meaning*, London 1946.
–: *Eine wissenschaftliche Theorie der Kultur*, Zürich 1949.
–: *Magic, Science and Religion*, Garden City 1954.
–: *A Diary in the Strict Sense of the Term*, New York 1967.
Mandiargues, A. P. de: *Die Monstren von Bomarzo*, Hamburg 1969.
Mandrou, R.: »Die französischen Richter und die Hexenprozesse im 17. Jahrhundert« in *Die Hexen der Neuzeit*, ed. C. Honegger, Frankfurt/M. 1978.
Mangoldt, U. v.: *Der Teufel*, München 1957.
Mannhardt, W.: *Germanische Mythen*, Berlin 1858.
–: *Roggenwolf und Roggenhund*, Danzig 1865.
–: *Die Korndämonen*, Berlin 1868.
–: *Der Baumkultus der Germanen und ihrer Nachbarstämme*, Berlin 1875.
–: *Wald- und Feldkulte*, Berlin 1905.
Mannhart, W.: *Zauberglaube und Geheimwissen*, Leipzig 1897.
Mannheim, K.: *Ideologie und Utopie*, Meisenheim 1952.
Manning, P. K./H. Fabrega: »The Experience of Self and Body: Health and Illness in the Chiapas Highlands« in *Phenomenological Sociology*, ed. G. Psathas, New York 1973.
Manselli, R.: *La religion populaire au moyen âge*, Montréal 1975.
Mantl, N.: *Vorchristliche Kultrelikte im oberen Inntal*, Innsbruck 1967.
Manz, W.: *Volksbrauch und Volksglaube des Sarganserlandes*, Basel 1916.
Marcus Diakonus: *Vie de Porphyre*, ed. H. Gregoire/M. A. Kugener, Paris 1930.
Margenau, H.: »ESP in the Framework of Modern Science« in *Science and ESP*, ed. J. R. Smythies, London 1967.
Margolis, J.: »Don Juan as Philosopher« in *Seeing Castañeda*, ed. D. C. Noel, New York 1976.

Marinatos, S.: *Kreta und das mykenische Hellas*, München 1959.
Maringer, J.: *Vorgeschichte Religion*, Zürich 1956.
–: »Schamanismus und Schamanen in vorgeschichtlicher Zeit«, *Zeitschrift für Religions- und Geistesgeschichte* 1977.
Markale, J.: *La femme celte*, Paris 1977.
Marriott, M.: »The Feast of Love« in *Krishna*, ed. M. Singer, Honolulu 1966.
Marschall, W.: *Der Berg des Herrn der Erde*, München 1976.
–: »Mystik in Indonesien« in *Rausch – Ekstase – Mystik*, ed. H. Cancik, Düsseldorf 1978.
Marshack, A.: »Le bâton de commandement de Montgaudier«, *L'Anthropologie* 1970.
–: *The Roots of Civilization*, New York 1972.
Marshall, L.: »!Kung Bushman Religious Beliefs«, *Africa* 1962.
Marshall, N.: »ESP and Memory: A Physical Theory«, *British Journal for the Philosophy of Science* 1960.
Martin, A.: *Badewesen in vergangenen Tagen*, Jena 1906.
Martin, A. v.: *Soziologie der Renaissance*, Stuttgart 1932.
Martin, M.: »Referential Variance and Scientific Objectivity«, *British Journal for the Philosophy of Science* 1971.
Martin, R. M.: »On ›Analytic‹«, *Philosophical Studies* 1952.
Martius, J. N.: *Unterricht von der wunderbaren Magie*, Frankfurt/M. 1719.
Marx, K.: »Ökonomisch-philosophische Manuskripte« in *Werke*, Bd. I, Berlin 1968.
–: *The Ethnological Notebooks*, ed. L. Krader, Assen 1972.
Marx, K./F. Engels: »Die deutsche Ideologie« in *Werke*, Bd. 3, Berlin 1962.
Marzell, H.: *Die heimische Pflanzenwelt im Volksbrauch und Volksglauben*, Leipzig 1922.
–: »Die Mondraute als Kraut des Mondes«, *Schweizer Archiv für Volkskunde* 1931.
–: »Lein« in *Handwörterbuch des deutschen Aberglaubens*, ed. H. Bächtold-Stäubli, Bd. V, Berlin 1933.
–: *Wörterbuch der deutschen Pflanzennamen*, Leipzig 1937 ff.
–: »Hexen und Druden in deutschen Pflanzennamen«, *Bayerisches Jahrbuch für Volkskunde* 1962.
–: *Zauberpflanzen und Hexengetränke*, Stuttgart 1963.
–: *Geschichte und Volkskunde der deutschen Heilpflanzen*, Darmstadt 1967.
Maschke, E.: »Das Berufsbewußtsein des mittelalterlichen Fernkaufmanns« in *Die Stadt des Mittelalters*, Bd. III, ed. C. Haase, Darmstadt 1976.
Massonneau, E.: *La magie dans l'antiquité romaine*, Paris 1934.
Masters, R. E. L.: *Eros and Evil*, New York 1962.
Masters, R. E. L./J. Houston: *The Varieties of Psychedelic Experience*, New York 1966.

Mather, C.: *On Witchcraft, Being the Wonders of the Invisible World*, Mt. Vernon 1950.
Matussek, N.: »Drogen und Bewußtsein« in *Bewußtsein*, ed. H.-W. Klement, Baden-Baden. 1975.
Maund, J. B.: »Rationality of Belief – Intercultural Comparisons« in *Rationality and the Social Sciences*, ed. S. I. Benn/G. W. Mortimor, London 1976.
Maurier, H.: *Philosophie de l'Afrique noire*, St. Augustin 1976.
Maxwell, G.: »Corroboration Without Demarcation« in *The Philosophy of Karl Popper*, Bd. I, ed. P. A. Schilpp, La Salle 1974.
Mayer, A.: *Erdmutter und Hexe*, München 1936.
Mayer, P.: »Witches« in *Witchcraft and Sorcery*, ed. M. Marwick, Harmondsworth 1970.
Mayer-Gross, W.: »Zur Depersonalisation« in *Depersonalisation*, ed. J.-E. Meyer, Darmstadt 1968.
Mbiti, J. S.: *Afrikanische Religion und Weltanschauung*, Berlin 1974.
McClellan, C.: »The Interrelations of Social Structure With Northern Tlingit Ceremonialism«, *Southwestern Journal of Anthropology* 1954.
McEvoy, J. G.: »A ›Revolutionary‹ Philosophy of Science«, *Philosophy of Science* 1975.
McKinney, J. P.: *The Structure of Modern Thought*, London 1971.
Mead, M.: *Geschlecht und Temperament in primitiven Gesellschaften*, Hamburg 1959.
Megas, G. A.: *Greek Calendar Customs*, Athen 1963.
Megenberg, K. v.: *Das Buch der Natur*, ed. F. Pfeiffer, Stuttgart 1861.
Meggitt, M. J.: *Desert People*, Chicago 1962.
Mehan, H./H. Wood: *The Reality of Ethnomethodology*, New York 1975.
Meillier, C.: »L'épiphanie du dieu Pan«, *Revue des études grecques* 1975.
Meinardus, O. F. A.: »Fertility and Healing Cult Survivals in Athens: Haghia Marina«, *Zeitschrift für Ethnologie* 1974.
Mejer, L.: *Die Periode der Hexenprocesse*, Hannover 1882.
–: »Hexenthum und Stechapfel«, *Jahresberichte der Naturhistorischen Gesellschaft zu Hannover* 1894.
Mellaart, J.: *Çatal Hüyük*, Bergisch-Gladbach 1967.
Menninger, K.: *Zahlwort und Ziffer*, Göttingen 1958.
Menowstschikow, G. A.: »Wissen, religiöse Vorstellungen und Riten der asiatischen Eskimos« in *Glaubenswelt und Folklore der sibirischen Völker*, ed. V. Diószegi, Budapest 1963.
Menzel-Tettenborn, H./H.-H. Hermann: »Heilpflanzen, Gifte, Drogen und Gewürze« in *Das Reich der Pflanzen*, Gütersloh 1974.
Mepham, J.: »The Structuralist Sciences and Philosophy« in *Structuralism*, ed. D. Robey, Oxford 1973.
Merezkowskij, D.: *Leonardo da Vinci*, Berlin 1928.
Merleau-Ponty, M.: *Phénoménologie de la perception*, Paris 1945.

Merriam, C. H.: »Totemism in California«, *American Anthropologist* 1908.
Merrillees, R. S.: »Opium Trade in the Bronze Age Levant«, *Antiquity* 1962.
Merzbacher, F.: *Die Hexenprozesse in Franken*, München 1970.
Meslin, M.: *La fête des kalendes de janvier dans l'empire romain*, Bruxelles 1970.
Métraux, A.: »Tribes of the Eastern Slopes of the Bolivian Andes« in *Handbook of South American Indians*, ed. J. H. Steward, Bd. III, Washington 1946.
–: *Religions et magies indiennes d'Amérique du Sud*, Paris 1967.
Métraux, H.: *Schweizer Jugendleben in fünf Jahrhunderten*, Zürich 1942.
Metzger, B. M.: »The Ascension of Jesus Christ« in *Historical and Literary Studies*, Grand Rapids 1968.
Meuli, K.: *Odyssee und Argonautika*, Basel 1920.
–: »Bettelumzüge im Totenkultus, Opferritual und Volksbrauch«, *Schweizer Archiv für Volkskunde* 1927.
–: »Maske und Maskereien« in *Handwörterbuch des deutschen Aberglaubens*, Bd. V, ed. H. Bächtold-Stäubli, Berlin 1933.
–: »Scythica«, *Hermes* 1935.
–: *Schweizer Masken*, Zürich 1943.
–: »Hauswüstung in Irland«, *Schweizer Volkskunde* 1951.
–: »Altrömischer Maskenbrauch«, *Museum Helveticum* 1955.
–: *Gesammelte Schriften*, Basel 1975.
Meyer, A.: *Das Weihnachtsfest*, Tübingen 1913.
Meyer, C.: *Der Aberglaube des Mittelalters und der nächstfolgenden Jahrhunderte*, Basel 1884.
Meyer, E. H.: *Germanische Mythologie*, Berlin 1891.
–: *Badisches Volksleben im 19. Jahrhundert*, Straßburg 1900.
–: *Mythologie der Germanen*, Straßburg 1903.
Meyer, G. F.: *Schleswig-Holsteiner Sagen*, Jena 1929.
Meyer, P. H.: »Das Parakwesen in Glauben und Kult bei den Eingeborenen an der Nordostküste Neuguineas«, *Annali Lateranensi* 1943.
Meynell, H.: »Truth, Witchcraft, and Professor Winch«, *The Heythrop Journal* 1972.
Michel, K. M.: »Schön sinnlich«, *Kursbuch* 49, 1977.
Michelet, J.: *Die Hexe*, München 1974.
Michell, J.: *The Earth Spirit*, London 1975.
Middleton, J.: »The Concept of ›Bewitching‹ in Lugbara« in *Magic, Witchcraft, and Curing*, ed. J. Middleton, Garden City 1967.
–: »Secrecy in Lugbara Religion«, *History of Religions* 1973.
Midelfort, H. C. E.: *Witch Hunting in Southwestern Germany*, Stanford 1972.
de Mille, R.: *Castañeda's Journey*, Santa Barbara 1977.
Miner, H.: »Das Körperritual der Renakirema« in *Anthropofiction*, ed. L. E. Stover/H. Harrison, Frankfurt/M. 1974.
Minkowski, E.: *Die gelebte Zeit*, Salzburg 1972.

Miyakawa, H./A. Kollautz: »Zur Ur- und Vorgeschichte des Schamanismus«, *Zeitschrift für Ethnologie* 1966.

Moehsen, J. C. W.: *Geschichte der Wissenschaften in der Mark Brandenburg, besonders der Arzneiwissenschaft*, Berlin 1781.

Mößinger, F.: »Die Dorflinde als Weltbaum«, *Germanien* 1938.

Mogk, E.: *Germanische Mythologie*, Straßburg 1898.

Moisés, R./J. H. Kelley/W. C. Holden: *The Tall Candle*, Lincoln 1971.

Molitoris, U.: *Von Hexen vnd Vnholden*, Straßburg 1575.

Momaday, N. S.: »A First American Views His Land«, *National Geographic*, July 1976.

Mommsen, A.: *Feste der Stadt Athen*, Leipzig 1898.

Monberg, T.: »Fathers Were Not Genitors«, *Man* 1975.

Monod, J.: »Un riche cannibale«, *Les Temps Modernes* 1970.

Montanus: *Die deutschen Volksfeste, Volksbräuche und deutscher Volksglaube*, Iserlohn o. J.

Moore, M. S.: »Some Myths About ›Mental Illness‹«, *Inquiry* 1975.

Moore, R. I.: »Heresy as Disease« in *The Concept of Heresy in the Middle Ages*, ed. W. Lourdaux/D. Verhelst, Leuven 1976.

Moravcsik, J.: »Learning as Recollection« in *Plato*, Bd. I, ed. G. Vlastos, Garden City 1970.

Moreux, C.: »Remarques sur les fondements épistémologiques de l'antipsychiatrie«, *Cahiers Internationaux de Sociologie* 1974.

Morrison, J. S.: »Parmenides and Er«, *Journal of Hellenic Studies* 1955.

Morton, C. V.: »Notes on Yagé, a Drug of Southeastern Colombia«, *Journal of the Academy of Sciences* 1931.

Moser, D.-R.: *Die Tannhäuser-Legende*, Berlin 1977.

Mrsich, W.: »Erfahrungen mit Hexen und Hexensalbe«, *Mensch und Schicksal*, Juni 1957.

Mudrak, E.: »Herr und Herrin der Tiere«, *Fabula* 1961.

Mühlmann, W. E.: »Ethnologie und Völkerpsychologie« in *Handwörterbuch der Sozialwissenschaften*, ed. E. v. Beckerath et al., Tübingen 1960.

–: *Chiliasmus und Nativismus*, Berlin 1961.

–: »Das Mythologem der verkehrten Welt«, *Zeitschrift für Soziologie und Sozialpsychologie* 1961.

–: *Homo Creator*, Wiesbaden 1962.

–: *Rassen, Ethnien, Kulturen*, Neuwied 1964.

–: »Erfahrung und Denken in der Sicht des Ethnologen«, *Paideuma* 1964.

–: »Die charismatische Verführung« in D. Goetze: *Castro-Nkrumah-Sukarno*, Berlin 1977.

Müller, A.: »Die Neujahrsfeier im römischen Kaiserreich«, *Philologus* 1909.

Müller, C. D. G.: »Von Teufel, Mittagsdämon und Amuletten«, *Jahrbuch für Antike und Christentum* 1974.

Müller, F.: *Beiträge zur Geschichte des Hexenglaubens und der Hexenprocesse in Siebenbürgen*, Braunschweig 1854.
Müller, I.: »Zum heidnischen Brauchtum im rätischen Mittelalter«, *Schweizer Volkskunde* 1971.
Müller, J. B.: *Leben und Gewohnheiten der Ostjacken*, Berlin 1720.
Müller, W.: *Kreis und Kreuz*, Berlin 1938.
–: *Weltbild und Kult der Kwakiutl-Indianer*, Wiesbaden 1955.
–: *Die Religionen der Waldlandindianer Nordamerikas*, Berlin 1956.
–: *Die heilige Stadt*, Stuttgart 1961.
–: »Raum und Zeit in Sprachen und Kalendern Nordamerikas und Alteuropas«, *Anthropos* 1962.
–: »Zum Mythologem des halben Menschen in Nordamerika« in *Festschrift für Ad. E. Jensen*, ed. E. Haberland et al., Bd. II, München 1964.
–: »Ethnologie und Soziologie«, *Anthropos* 1964.
–: *Glauben und Denken der Sioux*, Berlin 1970.
–: »Der Rankesche Irrtum«, *Scheidewege* 1973.
–: *Die Jupitergigantensäulen und ihre Verwandten*, Meisenheim 1975.
–: *Indianische Welterfahrung*, Stuttgart 1976.
–: *Geliebte Erde*, Bonn 1976.
–: »Sprache und Naturauffassung bei den Sioux«, *Unter dem Pflaster liegt der Strand* 1977.
Müller-Bergström, W.: »Zur Berserkerfrage«, *Niederdeutsche Zeitschrift für Volkskunde* 1934.
Müller-Karpe, H.: *Geschichte der Steinzeit*, München 1974.
Münzel, M.: *Medizinmannwesen und Geistervorstellungen bei den Kamayurá*, Wiesbaden 1971.
Muhammed, G.: »Festivals and Folklore of Gilgit«, *Memoirs of the Asiatic Society of Bengal* 1905.
Mulacz, W. P.: »Der sogenannte wissenschaftliche Spiritismus als parapsychologisches Problem« in *Parapsychologie*, ed. O. Schatz, Graz 1976.
Mullick, M.: »On the Criteria of Rationality«, *Philosophy of the Social Sciences* 1975.
Mumford, L.: *Mythos der Maschine*, Wien 1974.
Munitz, M. K.: »The Concept of the World« in *Language, Belief, and Metaphysics*, ed. H. E. Kiefer/M. K. Munitz, Albany 1970.
Munkácsi, B.: »Pilz und Rausch«, *Keleti szemle* 1907.
Munn, H.: »The Mushrooms of Language« in *Hallucinogens and Shamanism*, ed. M. J. Harner, New York 1973.
Munn, N. D.: »The Transformation of Subjects into Objects in Walbiri and Pitjantjatjara Myth« in *Australian Aboriginal Anthropology*, ed. R. M. Berndt, Nedlands 1970.
Munz, P.: *When the Golden Bough Breaks*, London 1973.

Murphy, R. F.: *Mundurucú Religion*, Berkeley 1958.
Murr, J.: *Die Pflanzenwelt in der griechischen Mythologie*, Innsbruck 1890.
–: »Die geographischen und mythologischen Namen der altgriechischen Welt in ihrer Verwertung für antike Pflanzengeographie«, *Programme des k. k. Ober-Gymnasiums der Franciscaner zu Hall* 1890.
Murray, M. A.: *The Witch-Cult in Western Europe*, London 1921.
–: *The God of the Witches*, London 1931.
Muthmann, F.: *Mutter und Quelle*, Basel 1975.
Myerhoff, B. G.: *Peyote Hunt*, Ithaca 1974.
–: »Peyote and Huichol Worldview« in *Cannabis and Culture*, ed. V. Rubin, The Hague 1975.
Mylonas, G. E.: *Eleusis and the Eleusinian Mysteries*, Princeton 1961.

Nadel, S. F.: »Witchcraft and Anti-Witchcraft in Nupe Society«, *Africa* 1935.
Naess, A.: »A Plea for Pluralism in Philosophy and Physics« in *Physics, Logic, and History*, ed. W. Yourgrau/A. D. Breck, New York 1970.
–: »Warum Wissenschaft nicht auch für Anarchisten?«, *Unter dem Pflaster liegt der Strand* 1976.
Nagel, E.: *Logic Without Metaphysics*, Glencoe 1956.
–: »Issues in the Logic of Reductive Explanations« in *Mind, Science, and History*, ed. H. E. Kiefer/M. K. Munitz, Albany 1970.
Nagel, P.: *Die Motivierung der Askese in der alten Kirche*, Berlin 1966.
Nagel, T.: »What Is it Like to Be a Bat?«, *Philosophical Review* 1974.
Nahodil, O.: »Mutterkult in Sibirien« in *Glaubenswelt und Folklore der sibirischen Völker*, ed. V. Diószegi, Budapest 1963.
Nakamura, H.: »Time in Indian and Japanese Thought« in *The Voices of Time*, ed. J. T. Fraser, London 1968.
Naranjo, C.: »Psychological Aspects of the Yagé Experience« in *Hallucinogens and Shamanism*, ed M. J. Harner, New York 1973.
–: *The Healing Journey*, New York 1975.
Narens, L.: »Vorstellungssysteme der Geisteskranken« in *Ethnomethodologie*, ed. E. Weingarten et al., Frankfurt/M. 1976.
Narroll, R./F. Narroll: »On Bias of Exotic Data«, *Man* 1963.
Nash, M.: *Machine Age Maya*, Chicago 1967.
Naumann, H.: »Abundia« in *Handwörterbuch des deutschen Aberglaubens*, ed. H. Bächtold-Stäubli, Bd. I, Berlin 1927.
Nebesky-Wojkowitz, R. de: *Oracles and Demons of Tibet*, The Hague 1956.
Neckel, G.: *Walhall*, Dortmund 1913.
–: *Deutsche Sagen*, Leipzig 1935.
Needham, J.: »Menschliche Gesetze und Gesetze der Natur« in *Wissenschaftlicher Universalismus*, Frankfurt/M. 1977.

Needham, R.: »Introduction« in E. Durkheim/M. Mauss: *Primitive Classification*, Chicago 1963.
–: »Virgin Birth«, *Man* 1969.
–: »Remarks on the Analysis of Kinship and Marriage« in *Rethinking Kinship and Marriage*, ed. R. Needham, London 1971.
–: *Belief, Language, and Experience*, Oxford 1972.
Nelson, E. W.: »The Eskimo About Bering Strait« in *18th Annual Report of the Bureau of American Ethnology*, Washington 1899.
Nelson, L.: *Die Unmöglichkeit der Erkenntnistheorie*, Göttingen 1911.
Nette, H.: *Jeanne d'Arc*, Reinbek 1977.
Neuhäusler, A.: »Einige Hypothesen zur Erklärung parapsychischer Phänomene« in *PSI und Psyche*, ed. E. Bauer, Stuttgart 1974.
Neumann, E.: *Die Große Mutter*, Zürich 1956.
Neumann, E./H. Voigt: »Germanische Mythologie« in *Götter und Mythen im alten Europa*, ed. H. W. Haußig, Stuttgart 1973.
Neumann, R.: »Aus Leben, Sage und Geschichte der Eibe«, *Abhandlungen zum Jahresbericht des Bautzner Gymnasiums* 1908.
Neuweiler, E.: »Die Pflanzenwelt in der jüngern Stein- und Bronzezeit der Schweiz«, *Mitteilungen der Antiquarischen Gesellschaft in Zürich* 1924.
Newall, V.: *An Egg at Easter*, London 1971.
Nick, F.: *Die Hof- und Volks-Narren*, Stuttgart 1861.
Niebyl, K. H.: »Scientific Concepts and Social Structure in Ancient Greece« in *Philosophical Foundations of Science*, ed. R. J. Seeger/R. S. Cohen, Dordrecht 1974.
Nieda, R.: »›Nothing‹ in Zen«, *Numen* 1962.
Nielsen, K.: *Scepticism*, London 1973.
–: »Religious Discourse and Arguing from Ordinary Language«, *Metaphilosophy* 1974.
–: »Rationality and Relativism«, *Philosophy of the Social Sciences* 1974.
–: »Rationality and Universality«, *The Monist* 1976.
Nilsson, M. P.: *Griechische Feste*, Leipzig 1906.
–: *The Minoan-Mycenaean Religion*, Lund 1927.
–: »Die eleusinischen Gottheiten«, *Archiv für Religionswissenschaft* 1935.
–: »Vater Zeus«, *Archiv für Religionswissenschaft* 1938.
–: *Geschichte der griechischen Religion*, München 1941.
Nimuendajú, C. U.: »Die Sagen von der Erschaffung und Vernichtung der Welt als Grundlagen der Religion der Apapocúva-Guaraní«, *Zeitschrift für Ethnologie* 1914.
Ninck, M.: *Wodan und germanischer Schicksalsglaube*, Jena 1935.
Nitschke, A.: *Soziale Ordnungen im Spiegel der Märchen*, Bad Cannstatt 1976.
Nock, A. D.: »Religious Attitudes of the Ancient Greeks«, *Proceedings of the American Philosophical Society* 1942.
Nohl, J.: *Der schwarze Tod*, Potsdam 1924.

di Nola, A. M.: »Demythicization in Certain Primitive Cultures«, *History of Religions* 1972.

Norbeck, E.: »African Rituals of Conflict«, *American Anthropologist* 1963.

Nordenskiöld, E./R. P. Kantule: *A Historical and Ethnological Survey of the Cuna Indians*, Göteborg 1938.

Nordland, O.: »Shamanism as an Experiencing of ›The Unreal‹« in *Studies in Shamanism*, ed. C.-M. Edsman, Stockholm 1967.

Norris, H.: *Costume and Fashion*, Bd. II, London 1927.

Nott, K.: »Is Rationalism Sterile?« in *Objections to Humanism*, ed. H. J. Blackham, Harmondsworth 1963.

Nougier, L.-R.: »Le ›Grand Etre‹ de Rouffignac« in *In Memoriam de Abade H. Breuil*, Bd. II, Lisboa 1966.

Nougier, L.-R./R. Robert: »Scène d'initiation de la grotte de la Vache à Alliat«, *Bulletin de la Société Préhistorique de l'Ariège* 1968.

Nowell-Smith, P. H.: »Cultural Relativism«, *Philosophy of the Social Sciences* 1971.

Nowotny, K. A.: *Beiträge zur Geschichte des Weltbildes*, Horn 1970.

Nutini, H. G.: »Lévi-Strauss' Conception of Science« in *Echanges et communications*, Bd. I, ed. J. Pouillon/P. Maranda, The Hague 1970.

Nyder, J.: *Formicarivs*, o. O. 1517.

Nynauld, J. de: *De la lycanthropie, transformation et extase des sorciers*, Lyon 1591.

–: *Les ruses et tromperies du Diable*, Paris 1611.

Oakes, M.: *The Two Crosses of Todos Santos*, New York 1951.

Oberländer, E.: »Die Theorie der herrschaftsfreien Gesellschaft« in *Der Anarchismus*, ed. E. Oberländer, Olten 1972.

Oberndorfer, D.: *Von der Einsamkeit des Menschen in der modernen amerikanischen Gesellschaft*, Freiburg 1961.

O'Connor, D. J.: »The Status of Sense Data« in *Impressions of Empiricism*, ed. G. Vesey, London 1976.

Ödman, S.: *Försök at utur Naturens Historia förklara de nordiska gamla kämpars Berserka-gang*, Stockholm 1784.

Oeing-Hanhoff, L.: »Zur Wirkungsgeschichte der platonischen Anamnesislehre« in *Collegium philosophicum*, Basel 1965.

Oesterreich, K.: *Die Phänomenologie des Ich*, Leipzig 1910.

O'Flaherty, W. D.: »The Post-Vedic History of the Soma Plant« in *Soma*, New York 1968.

Ohlmarks, Å.: *Studien zum Problem des Schamanismus*, Lund 1939.

Olgiati, G.: *Lo sterminio delle streghe nella Valle Poschiavina*, Poschiavo 1955.

Oliver, D. L.: *A Solomon Island Society*, Cambridge 1955.

Olschki, L.: *Bildung und Wissenschaft im Zeitalter der Renaissance in Italien*, Leipzig 1922.

Ong, W. J.: »World as View and World as Event«, *American Anthropologist* 1969.

Onians, R. B.: *The Origins of European Thought*, Cambridge 1951.

Onwuejeogwu, M.: »The Cult of the Bori Spirits Among the Hausa« in *Man in Africa*, ed. M. Douglas/P. M. Kaberry, London 1969.
Opler, M. K.: »Cross-Cultural Uses of Psychoactive Drugs« in *Principles of Psychopharmacology*, ed. W. G. Clark et al., New York 1970.
Oppé, A. P.: »The Chasm at Delphi«, *Journal of Hellenic Studies* 1904.
Oppitz, M.: *Notwendige Beziehungen*, Frankfurt/M. 1975.
Ornstein, R. E.: *The Psychology of Consciousness*, San Francisco 1972.
Osis, K.: »Raum, Zeit und Bewußtsein in parapsychologischer Sicht« in *PSI und Psyche*, ed. E. Bauer, Stuttgart 1974.
Ostien, P. A.: »Observationality and the Comparability of Theories« in *Boston Studies in the Philosophy of Science*, ed. R. S. Cohen et al., Dordrecht 1976.
Otto, R.: *Das Gefühl des Überweltlichen*, München 1932.
Otto, W. F.: »Die Luperci und die Feier der Lupercalien«, *Philologus* 1913.
–: »Apollon und Artemis«, *Die Antike* 1925.
–: *Dionysos*, Frankfurt/M. 1933.
Ovid: *Die Liebeselegien*, ed. F. W. Lenz, Darmstadt 1965.
Owen, D. D. R.: *The Vision of Hell*, Edinburgh 1970.

van Paassen, P.: *Days of Our Years*, London 1939.
Pabst, W.: *Venus und die mißverstandene Dido*, Hamburg 1955.
Paetow, K.: *Frau Holle*, Kassel 1952.
Pager, H.: *Stone Age Myth and Magic*, Graz 1975.
Painter, S.: »Die Ideen des Rittertums« in *Das Rittertum im Mittelalter*, ed. A. Borst, Darmstadt 1976.
Pannenberg, W.: *Wissenschaftstheorie und Theologie*, Frankfurt/M. 1973.
Paoli, U. W.: *Die Geschichte der Neaira*, Bern 1953.
–: *Das Leben im Alten Rom*, Bern 1961.
Papadimas, S.: »The Bare-Footed Walking on Burning Charcoal of Anastenaria« in *Proceedings of the XIIth International Congress of the IAHR*, ed. C. J. Bleeker et al., Leiden 1975.
Papanek, V.: *Das Papanek-Konzept*, München 1972.
Papini, G.: *Michelangelo und sein Lebenskreis*, Düsseldorf 1952.
Paproth, H.-J.: *Studien über das Bärenzeremoniell*, Uppsala 1976.
Pâques, V.: *L'arbre cosmique dans la pensée populaire et dans la vie quotidienne du nord-ouest africain*, Paris 1964.
Paracelsus, T.: *Opera*, Straßburg 1616.
Park, W. Z.: *Shamanism in Western North America*, Evanston 1938.
Parke, H. W.: *Greek Oracles*, London 1967.
Parke, H. W./D. E. W. Wormell: *The Delphic Oracle*, Oxford 1956.
Parow, E./F. Hegi/H. H. Niemayer/R. Strömer: *Über die Schwierigkeit erwachsen zu werden*, Frankfurt/M. 1976.
Parratt, J.: »Time in Traditional African Thought«, *Religion* 1977.

Parrinder, G.: *West African Psychology*, London 1951.
–: *Witchcraft: European and African*, London 1958.
–: *Avatar and Incarnation*, London 1970.
–: »The Witch as Victim« in *The Witch Figure*, ed. V. Newall, London 1973.
Parsons, A.: »Besitzt der Ödipuskomplex universelle Gültigkeit?« in *Der Mensch und seine Kultur*, ed. W. Muensterberger, München 1974.
Parsons, E. C.: »Witchcraft Among the Pueblos«, *Man* 1927.
–: *Pueblo Indian Religion*, Chicago 1939.
Partanen, J.: »A Description of Buriat Shamanism«, *Suomalais-Ugrilaisen Seuran Aikakauskirja* 1941.
Pascal, C. B.: *The Cults of Cisalpine Gaul*, Bruxelles 1964.
Passavanti, J.: *Lo specchio della vera penitenza*, ed. F. L. Polidori, Firenze 1856.
Passmore, J.: »The Treatment of Animals«, *Journal of the History of Ideas* 1975.
Patai, R.: *The Hebrew Goddess*, New York 1967.
Patsch, C.: »Archäologisch-epigraphische Untersuchungen zur Geschichte der römischen Provinz Dalmatien«, *Wissenschaftliche Mitteilungen aus Bosnien und der Hercegovina* 1899.
Paul, O.: »Zum Rauhnachts-Glauben und Brauch in Steiermark«, *Germanien* 1938.
Paulsdorf, K.: »Die Hollenkammer«, *Mannus* 1972.
Paulson, I.: »Die Religionen der nordasiatischen Völker« in *Die Religionen Nordeurasiens und der amerikanischen Arktis*, Stuttgart 1962.
Paulus, N.: *Hexenwahn und Hexenprozeß*, Freiburg 1910.
Pausanias: *Beschreibung von Griechenland*, ed. J. H. C. Schubart, Berlin 1911.
Pearce, J. C.: *The Crack in the Cosmic Egg*, New York 1973.
Pelto, P. J.: »Psychological Anthropology« in *Biennial Review of Anthropology*, ed. B. J. Siegel/A. R. Beals, Stanford 1967.
Penn, J. M.: *Linguistic Relativity Versus Innate Ideas*, The Hague 1972.
Penner, H. H.: »The Poverty of Functionalism«, *History of Religions* 1971.
Pennington, C. W.: *The Tarahumar of Mexico*, Salt Lake City 1963.
Pentikäinen, J.: *The Nordic Dead-Child Tradition*, Helsinki 1968.
Perez de Barrados. J.: *Plantas magicas americanas*, Madrid 1957.
Peristiany, J. G.: »Honour and Shame in a Cypriot Highland Village« in *Honour and Shame*, ed. J. G. Peristiany, London 1965.
Perty, M.: *Die mystischen Erscheinungen der menschlichen Natur*, Leipzig 1861.
Peterich, E.: *Die Theologie der Hellenen*, Leipzig 1938.
Peterson, N.: »Totemism Yesterday«, *Man* 1972.
Peterson, P. L.: *Concepts and Language*, The Hague 1973.
Petit de Julleville, L.: *Les mystères*, Paris 1880.
Petri, H.: »Der australische Medizinmann«, *Annali Lateranensi* 1952.
–: »Rituelle Vermehrungshandlungen in den Kimberleys«, *Paideuma* 1952.
Petri, H./A. S. Schulz: »Felsgravierungen aus Nordwestaustralien«, *Zeitschrift für Ethnologie* 1951.

Petronius: *Satyricon*, München 1961.
Pettazzoni, R.: »The Truth of Myth« in *Essays on the History of Religions*, Leiden 1954.
Pettersson, O.: *Jabmek and Jabmeaimo*, Lund 1957.
Petzoldt, L.: *Der Tote als Gast*, Helsinki 1968.
Peuckert, W.-E.: *Schlesische Sagen*, Jena 1924.
–: »Hirsch und Hirschmaske« in *Handwörterbuch des deutschen Aberglaubens*, Bd. IV, ed. H. Bächtold-Stäubli, Berlin 1932.
–: »Germanische Eschatologien«, *Archiv für Religionswissenschaft* 1935.
–: *Deutscher Volksglaube des Spätmittelalters*, Stuttgart 1942.
–: *Geheimkulte*, Heidelberg 1951.
–: »Traufe und Flurgrenze«, *Zeitschrift für Volkskunde* 1953.
–: *Ehe*, Hamburg 1955.
–: »Der Schodüvelstein« in *Von fremden Völkern und Kulturen*, ed. W. Lang et al., Düsseldorf 1955.
–: »Der Blocksberg«, *Zeitschrift für Deutsche Philologie* 1956
–: »Der zweite Leib« in *Verborgenes Niedersachsen*, Göttingen 1960.
–: »Hexen und Weiberbünde«, *Kairos* 1960.
–: »Hexensalben«, *Medizinischer Monatsspiegel* 1960.
–: *Sagen*, Berlin 1965.
–: *Die große Wende*, Darmstadt 1966.
–: *Gabalia*, Berlin 1967.
–: »Über das deutsche Hexenwesen« in *Die Hexen und ihre Welt*, Stuttgart 1967.
Peyrony, D.: »Sur quelques pièces intéressantes de la grotte de la Roche«, *L'Anthropologie* 1930.
Pfeiffer, W. M.: »Die Stellung des psychisch Kranken in außereuropäischen Kulturen« in *Perspektiven der heutigen Psychiatrie*, ed. H. E. Ehrhardt, Frankfurt/M. 1972.
Pfiffig, A. J.: *Religio etrusca*, Graz 1975.
Philip, J. A.: *Pythagoras and Early Pythagoreanism*, Toronto 1966.
Philipp, W.: *Weibwertung oder Mutterrecht*, Königsberg 1942.
Philipps, D. L.: »Paradigms and Incommensurability« in *Wittgenstein and Scientific Knowledge*, London 1977.
Philips, D. Z.: »Faith, Scepticism and Religious Understanding« in *Religion and Understanding*, ed. D. Z. Phillips, Oxford 1967.
Philipps, E. D.: »Odysseus in Italy«, *Journal of Hellenic Studies* 1953.
Philsooph, H.: »Primitive Magic and Mana«, *Man* 1971.
Picard, C.: *Ephèse et Claros*, Paris 1922.
–: »Die Ephesia von Anatolien«, *Eranos-Jahrbuch* 1938.
–: *Les religions préhelléniques*, Paris 1948.
Picht, G.: »Die Epiphanie der ewigen Gegenwart« in *Beiträge zur Philosophie und Wissenschaft*, ed. H. Höfling, München 1960.

Pico della Mirandola, G.: *La strega*, Milano 1864.
Piddington, R.: »Totemic Systems of the Karadjeri Tribe«, *Oceania* 1932.
Piehler, P.: *The Visionary Landscape*, London 1971.
Piette, E.: »Gravure du Mas d'Azil et statuettes de Menton«, *Bulletin et Mémoires de la Société d'Anthropologie de Paris* 1902.
Piger, P.: »Zaubermittel aus der Iglauer Sprachinsel«, *Zeitschrift für österreichische Volkskunde* 1897.
Piggott, S.: *The Druids*, Harmondsworth 1974.
Pike, E./F. Cowan: »Mushroom Ritual Versus Christianity«, *Practical Anthropology* 1959.
Pike, K. L.: *Language in Relation to a Unified Theory of the Structure of Human Behavior*, The Hague 1971.
Pilot, H.: »Skeptischer und kritischer Theorienpluralismus«, *Neue Hefte für Philosophie* 1974.
Pitkin, H. F.: *Wittgenstein and Justice*, Berkeley 1972.
Piton, C.: *Le costume civil en France du XIIIe au XIXe siècle*, Paris o. J.
Pitt-Rivers, J.: »Spiritual Power in Central America« in *Witchcraft, Confessions and Accusations*, ed. M. Douglas, London 1970.
Pittier de Fábrega, H.: »Ethnographic and Linguistic Notes on the Paez Indians of Tierra Adentro, Cauca, Colombia«, *Memoirs of the American Anthropological Association* 1907.
des Places, E.: *La religion grecque*, Paris 1969.
Plantsch, M.: *Opusculum de sagis maleficis*, Pforzheim 1507.
Platon, N.: *Kreta*, Genf 1968.
Polanyi, M.: *Personal Knowledge*, London 1958.
–: *Knowing and Being*, London 1969.
Pollack, H.: *Mittheilungen über den Hexenprozeß in Deutschland*, Berlin 1886.
Pollard, J.: *Seers, Shrines and Sirens*, London 1965.
Pollner, M.: »Mundane Reasoning«, *Philosophy of the Social Sciences* 1974.
–: »›The Very Coinage of Your Brain‹: The Anatomy of Reality Disjunctures«, *Philosophy of the Social Sciences* 1975.
Pollock, J. L.: *Knowledge and Justification*, Princeton 1974.
Popkin, R. H.: »Scepticism, Theology and the Scientific Revolution in the 17th Century« in *Problems in the Philosophy of Science*, ed. I. Lakatos/A. Musgrave, Amsterdam 1968.
Popper, K. R.: »A Note on Berkeley as Precursor of Mach and Einstein« in *Conjectures and Refutations*, New York 1965.
–: »Replies to My Critics« in *The Philosophy of Karl Popper*, Bd. II, ed. P. A. Schilpp, La Salle 1974.
–: »The Rationality of Scientific Revolutions« in *Problems of Scientific Revolution*, ed. R. Harré, Oxford 1975.
–: *Unended Quest*, Glasgow 1976.

Popper, K. R./J. C. Eccles: *The Self and Its Brain*, Heidelberg 1977.
Porta, I. B.: *Magiae naturalis*, Amsterdam 1561.
–: *Villa*, Frankfurt/M. 1592.
Porter, J. R.: »Muhammad's Journey to Heaven«, *Numen* 1974.
Posner, C.: »Volkstümliche Mittel in der modernen Medizin«, *Zeitschrift des Vereins für Volkskunde* 1913.
van der Post, L.: *Die verlorene Welt der Kalahari*, Bern 1966.
Potkanski, K. v.: »Die Ceremonie der Haarschur bei den Slaven und Germanen«, *Anzeiger der Akademie der Wissenschaften in Krakau* 1896.
Pouilloux, J./G. Roux: *Enigmes à Delphes*, Paris 1963.
Powdermaker, H.: *Stranger and Friend*, New York 1966.
Powell, T. G. E.: *Die Kelten*, Köln 1959.
Praetorius, A.: *Von Zauberey vnd Zauberern*, Frankfurt/M. 1629.
Praetorius, M. J.: *Anthropodemus Plutonicus*, Magdeburg 1666.
–: *Blockes-Berges Verrichtung*, Leipzig 1668.
–: *Daemonologia Rubinzalii Silesii*, Leipzig 1668.
Préaud, M.: *Les sorcières*, Paris 1973.
Preger, W.: *Geschichte der deutschen Mystik im Mittelalter*, Leipzig 1874 ff.
Pressel, E.: »Umbanda Trance and Possession in São Paulo« in *Trance, Healing, and Hallucination*, ed. I. I. Zaretsky, New York 1974.
Preuß, K. T.: *Die geistige Kultur der Naturvölker*, Leipzig 1914.
Price-Williams, D.: »Primitive Mentality – Civilized Style« in *Cross-Cultural Perspectives on Learning*, ed. R. W. Brislin et al., New York 1975.
Prince, M.: »B. C. A.: My Life as a Dissociated Personality«, *The Journal of Abnormal Psychology* 1908.
–: »Miss Beauchamp: The Theory of the Psychogenesis of Multiple Personality«, *The Journal of Abnormal Psychology* 1920.
Prince, R./C. Savage: »Mystical States and the Concept of Regression« in *The Highest State of Consciousness*, ed. J. White, Garden City 1972.
Prunner, G.: »Die Religionen der Minderheiten im südlichen China« in *Die Religionen Südostasiens*, Stuttgart 1975.
Przyluski, J.: »Ursprünge und Entwicklung des Kultes der Mutter-Göttin«, *Eranos-Jahrbuch* 1938.
Puccetti, R.: *Außerirdische Intelligenz*, Düsseldorf 1970.
Puchner, W.: »Spuren frauenbündischer Organisationsformen im neugriechischen Jahreslaufbrauchtum«, *Bayerisches Jahrbuch für Volkskunde* 1963.
Puder, M.: »Marx und Engels als konservative Denker«, *Unter dem Pflaster liegt der Strand* 1976.
Pütz, H. P.: »Der Wunderer und der Herr der Tiere«, *Österreichische Zeitschrift für Volkskunde* 1977.
Puharich, A.: *The Sacred Mushroom*, Garden City 1974.

Putnam, H.: »Other Minds« in *Logic and Art*, ed. R. Rudner/I. Scheffler, Indianapolis 1972.
–: »The ›Corroboration‹ of Theories« in *The Philosophy of Karl Popper*, Bd. I, ed. P. A. Schilpp, La Salle 1974.
–: *Mathematics, Matter and Method*, Cambridge 1975.
Putnam, R. A.: »On Empirical Knowledge« in *Boston Studies in the Philosophy of Science*, ed. R. S. Cohen/M. W. Wartofsky, Dordrecht 1969.

Quentin, H.: *Les martyrologes historiques du moyen âge*, Paris 1908.
Queri, G.: *Bauernerotik und Bauernfehme in Oberbayern*, München 1911.
Quicherat, J. E. J.: *Procès de condamnation et de réhabilitation de Jeanne d'Arc*, Paris 1841 ff.
Quine, W. V. O.: *Word and Object*, Cambridge 1960.
–: »Carnap and Logical Truth« in *Logic and Language*, ed. B. H. Kazemier/D. Yuysje, Dordrecht 1962.
–: »Reply to Davidson«, *Synthese* 1968.
–: *Ontological Relativity*, New York 1969.
–: »Epistemology Naturalized« in *Akten des XIV. Internationalen Kongresses für Philosophie*, Bd. VI, Wien 1971.
–: *The Roots of Reference*, La Salle 1974.
Quinton, A.: »The Soul« in *Personal Identity*, ed. J. Perry, Berkeley 1975.

Radcliffe-Brown, A. R.: »Notes on Totemism in Eastern Australia«, *Journal of the Royal Anthropologcal Institute* 1929.
–: *The Andaman Islanders*, Chicago 1933.
–. »On Joking Relationships«, *Africa* 1940.
–: »A Further Note on Joking Relationships«, *Africa* 1949
–: *Method in Social Anthropology*, Chicago 1958.
Radermacher, L.: »Venus in Ketten«, *Westdeutsche Zeitschrift für Geschichte und Kunst* 1905.
–: »Aus altchristlicher Predigt« in *Beiträge zur Volkskunde aus dem Gebiet der Antike*, Wien 1918.
–: *Mythos und Sage bei den Griechen*, Brünn 1943.
Radin, P.: *The Winnebago Tribe*, Washington 1923.
–: *Primitive Man as Philosopher*, New York 1957.
Radke, G.: *Die Götter Altitaliens*, Münster 1965.
Radnitzky, G.: »Popperian Philosophy of Science as an Antidote Against Relativism« in *Essays in Memory of Imre Lakatos*, ed. R. S. Cohen et al., Dordrecht 1976.
Radtke, Prof.: »Der Dianastein von Oberbetschdorf«, *Anzeiger für elsäßische Altertumskunde* 1912.
Rätzel, W.: »Die Verhaltensweisen des Rentiers in der Kunst des Magdalénien« in *Studien aus Alteuropa*, Bd. I, ed. R. v. Uslar/K. J. Narr, Köln 1964.

Ragon, M.: »Der Künstler und die Gesellschaft« in *Kunst ist Revolution*, Köln 1969.
Rahn, H.: »Tier und Mensch in der homerischen Auffassung der Wirklichkeit«, *Paideuma* 1954.
Rammstedt, O.: »Alltagsbewußtsein von Zeit«, *Kölner Zeitschrift für Soziologie und Sozialpsychologie* 1975.
Ramsey, I.: *Christian Empiricism*, London 1974.
Ramsey, W. M.: »Studies in Asia Minor«, *Journal of Hellenic Studies* 1882.
Ranke, F.: »Mahr und Mahrt« in *Handwörterbuch des deutschen Aberglaubens*, Bd. V. ed. H. Bächtold-Stäubli, Berlin 1933.
–: »Das Wilde Heer und die Kultbünde der Germanen«, *Niederdeutsche Zeitschrift für Volkskunde* 1940.
–: *Kleinere Schriften*, Bern 1971.
Ranke-Graves, R. v.: »What Food the Centaurs Ate« in *Steps*, London 1958.
–: *Griechische Mythologie*, Hamburg 1960.
–: *The White Goldess*, London 1961.
Rantasalo, A. V.: *Einige Zaubersteine und Zauberpflanzen im Volksaberglauben der Finnen*, Helsinki 1959.
Rapoport, A.: »Australian Aborigines and the Definition of Place« in *Shelter, Sign and Symbol*, ed. P. Oliver, London 1975.
Rasmussen, K.: »Intellectual Culture of the Iglulik Eskimo«, *Report of the 5th Thule Expedition*, København 1929.
Rattray, R. S.: *Religion and Art in Ashanti*, London 1927.
Ratzel, F.: *Völkerkunde*, Leipzig 1885.
Raum, J. W.: »Die Jünglingsweihen der Süd-Sotho-Stämme«, *Wiener Völkerkundliche Mitteilungen* 1969.
Ray, V. F.: »The Bluejay, Character in the Plateau Spirit Dance«, *American Anthropologist* 1937.
–: »The Contrary Behavior Pattern in American Indian Ceremonialism«, *Southwestern Journal of Anthropology* 1945.
Read, K. E.: »Nama Cult of the Central Highlands«, *Oceania* 1960.
Reade, B.: »Die Vorherrschaft Spaniens 1550-1660« in *Das Kostüm*, ed. J. Laver, München 1951.
Reay, M.: »›Mushroom Madness‹ in the New Guinea Highlands«, *Oceania* 1960.
Reddiford, G.: »Rationality and Understanding«, *Philosophy* 1975.
Redfield, R.: *The Folk Culture of Yucatán*, Chicago 1941.
Redfield, R./A. Villa Rojas: *Chan Kom*, Washington 1934.
Reenpää, Y.: »Über das Problem der Begründung und Letztbegründung«, *Zeitschrift für philosophische Forschung* 1974.
Regino v. Prüm: *Libri duo de synodalibus causis et disciplinis ecclesiasticis*, ed. F. G. A. Wasserschleben, Leipzig 1840.

Rehfisch, F.: »Death, Dreams, and the Ancestors in Mambila Culture« in *Man in Africa*, ed. M. Douglas/P. M. Kaberry, London 1969.
Reichel-Dolmatoff, G.: »Rock-Paintings of the Vaupés«, *Folklore Americas* 1967.
–: »Notes on the Cultural Extent of the Use of Yajé Among the Indians of the Vaupés«, *Economic Botany* 1970.
–: *Amazonian Cosmos*, Chicago 1971.
–: »The Cultural Context of an Aboriginal Hallucinogen: Banisteriopsis Caapi« in *Flesh of the Gods*, ed. P. T. Furst, London 1972.
–: *The Shaman and the Jaguar*, Philadelphia 1975.
–: »Die Kogi in Kolumbien« in *Bild der Völker*, ed. E. E. Evans-Pritchard, Wiesbaden 1976.
Reichenbach, H.: *The Direction of Time*, Berkeley 1956.
Reicke, E.: *Magister und Scholaren*, Leipzig 1901.
Reil, J. C.: *Rhapsodien über die Anwendung der psychischen Curmethode auf Geisteszerrüttungen*, Halle 1803.
Reinach, A.: »L'origine du thyrse«, *Revue d'Histoire des Religions* 1912.
Reinach, S.: »La religion des Galates« in *Cultes, mythes et religions*, Bd. I, Paris 1905.
–: »L'Artémis arcadienne et la déesse aux serpents de Cnossos«, *Bulletin de Correspondance Hellénique* 1906.
Reinburg. P.: »Contribution à l'étude des boissons toxiques des Indiens du nord-ouest de l'Amazonie«, *Journal de la Société des Américanistes* 1921.
Reincke, H.: »Bevölkerungsprobleme der Hansestädte« in *Die Stadt des Mittelalters*, Bd. III, ed. C. Haase, Darmstadt 1976.
Reinerth, H.: *Das Pfahldorf Sipplingen*, Leipzig 1932.
Reinhard, J. G.: *Deskriptive Analyse von Schamanismus und Hexerei bei den Purbia Raji Südwest-Nepals*, Wien 1973.
Reiterer, K.: *Ennstalerisch*, Graz 1913.
Reitzenstein, F. v.: *Das Weib bei den Naturvölkern*, Berlin 1924.
Reko, V. A.: *Magische Gifte*, Stuttgart 1938.
Remigius, N.: *Daemonolatria / Das ist / Von Vnholden vnd Zauber Geistern*, Frankfurt/M. 1596.
Renel, C.: *Les religions de la Gaule avant le christianisme*, Paris 1906.
Renfrew, J. M.: *Paleoethnobotany*, New York 1973.
Rentoul, A. C.: »Physiological Paternity and the Trobrianders«, *Man* 1931.
Rescher, N.: *Conceptual Idealism*, Oxford 1973.
Reschke, H.: *Linguistische Untersuchungen der Mythologie und Initiation in Neuguinea*, Münster 1935.
Rettenbeck, L.: *Feige*, Basel 1955.
Reubold, W.: »Geschichtliche Notizen über Gerichts- und Gefängnislokale zu Würzburg«, *Archiv des Historischen Vereins zu Würzburg* 1901.

Reuss, R.: *La sorcellerie au 16ième et au 17ième siècle, particulièrement en Alsace*, Paris 1871.
Reuter, H.: *Geschichte der religiösen Aufklärung im Mittelalter*, Berlin 1875.
Reynolds, G.: »England zur Zeit Elisabeths und Jacobs I.« in *Das Kostüm*, ed. J. Laver, München 1951.
Rhees, R.: *Without Answers*, London 1969.
–: »Questions on Logical Inference« in *Understanding Wittgenstein*, London 1974.
Richards, A. I.: *Chisungu*, London 1956.
Richardson, J./A. L. Kroeber: »Three Centuries of Women's Dress Fashions« in *The Nature of Culture*, ed. A. L. Kroeber, Chicago 1952.
Riché, P.: *La vie quotidienne dans l'empire carolingien*, Paris 1973.
Richter, E.: »Der nacherlebte Hexensabbat«, *Forschungsfragen unserer Zeit* 1960.
Richter, R.: *Der Skeptizismus in der Philosophie*, Leipzig 1904.
Richter, R.: »Paläolithische Sexualdarstellungen und ihre Bedeutung für die Geschichte der Sexualforschung«, *Quartär* 1953.
Ridington, R./T. Ridington: »The Inner Eye of Shamanism and Totemism«, *History of Religions* 1970.
Riemschneider, M.: »Rad und Ring als Symbol der Unterwelt«, *Symbolon* 1962.
Riesman, D.: *Die einsame Masse*, Hamburg 1958.
Riesman, P.: »A Comprehensive Anthropological Assessment« in *Seeing Castañeda*, ed. D. C. Noel, New York 1976.
Riezler, S. v.: *Geschichte der Hexenprozesse in Bayern*, Stuttgart 1896.
Rigby, P.: »Some Gogo Rituals of ›Purification‹« in *Dialectic in Practical Religion*, ed. E. R. Leach, Cambridge 1968.
Ringbom, L.-I.: *Graltempel und Paradies*, Stockholm 1951.
Risso, M./W. Böker: »Delusions of Witchcraft«, *British Journal of Psychiatry* 1968.
Ristow, G.: »Götter und Kulte in den Rheinlanden« in *Römer am Rhein*, ed. O. Doppelfeld, Köln 1967.
Ritter, H. H.: »Claude Lévi-Strauss als Leser Rousseaus« in *Orte des wilden Denkens*, ed. W. Lepenies/H. H. Ritter, Frankfurt/M. 1970.
Rivière, P. G.: »Marriage: A Reassessment« in *Rethinking Kinship and Marriage*, ed. R. Needham, London 1971.
Robbins, R. H.: *Encyclopedia of Witchcraft and Demonology*, New York 1959.
Robinson, D. N.: »What Sort of Persons Are Hemispheres?«, *British Journal for the Philosophy of Science* 1976.
Robinson, I.: *The New Grammarians' Funeral*, Cambridge 1975.
Rocker, R.: *Die Entscheidung des Abendlandes*, Hamburg 1949.
Röhrich, L.: »Teufelsmärchen und Teufelssagen« in *Sagen und ihre Deutung*, ed. P. Rieger, Göttingen 1965.
–: *Adam und Eva*, Stuttgart 1968.
–: »Die deutsche Volkssage« in *Vergleichende Sagenforschung*, ed. L. Petzoldt, Darmstadt 1969.

–: »Mensch und Tier im Märchen« in *Wege der Märchenforschung*, ed. F. Karlinger, Darmstadt 1973.
Rörig, F.: *Die europäische Stadt und die Kultur des Bürgertums im Mittelalter*, Göttingen 1955.
Roessner, T.: »El ayahuasca, planta mágica del Amazonas«, *Revista Geográfica Americana* 1946.
Rohde, E.: »Paralipomena«, *Rheinisches Museum für Philologie* 1895.
–: *Psyche*, Freiburg 1898.
Róheim, G.: »Women and Their Life in Central Australia«, *Journal of the Royal Anthropological Institute* 1933.
–: »Witches of Normanby-Island«, *Oceania* 1948.
–: *Hungarian and Vogul Mythology*, New York 1954.
–: »The Origin and Function of Magic« in *Magic and Schizophrenia*, Bloomington 1962.
–: »Psychoanalyse und Anthropologie«, *Psyche* 1974.
–: *Die Panik der Götter*, München 1975.
Rohrlich-Leavitt, R./B. Sykes/E. Weatherford: »Aboriginal Woman« in *Toward an Anthropology of Women*, ed. R. Reiter, New York 1975.
Rokeach, M.: *The Three Christs of Ypsilanti*, New York 1964.
Romøren, E./T. I. Romøren: »Marx und die Ökologie«, *Kursbuch* 33, 1973.
de Ropp, R.: *Bewußtsein und Rausch*, München 1964.
Rorty, R.: »Metaphilosophical Difficulties of Linguistic Philosophy« in *The Linguistic Turn*, ed. R. Rorty, Chicago 1967.
–: »Die glücklich abhandengekommene Welt« in *Moderne Sprachphilosophie*, ed. M. Sukale, Hamburg 1976.
Rosch, E.: »Universals and Cultural Specifics in Human Categorization« in *Cross-Cultural Perspectives on Learning*, ed. R. W. Brislin et al., New York 1975.
Roscher, W. H.: »Ambrosia und Nektar« in *Ausführliches Lexikon der griechischen und römischen Mythologie*, ed. W. H. Roscher, Leipzig 1884.
–: *Über Selene und Verwandtes*, Leipzig 1890.
–: *Das von der ›Kynanthropie‹ handelnde Fragment des Marcellus von Side*, Leipzig 1896.
–: »Über den gegenwärtigen Stand der Forschung auf dem Gebiete der griechischen Mythologie«, *Archiv für Religionswissenschaft* 1898.
–: *Omphalos*, Leipzig 1913.
–: *Der Omphalosgedanke bei verschiedenen Völkern*, Leipzig 1918.
Rose, J. J.: *The Appeal to the Given*, London 1970.
Rose, R.: *Living Magic*, New York 1956.
Rosen, G.: *Madness in Society*, Chicago 1968.
Rosenberg, A.: Engel und Dämonen, München 1967.
Rosenberg, J. F.: »Synonymy and the Epistemology of Linguistics«, *Inquiry* 1967.

–: *Linguistic Representation*, Dordrecht 1974.
Rosenfeld, H.: *Der mittelalterliche Totentanz*, Köln 1968.
–: »Fastnacht und Karneval«, *Archiv für Kulturgeschichte* 1969.
Rosenthal, M.: »Aberglaube der Elbschiffer«, *Zeitschrift für Volkskunde* 1933.
Roskoff, G.: *Geschichte des Teufels*, Leipzig 1869.
Ross, A.: »The Divine Hag of the Pagan Celts« in *The Witch Figure*, ed. V. Newall, London 1973.
Rossi-Landi, F.: *Ideologies of Linguistic Relativity*, The Hague 1973.
Roszak, T.: »Uncaging Skylarks« in *Seeing Castañeda*, ed. D. C. Noel, New York 1976.
Roth, W. E.: *Ethnological Studies Among the Northwest-Central Queensland Aborigines*, Brisbane 1897.
–: *Superstition, Magic and Medicine*, Brisbane 1903.
Roux, G.: *Delphi*, München 1971.
Roux, J.-P.: »Le chaman gengiskhanide«, *Anthropos* 1959.
Rowling, M.: *Everyday Life of Medieval Travellers*, London 1971.
Roys, R. L.: *The Book of Chilam Balam of Chumayel*, Washington 1933.
–: *The Indian Background of Colonial Yucatán*, Washington 1943.
–: *Ritual of the Bacabs*, Norman 1965.
–: »Lowland Maya Native Society at Spanish Contact« in *Handbook of Middle American Indians*, Bd. III, ed. G. R. Willey, Austin 1965.
Rubel, A. J.: »Comment on ›The Influence of Psychotropic Flora and Fauna on Maya Religion‹«, *Current Anthropology* 1974.
Rudy, Z.: *Ethnosoziologie sowjetischer Völker*, Bern 1962.
Rübel, J. F.: *Systematische Abhandlung von denen fast allgemein eingerissenen Irrthümern befreffend die Besizung des Menschen vom Teufel*, o. O. 1758.
Rüegg, A.: *Die Jenseitsvorstellungen vor Dante*, Einsiedeln 1945.
Ruel, M.: »Were-Animals and the Introverted Witch« in *Witchcraft, Confessions and Accusations*, ed. M. Douglas, London 1970.
Rüsche, F.: *Blut, Leben und Seele*, Paderborn 1930.
Rütimeyer, L.: »Über Masken und Maskengebräuche im Lötschental, Kanton Wallis«, *Globus* 1907.
–: *Ur-Ethnographie der Schweiz*, Basel 1924.
Rumpf, M.: »Spinnstubenfrauen, Kinderschreckgestalten und Frau Perchta«, *Fabula* 1976.
Runciman, W. G.: »Relativism: Cognitive and Moral«, *The Aristotelian Society, Suppl. Vol.* 1974.
Runeberg, A.: *Witches, Demons, and Fertility Magic*, Helsingfors 1947.
Rush, J. A.: *Witchcraft and Sorcery*, Springfield 1974.
Russell, J. B.: *Witchcraft in the Middle Ages*, Ithaca 1972.
Ryan, A.: *The Philosophy of the Social Sciences*, London 1970.
Rybakow, B. A.: »The Rusalii and the God Simargl-Pereplut«, *Soviet Anthropology and Archaeology* 1968.

Ryder, R.: »Experiments on Animals« in *Animal Rights and Human Obligations*, ed. T. Regan/P. Singer, Englewood Cliffs 1976.

Saeftel, F.: »Herd- und Hochsäulen im altnordischen Haus«, *Germanien* 1935.
Safford, W. E.: »Daturas of the Old World and New«, *Annual Report of the Smithsonian Institute*, Washington 1922.
Sahlins, M. D.: *Tribesmen*, Englewood Cliffs 1968.
–: *Stone Age Economics*, Chicago 1972.
Saint-Périer, R. de: »Deux œuvres d'art de la grotte d'Isturitz«, *L'Anthropologie* 1932.
Samter, E.: *Familienfeste der Griechen und Römer*, Berlin 1901.
–: *Geburt, Hochzeit, Tod*, Leipzig 1911.
–: *Volkskunde im altsprachlichen Unterricht*, Berlin 1923.
Sannwald, G.: »Parapsychologische Phänomene im Volksmärchen«, *Zeitschrift für Parapsychologie* 1965.
Santillana, G. de: »Galileo in the Present« in *Homage to Galileo*, ed. M. F. Kaplan, Cambridge 1965.
–: *Reflections on Men and Ideas*, Cambridge 1968.
Santillana, G. de/H. v. Dechend: *Hamlet's Mill*, Boston 1969.
Sarbin, T. R./J. B. Juhasz: »The Historical Background of the Concept of Hallucination«, *Journal of the History of the Behavioral Sciences* 1967.
Sartori, P.: »Hexen und Werwölfe in der Umgegend von Dortmund«, *Zeitschrift des Vereins für rheinische und westfälische Volkskunde* 1905.
Schacher v. Inwil, J.: *Das Hexenwesen im Kanton Luzern*, Luzern 1947.
Schäfer, A.: »Zur Initation im Wagi-Tal«, *Anthropos* 1938.
Schagrin, M. L.: »On Being Unreasonable«, *Philosophy of Science* 1973.
Schall, S.: *Eine Kulturgeschichte vom Bad und vom Baden*, Berlin 1977.
Schapera, I.: »Sorcery and Witchcraft in Bechuanaland« in *Witchcraft and Sorcery*, ed. M. Marwick, Harmondsworth 1970.
Schauenburg, P./F. Paris: *Heilpflanzen*, München 1970.
Scheffler, H. W.: »Kinship, Descent, and Alliance« in *Handbook of Social and Cultural Anthropology*, ed. J. J. Honigmann, Chicago 1973.
Scheler, M.: »Über Scham und Schamgefühl« in *Schriften aus dem Nachlaß*, Bd. I, Bern 1957.
Schell, O.: »Der Volksglauben im Bergischen an die Fortdauer der Seele«, *Archiv für Religionswissenschaft* 1901.
–: »Abwehrzauber am bergischen Haus«, *Globus* 1907.
–: »Der Herd und das Herdfeuer im Glauben und Brauch des Bergischen Volkes«, *Zeitschrift des Vereins für rheinische und westfälische Volkskunde* 1907.
Schenck, G.: *Schatten der Nacht*, Ulm 1964.
Scherr, J.: *Geschichte der deutschen Frauenwelt*, Leipzig 1879.
Schindler, H. B.: *Der Aberglaube des Mittelalters*, Breslau 1858.

Schipflinger, A.: »Die Percht im Brixental«, *Wiener Zeitschrift für Volkskunde* 1939.
Schirokogorov, S. M: *Psychomental Complex of the Tungus*, London 1935.
–: »Versuch einer Erforschung der Grundlagen des Schamanentums bei den Tungusen«, *Bäßler-Archiv* 1935.
Schlegel, R.: »Do We Know the World Through Science?« in *Mind, Science, and History*, ed. H. E. Kiefer/M. K. Munitz, Albany 1970.
Schlosser, K.: *Zauberei im Zululand*, Kiel 1972.
Schmaler, J. E.: »Überreste der alten Mythologie in der Wendischen Lausitz«, *Zeitschrift für deutsche Mythologie und Sittenkunde* 1855.
Schmëing, K.: *Das ›Zweite Gesicht‹ in Niederdeutschland*, Leipzig 1937.
–: »Das ›Zweite Gesicht‹ in Schottland und Niederdeutschland«, *Niederdeutsche Zeitschrift für Volkskunde* 1938.
–: »Flugträume und ›Exkursion des Ich‹«, *Archiv für die gesamte Psychologie* 1938.
–: *Zur Geschichte des Zweiten Gesichts*, Oldenburg 1943.
Schmelzeisen, G. K.: *Die Rechtsstellung der Frau in der deutschen Stadtwirtschaft*, Stuttgart 1935.
Schmid, J.: »Ein Hexenprozeß im Landgericht Hollenburg«, *Carinthia* 1965.
Schmidbauer, W.: »Zur Psychologie des Orakels«, *Psychologische Rundschau* 1970.
–: »Halluzinogene in Eleusis?« in *Drogenabhängigkeit*, ed. J. v. Scheidt, München 1972.
–: »Hexensalben« in *Handbuch der Rauschdrogen*, Frankfurt/M. 1976.
Schmidt, A.: *Drogen und Drogenhandel im Altertum*, Köln 1924.
Schmidt, B.: *Das Volksleben der Neugriechen*, Leipzig 1871.
–: »Totengebräuche und Gräberkultus im heutigen Griechenland«, *Archiv für Religionswissenschaft* 1927.
Schmidt, J. G.: *Die gestriegelte Rockenphilosophia*, Chemnitz 1709.
Schmidt, L.: »Niemandsland« in *Volksglaube und Volksbrauch*, Berlin 1966.
Schmidt, W.: *Das Mutterrecht*, Mödling 1955.
Schmiedeberg, O.: *Über die Pharmaka in der Ilias und Odyssee*, Straßburg 1918.
Schmiedeberg, O./R. Koppe: *Das Muscarin*, Leipzig 1869.
Schmitt, R.: »Nektar – und kein Ende« in *Antiquitates Indogermanicae*, ed. M. Mayrhofer et al., Innsbruck 1974.
Schmitz, C. A.: *Beiträge zur Ethnographie des Wantoat Tales*, Köln 1960.
Schmitz, H. J.: *Die Bußbücher und die Bußdisziplin der Kirche*, Mainz 1883.
Schnabel, H.: *Kordax*, München 1910.
Schnädelbach, H.: *Reflexion und Diskurs*, Frankfurt/M. 1977.
Schneebaum, T.: *Ich war ein Kannibale*, Stuttgart 1971.
Schneider, C.: *Geistesgeschichte der christlichen Antike*, München 1970.
Schneider, D. M.: »Virgin Birth«, *Man* 1968.
Schneider, F.: »Über Kalendae Ianuariae und Martiae im Mittelalter«, *Archiv für Religionswissenschaft* 1921.

Schneider, H. E.: »Ostpreußischer Frauentanz«, *Niederdeutsche Zeitschrift für Volkskunde* 1940.
Schneider, K.: *Die germanischen Runennamen*, Meisenheim 1956.
Schneider, W.: *Geschichte der pharmazeutischen Chemie*, Weinheim 1972.
Schnidrig, A. L.: »Der ›Seelenbalken‹ im Wallis«, *Schweizer Volkskunde* 1953.
Scholes, F. V./E. B. Adams« *Don Diego Quijada*, México 1938.
Scholes, F. V./R. L. Roys: *The Maya Chontal Indians of Acalan-Tixchel*, Washington 1948.
Scholte, B.: »Toward a Reflexive and Critical Anthropology« in *Reinventing Anthropology*, ed. D. Hymes, New York 1974.
Scholz, R.: *Das ewig Weibliche: Eine Kulturgeschichte des Schönheitsideals*, Hamburg 1968.
Schopenhauer, A.: *Parerga und Paralipomena*, Leipzig 1891.
Schreiber, H.: *Die Feen in Europa*, Freiburg 1842.
Schroeder, O.: »Hyperboreer«, *Archiv für Religionswissenschaft* 1905.
Schröder, R.: *Glaube und Aberglaube in den altfranzösischen Dichtungen*, Erlangen 1886.
Schütte, G.: *Dänisches Heidentum*, Heidelberg 1923.
Schütz, A.: *Gesammelte Aufsätze*, Bd. I, Den Haag 1971.
Schütz, A./T. Luckmann: *Strukturen der Lebenswelt*, Neuwied 1975.
Schütze, H. C.: *Vernunft- und Schriftmäßige Abhandlung von Aberglauben*, Wernigerode 1757.
Schultes, R. E.: »Teonanacatl: The Narcotic Mushroom of the Aztecs«, *American Anthropologist* 1940.
–: »A New Narcotic Snuff from the Northwest Amazon«, *Botanical Museum Leaflets* 1954.
–: »Hallucinogenic Plants of the New World«, *The Harvard Review* 1963.
–: »The Botanical Origins of South American Snuffs« in *Ethnopharmacologic Search for Psychoactive Drugs*, ed. D. H. Efron, Washington 1967.
–: »The Plant Kingdom and Hallucinogens«, *Bulletin of Narcotics* 1970.
–: »An Overview of Hallucinogens in the Western Hemisphere« in *Flesh of the Gods*, ed. P. T. Furst, London 1972.
Schultz, A.: *Das häusliche Leben der europäischen Kulturvölker*, München 1903.
Schultz, J.: *Wandlungen der Seele im Hochmittelalter*, Breslau 1940.
Schumacher, J.: *Die seelischen Volkskrankheiten im deutschen Mittelalter*, Berlin 1937.
Schuster, D.: *Die Stellung der Frau in der Zunftverfassung*, Berlin 1927.
Schwartz, E.: *Die Odyssee*, München 1924.
Schwartz, W.: *Indogermanischer Volksglaube*, Berlin 1885.
–: *Nachklänge prähistorischen Volksglaubens im Homer*, Berlin 1894.
Schwarz, D. W. H.: *Sachgüter und Lebensformen*, Berlin 1970.
Schwarzer Hirsch: *Die heilige Pfeife*, ed. J. E. Brown, Olten 1956.

–: *Ich rufe mein Volk*, München 1962.
Schweisthal, P. J.: »Zur Mars-Inschrift aus Möhn«, *Römisch-germanisches Korrespondenzblatt* 1914.
Schweitzer, B.: »Die spätantiken Grundlagen der mittelalterlichen Kunst« in *Kulturbruch oder Kulturkontinuität im Übergang von der Antike zum Mittelalter*, ed. P. E. Hübinger, Darmstadt 1968.
Schwendemann, K.: »Der Dreifuß«, *Jahrbuch des Deutschen Archäologischen Instituts* 1923.
Schwendimann, J.: *Der Bauernstand*, Einsiedeln 1945.
Schwenn, F.: »Der Krieg in der griechischen Religion«, *Archiv für Religionswissenschaft* 1922.
Schwertheim, E.: *Die Denkmäler orientalischer Gottheiten im römischen Deutschland*, Leiden 1974.
Scot, R.: *The Discouerie of witchcraft*, London 1584.
Sebag, L.: »Le chamanisme ayoréo«, *L'Homme* 1965.
Sébillot, P.: »The Worship of Stones in France«, *American Anthropologist* 1902.
–: *Le folklore de la France*, Paris 1907.
Sébillot, P.-Y.: *Le folklore de la Bretagne*, Paris 1968.
Segall, M. H./D. T. Campbell/M. J. Herskovits: *The Influence of Culture on Visual Perception*, Indianapolis 1966.
Seidensticker, A.: *Waldgeschichte des Alterthums*, Frankfurt/O. 1886.
Seignolle, C.: *Les évangiles du diable*, Paris 1964.
Seitz, G. J.: »Die Waikas und ihre Drogen«, *Zeitschrift für Ethnologie* 1969.
Seler, E.: *Altmexikanische Studien*, Berlin 1899.
Seligman, C. G./B. Z. Seligman: *Pagan Tribes of the Nilotic Sudan*, London 1932.
Seligmann, K.: *Das Weltreich der Magie*, Stuttgart 1958.
Seligmann, S.: *Die Zauberkraft des Auges und das Berufen*, Hamburg 1922.
Sellars, W.: »Conceptual Change« in *Essays in Philosophy and Its History*, Dordrecht 1974.
Seltman, C.: *The Twelve Olympians and Their Guests*, London 1956.
–: *Geliebte der Götter*, Stuttgart 1958.
Semerdžieva, M./F. Nerud: »Halluzinogene Pilze in der Tschechoslowakei«, *Česka Mykologie* 1973.
Sepp, J. N.: *Orient und Occident*, Berlin 1903.
Settle, T.: »The Rationality of Science versus the Rationality of Magic«, *Philosophy of the Social Sciences* 1971.
Shapere, D.: *Galileo*, Chicago 1974.
Sharon, D.: »The San Pedro Cactus in Peruvian Folk Healing« in *Flesh of the Gods*, ed. P. T. Furst, London 1972.
Sherry, P.: »Is Religion a ›Form of Life‹?«, *American Philosophical Quarterly* 1972.
–: »Fairies, Witches and the Passing Away of Language Games« in *Religion, Truth and Language-Games*, London 1977.

Shibles, W.: »A Philosophical Commentary on Alice's Adventures in Wonderland« in *Wittgenstein: Language and Philosophy*, Dubuque 1969.

Shonle, R.: »Peyote, the Giver of Visions«, *American Anthropologist* 1925.

Shumaker, W.: *The Occult Sciences in the Renaissance*, Berkeley 1972.

Sibisi, H.: »The Place of Spirit Possession in Zulu Cosmology« in *Religion and Social Change in Southern Africa*, ed. M. G. Whisson/M. West, Cape Town 1975.

Sidler, N.: *Zur Universalität des Inzesttabu*, Stuttgart 1971.

Siebenthal, W.: *Die Wissenschaft vom Traum*, Berlin 1953.

Sieber, F.: *Wendische Sagen*, Jena 1925.

Siebert, F.: *Der Mensch um Dreizehnhundert im Spiegel deutscher Quellen*, Berlin 1931.

Siebert, G.: »Artémis Sôteira à Délos«, *Bulletin de Correspondance Hellénique* 1966.

Silverman, D.: *Reading Castañeda*, London 1975.

Silverman, J.: »Shamans and Acute Schizophrenia«, *American Anthropologist* 1967.

Simmel, G.: *Hauptprobleme der Philosophie*, Leipzig 1911.

–: *Die Religion*, Frankfurt/M. 1912.

–: *Philosophie des Geldes*, Berlin 1930.

–: »Der Fremde« in *Das individuelle Gesetz*, Frankfurt/M. 1968.

Simmons, M.: *Witchcraft in the Southwest*, Flagstaff 1974.

Simmons, W. S.: *Eyes of the Night*, Boston 1971.

Simon, E.: *Die Götter der Griechen*, München 1969.

Simpson, J.: »Olaf Tryggvason Versus the Powers of Darkness« in *The Witch Figure*, ed. V. Newall, London 1973.

Simrock, K.: »Heiden werfen«, *Zeitschrift für deutsche Mythologie und Sittenkunde* 1855.

–: *Handbuch der Deutschen Mythologie*, Bonn 1864.

Singer, P./D. DeSole: »The Australian Subincision Ceremony Reconsidered«, *American Anthropologist* 1967.

Singleton, M.: »Theology, ›Zande Theology‹ and Secular Theology« in *Zande Themes*, ed. A. Singer/B. V. Street, Oxford 1972.

Siskind, J.: *To Hunt in the Morning*, New York 1973.

Skjervheim, H.: *Objectivism and the Study of Man*, Oslo 1959.

Skolimowski, H.: »The Scientific World View and the Illusions of Progress«, *Social Research* 1974.

Skorupski, J.: »Science and Traditional Religious Thought«, *Philosophy of the Social Sciences* 1973.

Slotkin, J. S.: »The Peyote Way« in *The North American Indians*, ed. R. C. Owen et al., New York 1967.

Smailus, O.: »El concepto de los espíritus del monte (aluxoob)« in *Actas del XLI Congreso Internacional de Americanistas*, Bd. III, México 1976.

Smart, J. J. C.: »Is Time Travel Possible?«, *The Journal of Philosophy* 1963.
Smith, H.: »Do Drugs Have Religious Import?«, *The Journal of Philosophy* 1964.
Smith, J. J.: »The Occult and the Intellectual« in *Parapsychology and Anthropology*, ed. A. Angoff/D. Barth, New York 1974.
Smith, J. Z.: »The Garments of Shame«, *History of Religions* 1965.
–: »Birth Upside Down or Right Side Up?«, *History of Religions* 1969.
–: »I am a Parrot (Red)«, *History of Religions* 1972.
Smith, W. R.: *Die Religion der Semiten*, Freiburg 1899.
Smythies, J. R.: »The Mescaline Phenomena«, *British Journal for the Philosophy of Science* 1953.
Snell, B.: *Die Entdeckung des Geistes*, Hamburg 1946.
–: *Die alten Griechen und wir*, Göttingen 1962.
–: »Göttliche und menschliche Motivation im homerischen Epos« in *Argumentationen*, ed. H. Delius/G. Patzig, Göttingen 1964.
–: »Wie die Griechen lernten, was geistige Tätigkeit ist«, *The Journal of Hellenic Studies* 1973.
Snell, O.: *Hexenprozesse und Geistesstörung*, München 1891.
Soldan, W. G./H. Heppe/M. Bauer: *Geschichte der Hexenprozesse*, Hanau 1912.
Sölle, D.: »Maria ist eine Sympathisantin«, *Emma*, Dezember 1977.
Sohn-Rethel, A.: *Warenform und Denkform*, Frankfurt/M. 1971.
Southwold, M.: »Meanings of Kinship« in *Rethinking Kinship and Marriage*, ed. R. Needham, London 1971.
Spaemann, R.: »Philosophie als institutionalisierte Naivität« in *Philosophie, Gesellschaft, Planung*, ed. H. M. Baumgartner et al., München 1974.
Spamer, A.: *Deutsche Fastnachtsbräuche*, Jena 1936.
Speck, F. G.: »Penobscot Tales and Religious Beliefs«, *Journal of American Folklore* 1935.
Speiser, F.: »Die eleusinischen Mysterien als primitive Initiation«, *Zeitschrift für Ethnologie* 1928.
–: »Die Frau als Erfinderin von Kultgeräten in Melanesien«, *Schweizerische Zeitschrift für Psychologie* 1944.
Spencer, B.: Brief vom 9. Dezember 1903 an Sir James George Frazer, in *Spencer's Scientific Correspondence*, ed. R. R. Marett/T. K. Penniman, London 1932.
Spencer, B./F. J. Gillen: *The Native Tribes of Central Australia*, London 1899.
–: *The Northern Tribes of Central Australia*, London 1904.
–: *Across Australia*, London 1912.
–: *The Arunta*, London 1927.
Sperber, D.: *Über Symbolik*, Frankfurt/M. 1975.
Spicer, E. H.: »Yaqui« in *Perspectives in American Indian Culture Change*, ed. E. H. Spicer, Chicago 1961.

–: »Review of Castañeda« in *Seeing Castañeda*, ed. D. C. Noel, New York 1976.

Spiegel, L.: »Identity and Adolescence« in *Adolescents*, New York 1961.

Spieß, K. v.: *Deutsche Volkskunde als Erschließerin deutscher Kultur*, Berlin 1934.

–: *Bauernkunst*, Berlin 1935.

Spina, B.: *Novus malleus maleficarum sub quaestione de strigibus*, Köln 1581.

Spindler, G./L. Spindler: »Fieldwork Among the Menomini« in *Being an Anthropologist*, ed. G. Spindler, New York 1970.

–: *Dreamers Without Power*, New York 1971.

Spini, G.: »The Rationale of Galileo's Religiousness« in *Galileo Reappraised*, ed. C. L. Golino, Berkeley 1966.

Spinner, H. F.: »Thesen zum Thema Reichweite und Relevanz der Wissenschaftstheorie für die Einzelwissenschaften in *Bericht über den 1. Kongreß Kritische Psychologie in Marburg*, Band II, Köln 1977.

–: *Begründung, Kritik und Rationalität*, Braunschweig 1978.

Spiro, M. E.: »Religion and the Irrational« in *Proceedings of the Annual Spring Meeting of the American Ethnological Society*, ed. J. Helm, Seattle 1964.

–: *Burmese Supernaturalism*, Englewood Cliffs 1967.

–: »Virgin Birth«, *Man* 1968.

Spradley, J. P./D. W. McCurdy: *Anthropology*, New York 1975.

Sprater, F.: *Die Pfalz unter den Römern*, Speier 1929.

Sprenger J./H. Institoris: *Der Hexenhammer*, Berlin 1906.

Spruce, R.: *Notes of a Botanist on the Amazon and the Andes*, London 1908.

Staber, J.: »Ein altbayerischer Beichtspiegel des 15. Jahrhunderts«, *Bayerisches Jahrbuch für Volkskunde* 1963.

Stachel, J.: »The ›Logic‹ of ›Quantum Logic‹« in *Boston Studies in the Philosophy of Science*, ed. R. S. Cohen et al., Dordrecht 1976.

Stähelin, F.: »Aus der Religion des römischen Helvetien«, *Anzeiger für Schweizerische Altertumskunde* 1921.

Stählin, F.: »Der geometrische Stil in der Ilias«, *Philologus* 1923.

Stagl, J.: *Kulturanthropologie und Gesellschaft*, München 1974.

Stahl, E./R. Kunde: »Pflanzliche Rauschgifte und ihre Erkennung« in *Themen zur Chemie, Toxikologie und Analytik der Rauschgifte*, ed. K. Maas, Heidelberg 1975.

Stahl, P. H.: »Soi-même et les autres: quelques exemples balkaniques« in *L'identité*, ed. C. Lévi-Strauss/J.-M. Benoist, Paris 1977.

Stanner, W. E. H.: »The Dreaming« in *Reader in Comparative Religion*, ed. W. A. Lessa/E. Z. Vogt, New York 1965.

Staudenmaier, L.: *Die Magie als experimentelle Naturwissenschaft*, Leipzig 1922.

Stebel, H.-J.: *Die Osnabrücker Hexenprozesse*, Osnabrück 1969.

Stefansen, N. C.: »Rationality and Argument«, *Danish Yearbook of Philosophy* 1972.

Stegmüller, W.: *Theorie und Erfahrung*, Bd. II, Heidelberg 1973.
–: *Hauptströmungen der Gegenwartsphilosophie*, Bd. II, Stuttgart 1975.
–: »Accidental (›Non-Substantial‹) Theory Change and Theory Dislodgement«, *Erkenntnis* 1976.
Steinhausen, G.: *Geschichte der deutschen Kultur*, Leipzig 1913.
Steller, W.: »Zum Wodanglauben«, *Mitteilungen der Schlesischen Gesellschaft für Volkskunde* 1925.
Stenius, E.: *Critical Essays*, Helsinki 1972.
–: »The Problem of Color Incompatibility« in *The Ontological Turn*, ed. M. S. Gram/E. D. Klemke, Iowa City 1974.
Stephens, J. L.: *Begebenheiten auf einer Reise in Yucatán*, Leipzig 1853.
Stern, B.: *Medizin, Aberglaube und Geschlechtsleben in der Türkei*, Berlin 1903.
Sternberg, L.: »Der Adlerkult bei den Völkern Sibiriens«, *Archiv für Religionswissenschaft* 1930.
–: »Die Auserwählung im sibirischen Schamanismus«, *Zeitschrift für Missionskunde* 1935.
Stevenson, M. C.: »Ethnobotany of the Zuñi Indians«, *30th Annual Report of the Bureau of American Ethnology*, Washington 1915.
Stewart, J. M.: »Nenzen« in *Bild der Völker*, ed. E. E. Evans-Pritchard, Wiesbaden 1974.
Stoll, O.: »Die Ethnologie der Indianer-Stämme von Guatemala«, *Internationales Archiv für Ethnographie* 1888.
–: *Das Geschlechtsleben in der Völkerpsychologie*, Leipzig 1908.
–: »Zur Psychologie der indianischen Hochlandsprachen von Guatemala«, *Jahresberichte der Geographisch-Ethnographischen Gesellschaft in Zürich* 1912.
Storm, H.: *Seven Arrows*, New York 1973.
Strackerjan, L.: *Aberglaube und Sagen aus dem Herzogtum Oldenburg*, Oldenburg 1909.
Strasburger, H.: *Zum antiken Gesellschaftsideal*, Heidelberg 1976.
Strauch, P.: »Von der Sünde des Tanzens«, *Archiv für Religionswissenschaft* 1925.
Straus, E.: *Vom Sinn der Sinne*, Berlin 1956.
–: *Psychologie der menschlichen Welt*, Berlin 1960.
Strauß und Torney, L. v.: *Deutsches Frauenleben in der Zeit der Sachsenkaiser und Hohenstaufen*, Jena 1927.
Strawson, P.: *Individuals*, London 1959.
Strehlow, C.: *Die Aranda- und Loritja-Stämme in Zentralaustralien*, Frankfurt/M. 1907.
Strehlow, T. G. H.: *Aranda Traditions*, Melbourne 1947.
–: »Geography and the Totemic Landscape in Central Australia« in *Australian Aboriginal Anthropology*, ed. R. M. Berndt, Nedlands 1970.
Strobl, I.: »Wir Hexen«, *Neues Forum*, Mai 1976.
–: »Die Hexen«, *Emma*, Oktober 1977.

Strods, H.: »Die Einschränkung der Wolfsplage und die Viehzucht Lettlands«, *Ethnologia Europaea* 1970.
Ström, A. V.: »Germanische Religion« in *Germanische und baltische Religion*, Stuttgart 1975.
Studniczka, F.: *Kyrene*, Leipzig 1890.
Stumfohl, H.: »Zur Psychologie der Sibylle«, *Zeitschrift für Religions- und Geistesgeschichte* 1971.
Stumpfl, R.: *Kultspiele der Germanen als Ursprung des mittelalterlichen Dramas*, Berlin 1936.
Sullivan, T. D.: »Tlaloc« in *Atti del XL Congresso Internazionale degli Americanisti*, Bd. II, Genova 1974.
Summers, M.: *The History of Witchcraft and Demonology*, London 1926.
Sun Chief: *The Autobiography of a Hopi Indian*, New Haven 1942.
Swanson, G. E.: »The Search for a Guardian Spirit«, *Ethnology* 1973.
Swiderski, S.: »Le Bwiti, société d'initiation chez les Apindji au Gabon«, *Anthropos* 1965.
Swinburne, R. G.: »Times«, *Analysis* 1965.
–: »Review of Versey's ›Personal Identity‹«, *Mind* 1976.
Szabo, A.: *Anfänge der griechischen Mathematik*, Budapest 1969.
Szasz, T. S.: *Die Fabrikation des Wahnsinns*, Frankfurt/M. 1976.
Szendrey, A.: »Hexe – Hexendruck«, *Acta Ethnographica* 1955.

Tabernaemontanus, D. J. T.: *Neü vollkommen Kraeuter-Buch*, Basel 1731.
Tacitus, P. C.: *Germania*, ed. E. Fehrle, München 1935.
Tannahill, R.: *Kulturgeschichte des Essens*, Wien 1973.
Tantsch, W. K.: *Deutsche Teufels- und Hexennamen aus Urgichten des 15. bis 18. Jahrhunderts*, Heidelberg 1958.
Tappolet, E.: »La survivance de ›Diana‹ dans les patois romands«, *Schweizer Archiv für Volkskunde* 1919.
Tarán, R.: *Parmenides*, Princeton 1965.
Tardel, H.: »Ein bremischer Hexenprozeß vom Jahre 1603«, *Niederdeutsche Zeitschrift für Volkskunde* 1938.
Tart, C. T.: »A Psychophysiological Study of the Out-of-the-Body Experiences in a Selected Subject«, *Journal of the American Society for Psychical Research* 1968.
–: »Psychedelic Experiences Associated With a Novel Hypnotic Procedure: Mutual Hypnosis« in *Altered States of Consciousness*, ed. C. T. Tart, New York 1969.
Tartarotti, G.: *Del Congresso Notturno delle Lammie*, Rovereto 1749.
Taylor, D. M.: *Explanation and Meaning*, London 1970.
Teall, J. L.: »Witchcraft and Calvinism in Elizabethan England«, *Journal of the History of Ideas* 1962.

Tedlock, D.: »In Search of the Miraculous at Zuni« in *The Realm of the Extra-Human*, ed. A. Bharati, The Hague 1976.
Tels-de Jong, L. L.: *Sur quelques divinités romaines de la naissance et de prophétie*, Delft 1959.
Tennekes, J.: *Anthropology, Relativism, and Method*, Assen 1971.
Termer, F.: »Die Kenntnis vom Uterus bei den Maya«, *Ethnos* 1959.
Tessmann, G.: *Die Pangwe*, Berlin 1913.
–: *Die Indianer Nordost-Perus*, Hamburg 1930.
Thalbitzer, W.: »Die kultischen Gottheiten der Eskimos«, *Archiv für Religionswissenschaft* 1928.
Thaliath, J.: »Witchcraft and Witches in Central India«, *Anthropos* 1949.
Theurillat, J.: *Les mystères de Bomarzo et des jardins symboliques de la Renaissance*, Paris 1973.
Theweleit, K.: *Männerphantasien*, Bd. I, Frankfurt/M. 1977.
Thiel, E.: *Geschichte des Kostüms*, Berlin 1963.
Thimme, J.: »Die Kykladenkultur der frühen Bronzezeit« in *Frühe Randkulturen des Mittelmeerraumes*, Bd. I, Baden-Baden 1968.
Thomas, K.: *Religion and the Decline of Magic*, London 1971.
Thomasius, C.: *Kurtze Lehr-Sätze Von dem Laster der Zauberey*, Halle 1704.
Thompson, C. J. S.: *The Mystic Mandrake*, London 1934.
Thompson, D. E.: »Maya Paganism and Christianity« in *Publications of the Middle American Research Institute*, New Orleans 1954.
Thompson, J. E. S.: »Ethnology of the Mayas of Southern and Central British Honduras« in *Field Museum of Natural History*, Chicago 1930.
–: »Sky Bearers, Colors and Directions in Maya and Mexican Religion« in *Contributions to American Archaeology*, Washington 1934.
–: »The Itzá of Tayasal« in *Homenaje al Doctor Alfonso Caso*, México 1951.
–: *Maya History and Religion*, Norman 1970.
Thompson, M.: »When Is Ordinary Language Reformed?« in *The Linguistic Turn*, ed. R. Rorty, Chicago 1967.
Thompson, R. C.: *The Assyrian Herbal*, London 1924.
Thompson, W. S.: »The Asiatic or Winged Artemis«, *The Journal of Hellenic Studies* 1909.
Thomsen, A.: »Orthia«, *Archiv für Religionswissenschaft* 1906.
Thomson, D. F.: »The Hero Cult, Initiation and Totemism on Cape York«, *Journal of the Royal Anthropological Institute* 1933.
–: »The Joking Relationship and Organized Obscenity in North Queensland«, *American Anthropologist* 1935.
–: »A Narcotic From *Nicotiana Ingulba*, Used by the Desert Bindibu«, *Man* 1961.
Thomson, G.: *Forschungen zur altgriechischen Gesellschaft*, Berlin 1974.
Thorndike, L.: *A History of Magic and Experimental Science*, Bd. VIII, New York 1958.

Thrane, G.: »The Proper Object of Vision«, *Studies in History and Philosophy of Science* 1975.
Thurneysen, R.: »Der mystische Baum«, *Zeitschrift für celtische Philologie* 1923.
Thurnwald, H.: »Jenseitsvorstellungen und Dämonenglaube des Buin-Volkes« in *Beiträge zur Gesellungs- und Völkerwissenschaft*, ed. I. Tönnies, Berlin 1950.
Thurnwald, R.: »Die Psychologie des Totemismus«, *Anthropos* 1918.
–: *Des Menschengeistes Erwachen, Wachsen und Irren*, Berlin 1951.
Tibbetts, P.: »Feyerabend's ›Against Method‹: The Case for Methodological Pluralism«, *Philosophy of the Social Sciences* 1977.
Tilghman, B. R.: *The Expression of Emotions in the Visual Arts*, The Hague 1970.
Tille, A.: *Die Geschichte der deutschen Weihnacht*, Leipzig 1893.
Tocqueville, A. de: *Über die Demokratie in Amerika*, Stuttgart 1962.
–: *In der nordamerikanischen Wildnis*, Stuttgart 1969.
Toepfer, V.: »Drei spätpaläolithische Frauenstatuetten aus dem Unstruttal bei Nebra«, *Fundberichte aus Schwaben* 1965.
Toeppen, M.: *Aberglauben aus Masuren*, Danzig 1867.
Toffelmier, G./K. Luomala: »Dreams and Dream Interpretation of the Diegueño Indians of Southern California«, *Psychoanalytic Quarterly* 1936.
Tokarev, S. A.: »Zur Bedeutung der Frauendarstellungen im Paläolithikum« in *Beiträge zur Völkerforschung*, ed. D. Drost/W. König, Berlin 1961.
–: »The Problem of Totemism as Seen by Soviet Scholars«, *Current Anthropology* 1966.
Tolkien, J. R. R.: *The Hobbit or There and Back Again*, London 1966.
Tolksdorf, F.: »Ethnographische Beobachtungen in Zentral-Brasilien«, *Zeitschrift für Ethnologie* 1956.
Tomeo, J./J. M. Estadella: *La brujeria y la supersticion en cataluña*, Barcelona 1963.
Tompkins, P./C. Bird: *The Secret Life of Plants*, Harmondsworth 1974.
Tonkinson, R.: »Aboriginal Dream-Spirit Beliefs in a Contact Situation« in *Australian Aboriginal Anthropology*, ed. R. M. Berndt, Nedlands 1970.
Topitsch, E.: *Mythos, Philosophie, Politik*, Freiburg 1969.
–: »Die Widersprüche in Kants Philosophie«, *Information Philosophie*, September 1975.
Toulmin, S.: »Conceptual Change and the Problem of Relativity« in *Critical Essays on the Philosophy of Collingwood*, ed. M. Krausz, Oxford 1972.
Tozzer, A. M.: *A Comparative Study of the Mayas and Lacandones*, New York 1907.
–: *Chichen Itzá and His Cenote of Sacrifice*, Cambridge 1957.
Trevor-Roper, H. R.: *Religion, the Reformation, and Social Change*, London 1967.
Trigg, R.: *Reason and Commitment*, Cambridge 1973.
–: »Reason, Commitment and Social Anthropology«, *Philosophy* 1976.
Tröltsch, E. v.: *Die Pfahlbauten des Bodenseegebietes*, Stuttgart 1902.
Tschirch, A.: *Handbuch der Pharmakognosie*, Bd. III, Leipzig 1932.
Tschudi, J. J. v.: *Peru: Reiseskizzen aus den Jahren 1838-42*, St. Gallen 1846.

Tugendhat, E.: »Phänomenologie und Sprachanalyse« in *Hermeneutik und Dialektik*, Bd. II, ed. R. Bubner et al., Tübingen 1970.
–: *Vorlesungen zur Einführung in die sprachanalytische Philosophie*, Frankfurt/M. 1976.
Tuomela, R.: *Theoretical Concepts*, New York 1973.
Tupet, A.-M.: *La magie dans la poésie latine*, Lille 1976.
Turner, V. W.: »Three Symbols of Passage in Ndembu Circumcision Ritual« in *Essays on the Ritual of Social Relations*, ed. M. Gluckman, Manchester 1962.
–: »Betwixt and Between« in *Proceedings of the Annual Spring Meeting of the American Ethnological Society*, ed. J. Helm, Seattle 1964.
–: »Witchcraft and Sorcery«, *Africa* 1964.
–: *The Forest of Symbols*, Ithaca 1967.
–: »Aspects of Saora Ritual and Shamanism« in *The Craft of Social Anthropology*, ed. A. L. Epstein, London 1967.
–: »Symbolization and Patterning in the Circumcision Rites of Two Bantuspeaking Societies« in *Man in Africa*, ed. M. Douglas/P. M. Kaberry, London 1969.
–: »The Waters of Life« in *Religions in Antiquity*, ed. J. Neusner, Leiden 1970.
–: *The Ritual Process*, Harmondsworth 1974.
–: »Pilgrimages as Social Processes« in *Dramas, Fields, and Metaphors*, Ithaca 1974.
Turney-High, H.: »The Bluejay Dance«, *American Anthropologist* 1933.
Tzenoff, G.: *Die Abstammung der Bulgaren*, Berlin 1930.

Ucko, P. J./A. Rosenfeld: *Felsbildkunst im Paläolithikum*, Verona 1967.
Uehli, E.: »Der Argonautenzug: eine Mysterienfahrt« in *Mythos und Kunst der Griechen*, Dornach 1958.
Uhsadel-Gülke, C.: *Knochen und Kessel*, Meisenheim 1972.
Unger, F.: *Die Pflanze als Zaubermittel*, Leipzig 1911.
Unger, P.: »A Defense of Skepticism«, *Philosophical Review* 1971.
–: *Ignorance*, Oxford 1975.
Urtel, H.: *Beiträge zur portugiesischen Volkskunde*, Hamburg 1928.
Usener, H.: »Milch und Honig«, *Rheinisches Museum für Philologie* 1902.
–: *Kleine Schriften*, Leipzig 1913.
Uslar, D. v.: *Der Traum als Welt*, Pfullingen 1964.
Uxkull, W. v.: *Die Eleusinischen Mysterien*, Büdingen 1957.

Vajda, L.: »Traditionelle Konzeption und Realität in der Ethnologie« in *Festschrift für Ad. E. Jensen*, Bd. II, München 1964.
–: *Untersuchungen zur Geschichte der Hirtenkulturen*, Wiesbaden 1968.
Vakarelski, C.: *Bulgarische Volkskunde*, Berlin 1968.
Valero, H.: *Yanoáma*, ed. E. Biocca, Frankfurt/M. 1972.

Valvasor, J.: *Die Ehre des Herzogthumes Crain*, Laibach 1689.
Van de Castle, R. L.: »An Investigation of PSI-Abilities Among the Cuna Indians of Panama« in *Parapsychology and Anthropology*, ed. A. Angoff/D. Barth, New York 1974.
Van de Vate, D.: »The Problem of Robot Consciousness«, *Philosophy and Phenomenological Research* 1971.
Vansina, J.: »Initiation Rituals of the Bushong«, *Africa* 1955.
Vasella, O.: »Über die Taufe totgeborener Kinder in der Schweiz«, *Zeitschrift für Schweizerische Kirchengeschichte* 1966.
Vatter, E.: *Der australische Totemismus*, Hamburg 1925.
Veckenstedt, E.: *Die Mythen, Sagen und Legenden der Zamaiten*, Heidelberg 1883.
Vendler, Z.: »A Note to the Paralogisms« in *Contemporary Aspects of Philosophy*, ed. G. Ryle, Stocksfield 1977.
Vesey, G.: *Personal Identity*, London 1974.
Vézian, J.: »Les utilisations de contours de la roche dans la grotte du Portel«, *Bulletin de la Société Préhistorique de l'Ariège* 1956.
Viccars, J. D.: »Witchcraft in Bolobo«, *Africa* 1949.
Vilkuna, K.: *Volkstümliche Arbeitsfeste in Finnland*, Helsinki 1963.
–: *Finnisches Brauchtum im Jahreslauf*, Helsinki 1969.
Villa Rojas, A.: *The Maya of East Central Quintana Roo*, Washington 1945.
Villavicencio, M.: *Geografia de la República del Ecuador*, New York 1858.
Vinnicombe, P.: »Myth, Motive, and Selection in Southern African Rock Art«, *Africa* 1972.
Vintler, H. v.: *Die pluemen der tugent*, ed. I. v. Zingerle, Innsbruck 1874.
Virkkunen, M.: *Die Bezeichnungen für Hebamme in deutscher Wortgeographie*, Gießen 1957.
Vlastos, G.: »Review of Cornford's ›Principium sapientiae‹«, *Gnomon* 1955.
Völckerling, V.: *De Spiritu in Monte Gigantaeo Silesiorum apparente, vulgo Rübe-Zahl*, Wittenberg 1740.
de Vogel, C. J.: *Philosophia*, Bd. I, Assen 1969.
Vogt, E. Z.: »Human Souls and Animal Spirits in Zinacantan« in *Echanges et communications*, Bd. II, ed. J. Pouillon/P. Maranda, The Hague 1970.
Volk, F.: *Hexen in der Landvogtei Ortenau*, Lahr 1882.
Volkov, T.: »Seelenspeisung bei den Weißrussen«, *Am Urquell* 1888.
Vollmer, G.: *Evolutionäre Erkenntnistheorie*, Stuttgart 1975.
Vollmer, H.: »Über Engel und Teufel im deutschen Volksglauben des Mittelalters«, *Berichte des Deutschen Bibel-Archivs Hamburg* 1941.
Vonbun, J./R. Beitl: *Die Sagen Vorarlbergs*, Feldkirch 1950.
Vonessen, F.: »Die Mutter als Stiefmutter«, *Symbolon* 1972.
Vordemfelde, H.: *Die germanische Religion in den deutschen Volksrechten*, Gießen 1923.
Vorren, Ø./E. Manker: *Lapp Life and Customs*, London 1962.

Vorwahl, H.: »Deutsche Volksmedizin in Vergangenheit und Gegenwart« in *Studien zur religiösen Volkskunde*, Dresden 1939.
de Vries, J.: *Forschungsgeschichte der Mythologie*, München 1961.
–: *Keltische Religion*, Stuttgart 1961.
Vycichl, W.: »Die Mythologie der Berber« in *Götter und Mythen im alten Europa*, ed. H. W. Haußig, Stuttgart 1973.

Waas, A.: *Der Mensch im deutschen Mittelalter*, Graz 1964.
–: *Die Bauern im Kampf um Gerechtigkeit*, München 1964.
Wachsmuth, C.: *Das alte Griechenland im neuen*, Bonn 1864.
Wackernagel, H. G.: »Vom Totentanze in Basel«, *Schweizer Archiv für Volkskunde* 1936.
–: *Altes Volkstum der Schweiz*, Basel 1956.
Wächter, T.: *Reinheitsvorschriften im griechischen Kult*, Gießen 1910.
de Waele, F. J. M.: *The Magic Staff or Rod in Graeco-Italian Antiquity*, Gent 1927.
Waite, D.: »Kwakiutl Transformation Masks« in *The Many Faces of Primitive Art*, ed. D. Fraser, Englewood Cliffs 1966.
Walker, D. P.: *Spiritual and Demonic Magic from Ficino to Campanella*, London 1958.
Walther, P.: *Schwäbische Volkskunde*, Leipzig 1929.
Wangner, B.: »Hexenprozesse aus den Jahren 1635-36 in Löffingen-Blumberg«, *Oberdeutsche Zeitschrift für Volkskunde* 1935.
Ward, B. E.: »Some Observations on Religious Cults in Ashanti«, *Africa* 1956.
Ward, D.: *The Divine Twins*, Berkeley 1968.
Warner, W. L.: *A Black Civilization*, New York 1958.
Warning, R.: *Funktion und Struktur*, München 1974.
Warnke, C.: »Das Problem der Seele und die Anfänge der Psychologie« in *Wissenschaft und Weltanschauung in der Antike*, ed. G. Kröber, Berlin 1966.
Waschnitius, V.: »Perht, Holda und verwandte Gestalten«, *Sitzungsberichte der Kaiserlichen Akademie der Wissenschaften*, Wien 1914.
Wassén, S. H.: *The Use of Some Specific Kinds of South American Snuff and Related Paraphernalia*, Göteborg 1965.
–: »Einige Daten zum Gebrauch indianischer Schnupfdrogen«, *Ethnologische Zeitschrift Zürich* 1971.
Wassén, S. H./B. Holmstedt: »The Use of Paricá«, *Ethnos* 1963.
Wassiliew, L. L.: *Experimentelle Untersuchungen zur Mentalsuggestion*, Bern 1965.
Wassiljewitsch, G. M.: »Schamanengesänge der Ewenken (Tungusen)« in *Glaubenswelt und Folklore der sibirischen Völker*, ed. V. Diószegi, Budapest 1963.
Wasson, R. G.: »The Divine Mushroom: Primitive Religion and Hallucinatory Agents«, *Proceedings of the American Philosophical Society* 1958.
–: »Ololiuhqui and the Other Hallucinogens of Mexico« in *Summa anthropologica en homenaje a Roberto J. Weitlaner*, México 1966.

–: »Fly Agaric and Man« in *Ethnopharmacologic Search for Psychoactive Drugs*, ed. D. H. Efron, Washington 1967.
–: *Soma*, New York 1968.
–: »The Divine Mushroom of Immortality« in *Flesh of the Gods*, ed. P. T. Furst, London 1972.
Wasson, V. P./R. G. Wasson: *Mushrooms, Russia and History*, New York 1957.
Waterman, T. T.: »The Religious Practices of the Diegueño Indians«, *University of California Publications in American Archaeology and Anthropology*, Berkeley 1910.
Waters, F.: *Book of the Hopi*, New York 1963.
–: »Lessons From the Indian Soul«, *Psychology Today* 1973.
Watson-Franke, M.-B. und L. C. Watson: »Understanding in Anthropology«, *Current Anthropology* 1975.
Watts, A. W.: *Zen-Buddhismus*, Hamburg 1961.
–: *Kosmologie der Freude*, Darmstadt 1972.
Wax, R. H.: *Doing Fieldwork*, Chicago 1971.
Weber, M.: *Ehefrau und Mutter in der Rechtsentwicklung*, Tübingen 1907.
Webster, J.: *Displaying of Supposed Witchcraft*, London 1677.
Wedgwood, C. H.: »Report of Research in Manam Island«, *Oceania* 1934.
Weege, F.: *Der Tanz in der Antike*, Halle 1926.
Wehrli, F.: »Die Mysterien von Eleusis«, *Archiv für Religionswissenschaft* 1934.
Weidner, A.: *Aus den Tiefen der Berliner Arbeiterbewegung*, Leipzig 1905.
Weier, J.: *Von den Teuffeln/Zaubrern/Schwartzkünstlern/Hexen oder Vnholden vnd Gifftbereitern*, Frankfurt/M. 1575.
Wei Hsiung: *Über das Unaussprechliche*, Bonn 1939.
Weil, A.: *Das erweiterte Bewußtsein*, Stuttgart 1974.
Weinberg, S.: »Neolithische anthropomorphe Steinidole aus Griechenland« in *Kunst und Kultur der Kykladeninseln im 3. Jahrtausend v. Chr.*, ed. J. Thimme, Karlsruhe 1976.
Weinel, H.: *Die Wirkungen des Geistes und der Geister im nachapostolischen Zeitalter bis auf Irenäus*, Freiburg 1899.
Weinhold, K.: *Die deutschen Frauen in dem Mittelalter*, Wien 1882.
–: *Die Verehrung der Quellen in Deutschland*, Berlin 1898.
Weinkopf, E.: »Die Umkehrung in Glaube und Brauch«, *Oberdeutsche Zeitschrift für Volkskunde* 1928.
Weinstein, S. I.: »Die Schamanentrommel der Tuwa und die Zeremonie ihrer Belebung« in *Glaubenswelt und Folklore der sibirischen Völker*, ed. V. Diószegi, Budapest 1963.
Weinstock, S.: »Mundus patet«, *Mitteilungen des Deutschen Archäologischen Instituts, Römische Abteilung* 1930.
Weise, G.: »Der Humanismus und das Prinzip der klassischen Geisteshaltung« in *Zu Begriff und Problem der Renaissance*, ed. A. Buck, Darmstadt 1969.

Weiser-Aall, L.: *Altgermanische Jünglingsweihen und Männerbünde*, Bühl 1927.
–: »Zum Hexenritt auf dem Stabe« in *Festschrift für Marie Andree-Eysn*, ed. J. M. Ritz, München 1928.
–: »Zur Geschichte der altgermanischen Todesstrafe und Friedlosigkeit«, *Archiv für Religionswissenschaft* 1930.
–: »Hexe« in *Handwörterbuch des deutschen Aberglaubens*, Bd. III, ed. H. Bächtold-Stäubli, Berlin 1931.
Weisgerber, L.: *Die geistige Seite der Sprache*, Düsseldorf 1971.
Weiss, G.: »Campa Cosmology«, *Ethnology* 1972.
Weiss, R.: »Eine merkwürdige Luftfahrt nach Mailand im 16. Jahrhundert«, *Schweizer Volkskunde* 1947.
Weisweiler, J.: »Die Stellung der Frau bei den Kelten«, *Zeitschrift für celtische Philologie* 1939.
Weitnauer, A.: *Keltisches Erbe in Schwaben und Baiern*, Kempten 1961.
Welbourn, F. B./D. K. Kiprono: »Keyo Initiation«, *Journal of Religion in Africa* 1968.
Welcker, F. G.: *Griechische Götterlehre*, Göttingen 1860.
Wellhausen, J.: *Reste arabischen Heidentums*, Berlin 1897.
Wellman, C.: »The Ethical Implications of Cultural Relativism«, *The Journal of Philosophy* 1963.
Wellmer, A.: *Kritische Gesellschaftstheorie und Positivismus*, Frankfurt/M. 1969.
Wells, H. G.: *Die Zeitmaschine*, Hamburg 1951.
Welsford, E.: *The Fool*, London 1935.
Weniger, L.: »Olympische Forschungen«, *Klio* 1906.
–: »Feralis exercitus«, *Archiv für Religionswissenschaft* 1906 f.
–: »Theophanien: altgriechische Götteradvente«, *Archiv für Religionswissenschaft* 1923.
Wensinck, A. J.: *The Ideas of the Western Semites Concerning the Navel of the Earth*, Amsterdam 1916.
Werbner, R. P.: »Atonement Ritual and Guardian-Spirit Possession Among Kalanda«, *Africa* 1964.
Werner, E.: »Zur Frauenfrage und zum Frauenkult im Mittelalter: Robert von Arbrissel und Fontevrault«, *Forschungen und Fortschritte* 1955.
Werner, O./D. T. Campbell: »Translating, Working Through Interpreters, and the Problem of Decentering« in *A Handbook in Cultural Anthropology*, ed. R. Naroll/R. Cohen, Garden City 1970.
Werth, L. F.: »Normalizing the Paranormal«, *American Philosophical Quarterly* 1978.
Wertheimer, M.: *Produktives Denken*, Frankfurt/M. 1957.
Wesselski, A.: *Versuch einer Theorie des Märchens*, Reichenberg 1931.
West, M. L.: »The Dictaean Hymn to the Kouros«, *The Journal of Hellenic Studies* 1965.

Westermarck, E.: *Ritual and Belief in Morocco*, London 1926.
Weyer, E. M.: *The Eskimos*, Hamden 1962.
White, L. A.: »The World of the Keresan Pueblo Indians« in *Primitive Views of the World*, ed. S. Diamond, New York 1964.
–: »A Materialist Interpretation of Culture«, *Critique of Anthropology* 1976.
White, M.: »The Analytic and the Synthetic: An Untenable Dualism« in *Pragmatism and the American Mind*, New York 1973.
Whitehead, A. N.: *Adventures of Ideas*, New York 1933.
Wick, J. J.: *Die Wickiana*, Küsnacht 1975.
Widengren, G.: *Hochgottglaube im alten Iran*, Uppsala 1938.
–: *Die Religionen Irans*, Stuttgart 1965.
–: »Some Reflections on the Rites of Initiation« in *Initiation*, ed. C. J. Bleeker, Leiden 1965.
–: *Der Feudalismus im alten Iran*, Köln 1969.
–: *Religionsphänomenologie*, Berlin 1969.
Wiedemann, J.: *Aus dem inneren und äußeren Leben der Ehsten*, St. Petersburg 1876.
Wieland, C. M.: »Agathodämon« in *Sämmtliche Werke*, Bd. 18, Leipzig 1856.
Wiesner, J.: *Olympos*, Darmstadt 1960.
–: »Mohn« in *Kulturgeschichte-Lexikon der Antike*, Bd. II, München 1971.
–: *Die Kulturen der frühen Reitervölker*, Frankfurt/M. 1973.
Wiggins, D.: »The Stream of Consciousness«, *Philosophy* 1976.
Wightman, E. M.: *Roman Trier and the Treveri*, London 1970.
Wikander, S.: *Der arische Männerbund*, Lund 1938.
Wilamowitz-Moellendorf, U. v.: *Reden und Vorträge*, Berlin 1925.
–: *Der Glaube der Hellenen*, Darmstadt 1959.
Wilbert, J.: »Zur Kenntnis der Yabarana«, *Antropologica* 1957.
–: *Indios de la región Orinoco-Ventuari*, Caracas 1963.
–: »Tobacco and Shamanistic Ecstasy Among the Warao Indians of Venezuela« in *Flesh of the Gods*, ed. P. T. Furst, London 1972.
Wilford, F. A.: »*Daimon* in Homer«, *Numen* 1965.
Wilk, S.: »Coming of Age in Sonora«, *American Anthropologist* 1977.
Wilkerson, T. E.: *Minds, Brains and People*, Oxford 1974.
Will, E.: »Sur la nature du pneuma delphique«, *Bulletin de Correspondance Hellénique* 1942.
Willetts, R. F.: *Cretan Cults and Festivals*, London 1962.
Willi, V. J.: »Kulturgeschichte der Mode« in *Die Mode in der menschlichen Gesellschaft*, ed. R. König/P. W. Schuppisser, Zürich 1958.
Williams, F. E.: *Drama of Orokolo*, Oxford 1940.
Willoughby, H. R.: *Pagan Regeneration*, Chicago 1929.
Willson, A. L.: »The ›Blaue Blume‹«, *The Germanic Review* 1959.
Willvonseder, K.: »Die Venus von Draßburg«, *Germania* 1940.

Wilson, B. R.: »A Sociologist's Introduction« in *Rationality*, ed. B. R. Wilson, Oxford 1970.
Wilson, M.: *Rituals of Kinship Among the Nyakyusa*, London 1957.
–: *Religion and the Transformation of Society*, Cambridge 1971.
Wilson, S.: *Truth*, Bletchley 1973.
Winch, P.: »Understanding a Primitive Society« in *Religion and Understanding*, ed. D. Z. Phillips, Oxford 1967.
–: »Language, Belief and Relativism« in *Contemporary British Philosophy*, ed. H. D. Lewis, London 1976.
Winkler, H. A.: *Die reitenden Geister der Toten*, Stuttgart 1936.
Winter, A. C.: »Birkenverehrung bei den Jakuten«, *Archiv für Religionswissenschaft* 1899.
Winter, E. H.: »The Enemy Within: Amba Witchcraft« in *Witchcraft and Sorcery in East Africa*, ed. J. Middleton/E. H. Winter, London 1963.
Winthuis, J.: *Das Zweigeschlechterwesen*, Leipzig 1928.
Wirth, H.: »Hexenverbrennung zu Heidelberg«, *Archiv für die Geschichte der Stadt Heidelberg* 1868.
–: »Zur Topographie des Hexenwesens«, *Archiv für die Geschichte der Stadt Heidelberg* 1869.
Wirz, P.: *Die Marind-anim von Holländisch Süd-Neuguinea*, Bd. I, Hamburg 1922.
Wisdom, C.: »The Supernatural World and Curing« in *Heritage of Conquest*, ed. S. Tax, Chicago 1952.
Wisdom, J. O.: »The Sceptic at Bay«, *British Journal for the Philosophy of Science* 1958.
Wiseman, M. B.: »Empathetic Identification«, *American Philosophical Quarterly* 1978.
Wissowa, G.: »Interpretatio Romana: Römische Götter im Barbarenland«, *Archiv für Religionswissenschaft* 1916.
Witt, R. E.: *Isis in the Graeco-Roman World*, London 1971.
Wittgenstein, L.: *Tractatus logico-philosophicus*, London 1922.
–: *Philosophische Untersuchungen*, Frankfurt/M. 1960.
–: *Zettel*, Oxford 1967.
–: *Vorlesungen und Gespräche über Ästhetik, Psychologie und Religion*, Göttingen 1968.
–: *Briefe an Ludwig von Ficker*, Salzburg 1969.
–: *Über Gewißheit*, Frankfurt/M. 1970.
–: *Letters to Russell, Keynes and Moore*, Oxford 1974.
–: »Bemerkungen über Frazers ›The Golden Bough‹« in *Sprachanalyse und Soziologie*, ed. R. Wiggershaus, Frankfurt/M. 1975.
Wittmann, A.: *Die Gestalt der Hexe in der deutschen Sage*, Bruchsal 1933.
Wlislocki, H. v.: *Vom wandernden Zigeunervolke*, Hamburg 1890.
–: *Volksglaube und religiöser Brauch der Zigeuner*, Münster 1891.

–: »Wesen und Wirkungskreis der Zauberfrauen bei den Siebenbürgischen Zigeunern«, *Ethnologische Mittheilungen aus Ungarn* 1892.

–: *Aus dem Volksleben der Magyaren*, München 1893.

Wlosok, A.: *Rom und die Christen*, Stuttgart 1970.

Woeller, W.: »Zur Geschichte des Hexenwahns und der Hexenprozesse in Deutschland«, *Wissenschaftliche Zeitschrift der Humboldt-Universität zu Berlin* 1963.

Woensdregt, J.: »De landbouw bij de To Bada' in Midden-Selebes«, *Tijdschrift voor Indische Taal-, Land- en Volkenkunde* 1928.

Woeste, F.: »Spuren weiblicher Gottheiten in den Überlieferungen der Grafschaft Mark«, *Zeitschrift für deutsche Mythologie und Sittenkunde* 1853.

Wolf, E.: *Sons of the Shaking Earth*, Chicago 1959.

Wolf, J. W.: *Hessische Sagen*, Leipzig 1853.

Wolff, T.: »Volksleben an der oberen Nahe«, *Zeitschrift des Vereins für Volkskunde* 1902.

Wolfram, R.: »Robin Hood and Hobby Horse«, *Wiener Prähistorische Zeitschrift* 1932.

–: »Weiberbünde«, *Zeitschrift für Volkskunde* 1933.

–: *Schwerttanz und Männerbund*, Kassel 1936.

–: *Die Volkstänze in Österreich*, Salzburg 1951.

Wolters, P.: »Der geflügelte Seher«, *Sitzungsberichte der Bayerischen Akademie der Wissenschaften*, München 1928.

Woodcock, G.: *Anarchy or Chaos*, London 1944.

Worms, E. A.: »Australian Mythological Terms«, *Anthropos* 1957.

–: »Mythologische Selbstbiographie eines australischen Ureinwohners«, *Wiener Völkerkundliche Mitteilungen* 1957.

Worsfold, T. C.: *The History of the Vestal Virgins of Rome*, London 1934.

Worsley, P.: *Die Posaune wird erschallen*, Frankfurt/M. 1973.

Worth, S.: »Toward an Anthropological Politics of Symbolic Forms« in *Reinventing Anthropology*, ed. D. Hymes, New York 1974.

Wrede, A.: *Rheinische Volkskunde*, Leipzig 1922.

Wrenn, C. L.: »Magic in an Anglo Saxon Cemetery« in *English and Medieval Studies*, ed. N. Davis/C. L. Wrenn, London 1962.

Wright, G. H. v.: *Explanation and Understanding*, Ithaca 1971.

Wünsche, A.: *Die Sagen vom Lebensbaum und Lebenswasser*, Leipzig 1905.

Wunderlich, H. G.: *Die Steinzeit ist noch nicht zu Ende*, Hamburg 1974.

Wyllie, R. W.: »Introspective Witchcraft Among the Effutu of Southern Ghana«, *Man* 1973.

Yalman, N.: »The Ascetic Buddhist Monks of Ceylon« in *Gods and Rituals*, ed. J. Middleton, Garden City 1967.

Ypiranga, M. M.: »Cariamã: Pubertätsritus der Tucano-Indianer«, *Zeitschrift für Ethnologie* 1960.

Yve-Plessis, R.: *Essai d'une bibliographie française de la sorcellerie*, Paris 1900.

Zachariae, T.: »Durchkriechen als Mittel zur Erleichterung der Geburt«, *Zeitschrift des Vereins für Volkskunde* 1902.
–: »Das Haus über einem Sterbenden abdecken«, *Zeitschrift des Vereins für Volkskunde* 1908.
Zacharias, A.: *Kleine Kunstgeschichte abendländischer Stile*, München 1957.
Zacharias, G.: *Satanskult und Schwarze Messe*, Wiesbaden 1970.
Zafiropulo, J.: *Apollon et Dionysos*, Paris 1961.
Zahan, D.: »L'univers cosmo-biologique de l'Africain« in *Correspondences in Man and World*, ed. A. Portmann/R. Ritsema Leiden 1975.
Zaunert, P.: *Rheinland Sagen*, Jena 1924.
–: *Westfälische Sagen*, Jena 1927.
Zdansky, R.: »Die Feuertreter in Thrazien« in *Die Wiener Schule der Völkerkunde*, ed. J. Haekel et al, Horn 1956.
Zečevič, S.: »Lesnik – the Forest Spirit of Leskovac in South Serbia«, *Ethnologia Slavica* 1969.
Zedler, B. H.: »Royce and James on Psychical Research«, *Transactions of the Charles S. Peirce Society* 1974.
Zeeden, E. W.: *Deutsche Kultur in der frühen Neuzeit*, Frankfurt/M. 1968.
Zehnder, L.: *Volkskundliches in der älteren schweizerischen Chronik*, Basel 1976.
Zelenin, D.: *Russische Volkskunde*, Berlin 1927.
–: *Le culte des idoles en Sibérie*, Paris 1952.
Zenker, G.: *Germanischer Volksglaube in fränkischen Missionsberichten*, Stuttgart 1939.
Zerries, O.: *Waika*, München 1964.
–: »Die Indianer der Wälder und Savannen« in *Die Erben des Inkareiches und die Indianer der Wälder*, Berlin 1974.
–: »Besessenheit und Geisterbesuch: Parapsychologische Erscheinungen unter den Mahekodo-tedi« in *Atti del XL Congresso Internazionale degli Americanisti*, Bd. II, Genova 1974.
Ziegeler, W.: *Möglichkeiten der Kritik am Hexen- und Zauberwesen im ausgehenden Mittelalter*, Köln 1973.
Ziegler, P.: *The Black Death*, London 1969.
Zimmer, H.: *Abenteuer und Fahrten der Seele*, Zürich 1961.
Zimmermann, R.: »Sprache und Praxis« in *Ansätze zur materialistischen Sprachtheorie*, ed. A. Leist, Kronberg 1975.
Zimmern, F. C. v.: *Zimmerische Chronik*, ed. K. A. Barack, Freiburg 1882.
Zindler, A.: »Hexengesang«, *Frauenoffensive*, Januar 1978.
Zingerle, I. v.: »Wald, Kräuter, Bäume«, *Zeitschrift für deutsche Mythologie und Sittenkunde* 1853.
–: »Perahta in Tirol«, *Zeitschrift für deutsche Mythologie und Sittenkunde* 1855.

–: *Sitten, Bräuche und Meinungen des Tiroler Volkes*, Innsbruck 1857.
–: »Berchta-Sagen in Tirol«, *Zeitschrift für Volkskunde* 1889.
Zinkernagel, P.: »Scepticism and Conditions for Description«, *Inquiry* 1968.
Zinserling, V.: *Die Frau in Hellas und Rom*, Stuttgart 1972.
Zipperer, F. W.: *Das Haberfeldtreiben*, Weimar 1938.
Zöllner, E.: *Geschichte der Franken bis zur Mitte des 6. Jahrhunderts*, München 1970.
Zuckerman, M.: »Hallucinations, Reported Sensations, and Images« in *Sensory Deprivation*, ed. J. P. Zubek, New York 1969.
Zuesse, E. H.: »On the Nature of the Demonic: African Witchery«, *Numen* 1971.
Zutt, J.: »Das Schizophrenieproblem: Nosologische Hypothesen« in *Die Wahnwelten*, ed. E. Straus et al., Frankfurt/M. 1963.
Zwart, P. J.: *About Time*, Amsterdam 1976.
Zwicker, J.: *Fontes historiae religionis celticae*, Bonn 1935.

Verzeichnis der Abbildungen und Nachweise

Abb. 1 Anonym. Bei Ancona gestrandeter Wal, Italien 1601, Kupferstich. Aus: E. H. Gombrich, *Art and Illusion*, New York (Pantheon Books) 1965.

Abb. 2 Nach Henrik Goltzius, In Holland gestrandeter Wal, 1598, Kupferstich. Aus: Vgl. Abb. 1.

Abb. 3 Venus von Dolni Vestoniče. Naturhistorisches Museum Wien.

Abb. 4 Venus von Willendorf. Naturhistorisches Museum Wien.

Abb. 5 Venus von Laussel. Foto: Achille Weider.

Abb. 6 Eingang zur Höhle der Eileithyia bei Amnisos, Foto: Magdalena Melnikow.

Abb. 7 Hieronymus Bosch, Das Narrenschiff. Paris Louvre.

Abb. 8 Francisco Goya, Der Schlaf der Vernunft gebiert Monstren. Aus den »Caprichos«.

Abb. 9 Schule von Fontainebleau, Diana.

Abb. 10 Hans Baldung Grien, Hexensabbat (1510).

Abb. 11 Eva am Bamberger Dom.

Abb. 12 Adam und Eva, aus dem *Speculum humanae salvationis* (um 1330). Aus: Ingeborg Uhl, *Buchmalerei*, Ettal (Buchkunstverlag Ettal) 1971.

Abb. 13 Berthold Furtmeyer, Baum des Todes und des Lebens (1481). Bayerische Staatsbibliothek München, Clm 15710, fol. 60v.

Abb. 14 Hans Baldung Grien, Zwei Hexen (1523).

Abb. 15 Eingang zur Unterwelt im »Heiligen Wald« von Bomarzo.

Abb. 16 Stechapfel. Aus: W. H. Frh. v. Hohberg, *Lust- und Arzeneygarten*, Graz 1669.

Abb. 17 Kiéri Tewiyari verlockt eine Indianerin dazu, eine Hexe zu werden (Garn-Bild der Huichol-Indianer). Aus: Peter T. Furst, *Myth in Art: a Huichol Depicts His Reality*, Latin American Center, University of California, Los Angeles, 1968.

Abb. 18 Stechapfelhexer Kiéry Tewiyari und Peyoteschamane

Káuyúmarie (Garn-Bild der Huichol-Indianer). Aus: Vgl. Abb. 17.

Abb. 19 Huichol-Schamane beim Sprung über eine Felskluft. Aus: Barbara Meyerhoff, *Peyote Hunt*, Ithaca 1974.

Abb. 20 Werbock. Fotomontage von Janet Belden.

Abb. 21 Walt Disney, *Alice im Wunderland*. 2. Sonderheft der *Micky Maus*. Stuttgart o. J.

Abb. 22 Spiritueller Stag Film von mompson. Aus: *Radical America comix*, Hrsg. v. Bernd Brummbär, Frankfurt/M. (Brumm-Comix) 1970.

Abb. 23 Nachtfahrende vom Schleswiger Dom (um 1300). Aus: *Germanien* [Zeitschr.] 1938.

Abb. 24 Nachtfahrende auf Tigerkatze, Schleswiger Dom (um 1300). Aus: Vgl. Abb. 23.

Abb. 25 Kalifornischer »Hippiehexenkult«. Aus: Peter Haining, *Hexen, Wahn und Wirklichkeit in Mittelalter und Gegenwart*, Oldenburg, Hamburg (Stalling) 1977.

Abb. 26 Beischlaf mit Pan. Aus: R. Herbig, *Pan* Frankfurt/M. 1949.

Register

Suhrkamp Verlag GmbH
Torstraße 44, 10119 Berlin
info@suhrkamp.de
www.suhrkamp.de